PRINCIPLES OF MANAGEMENT
IN THE 4TH INDUSTRIAL REVOLUTION ERA

4차 산업혁명시대의
경영학원론

서도원 · 이덕로

박영사

머리말

4차 산업혁명이 2016년 다보스 포럼의 주요 화두가 되면서 4차 산업혁명에 대한 논의가 봇물을 이루고 있다. 세계경제포럼(WEF)의 회장인 클라우스 슈밥(K. Schwab)은 4차 산업혁명을 기술발전의 전례 없는 속도(velocity), 범위(scope), 구조에의 충격(system impact) 등 3가지 측면에서 3차 산업혁명과 구분한 바 있다.

4차 산업혁명은 인간과 기계의 잠재력을 극대화시키는 제반 기술혁신과 융합이 발전의 속도, 범위, 전체 경제·사회 시스템에 미치는 영향의 측면에서 산업지형에 큰 변화를 가져올 전망이다. 이와 같이 4차 산업혁명은 개인, 기업, 정부 등 주요 경제 주체에 적지 않은 변화를 가져올 수 있는데, 기업·시장의 경우, 알고리즘이 경쟁력의 핵심으로 부상, 전 산업의 플랫폼화, 기업 간 경쟁에서 플랫폼 간 경쟁으로의 전환, 제품의 서비스화 및 전문직 서비스의 보편화, 기업구조 및 의사결정 과정의 변화, 그리고 적시수요(on-demand) 경제의 부상 등이 전망된다.

4차 산업혁명시대의 기업환경은 기술변화와 더불어 그 불확실성이 더욱 커져가는 급격한 변화가 예상되고 있으며, 기업이 이러한 변화에 대응하지 못하면 적자생존의 냉엄한 현실 앞에서 도태될 수밖에 없을 것이다. 그렇다. UC 버클리의 배리 아이켄그린(B. J. Eichengreen) 교수가 2017년에 존 케네스 갤브레이스(J. K. Galbraith)의 명저 '불확실성의 시대' 발간 40주년을 맞이하여 새로이 주장한 '초불확실성 시대'에서 우리가 살아남기 위해서는 지속적인 변신의 노력을 경주하지 않으면 안 된다.

그 과정에서 반드시 지켜야 하는 것이 바로 기본에 대한 충실이다. 우리 사회가 삼풍백화점 붕괴, IMF외환위기, 세월호 참사 등 각종 사건·사고로 엄청난 대가를 치른 것도 따지고 보면 법과 원칙을 무시하여 무사 안일주의에 빠지는 등 기본에 충실하지 못한 데서 오는 오류가 아니었을까 하는 생각이 든다.

　　기본에 충실하자는 고사성어로 정본청원(正本淸源)이 있다. 중국 고전인 '한서'(漢書), '형법지'(刑法志)에 나오는 글귀인데, 근본을 바로하고 근원을 맑게 한다는 뜻으로, 지금 말로 하자면 '기본에 충실하자'쯤 될 것이다. 정본청원은 교수신문에서 뽑은 2015년 한해를 정리하는 사자성어(四字成語)이기도 하다.

　　'기본에 충실하자'는 이 말은 예나 지금이나 정치, 경제, 사회, 문화 전반에 적용되는 보편적인 진리이다. 이 말의 의미나 중요성은 굳이 언급하지 않아도 누구나 다 아는 사실일 것이다. 우리 모두가 진정으로 기본에 충실했다면 지금의 우리 사회는 좀 더 밝고 건강하며 그리고 웃음과 행복이 가득한 세상이 되지 않았을까 하는 생각을 해 본다.

　　자본주의의 꽃은 기업이고 기업의 건전한 발전이 양질의 일자리 창출은 물론이고 국민경제 발전에도 이바지한다는 생각에서 대학에서 기업경영을 탐구하든 산업현장에서 실제로 기업실무를 담당하든 기업경영의 기본과 원리에 대한 충실한 이해가 매우 중요하다. 이러한 취지에서 본서의 목적은 경영학의 기본과 목인 경영학원론에 대한 전반적이고도 종합적인 이해를 통해 기업경쟁력 제고와 지속가능한 경영의 토대를 마련하는 데 있다.

　　이러한 목적을 달성하기 위하여 본서의 기본 골격은 총 17장으로 구성하였다. 제1부는 경영학의 기초로 제1장 경영학의 본질, 제2장 경영학의 연구방법과 체계, 제3장 미국경영학의 발전 및 제4장 일본과 한국경영학의 발전 등을 다루고 있다. 제2부는 기업과 기업환경에 관한 부분으로 제5장 현대 기업의 창업과 유지·성장, 제6장 기업형태, 제7장 중소기업 및 제8장 기업환경 등을 다루고 있다. 제3부는 경영자론에 관한 부분으로 제9장 경영자, 제10장 경영전략, 제11장 의사결정 및 제12장 기업의 사회적 책임 등을 다루고 있다. 끝으로 제4부는 경영관리론에 관한 부분으로 제13장 경영관리론, 제14장 경영계획론, 제15장 경영조직론, 제16장 경영지휘론 및 제17장 경영통제론 등을 다루고 있다.

　　본서는 경영학을 전공하는 경영학도뿐만 아니라 경영학을 교양으로 공부하는 일반계 학생과 산업현장에서 기업경영의 기본을 이해하려는 직장인 모두를 대상으로 하였다. 따라서 책에 등장하는 전문용어는 가급적 우리말로 쉽게 기술하거나 자세히 설명하였으며 표현도 가능하면 평이하게 하려고 노력하였다. 아울러 관련주제별로 국내외의 각종 최신 통계자료와 생생한 현장의 이야기를 망라하여 제시하였다.

본서는 저자들이 지난 30여 년간에 걸친 학부·대학원, 전문교육기관, 공공기관과 기업체 등의 강의와 특강, 그리고 저서, 논문 및 각종 연구간행물을 총정리하여 최선을 다해 준비하였다. 좋지 않은 여건 속에서 심지어 건강까지 잃어가면서까지 글을 다 끝낸 지금에도 환상적인 그레이트 베리어 리프(Great Barrier Reef), 알록달록한 열대어, 그리고 기기묘묘한 바닷속 풍경을 뒤로 하고 호주 동북부 케언즈의 그린섬을 떠나올 때처럼 아쉬움은 여전히 남아 있다. 부족한 부분에 대해서는 강호제현의 따끔한 충고와 채찍질을 받아들여 앞으로도 지속적으로 고쳐나가고자 한다.

본서가 빛을 보게 된 이면에는 많은 분들의 도움이 있었다. 애제자인 씨앤씨의 박경선 과장, 연구실의 마지막 조교인 경영학과의 정우경 양, 그리고 복수전공으로 경영학을 공부하는 뷰티학과의 박수진 양은 휴일과 방학 중임에도 불구하고 교정과 색인 작업을 성실하고도 능수능란하게 도와주었다. 비록 글쓰는 작업이 무척 힘들기는 하지만 영혼이 맑고 주어진 분야에서 최선을 다하는 이들 젊은이들과 함께한 시간이기에 덜 힘들었고, 행복했으며, 그리고 앞으로도 사제지간의 정을 영원히 함께하기를 희망해 본다.

끝으로 본서가 나오기까지 짧은 일정에도 온갖 지원과 조력을 아끼지 않았던 박영사의 안상준 대표님을 비롯하여 영업부의 박세기 부장, 김한유 대리, 그리고 편집부의 황정원 님께도 심심한 사의를 표한다.

2020. 2. 20.
중현이랑 자주 찾는 미동산수목원에서
저자 적음

목차

3장 미국경영학의 발전

6장　기업형태

11장　의사결정

12장　기업의 사회적 책임

15장 **경영조직론**

<table>
<tr><td>**17장**</td><td>**경영통제론**</td></tr>
</table>

CHAPTER

1

경영학의 본질

제1절 경영학의 의의

01 경영학의 의의

동서고금(古今)을 막론하고 인간의 욕망은 끝이 없었다. 인간의 욕망은 경제적 욕망은 말할 것도 없고 영원불멸을 꿈꾸며 불로장생(不老長生)하려 했던 진시황제의 경우처럼 신체와 건강에 대한 욕망을 비롯하여(이명호 외, 2015) 심리적·사회적·정치적 욕망 등 실로 다양하다. 이 다양한 욕망을 주어진 수입으로 충족시키기 위해 인간은 계획적인 활동을 영위하지 않으면 안 된다. 이러한 욕망충족을 위한 계획적인 활동을 우리는 경제생활 또는 경제활동이라 일컫는다.

원시공동사회의 경우 이러한 경제활동이 모두 자신의 손에 의해 이루어지는 이른바 자급자족의 시대였다. 그러나 시대를 거듭하고 사회가 발전할수록 욕망충족의 대상이 되어 온 경제재화는 고도로 분화되어 각기 다른 사람에 의해 생산·유통·소비되는 교환경제가 이루어지게 되었다. 여기서 생산·유통·소비의 각 실체를 개별경제라 하고, 이들 개별경제들이 한데 어우러져 전체경제인 국민경제를 형성하게 된다.

따라서 우리가 경제생활을 합리적으로 영위하기 위해서는 한 나라 전체로서의 국민경제와 함께 그러한 국민경제의 실질적인 구성단위가 되는 다양한 개별경제에 관해서도 자세히 이해하지 않으면 안 된다. 즉 한 나라 전체의 경제를 연구하는 학문으로는 오늘날 단순하게 경제학이라고만 불리우는 국민경제학이 발달되고 있는 것처럼 그러한 국민경제의 구성체가 되는 개별경제, 이를테면 기업, 병원, 교회, 관청, 상점 등에 대해서도 그것을 전문적으로 연구하는 학문이 필요한 것은 물론이다. 경영학(business administration)이란 바로 이러한 필요에서 생성된 학문으로 경제학과 더불어 우리들 인간의 경제활동이나 경제생활에 관한 학문의 양대 핵을 이루고 있다.

여기서 경제학은 주로 국민경제 전체를 연구대상으로 거시적인 관점에서 추구하는 학문인 데 반해, 경영학은 주로 그러한 국민경제의 구성단위가 되는 개별경제를 연구대상으로 미시적인 관점에서 추구하는 학문이라는 점에서 그 나름대로의 특성을 지니고 있다. 그렇지만 경제학이나 경영학이 어디까지나 인간의 경제활동이나 경제생활에 관한 동일한 범주의 학문이라는 뜻에서 이 양자를 포괄하여 흔히 경제과학이라 일컫는다. 이와 같이 인간의 경제활동이나 경제생활에 대해 연구하고자 할 경우 경제학과 경영학의 총괄학문으로서의 경제과학은 절대적으로 필요한 학문일 수밖에 없다(한희영, 1988, 17-19).

이상과 같은 논의를 바탕으로 경영학에 대한 정의를 살펴보기에 앞서 경영(management)에 대해 먼저 살펴보기로 하자. 미국경영학회에서는 경영을 "조직의 제자원을 계획·조직·지휘 및 통제하여 조직의 목적을 효과적·효율적으로 달성하는 과정"으로 정의내리고 있다. 이는 경영을 "사람을 통하여 일을 수행하는 기술"이라고 했던 기존의 정의와 비교했을 때 조직의 목적을 효과적이고도 효율적으로 달성하는 것이 중요하다는 점을 역설하고 있다(김재명, 2018).

그런 의미에서 경영학이란 경영체(조직)의 경영활동을 합리적으로(효과적·효율적으로) 수행하기 위한 제 법칙을 연구하는 학문이라 할 수 있다. 보다 구체적으로 경영학은 경영에 대해 종합적으로 이해함으로써 이를 토대로 경영목표의 합리적인 달성을 위해 경영활동이 어떻게 수행되어야 하며 이러한 활동을 어떻게 합리적으로 관리하여야 하는가에 관한 행동원리를 종합과학적 입장에서 다루는 하나의 지식체계를 정리한 학문이다. 아울러 경영학은 복합적 경영체(조직)을 그 연구대상으로 하는바, 하나의 체계 속에 이질적인 여러 가지 요소, 즉 경제적·사회적 및 기술적 요소가 상호연관을 갖는 통합된 종합과학이라고 할 수 있다.

이러한 경영학이 시대적으로 큰 관심을 불러일으키는 것은 경영이 자본주의 경제의 발전과 밀접한 관계가 있기 때문이다. 곧 오늘날과 같이 고도화된 자본주의 경제체제에서는 기업 혹은 경영이라는 개별경제가 국민경제의 핵심적 역할을 담당하게 되는데, 그것은 기업의 성장이나 발전이 국민경제발전과 직결되어 있기 때문이다. 따라서 자본주의의 꽃이라 불리는 기업을 다루는 경영학의 필요성과 중요성은 갈수록 점점 증가하고 있다(한희영, 1988, 17-19).

실제로 경제주간지 이코노미스트가 금융감독원 공시자료를 바탕으로 '2019 대한민국 100대 기업의 CEO'에 선정된 CEO 총 135명을 대상으로 실시한 프로필 조사결과를 전공별로 보면 <표 1-1>에서 알 수 있듯이 다양하게 분포돼 있는 가운데 경영학 전공자(34명)가 가장 많았다. 경영학 출신 CEO들의 약진은 매년 공통적으로 나타나는 특징이다. 2018년 경영학 전공자는 27명이었다. 100대 기업 CEO를 가장 많이 배출한 단일 학과는 고려대 경영학과(11명)였다. 경영대 단일 학과로 볼 때 연세대 경영학과(6명)와 서울대 경영학과(5명) 순이었다. 경영학과 다음으로 경제학(9명)·화학공학(6명)·법학(5명)·전자공학(5명) 등이 뒤를 이었다. 계열로는 이공계 출신 CEO가 28명으로 높은 비율을 차지했다. 그중에서도 서울대 공대 출신이 눈에 띄었다(김태열·이덕로, 2019). 100대 기업 CEO의 세계에는 아직도 "인문학은 불모지대"로 나타난 데서도 경영학이 기업경영에 얼마나 중요한지를 잘 알 수 있다.

　비슷한 시기에 월간 현대경영이 1994년부터 국내 최초로 매년 실시해 온 '100대 기업 대표이사(CEO) 프로필 조사' 중 매출액 순위 100대 기업(금융·보험·공기업 제외) CEO 126명을 대상으로 한 2019년 조사결과에서도 CEO의 전공은 상경·사회계열이 51.6%로 이공계(41.8%)보다 많았다. 이공계 출신 비중은 2014년 51.1%로 정점을 찍은 뒤 하락하는 추세다. 상경·사회계열에선 경영학(38명)이 가장 많았고 경제학(7명), 회계학(5명), 무역학(4명), 법학(3명) 등 순이었다. 이공계에선 기계공학(10명), 화학공학(9명), 전자공학(6명), 전기공학(4명) 등이다. 현대경영은 "불황을 돌파하기 위한 무기로 '기술보다 장사'가 더 중시된 것이란 풀이가 나온다"라고 해석했다(이종현, 2019.04.29.).

▌〈표 1-1〉 100대 기업 CEO 대학 전공별 분포

전 공		전 공		전 공	
학과(학사 기준)	인원(명)	학과(학사 기준)	인원(명)	학과(학사 기준)	인원(명)
경영학	34	농학	1	자원공학	1
경제학	9	섬유공학	1	조선해양공학	1
화학공학	6	물리학	1	토목공학	1
법학	5	식물보호학(생명공학)	1	농업경제학	1
전자공학	4	협동조합	1	사회학	1
행정학	4	공과대학	1	전기전자공학	1
전기공학	3	무역학	1	요업공학	1
사학·국사학	3	생산기계공학	1	지질학	1
회계학	2	정밀기계학	1	정치외교학	1
영문학·영어영문학	2	무기재료공학	1	상학	1
통계학·응용통계학	2	심리학	1	용산공고	1
기계공학	2	의학	1	스페인어학	1
				포르투갈어학	1

자료: 이현주(2019.06.26.), "대한민국 100대 CEO & 기업," 「한경비즈니스」, 1230호, 15.

이 밖에도 2019년 100대 기업 CEO 표준모델은 서울 출생 51명(40.5%), 서울대 출신 29명(23%), CEO 평균 연령은 59.42세, 첫 대표이사가 되기까지 기간은 21.6년으로 나타났다. 작년에는 평균 연령 59.71세, 승진 소요기간 22.98년이었다. 평균 재직기간도 29.59년에서 27.25년으로 줄었다.

2019년 12월은 국제통화기금(IMF) 외환위기를 겪은 지 꼭 22년이 되는 시점이다. 외환위기란 국내 금융시장의 불안정과 시장교란에 의해 단기적인 투기성 외화자본이 급격하게 유출되면서 외환시장에서 국내통화인 원화를 투매하고 국제결제통화인 미국 달러에 대한 수요가 급증하면서 <그림 1−1>과 같이 달러표시 국내 원화 환율이 급등한 현상을 말한다.

〈그림 1-1〉 1997년 원-달러 환율 움직임

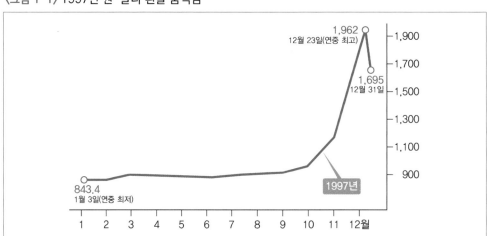

돌이켜보건대 우리는 1997년 12월 IMF으로부터 구제금융을 받으면서 사실상 경제적 주권을 상실하고 말았다. 외환위기가 일어나기 불과 1년 전인 1996년 12월 12일 우리나라는 선진국들의 모임인 경제협력개발기구(OECD)에 29번째로 정회원국이 됨으로써 한국경제의 위상이 올라갔고 국민의 자신감 또한 대단했었다. 그 뒤 온 국민이 힘을 합쳐 IMF체제를 조기에 극복했고 뒤이어 도래한 서브프라임 모기지(subprime mortgage)에서 촉발된 2007−2008년의 미국발 금융위기, 그리고 2010년의 유럽의 재정위기 등을 경험하면서, 오늘날과 같은 초불확실성의 시대, 무한경쟁의 시대에 선진국에 비해 상대적·절대적으로 부족한 자본과 기술을 극복하고 우리 뒤를 바짝 뒤쫓고 있는 중국을 따돌려 국가경쟁력을 제고시켜야 하는 우리의 입장에서 볼 때 경영학이 주는 의의는 사뭇 크다고 하겠다.

02 경영학의 학문적 특성

무릇 모든 사물이 나름대로의 특성이나 속성을 지니고 있듯이 경영학이라는 하나의 학문도 나름대로의 고유한 특성, 즉 성격을 지니고 있다. 경영학의 학문적 특성은 바로 이론과 실천, 과학과 기술의 성격을 동시에 지니고 있다는 점이다. 경영학의 학문적 양면성을 살펴보기 전에 먼저 경영학이 일반적인 학문의 분류체계상 어디에 소속되어 있는가를 보도록 하자.

학문은 <그림 1-2>와 같이 크게 철학(philosophy)과 과학(science)으로 나뉘고, 이 중에서 과학은 다시 형식과학과 경험과학으로 나뉜다. 형식과학은 선험 및 공리법칙을 대상으로 하는 형식논리나 수학과 같이 경험과는 관계가 없는 사고방식을 기초로 순서, 규칙 및 형식을 대상으로 하는 과학을 말한다. 반면에 경험과학은 인간의 실천적·경험적 사실, 즉 살아가는 경험의 세계를 직접 대상으로 하는 과학을 말한다.

이 경험과학은 이분법적 사고를 기초로 물질적 세계를 대상으로 하는 것과 정신적 세계를 대상으로 하는 것으로 나눌 수 있어 흔히들 자연과학과 사회과학으로 분류한다. 자연과학은 대상이 물질이고 관찰가능한 것으로 자연현상이라고 하며 이것을 대상으로 하는 학문을 말한다. 사회과학은 인간 및 인간의 의사(意思)작용에 의해 관계성이 발생하는 것으로 이것을 사회현상이라고 하며 이러한 사회현상을 대상으로 하는 학문을 말한다. 따라서 경영학은 사회에 존재하는 기업 및 기타 조직에 관한 현상을 밝히는 데 그 목적이 있는데, 학문의 분류체계에서 보면 학문 중에서 과학에 속하며 과학 중 경험과학이고, 경험과학 중에서 사회과학이라고 할 수 있다(윤종훈 외, 2013, 32).

<그림 1-2> 학문의 분류

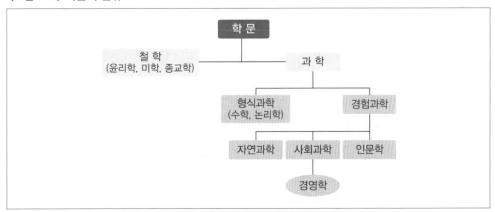

자료: 윤종훈 · 송인암 · 박계홍 · 정지복(2013), 「경영학원론」, 제2판, 학현사, 33.

(1) 이론과 실천으로서의 경영학

경영학의 학문적 성격이란 과학으로서의 경영학의 학문적 편향성을 의미하는데 그것은 바로 경영학이 이론과학인가 또는 실천과학인가의 양자택일적인 문제를 의미하게 된다. 따라서 주로 이론과학에 그 학문적 편향성을 찾게 되는 경영학을 이론적 경영학이라 하며 이에 반해 실천과학에 학문적 편향성을 갖는 경영학은 실천적 경영학이라 부르게 된다.

여기서 이론경영학이란 이론과학 또는 순수과학으로서의 경영학을 말한다. 이는 기업조직의 제반현상을 기술(description)하고 설명(explanation)하며 예측(prediction)하는 것을 목적으로 하는 것으로(김귀곤 외, 2018, 16) 기업의 경영에 대한 경험적 사실을 분석하여 새로운 원리나 법칙을 끌어내려는 것을 주된 사명으로 하는 경영학연구를 말한다(김귀곤 외, 2018, 16).

따라서 이는 지식의 체계라고 할 수 있는 과학, 특히 경영에 관한 지식체계로서의 과학을 현실로서 존재하는 경영에 관한 제 사상에 입각해서 그것을 관찰하고 예측하며 연역하고 가설을 검증하는 방법을 통해서 하나의 원칙으로서 확정시켜 나간다.

이 경우 일정한 원칙에 도달하기 위한 과학적인 연구방법으로서 귀납적 방법이나 연역적 방법을 사용하는데, 이 중의 어떠한 방법에 의해서 이론이 도출되어지든 이는 실재하는 기업의 목적이 어떤 방법과 수단에 의해서 달성되고 있는가를 밝혀낼 수 있을 뿐, 경영이 어떻게 되어야 한다고 하는 당위로서의 목적의 합리성이나 당위의 가치성은 이 연구의 방법에서 배제된다.

그러나 특히 이와 같은 연구방법이 논리·실증적인 분석체계를 따르게 될 때 우리는 이것을 기술과학이라 말하게 된다. 기술과학이란 검증이 불가능한 추상적인 법칙을 수립하는 것이 아니라. 검증가능한 가설을 내세워 이 가설을 관찰이나 실험에 의해 검증함으로써 새로운 이론 내지 모델을 구축하는 연구방법이다. 따라서 기술과학으로서의 경영학은 논리실증주의의 과학적 방법론에 따라 경영에 관한 경험적 사실을 설명하여 예측하고 여기에서 경영의 이론적 원칙을 끌어내게 된다. 그러므로 현대경영학은 이론으로서의 성격과 실천으로서의 성격을 아울러 가지고 있다고 말할 수 있다.

한편 실천경영학은 실천과학으로서의 경영학을 의미하고 있으며 이는 경영목적을 달성하는 데 실천적으로 유용한 제반의 관리기술이나 처방이 어떤 것인가를 규명하려는 것이다. 이는 있는 그대로의 경영사상을 분석의 대상으로 하는 것이 아니라 경영체가 가진 목적을 달성하기 위하여 어떤 수단이나 방법을 선택하는 것이 가장 유익하겠는가를 고려하여 선택적 제언을 하게 되는, 소위 응용과학으로서의 특성을 갖는다.

그러므로 실천경영학은 논리적 경영학에서 개발되고 정립된 모든 이론을 현실적인 경영에 적용가능하도록 모든 이론을 실천가능한 관리기술로서 구체화시켜 나간다. 따라서 실천을 전제로 한 당위로서의 경영원리를 끌어내려는 실천주의의 연구방법은 기업경영의 실무를 위한 규범적 방향을 제시해야 하는 규범론적 연구방법과 서로 통하게 된다(김귀곤 외, 2018, 17).

이와 같이 실천적 연구방법이 규범론적 연구방법과 상통하는 이유는 규범론적 연구방법이 단순한 경험적·논리실증적 연구방법(경영이 현재로서 이렇다)과는 달리 당위 또는 이상으로서의 최고의 가치규범(경영은 이렇게 되어야 한다)을 추구하고 여기에서 일정한 가치정립 또는 목적지시를 하기 때문이다. 규범론적 연구방법에 의할 때 우리는 현재로서의 경영이론에 비판을 가하여 일정가치가 부여된 당위로서의 이론을 제시함으로써 존재를 당위로 끌어올릴 수 있는 경영상의 제반 방법이나 수단도 모색하여야 한다(신재정, 2003).

위에서 언급한 이론경영학과 실천경영학의 관계는 상호보완의 관계로서 다루어져야 한다. 경영학이 이론적 학문으로서의 특성을 나타낼 때 그것은 경영실무가 지향하여야 할 이론적 기초, 다시 말해서 경영실무를 위한 비전을 제시한다. 또 경영학이 실천적 학문으로서의 특성을 나타낼 때 그것은 경영이 단순한 이론을 위한 이론으로서가 아니라 이론을 바탕으로 그것을 실행에 옮김으로써 경영의 과실을 딸 수 있는 실천적 처방전을 얻게 된다. 이와 같이 이론과 실천은 상호보완의 관계를 통하여 보다 더 큰 관리적 성과를 거둘 수 있게 된다. 특히 끊임없이 변화하는 경영환경 속에서 이루어지고 이론 속에 포함하기 어려운 복잡한 상호작용 관계를 내포하고 있으며 때로는 의술이나 설계와 같이 경영자의 경험이나 직관에 의해 현실의 모든 문제를 해결해야 하기 때문에 현실과 유리된 이론개발은 그 타당성을 상실하게 된다(신유근, 2000).

이와 같이 이론 없는 실무도, 또 실무가 수반되지 않는 이론도 있을 수 없다는 점에서 이들 양 특성은 상호보완적이어야 할 것이다(김석회, 1993). 이런 의미에서 경영학은 '왜(why?)'라는 인과적 관계를 강조하는 과학적 이론지향성의 성격과 함께, '어떻게(how?)'문제를 해결할 것인가? 라는 실천지향성의 성격을 동시에 지니고 있다.

(2) 기술과 과학으로서의 경영학

'경영학이 과학인가, 아니면 단순한 기술에 불과한가?'를 두고 지금까지 많은 논란이 전개되어 왔다. 과학이란 특정 주제에 관한 일반적인 지식체계를 가져오는 체계적인 연구로 정의된다. 경영학의 역사를 보면 경영학은 19세기 말에 들어서면서 제 문제를 해결하고 능률을 개선하기 위한 작업장 내에서 과학적인 관리방법의 도입에서 보급·발전되어 왔다. 비록 경영학이 과학이라는 사실에 대하여 상당한 논란이 있기는 하지만 대부분의 학자와 실무가들은 경영학을 발전하고 있는 과학으로 분류하고 있다.

　이를테면 경영자들은 최적 재고수준을 결정하고 작업일정을 짜며 전 세계에 있는 해외법인이나 영업망의 매출현황을 실시간으로 파악하고 제품과 서비스의 질을 일정수준으로 유지하기 위해 최신 컴퓨터 프로그램을 사용한다. 그들은 제품을 신축적으로, 그리고 능률적으로 생산하기 위해 복잡한 로봇시스템에 의존하기도 한다. 그들은 근로자를 동기부여시키고 고객이 선호하는 것을 알아내며 자금시장을 이해하기 위하여 심리학, 사회학, 인류학 및 기타 학문에서 발전되어 온 다양한 이론에 상당히 의존하고 있다(Cunningham, Aldag, & Blouk, 1993). 이와 같이 수년에 걸쳐 많은 관리원칙들은 연구와 적용을 통해 과학적으로 확립되어 왔다.

　그러나 사람들은 어느 정도 창의적인 재능을 응용하지 않고서는 그들의 관리기술을 완전히 개발할 수 없다. 이것이 바로 경영자들이 자신들의 직무의 요구나 기회를 저울질할 때 그들 자신의 경험에 크게 의존하는 이유이다. 더욱이 관리기법과 도구에 관한 점증하는 지식체계로 경영자들은 직관력, 상상력, 통찰력(🄰 서산 간척지 사업에서의 정주영 공법)을 활용할 필요가 있는데, 그것은 무엇을 해야 할지를 잘 모를 때 그러하다. 그래서 관리관행은 객관적으로 연구·교육될 수 있는 구체적 원칙뿐만 아니라 기술하고 분석하기가 어려운 주관적인 과정도 포함하고 있다(Bovee et al., 1993).

　이러한 맥락에서 경영학은 아울러 기술이기도 하다. 실제로 한 학자는 경영학을 불충분한 정보로 의사결정을 하는 기술로 정의내려 왔다. 기술 혹은 기법(art)이란 바라는 구체적 결과를 달성하기 위한 노하우(know-how)로(Koontz & Weihrich, 1994) 질서정연한 사실체계와 법보다도 상상력, 직관력 및 관행에 보다 우선하게 된다. 이런 점에서 현대경영학은 상당히 기법처럼 보인다. 기술적인 과정이란 일반적으로 세 가지 중요한 측면, 즉 기술, 비전 및 커뮤니케이션을 갖는 것으로 보여진다(Boone & Kurtz, 1992). 경영학의 과정은 세 가지 모든 경우에 기술로서의 자격을 갖추고 있다. 즉 경영자들은 과업을 달성하기 위하여 기술을 갖지 않으면 안 된다. 그들 또한 혁신적인 전략을 이행하기 위하여 비전을 소유하지 않으면 안 된다. 그리고 그들은 작업환경과 다른 곳에서 효과적으로 커뮤니케이션을 할 수 있어야만 한다.

　만일 경영학이 기술과학이나 논리실증주의를 떠난 한낱 기술론에 불과하다면 경영자 개인의 경험이나 직관을 토대로 시행착오에 의한 기술에만 의존할 때 경영학의 학문적인 가치가 전혀 없을 뿐만 아니라 어디까지나 행동을 위한 지식의 체계를 제공하는 사회적인 경영학교육 자체가 아무런 의미도 없는 것이 되어버리기 때문이다. 가령 경영학이 순수한 이론으로서의 과학론에 불과하다면 과학으로서의 이론은 자칫 실제와 거리가 먼 공리공론이 되어버릴 가능성이 매우 클 것이다(한희영, 1988, 45-46).

따라서 균형된 관점에서 보면 경영학은 기술인 동시에 과학이라고 할 수 있다. 경영과정도 기술적 과정을 위한 일반적인 시나리오를 따른다. 그러나 경영과정의 도구나 기술 측면은 분명히 오랜 시간에 걸쳐 축적되어 온 과학적인 지식체계에 기초를 둔다. 그런 의미에서 경영학이란 학문은 <그림 1-3>과 같이 항상 과학적 요소와 기술적 요소를 동시에 유지해야 할 것이다.

말하자면 오늘날에는 이론과학임과 동시에 실천과학으로서의 성격을 함께 지니는 경영학은 과학임과 동시에 기술이라는 논리적 귀결에 이르게 되었다(Pearce & Robbins, 1989). 결국 지식이 없는 기술은 맹목적인 것이며 기술이 없는 지식은 무의미한 것이라는 주장은 이를 잘 웅변해 주고 있다(Szilagyi, 1990).

이와 같이 경영학은 이론과 실천을 함께 추가하는 양면적 성격을 가질 뿐만 아니라 과학과 기술(기법)의 또 다른 양면적 성격을 가지고 있다고 할 수 있다. 따라서 경영학은 경영활동을 연구대상으로 하여 이론과 실천, 과학과 기법(기술)의 네 가지 측면을 모두 지니는 종합학문이라 할 수 있다(윤종훈 외, 2013, 34-35).

〈그림 1-3〉 경영학의 양면성

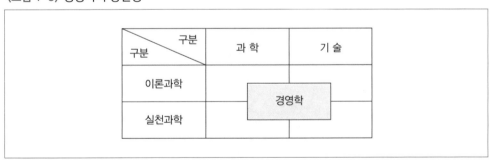

자료: 서울대학교 경영대학 경영연구소(1994), 「경영학 핸드북」, 전정판, 서울대학교출판부, 11.

제2절 경영학의 연구대상

01 경영학의 연구대상

경영학이 주로 국민경제의 구성단위가 되는 개별경제를 그 연구대상으로 미시적인 관점에서 추구하는 학문이라면 전체경제를 구성하는 모든 개별경제가 바로 경영학의 연구대상이라 할 수 있다. 따라서 <그림 1-4>와 같이 전체경제를 구성하는 가정, 기업, 재정, 기타 모두가 경영학의 연구대상이 된다.

실제로 최근에 들어서는 기업조직뿐만 아니라 거의 모든 조직에서 '경영'을 말한다. 거의 모든 선거에서 후보자들은 누구나 할 것 없이 정치에 '경영마인드'를 도입하겠다고 주장한다. 심지어는 가장 보수적이라고 할 수 있는 학교나 종교 단체 등에서도 '경영'이란 말을 서슴없이 붙이고 있는 실정이다(김귀곤 외, 2018, 11).

〈그림 1-4〉 경영학의 연구대상

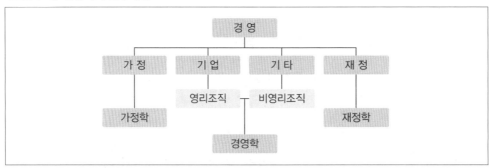

자료: 이승종(1990), 「경영학원론」, 석정, 51.

그러나 가정의 경우 가정이라는 포괄적 체계를 중심으로 일어나는 인간과 환경의 상호작용에 대해 연구하는 학문인 가정학에서 주로 연구하는 분야이기 때문에 연구대상에서 제외될 수 있다. 또한 국가나 지방공공단체가 맡은 일을 수행하기 위해 하는 경제활동인 재정에 대해 연구하는 학문인 재정학의 경우 경제학의 주요 분야로 재정학이 일찍부터 발달해 왔기 때문에 이 또한 현대경영학에서 제외된다. 따라서 경영학의 주요 연구대상은 영리를 목적으로 하는 생산경제단위인 기업과 비영리를 목적으로 하는 기타 개별경제단위이다.

이와 같이 오늘날 모든 경제활동이 자본주의라는 경제체제 테두리 안에서 이루어지고 있는 이상, 경영학의 주된 관심대상은 갖가지 형태의 개별경제 가운데서도 영리를 목적으로 하는 기업, 특히 사기업에 각별한 관심을 두기 마련이다. 이는 현대의 고도자본주의 경제체제하에서는 주로 영리적인 기업이 그 핵심적이고도 주도적인 역할을 다하고 있기 때문이다. 바로 여기에 현대경영학이 아직까지도 재정경영을 제외한 기타 모든 개별경제 가운데서 회사, 공장 또는 상점과 같은 영리를 추구하는 기업경영에 그 연구대상으로서의 초점을 맞추고 있는 이유가 있게 된다.

현대경영학은 결국 그 주된 관심사항을 각별히 사기업이라 불리는 기업경영에 두고 있다. 그러나 경영학 이외에도 사회학, 심리학과 같은 사회과학도 직접적이든 간접적이든 간에 개별경제로서의 경영을 연구대상으로 삼는 경우가 많은데 이때 그러한 학문들은 경영의 모든 측면을 연구대상으로 삼는 것이 아니라 제각기 어느 특정한 측면만을 그 연구대상으로 하게 된다. 이와 같이 동일한 경영이라도 경영의 어떤 측면을 연구하는가에 따라 학문 그 자체의 성격이 달라지기 때문에, 엄밀한 의미에서 경영학의 연구대상은 경영 그 자체에 있는 것이 아니라 경영의 어떤 측면을 파악하는가에 달려 있다고 할 수 있다. 이것이 곧 경영학의 연구대상에 있어서 이른바 인식대상의 문제인 것이다.

이러한 측면에서 볼 때 현대경영학의 연구대상은 두말할 나위도 없이 경영의 경제적인 측면인 점에 특색이 있게 된다. 즉 경영학은 경영의 가장 핵심적인 내용인 경제적인 측면, 다시 말해서 경영에 있어서의 생산활동과 판매활동 나아가서는 이를 뒷받침하여 주는 재무활동이나 인사활동 등과 같은 개별경제적인 활동을 그 주된 연구대상으로 하는 학문이라고 할 수 있다.

이때 생산과 판매는 기업경영의 기본적인 활동이라 해서 양자를 흔히 라인(line)활동이라 부르며, 재무와 인사는 이들 양자의 보조적인 활동이라 해서 스태프(staff)활동이라 일컫는다. 그러므로 연구대상으로서의 경제적인 측면이란 구체적으로 바로 기업경영의 생산·판매·재무·인사의 4대 측면이라 할 수 있다. 이러한 맥락에서 세계경영학의 양대 산맥의 하나로 지칭되는 독일경영학을, 주로 경영의 경제적인 측면을 그 연구대상으로 한다고 해서 그 학명 자체도 글자 그대로 경영경제학(Betriebswirtschaftslehre)이라고 부르고 있다(한희영, 1987, 26-35).

02 연구대상으로서의 경영과 기업

경영학의 연구대상은 이상에서 살펴본 바와 같이 가정경영과 재정경영을 제외한 기업경영과 기타 경영 등과 같은 개별경제라 할 수 있다. 그러나 각별한 표현을 빌릴 때 현대경영학의 주된 관심대상이란 그 가운데서도 기업경영이라는 이름의 사기업에 그 초점을 두게 마련이다. 그것은 오늘날의 경제사회가 주로 기업경영에 의해 지탱되고 있는 자본주의 경제체제하에 있기 때문이다. 이는 다시 말해서 전반적인 경영학의 연구대상은 넓은 의미에서의 '경영'이지만, 경영학의 주된 관심대상은 그러한 경영 가운데서도 좁은 의미에서의 '기업'이라는 뜻과도 같다.

결국 이러한 식의 견해가 바로 현대경영학의 연구대상으로서의 경영(business)과 기업(enterprise)에 관한 오늘날의 통설이 되고 있다. 물론 일찍부터 경영개념과 기업개념 사이에는 그 본질에 관한 갑론을박적인 견해차가 커서, 경영과 기업의 본질을 어떻게 규정하느냐에 따라 경영학의 연구대상 자체가 여러 가지 관점에서 상이하게 파악되어 온 것은 사실이다. 또한 실제로 기업과 경영의 본질규정의 문제야말로 경영학에 있어서의 연구대상의 올바른 파악의 문제와 직결되므로, 경영학연구 자체의 출발점인 동시에 그 본질규명의 도달점이 되고 있다고도 할 수 있다.

그러나 현대경영학에서 이해되는 경영과 기업의 양 개념은 앞서 살펴본 바와 같이 광의(廣義)와 협의(狹義)의 두 가지 관점에서 파악되며, 경영학의 주된 관심대상을 얘기할 때 그것은 협의의 개념으로 요약되기가 일반적이다. 이러한 견해는 오래전부터 여러 학자들에 의해 주장되어 온 바 있는데, 이들 관계를 대략 다음의 두 가지로 집약해 볼 때 현대경영학의 기초개념으로서의 '경영'과 '기업'은 광의로는 '기업상위·경영하위설'을 그리고 협의로는 '경영상위·기업하위설'에 그 바탕을 두고 있다.

(1) 기업상위 · 경영하위설

기업상위 · 경영하위설은 '경영'과 '기업'이 상호이질적이라는 견해에서부터 출발하게 된다. 이때 기업을 상위개념으로 보고, 경영을 그 하위개념으로 보게 되는 견해이지만, 어느 경우든 경영과 기업을 전혀 별개의 것으로 파악하는 관점에 있어서는 마찬가지이다. 이러한 관점은 현대경영학이 형성되기 이전부터 내려온 고전적 견해로 대표적인 학자로 독일의 베이어만(M. R. Weyerman)과 쉐니츠(H. Schönitz)를 들 수 있다.

결국 경영과 기업은 서로가 이질적인 개념이지만, 양자가 어디까지나 전체경제를 구성하는 개별경제라는 관점에서는 같다고 할 수 있다. 다만 같은 개별경제라 하더라도 기업은 영리를 목적으로 하는 이익추구의 개별경제인 반면, 경영은 그러한 영리목적을 달성하기 위한 구체적인 수단으로서의 개별경제라는 것이다. 다시 말해서 경영은 법적 · 재정적 범위로서의 기업의 영리성 추구라는 목적을 실현하는 기술적 생산적 단위에 불과하다는 것이다. 따라서 "기업이 있어야 비로소 경영이 있게 된다"라는 뜻에서도 기업이라는 개별경제는 경영이라는 개별경제의 상위개념이 된다.

이 경우 기업의 주체는 '기업가'가 되며, 경영의 주체는 '경영자'가 된다. 따라서 기업과 경영이 이질적인 이상 기업가와 경영자는 엄연히 구별되어야 마땅하다. 그러나 과거와는 달리, '자본(소유)과 경영의 분리현상'이 보편화되어 가고 있는 오늘날에 있어서는 기업가가 곧 경영자이며 또 경영자가 바로 기업가이기도 하다는 식으로 기업가와 경영자의 엄격한 구별은 사라진 지 이미 오래되었다. 따라서 '기업상위 · 경영하위설'은 오늘날 그다지 각광을 받지 못하고 있는 실정이다.

(2) 경영상위 · 기업하위설

경영상위 · 기업하위설은 '경영'과 '기업'이 상호이질적이라기보다는 오히려 동질적이라고 보는 견해이다. 다만 경영은 경제성 개념에 결부시킨 데 반해 기업은 영리성 개념에 결부시켜 경영에 보다 고차적인 의미를 부여하고 있다. 따라서 넓은 뜻에서는 경영이 기업의 상위개념이나 다를 바 없다. 이러한 경영 · 기업 동질개념설, 즉 경영상위개념설은 오늘날 경영과 기업의 개념에 관한 일반적인 통설로써 독일의 니클리쉬(H. Nicklisch)와 멜레로비취(K. Mellerowicz)와 같은 대다수의 저명한 경영학자들의 공통적인 견해이기도 하다.

그 가운데서도 기업을 어디까지나 "경영의 사적 발전상에 있어서의 한 형태"일 따름이라고 간주하는 논자들 중에는 현대경영학의 연구대상 자체를 아예 생산경제적 개별경제인 동시에 사기업으로서의 기업경영에만 한정시키고자 하는 경우도 있다. 이를테면 기업이란 자본주의경제제도의 확립과 더불어 출현하게 된 경영의 한 형태에 불과하며, 그러한 경영으로서의 기업이 오늘날 자본주의 경제를 지탱하고 있는 이상, 그것이 곧 현대경영학의 연구대상이 될 수밖에 없다는 것이다.

그러나 경영학이 어디까지나 전체경제의 구성단위체로서의 개별경제에 관한 학문이라는 관점에서는 따로 전문과학이 형성되고 있는 재정경영의 경우만을 제외하고, 그 외의 모든 경영이 아직까지는 경영학의 엄연한 연구대상으로서 포함되어야 논리적이다. 이러한 경우 경영과 기업의 개념은 이른바 '경영상위·기업 하위설'에 따를 수밖에 없다(한희영, 1996).

제3절 경영의 지도원리

경영학의 연구대상을 경영의 경제적인 측면, 즉 기업경영이라고 규정짓는 것만으로 경영학의 연구대상이 완전히 확립되는 것은 아니다. 이와 함께 그러한 경제적인 측면을 어떠한 관점에서 추구해야 하는가를 분명히 해야 한다. 즉, 경영의사결정에서의 선택원리를 보다 분명히 확정해야 할 것이다. 이것이 바로 경영의 지도원리인 경험대상의 문제인 것이다. 경영학의 연구대상은 결국 경영의 경제적인 측면을 어떠한 관점에서 추구해야 하는가에 따라 보다 분명해진다고 볼 수 있다.

이 경우 어떠한 관점에서 추구되어야 하는가? 하는 경험대상의 문제는 곧 경영의 경제적 측면을 어떠한 관점, 목적, 원리나 원칙에서 경영학의 연구대상을 파악 또는 추구하느냐의 문제와 같은 말이다. 이것은 경영목적을 위한 선택원리의 선정과제로서, 경영목적의 달성을 위한 경영행동의 원리, 즉 기업경영의 지도원리 또는 행동원칙이라 표현할 수 있다. 이러한 선택원리에 관해서는 아직도 어떤 통일된 정설은 없다. 오히려 경영학의 연구에서 여러 가지 학파나 조류가 생겨나는 이유의 하나가 되고 있을 정도로 선택원리 내지는 경험대상에 관한 학설은 가지각색이다. 최근에는 많은 평가에서 조직이 새로운 환경에 얼마나 빨리 적응하며 변신을 시도하는 정도를 의미하는 혁신성을 경영의 지도원리, 곧 성공기준으로 삼기도 한다(이진규, 2015). 그러나 주요한 선택원리는 다음과 같이 수익성, 경제성, 생산성의 세 가지를 들 수 있다.

01 수익성 원칙

기업이 자본주의 경영으로서 사적 이윤을 추구하는 영리원칙을 지도원리로 삼을 때 그것을 연구대상으로 하는 경영학은 필연적으로 일종의 '돈벌이론'에 지나지 않는다. 따라서 경영학의 연구대상을 자본주의 경영으로서의 기업이라 할 때 그 지도원리는 당연히 수익성(profitability)에서 찾게 된다. 수익성 원칙이란 투하된 자본가치를 증식시키기 위해 보다 많은 화폐이윤을 창출하는 행위를 말한다. 이 수익성 원칙은 순수한 화폐가치의 비율인 수익률에 따른 기업의 행동원칙을 뜻하며 이를 하나의 식으로 나타내면 다음과 같다.

$$\text{수익성} = \frac{\text{성과} - \text{희생}}{\text{투하자본}} = \frac{\text{수익} - \text{비용}}{\text{자본}} = \frac{\text{순이익}}{\text{자본}}$$

檢 "이윤지상주의, 청해진해운 상응한 죗값 받아야"

세월호 선사인 청해진해운 대표 김한식(73) 씨와 임직원 등에 대한 항소심 재판이 3일 광주고등법원에서 열렸다. 검사는 최우선으로 삼아야 할 승객의 안전은 뒤로한 채 오직 수익만을 추구해 온 이들에게 죄에 상응하는 엄중한 형량이 선고돼야 한다는 점을, 변호인들은 침몰사고와의 인과관계 중단 또는 예견가능성이 없었다는 사실 등을 강조했다.

광주고법 제6형사부(부장판사 서경환)는 이날 오후 법정동 201호 법정에서 업무상과실치사 등의 혐의로 기소돼 1심에서 징역형 등을 선고받은 청해진해운 대표 김씨와 임직원, 화물 화역업체 우련통운 관계자, 한국해운조합 운항관리자 등 11명에 대한 제1회 공판기일을 진행했다.

수사검사는 항소이유를 통해 "원심의 판단 중 사실을 오인하거나 법리를 오해한 부문이 있다. 검찰은 이 같은 점을 바로잡기 위해 항소했다"고 말했다. 또 "일부 피고인의 경우 원심의 형량이 지나치게 가볍다. 불법에 상응한 처벌을 받아야 할 필요성이 있다"고 덧붙였다.

이어 "중대한 결과를 야기한 이들은 오직 수익만을 추구하면서 승객들의 안전을 등한시했다"며 "안전한 대한민국을 위해 이들에게 죄에 상응하는 엄중한 형량이 선고돼야 한다"고 주장했다.

검찰은 이번 항소심에서 당시 해운조합 운항관리실장 김모(52) 씨에 대한 무죄 부문(업무방해)과 세월호의 또 다른 선장 신모(47) 씨의 업무상과실선박매몰 무죄, 김 대표의 특경법 위반(횡령·배임)에 대한 포괄일죄 여부 등의 혐의짐에 있어 1심 재판부의 사실오인과 법리오해, 양형부당을 다툰다.

반면 변호인들은 피고들이 업무상 주의의무를 위반한 과실이 없다는 사실, 과실이 있었더라도 침몰사고와의 인과관계나 예견가능성이 없었다는 점, 과적·부실고박에 대한 업무상 주의위무 위반의 부존재 등을 주장했다.

일부 피고인들은 1심과는 달리 자신의 형사책임을 인정했다. 단 선고받은 형량이 너무 무겁다며 그 수위를 낮춰달라고 밝혔다. 오는 17일 제2회 공판기일에는 서증조사 등의 절차가 이뤄진다.

한편 이날 오전 같은 법정에서는 세월호 증선 인가 등의 과정에 금품을 주고받은 전·현직 공무원과 청해진해운 전 임직원 등에 대한 항소심 재판이 열렸다.

자료: 구용희(2015.03.03.), "檢 "이윤지상주의, 청해진해운 상응한 죗값 받아야","「뉴시스」.

따라서 수익을 올리기 위해서는 성과, 즉 이익을 증대시키고 희생, 즉 비용을 상대적으로 줄이지 않으면 안 된다. 이러한 수익성 원칙은 기업활동의 대가로서 최고·최대의 수익성, 이른바 이윤극대화 원칙(principle of profit maximization)과 직결된다(한희영, 1987, 35−36).

자본주의 경제체제를 지탱하는 기업경영 그 자체가 애당초 모험이며 모험의 대가가 곧 최고·최대의 수익일 것이며 그 수익성의 추구로서 기업의 성장이 기대된다. 전통적인 기업목적은 대개 수익성 원칙이라는 단일목적(single goal)과 함께 이윤극대화에 그 초점이 놓여 있다. 이와 같이 수익성을 지도원리로 하여 이윤극대화에 매진하게 될 때 기업은 ① 생산활동을 등한시하거나 ② 근로자를 착취할 뿐만 아니라 ③ 탈세행위를 저지름으로써 국민경제발전을 저해하고 사회의 지탄을 받게 된다.

02 경제성 원칙

이처럼 종래의 경영학이나 또는 경제학에 있어서조차 기업의 목적관은 대체적으로 수익성 원칙에만 그 바탕을 둔 '기업목적 일원설'이 압도적이었다. 그러나 오늘날의 기업경영은 과거와는 달리 복잡하기 이를 데 없는 기업환경 탓으로 수익성 원칙이라는 단일목적만으로는 기업활동을 정상적으로 전개할 수 없도록 되어 있다. 다시 말해서 현대의 고도산업사회에 있어서는 "공급이 스스로 수요를 창출한다"(Supply creates its own demand)는 세이의 법칙(Say's law)(조순·정운찬, 1993; 조순 외, 2013)과는 달리 "소비자가 있어야 곧 기업이 있게 된다"는 마케팅시대(marketing era)의 특징으로 소비자를 필두로 한, 기업환경으로서의 여러 이해관계자집단(interest group)에 대한 이해조정이라는 사회적 책임도 아울러 고려해야 할 입장에 놓인 것이 바로 오늘날의 기업이기도 한 것이다.

따라서 오늘날의 기업의 목적관은 이른바 '기업목적 다원설'에 입각한 다원목적(multiple goals)이 될 수밖에 없어, 단일목적으로서의 수익성 원칙의 추구만으로는 자칫 기업 자체의 존립마저 위태로워질 수 있다. 왜냐하면 이윤극대화 원칙에만 집착하는 기업은 오늘날과 같은 소비자주권사회(consumer's sovereignty society)에 있어서는 소비자를 필두로 한 이해집단으로부터 언젠가는 어떠한 형태로든 외면당하게 될 염려가 커지기 때문이다. 그 단적인 예로는 최고 최대의 극대이윤을 추구한 나머지 적정가격을 초과한 고가격정책을 앞세움으로써 소비자로부터 불매운동의 대상이 되어버린 경우를 들 수 있다.

이와 같이 오늘날의 전문경영자는 기업의 사회적 책임을 생각하여 기업활동을 적정수익을 중심으로 전개하여야 하며 또한 그것이 기업 자체의 목표가 되도록 하여야 한다. 이것이 바로 경영의 지도원리로서의 경제성 원칙이다. 여기서 말하는 경제성 원칙은 경제원칙과는 그 본질 면에서 상이하다. 일반적인 의미의 경제원칙(economy principles)이란 최소의 희생으로 최대의 성과를 가져오는 경제행위이다. 그러나 경제성 원칙은 도달해야 할 어떤 성과나 수익을 최소의 비용이나 희생으로 달성하는 것으로써 경제적 합리주의를 의미하며 다음과 같은 공식으로 표시하고 있다.

$$경제성 = \frac{목표}{수단} = \frac{수식}{비용} = \frac{산출}{투입}$$

여기서 수단이 일정하다면 경제성은 표준생산가치와 실제생산가치의 비교로서 측정될 수 있는데, 이를 목표달성도라 한다. 한편 목표가 일정하다고 가정할 때의 경제성은 표준투입가치와 실제투입가치의 비교로서 측정될 수 있는데, 이를 수단절약도라 한다.

이 경제성 원칙은 기업경영의 지도원리로서뿐만 아니라 경영이라는 어휘의 모든 형태의 개별경제에 공통적으로 적용되는 선택원리이기도 하다. 예컨대, 재정경영이나 가정경영, 기타의 병원, 학교, 군대, 공기업 등에서도 이 원칙은 그 경영행동의 선택원리로서 그대로 적용된다. 따라서 현대경영학의 지도원리는 수익성 원칙이 아니라 경제성 원칙이라고 결론을 내릴 수 있다. 즉 경영학의 연구대상으로서의 인식대상은 경영의 경제적 측면이고 지도원리인 경험대상은 경제성 원칙에 의한 선택원리이다(이승종, 1990, 34－36).

여기서 경제성이나 후술할 생산성과 비슷한 개념으로 경영자들이 자주 추구하는 개념으로 유효성(effectiveness)과 능률(efficiency)이란 개념이 있다. 유효성이란 흔히 효과성이라고도 하는데 <그림 1–5>와 같이 비용에 관계없이 이익이나 시장점유율과 같은 조직의 목표가 얼마나 달성되었는가의 여부를 측정하는 척도이다. 따라서 그 초점은 결과의 평가에 있다. 반면에 능률이란 효율(성)이라고도 하는데 일정 수준의 산출을 내기 위해 투입된 자원이 어느 정도 활용되었는가를 비교하는 개념으로 결과 그 자체가 아니라 결과를 만들어내기 위한 방법에 관한 개념이다(곽수일, 1990). 유사한 관점에서 피터 드러커(P. Drucker)는 유효성을 올바른 일을 하는 것(doing right things), 즉 제대로 된 일을 수행하는 정도로 본 반면에 능률을 일을 올바르게 하는 것(doing things right), 즉 일을 제대로 수행하는 정도로 보았다(이진규, 2015, 11).

〈그림 1–5〉 능률 대 유효성

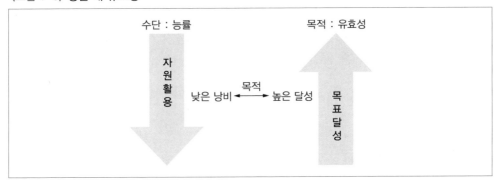

자료: S. P. Robbins & M. K. Coulter(2016), *Management*, 13th ed., Boston: Pearson, 8.

전자의 경우 과학적 관리법의 아버지라 일컬어지는 테일러(F. Taylor)와 그의 계승자들은 작업현장에서의 능률, 즉 조직구성원의 기술적 생산성 향상을 조직의 최대과제로 삼은바, 그것은 개별적 생산성이었으며 분업에 의한 전문화를 전제로 하였다. 그러나 조직이론가들은 바나드(C. Barnard), 사이먼(H. A. Simon), 마치(J. G. March) 등은 단순한 개별성과만이 아니라 시너지 효과(synergy effect)도 함께 고려하는 개별적 성과의 총합으로서의 조직의 유효성을 조직의 주요 과제로 삼고 있다. 따라서 드러커는 경영활동이 제대로 되었는가를 평가하려면 위의 두 가지 기준이 모두 충족될 필요가 있다고 주장하였다.

03 생산성 원칙

생산성(productivity)이란 생산을 위하여 투입(input)된 여러 생산요소의 양에 대한 생산물의 산출량(output)의 비율을 의미한다. 생산활동의 합리성을 나타내는 정도를 의미한다. 즉 노동, 자재, 시설 등 경영자원의 합리적 이용을 통하여 동일한 투입량으로 최대의 성과를 올려 생산비용의 절감과 생산수준의 향상을 꾀하는 것이다. 이러한 생산성은 모든 경영자원을 어떻게 생산적으로 이용할 수 있는가 하는 경영활동의 목표인 동시에 그 성과를 측정하는 기준이 된다. 그러므로 생산성은 곧 경영합리화의 척도이자 생산성 향상으로 얻은 성과를 이해관계가 있는 모든 집단구성원들에게 적절하게 배분하는 기준이 된다.

생산성에 대한 국제노동기구(ILO)의 정의에 의하면 "생산성은 부의 산출량과 자원의 투입량과의 비율"이라고 하여 다음과 같은 공식으로 표시하고 있다.

$$생산성 = \frac{산출량}{투입량}$$

여기서 투입량이라 함은 생산과정에 투입되는 자연자원, 자본, 에너지, 노동, 기술, 경영 등과 같은 제 요소를 말하며, 크게 토지, 노동, 자본 등으로 구분된다. 이와 같이 생산성의 개념은 투입량이 무엇인가에 따라 노동생산성(생산량/노동자), 자본생산성(생산량/자본), 토지생산성(생산량/토지가격) 및 설비생산성(생산량/설비) 등이 있다.

경제협력개발기구(OECD)에 의하면 통상생산성이란 용어가 특별한 제한 없이 사용될 때에는 노동생산성을 의미한다. 그 이유는 ① 노동은 생산요소 중에서 가장 기본적·구체적·적극적 요소이며, ② 인간의 노동은 생산의 행위자이며, ③ 노동량은 다른 생산요소보다 측정이 용이하고, 그 자료를 얻기 쉽다는 실제적 측면에 근거하고 있다.

국가별 노동생산성을 비교해 보면 경제협력개발기구(OECD)에 의한 2017년 우리나라의 시간당 노동생산성[1]은 <그림 1-6>에서 알 수 있듯이 34.3달러(2015년 불변가격 기준)로 OECD 평균(48.1달러)의 70% 수준에 그치고 있다. 우리나라의 노동생산성은 세계최고인 아일랜드(88달러)의 3분의 1, 덴마크(64.9달러), 미국(64.2달러) 네덜란드(62.6

---

1 시간당 노동생산성은 부가가치를 총 노동시간으로 나눈 것으로 시간당 생산량(생산액)을 의미한다.

달러), 스웨덴(61.7달러), 독일(59.9달러), 프랑스(60달러)등의 절반 수준에 불과하다. 특히 경쟁국인 일본은 노동생산성이 41.8달러로 우리나라보다 20% 이상 높다. 노동생산성이 한국보다 낮은 OECD 국가는 멕시코(18.8달러), 칠레(23.9달러) 등 중남미 국가들과 헝가리(32달러) 등 동유럽과 포르투갈(32.3달러), 그리스(32달러) 등 남유럽 국가들뿐이다.

2017년 기준 OECD 36개 국가들의 연간 평균 근로시간이 1,746시간인 데 비해 우리나라의 연평균 근로시간은 2,024(2016년 2,069시간)시간으로, 멕시코(2,258시간)와 코스타리카에 이어 세계에서 세 번째로 일을 많이 하지만 정작 효율성은 떨어지는 셈이다(고영태, 2019.04.30.; 이훈철, 2018.05.06.). 따라서 일하는 방식을 개혁해 노동생산성을 높일 필요가 있다(유병연, 2019.01.22.).

〈그림 1-6〉 OECD 주요국 시간당 노동생산성 현황

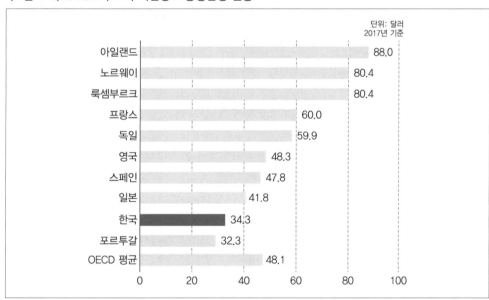

자료: 경제협력개발기구(OECD).

이러한 노동생산성은 다시 물적 노동생산성과 부가가치 노동생산성으로 나누어 볼 수 있다.

(1) 물적 노동생산성

물적 노동생산성이란 노동량, 즉 근로자수와 산출량을 대비한 것으로 노동생산성이라고도 하며 다음과 같이 표시된다.

$$물적\ 노동생산성 = \frac{산출량}{노동량} = \frac{산출량}{근로자수}$$

이는 근로자 1인당 1일의 산출량이라는 형식으로 표시하는데 가령 근로자 100명이 하루 100톤의 석탄을 생산했다면 이 근로자의 노동생산성은 1톤이며, 이것이 2톤으로 증가됐다면 노동생산성은 2배로 올랐다는 결과가 된다.

물적 노동생산성은 투입량의 하나인 노동량으로서 그 생산량에 대비시키는 것이므로 산업화의 물결 속에서 정보혁명으로의 산업구조 변경에 따른 지적 자산평가 내지 인적 회계처리 등 다양한 평가기준이 적용되는 현대경영의 측면에서 볼 때 화폐가치적 종합생산성이라고는 할 수 없다. 한국생산성본부에서 추계한 우리나라의 물적 노동생산성 지수의 추이를 보면 <표 1-2>와 같다.

▌〈표 1-2〉 물적 노동생산성지수: 한국생산성본부 추계 　　　　　　(단위: 2015=100.0, %)

지수 연도	시간당		1인당	
	비농전산업	제조업	비농전산업	제조업
2008	99.7	93.2	106.2	95.9
2009	100.2	95.7	103.7	97.8
2010	105.3	105.4	108.0	109.3
2011	105.5	108.1	107.4	110.8
2012	102.8	107.7	104.6	108.0
2013	103.9	106.3	104.7	106.0
2014	102.4	103.6	102.4	103.3
2015	100.0	100.0	100.0	100.0
2016	101.4	103.1	100.6	102.0
2017	104.1	107.3	101.5	104.1
2018	106.5	110.5	101.9	105.9

주: 노동생산성지수=산출량지수(=산업생산지수)/노동투입량지수(=근로자수×근로시간)
자료: 한국생산성본부, 생산성통계DB, http://www.kpc.or.kr/; 한국노동연구원(2019), 「2019 KLI 노동통계」, 98.

(2) 부가가치 노동생산성

부가가치 노동생산성이란 노동량과 부가가치를 대비한 것으로 화폐가치적 노동생산성이라고도 하는데, 다음과 같이 표시된다.

$$부가가치\ 노동생산성 = \frac{부가가치}{노동량} = \frac{부가가치}{근로자수}$$

가령 근로자 100명이 하루 100톤의 석탄을 생산하고 석탄 1톤의 가격이 천 원이라면 1인당 1일 채굴액은 1천 원으로 표시되는데 이것이 바로 화폐표시의 노동생산성인 것이다. 부가가치(value added)는 기업이 자기노력에 의하여 창출한 추가적인 가치를 의미하는데 이와 같은 화폐가치적 부가가치 노동생산성은 물량적 노동생산성에 비하여 다음과 같은 장점이 있다. 즉 ① 가치표현의 객관성이 있고, ② 경영자, 근로자, 자본가의 가치창조의 공헌도가 객관적 시장의 평가를 거쳐 나타나므로 가치측정의 기준에 공정성이 있고, ③ 실제 시장에서의 매출액에서 산정, 유도되므로 경영활동의 능

▌〈표 1-3〉 부가가치 노동생산성 지수: 한국생산성본부 추계 (단위: 2015=100.0, %)

연도 \ 지수	시간당		1인당	
	비농전산업	제조업	비농전산업	제조업
2008	94.1	87.2	100.2	89.7
2009	94.1	89.4	97.3	91.3
2010	98.8	95.8	101.3	99.3
2011	99.4	98.7	101.2	101.2
2012	98.3	99.3	100.1	99.6
2013	100.9	100.9	101.7	100.6
2014	101.4	101.5	101.4	101.2
2015	100.0	100.0	100.0	100.0
2016	101.2	103.2	100.4	102.0
2017	104.5	109.5	102.0	106.3
2018	108.3	115.4	103.6	110.7

주: 부가가치노동생산성지수=산출량지수(=불변GDP지수)/노동투입량지수(=근로자수×근로시간)
자료: 한국생산성본부, 생산성통계DB, http://www.kpc.or.kr/; 한국노동연구원(2019), 「2019 KLI 노동통계」, 98.

률 및 합리화의 정도가 시장의 공평한 평가를 받은 결과로서 생산성에 반영되는 등의 장점으로 인하여 일반적으로 생산성이라고 하면 부가가치 노동생산성을 의미하게 되며 종업원 1인당 부가가치로 표시된다(추헌, 1997). 한국생산성본부에서 추계한 우리나라의 부가가치 노동생산성 지수의 추이를 보면 <표 1-3>과 같다.

이 생산성이 향상되면 수익성과 경제성이 오를 뿐만 아니라 기업의 모든 이해관계자에게도 동일한 효과를 기대할 수 있기 때문에 현대 기업경영의 원리로 적용될 수 있다. 지금까지 살펴본 수익성, 경제성 및 생산성 개념의 관계를 살펴보면 <그림 1-7>과 같다.

〈그림 1-7〉 수익성, 경제성 및 생산성 개념의 관계

CHAPTER

2

경영학의
연구방법과 체계

제1절 경영학의 연구방법

모든 학문의 연구대상은 현상이고, 연구의 목적은 그 현상을 기술하고, 예측하고, 통제하는 데 있다. 연구방법이란 바로 주어진 현상을 기술, 설명, 예측하는 방법을 말한다. 곧 그 현상에 대한 지식 또는 이론을 도출해 내려는 방법을 말하는 것이다.

하나의 학문 분야가 독립된 과학으로서 성립하기 위해서는 첫째, 그 학문 고유의 연구대상이 있어야 하고, 둘째, 그 연구대상을 탐구해서 이에 대한 보편타당한 이론을 세울 수 있는 과학적 연구방법이 갖추어져야 한다. 그러므로 어떤 학문이 고유한 연구대상이 있다 하더라도 그 연구대상을 탐구해서 이론을 정립할 수 있는 과학적 연구방법이 존재하지 않는다면 그 학문은 하나의 독립된 과학이라고 할 수 없다(유세준 외, 2013, 50-53).

사회과학으로서의 경영학은 독립과학성을 확보하기 위하여 다양한 연구 내지 접근방법을 사용하고 있다. 이 방법들은 일반적으로 중복적, 상호교차적으로 활용되는 게 보통이다. 따라서 경영학의 연구방법에는 다른 사회과학 분야에 거의 공통적으로 사용되는 일반적 연구방법과 경영학의 학문적 성격에만 적합한 특수한 연구방법이 있다. 그러면 이들 각각에 대해 살펴보도록 하겠다.

01 일반적 연구방법

(1) 관찰적 방법

관찰(observation) 또는 관측이란 '참을 인지한다'는 것으로 모든 연구방법에 필수적으로 적용되는 '연구방법 이전의 연구방법'이라 할 수 있다. 왜냐하면 실천적인 이론과학으로서의 경영학은 연구에 있어서 대부분의 경우 사실의 관찰에서부터 시작될 뿐만 아니라 이론적 순수과학으로서의 경영학 또한 연구에서 귀납법이 원용되는데, 이

귀납법의 원용은 그 전제가 되기 때문이다.

관찰은 여러 번 또는 상당 기간 동안 반복될 수 있다. 그래서 관찰하는 현상이 같은 여건하에서 어느 정도 규칙성을 띠고 발생한다는 사실을 확인하는 것이 중요하다. 관찰과정은 잠정적인 확인단계이므로 이 단계에서 이미 규칙성을 의심받는 현상이라면 더 이상 연구절차를 진척시키는 것은 무의미하기 때문이다(이우영·서창석·박영석, 2002).

(2) 귀납적 방법

귀납적 방법(inductive method)은 경영에 관한 실재적 현실의 과학적 인식을 위하여 특수한 사실로부터 출발하여 공통된 사실을 추출함으로써 보편화된 하나의 정리로서의 경영원리를 도출해 내는 연구방법을 말한다. 예를 들면 20년 동안 증권거래소에서 주식거래를 하던 투자자가 선거시즌만 되면 주식이 폭등하는 현상을 여러 번 경험했다고 가정하면 투자자는 선거라는 정치적 사건이 주식가격에 영향을 미친다는 결론에 도달할 수 있다. 이 경우 여러 선거시즌에 주식이 폭등하는 현상이 개개의 특수한 사실이 되고 이들 사실들의 유사성(관계)으로부터 정치적 사건이 주식가격에 영향을 미친다는 일반적인 원칙을 이끌어냈기 때문에 귀납적 연구방법이라 할 수 있다(김귀곤 외, 2018, 18).

이러한 방법을 선택하게 될 때 여기에서 얻게 되는 원칙들은 실무에 직접 활용가능하다는 장점을 얻을 수 있다. 그러나 실제의 관찰과정에서 관찰이 불완전하거나 관찰된 현상이 전체 현상을 대표할 수 없을 만큼 충분한 것이 못 될 때 이것이 가지는 이론으로서의 일관성과 과학성은 결여된다. 특히 귀납적 방법은 이론적 내지 순수과학적인 경향이 짙은 독일경영학에서의 주된 연구방법의 하나이다.

(3) 연역적 방법

연역적 방법(deductive method)이란 귀납적 방법과는 반대되는 방법론으로 보편적 원리 또는 일반적 주장으로부터 특수한 법칙(특수적 주장)을 끌어내는 연구방법의 하나이다. 특히 개념적·가정적·선언적인 추론도출에 이 연역적 방법이 흔히 사용된다.

경영학연구에 있어서는 연역적 방법과 귀납적 방법이 서로 단계적, 중복적 또는 상호교차적으로 이용하는 경우도 있다. 특히 가설이 직접적으로 검증되지 않고, 다만 간접적으로만 검증될 수 있을 경우 또는 이미 알고 있는 많은 법칙을 포괄적인 법칙 아래서 통일하고 조직하는 경우 등에 흔히 사용된다. 이러한 경우의 연구방법을 연역적 귀납법(deductive-inductive method)이라고 하는데, 실제로 이러한 귀납법과 연역법의 종합으로 성취된 실제의 사례적인 과학의 진보도 많은 편이다.

(4) 직관적 방법

직관(intuition)은 대상의 전체 모습과 본질을 파악하는 인식작용으로서 감성적 사고보다 우월하며, 더 고차원적이고 때에 따라서는 최고의 인식능력으로서 이성적 인식능력에 속한다. 직관적 방법(intuitional method)은 논증적 방법과 반대되는 개념으로서 논증의 경우처럼 주어진 판단의 확실성 또는 개연성을 확정할 수 있는 근거를 밝혀주지 못하는 비논증적 연구방법이지만, 이제까지의 과학에 있어서 흔히 이용되어 왔다. 위대한 발견은 이른바 '순간의 직관'에 의해 이루어진 경우도 많았다는 사실을 결코 간과해서는 안 된다.

이를테면 경영학에서의 가설(hypothesis)은 이러한 직관의 결과일 때가 많으며, 이론에 있어서 뿐만 아니라 실제에 있어서 직관이 경영자의 의사결정에 미치는 영향도 적지 않다. 결국 실천적인 이론과학이라는 현대경영학의 학문적 성격상 직관이 차지하는 방법론상의 비중도 크다고 볼 수 있다.

(5) 역사적 방법

"하나의 과학에 대한 역사는 과학 그 자체이다"라고 말한 바 있는 독일의 문호인 괴테(J. W. Goethe)의 말처럼 경영학을 체계적으로 연구하기 위해서는 우선 그 경영학의 역사, 즉 경영학사를 이해하는 일부터 시작하는 것이 원칙이다. 그것은 경영학 역시 다른 사회과학과 마찬가지로 연구하는 입장 내지 관점의 차이에 따라 여러 학파가 존재해 왔으므로 과거와 현재에 있어서의 경영학의 생성과 발달을 더듬어보고, 각 학설 내지 각 학파의 개별적 특성이나 시대적 특징을 밝히는 것이 경영학의 체계적인 연구를 위해서도 필수불가결한 전제이기 때문이다.

역사적 방법(historical method)은 일명 기원적 방법 내지 발생적 방법(genetic method)이라고도 하며, 경영학의 역사적 연구방법이 학문의 형태로 집약될 때 그것이 곧 경영학사임과 동시에 스스로 경영학의 연구방법으로서의 의미도 지니게 되는 것이다(김원수, 1995).

02　특수한 연구방법

(1) 실험적 방법

실험적 방법(experimental method)이란 현실에 가깝게 여러 가지 변수와 상황을 통제하면서 인위적인 조작에 의해 얻게 된 결과에서 체계적인 이론을 추구하고자 하는 방법이다. 이 실험적 방법은 이론적인 경향이 짙은 독일경영학보다 실천적 성격을 강조하는 미국경영학에서 많이 쓰인다.

미국경영학의 출발점을 의미하는 '테일러시스템'(Taylor system) 혹은 '테일러리즘'(Taylorism)의 기초가 실험에서 연유되었으며, 그리고 테일러시스템뿐만 아니라 그 이후에 현대 미국경영학의 이론적인 바탕을 제공하게 되는 인간관계론적 내지 조직론적 연구의 출현도 실험적인 연구방법의 결과라 할 수 있다. 이를테면 메이요(E. Mayo)의 호손실험(Hawthorne experiment)은 이른바 양키시티연구(Yankee City research)와 더불어 인간관계론적 관리론에 있어서의 2대 조사로 손꼽히고 있으며, 그 후 사이먼(H. A. Simon)에 의해 발전된 조직론적 관리론, 더 나아가서는 오늘의 행동과학 자체도 그 이론적인 기반은 실제로 행해진 여러 가지 실험에 의존하는 바가 크다.

한편, 독일경영학에서는 실험이란 원래가 자연과학적인 연구방법이며, 사회과학의 연구방법으로는 적합하지 못하다는 판단에서 실험적 방법을 경영학의 연구방법으로는 그다지 많이 이용하지 않고 있다. 그러나 이 실험적 방법은 부분적으로 미국경영학에서의 연구 또는 판매조직이나 광고효과의 연구 등 그 원용범위는 비교적 한정되어 있지만 경영학의 특수적인 연구방법으로 사용되고 있다.

(2) 통계적 방법

통계(statistics)란 일정한 한 덩어리의 숫자의 집단을 각각 그 구성의 성분을 단위로 하여 계산한 결과로 나타낸 수학이다. 이러한 통계를 원용한 통계적 방법(statistical method)은 '특수한 연구방법'의 한 형태로서, 비단 경영학의 경우에 있어서뿐만 아니라 기타 모든 과학에 공통적으로 원용되는 폭넓은 연구방법의 하나이다. 그 가운데서도 통계를 연구대상으로 하는 통계학 자체가 사회과학의 연구방법론의 한 분과이기 때문에, 사회현상이라는 사실을 연구의 출발점으로 하는 사회과학일수록 통계적 연구방법의 비중과 의의는 커지게 된다. 특히 그러한 사회과학의 한 분과인 경영학에 있어서는 어떠한 조류의 경영학이건 통계를 원용한 연구방법의 구사는 절대적이다. 왜냐하면 통계는 무엇보다도 기업이나 기업현상을 포함한 온갖 사회현상의 계량적 측면에 관한 자료를 풍부하게 제공하여 주기 때문이다.

(3) 모형적 방법

모형(model)이란 일반적으로 어떤 현상을 설명하기 위하여 고안된 당해 현상에 관한 모형의 총칭을 말하는 것으로, 그 현상에 대해서 그것을 움직이고 있는 제 변수 간의 관계를 수학적 또는 비수학적으로 나타낸 것을 뜻한다.

제2차 세계대전을 전후하여 전자계산기가 출현하면서 막대한 양의 수치적 자료(통계자료)를 신속, 정확하게 처리할 수 있게 되었으며, 모형을 앞세운 갖가지 수학적 기법들의 개발과 더불어, 이른바 계량경영학이라는 새로운 경영학의 한 분야까지 형성시켜 놓을 정도로 모형이 원용되는 빈도는 더욱 잦아지고 있다.

그것은 오늘날과 같이 급변하는 기업환경하에 있는 경영을 이론과 실제 면에서 파악하기 위해서는 과거의 경험이나 직관에만 의존하는 주관적인 결정이나 평가보다는 모형을 중심으로 하는 계량적인 접근방법이 더욱 과학적일 수 있다는 근거 때문이다.

(4) 사례적 방법

사례적 방법(case method)이란 사례를 원용하는, 흔히 사례연구(case study)라고 일컬어지는 연구방법으로서, 그 기원은 법률에 있어서의 판결이나 의학에 있어서의 임상연구에서 비롯되었다고 한다. 이 연구방법이 경영학 분야에 처음으로 도입된 것은

1900년대 초의 독일경영학이지만, 오늘날에는 미국경영학의 대표적인 연구방법이 되고 있다. 특히 이러한 사례연구를 중시하는 학자들을 경험학파(the empirical school)라 한다.

사례적 방법이란 개개의 실제적인 사례를 망라해서 거기에서 어떤 일반원칙을 도출하려는 연구방법의 하나로서, 여러 가지 사례의 자세한 관찰과 분석이 그 기초가 되고 있다. 따라서 사례적 방법이란 엄밀한 의미에서는 '일반적인 연구방법'으로서의 관찰적 방법이나 귀납적 방법의 연구형태의 하나로 간주되지만, 연구과정 전체가 실제의 사례를 중심으로 이루어지는 경험적인 연구방법이라는 데에 그 의의가 있다(신재정, 2003).

폭스바겐 위기대응 실패는 경영학 교과서

독일 자동차업체 폭스바겐의 배출가스 조작 스캔들은 대표적인 위기대응 실패 사례라는 지적이 나왔습니다. 파이낸셜타임스는 배출가스 저감장치 조작도 문제였지만 이후 폭스바겐이 보여준 소통 실패가 회사 이미지에 큰 타격을 줬다고 보도했습니다.

2015년 9월 폭스바겐 직원들은 미국 환경보호청에 디젤 차량 48만 대가 불법 조작 장치를 부착했다고 보고했지만 당국이 사실을 밝힐 때까지 폭스바겐은 이를 공표하지 않았습니다. 심지어 사내 감사위원회 위원들마저 언론을 통해서 사태를 파악하고는 분통을 터뜨렸습니다.

마르틴 빈터코른 전 최고경영자는 사태에 책임을 지고 사임하겠다면서도 끝까지 "어떤 부정행위도 알지 못했다"고 해명해 사태 진정에 도움을 주지 못했습니다. 폭스바겐은 또 정확히 어떤 차량이 배출가스 저감장치를 조작한 차량인지 신속하고 투명하게 발표하지 않아 소비자들의 불만을 불렀습니다. 11월 미 환경보호청이 아우디, 포르셰 등 3천cc급 고급 브랜드 차량도 배출가스 수치를 조작했다고 밝히면서 불만은 더 거세졌습니다.

에릭 고든 미시간대 경영대학원 교수는 "폭스바겐의 그릇된 위기대응은 전 세계 경영대학원에서 전형적인 실패 사례로 연구될 것"이라고 말했습니다.

자료: SBS 뉴미디어부(2015.12.03), ""폭스바겐 위기대응 실패는 경영학 교과서"," 「SBS 뉴스」.

제2절 경영학의 인접학문

사회과학의 일종인 경영학은 여타의 사회과학은 물론이고 자연과학과도 밀접한 상호관련성을 맺으면서 변천·발전해 왔다. 따라서 경영학은 경영현상을 효과적으로 설명하고 예측하기 위해서 종합과학적인 접근방법을 사용하지 않으면 안 된다. 이와 같이 경영학을 연구함에 있어서는 <그림 2-1>과 같이 이와 관련된 여러 학문의 도움을 필요로 하기 때문에 이들에 대한 건전한 이해를 도모하여야 한다.

〈그림 2-1〉 경영학의 종합과학적 특성

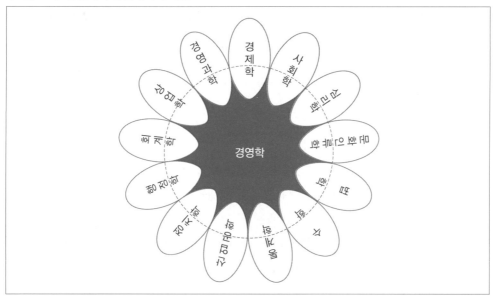

경영학의 인접학문에는 직접적으로 관련된 학문인 직접적·1차적 인접학문과 실천적 성격을 반영하기 위한 응용학문으로 관련된 학문인 간접적·2차적 인접학문이 있다. 본 절에서는 경영학과 밀접한 관련을 갖고 이에 영향을 미치는 이들 인접학문들에 대해 살펴보기로 하겠다.

01 직접적 인접학문

(1) 경제학

인간은 삶을 영위해 가는 과정에서 여러 욕망을 충족시키고자 하는데 이것은 재화와 용역을 획득하여 소비함으로써 충족된다. 그러나 인간의 욕망을 충족시킬 수 있는 재화와 용역들은 자연 그대로의 상태인 자원일 경우도 있지만, 대부분의 경우에는 자원들의 결합·변형과정을 통하여 인간이 필요로 하는 재화나 용역을 생산하게 된다.

따라서 우리는 경제를 "인간이 삶을 영위함에 있어서 발생하는 갖가지 욕망을 충족시키기 위하여 여러 가지 재화와 용역을 생산하고 이들을 소비하는 과정"으로 간주할 수 있다. 그러나 인간의 욕망이 무한한 데 비하여 재화와 용역의 생산을 위한 기초 단위인 자원은 유한한 것이 보통이다. 이를 '희소성의 원칙'이라고 한다. 그래서 인간의 경제활동은 부족한 자원을 계획적이고 합리적으로 사용하여 같은 양의 자원으로 최대한의 만족을 누리고자 하는 것이며, 이를 위해서 필요한 것이 바로 경제학(economics)이다(황대석, 1992).

(2) 회계학

회계학(accounting)은 주로 기업활동에 의하여 발생하는 경제적 가치의 변동을 일정한 규칙에 따라 기록·계산함으로써 경영의 실태를 계수적으로 파악하여, 이를 기업 내외의 관계자에게 알리는 것을 주요 과제로 하는 학문이다. 즉 생산관리·마케팅·재무관리·인적자원관리 활동을 계획·조직·통제하기 위하여 전반적으로 회계정보를 측정·전달하는 것이다. 그러므로 회계학은 경영학에 전반적이면서도 기초적인 하부구조를 형성한다고 볼 수 있다.

소박한 의미에서의 회계행위는 인간이 경제적 활동과 더불어 오래되었으나, 회계의 기술적 계산의 메커니즘은 경영학과 마찬가지로 중세 교역의 중심지인 이탈리아에서 그 기초가 확립되었다. 그리고 회계학은 독일에서 경영경제학의 한 분야로서 방법론적, 이론적으로 심화되어 발전되었다. 한편 영미의 기술론적, 실천적 회계학은 산업혁명 후에 영국에서 형성되었다가, 이것이 미국에 도입되면서 비약적인 발전을 이루어 오늘에 이르고 있다.

(3) 상업학

오늘날의 경영학은 상업학의 순화과정에서 생성하여 왔음은 부인할 수 없다. 즉, 종래의 상업학이 지니고 있는 사경제적 성격을 순화하여 경영경제학을 건립하려는 시도가 일찍이 독일이나 일본에서 행해졌으며, 고유의 상업학의 사명은 배급경영과 배급경제의 연구에 있었으므로 전자는 상업경영학으로, 후자는 오늘날의 마케팅론으로 발전하게 되었다. 이렇게 볼 때 종래의 상업학의 존재는 사라지고 말 것이지만, 경영학의 선택원리를 협의의 생산, 즉 유형재의 실질적 생산만 하는 것으로 한정하는 경우, 생산과 소비 사이에서 이루어지는 교환현상을 중심으로 다루는 상업학의 독립성을 인정해야 하며 따라서 서로 다른 영역을 갖는 학문으로 인식하지 않으면 안된다. 이와 같이 볼 때, 양자는 서로 보완적인 관계를 가지는 것이라 할 수 있다.

(4) 법학

경영과 법과의 관계는 다양하며 복잡하다. 즉, 경영과 국가나 정부와의 관계, 한 경영과 다른 경영과의 관계, 혹은 한 경영의 대외적 관계는 물론 경영의 대내적 관계에 있어서도 법적 관련성이 많다. 다시 말하면 기업경영의 구조와 활동은 모두 법적 관계 내지는 법적 질서에 얽매어 있는 것이 사실이다. 예를 들면, 기업의 설립은 회사법에, 경영의 대상인 사업은 각종의 사업법에, 그 과정도 행위법으로서의 채권법·물권법·어음법·상행위법 또는 공정거래법에서 규정되어 있으므로 경영은 자연인과 같이 법으로부터 이탈할 수 없다. 이런 의미에서 경영학과 법학은 서로 불가분의 관계에 있는 것이다(추헌, 1993).

02 간접적 인접학문

(1) 산업심리학

산업심리학(industrial psychology)이란 산업에 있어서의 제 활동이나 제 문제에 대하여 심리학의 여러 이론이나 연구방법을 구사하여 연구하는 학문을 말한다. 연구의 구체적 내용으로서는 인간공학의 영역에 속하는 작업환경, 피로, 재해 및 사고, 제 설비나 제 기구와 인간의 특성과의 관계 등을 비롯하여, 직무 분석, 적성, 훈련, 인사고과, 사기, 인간관계, 조직형태, 판매활동, 시장조사, 광고, PR 등 매우 다양한 제 문제를 다루는 학문으로서 응용심리학의 한 영역으로 간주되고 있다.

역사적으로 볼 때 제2차 세계대전까지의 산업심리학은 작업동작, 적응능력, 피로 등을 주된 연구대상으로 하여 개인의 행동을 생리학적·심리학적으로 연구해 왔다. 그러나 심리학의 지속적인 발전에 따라서 모티베이션이나 퍼스낼리티(personality)의 연구를 비롯하여 사회행동의 연구로 진전되어 근로의욕이나 구매행동의 연구 등에 이르기까지 활발히 행해지게 되었으며, 나아가 기업집단의 행동이나 인간관계 등과 같은 경영 내부의 문제까지 연구하기에 이르렀다. 이러한 영역의 연구는 오늘날에는 경영심리학(management psychology)이라는 명칭으로 진행되고 있다.

(2) 경영과학

현대경영학의 특징은 경영이론을 실천화하려는 노력 가운데서 찾아볼 수 있다. 과거의 경영이론 가운데에는 단순한 연구자의 신념의 표명이나 규범의 제시에 지나지 않는 것이 적지 않았으나, 이것을 경험에 의해서 검증가능한 실증적 이론으로 전개하는 것은 경영이론이 과학성을 제고시키는 데 있어서 불가결한 요건을 이루고 있다. 이와 같은 경향은 구체적으로는 특히 경영과학(management science)의 분야에서 적극적으로 추진되고 있다. OR을 중심으로 하는 경영과학은 컴퓨터 이용의 고도화와 연구방법으로서의 시뮬레이션(simulation)기법의 발전과 더불어 경영학 가운데서도 최근 들어 가장 현저히 발전을 이룩한 분야의 하나가 되고 있다(배수진, 1993).

(3) 통계학

오늘날의 경영은 계수관리이며, 그 의사결정의 기초는 객관적인 계수에 의해서 행해진다. 이러한 계수는 경영 자체 내의 회계로부터 제공되나 그것은 그중의 하나의 자료에 지나지 않는다. 더구나 회계계수는 그 자체로서 의의를 가지지 못하므로 이를 분석·가공할 필요가 있는데, 그러기 위해서는 통계의 작용을 원용해야 한다. 이와 같이 통계는 내적 자료뿐만 아니라 외적 자료도 경영계수로써 처리하는 것이므로 어떤 집단을 관찰하여 자료를 수집·정리 및 분석하고 그 결과를 해석하는 학문으로서의 통계학(statistics)은 현대경영에 있어서 불가결의 과정이며 중요한 역할을 담당하고 있는 것이다. 예를 들면 시장조사·판매예측·경영비교, 나아가서는 품질관리 등은 통계적 지식을 전제로 하지 않고서는 그 이해가 거의 불가능하다. 따라서 통계학의 응용형태인 경영통계는 확실히 경영학의 한 분과이다.

(4) 행동과학

행동과학(behavioral science)은 인간행동의 연구에 대하여 심리학, 사회학, 문화인류학, 역사학, 정치학, 경제학 등 제 과학이 한정된 자기 영역을 초월하여 학제적 접근방법(interdisciplinary approach)을 적용하는 사회과학의 방법이다. 특히 경영학의 중심적 연구대상인 조직은 사회학, 심리학, 경제학이나 기존의 경영학 등의 학제적 접근방법을 본래 필요로 하는 학문 영역을 이루고 있다.

일반적으로 행동과학은 크게 두 가지 흐름으로 발전되어 왔다. 하나는 의사결정의 행동과학인데, 조직에 있어서의 의사결정 과정에 대하여 행동과학적으로 해명하고자 하는 것으로 버나드(C. I. Barnard), 사이먼(H. A. Simon)에 의한 근대조직론의 흐름이며, 또 다른 하나는 인간관계연구를 시발점으로 하여 종업원의 사기(morale)나 리더십에 대하여 행동과학적 연구방법을 적용한 것으로 리커트(R. Likert), 아지리스(C. Argyris) 등에 의해서 전개되어 왔다.

(5) 산업사회학

산업사회학(industrial sociology)이란 제2차 세계대전 후 급속히 발달된 학문으로서 산업에 관한 제 과학, 즉 경영학, 산업심리학, 노동경제학 등이 종래 등한시해 온 기업경영체에 있어서의 인간적 측면이나 사회적 측면을 연구대상으로 하는 학문이다. 연구분야로서는 직장집단의 인간적 측면을 주로 연구하는 노무관리의 영역, 노동조합조직의 인간적 측면을 주로 연구하는 노동조합의 영역, 기업과 노동조합 간의 이른바 노사관계의 배후에 있는 인간관계나 사회관계의 분석을 주로 행하는 노사관계의 영역, 기업이나 노동조합 외부에 있는 사회학(협의의 산업사회학) 등이 있다.

한편 경영사회학은 산업사회학의 한 분야로서 경영조직이나 노무관리의 방식을, 그 방식하에서 일하는 종업원의 행동이나 태도와의 관계에서 파악하여 직장사기나 생산능률 등을 지표로 하여 연구하는 학문이다.

제3절 경영학의 체계

앞에서 살펴본 바와 같이 경영(management)에 대한 개념의 해석이 다양하므로 그를 연구대상으로 하는 경영학의 내용과 성격에 관해서는 물론 경영학이라는 명칭에 관해서도 완전한 일치를 보지 못하고 있다. 이러한 맥락에서 쿤츠(H. Koontz)는 미국의 경영관리론의 연구와 관련하여 1970년대에 접어들면서 지나치게 다양한 접근방법과 다양한 내용들의 난립으로 혼란에 빠져 있는 미국 경영학계의 현상을 관리이론정글(management theory jungle)로 비유하면서 관리통일이론을 주장하였다.

하나의 과학으로서의 경영학은 독일과 미국이라는 두 나라를 중심으로 하여 생성·발전하게 되었다. 따라서 독일에서는 경영을 경제학적으로 연구하여 기업의 객체적 측면을 주로 다루면서 이론체계의 확립에 주안점을 두는 경영경제학이 지배적이다. 이에 비하여, 미국에서는 기업의 주체적 측면을 주로 다루면서 실천적이고 실용적인 연구·태도 및 방법 등을 중점적으로 추구하는 경영관리론이 지배적이다(이한검, 1992).

본 절에서는 경영학의 체계를 독일과 미국의 경영학체계로 나누어 살펴본 뒤 일반적인 체계도 아울러 고찰해 보기로 하자.

01 독일경영학의 체계

독일경영학, 즉 경영경제학의 체계는 논자에 따라 여러 가지로 분류되고 있으나, 오늘날 일반적으로 인식되고 있는 것은 경영경제학사, 일반경영경제학 및 특수경영경제학 등으로 분류되는데 그 체계는 <표 2−1>과 같다. 이 표에서 알 수 있듯이 원론에 해당되는 일반경영경제학에서는 다음과 같은 경영경제에 관한 일반이론을 다루게된다. 즉 경영경제의 구조인 기업의 창설·유지 및 해체를 다루는 구조론, 경영경제의 주체에 관한 이론인 주체론, 경영경제의 객체에 관한 이론인 상품론, 관리과정에 관한 이론인 과정론, 그리고 경영 간 거래상의 제도에 관한 이론인 거래제도론 등을 포괄하고 있다. 이와 같이 독일의 경영경제학은 원론부분의 내용이 상당히 다채롭다는 특징을 갖고 있다.

경영학각론으로서의 특수경영경제학은 편의상 생산·유통·소비라는 세 가지 관점에서 각각 생산경영경제학 유통경영경제학, 소비경영경제학 등으로 체계화되지만 실질적으로는 생산경영경제학을 대표하는 공업경영학과 유통경영경제학을 대표하는 상업경영학으로 대별하는 것이 일반적이다(한희영, 1988).

▎〈표 2-1〉 독일경영학의 체계

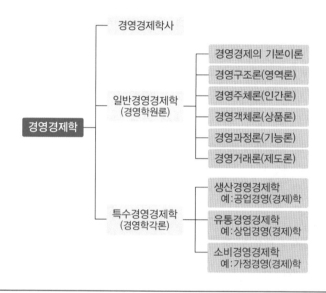

자료: 한희영(1988), 「경영학원론」, 다산출판사, 258.

02 미국경영학의 체계

미국경영학의 체계는 이론보다 실천적인 색채가 농후한 실용주의에 입각한 관리활동이라는 사고의 바탕 위에서 생성되었다. 따라서 원론의 경우 미국경영학은 단지 관리기능이나 관리과정에 관한 전반관리적인 관점에서의 내용, 즉 경영계획론, 경영조직론, 경영통제론만이 다루어질 뿐이다. 각론의 경우 경영의 유형과는 관계없이 모든 경영에 공통되는 기능별 관리를 다루고 있다. 이를테면 미국경영학에서는 공업경영이든 상업경영이든 상관없이 그러한 경영유형의 모두가 발휘하게 되는 기능에 따라서 생산관리, 마케팅관리, 인적자원관리, 재무관리 등으로 크게 나뉘어진다. 그 체계는 <표 2-2>와 같다.

▎〈표 2-2〉 미국경영학의 체계

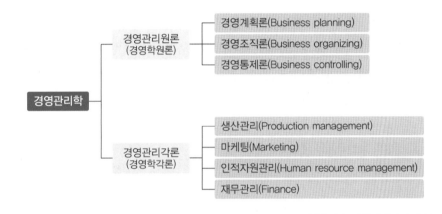

자료: 한희영(1988), 「경영학원론」, 다산출판사, 258을 토대로 재정리.

지금까지 살펴본 독일의 경영경제학과 미국의 경영관리학의 체계는 대체적으로 원론과 각론 부분으로 대별되고 있지만 그 출발은 각기 상이한 바탕에 있음을 알 수 있다. 즉 전자는 주로 경영의 구조적인 측면을, 그리고 후자는 경영의 과정적인 측면을 각기 다루게 되는 한계성을 가지기 때문에 이의 극복을 위한 노력이 요구된다.

따라서 보다 포괄적이고 원천적인 근거를 규명함으로써 마치 경제학의 경우처럼 국제적인 학문으로 더욱 발전시키기 위해서는 그 과제나 성격이 전체적이고 총괄적인 것으로 확립되어야 할 것이다. 물론 통합을 위한 노력이 없는 것은 아니다. 그 예로서 경영경제학과 경영관리학의 체계를 통합하려는 시도가 있는가 하면 다른 한편으로는 경영의 기능을 중심으로 체계가 확립되어야 바람직하다는 주장도 있다. 그러나 그것은 경영의 일면성을 취급하게 되는 한계성을 벗어날 수 없을 것이다.

03 경영학의 일반적 체계

경영학의 연구는 학자에 따라 연구방법에 차이가 있을 뿐만 아니라 국가에 따라서도 서로 다른 발전상의 특징을 보이고 있으며, 아울러 경영학의 체계에도 차이가 있다. 경영학을 일반적인 사회과학의 체계로 분류하면 경영사, 경영이론, 경영정책 등으로 구분하는 게 보통이다. 이러한 분류는 마재형 교수팀이 교육부 프로젝트로 경영학의 학문적 체계를 조사·연구한 보고서의 내용과도 동일하다. 동 연구에서 마 교수팀은 경영학의 학문체계를 앞서 살펴본 바와 같이 역사·이론 및 정책 등으로 분류하는 전통적 구분에 따라 경영학일반을 <표 2-3>에서처럼 경영학사·경영학원론 및 경영정책 등의 명칭으로 분류하고 있다.

❘〈표 2-3〉 경영학 일반교재의 명칭별 분류

중분류	소분류
경영학사(역사)	• 기업사 • 상업사 • 경영사 • 기업가사
경영학원론(이론)	• 경영학원론 • 경영학총론 • 경영학개론 • 경영학 • 경영학요론 • 경영관리론 • 일반관리론
경영정책(정책)	• 경영정책 • 경영전략 • 경영계획

자료: 마재형 외(1983), "경영학 교재의 출판현황 및 내용특성에 관한 연구,"「경영학연구」, 15.

또한 인식대상의 차이에 따라 일반경영학(경영학총론), 특수경영학(경영학각론, 공업경영학, 농업경영학, 병원경영학) 등으로 구분할 수 있으나 우리나라의 경영학계의 일반적인 인식내용을 고려하여 분류하면 <표 2-4>와 같다.

▌〈표 2-4〉 인식내용에 따른 경영학의 체계

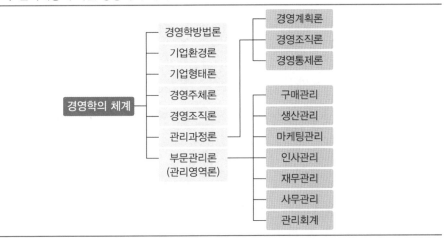

자료: 김원수(1995), 「경영학원론」, 경문사, 39를 토대로 수정한 것임.

먼저 경영학방법론에서는 경영의 본질, 경영학의 체계, 그 보조 내지 인접과학 등에 관한 문제와 연구방법에 대한 제 문제를 다루며 기업환경론에서는 경영학의 연구대상인 기업과 관련을 가지고 있는 기업주변환경의 상호관계를 파악하고 있다. 기업형태론에서는 생산조직체로서의 기업의 실체와 자본의 출자 내지 귀속관계를 법률형태와 관련하여 연구하게 되며 경영주체론에서는 소유와 경영이 분리된 오늘날의 기업의 경영주체가 누구인가를 규명하고 있다.

그리고 경영조직론은 경영의 주체적 요소인 인적요소가 어떻게 조직적인 협동을 행하여 기업 내지 경영목적을 합리적·효율적으로 달성할 수 있는가 하는 기업의 구조적 측면을 연구하는 것이다. 관리과정론은 기업의 실질적인 활동인 구매, 생산, 판매 등의 요소적 활동이 합리적으로 수행될 수 있도록 계획·조직·지휘·통제하는 일련의 관리활동을 규명하는 것이다.

끝으로 부문관리론, 즉 관리영역론은 여러 요소적 활동과 결합되어 전반관리와 아울러 저마다 다른 부문관리 문제를 다루는 것으로 여기에는 생산관리, 마케팅관리, 인사 및 조직관리, 재무관리 그리고 회계학 등을 그 내용으로 하고 있다. 요컨대 현대경영학은 그 주변의 여러 과학과 긴밀한 관련성을 가지고 있는 학문으로 그 자체의 고유의 이론과 기술을 기축으로 하면서 그 인접의 여러 과학의 이론과 기술을 원용하는 종합적 과학으로서의 존재를 굳히고 있는 것이다(신재정, 2003).

CHAPTER

3

미국경영학의
발전

경영학의 양대 산맥은 독일경영학과 미국경영학이다. 하지만 우리의 경우 독일경영학보다는 미국경영학의 영향을 절대적으로 받아왔기 때문에 미국경영학의 발전과정을 통해 경영학의 발전과정을 살펴보기로 하겠다.

미국경영학의 발전과정은 관리론의 역사이다. 이 미국관리론의 출발점은 통상 19세기 후반으로 보고 있지만 관리원칙의 적용은 고대사회로까지 거슬러 올라간다. 왜냐하면 고대의 지도자들이 자신들의 활동을 '관리'(management)라고 부르기 훨씬 이전에도 그들은 현대경영자들에 의해 여전히 연구되고 적용되고 있는 몇몇 관리기능을 수행해 왔기 때문이다.

미국관리론의 개척적인 연구자로는 영국의 사업가인 오웬(R. Owen)을 비롯하여 영국의 수학자인 바베지(C. Babbage), 미국의 기계 기술자인 타운(H. Towne), 프랑스의 엔지니어인 듀핀(C. Dupin), 미국철도지(American Railroad Journal)의 편집인인 푸어(H. Poor), 그리고 직무기술서를 개발한 스코틀랜드 출신의 다니엘 맥캘럼(D. C. McCallum) 등을 들 수 있다(Boone & Kurtz, 1992).

이와 같은 관리론중심의 미국경영학의 발전과정은 크게 다음과 같은 네 단계, 즉 고전적 관리이론, 인간행동이론, 시스템이론 및 상황이론 등으로 구분해 볼 수 있다. <그림 3−1>은 각 이론이 등장하여 크게 보급되기 시작했던 시기를 보여주고 있다. 이후에도 환경의 동태성과 불확실성 그리고 세계화시대에 대응하여 다양한 경영이론이 등장하기도 했는데, 본 장에서는 네 가지 이론을 중심으로 살펴보기로 하겠다.[1]

---

1 최근 들어서는 이들 네 가지 이론 이외에도 품질관리나 전사적 품질관리(TQM)를 포함하는 경우도 있고, 전통적 이론과 행동이론을 과업중심, 인간중심 및 구조중심의 경영이론으로 구분하기도 하며, 그리고 관리과학적 경영학(계량경영학)이나 Z이론을 추가하기도 한다(김귀곤 외, 2018, 33−55; 김재명, 2018, 59−70; 심현식, 2018, 28−35; 윤종훈 외, 2013, 74−83). 하지만 아직 보편적으로 받아들여지기는 어려워 네 가지를 중심으로 살펴보았다.

〈그림 3-1〉 관리이론의 발전과정

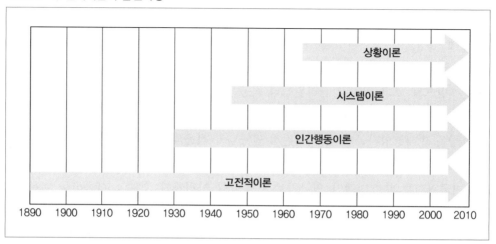

자료: D. Hellriegel, S. E. Jackson, & J. W. Slocum, Jr.(2008), *Managing: A Competency-Based Approach*, 11th ed., Mason, OH: Thomson/South-Western, 52-56을 토대로 재작성.

제1절 고전적 관리이론

미국의 관리사고의 출발점은 통상 1886년으로 보고 있는데 그 이유는 다음과 같다. 첫째, 현대적인 관리사고와 관행에 대한 연구가 최초로 이루어졌기 때문이다. 둘째, 곰퍼스(S. Gompers)와 스트라서(A. Strasser)가 숙련공을 중심으로 조직한 미국노동조합총연맹(AFL: American Federation of Labor)이 창설된 해이기 때문이다. 셋째, CocaCola를 비롯하여 Cosmopolitan Magazine, Johnson & Johnson, Westinghouse와 같은 잘 알려진 대규모 기업이 설립된 해이기 때문이다(Hellriegel & Slocum, 2008, 52).

그러면 관리사고가 19세기 말부터 어떻게 발전해 왔는가를 살펴보기로 하자. 19세기 말경 산업혁명의 여파로 산업확장의 속도는 점점 더해갔으며 기업은 종업원이 새로운 기계와 전문화된 과업을 다룰 수 있도록 훈련시키는 데 보다 많은 시간과 돈을 사용하고 있었다. 이러한 기술과 기계화의 급속한 진전에도 불구하고 종업원의 생산성은 그다지 증가하지 않았다. 이에 따라 공장 내의 능률을 증진시키기 위하여 실무자들과 학자들은 이전의 개척자들이 다져놓은 기초를 강화하며 관리를 보다 집중적으로 연구하기 시작했다. 이러한 연구들은 관리자와 종업원들의 관계에 역점을 두기보다는 전체로서의 조직의 효율적인 운영을 강조하였는데, 이들은 총칭하여 고전적 관리이론(classical management theory) 혹은 전통적 관리이론(traditional management theory)으로 불리게 되었다.

이와 같이 고전적 관리이론이란 전체로서의 조직유효성을 증대시키는 데 초점을 두고 있는 일련의 관리이론을 말한다. 현대관리이론의 시작은 직접적으로는 이러한 고전적인 관리이론에서 비롯된 것으로 관리론의 발전에 크게 기여해 왔으며 오늘날에도 매우 유용하다(Bovee et al., 1993). 고전적 관리이론에는 <그림 3-2>와 같이 과학적 관리법, 일반관리이론 및 관료제 등이 포함된다. 본 장에서는 과학적 관리법과 일반관리이론을 중심으로 살펴보기로 하겠다.

〈그림 3-2〉 고전적 관리이론의 체계

자료: 서도원 · 이덕로(2016), 「현대경영학원론」, 박영사, 58.

---

01 과학적 관리법

(1) 과학적 관리법의 의의

미국에서의 경영학의 연구는 일반적으로 1890년부터 전개된 과학적 관리법에서 비롯되었다. 과학적 관리법(scientific management)이란 소문이나 짐작이 아닌 사실이나 관찰에 기초를 둔 하나의 철학이자 일련의 관리관행을 말한다(Hellriegel, Jackson, & Slocum, 2005, 44). 즉 종업원의 능률을 개선시키기 위하여 작업상황, 즉 작업과 작업장의 합리적, 과학적 연구에 초점을 두는 관리관점을 말한다. 이것의 발단이 된 것은 미국기계공학회(ASME: The American Society of Mechanical Engineers)를 중심으로 한 능률증진운동이었다.

영국에서 산업혁명이 시작된 지 100년이 지난 1880년경에는 산업이 급격히 발전했을 뿐만 아니라 기업규모 또한 엄청나게 확대되었다. 따라서 각종 새로운 기계가 점차 공장에 도입되자 기존의 종업원들은 기계에 대체될 위험을 느꼈을 뿐만 아니라 자신들이 열심히 일함으로써 그만큼 동료들이 해고될 가능성이 크다고 생각한 나머지 산출량을 의도적으로 제한하려고 하는 행동을 보이기 시작하였다. 게다가 당시 일반적인 임금지급 방법이었던 성과급을 통하여 가끔 경영자가 임률을 절감했기 때문에 이에 대항하여 점차 조직적인 태업(systematic soldiering)을 일으키게 되었다. 따라서 엄청난 비용을 투자하여 도입했던 기계가 잘 돌아가지 않는 등 공장을 둘러싼 제 문제를 해결하려는 노력이 싹트기 시작하였다.

콜롬비아대 수학교수였던 바베지(C. Babbage)를 비롯하여 오웬(R. Owen), 타운(H. Towne), 할시(F. A. Halsey), 메트칼프(H. Metcalf) 등 테일러 이전의 여러 사람들이 과학적 관리에 관련된 이론을 전개했지만 테일러가 이를 정리하여 하나의 체계적인 이론으로 집대성함으로써 후세의 사람들은 그를 과학적 관리의 아버지(The father of scientific management)라 부르게 되었다.

테일러는 작업자들이 100%의 노력을 발휘하지 않고 일을 적당히 하려는 경향이 있음을 알았다. 그는 근로자의 작업량이 가능한 작업량의 3분의 1에 불과하다고 믿었다. 그러므로 그는 작업현장직무에 과학적인 방법을 적용함으로써 그러한 상황을 시정하려고 애썼다. 당시에는 근로자나 경영자의 책임개념이 분명하지 않았다. 사실상 어떤 효과적인 작업표준도 없었다. 근로자들은 의도적으로 천천히 일을 했다. 노사가 상호이익을 위해 협력하기보다는 상호관계를 제로섬 게임(zero-sum game), 즉 어느 한쪽의 이익은 다른 한쪽의 손실이 된다고 생각하였던 것이다.

테일러는 생산능률을 개선시키기 위한 명확한 지침을 정의내림으로써 작업자나 경영자 사이에 정신혁명(mental revolution)을 불러일으키려 노력하였다. 먼저 조직적인 태업을 해결하기 위해 테일러는 단순한 경험적 지식에 입각한 관리방식인 주먹구구식(rule of thumb method)이나 될 대로 되라는 식의 표류적 관리(drifting management)에서 탈피하여 하루에 할 수 있는 공정한 작업량(a fair day's work), 즉 과업에 의한 관리(task management)를 제창하였다. 이 과업을 과학적으로 결정하기 위하여 동작연구(motion study)와 시간연구(time study)를 실시하였다.

테일러가 과학적 관리법을 연구한 곳은 베들레헴 제철소(Bethlehem Steel Company)였다. 당시 베들레헴 제철소에는 80,000톤의 선철이 방치되어 있었는데 스페인 내전으로 철값이 급등하게 되었다. 75명으로 구성된 선철작업자들은 선철을 싣는 작업을 했는데 그들의 1일평균 작업량은 12.5톤이었다. 테일러는 선철을 싣는 하나의 가장 좋은 방법(one best way)을 결정하기 위하여 직무를 과학적으로 분석해 본 결과 일류작업자들의 1일평균 작업량은 47.5톤 내지 48톤까지 증가할 수 있다고 보았다. 따라서 그는 작업자들 중 1급으로 일할 만한 신체조건을 갖춘 4명을 선발하여 그의 성격, 습관, 야심 등에 대한 철저한 조사를 통해 슈미트(R. Schmidt)라는 사람을 최종적으로 선발하였다. 그는 당시 여느 다른 작업자들처럼 1일 1.15달러를 받고 있었는데 그를 동기부여시키기 위하여 1일 1.85달러를 주었다(프레드릭 테일러, 1994).

(2) 과학적 관리법의 내용

테일러의 과학적 관리법은 기본적으로 과업관리로서의 성격을 지니고 있다. 왜냐하면 그가 과학적으로 임률을 결정하기 위한 기초로써 과업을 설정하고 이를 전제로 작업관리시스템을 체계화했기 때문이다. 여기서 말하는 과업이란 각 작업자가 하루에 할 수 있는 공정한 작업량인데 이것은 시간연구와 동작연구에 의해 결정된다. 과업관리의 효과적 수행을 하기 위해 테일러가 설정한 관리시스템의 구체적 내용은 다음과 같다.

1) 차별성과급제

차별성과급제(differential piece-rate system)란 작업자들이 그들의 과업을 달성할 수 있도록 유인을 제공하기 위해 설정한 성과급제도로서 <그림 3-3>과 같이 주어진 과업을 달성한 자에게는 높은 임률을, 실패한 자에게는 낮은 임률을 적용하는 임금 형태이다. 실제로 이 방식에 의한 임금의 격차는 30-40%나 되었다.

〈그림 3-3〉 차별성과급제

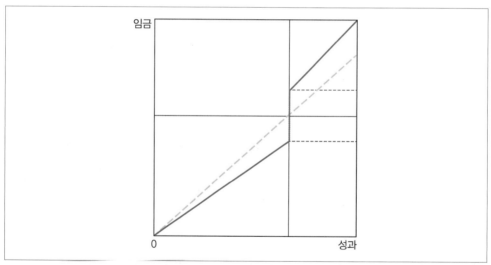

자료: 정종진·이덕로(2008), 「인적자원관리」, 제3판, 법문사, 349.

2) 기획부제도

기업이나 공장은 경영자, 공장장, 또는 작업반장이라는 한두 사람에 의해 자의적으로 관리되는 것이 아니라 이른바 기획부라는 하나의 독립된 부서에서 체계적·종합적으로 관리되어야 한다는 생각에서 설치된 것이 바로 기획부제도(planning department system)이다. 이 부서에서 작업의 변경과 조건을 표준화하고 시간연구에 의하여 과업을 설정함과 동시에 과업을 수단으로 하는 생산의 모든 계획을 수립하였다.

3) 기능식 직장제도

전문화의 이점을 살리고 만능적 직장(foreman) 혹은 작업반장의 결함을 시정하기 위해 공장조직을 종래의 군대식 조직에서 철저한 기능식 조직으로 전환할 목적으로 도입한 제도가 바로 기능식 직장제도(functional foremanship)이다.

테일러는 직장의 기능을 분할하여서 현장기능인 착수(gang), 지도·진행(speed), 검사(inspection), 수선(repair), 작업배분(order of work and route), 지시표(instruction card), 시간 및 원가(time and cost), 공장감독(shop discipline) 등의 8개로 하고 이들 각각에 전문적인 직장, 즉 기능식 직장을 설치할 것을 주장한 것이었으나 그다지 많이 이용되지는 않았다.

4) 작업지시표제도

작업자에 따라서는 각기 다른 방법으로 작업을 하는 경우가 있었을 뿐만 아니라 작업에 소요되는 시간도 천차만별이었다. 따라서 작업방법과 작업시간을 통일할 필요가 있었는데, 이를 위하여 표준작업방법과 이에 대한 표준작업시간이 동작의 순서에 따라 기록되어 있는 작업지시표(instruction card)를 작업자에게 나누어 주고 이에 따라 작업을 하도록 하였다. 이러한 제도가 바로 작업지시표제도이다.

이와 같은 과학적 관리법으로 조직적인 태업을 방지하여 생산성을 향상시킴으로써 테일러는 흔히들 테일러시스템(Tylor system) 혹은 테일러리즘(Taylorism)으로 일컬어지고 있는 그의 일관된 근본정신인, 고임금 저노무비 원칙(high wage, low labor cost principle)을 달성할 수 있었다.

반면에 미국의 자동차왕이라 일컬어지는 포드(H. Ford)는 벨트 컨베이어시스템(belt conveyor system)에 의한 대량생산에 의해 그의 일관된 근본정신인 '고임금 저가격 원칙'(high wage, low price principle)을 달성할 수 있었는데 이것을 흔히들 포드시스템(Ford system)[2] 혹은 포디즘(Fordism)이라 한다(서도원·이덕로, 2016, 62).

---

2 이에 대한 보다 자세한 내용은 다음을 참조. 이명호 외(2015), 「경영학으로의 초대」, 제5판, 박영사, 31-32.

(3) 과학적 관리법의 평가

테일러를 주축으로 한 과학적 관리는 두 가지의 주요 목표, 즉 근로자의 생산성 증대와 근로자의 경제적 복지증진을 달성하기 위하여 개발되었다. 과학적 관리운동의 결과로 첫번째 목표는 달성되었다. 시간과 동작연구, 생산표준화, 성과자극임금 및 간트 차트(Gantt chart)와 같은 과학적 관리방식은 산업에 의해 크게 활용되었다. 벨트 컨베이어시스템에 의해 대량생산시스템이 도입된 것도 바로 이 기간이었다. 근로자들은 조립라인에서 특정 직무를 수행하도록 교육받았는데 이 모든 것이 20세기에 들어선 직후 폭발적인 경제성장을 가져오게 하였다.

따라서 종래의 경험이나 직관에만 의존하던 표류적인 관리에서 이처럼 체계적인 테일러의 과학적 관리법은 높이 평가할 만하다. 실제로 300% 이상의 놀라운 생산성 증대가 이루어진 만큼(Robbins & Coulter, 2002), 당시 미국이 안고 있던 능률증진의 문제를 해결하는 데 혁혁한 공헌을 할 수 있었다. 그 결과 빌러즈(R. Villers)는 과학적 관리법은 산업경영의 이론과 실제의 가교역할을 했다고 평가하고 있다. 뿐만 아니라 그가 이룩한 업적은 발명왕 에디슨(T. Edison)이 과학의 세계에서 이룩한 업적만큼 높이 평가되고 있으며(Locke, 1982) 마르크스(K. Marx)와 프로이드(S. Freud)만큼 오늘의 세계에 많은 영향을 미치고 있다(Drucker, 1976).

이와 같이 테일러를 주축으로 한 과학적 관리법은 미국경영학의 출발점이 되었으며, 처음에는 공장 내부의 노무관리문제에서 출발하였으나 나중에는 기업경영의 전 부문에 대한 관리의 과학으로 발전하여 오늘날 미국경영학의 기초가 되었고 산업공학의 발전기반이 되었다. 그 뒤 많은 사람들에 의해 테일러의 과학적 관리법은 확대·발전되었는데, 그 대표적인 인물로는 헨리 간트(Henry Gantt), 프랭크 길브레스(Frank Gilbreth), 릴리안 길브레스(Lillian Gilbreth) 및 에머슨(Harrington Emerson) 등을 들 수 있다.

그러나 테일러의 과학적 관리법은 근로자의 경제적 복지증진을 달성하려던 그의 두 번째 목표는 결코 실현되지 못하였다(Hoxie, 1915). 경영자들은 근로자의 생산성을 개선하기 위하여 과학적 관리방식을 사용하기는 했지만 그에 따른 혜택을 근로자들과 제대로 나누어 갖지는 않았다. 신기술로부터 파생된 생산성 증가는 종종 일시해고(layoff)나 성과급의 변화를 가져와 근로자들은 동일한 수입으로 보다 많이 생산하지 않으면 안 되었고, 그로 인해 노동의 강도는 더욱 강화됨으로써 나름대로의 적지 않은 문제점도 내포하고 있다. 곧 과학적 관리법은 ① 인간을 기계시하였다. ② 노조의 존재를 부정하였다. ③ 경영독재체제를 조장할 가능성이 크다. ④ 분배의 불공정성을 가중시켰다. ⑤ 전반적인 경영관리가 아니라 공장관리나 생산관리 또는 노무관리에 지나지 않았다. ⑥ 과업설정과정이 객관적·과학적이지 못하였다. ⑦ 능률의 저하를 작업자의 태만에만 그 요인을 두고 있다는 비판을 결코 면할 수 없었다.

02 일반관리이론

산업컨설턴트였던 테일러가 미국에서 과학적 관리원칙을 개발하고 있을 무렵 프랑스의 사업가인 페욜(H. Fayol)은 프랑스에서 관리사고를 혁신시키고 있었다. 공장관리에 큰 관심을 두었던 테일러와는 달리 30년간에 걸친 석탄 및 철도회사의 최고경영자로서의 자신의 경험에 기초하여 페욜은 경영자의 관점에서 조직을 관리하는 과정을 기술한 관리이론(administration theory)을 최초로 체계화하였다. 쿤츠와 오도넬(H. D. Koontz & C. O'Donnell)은 이러한 페욜을 두고 현대관리론의 참된 아버지라고 치켜세우고 있을 정도이다.

(1) 페욜의 보편주의

페욜은 관리를 여러 가지 과업을 수행하는 과정으로 정의하였으며 이러한 과정은 모든 형태의 사업조직에 보편적이라고 주장하였다. 이러한 보편주의(universalism)는 <그림 3-4>와 같이 세 가지 수준, 즉 조직적, 관리적 및 업무적 수준에서 관찰될 수 있다.

먼저 조직적 수준에서 하나의 기업은 여섯 가지의 주요 활동, 즉 ① 기술적 활동(생산), ② 영업적 활동(구매, 판매 및 교환), ③ 재무적 활동(자본의 조달과 활용), ④ 보전적 활동(인적, 물적 자산의 보호), ⑤ 회계적 활동(재무적 기록의 유지), ⑥ 관리적 활동(계획, 조직, 명령, 조정 및 통제)을 수행한다. 앞의 다섯 가지 활동은 당시의 많은 실무가들에 의해 쉽게 이해되었기 때문에 페욜은 마지막 활동인 관리기능에 특히 관심을 집중시켰다.

관리적 수준에서 페욜은 관리자가 다음과 같은 다섯 가지 기능을 수행하지 않으면 안 된다고 주장하였다. 이들 기능은 기업조직뿐만 아니라 정치, 경제, 종교, 군대, 자선 등 어떠한 조직에도 적용될 수 있는 보편적인 것임을 누차 강조하였다.

〈그림 3-4〉 페욜의 관리기능 및 원칙

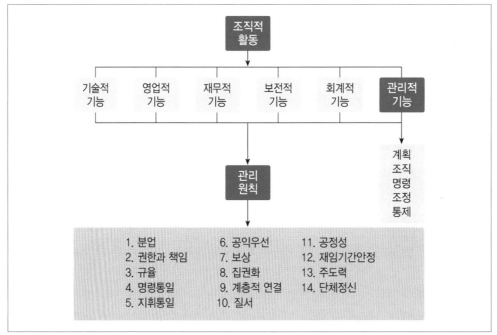

자료: Chung, Kae H.(1987), *Management: Critical Success Factors*, Boston: Allyn and Bacon,Inc., 70.

① 계획 : 조직의 미래에 대한 검토와 조직목표 달성을 위한 행동계획을 수립하는 활동
② 조직 : 수립된 계획을 실행하기 위해 인적·물적 자원을 동원하기 위한 조직구조를 구축하는 활동
③ 명령 : 종업원들이 필요로 하는 과업을 수행하도록 하기 위해 그들에게 지시·명령을 내리는 활동
④ 조정 : 종업원의 모든 활동을 오로지 조직의 전반적인 목표달성 쪽으로 통일시키는 활동
⑤ 통제 : 목표가 계획된 바대로 달성되었는가를 검토·평가하고 잘못된 경우 이를 시정하는 활동

그리고 업무적 수준에서 페욜은 관리자는 다음에서 얘기할 14가지 원칙을 적용해야만 한다고 주장하였다.

관리란 모든 조직에 보편적이기 때문에 페욜은 관리기능과 원칙의 전반적인 지식을 획득한 사람들은 모든 형태의 조직을 관리할 수 있으며 더욱이 그는 조직관리에 관심을 갖고 있는 사람이면 누구든지 이러한 기능과 원칙들을 배울 수 있다고 주장하였다. 또한 페욜은 신체적 건강, 정신적 활력, 그리고 건전한 도덕성과 같은 개개 특질은 관리자가 되는 데 필수적이라고 믿었다. 그러한 자질을 소유하고 있는 개인은 우선은 학교에서 그리고 뒤에는 직장에서 관리원칙을 배움으로써 관리기술을 얻을 수 있다고 보았다.

(2) 페욜의 일반관리원칙

업무적 수준에서 페욜은 관리자는 기업경영과 관련하여 <표 3-1>과 같은 14가지 원칙을 적용해야만 한다고 주장하였다. 그러나 이들은 절대적인 것이 아니라 신축적으로 적용되어야 하며 또 있을 수 있는 원칙들을 모두 나열한 것도 아니라고 강조하고 있다.

이와 같이 페욜의 일반관리원칙은 ① 모든 조직에 보편적으로 적용될 수 있는 일반원칙이며, ② 상층관리자의 입장에서 설정되었고, ③ 각 원칙들이 절대적인 것이 아니라 상황에 따라 신축성 있게 적용될 수 있는 것이며, 그리고 ④ 경영자교육을 강조하고 있다는 등의 네 가지 특징을 지니고 있다.

▎〈표 3-1〉 페욜의 일반관리원칙

1. 분업(division of work): 분업은 노동을 보다 능률적으로 활용하기 위해 필요한 작업의 수를 줄여 전문화 내지 특화함으로써 동일한 노력으로 보다 좋고 많은 생산을 하기 위해서 이루어진다.
2. 권한과 책임(authority and responsibility): 권한이란 다른 이에게 영향을 미칠 수 있는 권리이며, 책임은 권한을 행사함에 따라 당연한 결과로써 생기는 것이다.
3. 규율(discipline): 규율이란 기업과 종업원 사이의 행동에 대한 계약이며 복종관계로 조직의 순조로운 운영을 위해서는 어느 정도의 규율이 필요하다.
4. 명령의 통일(unity of command): 조직 내의 한 사람의 하급자는 항상 한 사람의 직속상급자로부터 명령을 받고 보고를 해야 한다.
5. 지휘의 통일(unity of direction): 동일한 목적을 가진 일단의 활동에는 반드시 한 명의 상

사와 한 가지 계획을 가져야 한다는 원칙으로 4의 원칙이 개인과 관련된 것인 데 비해 이것은 협동체와 관련된 원칙이다.

6. 공익우선(subordination of individual interest to general interest): 개인이나 소집단의 이익이 사회나 조직 전체의 이익보다 먼저 추구되어서는 안 된다.

7. 보상(remuneration of personnel): 조직이 종업원의 충성과 지원을 얻기 위해서는 노력에 상응하는 적절한 보상체제를 갖추어야 한다.

8. 집권화(centralization): 의사결정 권한이 상위 몇 사람에게 집중되어 있는 것을 말하는데 분업과 마찬가지로 조직경영에 있어서 집권화 역시 필요하다.

9. 계층적 연결(scalar chain): 조직은 최고경영자로부터 최하급자에 이르기까지 공식적인 계층적 구조가 형성되어 명령과 보고의 소통이 이루어져야 한다.

10. 질서(order): 조직 내의 제 활동이 차질없이 이루어지기 위해서는 모든 인적·물적 자원이 제자리에 놓여 있어야 한다는 것으로 곧 적재적소의 원칙을 의미한다.

11. 공정성(equity): 친절과 정의의 개념을 적절히 조화시킨 것이 공정성으로 대인관계에서 애정과 공평한 처리를 하도록 하여야 한다.

12. 재임기간안정(stability of tenure of personnel): 불필요한 인력의 이동은 나쁜 관리의 원인이자 결과이므로 가능한 한 이를 하지 말아야 한다.

13. 주도력(initiative): 사업계획을 창안해서 실행하는 힘이 바로 주도력인데, 조직의 모든 계층에서 주도력이 열정적으로 발휘되어야 한다.

14. 단체정신(esprit de corps): 생산성을 향상시키려면 집단구성원 상호 간의 단결이 중요한데, 그것은 개인들 사이의 조화로부터 나오게 된다.

자료: H. Fayol(1949), *General and Industrial Management*, London: Sir Issac Pitman & Sons, 20-41.

제2절 인간행동이론

고전적 관리이론이 생산능률과 작업장에서의 인간의 문제를 원만히 해결하지 못함으로써 1930년대부터 인간적 측면을 강조하는 새로운 경영이론이 등장하게 되었는데 이러한 연구방법을 행동주의 경영이론, 즉 행동이론이라 한다. 관리에 관한 행동적 연구방법에는 두 가지 부류가 있다. 하나는 인간관계론적 연구방법으로 1940－1950년대에 일반화되었으며 다른 하나는 행동과학적 연구방법으로 1950년대에 일반화되어 오늘날 상당한 관심을 받고 있다.

01 인간관계론

(1) 인간관계론의 의의

오늘날 경영조직은 여러 가지의 활동을 통해서 재화와 용역을 생산함으로써 최대의 이윤을 추구하고 있다. 이러한 기업의 목적을 달성하기 위한 재화와 용역의 생산에는 두 가지의 국면이 있다고 볼 수 있다. 즉, 물적인 요소와 인적인 요소가 그것이다. 자본주의의 초기의 발전과정에 있어서는 기업활동에 있어서 전자의 비중이 월등히 높아져 후자는 거의 고려도 되지 않았으나 20세기에 들어와서부터는 후자에 대한 인식이 점차로 높아져 이제는 경영관리의 중심과제가 직무상의 사람의 능력을 최대한도로 발전시키고 이것을 이용하며, 또한 이들에게 직무를 보다 성실히 수행할 수 있는 동기를 제공하는 문제에 있는 듯한 느낌이다.

근대산업의 중추가 되는 고성능의 기계나 기구가 생산성의 문제를 좌우한다는 것이 사실이기는 하지만, 이러한 기계나 기구를 직접 움직이고 이용하는 것은 다름 아닌 사람의 두뇌와 손발임을 생각할 때, 직무상의 사람의 태도야말로 조직의 목적을 달성함에 있어서 가장 중요한 요인이라고 말하지 아니할 수 없다. 과거에 있어서 수많은 경영관리방식이 허다한 경영의 난문제를 해결하지 못하였던 이유는 바로 이러한 종업원 개개인의 인간성에 기저를 둔 관리방식을 깨닫지 못하였다는 데 있다. 즉, 종업원들에게 직무수행에 대한 적극적인 의욕을 불러일으킬 수 있는 기술을 발전시키지 못하였다는 것이 그 중요한 원인이 되었다고 할 수 있다. 인간의 태도는 고정불변한 것이 아니라 시시각각으로 변하며 살아서 움직이고 있다는 것을 생각할 때 직무상에 나타난 변화무쌍하고도 동태적인 종업원의 인간성을 잘 포착해서 그들에게 적극적인 근로의욕을 고취시킨다는 것은 결코 쉬운 일이 아니다(정종진·이덕로, 1998).

그럼에도 불구하고 생산능률에 있어서 인간적 요인이 크게 작용하고 있음은 이미 여러 가지의 실증적 연구에 의해서 증명이 되었으며 또한 인간관계관리를 위한 여러 가지의 구체적인 기술도 크게 발전되어 인간관계론(human relations)은 바야흐로 현대산업에 있어서 가장 중요한 경영관리의 방식이라는 인정을 받게 되었다. 따라서 1930년대 이후로는 마침내 인간관계 개선에 기저를 둔 경영관리가 각광을 받게 되었다.

인간관계론이란 고도의 사기를 통하여 집단목표지향적인 협력체계를 구축하기 위한 관리기법으로 그 구체적인 관리기술로는 리더십, 인사상담제도, 사기, 의사소통, 스트레스, 동기부여, 집단역학, 제안제도 등을 들 수 있다. 이러한 인간관계론을 태동하게 했던 계기가 바로 호손실험이다. 그러면 호손실험에 대해 살펴보기로 하자.

(2) 호손실험

1) 호손실험의 의의

호손실험(Hawthorne experiments)이란 1924년 11월부터 1932년 5월까지의 약 8년 간에 걸쳐 시카고 근교에 있는 Western Electric의 호손공장(The Hawthorne Works)을 중심으로 산업의 능률과 인간과의 관계를 규명하기 위하여 동 공장의 부공장장인 페녹(G. A. Pennock)이 하버드대학의 메이요(E. Mayo)와 뢰스리스버거(F. J. Roethlisberger)와 협력하여 실시한 일련의 실험을 말한다.

Western Electric은 전기·전선관계 설비를 생산하는 우량기업으로 일찍부터 종업원의 복리에 지대한 관심을 가져 복리후생시설이 거의 완비되어 있었고 임금이나 노동시간에 있어서도 높은 수준을 유지하고 있었다. 또한 종업원에 대한 의료나 레크리에이션의 설비도 좋았고 연금제, 종업원지주제 등의 제도도 좋았다. 이 때문에 노사관계는 매우 원만하여 20년 이상 단 한 차례의 분쟁도 없었기에 이 회사의 간부들은 종업원들의 불평불만을 이해할 수 없었다(박만순, 1970).

그러나 1920년 후로는 종업원들 사이에 불평불만이 점차로 높아지기 시작했다. 이에 회사의 간부들은 종업원들의 이러한 불만의 진의를 포착할 수가 없었다. 그래서 마침내 회사는 하버드대학교의 경영대학원의 교수진에게 이 문제의 해결을 의뢰하게 되어 엘톤 메이요 교수를 중심으로 한 일단의 연구진이 현지에 파견되어 1924년 11월부터 8년간에 걸쳐 여러 가지의 상이한 내용의 실험을 하게 되었다. 이 중에서 가장 중요한 네 가지의 실험은 조명실험(illumination experiment), 계전기 조립실험(relay assembly experiment), 면접 프로그램(interview program), 배전기 권선관찰실험(bank wiring observation room experiment) 등이다(Adair, 1984; Reece & Brandt, 1987).

호손실험은 당초에는 작업자의 생산성에 영향을 미치는 다양한 물질적 요인들과 작업환경들의 영향력을 밝혀내기 위해 시도되었다. 그러나 실험을 반복하는 과정에서 실제 작업성과가 물질적 작업조건의 좋고 나쁨과 관계없이 결정되는 경우가 많다는 사실을 발견하게 되었다. 즉 작업성과가 물리적 작업환경이나 경제적 보상과 같은 물질적 요소들보다는 작업자들 간의 비공식적인 인간관계와 심리적 친근감과 같은 사회심리적 요소들에 의해 더 강하게 영향을 받는다는 사실을 밝혀낸 것이다. 호손실험의 결과를 바탕으로 조직구성원들의 행동결정에서 인간관계적이고 사회심리적인 요소들의 중요성을 강조하는 새로운 조직이론이 제안되었는데, 그것이 바로 인간관계론이다. 인간관계론은 이후 조직이론 패러다임의 발전에 큰 영향을 주게 된다(이덕로·서향희, 2017, 51).

2) 조명실험

조명실험은 호손공장에서 행해진 일련의 실험 중에서 제일 먼저 착수된 실험으로 1924년 11월부터 1927년 4월까지 동 공장의 부공장장인 페녹이 전국연구위원회 (National Research Council)의 도움을 받아 실시한 실험으로 주로 작업 시의 조명의 강도와 노동자의 능률 간의 관계를 명백히 하려는 데 그 목적이 있었다. 당시의 노동능률에 관한 연구는 피로의 문제에 집중되어 있었으므로 연구자들은 피로에 영향을 미치는 제 요인 중의 하나로 조명을 고려하게 되어, 노동자에게 가장 적당한 조명을 줄 수만 있다면 피로를 덜 느끼게 할 것이며 따라서 노동능률이 상승한다고 생각하였던 것이다. 그러므로 조명실험(illumination experiment)은 "조명도를 높인다면 노동능률도 상승할 것"이라는 가설을 증명하기 위한 실험이라고 할 수 있다.

이 실험에 있어서는 먼저 동일한 조건을 가지고 있는 노동자를 두 집단으로 나누었는데 첫째의 집단은 통제집단(control group)이라고 부르고, 둘째의 집단은 실험집단(test group)이라고 불렀다. 그래서 통제집단에 대해서는 조명도를 일정하게 해 놓았으나 실험집단에 대해서는 조명도를 상하로 변화시킴으로써 그때그때의 작업의 성과를 측정하였던 것이다.

그러나 조명실험은 전혀 예상하지 않았던 결과를 가져오게 되었다. 즉, 조명도가 높으면 높을수록 작업의 성과가 상승할 것이라는 가설은 검증되지 못하였다(Roethlisberger & Dickson, 1939). 실험집단에 대하여 조명도를 높여갔을 때 능률이 상승한 것은 예상한 바와 같았으나, 반대로 조명도를 낮추었을 때도 생산량이 여전히 증가하였으며(Benton, 1995; Halloran, 1983) 심지어는 월광(月光) 정도의 조명하에서 작업을 시켜도 다소의 불평은 있었으나 생산량에는 약간의 증가가 있는가 하면, 나아가 여공들의 요구에 따라서 더 밝은 전구로 바꾸어 줄 것을 약속해 놓고 실제로는 같은 촉광의 다른 전구로 대체해 주었을 뿐이었는데도 여공들은 그들의 요구가 달성되었다고 생각하였는지는 몰라도 작업능률은 더 상승하는 경향을 보였던 것이다(박만순, 1970; 이도화·박오수, 1993).

이외에도 또 한 가지 흥미있는 일은 물리적 조건을 바꾸지 않고 계속해서 일정한 상태하에서 작업을 한 통제반의 경우에 있어서도 능률이 일정한 수준으로 유지되어 있지 않고 점차로 상승하는 경향을 나타냄으로써 종전의 가설은 여지없이 짓밟히게 되었던 것이다. 그래서 조사단은 작업시간, 고율의 임금, 조명도 및 작업상의 기타의 물리적 제 조건 여하에는 관계없이 생산을 증가시키는 그 어떤 중대한 요인이 작용하고 있음을 알게 되었다.

3) 계전기 조립실험

이상과 같은 제 1단계의 실험 결과를 보완하기 위해서 1927년 4월부터 1929년 6월까지 제2단계의 실험이 시작되었는데, 이것을 가리켜 계전기 조립실험(relay assembly experiment)이라고 한다. 이 실험에 있어서는 먼저 2명의 여공을 선발해서 이 여공들에게 각자가 좋아하는 4명의 여공을 선발케 하여 모두 6명의 여공을 한 작업실에 넣어서 50여 종의 부품으로 구성되는 계전기를 조립하는 작업을 시켰다. 이 실험은 약 3년간 계속되었으며, 한 사람의 관찰원이 같은 방에서 여공들과 같이 지내면서 그녀들과 실험의 결과에 대해서 이야기하고 또는 그녀들의 불평에 귀를 기울이면서 관찰과 연구를 하였다.

이 실험은 노동시간, 급료, 휴식시간 및 급식과 같은 노동조건을 여러 가지로 변화시킴으로써 이들이 작업능률에 어떠한 영향을 미치는가를 해명하려 했으나 그 결과는 작업조건의 변화가 작업능률에는 결정적인 변화를 주지 않는다는 것을 증명했으며, 이와는 반대로 인간적인 요인, 예컨대 종업원들의 행동, 대화, 공장 내외에서의 동작 등에 있어서 유쾌히 일할 수 있는 동기를 제공하는 것이 작업의욕에 보다 더 큰 영향을 미친다는 사실을 알게 되었다(이도화·박오수, 1993, 59-60). 실험 결과가 조명실험의 결과와 거의 다른 것이 없자 추가적인 두 실험, 즉 2차 계전기 조립실험(1928-1929)과 운모분해실험(1928-1930)을 실시했는데 여기서도 급여결정방식보다는 우호적인 감독방식의 효과가 상대적으로 더 크게 작용하여 여직공들의 사기를 향상시켰고, 향상된 사기로 인해 생산성이 증가하였다는 결론에 도달하게 되었다(박연호, 2001, 25-26).

이 실험의 주요 결론을 보다 구체적으로 살펴보면 다음과 같다.

첫째, 생산과 휴식시간의 변화는 처음에는 어느 정도 영향이 있었으나 실험일자가 경과됨에 따라 휴식시간은 생산에 커다란 영향을 미치지 않는다는 점이다. 둘째, 근육의 피로를 덜어 주는 것이 생산을 증가시키는 1차적 요인은 아니다. 셋째, 실험대상인 여자종업원들의 심리적 만족감은 계속적으로 증가되어 왔다. 넷째, 실험 실시 이후 결근율이 80%로 감소하였다. 다섯째, 생산고는 주당 작업일수보다 그 작업상황의 형태에 직접적인 영향을 받았다. 여섯째, 실험기간 중 새로운 작업조건의 도입은 새로운 의욕을 갖게 하였다. 일곱째, 작업과정에서 엄격한 감독보다는 자유와 변화를 더 주었다.

이와 같이 일련의 실험을 통하여 종업원들이 자신의 직장과 직무에 대해서 보람을 느껴 상사로부터의 엄격한 통제를 받지 않고 인간 상호 간 협동심을 일으키게 하여 적극적으로 일하려는 의욕을 가지게 하는 것이 가장 훌륭한 직장의 환경이며 이것이 또한 작업능률에 보다 큰 영향을 미치는 요소임이 실제로 입증되었다. 또한 경영에 있어서의 작업집단 상호 간의 훌륭한 인간관계가 능률향상의 원천이라는 것을 알게 되었다. 끝으로 연구자들의 조직 또는 집단 내에서 물리적 작업조건보다 인간의 인정감, 책임감, 만족감 등과 감정적·심리적 요인이 더욱 중요하다는 사실을 깨닫게 되었다(이덕로·서향희, 2017, 55).

4) 면접 프로그램

계전기 조립실험이 한창 이루어지던 12기에서부터 면접이 병행해서 시작되었다. 왜냐하면 좋은 물리적 조건을 철회했음에도 불구하고 오히려 성과가 올라감에 따라 물질적 조건이 작업능률을 좌우하는 결정적인 요소가 아니라는 사실을 알았기 때문이다. 이 실험은 1928년 9월부터 1930년 9월까지 30명의 전문면접가가 약 3년간에 걸쳐

21,126명의 종업원에 대해 한 사람당 약 60분 정도의 면접을 실시한 것이다.

제1차 내지 제2차 실험이 부분적인 실험실의 실험인 데 비하여, 면접 프로그램은 전체 종업원이 현장생활을 어떻게 느끼고 있는가를 파악하기 위한 것이었다. 당초 면접은 1,600명 정도로 계획하였지만 전체 종업원의 목소리를 듣기 위해 30명의 전문면접가를 투입하여 약 2년간에 걸쳐 21,126명의 생산직 종업원 전체에 대해 한 사람당 약 60분에 걸쳐 상사의 감독, 작업환경, 업무, 임금 및 못살게 구는 사람(teaser) 등에 대한 종업원의 불만을 면접에 의하여 조사하였다. 이 조사를 통해 물리적 조건이 노동자에게 생리적 영향을 주고, 또 그것을 통해 생산능률에 영향을 준다는 종래의 노동과학적 정설과는 달리, 노동자의 경력, 작업장의 사회적 조건 여하가 노동자의 의식에 영향을 준다는 것이 확증되었고 정감(sentiment), 즉 작업장의 사회적 조건 여하가 노동자의 태도를 좌우하는 큰 요인이라는 것이 발견된 것이다. 이렇게 하여 생산에 대한 태도를 결정하는 주요한 조건으로서 공장의 사회적 조건이라는 문제가 새로운 과제로서 확고히 인식된 것이다(Roethlisberger & Dickson, 2000).

5) 배전기 권선관찰실험

배전기 권선관찰실험은 호손실험의 마지막 단계의 실험으로 1930년 11월부터 1932년 5월까지 실시되었다. 제3차 실험인 면접에서 작업의 능률을 좌우하는 것은 물질적인 요소가 아닌 인간의 감정이라는 것을 알게 되었다. 따라서 이러한 정감이 작용하는 원천이 어디에 있는가를 알아보기 위하여 14명(9명의 권선공(wiremen), 3명의 용접공(welders), 2명의 검사공(inspectors))의 근로자가 작업하고 있는 작업장을 중심으로 면접과 관찰실험을 실시하였다. 면접자는 실외에 위치하고 있었으나 실내에 들어가도 상관은 없었다. 실험은 관찰자에 의해 생산실적, 대화, 행동 등을 기록하게 되며, 이 관찰자는 실내에 배치되었다(유기현·송병선·권용만, 2013, 26).

배전기 권선관찰실험 결과 두 가지 사실을 알게 되었다. 즉 생산의 제한문제와 비공식집단의 존재를 알게 되었다. 전자의 경우 초과생산을 할 수 있는 능력이 있음에도 불구하고 작업자들은 기준 이상의 노동은 하지 않아도 된다고 생각하여 1일 작업량의 완료를 전제로 오전 중에는 열심히 일하다가 오후에는 작업중지시간 이전에 작업을 마쳐 저조한 실적을 보였다. 생산능력과 실적 사이에 차이가 나는 이유는 사회적 행동의 표현이자 비공식집단에 영향을 받은 결과이다(유기현·송병선·권용만, 2013, 26 – 27).

후자의 경우 작업장에는 회사의 공식조직과는 별도로 자생적인 비공식집단이 있다는 것을 알게 되었다. 그리고 이 비공식집단에는 그들 사이에만 통하는 불문율의 네 가지 규범이 있음을 알게 되었다. 즉 ① 동료보다 현저하게 많은 일을 수행해서는 안 된다. 만일 이를 위반한 경우 임률 파괴자(rate buster)가 되며 일탈적·이기적 인간으로 동료로부터 배척당하게 된다. ② 일을 너무 태만히 해서도 안 된다. 이를 무시한다면 다른 동료에게 자신이 하지 못한 몫만큼 일을 부당하게 가중시키게 되므로 그런 사람은 사기꾼(chiseler)으로 간주되어 동료로부터 배척당하게 된다. ③ 비공식집단에서 일어난 일을 상사에게 고자질해서는 안 된다. 만일 이를 무시하면 그런 사람은 밀고자(squealer)로 전락하게 된다. ④ 너무 잘난 체 해서는 안 된다(서도원·이덕로, 2016, 82). 조직 내 공식적인 직무를 맡았다 하더라도 때로는 인간적으로 대할 필요가 있다는 것이다(윤대혁, 1999, 63).

이러한 내용은 비공식조직 내에서 형성된 종업원들의 집단행동에 있어서의 불문화된 기준이다. 그들은 이러한 형태로 무언중에 노동강화에 대하여 반항하거나 또는 반대로 자발적인 능률향상을 기하고 있었다. 비공식집단이 중요시되는 이유가 바로 여기에 있는 것이다.

6) 호손실험의 결과와 비판

일련의 호손실험을 통하여 발견된 제 사실을 요약해 보면 다음과 같다. ① 작업능률을 좌우하는 것은 단지 임금, 노동시간 등의 노동조건과 조명, 환기, 분진 등의 작업환경으로서의 물적인 작업조건만이 아니라, 종업원이 자기의 직무, 동료, 상사 또는 회사 전체 등에 대하여 갖는 태도나 감정에 의해서 크게 좌우된다. ② 작업, 노동조건 등의 물적조건도 작업능률 개선에 영향을 줄 수 있으나, 그것보다도 종업원들의 심리적 요소가 더 중요하다는 것이 실험 결과 나타났다. ③ 종업원의 태도나 감정을 좌우하는 요소로는 개인적·사회적 환경, 조직의 세력관계, 소속하는 자생적 집단의 힘 등이 있다. 그리고 종업원의 귀속의식(sense of belongingness)의 중요성이라든가 인간의 상호작용에 의하여 자연발생적으로 형성되는 인간과 인간과의 관계, 즉 자생적 조직의 중요성이 인식되었다.

이러한 자생적 조직은 집단 특유의 감정 또는 심정의 체계를 가지고 있으므로, 경영자나 전문가들이 비용의 논리(logic of cost)나 능률의 논리(logic of efficiency)만을 생각해서 합리화 방안을 일방적으로 추진하고자 할 때에는 그들의 반발을 유발하게 된다. 이와 같이 ① 인적요인의 중요성 인식, ② 인간의 태도 또는 감정에 대한 이해, ③ 인간관계적 존재로서의 인간파악, ④ 자생적 조직의 발견 및 그 기능에 대한 이해 등의 제 사실을 바탕으로 하여 인간관계론이 성립되었다.

호손실험은 물리적 조건이 산업의 능률을 좌우한다는 당시의 일반적인 가설을 뒤엎고 대신 종업원의 사기나 조직구성원의 만족 또는 불만이 조직의 성패를 좌우한다는 이른바 인간성 중시의 경영을 주창함으로써 상당한 호평을 받아왔다. 그러나 이에 못지않게 적지 않은 비판도 받아왔는데 구체적으로 다음과 같다.

첫째, '만족하면 할수록 작업자는 더욱 생산적이 된다'는 지나치게 소박한 가정을 유도해 낸다 하여 벨(D. D. Bell)을 비롯한 많은 학자들은 호손연구가들을 "암소 사회학자(cow sociologist)"라고까지 비꼬고 있다.

둘째, 인간관계를 과학적 관리법과 마찬가지로 폐쇄체계적인 관점에서 보았기 때문에 산업사회 내에서의 여러 이해관계자들, 특히 노동조합의 존재와 역할을 충분히 고려하지 않았다.

셋째, 인간의 본성에 대한 가정에 문제가 있다는 것이다. 호손연구자들은 인간은 본질적으로 경쟁적이기보다는 협동적이라고 보고 있으나 실제로 과연 갈등이 없는 작업장이 가능한지 의문이다.

넷째, 심리적·사회적 동기요인이나 집단의 역할을 지나치게 강조함으로써 공식조직의 권한, 공식적 통제체계, 경제적 소득과 같은 중요한 문제를 포괄적으로 다루지 못하고 있다.

다섯째, 사회학자 카레이(A. Carey)는 연구방법론과 관련하여 연구대상 집단의 대표성문제, 표본추출방법 및 표본의 크기 등에 결정적 결함을 갖고 있기 때문에 과학적 타당성이 결여되었다고 주장하였다(Hodgetts, 2002; Adair, 1984).

이 밖에도 실험에 참가한 사람들이 자신들이 조심스럽게 연구되고 있다는 점을 알고 있었다는 점과 조사자들이 그들의 이론적 관점과 일치하지 않는 정보를 무시해 버릴지의 여부를 둘러싸고 논란이 제기되었다는 점 등을 들 수 있다(Paulus & Baron, 2000).

(3) 인간관계론에 대한 비판

인간관계론이 기업경영에 적지 않은 영향을 미쳤음에도 불구하고 호손연구에 대한 비판과 마찬가지로 인간관계론 전반에 대해서도 나름대로의 적지 않은 문제점도 안고 있다고 보는 견해가 있다. 주요 비판내용은 다음과 같다. ① 본질적으로 과학적인 타당성이 없다. ② 집단의 중요성에 너무 치우치고 행위가 발생하는 전체 조직과의 맥락이 너무 소홀하게 취급되고 있다. ③ 집단의사결정, 민주주의, 참여 등을 지나치게 강조한다. ④ 인간관계론이 모든 경영의 문제를 해결할 수 있다는 듯한 광신적인 복음

주의 경향이 있다. ⑤ 비공식조직을 지나치게 강조한 나머지 공식조직에 대한 관심이 희박하고 이를 지나치게 경시하고 있다.

또 다른 관점에서 보면 인간관계론자들은 인간관계를 폐쇄체계적인 관점에서 보아 산업사회 내에서의 노동조합의 역할을 충분히 고려하지 않았다. 메이요의 많은 저술에서 풍기는 인상은 경영이 효과적으로 그 기능을 다한다면 노동조합은 오히려 불필요하다는 것이다. 이는 메이요가 권위주의자이며 계층구조의 유지에 골몰했으며, 전통적 체계를 유지하기 위해서 경영자로 하여금 인적요인에 비중을 두게 했다는 비판과 일치한다. 그러나 위와 같은 여러 비판에도 불구하고 인간관계론이 인간중심적인 경영이론의 전기를 마련하는 데 커다란 공헌을 하였다는 것은 의심할 바 없는 사실이다(유기현, 2003; Ramsey & Calvert, 1994).

02 행동과학

(1) 행동과학의 의의

제2차 세계대전 이후 산업사회가 고도화되면서 우리 주위에서 일어나는 일은 복잡다단한 양상을 띨 뿐만 아니라 상호관련성 또한 증대됨에 따라 개별 사회과학만으로는 이들 문제의 해결이 어려워 종합과학적인 접근법으로 문제에 접근하려는 시도가 행해지게 되었다. 이러한 과정에서 1944년 시카고대학에 일단의 학자들이 모여 인간행동에 초점을 두고 모든 영역에 통용될 수 있는 인간행동의 보편적 원리를 발견하려는 노력에서 비롯된 것이 바로 행동과학(behavioral science)이다(박연호·이종호·임영제, 2013; 유기현, 1994).

이러한 행동과학의 배경학문으로는 <그림 3-5>와 같은 심리학, 사회학, 인류학, 역사학, 정치학 및 경제학 등을 들 수 있다. 아울러 행동과학의 특성으로 규범적, 인본주의적, 인간관계능력의 개발, 참가지향적, 전체 체계의 강조 등을 들 수 있다. 이 행동과학은 조직행동론의 성립에 결정적인 영향을 미치게 된다.

〈그림 3-5〉 행동과학의 학문 영역

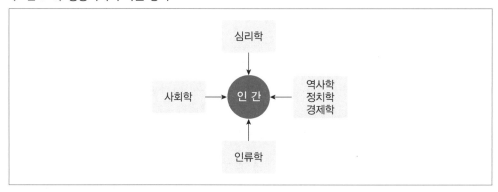

행동과학적 사고란 고전적 관리이론과는 거의 정반대의 입장이다. 행동과학적 사고란 본질적으로 조직 및 관리 유효성의 주요 결정요소로 종업원 동기부여를 강조하는 관리 연구방법을 말한다. 행동과학자들은 감독의 절차와 산업공학기법에서 벗어나 그들의 관심을 사람들의 동기부여에 초점을 둔다. 이러한 학파의 사람들은 인간행동을 복잡한 대상이자 관리의 가장 중요한 측면으로 보고 있다.

행동적 사고에 공헌한 주요 기여자로는 포렛트(M. P. Follett), 매슬로우(A. Maslow), 허즈버그(F. Herzberg), 맥그리거(D. McGregor), 앨더퍼(C. P. Alderfer), 맥클리랜드(D. C. McClelland), 블레이크와 무튼(R. R. Blake & J. S. Mouton), 리커트(R. Likert) 및 아지리스(G. Argyris) 등을 들 수 있다. 이들 주요 공헌자들의 이론은 제16장의 동기부여이론과 리더십에서 각각 살펴보기로 하고 여기서는 대표적인 예로 아지리스의 미성숙 · 성숙이론와 맥그리거의 XY이론을 살펴보기로 하겠다.

(2) 아지리스의 미성숙 · 성숙이론

예일대학 교수였던 아지리스는 개인이 성숙하는 과정상의 성격의 변화를 ＜표 3-2＞와 같은 7가지로 들어 설명하는, 이른바 미성숙 · 성숙이론(immaturity－maturity theory)을 주장하였다. 먼저 미성숙 단계의 특징으로는 ＜표 3-2＞에서와 같이 수동적 행동, 의존적 행동, 한정된 행동, 얕은 관심, 단기적 관점, 종속적 지위, 자아의식의 결여 등을 들 수 있다. 반면에 성숙 단계의 특징으로는 능동적 행동, 독립적 행동, 다양한 행동, 깊은 관심, 장기적 관점, 대등한 지위, 자아의식 및 통제 등을 들 수 있다.

프로이드(S. Freud)와 에릭슨(E. Erikson)의 성격발달이론은 개인의 나이에 따라 성격이 단계적으로 발달한다고 보는 결정론적 입장을 취하고 있는데 비하여 아지리스의 미성숙·성숙이론에서는 성격은 연령에 따라 단계적으로 발달하는 것이 아니라 미성숙한 단계에서 성숙한 단계로 수평적으로 발달한다고 보고 있다.

그는 조직과 개인발달 사이의 부조화는 직무확대와 같은 관리활동을 통해 완화될 수 있다고 생각하고 있다. 이러한 접근방법하에서는 그 사람에게 수행되어야 할 과업범위의 증가나 의사결정 과정에 참가할 보다 많은 기회와 책임이 주어지게 된다(Wren, 1987, 1994).

▌〈표 3-2〉 아지리스의 미성숙·성숙이론

미성숙 단계의 특징	성숙 단계의 특징
• 수동적 행동(passivity)	• 능동적 행동(activity)
• 의존적 행동(dependence)	• 독립적 행동(independence)
• 한정된 행동(limited behavior)	• 다양한 행동(diverse behavior)
• 얕은 관심(shallow interests)	• 깊은 관심(deep interests)
• 단기적 관점(short time perspective)	• 장기적 관점(long time perspective)
• 종속적 지위(subordinate position)	• 대등한 지위(superordinate position)
• 자아의식 결여(little self-awareness)	• 자아의식 및 통제(self-awareness, control)

자료: C. Argyris(1957), *Personality and Organization*, New York: Harper and Row, Publishers, Inc., 50; J. R. Schermerhorn, Jr., J. G. Hunt, & R. N. Osborn(2003), *Organizational Behavior*, 8th ed., New York: John Wiley & Sons, 67.

(3) 맥그리거의 XY이론

맥그리거(D. McGregor)는 그의 저서 '기업의 인간적 측면'(The Human Side of Enterprise)에서 인간본질의 두 가지 상반된 견해를 중심으로 XY이론을 주장하였다. 즉 X이론으로 명명된 인간성의 부정적인 견해와 Y이론으로 명명된 인간성의 긍정적인 견해를 주장하였다. 여기서 X이론이란 전통적 인간관에 입각한 것으로 다음과 같은 전제와 기본신념에 입각해 있다. ① 보통 인간은 날 때부터 일하기 싫어하며 가능하면 그것을 회피하려 한다. ② 일을 싫어하는 이러한 인간본성으로 말미암아 조직목적을 달성하기 위한 적절한 노력을 발휘하도록 하기 위해서는 대부분의 인간을 억압·통제·지시·위협하지 않으면 안 된다. ③ 보통 인간은 지시받기를 좋아하고 책임을 회피하고자 하며 그다지 야심이 없으며 무엇보다도 안전을 원한다.

반면에 Y이론이란 현대적 인간관에 입각한 것으로 기본가정은 다음과 같다. ① 보통 인간은 날 때부터 일을 싫어하는 것은 아니다. 조건 여하에 따라서 일은 고통의 원천이 되기도 하지만 자기만족의 근원이 되기도 한다. ② 외적 강제나 처벌의 위협이 없더라도 인간은 조직목적을 달성하기 위하여 자기지시와 자기통제를 하려고 한다. ③ 목표에 몰입하는 정도는 목표의 달성과 관련된 보상의 크기에 비례한다. ④ 보통 인간은 적당한 조건하에서는 책임을 받아들일 뿐만 아니라 그것을 모색하려 한다. 책임회피, 야심의 결여, 그리고 안전에 대한 강조는 일반적으로 경험의 결과이지 타고난 인간특성은 아니다. ⑤ 조직문제해결을 위하여 고도의 상상력이나 창조성을 발휘할 수 있는 능력은 일부 사람들에게만 국한된 것이 아니라 많은 사람들이 다 공유하고 있다. ⑥ 현대의 산업사회에서 보통 인간의 지적인 잠재능력은 단지 부분적으로만 활용되고 있다(McGregor, 1961, 2006).

제3절 시스템이론

01 시스템이론의 배경

시스템이론(system theory)이란 제2차 대전 후 독일의 생물학자인 베르탈란피(Ludwig von Bertalanffy)가 여러 학문 분야를 통합할 수 있는 공통적인 사고와 연구의 틀을 찾으려는 노력 끝에 발표한 이론이다. 베르탈란피는 과학이 발달하고 인류의 문화가 발전할수록 여러 학문 분야 간의 교류가 더욱 증진되어야 함에도 불구하고, 도리어 학문별 사고방식, 연구초점과 방법 등이 점점 달라져서 학문 간의 대화와 상호 간의 이해 그리고 교류가 점점 어려워지는 것을 느꼈다. 그리하여 생물학, 물리학, 화학등 자연과학 분야는 물론 사회과학을 포함한 모든 학문 분야를 통합할 수 있는 이론으로서 일반시스템이론을 발표하게 된 것이다(이학종·박헌준, 2004; Bertalanffy, 1968).

여러 학문 분야를 통합하는 이론체계에 대한 관심은 1950년대에 들어와서 여러 학문 분야로 급속히 확산되어 가던 중, 경제학자 보울딩(K. E. Boulding)이 시스템이론의 목적과 기본적인 골격을 작성하여 일반시스템이론을 체계적으로 정립하였다(Boulding, 1971). 그 후 카스트(F. Kast), 로젠쯔바이크(J. Rosenzweig) 등의 학자들이 시스템이론을 경영학 분야에 적용하는 데 선두적 역할을 하여 경영조직에서의 일반시스템이론을 정립하는 데 크게 기여하였다(Johnson, Kast, & Rosenzweig, 1973).

이와 같이 시스템이론은 처음에는 과학이나 공학과 같은 제 기술 분야에서 적용되어 오다가 1950년 후반부터 경영학 분야에 적용되기 시작했으며 20세기 후반부터는 시스템의 시대로 불려질 만큼 시스템이론이 크게 보급되었으며 그 중요성이 더욱 증대되었다.

이 시스템을 제대로 이해하기 위해서는 시스템의 개념부터 파악하도록 하는 것이 중요하다. 시스템이란 구성요소들 사이의 조직화된 관계를 의미하는 'systema'라는 그리스어에서 유래된 것으로 하나의 전체를 구성하는 상호관련된 부분들의 집합을 말한다(Boone & Kurtz, 1992, 40). 따라서 시스템의 구성요소로 첫째로 전체(unitary whole), 둘째로 이를 구성하고 있는 부분(parts or elements), 그리고 셋째로 이들 부분들 사이 및 개체와 부분들 간의 상호연관성(interrelationship)이 강조되고 있다.

이러한 시스템개념을 적용할 때 우리들 주변에는 수많은 각종 시스템이 존재하고 있는 것을 볼 수 있다. 이를테면 8개의 혹성, 32개의 위성, 1,155개의 소혹성, 수만 개의 혜성 및 무수한 유성으로 이루어져 있는 우주의 태양시스템(solar system)으로부터 시작하여 우리의 물리적 환경을 구성하고 있는 자연환경시스템, 우리들이 일상생활에서 항상 접하고 있는 경제시스템, 교통시스템, 통신시스템, 소방시스템, 조직체시스템, 그리고 생물시스템 등을 들 수 있다(이학종, 1997, 58-59).

02 개방체계의 일반적 속성

시스템을 외부환경과 관련하여 분류할 때 우리는 외부환경과의 상호작용 여하에 따라 시스템을 크게 폐쇄체계(closed system)와 개방체계(open system)로 나눌 수 있다 (Hellriegel, Jackson, & Slocum, 2008).

먼저 폐쇄체계의 특징은 시스템이 그것이 존재하고 있는 환경으로부터 격리되어 있다는 데에 있다. 다시 말하면 시스템의 구성부분만이 존재하고 그 자체로서 모든 것이 충족된다고 가정한다. 환경의 영향은 무시되거나, 그 영향이 고려된다고 해도 거의 중요성을 갖지 않는 것으로 간주된다. 그런데 실제의 경우 폐쇄체계라는 것은 단순한 가정에 불과한 것으로, 완전한 폐쇄체계란 현실적으로는 존재하지 않는다. 시스템의 구성요소는 항상 어느 정도는 시스템 외부의 영향을 받는 것이다. 조직의 폐쇄성이라는 것은 실제의 경우에 있어서 조직경계의 침투불가능성이라기보다는 일종의 가정이라 할 수 있다.

폐쇄성의 가정이 엄격할수록 시스템의 경계는 침투불가능하게 된다. 이러한 관계는 외부환경과 접하고 있는 공식조직의 구조를 볼 때 명확해진다. 만일 어떤 조직이 자기충족적인 것처럼 행동한다면 그 조직은 폐쇄체계적인 것이 된다. 과학적 관리론, 관리일반이론, 관료제론, 그리고 인간관계론 등에 대한 가장 큰 비판의 하나는 이들 이론들이 폐쇄체계라는 비현실적인 가정을 조직이론에서 세우고 있다는 점이다(신유근, 2011).

이러한 폐쇄체계에 비하여 개방체계는 시스템의 경계를 넘어서 시스템의 구성부분이 외부환경과 끊임없이 상호작용하는 것을 허용한다. 따라서 개방체계는 그 관련요소가 많아지기 때문에 더욱 복잡한 개념이 된다. 개방체계는 자원, 에너지, 정보를 받아들이고 이를 전환시켜 재화와 서비스의 형태로 산출을 한다. 이때 계속적으로 피드백(feedback)이 이루어져서 환경과의 균형상태를 유지하게 한다. 이러한 개방체계의 일반모형은 간단히 나타내면 <그림 3-6>과 같다.

〈그림 3-6〉 개방체계의 일반모형

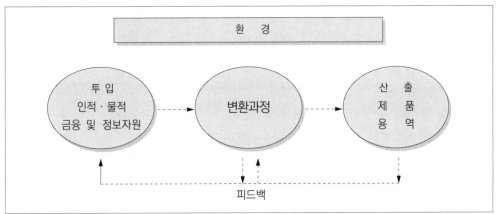

자료: P. S., Lewis, S. H. Goodman, & P. M. Fandt(2004), *Management: Challenges for Tomorrow's Leaders*, 4th ed., Mason, Ohio: South-Western, 61.

개방체계의 일반적인 속성으로 카츠(D. Katz)와 칸(R. L. Kahn)은 다음과 같은 10가지를 들고 있다(Katz & Kahn, 1966, 19-26).

① 에너지의 유입(importation of energy): 체계는 밖으로부터 에너지를 안으로 끌어들인다. 즉, 사람은 생존을 위해 공기, 음식, 지식 등을 받아들이며 조직은 지속가능한 경영을 위해 사람, 기술, 돈, 원재료 등을 필요로 하게 된다.

② 변환(throughput): 시스템은 유입된 에너지를 자기들에게 유리하도록 변형시킨다. 이를테면 사람의 움직임이나 조직의 활동 등을 들 수 있다.

③ 산출(output): 시스템은 변형된 산출물을 체계 밖으로 내보낸다. 여기에는 저술이나 발명품과 같은 인간의 창조와 조직의 제품과 서비스 등을 들 수 있다.

④ 순환과정(cycles of event): 개방체계에서의 에너지의 교환, 즉 투입, 변환, 산출

은 한 차례로 끝나는 것이 아니라 순환적인 형태를 띠게 된다.

⑤ 부(負)의 엔트로피(negative entropy): 시스템은 내부의 엔트로피 작용에 의하여 해체되거나 소멸되어 버리는 경향이 있다. 따라서 조직은 부의 엔트로피 상태에 도달함으로써 계속기업(going concern)으로 지속될 수 있는 것이다.

⑥ 부(負)의 피드백(negative feedback): 조직의 진로를 바로잡아 주기 위하여 필요한 것이 바로 부의 피드백이다. 부의 피드백을 통하여 시스템은 정해진 루트에서 벗어날 경우 수정을 가하게 된다.

⑦ 항상성(恒常性; homeostasis): 항상성이란 체계 내의 균형을 유지하려는 경향으로 체계는 외부환경과의 상호작용에서 내면적인 균형상태를 유지하려 한다.

⑧ 분화(differentiation): 체계의 규모가 커지면 커질수록 또 체계의 내용이 복잡하면 할수록 그 기능이 더욱 세분화된다. 예를 들면, 국가의 지방자치제나 기업의 사업부제도를 들 수 있다.

⑨ 통합(integration): 분화가 늘어감에 따라 시스템은 이것을 통합하려고 하는 기능에 의해 균형이 이루어지게 된다. 따라서 분화된 기능을 통합시키는 상호작용이 시스템의 목적달성에 매우 중요하다.

⑩ 이인동과성(異因同果性; equifinality): 시스템 목적을 달성하는 데는 여러 가지의 방법과 수단이 있을 수 있음을 나타내는 말이다. 그러므로 시스템 목적달성에 있어서 많은 대안을 탐색하도록 하여야 한다.

지금까지 일반시스템의 기본속성에 대해 살펴보았다. 이들 속성은 모든 시스템이 공통적으로 지니고 있지만, 시스템의 개방성과 복잡성에 따라서 시스템이 지니는 속성의 정도가 다르고, 따라서 여기서 시스템의 독특한 성격이 나타나게 된다.

03 하위시스템의 분류

위에서 조직을 외부환경과의 상호작용 여부에 따라 폐쇄체계와 개방체계로 분류하였다. 이러한 분류는 조직시스템의 기본적인 속성을 이해하는 데는 상당히 큰 도움을 주었지만 하위시스템 간의 유기적인 상호관련성을 설명하는 데는 미흡하다. 따라서 오늘날과 같이 복잡한 조직을 보다 잘 이해하고 조직 내의 제 문제를 잘 해결해 나가기 위해서는 조직을 하위시스템으로 분류해 볼 필요가 있다. 조직을 하위시스템으로 분류하는 방법에는 여러 가지가 있다. 예로써 파슨즈(T. Parsons)는 하위시스템을 3원적 분류체계, 즉 기술, 조직, 제도적 하위시스템 등으로 설명하고 있으며, 카스트(F. E. Kast)와 로젠츠바이그(J. E. Rosenzweig)의 <그림 3-7>과 같은 5원적 분류체계를 들수도 있다. 본서에서는 카스트와 로젠츠바이그의 분류체계를 살펴보도록 하자.

〈그림 3-7〉 조직체의 상 · 하위 시스템

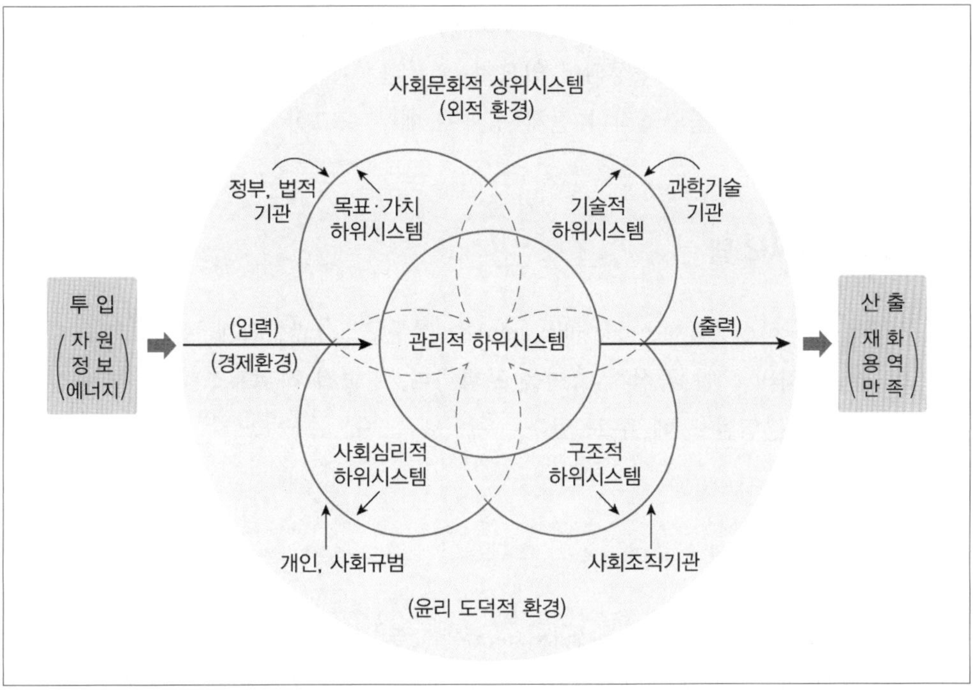

자료: F. Kast, E. & J. E. Rosenzweig(1979), *Organization and Management: A System and Contingency Approach,*, 3rd ed., New York: McGraw-Hill, 121.

(1) 목표 · 가치 하위시스템

목표 · 가치 하위시스템(goals and values subsystem)은 조직의 가장 중요한 하위시스템으로 경영조직에 사회의 문화와 가치관을 반영시키고 경영조직의 모든 활동을 지배하기도 한다. 따라서 경영조직은 사회환경과 적합한 목적과 가치를 유지함으로써 높은 성과를 올릴 수 있고 동시에 사회에 기여할 수도 있다.

(2) 기술적 하위시스템

기술적 하위시스템(technical subsystem)은 경영조직에 투입된 투입을 산출로 전환하는 모든 기술(지식, 방법, 기법)과 설비를 포함하며, 구조적 시스템과 사회·심리적 시스템 등 다른 하위시스템들과 상호작용을 하면서 서로 영향을 주고받는다.

(3) 사회·심리적 하위시스템

사회·심리적 하위시스템(socio-psychological subsystem)은 개인의 성격과 행동 그리고 집단의 역학적 관계로 구성되어 있으며, 외부환경과 내부의 다른 하위시스템으로부터 영향을 받으면서 경영조직의 전체 성과에 매우 중요한 작용을 한다.

(4) 구조적 하위시스템

구조적 하위시스템(structural subsystem)은 직무구조, 권한관계, 분화체계, 방침과 규율 등 경영조직의 모든 공식적 측면을 포함하며, 기술적 하위시스템과 사회·심리적 하위시스템의 연결역할을 해 주고 있다.

(5) 관리적 하위시스템

관리적 하위시스템(managerial subsystem)은 모든 하위시스템을 통합하여 외부환경과 경영조직의 내부여건에 적합한 상호일관성 있는 목적을 설정하는 기능과 이를 달성하기 위한 기획, 조직 및 통제기능으로 구성되어 있다.

이와 같이 경영조직은 외적으로는 사회환경과 그리고 내적으로는 여러 하위시스템들과의 밀접한 관계 속에서 상호작용을 하고 또 서로 적응해 나가면서 경영조직을 유지 내지 발전시켜 나간다. 그 과정에서 시스템 구조와 기능의 분화 등 경영조직의 시스템 설계는 경영조직의 목적달성에 매우 중요한 역할을 한다. 그러므로 효율적인 경영조직을 설계하려면 상위시스템인 외적 환경은 물론 경영조직 내부의 목표·가치, 기술적, 그리고 사회·심리적 하위시스템들과의 연관관계를 중심으로 전체 경영조직적 관점에서 조직구조가 형성되어야 한다고 일반시스템이론은 주장하고 있다.

01 상황이론의 의의

　불확실한 상황 속에서 치열한 경쟁을 헤쳐나가야 하는 개방시스템으로서의 현대 기업에서 경영자는 시스템적 접근방법을 통해 현명한 의사결정을 도모할 수 있다. 그러나 각 기업의 경영자가 환경의 변화, 경영목표와 전략의 설정, 내부 구성원의 요구 등에 모두 동일한 방식으로 대응하지는 않는다. 이는 특정 기업이 직면한 상황조건은 다른 기업의 상황조건과 같을 수 없기 때문에 경영상의 여러 문제를 해결하는 데 있어 특정 기업의 대응방식이 타 기업에서도 항상 유효한 해결대안일 수 없다는 것을 의미하는 것이다.

　상황이론(contingency theory)이란 흔히들 상황적합이론 혹은 컨틴전시이론이라고도 하는데 사실상 앞서 설명한 시스템 접근법에서 발전된 것으로 올바른 관리기법은 어떤 보편적인 규칙이란 없고 주위의 상황에 의존한다는 생각에 기초를 두고 있는 관리개념을 말한다(Koontz, 1980). 이 상황적합이론의 본질은 관리활동은 외부환경요건, 제품을 만들고 서비스를 제공하는 데 사용되는 기술, 그리고 조직을 위해 일하는 사람들을 포함하는 핵심 변수들과 일치하지 않으면 안 된다는 것이다. 이들 상황변수들 각각의 상대적 중요성은 고려되어야 할 관리문제의 유형에 달려 있다. 따라서 언제 어디서나 적용되는 유일최선의 방법(one best way)이란 없다는 것이다. 1960년대 중반부터 등장하기 시작한 상황이론은 관리의 단순한 원칙을 대신하고 관리이론의 대부분을 개별적으로 혹은 종합적으로 통합하기 위하여 사용된 것으로(Thomas, 1990) <그림 3-8>에 이 개념이 요약되어 있다.

〈그림 3-8〉 상황이론의 개념

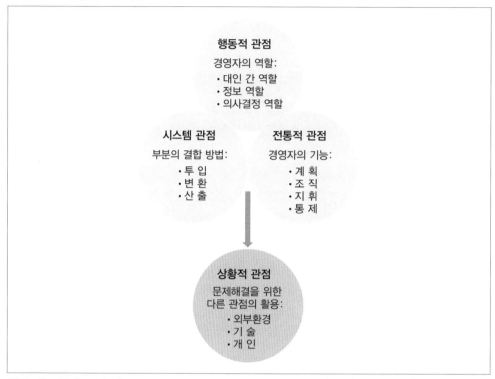

자료: D. Hellriegel, S. E. Jackson, & J. W. Slocum, Jr.(2002), *Management*, 9th ed., Massachusetts: Addison-Wesley Publishing Company, 61.

조직설계에 있어서 최근의 사고는 조직구조를 여러 상황에 적합시키는 중요성을 강조해 왔다. 그래서 상황적합이론은 조직구조, 리더십, 집단역학(group dynamics), 그리고 권력관계 등으로까지 확대되어 왔다. 리더십과 관련된 주요 상황이론에 대해서는 제16장에서, 그리고 상황적합적인 조직구조이론에 대해서는 바로 이어서 몇몇 대표적인 연구에 대해 각각 살펴보기로 하겠다(이덕로·서도원·이원우, 2002, 43-81).

02 상황적합적 조직구조이론

상황적합적 조직구조이론(contingent organization structure theory) 혹은 상황적합적 조직이론이란 상황과 조직이 어떠한 관계를 맺고 있으며 이들 양자 간에 어떠한 관계가 성립될 때 조직의 유효성이 높아질 수 있는가를 연구하는 이론이다. 여기서 상황변수로는 지금까지 확인된 변수만 하더라도 100가지는 되지만(Robbins & Coulter, 2002), 가장 빈번하게 언급되는 것으로 기술, 환경, 규모, 전략, 성장 등이 있다. 조직특성변수에는 조직구조, 관리체계, 관리과정, 조직문화 등을 들 수 있으며, 그리고 조직성과변수는 질적 성과로 조직몰입, 직무만족, 조직시민행동 등이, 양적 성과로 매출액, 영업이익, 시장점유율 등을 들 수 있다.

상황적합적 조직구조이론에 관한 연구들의 자세한 내용에 대해서는 제15장 조직구조에서 살펴보기로 하고 먼저 여기서는 기술과 조직구조, 환경과 조직구조에 관련된 몇몇 연구들에 대해 간단히 살펴보기로 하겠다.

우드워드(J. Woodward)는 기술을 단위(소량)생산(Unit production)기술, 대량생산(Mass production)기술, 연속공정(Continuous process)기술로 나누고, 이들에 따라 작업자 수준, 공식화, 집권화, 커뮤니케이션, 관리계층의 수, 상급자의 통제범위, 관리자 비율 등과 같은 조직구조의 특성이 달라지기 때문에 이에 적합한 조직구조도 달라져야 한다고 주장하였다.

톰슨(J. Thompson)은 기술을 단위작업 간의 상호의존성에 따라 중개형기술, 장치형기술, 집약형기술로 유형화하고, 이 기술유형에 따라 각종 관리과정들이 다르고 조직구조도 달라야 한다고 주장하였다. 결국 중개형기술과 장치형기술에 있어서는 기계적 조직구조가 적합하고 집약형기술의 경우에는 유기적 조직구조가 적합한 것으로 나타났다.

페로우(C. Perrow)는 기술을 다양성 차원과 분석가능성 차원을 기준으로 일상적 기술, 공학적 기술, 장인기술, 비일상적 기술로 유형화하였다. 각 기술유형에 적합한 조직구조로 일상적 기술에는 공식화와 집권화가 높은 조직구조가, 공학적 기술에는 집권적이나 공식화가 낮은 조직구조가, 비일상적 기술에는 분권화적이고 공식화가 낮은 조직구조가, 장인기술에는 분권화된 조직구조가 적합하다고 주장하였다.

번즈(T. Burns)와 스탈커(G. Stalker)는 상황변수를 환경의 동태성으로 보아 환경을 안정적인 환경과 동태적인 환경으로 나누어 이에 적합한 조직구조를 살펴본 결과 안정적인 환경에서는 기계적인 조직이, 그리고 불확실한 환경에서는 유기적인 조직이 효과적이라고 주장하였다.

로렌스와 로쉬(R. P. Lawrence & J. W. Lorsch)는 환경의 불확실성을 조직구조의 상황변수로 보고 컨테이너산업, 식품산업, 플라스틱산업을 중심으로 연구를 했는데, 환경의 불확실성이 높을수록 분화를 보다 많이 해야 하고, 분화를 많이 할수록 통합하기 위해서는 별도의 통합부서가 필요하다고 주장하였다. 즉 환경의 불확실성이 낮거나 중간정도인 컨테이너산업과 식품산업의 경우 규율, 규칙, 절차, 방침만으로도 통합이 가능하나, 플라스틱 산업의 경우에는 이 밖에도 전문통합부서나 전문통합스태프가 추가로 필요함을 밝히고 있다.

이러한 상황적합적 조직구조이론의 특징으로는 ① 과정보다는 객관적인 결과 그 자체를 중시한다. ② 부분이 아닌 조직 전체를 분석단위로 한다. ③ 종합적인 접근방법을 강조한다. ④ 조직의 환경적응을 중시한다. ⑤ 중범위이론(middle range theory), 즉 사회현상에 대한 보다 발전적인 통찰을 만들어내려는 이론을 지향한다는 점 등을 들 수 있다.

지금까지 미국경영학의 역사적 발전과정을 자세히 살펴보았는데 관리운동과 관련하여 주요 사건을 연대순으로 요약해 보면 <표 3-3>과 같다.

┃〈표 3-3〉 관리운동의 주요 내용과 관련 사건

관리운동	관련된 주요 사건
미국 산업혁명 (1875년 이전)	• 증기기관(1790-1810), 철도 붐(1830-1850), 전신(1844)
산업계의 거물 (1875-1900)	• 거대기업의 형성: John D. Rockefoller(석유), James B. Duke(담배), Andrew Carnegie(철강), Cornclius VanEerbilt(조선 및 철도)
과학적 관리시대 (1895-1920)	• Henry Towne, "The Engineer as Economist," 1886 • Frederick W. Taylor의 업적(1895-1915): Garl Barth, Morris Cooke, Henry Gantt. • Frank and Lillian Gilbreth, Harrington Emerson. • Henry Fayol, Administration Industrielle et Generale, 1916.
단결의 시대 (1920-1930년대 초)	• 전문경영자사회의 창설(1920년대) James D, Mooney and Alan C. Reiley, Onward Industry! 1931.
인간관계론 운동 (1931-1940년대 말)	• Elton Mayo가 주도한 호손연구(1924-1932). Mary Parker Follett(1920-1933) Chester Barnard, Functions of the Executive, 1938.
관리과정시대 (1950년대 초-1960년대 초)	• Constance Storrs의 Fayol 연구의 번역(1949) Ralph Davic Top Management Planning, 1951. Geroge Terry, Principles of Management, 1953. Koontz and O'Donnell, Principles of Management, 1955.

관리이론의 정글 (1960년대 초 – 1960년대 말)	• 과정접근방법, 계량적 접근방법, 행동접근방법
시스템 접근방법 (1960년대 말 – 1970년대 초)	• 관리연구에 대한 여러 접근방법의 통합
상황접근방법(1970년대)	• 상황과 조건에 따른 각기 다른 관리접근방법의 활용
국제화운동(1970 – 1980년대)	• 국제적·세계적 시장과 관리접근방법에 대한 인식의 증대
우량기업연구(1980년대)	• 몇몇 가장 성공적인 미국기업들로부터 관리상의 교훈을 얻으려는 시도
21세기경영(1990년대)	• 매우 유동적인 조직, 다기능 팀

자료: L. W. Rue, L. L. Byars, & N. A. Ibrahim(2013), *Management: Skills and Application*, 14th ed., New York, NY: McGraw-Hill, 42.

CHAPTER

4

일본경영학과
한국경영학의
발전

제3장에서 한국경영학에 지대한 영향을 미친 미국경영학, 즉 경영관리론의 역사적 발전과정에 대해 자세히 살펴보았다. 이 밖에도 현대경영학의 양대 산맥 중의 하나인 독일경영학을 비롯하여 일본경영학, 영국경영학, 프랑스경영학, 스위스경영학 등이 관심의 대상이 되고 있다. 본 장에서는 이들 중 대표적인 경영학으로 일본경영학을 살펴보고, 이어서 한국경영학에 대해 각각 살펴보기로 하겠다.

제 1 절　일본경영학의 발전과정

일본의 경영학은 제2차 세계대전을 전후로 독일의 경영경제학과 미국의 경영관리학의 영향을 받아 확립되었으나 비교적 근래에 와서는 양국 경영학의 특성에 일본 고유의 경영문화를 접목시킨 독자적인 경영학, 즉 일본식 경영학으로 발전해 왔다. 특히 1950년대 이후 지속되어 온 일본경제의 고도성장과 더불어 일본식 경영학에 대한 각국의 관심이 고조되면서 본격적인 연구가 이루어져 왔다. 이와 같은 일본경영학의 역사적인 배경과 발전과정에 대하여 살펴보도록 하자.

01 일본경영학의 생성배경

일본경영학은 제2차 세계대전을 경계로 하여 그 이전은 독일의 경영경제학을 도입하여 상업학으로 출발하였으나 그 이후는 미국의 경영관리학으로부터 직접적인 영향을 받아오면서 학문적 체계를 확립하게 되었다. 1960년대 이후부터는 점차 양국 경영학의 도입에 대한 비판과 함께 일본식의 독자적인 경영학으로 발전하게 되었다.

일본경영학의 형성기원은 도쿠가와시대(德川時狀)의 상인학 및 상법적 경영연구에서 찾아볼 수 있으나, 그 후 1875년의 상법강습소 설립과, 1887년의 동경 고등상업학교(현 一橋大學의 前身) 설립을 비롯한 고등상업학교가 각 지방에 설립됨에 따라 일본의 상업교육이 본격화되었다. 이들 학교의 주요 교과목으로서 상업요강 및 상업학이 1896년에 개설되었는데, 그것의 주요 내용은 상업론, 은행론, 보험론, 해운론, 교통론, 거래소론, 창고론 등으로 구성되어 상업지식의 체계적 연구가 이루어졌다. 그 후 1909년에는 東京高等商業學校(동경고등상업학교)에서 상업경영론의 강좌가 설강되었으며 그 후 독일경영경제학의 영향을 받아 상공경영론 및 공업경영론의 과목이 추가되었다. 특히 당시 동경고등상업학교에서 상업경영의 강좌를 담당했던 우에다(上田貞治郎) 박사는 일본경영학의 학문적 체계의 확립에 기여한 초기의 대표적 경영학자이면서 경제학자로서 주식회사 경제론(1921년), 상공경영(1930년) 등의 저서를 통하여 일반경제학과 독립되는 상업경영학의 분리를 주장하였다.

1925년에는 마스지(增地庸次郎) 교수에 의해 독일경영경제학을 소개한 경영경제학서론이 발간되었으며 그의 주요 내용으로는 상업학, 상사경영학, 사경제학, 단독경제학, 영리경제학, 경영학, 경영경제학 등의 각 분야에 걸친 광범위한 내용으로 구성하였다. 이를 계기로 하여 일본의 각 대학의 상학부 내지 경영학부에서 경영학의 강좌가 다수 개설되었으며, 1926년에는 일본경영학회가 창설되어 경영학의 연구발전에 크게 기여하게 되었다. 그리고 1944년 10월에는 고베상업대학(神戸商業大學)에서 경영학부가 처음으로 설치되어 경영학의 체계적인 교육이 실시되었다(이원우·서도원·이덕로, 2008).

02 일본경영학의 발전

전술한 바와 같이 제2차 세계대전 이전의 일본경영학은 독일경영경제학의 영향을 받아 형성되고 체계화가 이루어졌다. 그러나 제2차 세계대전 이후의 일본경영학은 미국의 관리적 경영학이 도입되는 등 새로운 연구방법의 변화가 일어나기 시작하면서, 학문적인 독립성의 확립과 함께 연구·발전해 왔다. 전후의 일본경영학은 1945－1950년의 패전혼란기를 거쳐 1951－1955년에는 일본의 급속한 경제성장과 소득증대를 위한 관리론적 경영학의 필요성에 따라 미국의 경영학을 도입하게 되었다. 특히 기업의 노무관리 및 생산관리의 문제가 일본경영학의 중요 과제로 대두되었으며, 1951년에는 일본상업학회가 창립되면서 마케팅에 관한 연구가 본격적으로 시작되었다. 또한 1956

년 이후 1960년대에 이르러서는 일본경영학의 붐(boom) 단계 내지 본격화 단계에 돌입하게 되었으며, 1965년 이후에는 관리적 경영학의 보급확대 및 일본적 경영학의 확립기를 맞이하게 되었다(서도원·이덕로, 2016).

특히 1960년대에는 일본의 급속한 고도경제성장과 관련된 일본적 경영기법에 대한 연구가 국내외의 다수학자에 의해 본격화되면서 일본경영학에 대한 관심이 더욱 증대되었다. 외국인으로 일본기업의 경영특성을 연구한 최초의 학자는 아베글렌(J. C. Abegglen)으로 그는 연구결과를 일본식 경영이론으로 발표하였다. 이 밖의 많은 학자들의 연구가 일본식 경영학의 확립에 크게 기여하였다. 이러한 연구결과에 영향을 받아 일본 국내에서도 야마시로(山城章), 후루까와(古川榮一), 야마모도(山本安次郎), 스즈끼(鈴木英壽), 다까미야(高宮晉), 우라베(占部都美) 등의 많은 경영학 학자들에 의해 일본적 경영학의 확립 및 체계화가 본격적으로 시도되어 왔다.

이러한 노력의 하나로 1978년에 일본경영학회는 '일본적 경영'이라는 통일논제를 들고 나왔으며, 그 후 그러한 일본적 경영 또는 일본경영학의 이론적 체계화가 더욱 공고화되기 시작했다(이기을, 1984). 또한 우리나라의 6.25 전쟁과 월남전에 따른 특수(特輸)로 크게 성장한 일본은 1970년대에 이르러 전기·전자·조선·철강·화학 분야에서 세계 제1위의 자리를 확보하게 되었고 1979년에는 마침내 기계공업의 총아라 일컬어지는 자동차산업마저 1위를 하게 되었다.

이와 같이 일본경제가 미국을 앞지를 정도로 급성장하자 그러한 경제발전의 기초가 되는 일본식 경영에 대한 세계의 관심도 더욱 고조되기 시작했는데 이때 미·일 경영학의 절충식 경영을 발표한 사람이 바로 캘리포니아대학의 윌리엄 오우치(W. Ouchi) 교수이다. 그는 미국식 경영을 A형(American type)으로, 일본식 경영을 J형(Japanese type)으로, 그리고 미국이라는 토양하에서 일본식의 경영방식을 접목시킨 방식을 Z형(Z type)으로 불렀다. 미국식 경영방식의 장점과 일본식 경영방식의 장점만을 선택한 관리방식으로 그 구체적 특징은 <그림 4-1>과 같다.

〈그림 4-1〉 미·일 및 절충식 경영

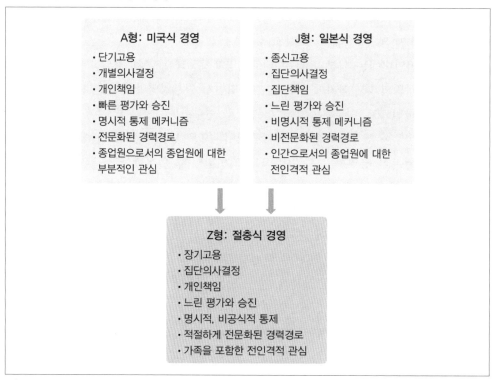

자료: J. M. Ivancevich, P. Lorenzi, S. J. Skinner, & P. B. Crosby(1997), *Management: Quality and Competitiveness*, 2nd ed., Chicago: Irwin, 50.

    그러나 J타입의 기업경영방식을 기반으로 잘나가던 일본경제도 1980년대 중반 이후 미국이 주도한 '플라자 합의'로 엔화가 크게 절상되면서 점차 활력을 잃어갔다. 게다가 1990년대 초반 거품경제의 붕괴로 인해 일본경제는 수많은 기업과 은행이 도산하면서 10년 넘게 0%대의 성장률을 기록하는 이른바 '잃어버린 10년' 혹은 '잃어버린 20년'(two lost decades)을 맞이하게 되었다. 이와 같이 일본의 장기불황은 버블붕괴로 인한 장기간의 금융경색, 총수요관리 정책의 실패, 저출산·인구고령화, 극심한 엔고, 산업경쟁력 약화 등 다양한 요인들이 복합적으로 작용했다(이지평, 2015.04.22.).

    수출에 의존하던 일본경제가 큰 폭의 엔화 절상과 한국을 포함한 신흥경제국의 부상 등으로 대외 경쟁력을 상실하게 되자 정부는 기업의 경쟁력 강화를 지원하기 위해 규제완화에 적극 나섰다. 그중에 노동개혁이 포함되어 있었는데 이로 인해 상당수 일본기업들은 원가절감을 위해 임금삭감과 더불어 J타입의 근간이던 종업원 종신고용의 관행을 버리고 일종의 영미식 시장주의적 노동시장제도(A타입)인 종업원의 단기고용제도를 채택하는 기업이 늘어나게 되었다(천병철, 2015.10.01.).

2011년에는 동일본대지진, 후쿠시마 제1원자력발전소 사고, 미국채쇼크 등이 일어나 경제에 적지 않은 영향을 주기도 했지만 일본경제는 2012년 출범한 아베 신조 내각의 경제 노선인 아베노믹스 시행 이후 서서히 회복세를 찾았다. 2017년에 이르러 일본은 장기적인 플러스 성장세로 안착하고 주식, 부동산, 취업률에서 모두 상승세를 기록해 불황의 터널에서 탈출했다는 평가를 받고 있다.

03 일본식 경영의 특질과 변화

일본은 1950년대 이후 1973년의 석유파동에 이르기까지 지속적인 고도경제성장을 이룩해 왔으나, 그의 원동력으로서 일본적 경영의 특질에 관한 관심이 국내외의 많은 학자와 실무가에 집중되었다. 특히 미국의 아베글렌은 1955년에서 1956년까지 포드재단(Ford Foundation)의 연구위원으로서 일본에 체재하는 동안 일본의 대공장에 대한 조사연구를 실시하였으며, 그의 연구결과를 1958년에 한 권의 책으로 출판하였다(Abegglen, 1958). 그의 저서 속에서 그는 일본의 경영특질을 구성하는 중요요소로서 종신고용제도, 연공임금 및 연공승진제도, 복리후생, 집단적 의사결정제도(품의제도) 등을 주장하였다(제임스 아베글렌 저, 이지평 역, 2007.01.05.).

그 후 1973년에 경제협력개발기구(OECD)는 일본적 경영의 특질로서 ① 종신고용제도, ② 연공서열형 임금제도, ③ 기업별 노동조합의 세 가지 요소를 3종의 신기(神器)라고 지적함과 동시에 이를 일본식 경영의 주요 특질로 규정하였다(OECD, 1973). 이러한 각 요소들의 원형은 1920년대의 불황극복과 노동시장의 안정화를 통한 일본의 공업화를 추진하는 과정에서 일본 대기업의 노사관행으로 형성되었으나, 그 후의 1960년대에 확립되어 일본의 고도경제성장에 크게 기여해 왔다(서도원·이덕로, 2016, 124).

특히 종신고용제도는 일본적 고용제도의 주요 특징으로서, 기업이 채용한 상용근로자에 대해서는 특별한 하자가 없는 한 일정의 정년까지 고용을 보장하는 장기고용제도로서, 종업원의 고용정착화를 통한 경영의 안정 및 생산성 향상에 기여해 왔다. 또한 일본의 연공서열주의 승진·승급제도는 종신고용제도의 정착을 배경으로 하여 대기업에서 도입되었으며, 기업별 노동조합은 기업레벨 노사관계의 주체로서 노사 간의 협력

강화를 비롯한 노사관계의 안정적 발전에 기여해 왔다. 더욱이 일본의 노동조합은 기업 내의 자율적 노사협의제도의 설치 운영과 단체교섭제도의 안정적 운영을 위해 주요 기능을 수행해 왔다.

이와 같은 종신고용 및 연공서열제도와 기업별 노동조합 등의 주요 특질은 1960년대 이후의 일본의 고도경제성장에 크게 기여해 왔으나, 이외에도 QC서클(Quality Control; 품질관리)의 보급 및 일본식 생산시스템의 적용 등은 1970-1980년대 일본적 경영의 주요 특질로 크게 주목을 받아왔으며, 이는 일본의 경제발전 및 기업의 경쟁력 제고에 크게 기여해 왔다고 볼 수 있다.

그러나 이러한 일본의 노사관행은 ① 그의 적용범위가 대기업의 정규노동자에 한정되어 있다는 점, ② 기업 내 폐쇄적인 노동시장 형성을 전제로 하고 있다는 점, ③ 근로자의 의식변화를 경시하고 있다는 점 등에서 비판을 받아오기도 했다(이원우, 2004). 이어서 일본식 경영의 주요 특질 및 변화추이에 대하여 살펴보기로 하자.

(1) 종신고용제도

종신고용제도는 일본의 대기업을 중심으로 형성되어 온 고용관행으로서, 일본의 전통적인 경제사회의 환경변화와 함께 기업 내에 널리 보급되어 왔다. 이러한 종신고용제가 정착된 일본의 기업에서는 경기불황을 이유만으로 하는 과잉인력의 일방적 해고보다는 우선 과잉인력의 흡수를 위한 신제품의 개발이나 신규사업의 다각화에 역점을 두는 등의 자구적인 노력을 중시하고 있다. 또한 기업은 일단 신규로 채용된 종업원에 대하여 정년까지 회사에 장기근속한다는 가정하에 일정의 교육훈련 및 배치전환을 실시하여 직무수행능력의 지속적인 개발과 함께 인적자원의 효율적인 활용을 위한 모든 관리활동을 수행하고 있다.

이와 같은 종신고용제는 인재의 육성활용을 중시하는 인간중심의 고용관행으로서, 정기채용에 의해 선발된 신입사원을 장기간에 걸쳐 기업 내에 육성·개발하고 축적하며, 축적된 인재를 각각의 직무수행에 유연하게 활용하는 등 인재의 유효활용에 크게 기여해 온 제도라 할 수 있다. 특히 일본의 종신고용제는 '화'(和)와 '안정'(安定)을 기반으로 하는 기업 내 경영공동체의식의 함양을 비롯한 노사 간의 일체감 조성과 종업원의 근로의욕 증대에도 적극 기여해 왔다고 볼 수 있다. 또한 기업은 이러한 종신고용제의 정착을 통하여 근로자의 고용안정 및 경영활동의 효율적 수행, 기술인력의 축적에 의한 기술개발의 촉진 및 생산성향상, 기업의 지속적 성장에 기여할 수 있는 등 기업경영상의 많은 이점을 가져오기도 했다.

그러나 종신고용제는 기업 내 적당주의 기풍의 조성 및 종업원의 무사안일주의 사고의 확대로 기업 전체의 능률저하, 조직경직화 현상의 초래, 기업이기주의화, 종업원의 자기계발능력의 감퇴, 고용관리의 비탄력성, 인사정체심화 등의 다양한 문제점을 초래하고 있어, 이에 대한 합리적 개선 및 보완책을 포함한 총합적인 변화와 조정이 요구되고 있다. 특히 1980년대 이후의 경제성장의 지속적인 둔화, 고령화사회의 가속화 및 임시직 근로자의 증가 등 경영환경의 급속한 변화를 맞이하면서 일본의 종신고용관행에 대한 재검토와 함께 점진적 변화가 전개되고 있는 실정이다.

일본의 노무행정연구소가 1994년 1월에 실시한 '종신고용제의 전망'에 대한 조사 결과에 의하면 "금후에도 계속해서 유지될 것이다"라고 전망한 긍정적 응답자의 경우는 44.9%에 이르고 있는 반면, "가까운 장래에 붕괴하게 될 것이다"라고 전망한 응답자는 41.6%로 거의 비슷하게 나타나고 있으며, "이미 붕괴하고 있다"는 5.6%로 나타났다. 이와 같이 "이미 붕괴하고 있다"와 "가까운 장래 붕괴하게 될 것이다"라고 전망하는 전체 응답자 분포가 47.2%의 매우 높은 비율을 보이고 있어, 많은 기업에서 종신고용제의 점진적 붕괴를 전망하고 있음을 알 수 있다(서도원·이덕로, 2016, 126).

일본노동성의 1996년 실태조사에 의하면, 일본기업의 50.5%가 종신고용제를 고집하지 않는 것으로 답변하고 있는데, 이는 1993년 조사에 비하면 10%포인트 가까이 증가한 비율이다. 특히 종업원 30−100인 미만 중소기업의 경우 그 비율은 51.4%에 달한 반면, 5,000인 이상 대기업은 31.8%로 나타나 기업규모가 작을수록 환경변화에 민감하게 반응함을 알 수 있다.

이와 같이 1990년에 들어서면서 글로벌 경쟁이 치열해지고 일본의 종신고용제를 뒷받침해 왔던 기반들이 약해지면서 유수의 일본 대기업에마저 대량해고가 이어지고 있다. 특히 일본의 종신고용과 가족주의 경영을 대변해 온 마쓰시타(松下)전기 산업마저 2001년 9월부터 6개월간 희망 퇴직자를 모집하였다. 마쓰시타는 종신고용과 연공서열제도의 붕괴가 가시화되고 있는 일본 재계에서 종신고용의 최후 보루로 여겨져 왔던 기업이다. "종업원은 가족"이라는 창업자 마쓰시타 고노스케(松下幸之助)의 경영이념을 사수해 온 마쓰시타의 이 같은 변신은 일본사회의 변화를 단적으로 상징하고 있다. 이를 반영하듯 Hiroshi(2010)의 연구에서는 알려진 것과는 달리 20% 미만이 종신고용제하에 있음을 밝히고 있다(Hiroshi, 2010).

그럼에도 불구하고 20세기 말까지만 하더라도 일본의 경영자들은 장기고용관행이 갖는 장점을 여전히 높게 평가하고 있어 현실적으로 종신고용관행의 급속한 해체는 나타나지 않을 것으로 보았다. 일본사회경제생산성본부의 1996년 조사에 의하면, 종신고용제에 대한 평가에 있어서도 "장점이 더 많다"는 비율이 82.3%로 "단점이 더 많다"는 비율 17.7%에 비하여 압도적으로 높게 나타나고 있는 점 등이 이러한 전망을 가능케 해 준다(日本勞動省, 1996).

　　이와 같이 종신고용제는 유연하고 과감한 사업구조조정의 걸림돌로서 개혁의 대상이 되기 시작했으나 각종 앙케이트 조사를 보면 일본기업들이 종신고용제를 전면적으로 부인하고 있는 단계는 아니다. 장기적으로 노하우의 축적이 필요한 분야 등이 있으며, 사업의 연속적인 발전을 위해서도 중추적인 장기고용인력의 효과와 그 필요성을 인식하는 일본기업도 많다고 할 수 있다.

　　결론적으로 보면 일본기업들은 핵심 인력을 중심으로 장기고용관행을 유지하겠다는 마인드가 남아 있는 반면, 경기변동에 따른 수급조절용 주변인력을 유동적인 형태로 고용하는 패턴을 정착시키고 있다고 할 수 있다(이지평, 1999.07.21.). 그러면서 일본기업들이 바라는 인재상도 과거와 같이 자사의 조직 내 노하우만 축적한 인재가 아니라 조직 내 노하우(know-how)와 함께 일반적으로도 통용되는 전문성을 가진 인재로 변화하고 있는 것이다.

　　1990년대 중반 이후 국제경쟁의 격화에 따른 경쟁력 확보를 위해 총인건비 압축을 중요한 경영전략으로 설정하고 이를 달성하기 위한 수단으로 정규인력의 감축, 비정규직 노동자 확대, 연공형 임금인상의 억제, 베이스업 억제를 강력하게 실시하는 과정에서(이근 외, 2019) 일본의 대표적인 간판기업인 캐논, 파나소닉, 소니, NEC, 히타치제작소, 미쓰비시중공업, 마쓰다자동차 등도 대량 감원에 나섬에 따라,[1] 일본의 '종신고용'은 큰 위기를 맞이하게 된다(차병석, 2008.12.21., 2009.02.05.).

　　이와 같이 이른바 "잃어버린 20년"으로 불리는 일본의 장기침체가 종신고용과 연공서열제로 대표되는 일본적 경영과 신성장사업을 제한하는 정부규제 때문이라고 보는 산업계 관계자도 있기는 하지만(김아름·장세희, 2015.06.29.) 일본의 산업 현장에서는 장기침체로 다소 흔들리기는 하지만 여전히 종신고용에 대한 생각이 많이 남아 있음을 알 수 있다.

1　소니 1만 6,000명, NEC 2만 명, 파나소닉 1만 5,000명의 직원을 대량 감원함으로써 일본 종신고용제가 많이 무너졌으며 일본 종신고용제의 위기소식이 연일 전해지고 있다(편집부, 2009.02.06.).

일본 자동차공업회 회장이자 현 도요타자동차의 수장이기도 한 토요다 아키오 (豊田 章男) 사장이 이번 달 13일 도쿄에서 열린 기자회견 자리에서 더 이상은 종 신고용이 어렵다는 취지의 발언을 하며 일본 노동계가 술렁이고 있다. 토요다 사장 은 "지금 일본을 보고 있으면 고용을 계속 이어가는 기업에 대한 인센티브가 별로 없다"며 "종신고용을 지키기 어려운 국면에 들어섰다"는 의견을 밝혔다.

도요타자동차는 1950년에 경영위기로 1,600여 명을 정리해고한 이래 지금까지 반 세기 넘게 별다른 구조조정 없이 자동차업계의 선두로 나서며 글로벌 대기업으 로 성장을 거듭해 왔다. 그런 기업의 회장이 한 발언이기에 일본사회가 받아들이는 심각성은 남다르다.

토요다 사장을 지원이라도 하는 듯이 일본경제단체연합회의 나카니시 히로아키 (中西 宏明) 회장 역시 "기업입장에서 보면 (직원들을) 평생 고용하겠다는 보증서를 갖고 있는 것은 아니다"라며 지금까지 이어져 온 일본 특유의 종신고용관행이 전기 를 맞이하였다는 뉘앙스를 풍겼다.

"노동유동성이란 면에서는 아직 불리하지만 (종신고용 폐지로 인해) 파견직이나 경력직들에게는 이전보다 회사를 고르는 선택의 폭이 넓어졌다. 다양성이 좋아져서 모든 사람들에게 보람을 느낄 수 있는 업무에 취업할 수 있는 기회가 많아지고 있 다"며 긍정적인 면을 부각시키고자 노력하였으나 네티즌들은 이미 한바탕 난리가 난 뒤였다.

토요다 회장의 발언을 비판하는 이들은 '노동자들도 값싼 월급으로 일할 인센티 브가 없다', '일본에서 제일 잘나가는 기업이 그렇게 말하면 누가 일하고 싶다고 생 각하겠나', '그럴 거면 기업 입맛에 맞춘 신입사원 공채부터 빨리 없애라'라며 안정 된 고용보다는 저비용 고효율만을 우선시하는 기업들의 이기주의를 비난했다.

하지만 반대로 '나이 많고 능력 없는 직원들이 빈둥거리면서 으스대기만 하는 시 대는 끝났다', '회사입장에서는 이득이 되는 인재만을 남겨놓는 것이 당연하다. 중소 기업들은 당연히 하던 행동들이 대기업으로 파급되는 것뿐' 등의 의견도 다수 확인 할 수 있었다.

도요타 회장의 의견을 지지하는 네티즌들은 직원 전체의 고용안정이 기업의 유 지나 성장으로 반드시 이어지는 것은 아니라는 점을 지적하며 일본도 종신고용을 폐지하고 서구권과 같이 능력에 따른 자유로운 이직과 경제활동이 보장되어야 한다 고 주장했다.

서양은 물론이고 한국과 중국에서도 종신고용이란 표현 자체가 거의 소멸된 상 황에서 혼자 끈질기게 정년까지 고용을 유지해 온 일본기업들이었지만 자동차업계 가 제일 먼저 종신고용 포기가능성을 시사함에 따라 다른 업계로 차례차례 번져갈지 일본 직장인들의 걱정이 커져가고 있다.

자료: 김효진(2019.05.30.), "'종신고용 어렵다' 도요타 회장 폭탄발언에 일본사회 술렁," 「뉴스투데이」.

(2) 연공임금제도

연공임금제는 종신고용제의 보급과 관련하여 형성되어 온 일본기업의 전통적인 임금체계이다. 이는 기업 내의 정규사원으로 채용된 종업원에 대하여 연령이나 근속연수 등의 연공적 요소와 학력, 성별 등의 속인요소에 따라 임금을 결정하고 매년 지속적으로 정기적인 승급을 실시하는 임금제도를 말한다. 따라서 연공임금제는 근로자가 제공하는 노동의 가치나 직능의 등급수준 및 일정의 성과를 기준으로 지급하는 서양의 직무급이나 직능급, 성과급 등과 구분되는 임금의 결정방식으로서, 보다 높은 임금의 수령 및 처우의 보장을 위해서는 동일기업에서의 장기간의 근속이 필요하게 되어 중도퇴직이나 타 기업에의 노동이동은 그만큼 임금의 손실을 감수하게 된다. 이러한 연공임금제는 일본의 초기 공업화과정에서 나타난 근로자의 횡적인 노동이동 현상을 방지하고, 장기적인 고용보장과 종업원의 동기부여를 위해 형성된 일본 특유의 신분주의적 임금제도로서 기업 내 경영질서의 유지 및 생산성향상에 크게 기여해 왔다(占部都美 · 大村喜平, 1983).

이와 같은 연공임금제는 제1차 세계대전 직후의 1920년대에서 1930년대에 걸쳐 三井, 三菱, 住友 등 일본의 대재벌기업을 중심으로 도입되기 시작했으나, 그 후 제2차 세계대전 직후의 인플레이션의 심화 및 식량사정의 악화 등에 의한 근로자생활의 불안 해소와 근로자의 최저생활비의 확보를 위한 노동조합의 요구에 의해 확립되었다. 이러한 연공임금제의 중심은 근로자와 가족의 최저생활을 보장하는 연령별의 생활급(본인급, 가족급)과 능력급 및 근속급을 기본급으로 구성하였으며, 여기에 지역임금을 추가하여 기준임금으로 규정하였다. 이외에 초과노동임금, 특수임금, 특수근무임금 등을 기준 외 임금으로 운영하는 임금체계를 구성하였다. 그리고 생활급의 산정에 있어서는 근로자의 생활실태조사를 기초로 하였으며, 이러한 생활급적 연공임금제의 보급은 점차로 일본기업의 중심적 임금제도로 확립되었다.

일본기업의 연공임금제에 대한 앞으로의 전망에 대한 1994년 조사결과를 살펴보면, 전 산업평균 54.4%의 많은 기업에서 "연공임금제는 앞으로도 계속 유지될 것이다"라고 긍정적인 평가를 하고 있는 반면, "가까운 장래에 붕괴하게 될 것이다"라고 응답한 기업체는 36.3%, "이미 연공임금제는 붕괴하고 있다"는 7.4%, 기타 1.9% 등의 순서로 나타났다(日本勞務行政研究所, 1994). 따라서 연공임금제의 붕괴를 전망하는 응답자의 경우가 43.7%인 데 비하여 연공임금제의 유지를 희망하는 응답자의 경우는 54.4%로서 과반수 이상을 차지하고 있으며, 이에 대한 대응방안으로 완만한 변화를 가미한 수정형의 연공임금제가 실제로 많은 기업에서 보급되고 있는 추세에 있다. 즉, 일정의 연령(예를 들면 45-50세) 이후의 종업원에 대해서는 지속적인 승급의 정지 및 둔화를 비롯한 임금의 삭감 등 다양한 임금제도의 변화가 시도되고 있다.

특히 잃어버린 20년을 완전히 회복했음에도 불구하고 최근에 조합원 6만 9,000여 명의 일본 최대 노조인 도요타자동차 노조마저 2020년 춘계 노사교섭에서 그동안 기본급을 일률적으로 인상하는 데 사용해 왔던 임금인상 재원을 직원의 실적평가에 따라 5단계로 차등 배분하는 방안을 제안키로 했다. 자율주행차, 전기자동차 등이 확산되면서 자동차산업이 격변기를 맞이하고 있는 만큼 생존을 위해선 노조도 과거의 일률적인 임금 인상안을 고집해선 안 된다고 판단했다. 이렇듯 일본에서 뿌리 깊은 연공서열에 따른 평준화된 임금제도가 바뀌고 있다는 분석이다(김동욱, 2019.12.26.).

이와 같은 연공임금제의 변화현상은 1960년대 이후의 능력주의 인사제도의 일환으로서 도입되기 시작하여 1970년대의 석유파동 이후의 감량경영을 실천하는 과정에서 크게 나타났다. 특히 최근의 개별기업은 종래의 연공임금에 대한 수정보완과 함께 직무급 및 직능급, 성과급의 부분적 도입을 포함한 점진적 연봉제의 도입실시 등 새로운 임금제도의 변화를 적극적으로 시도하고 있다. 그럼에도 불구하고 아직도 적지 않은 일본의 기업들은 근로자의 연령 및 근속연수 등의 연공서열적 요소를 중시하는 연공임금제에 기반을 두고 있음을 부인하기 어렵다(서도원·이덕로, 2016, 108-109).

(3) 기업별 노동조합

기업별 노동조합은 일본의 전통적 종신고용관행 및 연공임금제도의 성립과 내부 노동시장의 형성을 배경으로 결성된 기업단위 노동조합의 조직형태로서, 제2차 세계대전 이후 美(미)점령군의 노동개혁 및 정부의 적극적인 노동조합의 보호육성정책에 의해 확립되었으며, 제2차 세계대전 후의 식량난과 생활위기의 타개를 비롯한 정치경제의 민주화를 위한 노동조합운동에 의해 크게 보급되었다.

이러한 기업별 노동조합은 오늘날 일본의 대표적 노동조합 조직형태로서 결성·운영되고 있을 뿐만 아니라 기업단위의 단체교섭제 및 노사협의제의 효율적 운영을 통한 기업 내 노사관계의 안정과 산업평화의 유지발전에 크게 기여하고 있다. 이와 같은 기업별 노동조합은 구미선진제국의 주요 노동조합형태인 전국수준의 직업별 노동조합이나 산업별 노동조합, 일반노동조합과 구분되는 기업수준의 노동조합 조직형태로서 다음과 같은 특징이 있다.

즉, 기업별 노동조합은 ① 조합원의 자격이 특정의 기업 및 사업장의 정규종업원에 한정되어 있다는 점, ② 일정의 직종이나 산업의 구분 없이 블루칼라(blue collar)와 화이트칼라(white collar)가 함께 조합에 가입할 수 있는 혼합적 노동조합이란 점, ③ 노동조합의 조합원으로서 일반종업원 외에 감독자층이나 하위층의 관리자가 가입할 수 있다는 점, ④ 노동조합의 간부는 특정 기업의 정사원의 자격을 전제로 하여 조합의 전임자가 될 수 있다는 점, ⑤ 노동조합이 가입된 상부단체로부터 어떠한 강제적인 규제나 통제를 받지 않고 자주성이 보장되고 있다는 점 등에서 산업별·직업별 노동조합과 커다란 차이가 있다. 이러한 일본의 기업별 노동조합은 기업수준의 단체교섭 및 노사협의제의 운영을 통하여 기업 내 근로조건의 개선은 물론 노사협력관계의 촉진 및 경영공동체의 유지발전에 크게 기여하고 있다(서도원·이덕로, 2016, 132).

여기서 일본의 기업별 단위노동조합의 추이를 살펴보면, <표 4-1>에서 알 수 있듯이 제2차 세계대전 직후 1945년 말 현재의 노동조합수 및 조합원수는 509개와 38만 1천 명에 불과했으나, 1995년 말에는 7만 839개의 노동조합과 1천 261만 4천 명의 조합원으로 크게 증가했다가 그 후 감소해 왔다. 전체 근로자에 대한 조합원의 비율을 나타내는 노동조합의 조직률에서는 1949년의 55.8% 및 1950년의 46.2%의 높은 분포에서 1995년 23.8% 그리고 2017년 17.1%의 낮은 조직률로 지속적으로 감소하는 추이를 나타내고 있다.

일본의 기업별 노조는 1991년 버블경제 붕괴 후 큰 한계를 겪고 있다. 그것은 무엇보다도 노조가 고용·노동조건의 하향평준화를 막고 있지 못하다는 점이다. 과거 20년간 일본의 비정규직 비율은 약 20%에서 35%로 급격히 증가하였고, 근로자 1인당 평균임금도 1997년에 피크에 달한 후 2007년 현재 약 15%로 감소하였다.

▌〈표 4-1〉 일본의 기업별 노동조합의 추이

연도	단위조합수	조합원수 (천 명)	조직률(%)	연도	단위조합수	조합원수 (천 명)	조직률(%)
1945	509	381	3.2	1990	72,202	12,265	25.2
1946	12,006	3,680	40.0	1995	70,839	12,614	23.8

1947	23,322	5,595	46.8	1996	70,699	12,331	23.2
1949	34,688	6,655	55.7	1997	70,821	12,168	22.6
1950	29,114	5,774	46.2	1998	70,084	11,987	22.4
1955	32,012	6,286	35.6	1999	69,387	11,825	22.2
1960	41,561	7,662	32.2	2000	68,737	11,539	21.5
1965	52,879	10,147	34.8	2005	58,265	10,138	18.7
1970	60,954	11,605	35.4	2010	–	10,054	18.5
1975	69,333	12,590	34.4	2013	25,532	9,875	17.7
1980	72,693	12,369	30.8	2015	24,983	9,940	17.4
1985	74,499	12,418	28.9	2017	24,465	9,981	17.1

자료: 한국노동연구원(2015), 「2015 KLI 해외노동통계」, 104-105; 성재민·김종욱·김소라·임용빈·이기쁨·조규준(2019), 「2019 KLI 해외노동통계」, 108-109; Kim Dong-One, Kim Seongsu, & Morishima Motohiro(2001), "The Impact of Globalization on Industrial Relations: A Comparative Study of Korea and Japan," *Seoul Journal of Business*, 7(1), 83.

(4) QC서클 및 일본식 생산시스템

QC(Quality Control; 품질관리)서클은 1960년대 초 일본기업의 생산현장에서 처음 보급되기 시작했으나, 그 후 다양한 업종의 부문으로 확대 적용되어 전사적 품질관리(TQC: Total Quality Control)운동으로 널리 보급되어 왔다. 이러한 QC서클운동은 기업의 생산현장레벨에서 전개되는 근로자의 소집단활동으로서, 현장의 작업개선 및 품질향상에 관련된 각종의 제안 및 토의와 함께 소집단참가자의 자기계발과 정보공유를 통하여 기업의 합리적 품질관리 및 경쟁력 제고의 실천에 크게 기여해 왔다고 볼 수 있다(이원우·서도원·이덕로, 2008, 111).

이와 같이 일본식 경영의 특질로 높이 평가할 수 있는 QC서클 또는 TQC에 대하여 일본의 이시카와씨(石川氏)는 1962년에 발간된 일본과학기술연맹의 잡지 '현장과 QC'에서 처음으로 QC의 명칭을 사용했으며, 1960년대 후반에는 QC서클의 구체적 방법을 해외에 소개하기도 하였다. 1969년에는 일본의 동경에서 제1회 국제 QC대회가 개최되었으며, 1970년대 이후에는 일본의 기업은 물론 외국의 기업에 이르기까지 크게 확대 보급되기도 하였다. 이처럼 일본식의 경영기법으로 보급된 QC서클은 1970년대 이후 일본기업의 국제경쟁력 제고와 함께 일본적 경영에 대한 관심의 증대에 기여해 왔다고 볼 수 있다.

이러한 QC서클의 보급과 함께 1970년대 일본식 경영의 주요 특질로서 '일본식 생산시스템'의 확립을 들 수 있다. 이 시스템은 일본의 도요타자동차의 생산시스템에서 유래된 것으로 '도요타 생산시스템' 또는 '도요타 생산방식'이라 불리고 있으며, 일본식 생산시스템의 대명사로 오랫동안 세계의 주목을 받아오고 있다.

도요타 생산시스템은 1978년 당시 도요타자동차의 부사장이었던 오노타 이이치(大野耐一)에 의해 처음으로 개발되었으며(신장철, 2009) 그는 미국 자동차산업의 소품종 대량생산에 대응하는 다품종 소량생산시스템의 개발 및 실현에 주요 목적을 두었다. 그는 종래의 소품종 대량생산시스템에 의한 코스트 절감의 방식과 달리, 다품종 소량생산에 의한 코스트의 절감을 이룩하는 방법을 모색하고, 창조하는 데에 도요타 생산시스템의 주요 목표로 설정하였으며, 그의 실천과제로서 '철저한 낭비의 배제'의 필요성을 주장하였다. 그리고 그는 이러한 낭비의 배제를 위해서는 JIT(Just in Time)방식의 도입과 자동화(自動化)의 보급을 통해 가능하다고 생각하였다.

JIT는 "필요한 것을 필요한 때에 필요한 수량만큼 공급한다"는 것을 의미하는 것으로, 이러한 컨셉(concept)을 생산현장에서 실천하기 위하여 도요타자동차에서는 전공정(前工程)에서 후공정(後工程)으로 생산라인의 진행에 따라 자동차를 조립하는 종래의 생산공정의 흐름과 달리 후공정에서 전공정으로 공정을 조정하고 접속시켜 감으로써 필요한 적정량을 공급해 가는 역행적 생산방식을 개발하여 채택하였다. 이러한 생산시스템의 채택에 의해 도요타는 1973년의 오일쇼크 이후의 저성장기에도 불구하고 지속적인 성장을 이룩하여 일본국내외의 기업에 주목을 받는 등의 경영성과를 내게 되었다.

(5) 일본식 경영의 변화

지금까지 살펴본 일본식 경영의 특질은 1950년대의 형성기 및 1960년대의 보급기와 1970-1980년대의 성숙기를 거쳐 1990년대 이후의 새로운 전환기로 변화 발전해 왔다고 볼 수 있다. 특히 1990년대에 접어들면서 일본의 거품경제는 붕괴되고 주가의 하락과 경기의 침체 등으로 전체적 경제기조는 저성장기의 불황을 맞이하는 등의 급속한 변화의 추세를 나타내게 되었다. 더욱이 거품경제의 붕괴는 기업 내 중고령자를 대상으로 하는 고용조정의 실시와 함께 조기퇴직우대제도의 도입, 관리직포스트의 삭감, 연봉제의 도입 실시 등을 중심으로 하는 구조조정의 불가피성이 제기되면서 종래의 종신고용제나 연공서열제의 재설계 및 수정의 필요성이 강조되는 등 종래의 일본식 경영의 특질에도 많은 변화를 가져오게 되었다(서도원·이덕로, 2016, 135).

1992년의 경제백서에서도 일본식 경영의 역기능적 측면에 대한 재검토의 필요성과 함께 일본식 경영의 재구축의 필요성이 강조되기 시작하였다. 여기서 일본의 학계 및 경제단체에서도 종래의 일본적 경영의 3신기(神器)로 평가되었던 종신고용제, 연공서열제, 기업별 노동조합에 대신하는 새로운 3신기로서 ① QC서클의 소집단활동, ② 장기적 전망의 의사결정, ③ 인적자원의 개방 등을 중심으로 하는 신경영시스템의 필요성이 제기되는 등의 변화를 나타내었다.

일본의 경제동우회는 1990년대 이후의 일본식 경영의 재검토 및 주요 과제로서 국제사회와의 조화와 공존, 자기혁신을 위한 경영자의 노력, 일본적 경영의 국제적 보편성을 주장함과 동시에 경영전략, 조직설계, 제도·관행, 인적자원, 행동양식에 관한 변화의 필요성을 강조하였다. 그리고 금후의 새로운 일본적 경영의 주요 내용으로서, ① 인적자원중시의 인간존중, ② 경영이념 및 사풍을 중시하는 경영가치관의 공유, ③ 장기지향의 선행투자와 시장육성, ④ 고객만족도 추구의 품질중시 등의 4개 항목을 강조하고 있으며, 이의 실천을 위한 구체적 운영기법으로서는 종신고용제와 연공서열제의 변화 발전, 기업 내 교육의 활성화 및 복지후생의 충실화, 기업별 노동조합 중심의 기업레벨의 협력적 노사관계 확립과 노사협의제의 활성화, 집단적 의사결정, 조직 내의 의사소통 촉진을 통한 인간관계의 중시, 장기적 자본의 축적 및 안정배당정책의 실천과 기업경쟁력 제고, 소집단활동(QC서클 등) 및 생산기술중시의 품질관리의 실천, 조직 내 각 부문 간의 협력 및 프로젝트팀의 활성화 등의 다양한 과제를 들고 있다.

이외에도 일본경영자단체연맹은 신시대의 일본식 경영의 재구축에 관한 보고서(1995년 5월)에서 장기적 시야에 입각한 경영과 인간중심의 기업경영의 필요성을 강조했으며, 특히 최근의 거품경제의 붕괴상황에 유연하게 대처하기 위한 창조적 기업경영의 실천과 일본주식회사의 타파에 의한 공정·공평한 경영의 실천 등을 제시하였다. 그리고 일본식 경영의 재구축의 방안으로서, ① 기업의 구조조정을 통한 고용의 유동화, ② 종업원의 능력과 업적을 중시한 임금제도의 확립과 인사평가제의 정비, ③ 개성중시의 능력개발체계구축 등을 강조하는 변화를 보이고 있다.

끝으로 연공서열과 종신고용을 핵심으로 하는 일본형 고용제도가 서서히 막을 내릴 전망이다. 일본 최대 경제단체인 게이단렌이 2020년 중점 과제로 연공서열형 임금구조와 종신고용을 재검토하기로 한 것이다. 현 고용제도로는 급변하는 디지털 환경에서 인력확보조차 어렵다면서 고용제도의 근본적 변화가 필요하다는 메시지를 던졌다는 점에서 주목된다(정현진, 2019.12.24.).

01 한국경영학의 생성

경영학이 우리나라에 처음으로 소개된 것은 일제하인 1910년경으로 보성전문학교(현 고려대학교)와 연희전문학교(현 연세대학교)에 이어서 1935년경에 경성고등상업학교(현 서울대학교 경영대학)에서 경영경제학이 각각 개설되면서부터이다. 당시는 일본의 식민지통치하에 놓여 있어 정치·경제·사회 모든 면이 일본의 지배하에 있었기 때문에 일본식 경영은 그대로 본받게 되었다. 제2차 세계대전 이전만 하더라도 당시 일본은 독일경영학을 그대로 답습해 왔기 때문에 자연히 경영경제학을 중심으로 연구가 주로 이루어지게 되었다. 그러나 그 수준은 미미한 정도였다. 그러다가 6.25 전쟁을 경험하면서 경제개발을 통한 산업화라는 사회적 요구에 부응하기 위해 기업경영에 관한 연구가 본격화되기 시작하였다.

기업경영의 중추적 역할을 담당할 유능한 인재를 양성하기 위해 1955년 4월 한국 최초로 고려대학교 상과대학에 경영학과가 개설되었다.[2] 뒤이어 <표 4-2>와 같이 1956년에는 동국대학교에, 1957년에는 중앙대학교에 경영학과가 설치되었으며, 1959년에는 연세대학교, 성균관대학교, 숭실대학교, 숙명여자대학교 등에 대거 경영학과가 신설됨으로써 경영학이 널리 보급되었다. 1957년에는 현재의 한국생산성본부인 한국생산성연구원이 창설되어 경영합리화를 위한 생산성 향상운동과 이를 뒷받침하기 위한 조사연구를 하는 중심적인 기구가 되었다.

---

2 1950년대에 박사학위를 가진 선구적 경영학자는 대체로 독일에서 수학을 한 분들이었으며 이 분들이 고려대학교의 경영학과 설립의 주역이 되었다(황일청, 2000).

〈표 4-2〉 주요 대학의 경영학과 설립연도			
대학교	설립연도	대학교	설립연도
고려대학교	1955	동국대학교	1956
중앙대학교	1957	연세대학교	1959
성균관대학교	1957	숭실대학교	1959
서울대학교	1962	숙명대학교	1963
서강대학교	1963	국민대학교	1964
경희대학교	1964	단국대학교	1965
홍익대학교	1967	건국대학교	1969
한양대학교	1969	이화여자대학교	1969
충북대학교	1976	서원대학교	1988

또 하나 특기할 만한 사실은 1956년 12월 8일 정수영, 이기을, 이용택, 이문원, 소진덕, 김규삼, 이웅근, 변형윤 등을 발기인으로 하여 경영학과 이에 관련되는 학문의 연구를 통하여 한국경영학 발전과 국가경제 및 기업의 성장에 기여하며 회원 상호 간의 친목을 도모할 목적으로 한국경영학회가 설립되었다. 이후 한국경영학회는 전술한 한국생산성본부와 공동주최하에 각종 좌담회, 강연회, 경영실습강좌 등을 개최하여 경영학의 보급을 위한 활동을 추진해 왔다.[3]

경영학 교과서로는 우리나라 처음으로 1954년 고려대 정수영 교수가 '경영경제학'이라는 대학교재를 출간하였고 1956년에는 소진덕 교수가 '경영경제학'을 그리고 1957년에는 고려대학교의 윤병욱 교수가 독일의 기술론적 경영학의 대표자인 멜레로비치(K. Mellerowicz)의 '일반경영경제학'을 번역한 데 이어 이듬해인 1950년에는 독자적으로 '경영경제학'을 저술함으로써 독일의 경영경제학을 최초로 직도입한 계기가 되었다(정수영, 1954; 소진덕, 1956; 멜레로위쯔 저, 윤병욱 역, 1957).

이렇듯 독일과 일본을 중심으로 도입·발전되어 왔던 경영학이 1958년부터 1964년 동안 고려대학교와 연세대학교가 미국의 워싱턴대학교(Washington University, St, Louis)와 Washington University Project로 불리는 교수교환제를 체결하면서 상황은 달라지게 되었다. 양국 간에 교수의 교환이 이루어짐으로써 경영학 교재개발, 교육방법

---

3 한국경영학회는 분과학회로 한국인사조직학회, 한국인사관리학회, 한국재무관리학회, 한국마케팅학회, 한국생산관리학회, 한국중소기업학회, 한국회계학회 등과 유기적인 관계를 맺고 있으며 2020년 1월 11일 현재 공식회원만도 6,200명이나 되는 명실공히 한국 제1의 학회로 자리잡고 있다(http://www.kasba.or.kr/).

개발과 더불어 미국경영학이 직접 도입되는 계기가 되었는데 이때부터 미국경영학이 우리나라 경영학발달에 결정적인 영향을 미치게 되었다.

요약컨대 1960년대 이전의 한국경영학은 이렇다 할 독자적인 발전을 보지 못한 채 주로 일본에서 교육을 받았거나, 일본식 교육을 받은 학자들의 주도하에 독일의 경영경제학을 그대로 원용해 오다가, 1950년대 말경에 이르러 미국 경영학의 국내도입을 향한 최초의 시도가 있었던 시기로 한마디로 한국경영학의 생성기라 할 수 있다.

02 한국경영학의 발전

1960, 70년대는 우리나라가 고도성장을 이룩한 시기이다. 따라서 실천학문으로서의 경영학은 학계는 물론 산업계의 요구에 부응하여 더욱 널리 보급·확산되었다. 이것의 일환으로 한편으로는 각 대학에 하버드대학교(Harvard University)의 경영대학(Business School)을 본딴 경영대학원이 설립되었는데, 1964년에 우리나라 최초로 고려대학교에서, 이듬해인 1965년에는 연세대학교에 각각 경영대학원이 설립되어 경영자 양성과 재교육으로 산학협동의 주요 계기가 되었다.

다른 한편으로는 1958년 4월에는 연세대학교에 산업경영연구소로, 그리고 6월에는 고려대학교에 기업경영연구소로 각각 창설된(김행엽, 1978) 대학 내 부설경영연구소들이 60년대에 기업진단·경영기술지도, 실태조사 등의 각종 활동을 본격적으로 실시함으로써 기업경영의 합리화를 적극 도모하였다. 그 결과 1970년대 이후로는 우리나라 경영학이 비약적으로 발전하게 되었으며 대학 내에서 경영학과의 위상도 그만큼 격상되었다.

특히 많은 학생들과 교수들이 주로 미국에 유학하여 미국경영학의 최신 이론과 기법이 국내에 대량으로 유입되어 미국경영학이 한국경영학계를 주도하게 되었다. 많은 대학에서 독일식의 상과대학을 미국식의 경영대학으로 개편한 것도 그러한 결과에서 비롯된 것이다. 1980년대 중반 이후부터는 70년대부터 80년대 초반까지 IBRD의 차관으로 해외에서 유학을 마치고 귀국한 100여 명의 교수후보들이 학계나 산업계로 대거 진출함으로써, 한국경영학은 괄목할 만한 발전을 보이고 있으며 경영학의 발달이 더욱 가속화되고 있다. 현재의 한국경영학의 이론체계를 정리해 보면 <그림 4-2>와 같다.

〈그림 4-2〉 한국경영학의 이론체계

경영학일반 분야	인사·조직 분야
경영학원론	인적자원관리
경영관리론	인간관계론
기업과 사회	노사관계론
기업윤리	조직구조론
경영사	조직행동론
중소기업론	조직개발론

재무 분야	마케팅 분야
재무관리론	마케팅원론
기업금융론	시장조사론
재무분석론	광고론
국제재무론	마케팅관리론
증권투자론	소비자행동분석
파생상품론	국제마케팅

생산·계량 분야	회계학 분야
생산관리론	회계원리
계량경영학	중급회계
품질관리론	관리회계
시뮬레이션	재무회계
생산모형분석	세무회계
생산전략	원가회계
	회계정보시스템
	회계감사

기타 분야	보조과학 분야
경영정보시스템	경제학원론
국제경영학	통계학
경영전략	상법(기업법)
	경영수학

　　그러나 우리 경영학은 주로 이론적 측면만이 강조되어 우리 현실에서 기업의 성공과 실패요인을 분석하려는 노력이 모자란다는 지적이 적지 않았다. 다행히 최근 들어 몇몇 대학을 중심으로 기업의 현실을 바탕으로 한 사례연구가 활발히 전개되고 있다. 즉 대학의 강단에서 현대그룹의 '정주영 창업론'을 강의한다든지, 삼성그룹의 '신

경영'등을 연구·분석의 대상으로 하는 노력들이 새롭게 전개되고 있어 앞으로 경영학 교육과 발전에 신선한 바람을 불어넣어 줄 것으로 보인다.

　　최근에는 한국기업의 경영성과를 설명하기 위해서 Kim et al.(2016)은 기존의 스피드경영, 신바람 경영, 파괴적 혁신, 창조경영과 같은 조직구성원의 행동결과 관점에서 벗어나 '꿈'과 '흥'을 중심으로 K-경영모델을 설계하고, 구체적으로는 '위기 속에서 꿈을 가지고 미래를 향해 지속적으로 도전해 가는 한국적 기업가 정신(K-Enterpreneurship)을 강조하고 있다. 대표적인 사례로는 현대자동차를 들면서 1998년 외환위기 상황에서 미국에서 10-10선언으로 조직역량을 결집한 결과 2004년 도요타 품질을 극복하고 GT5(Global Top 5)의 목표를 향해 도전하는 과정을 들고 있다. 그러면서 이러한 접근 방식을 William Ouchi의 Z이론이나 카이젠 중심의 도요타 방식과 같은 일본식 경영과도 비교할 정도로(이영면·이순룡, 2016) 한국경영학은 한국 고유의 경영학으로 자리매김을 하기 위한 노력을 경주해 오고 있다.

03　한국경영학의 과제

　　비록 한국경영학의 역사는 얼마 되지 않았지만 경제발전의 속도나 국력신장의 폭에 비추어 볼 때 한국경영학의 발전은 상당히 늦은 편이라고 볼 수 있다. 그러면 한국경영학의 발전이 이처럼 지연된 이유는 무엇인가? 여기에는 다음과 같은 몇 가지 원인을 생각해 볼 수 있다.

　　첫째, 한국경영학이 산업계를 비롯한 제 조직에서 필요에 의해 자연발생적으로 출발한 것이 아니라 교육기관의 주관하에 거의 주입식으로 도입되었다는 점이다. 그렇게 된 까닭은 36년간 일본의 식민지하에 놓여 있어서 독자적인 경영경험을 가질 기회가 주어지지 않았기 때문이다. 아울러 해방 이후에도 일본과 미국의 경영학을 무비판적으로 직수입하여 그대로 교육시키고 실무에 적용하려 했기 때문이다.

　　둘째, 경영학의 역사가 짧다는 점이다. 우리나라에 경영학이 도입되기 시작한 것이 1950년대 말이므로 그 역사는 50여 년에 불과하며 경영실무자들의 경험 또한 미숙한 수준에 있다. 경영학의 발전은 역사적으로 볼 때 그 사회의 경제사회적인 환경을 배경으로 하고 있으므로 우리나라가 근대적인 경제사회체제를 갖추기 시작한 것이

1960년 초임을 감안할 때, 그동안 경영학이 뿌리를 내리고 발전할 기회가 거의 없었던 것이 사실이다.

셋째, 전통적으로 상업을 천시해 온 경향 때문이다. 우리나라는 예로부터 사농공상(士農工商)이라 하여 상업에 종사하는 사람을 장사꾼으로 천시하는 경향이 있었다. 이러한 풍조는 구매와 판매행위를 '부자연스러운 돈벌이'로 낙인찍은 아리스토텔레스(Aristotle)의 말에서나 영국을 '점원들의 나라'로 평가절하한 나폴레옹(B. Napoleon)의 표현에서도 알 수 있듯이 인류역사상 오래전부터 있어 온 현상이었다. 하지만 유교사상이 강한 우리나라의 경우 더욱더 그러한 경향이 강했기 때문에 자연히 경영학의 발전이 늦을 수밖에 없었다.

넷째, 우리나라 기업인들의 태도와 기본가치가 경영학 발전을 지연시키게 되었다. 제1장에서 언급한 바와 같이 이론과 실천으로서의 경영학이 제대로 발전하려면 학자와 실무자들의 공동 노력이 뒤따라야 하는데 우리의 경우 그러한 노력이 극히 미흡했다는 점이다. 더욱이 합리적 사고의 바탕 위에서 출발한 유럽과 미국의 경영자들과는 달리 우리나라의 경영자들은 전통적으로 직관, 감성, 권위, 정실 등과 같은 비합리적 사고방식에 의해 지배되어 옴으로써 경영학 자체의 발전을 지연시키게 되었다.

끝으로 우리나라의 기업은 1960년 이후 고도성장을 이룩하는 과정에서 지나치게 정부 의존적 경영에 빠져듦으로써 정경유착, 정실주의, 폐쇄성, 비민주적·비과학적·비합리적 경영관행이 만연하게 되어 결국 실무적 차원에서의 경영학의 발전이 늦어질 수밖에 없었다(최병용, 1993).

이러한 원인들로 말미암아 한국경영학은 주요 선진국보다 발전이 늦었음에도 불구하고 우리나라는 독일, 일본, 미국을 비롯한 선진각국의 현대경영학의 각종 이론과 기법을 도입한 이래 실천 면이나 이론 면에서 있어서 장족의 발전을 해 온 것은 사실이다. 그러나 60년대 이전에는 일본경영학을 그리고 60년대 이후에는 유럽과 미국, 특히 미국 경영학의 선진이론과 기법을 직도입하게 됨에 따라 적지 않은 문제점도 안게 되었다.

그러면 이제 한국경영학은 어떻게 확립되어야 할 것인가? 돌이켜보건대 일본의 경우 경제도약기인 1960년대에 들어서면서 서구의 것을 맹목적으로 도입한 데 따른 비판과 더불어 일본 고유의 경영학을 정립하려 애쓴 결과 70년대에 들어오면서 세계 각국의 주목을 받음과 동시에 경영학의 양대 조류 중의 한 나라인 미국에까지 영향을 미칠 수 있었다.

우리의 경우 비록 오늘날과 같은 글로벌화 내지 개방화 추세를 감안한다 하더라도 한국 고유의 현실을 반영한 한국형 경영학의 정립은 아직도 부족한 듯한 현실임을 부인하기 어렵다. 따라서 한국이라는 특수성을 고려하여 우리 풍토에 맞는 이론의 체계화에 배전의 노력을 기울여야 하겠다.

이러한 맥락에서 21세기를 여는 시점에서 한국경영학회를 비롯한 여러 학회와 대학 내의 각종 경영연구소, 기업부설 경영연구소 그리고 정부출연 경영관련 연구소들이 앞다투어 한국기업의 경영특성을 파악하고(최병용, 1993; 김인수, 2000; 이덕로·서도원, 1998; 이순룡·이영면, 1998), 치열한 국제경쟁에서 우리 기업이 살아나갈 수 있는, 한국적이면서도 세계적인 경영이념이나 경영방식의 개발을 위해 학계와 실무계의 지속적인 노력이 경주되고 있다. 구체적으로 한국적 경영특성 중 장점을 최대한 반영하고, 서구형 경영방식의 장점을 적극 수용함으로써, 한국기업이 세계 속에서 경쟁력을 높일 수 있는 "한국적인 것이 곧 세계적인 것이 되어버리는" 이른바 한국형 경영방식이나 기법의 개발과 확산에 진력하고 있음은 실로 고무적인 일이라 아니할 수 없다.

최근 들어 나타난 특징 중의 하나가 경영학 관련 융합연구이다. 경영학은 대학 입시에서 인기 학과이고, 취업을 위해 많은 학생들이 복수전공으로 경영학을 선택하고 있다. 뿐만 아니라 각 대학들이 경영전문대학원(MBA)에 큰 투자를 하는 등 예나 지금이나 변함없이 경영학에 대한 인기는 매우 높은 편이다. 하지만 경영학에 대한 비판들도 적지 않았다. 시대적 상황은 빠르게 변해 왔지만, 경영학은 기존의 틀과 시야 속에서 안주하고 있다고 한다. 여러 학문들을 받아들여 탄생하고 성장한 경영학은 최근 들어 정체되어 있고, 기업이 당면한 현실적 문제를 해결하는 데 큰 힘을 보태지 못한다는 비판이다.

그래서 최근 들어 경영학의 현실을 돌아보고, 경영학이 가진 한계점을 극복하기 위한 한 방안으로 경영학이 다른 학문과 융합해야 한다고 주장과 연구들이 이어지고 있다. 먼저 경영학과 공학과의 접목을 살펴보자. 정보기술에 대한 이해와 활용이 기업경영의 필수적인 요소가 되었고, 1990년대 이후의 경영이론들은 대부분 정보기술 활용을 전제로 한 이론들이었다. 그래서 경영정보(MIS)가 경영학 학부 및 대학원의 전공으로 자리잡게 되었다(정연식, 2008).

또한 보다 폭넓은 경영 지식을 얻기 위한 노력이 다각도로 이루어지면서 기술과 경영을 융합한 '기술경영'이 인기를 얻고 있으며, 경영학과 경제학·통계학·수학을 아우르는 금융공학과도 문을 열었으며, 지구적 과제로 떠오른 환경문제에 초점을 둔 글로벌 환경경영학(장승규, 2010.12.01.), 그리고 뒤이어 설명할 문화예술경영 전공도 주목할 만하다.

최근 한국의 기업들 사이에 '열풍'이라는 단어가 부족할 정도로 인문학에 대한 관심이 고조되면서 인문학과 경영학의 만남이 폭넓게 이루어지고 있다. 인문학과 경영(학)의 만남은 시대적 요청이다. 21세기에 이르러 인문학적 접근의 필요성이 급증하고 있는데, 그 이유는 과학주의의 우산 아래 있는 경영학이 새로운 시대적 요구를 담아내는 데 실패하였기 때문이다. 뿐만 아니라 시장에서의 경쟁우위가 창조와 감성으로 변함에 따라 인문학적 상상력과 창조능력의 필요성이 커졌다(윤세준, 2015).

학문적 풍토와 추구하는 가치, 방법론 등에서 상이하기 때문에 인문학과 경영학의 교류는 그만큼 어렵고 새롭다. 동시에 그 효과가 크다고 볼 수 있다. 인문학적 재료와 방법론을 경영학에서 차용하는 정도의 교류를 뛰어넘어 이론적 통합과 통섭의 영역을 발굴하고 발전시킬 때 경영학의 큰 변화가 가능할 것이다. 인문학과 경영학의 교류는 분야별로 다르게 진전되었다. 문학에서는 이제 교류의 가능성이 탐색되는 정도에 불과하지만 철학, 역사 및 예술[4]에서는 다양한 교류가 진행되었고(백기복, 2015), 이론의 적용(차용)뿐 아니라 통섭(統攝)에까지 가능성을 열어놓고 있다(권석균, 2015).

또 하나의 이슈는 경영전문대학원(MBA)의 등장이다. 교육부는 지난 2008년부터 심도있는 전문교육을 표방하면서 법학, 의학, 그리고 경영학 등에 대해서 전문대학원 체제를 도입하고 기존의 특수대학원에 비해 두 배 가까운 학점이수를 요구하는 전문대학원 체제를 출범시켰다. 하지만 10여 년이 지난 지금 기존의 100여 개 특수대학원이었던 경영대학원 중에서 14개만이 경영전문대학원으로 체제를 전환하였고, 교육부에서도 경영전문대학원 중에서 4-5개 대학만을 집중적으로 지원할 뿐, 나머지 경영전문대학원에 대한 재정적인 지원은 없어 경영학교육시장에서는 경영전문대학원과 경영대학원이 병존하는 상황이 지속되고 있는 양상이다. 그러다 보니 전문화되고 심도있는 경영학교육이 제대로 이루어지지 않고 경쟁률마저 낮아 연봉상승 등 시장의 반응도 그

---

4 예술경영의 한 예로 국내 엔터테인먼트 기업은 약 20여 년 동안 아이돌을 기반으로 한 케이팝 콘텐츠를 제작하고 그를 중심으로 다방면으로 다각화 사업을 추진하는 복합적 비즈니스 모델을 발전시켜 왔다(최혜긍·연수정·김성철, 2019). 구체적으로 2018년 5월 '러브 유어셀프 전 티어'(LOVE YOURSELF 轉 Tear)로 한국가수 최초로 빌보드 메인 앨범차트 1위에 오르며 연일 화제를 모으고 있는 세계적인 보이그룹 방탄소년단(BTS)의 경제효과를 들어보자(김은영, 2018.05. 28.).
고려대학교 편주현 경영대학 교수팀은 "방탄소년단(BTS) 이벤트의 경제적 효과: 2019 서울 파이널 공연" 보고서에서 2019년 10월 26·27·29일 서울 잠실올림픽주경기장에서 열린 방탄소년단 '러브 유어셀프: 스피크 유어셀프' 파이널 콘서트의 직·간접 경제효과가 약 9천 229억 원으로 추산된다고 밝혔다(김효정·오보람, 2019.12.22.). CNN은 최근 케이팝을 비롯해 한류현상이 확대되고 있다는 보도와 함께 BTS를 언급하면서 한국 현대경제연구원을 인용해 "그룹 BTS는 2017년에 방문한 관광객 13명 중 1명에게 영향을 줬다"며 "BTS가 현재의 인기를 유지한다면 2023년까지 56조 원 이상의 경제기여 효과를 낼 것"이라고 설명했다(장윤정, 2019.12.31.).

저 그런 편이다. 결국 기존의 경영대학원과 큰 차이를 보이지 않고 있다는 점이다. 이는 근본적으로 경영대학원이든 경영전문대학원이든 현장에서 바로 활용할 수 있는 지식과 경험을 제대로 교육하지 못하고 있다는 점이다(이영면·이순룡, 2016, 1794-1795). 따라서 향후 경영전문대학원의 교육프로그램에 대한 근본적인 개선이 이루어져 설립취지에 부합되는 전문화되고 심도있는 경영학교육이 요구되고 있다.

끝으로 또 하나 특기할 만한 사항은 2005년 11월에 경영학교육의 발전과 경영분야 인재 양성에 기여함을 목적으로 (사)한국경영교육인증원이 설립되어 한국경영학교육인증제가 시행 중에 있다는 점이다. 한국경영교육인증원에서는 경영학사를 수여하는 모든 학과, 이들 학과들과 같은 학부나 대학에 소속된 학과, 전공과목 중 25% 이상이 전통적 경영학 과목인 학과, 학과 명칭에 '경영'이 포함된 학과 등을 모두 인증 대상에 포함시키고, 이들 중 한 학과라도 참여하지 않을 경우 원칙적으로 해당 대학교 전체를 인증하지 않는 기관인증 방식을 채택하고 있다. 그리고 인증제에 참여하는 모든 학과나 전공은 경영전략, 경영정보, 국제경영, 마케팅, 생산운영, 인사조직, 재무, 회계 등 전통적 경영학 분야의 과목을 최소한 5개 분야 이상, 총 18학점(3학점 기준으로 보면 6과목임) 이상을 전공필수로 개설하도록 요구하고 있어(정연식, 2008) 앞으로 한국경영학의 질적 성장이 기대되고 있다.

이와 관련하여 한국경영학 학문 분야에 대한 평가·인증 제도의 현황과 발전 방안을 연구한 손성진(2013) 교수는 한국의 경영학 학문 분야 평가인증제가 보다 더 성공적으로 정착하려면 고등교육기관, 감독당국, 외부전문평가기구로 구성되는 교육품질삼위일체의 노력이 조화를 이루어야 하고, 이를 위해 정성·정량지표, 장·단기지표가 균형을 이루는 전략적 성과관리시스템으로서의 평가인증시스템을 개발할 필요가 있다고 지적하고 있다(손성진, 2013).

CHAPTER
5
현대 기업의 창업과 유지 · 성장

앞 장들에서 미국경영학, 일본경영학 및 한국경영학 등에 대해 살펴보았다. 어느 경영학이든 경영학의 연구대상은 기업경영에 관한 일체의 경제적 활동이다. 따라서 우리는 먼저 경영의 객체로서 기업에 대해, 특히 현대 기업에 대해 알아야 한다. 이러한 맥락에서 본 장에서는 현대 기업의 양대 특징을 먼저 살펴본 뒤 현대 기업의 창업과 유지·성장에 대해 각각 살펴보기로 하겠다.

제1절 현대 기업의 특징

현대경영학의 연구대상은 경영의 경제적인 측면에 있는데 그 주된 관심대상은 가정경제, 재정경제, 병원경제, 호텔경제, 기업경제와 같은 개별경제 중에서도 특히 기업경영에 있다. 그것은 개별경제로서의 기업경영이 오늘날의 자본주의 경제체제를 지탱하며, 그 핵을 이루고 있기 때문이다. 아울러 초점이 기업경영에 놓이지 않을 수 없는 것은 현대의 경제사회가 이른바 고도산업사회(high industrial society)라고 일컬어지는 특징을 지닐 정도로 비약적으로 고도화하였으며, 그러한 고도산업사회의 핵심체적인 존재로서 기업경영이 더욱 부각되기에 이르렀기 때문이다.

오늘날과 같은 고도산업사회에는 여러 가지 종류의 기업경영이 있는데, 그 가운데서도 현대경영학의 주된 관심대상으로서의 기업경영은 특히 주식회사라는 형태를 갖춘 기업경영을 가리킨다. 오늘날 주식회사는 자본주의의 꽃이라 불린다(이영종, 2008. 12.). 그러나 단지 주식회사라고 해서 현대경영학의 주된 관심대상이 되는 것은 아니다. 주식회사라 하더라도 '소유와 경영의 분리'가 이루어져야 하고 아울러 해박한 지식, 풍부한 경험, 그리고 중후한 인품을 바탕으로 한 전문경영자에 의해 관리되는 주식회사라야 한다. 따라서 현대 기업의 실제적이며 핵심적인 관심사항은 바로 <표 5-1>과 같이 ① 주식회사형태의 기업이라는 점과 ② 소유와 경영이 분리되고, 전문경영자에 의해 관리되는 영리기업에 있다고 할 수 있다.

❚ 〈표 5-1〉 현대 기업의 2대 특징

특 징	세 부 특 징
주식회사형태의 기업	• 유한책임제 • 자본의 증권화 • 중역에 의한 대리경영제도
소유와 경영의 분리	• 풍부한 경험, 해박한 지식, 중후한 인품을 바탕으로 한 전문경영 자에 의해 관리되는 기업

01 주식회사형태의 기업

오늘날과 같은 고도산업사회의 핵심적인 구성체로서의 기반을 이루고 있는 개별경제의 대부분이 주식회사(stock corporation)라는 이름의 기업형태를 갖춘 기업이라는 점은 대략 어느 나라의 경우이든 마찬가지이다. <그림 5-1>에서 알 수 있듯이 미국의 경우 2012년 현재 기업수에 있어서는 주식회사가 전체의 20%에 불과하지만 매출액에 있어서는 81%를 차지하고 있다(Nickels, McHugh, & McHugh, 2016).[1]

〈그림 5-1〉 주식회사의 기업수와 매출액

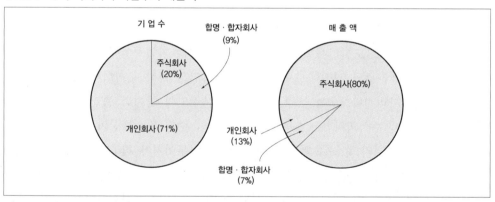

자료: W. G. Nickels, J. M. McHugh, & S. M. McHugh(2016), *Understanding Business*, 11th ed., New York, NY: McGraw-Hill Education, 196.

---

1 20년 전인 1992년의 경우 더 두드러지게 차이가 나는데, 기업수에 있어서는 주식회사가 280만 개로 전체의 17%에 불과하지만 매출액에 있어서는 87%나 차지하였다.

또한 동양식 기업풍토의 전형인 일본의 경우만 하더라도 대표적인 기업형태는 역시 주식회사이며, 일본의 회사기업총수 가운데서 차지하는 주식회사의 비중도 약 96%로 압도적이다. 더구나 자본금액에 있어서도 회사총자본의 95% 이상을 차지하고 있을 정도이다(서도원·이덕로, 2016, 152).

이처럼 주식회사라는 기업형태가 오늘날의 기업형태의 전형이 되고 있는 까닭은 무엇보다도 자본주의 경제체제하에서의 필수요건인 거액의 자본조달이 가장 손쉽게 이루어질 수 있기 때문이다. 즉, 널리 사회에 흩어져 있는 자본을 출자의 형식으로 모집, 이를 기업자금으로 운용할 수 있으며, 특히 거액의 자본을 필요로 하게 되는 대규모경영의 경우에는 비록 소액단위일지라도 다수의 출자자로부터 자본을 조달할 수 있기 때문이다. 더구나 현대 기업의 특징이 대량생산, 대량판매, 대량소비라는 이른바 3M체제의 확립에 놓여 있다면 다수출자자로부터의 대자본조달은 그 전제조건이며, 또 그러기 위해서는 아무래도 주식회사라는 기업형태를 취할 수밖에 없다.

따라서 주식회사야말로 현대 기업의 발전법칙을 위한 가장 고도의 조직형태를 이룩하고 있다고 할 수 있어, 현대경영에 있어서 주식회사제도가 지니는 의미는 매우 크다. 결국 현대 기업의 대부분이 주식회사라는 기업형태를 선호하는 이유는 한마디로 자본조달의 용이성에 있다고 할 수 있겠으나, 좀 더 구체적인 표현을 빌린다면 크게 ① 유한책임제, ② 자본의 증권화, ③ 중역에 의한 대리경영제도라는 주식회사 자체의 세 가지 특질 때문이라 할 수 있다. 그러면 이들 각각에 대해 살펴보기로 하자.

(1) 유한책임제

주식회사의 첫 번째 특징은 무엇보다도 유한책임제에 있다. 주식회사의 출자자는 주주(stockholder)라고 불리지만, 모든 주주는 출자금액(주주금액)을 한도로 주식회사의 적자·채무 등 자본위험에 대하여 책임을 진다는 뜻이다. 이러한 제도 때문에 일반 대중으로부터 대규모의 자본조달이 가능하며, 또한 주주의 개인재산과 주식회사의 재산은 뚜렷이 구별되어 회사의 자본위험에 대해 주주는 전혀 개인재산을 부담할 필요가 없게 된다. 주식회사를 그 소유권자인 주주로부터 분리된 법적 실체(a legal entity)라고 하는 것은 바로 이러한 특질로 일반 대중으로부터 자금조달을 보다 용이하게 할 수 있다. 따라서 주식회사는 현재의 수익성이 높고 미래의 시장가치가 높을수록 얼마든지 기업신용을 창출하고 추가로 자본을 조달할 수 있게 된다(Nickels, McHugh, & McHugh, 193).

19세기 전반까지만 해도 유럽제국의 입법자들은 유한책임을 상도덕에 위배되는 것으로 생각하였으나 오랫동안 실시하여 본 결과 유한책임이 도의상으로나 경제상으로나 하등의 폐단이 없다는 것이 실증되자 회사설립의 면허주의를 폐지하고 준칙주의 또는 자유주의를 채택하기에 이르렀다. 그러나 선의의 투자자나 채권자를 보호하기 위해 유한책임제도는 법률상의 규제성과 회사공시제도를 병행하지 않으면 안 된다.

(2) 자본의 증권화

　　주식회사에 대한 출자는 액면가가 균일한 주식(stock)으로 이루어지므로 출자자인 주주는 이 주식을 통해 회사에 대해 출자의무를 지며, 정관개정, 이사·감사의 임면, 자본의 증감, 영업의 양도·양수, 합병 등에 대한 의결권과 배당청구권을 행사할 수 있다. 공개된 주식회사의 주식은 매매양도가 가능한 유통증권이므로 증권시장을 통해 사고팔 수 있다.

　　이와 같이 사원 전체의 동의를 받지 않고도 주식을 자유로이 사고팔 수 있다는 점이 합명, 합자, 유한회사와는 다른 주식회사의 특징으로 찾아볼 수 있다. 특히 주식회사는 증권시장을 통해 소요자금을 조달하여 재무구조를 건전히 할 수 있으므로 증권시장이 없는 자본주의 경제는 생각할 수 없다는 의미에서 흔히 증권시장을 자본주의의 꽃이라고들 한다. 이러한 자본의 증권화로 주식회사는 대규모의 자금조달이 가능하고, 주식이 많은 사람들에게 널리 분산되는 이른바 증권인구의 저변확대로 사회안정에도 크게 기여할 뿐 아니라 경영권의 분리도 촉진시킨다. 주주수가 수십만 수백만 명으로 확대되면 그들이 소유권자로서 경영에 실제로 참여한다는 것은 불가능하여 경영권을 전문경영자들에게 위임할 수밖에 없게 된다. 리프만(R. Liefmann)은 이와 같은 증권이 출현한 이후의 자본주의를 특히 증권자본주의라고 불렀다. 참고로 우리나라 주식관련 주요 통계를 유가증권시장을 중심으로 살펴보면 <표 5-2>와 같다.

연 도	종합주가 지수	상장기업수	시가총액 (10억 원)	일평균 거래량 (천 주)	일평균 거래대금 (백만 원)	주식수 (백만 주)
1973	311.8	104	426	439	543	310
1977	178.2	323	2,351	4,310	4,662	2,167
1981	131.4	343	2,959	10,565	8,708	4,244
1985	163.4	342	6,570	18,925	12,315	8,028
1989	909.7	626	95,477	11,757	280,967	4,367
1993	866.1	693	112,665	35,130	574,048	5,028
1997	376.3	776	70,989	41,525	555,759	9,031
2001	693.7	689	255,850	473,241	1,997,420	19,578
2005	1,379.4	702	665,075	467,629	3,157,662	23,235
2009	1,682.8	770	887,935	485,657	5,795,552	54,699
2011	1,825.7	791	1,041,999	353,760	6,886,146	55,815
2013	2,011.3	777	1,185,974	328,325	3,993,422	35,217
2014	1,915.6	773	1,192,253	278,082	3,983,580	36,143
2015	1,966.3	887	1,242,832	408,595	4,815,439	38,278
2017	2,467.49	887	1,605,821	340,457	5,325,760	42,498
2018	2,041.04	901	1,343,972	397,972	6,548,622	52,095
2019.11	2,176.46	914	1,401,938	511,317	5,317,098	54,037

자료: 한국증권거래소(1995), 「증권통계연보 94」, 51-151; 한국거래소(2015.12.), 「주식(유가증권)」, 29-37; 한국거래소(2019.12.), 「증권·파생상품시장통계」.

(3) 중역에 의한 대리경영

　　주식회사의 3대 기관은 주주총회, 이사회 및 감사이다. 이 중 전체 주주들로 이루어지는 주주총회는 주식회사의 최대의사결정 기관으로 회사의 기본조직과 경영에 관한 중요사항을 결정하고 이사와 감사의 임면권이 있으며 정관도 변경할 수 있는 막강한 기관이다.

　　그러나 앞서 얘기한 합명회사, 합자회사, 유한회사와는 달리 주식회사의 경우 주식의 대중화로 수많은 대중주주가 탄생됨으로써 그들이 모두 기업경영에 직접 참여한다는 것은 사실상 불가능하다. 실제로 주주로서의 출자자도 직접 경영에 참가한다는 생각보다는 다만 '효율적인 투자'에 보다 많은 관심을 갖고 있다. 대다수의 주주들은 기업자본의 제공자일 뿐 기업경영과는 무관한 상태에 있으므로 자연 출자와 경영의 분리현상이 나타나게 된다. 여기에 주주총회로부터 전권을 위임받은 이사회가 주주들을 대리하여 직접 기업경영을 담당하게 되는데, 이것이 바로 중역에 의한 대리경영이다.

이렇게 함으로써 주주는 출자를 하여 자본위험을 부담하는 직능을 담당하며, 중역은 경영의 직능을 담당하게 함으로써 소유와 경영의 분리가 행하여지고 자본의 증권화와 더불어 주식회사의 자본집중의 규모를 확대하는 역할을 하고 있다. 이와 같이 출자와 경영이 분리되어 출자자를 대신하여 사실상 회사의 지배는 전문경영자에 의하여 이루어지게 된다.

02 소유와 경영의 분리

'소유와 경영의 분리'(separation of ownership and management)란 일명 '자본과 경영의 분리'(separation between capital and management) 또는 '소유와 지배의 분리'(separation of ownership and control)라고도 하는데 일반적으로 자본 출자자가 출자하는 것과는 별도로 경영에 필요한 전문능력과 지식 등을 필요로 하기 때문에 전문경영자에게 맡겨서 경영활동을 전담케 하는 현상을 말한다.

이러한 소유와 경영의 분리현상은 일찍이 미국의 제도학파의 베블린(T. Veblen)에 의해 예언되었다가(Veblen, 1932; Jenkins & Poole, 1990) 1930년대에 벌리(A. A. Berle, Jr.)와 민즈(G. C. Means)가 미국 내 금융업을 제외한 최대규모회사 200개사를 대상으로 실시한 실태조사에서 실제로 입증된 바 있다(Berle & Means, 1932).

동 조사에서 벌리와 민즈는 주식소유비율을 기준으로 기업지배유형을 다섯 가지로 구분하였다. 즉, 특정 개인(또는 집단)이 80% 이상 소유하는 경우를 완전소유지배(control through almost complete ownership), 50-80%를 소유하는 경우를 과반수소유지배(majority ownership), 지주회사에 의한 피라미드식 지배(pyramiding), 무의결권주의 발행, 차등의결권주의 발행, 의결권신탁제도(voting trust) 등 법적 장치에 의한 지배(control through a legal device), 20-50%를 소유하는 경우를 소수소유지배(minority control) 그리고 20% 이하를 소유하는 지배주주가 없는 경우를 경영자지배(management control)로 분류했다.[2] <표 5-3>에서와 같이 경영자지배형태가 회사수에 있어서는 전체의 44%, 재산액에 있어서는 전체의 58%로 나타났는데, 이러한 결과가 나타나게 된 것은 벌리와 민즈에 따르면 대량생산방식, 근대기술의 채용이 거액의 자본을 필요로 하고 이는 작은 자본들의 결합에 의해 가능하게 되었기 때문이다. 아울러 기업 내부의 경영지배권은 점차 전문경영자의 수중에 들어가게 된 것이다.

▌〈표 5-3〉 미국 주식회사에서의 지배형태(1930.01.01.)

지배형태	회 사 수	재 산 액
사적소유지배	6%	4%
과반수소유지배	5%	2%
법적 장치에 의한 지배	21%	22%
소수소유지배	23%	14%
경영자지배	44%	58%
기타	1%	0%

자료: A. A. Berle, Jr. & G. C. Means(1932), *The Modern Corporation and Private Property*, New York: MacMillan, 70-94.

1930년대에 45%에 불과하던 경영자지배는 1960년대에 이르러서는 무려 85%를 차지할 정도로 그 양상이 크게 달라졌으며, 더구나 1980년대 초반에 들어와서는 <표 5-4>에서 알 수 있듯이 전체 92%의 주식회사가 오직 전문경영자에 의해 직접 경영되고 있는 것으로 나타났는데, 이러한 현상은 앞으로 더욱더 높아질 것으로 보인다.

---

2 소수소유지배와 경영자지배를 구분하는 경계를 20%의 소유지분으로 삼고 있지만, 특수한 경우에는 그보다 지분이 적더라도 소유주지배로 인정하고 있다(김영조, 1994).

지배형태	기업체비율		
	1930년대 초반	1960년대 초반	1980년대 초반
완전소유지배	6%	0%	0%
과반수소유지배	5%	2%	1%
법적 장치에 의한 지배	21%	4%	3%
소수소유지배	23%	9%	4%
경영자지배	45%	85%	92%
계	100%	100%	100%

■〈표 5-4〉 미국 주식회사에 있어서의 지배형태의 변천

자료: 한희영(1988), 「경영학원론」, 법문사, 321.

이러한 벌리와 민즈의 이론에 이어 버남(J. Burnham)은 1941년에 'Managerial Revolution'에서 현대의 자본주의에서는 자본가는 실제의 경영에서 분리되어 있고 과거의 자본가사회는 이미 경영자사회로 변질되고 있다고 주장하였다. 버남은 1930년대 소비에트 사회, 독일의 파시즘, 미국의 뉴딜을 검토한 결과 이 나라들에 있어서의 지배계급은 국가차원에서는 국가기구를 관리하는 고급관료이고 민간기업 차원에서는 생산과정의 기술적 방향설정과 종합조정에 관여하는 이들이고 관료들과 더불어 이들이 경영자사회를 만들고 있다고 한 것이다.

나아가 갤브레이스(J. Galbraith)는 1967년 'The New Industrial State'에서 경영자지배론을 지지·발전시켜 자본주의사회의 궁극적 모습으로서 산업국가의 출현을 묘사하였다. 먼저 경영자지배에 대하여는 현대 기업 내부에서 지배력이 자본의 소유자로부터 경영자로 이행하고 있고, 이 경영자들은 과학기술의 진보와 복잡화한 경영관리에 대응할 수 있는 능력을 갖춘 전문적 지성집단이어서 이 엘리트들에 의해 조직된 집단을 테크노스트럭처(technostructure)라고 불렀다(Galbraith, 1967).

결국 벌리와 민즈, 버남, 갤브레이스 등은 소유와 경영의 분리현상을 지적하고 명확한 형태로는 아니지만 이에 따른 기업지배구조 문제를 제기한 셈이었다. 그리고 실증적으로 허만(E. Herman) 등이 경영자지배의 강화를 확인하였다(Herman, 1981).

하지만 이들의 논의에 대해 반론도 적지 않게 제기된 바 있다. 스위지(P. Sweezy)는 미국증권거래소의 조사를 근거로 200대 기업 중 약 140개사는 여전히 소유자 통제하에 있음을 지적하여 벌리와 민즈의 실증에 의문을 제기하는 한편 버남 등의 경영자혁명론도 비판하였다. 특히 최근 연구 등에서는 벌리와 민즈 등의 주장과는 달리 많은 나라에서 소유의 집중이 강력하게 존재하며 미국에서조차 상당수의 비경영자 대기업

이 존재한다는 점이 지적되고 있다(Porta, Lopez – de – Silanes, & Shleifer, 1998).

이어서 우리나라의 경우를 살펴보자. 증권거래법개정으로 5% 이상 대주주와 법인들은 상장회사에 대한 변동지분을 매년 5월까지 금융감독원에 신고하도록 되어 있는데, 그 결과 30대 재벌(기업집단)의 소유지분을 살펴보면 30대 기업집단(포스코·KT 제외) 총수(오너)의 평균 지분율은 1.60%에 불과했다. 이러한 오너지분에, 특수관계인 지분(친·인척 및 임원지분)과 계열회사 지분율 등을 합치면 2015년 4월 1일 현재 58.94%를 보유하고 있는 것으로 집계되었다(2001년 4월 1일 현재로는 45.0%, 2010년 4월 1일 현재로는 54.57%).[3] 그러나 이 지분율은 차명계좌 등으로 위장·분산해 둔 지분 등을 포함시키지 못하고 있어 실제지분율은 이보다 훨씬 높을 것으로 보인다(공정거래위원회, 2015.06.).

소유권 및 경영권문제는 경영자와 종업원들을 조직에 충성하게 하고 헌신하도록 자극하는 기본요인이 되며, 또한 점차 복잡화, 개방화, 국제화되는 세계경제 속에서 성공적으로 경쟁할 수 있는 활력있는 기업을 만드는 데도 중요한 요소가 된다(Jenkins & Poole, 1990). 따라서 앞으로 경제력 집중의 완화, 즉 소유와 경영의 분리를 촉진시켜 조직구성원들로 하여금 기업을 공동운명체로 인식하도록 만들어 높은 충성심과 사기 그리고 이에 바탕을 둔 높은 생산성을 가능케 함으로써 우리 기업의 경쟁력을 높이도록 하여야 할 것이다.

---

3 10대 기업집단으로 범위를 좁히면 평균 내부지분율은 56.26%(2010년 50.48%)였다.

제2절 창업

앞서 살펴본 바와 같이 현대경영학의 연구대상은 경영의 경제적 측면이다. 즉 기업경영에 관한 일체의 경제적 활동을 말한다. 따라서 현대 기업이 어떻게 탄생했으며 어떻게 유지·발전하다가 청산되는가에 관해 살펴볼 필요가 있다. 이러한 기업경영의 시작, 유지 및 소멸에 관한 모든 경제적 측면이 바로 기업의 창업, 유지·성장 그리고 해체라는 세 가지 관점의 경제적 활동을 의미한다.

독일경영학에서는 이들 세 가지의 모든 측면에 대해 동일한 비중의 관심을 두고 연구되어 온 반면 미국경영학에서는 기업을 이미 존재하는 기관으로 생각하여 기업의 탄생과 해체에는 그다지 관심이 없고 다만 기업을 어떻게 합리적으로 유지·발전시키는가에 주요 관심을 두고 있다. 본서에서는 미국경영학을 많이 참고하되 기업경영의 성과는 기업을 어떻게 만드느냐에 의해 크게 좌우되기 때문에 창업에 대해서도 아울러 살펴보고자 한다.

01 창업의 의의와 특징

(1) 창업의 의의

창업(foundation)이란 좁은 의미에서 새로운 기업조직을 설립하여 경영활동을 수행하는 것을 의미한다. 예를 들면, 제조업의 경우 기존제품이나 새롭게 개발된 신제품을 생산, 판매할 목적으로 독립된 기업실체를 설립·경영하여 경영활동을 수행하는 것을 의미한다. 물론 창업하고자 하는 업종이 서비스업인 경우는 무형의 재화, 즉 서비스를 제공함으로써 부가가치를 창출하려는 목적으로 기업실체를 설립하는 경우를 의미하게 된다.

이와 같이 생산하거나 서비스를 제공함으로써 부가가치를 창출하려는 경영활동을 목적으로 기업을 설립하는 것이 좁은 의미의 창업이다. 그러나 이와 달리 새로운 제품을 생산하거나, 서비스를 제공할 목적으로 굳이 기업을 설립하지 않고, 사업부 또는 사내 팀조직 등으로 새로운 경영활동을 수행할 수 있게 되는데, 이렇듯 기존 경영활동과는 다른 새로운 경영활동을 수행하기 위해 다각화하거나 변신하는 것은 모두 넓은 의미의 창업개념에 포함된다고 할 수 있다(조동성, 2007). 이러한 창업의 개념을 고객지향적, 제품지향적, 기술지향적 측면에서 나타내면 <그림 5-2>와 같다(지호준, 2007).

<그림 5-2> 창업의 구상

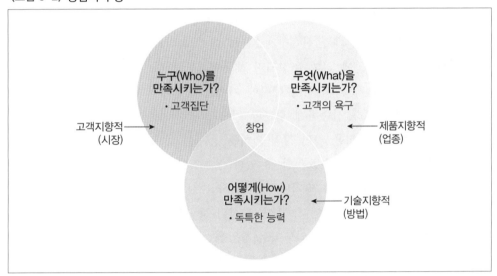

자료: 지호준 · 이재범(2015), 「알기 쉽게 배우는 21세기 경영학」, 제7판, 집현재, 86.

(2) 창업의 특징

창업은 기존의 기업활동과는 다른 독특한 특징을 가지고 있는데, 이것을 크게 다음의 세 가지로 나누어 볼 수 있다.

첫째, 창업에 대한 의사결정은 전형적인 불확실성(uncertainty)하에서 이루어진다. 창업은 지금까지 아무도 걸어가지 않은 길을 걸어가는 것과 같아서, 사방에 어떠한 일이 도사리고 있는지 알 수 없다. 창업자의 능력이 아무리 뛰어나고 훌륭하다고 하더라도 반드시 성공한다는 보장이 있는 것도 아니고, 창업 아이디어가 기발하다고 해서 고객으로 하여금 그 재화 또는 서비스를 구매할 수 있게 하는 것도 아니다. 창업에 대한 의사결정은 어느 한 가지 요인에 의해서만 영향을 받는 것이 아니라 수없이 많은 요인들에 의해 영향을 받기 때문에 언제, 어디서, 무슨 일이 일어날지는 아무도 알 수 없다.

둘째, 창업은 큰 위험 부담을 필요로 한다. 이는 불확실성과 위험하에서의 의사결정과 이에 따른 일련의 과정을 거쳐 창업이 이루어지기 때문이다. 위에서 언급한 바와 같이, 창업을 위해서는 자금을 비롯한 물적자원이 있어야 하고, 함께 일할 인적자원들이 필요하다. 그런데 이러한 자원의 투입에 대한 결과는 단기간에 나타나는 것이 아니라 장기간에 걸쳐서 서서히 나타난다. 또한 그 결과도 보장할 수 없다. 따라서 엄청난 자원을 투입한다 하더라도 성공이 보장되지 않는 위험이 따르는 것이다.

셋째, 창업은 본질적으로 모험적인 성격을 갖고 있다. 창업이 불확실성과 위험하에서 이루어지는 의사결정이기 때문에 이러한 속성을 갖는 것은 당연하기도 하다. 또한 창업이 주로 환경의 변화를 신속하게 파악하여 대응하고, 상상력과 창의력이 뛰어나며, 결단력있는 사람들에 의해 추진되기 때문이기도 하다.

창업의 이와 같은 세 가지 특성 때문에 기업을 창업하기 위해서는 사전에 충분한 정보 수집과 분석을 통해 신중하게 접근할 필요가 있다(양성국, 2007).

사람들이 이러한 특징을 가진 창업을 하는 동기는 실로 다양하다. 일반적으로 창업을 하는 동기는 다음과 같이 요약할 수 있다. 첫째, 이윤을 얻기 위해서 창업을 하는 경우이다. 둘째, 개인의 경력을 쌓거나 자신이 하고 싶은 일을 하려는 동기, 즉 자아실현을 위해서 창업을 하는 경우이다. 셋째, 자신의 능력으로 기업을 성장시키고 사회적 책임을 다해 사회에 봉사하려는 의도에서 창업을 하는 경우가 있다. 마지막으로 개인적인 생각이나 아이디어를 사업화하기 위한 모험정신에서 창업을 하는 경우가 있다.

이러한 여러 가지 동기에 의한 창업이 우리나라에서도 활발히 일어나고 있는데, 우리나라에서 행해지는 창업의 동향이나 특징을 일목요연하게 살펴보면 <표 5-5>와 같다(유세준 외, 2013).

▌〈표 5-5〉 창업의 동향이나 특징

구 분	내 용
제조업의 위축과 서비스 및 유통업 증가	국내경제의 침체로 제조업의 창업은 위축되는 반면, 서비스 및 무역업 등의 창업이 증가
기업가의 연령은 주로 30대	창업한 기업가들 중 30대가 약 35%를 차지, 컴퓨터 관련 분야에서 20·30대 기업가가 점차적으로 증가
이색 아이디어 제품의 창업 증가	정보화로 사업아이템에 대한 경쟁자가 급격하게 증가하고 있기 때문에 특이하고 기발한 아이디어를 이용한 창업이 증가

고학력	대졸 창업자의 비율이 증가하고 있으며 고급 인력이 경영에 적극적으로 참여하고 있음
소기업형태 및 기술창업 증가	가족적인 분위기의 소규모 창업이 증가하고 있으며, 기업가가 핵심 기술을 직접 보유한 창업이 증가하고 있음
과거 경험에 기초한 창업 증가	창업한 기업가 중 대기업보다 중소기업에서 근무한 경험이 많고, 과거의 경험에 입각한 창업이 증가하고 있음
체인점 형태의 창업 증가	제조업뿐만 아니라 서비스, 유통, 요식업 등에서도 체인점이 급속하게 증가

자료: 양성국(2007), 「(기업과 사회의 관계는) 사회속의 기업? 기업속의 사회?」, 제2판, 청람, 128-129.

02 창업의 3요소

창업을 하려면 사업 아이디어, 자금, 동업자와 종업원 등 여러 가지 요소가 필요하다. 일반적으로 창업의 3요소로는 창업자, 아이디어, 자원 등을 들 수 있다.[4]

(1) 창 업 자

창업에서 가장 중요한 요소는 단연 창업자이다. 일반적으로 창업자가 갖추어야 할 기본적인 자질과 능력은 다음과 같다.

첫째, 새로운 시대에 부흥할 수 있는 경영감각과 신뢰받을 수 있는 경영자로서의 인격

둘째, 미래의 경영환경 변화에 대한 통찰력과 판단력

셋째, 투자와 희생을 감수할 수 있는 기업가 정신

넷째, 창의력과 이를 위한 강인한 추진력

다섯째, 영리추구의 정당성 확보와 사회적 책임 인식

---

4 창업의 4요소라 하여 창업자, 자본, 아이템, 사업장을 주장하기도 하지만 본서에서는 자본과 사업장을 같은 요소로 묶어 다루고자 한다.

(2) 자 원

창업을 성공적으로 수행하는 예비창업자는 20퍼센트에 불과하다고 한다. 그만큼 사업환경이나 여건이 어렵다는 것을 말해 주고 있다. 따라서 창업을 하기 위해서는 창의적인 창업가 이외에도 다양한 자원(resources)이 필요하다. 창업자원은 실제로 기업을 설립하고 운영하는 데 필요한 자본, 기계 또는 설비, 재료 또는 부품, 건물 등을 말한다. 성공적인 창업을 위해서는 창업 아이디어 못지않게 우수한 자원을 확보하는 것이 중요하다(유세준 외, 2013).

(3) 아이디어

사업 아이디어란 기업이 어떠한 제품과 서비스를 생산하고 판매할 것인가를 구상하는 것으로서 소비자의 욕구를 만족시킬 수 있어야 한다. 특히 벤처기업은 단기간에 특수한 아이템을 가지고 성공을 해야 하기 때문에 어떠한 아이디어를 가지고 있는가가 성공의 중요한 요소가 된다(양성국, 2007, 130–132). 지금까지 살펴본 창업의 3요소를 그림으로 나타내면 <그림 5–3>과 같다.

〈그림 5-3〉 창업의 3요소

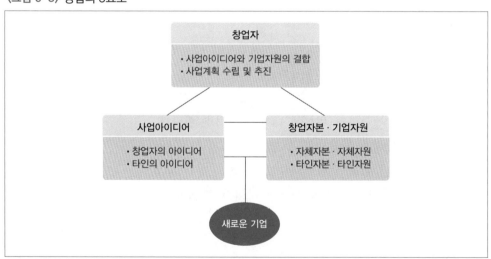

자료: 신재정 · 이재범 · 조선구 · 김용욱(2009), 「포크스경영」, 현우사, 167.

03 창업의 3대 요건

전술한 창업의 3요소가 제대로 갖추어졌다고 해서 바로 기업을 만들 수 있는 것은 아니다. 기업을 창업하려면 여러 가지를 검토해야 하는데 일반적으로 다음의 세 가지, 즉 어디에서 기업활동을 영위해야 할 것인가와 관계되는 기업입지, 어떤 모양으로 기업활동을 영위해야 할 것인가와 관계되는 기업형태, 그리고 어느 정도 크기로 기업활동을 영위해야 할 것인가와 관계되는 기업규모 등을 고려하게 된다. 이러한 기업입지, 기업형태 및 기업규모가 바로 창업의 3대 요건이라 일컬어진다. 본 절에서는 기업입지와 기업규모에 대해 살펴보고 기업형태는 내용상 별도의 장에서 살펴보도록 하겠다.

(1) 기업입지

1) 기업입지의 의의

기업입지(enterprise location)란 기업이 기업활동을 수행하기 위해 자리잡게 될 장소를 뜻한다. 기업을 신설하게 될 경우는 물론이고 기존의 입지를 포기하고 다른 장소로 이전하게 될 경우에도 가장 경제적이며 이상적인 기업입지가 어딘지 잘 검토할 필요가 있다.

기업입지론에 대해서는 리카아도(D. Ricardo)를 주축으로 한 고전학파 경제학자들에 의해서 차액지대설(差額地代說)을 중심으로 논란의 대상이 되어 왔다(조순·정운찬, 1993). 그 이후 투넨(H. V. Thunen)의 고립국이론을 중심으로 한 농업입지론, 후버(E. M. Hoover)의 상업입지론, 웨버(A. Weber)의 공업입지론 등으로 발전하여 왔다. 이들 학자들이 주장하는 입지론은 각각 다른 면이 있지만, 그러나 공통되는 점은 운송입지인자를 중시하고 있다는 것이다.

일반적으로 가장 이상적인 기업입지란 제품이나 서비스를 생산·판매할 때 그 단위당 비용이 최저가 되는 곳을 말한다. 입지를 잘못 선택한 경우에는 여러 가지 어려운 문제가 생기게 마련이다. 예컨대 일단 공장의 입지가 결정되면 그 자연적·지리적 조건은 변경하기 어렵고, 또한 공장을 이전하기도 어렵다. 공장의 입지가 어떠냐에 따라 생산원가도 크게 달라지며, 상점의 위치가 어떠냐에 따라 판매액이나 이익은 직접적인 영향을 받게 될 것이다. 뿐만 아니라 일단 입지를 잘못 선정한 경우에는 제품을 저장하고자 하거나 앞으로 기업을 확장하고자 하는 경우 그러한 장소를 얻을 수 없게

나 근처의 원재료원이 곧 고갈되어 버린다든지 혹은 예상했던 것보다 세금이 많아져서 결국 단위당 비용이 얼마 안 있어 높아지는 경우도 있다. 또한 기업입지에는 비교적 영구적으로 대규모의 고정자금이 투입되므로 이를 선정할 때에는 이와 관련되는 제 조건도 종합적으로 고려해야만 한다.

입지결정에는 기업의 특수성 때문에 일정한 지역에 한정되지 않을 수 없는 경우도 있는데, 이를 구속적 입지라고 한다. 구속적인 입지요인으로서는 자연적 요인과 사회적 요인이 있는데 전자의 요인에는 광산, 유전, 온천, 염전, 명승지 등과 같이 특정 지역에 한정될 수밖에 없는 경우를 말한다. 후자의 요인에는 주택 지역에는 공장을 건축할 수 없다거나 극장이나 유흥업소는 학교 가까이에 입지할 수 없으며 금융기관 및 보험회사의 지점설치 시에는 재정경제원의 허가를 받아야만 하는 것과 같은 사회적으로 영업 또는 건축이 제한되거나 도시계획에 저촉되는 경우를 들 수 있다. 이에 대해서 입지선정상 자연적으로나 인위적으로 아무런 구속을 받지 않는 입지를 자유입지라 하는데, 기업의 경우 대부분 이러한 자유입지이다.

생산기업의 입지론에 대한 고찰에 있어서는 다음의 두 가지 측면에서의 입지문제를 생각할 수 있는데, 그 하나는 생산경영이 이루어지는 장소인 공장입지 선정을 말하고, 또 하나는 이미 선정된 장소에 생산설비가 설치될 때의 입지를 말한다. 이 중 전자를 공장외부입지라고 한다면, 후자는 공장내부입지라고 할 수 있다. 공장의 입지를 결정함에 있어서는 기업경영에서 필요로 하는 제 요소를 경제적·기술적으로 조사연구하여 이를 경영목적에 적합하게 결합하는 데 최적인 장소를 물색하여야 한다(김석회, 1998).

2) 기업입지의 고려요인

일반적으로 기업입지를 결정할 때에는 다음과 같은 경영내외적 제 요인들을 충분히 고려하여야 한다.

먼저 경영외적 고려요인이란 개별기업의 독자적인 입장에서 자의적으로 선정할 수 있는 요인이 아니라 정책적 내지 사회경제적인 관점에서의 타의적인 선정요인으로 크게 역사적, 입지정책적 및 사회경제적 요인이 있다.

① 역사적 요인: 주로 그 지역에서의 역사적인 전통과 결부된 요인으로서, 이를테면 미국 디트로이트시의 자동차공업, 독일 졸링겐시의 철물공업, 대구의 가내 직물공업 등이 그 좋은 본보기가 될 수 있다. 이와는 대조적으로 역사적인 유적지나 풍치지구에서는 어떠한 기업도 입지를 선정할 수 없다는 것도 역사적

요인이라 할 수 있다.

② 입지정책적 요인: 주로 지역경제정책적이며 도시계획적인 성격의 요인을 말하며, 공업단지나 산업기지, 또는 유통단지가 정책적으로 조성된 경우가 그 일반적인 예가 된다. 개별기업의 입장에서는 그러한 단지 내에 입지를 선정하는 것이 입지비용이나 환경조성비용, 또는 세제 면에서 여러 가지 혜택이 있는 경우가 대부분이다.

③ 사회경제적 요인: 역사적인 전통이나 도시계획적인 관점에서가 아니라, 사회경제적인 관점에서 택해지는 입지요인으로, 이를테면 빈곤 지역이나 국경과의 인근 지역에 입지를 선정하는 기업에 대해서는 세제상의 혜택이나 기타의 재정지원을 보장함으로써, 그 지역의 실업자를 구제하거나 거주 지역의 전국적인 평준화와 같은 사회·경제적인 효과를 기하고자 하는 정책에 따른 입지선정이 그 한 예가 된다(한희영, 1988).

다음으로 경영내적 고려요인이란 위의 경영외적 요인을 고려한 후에 고려하게 되며, 개별기업의 독자적인 입장에서 비교적 자율의지에 따라 선정할 수 있는 요인으로 다음의 여러 가지가 있다.

① 생산지향적 요인: 원재료나 수송수단 확보의 용이성 여부, 수송비 문제
② 판매지향적 요인: 고객과의 근접성, 제품판매의 용이성 여부
③ 노동지향적 요인: 양질의 노동력 확보의 용이성 여부
④ 재무지향적 요인: 금융기관의 근접성 여부
⑤ 기타 요인: 재무지온도, 습도, 공업용수, 전력, 수도, 가스, 도로망 등의 적절성 여부

(2) 기업규모

1) 기업규모의 의의와 최적규모

기업규모(enterprise size)란 기업의 크기를 의미하는바, 기업의 크기 여하는 기업의 살림규모와 그에 따른 관리능률의 여부와도 직결된다. 또 기업의 크기가 달라짐에 따라서 관리적 의사결정의 방법도 달라진다. 물론 기업의 규모는 기업이 채택하는 업종

이라든가 입지조건, 기타 소요자산에 따라서 그 크기를 달리할 수가 있다. 그러나 이상 적으로 말한다면 모든 기업에서 적합한 기업의 최적규모(optimum size)가 있을 것인데, 일반적으로는 기술적·경제적 조건을 고려한 바탕 위에서 평균비용, 즉 제품의 단위당 생산원가가 최소가 되는 경영규모라든가 단위당 이익이 최대가 되는 경영규모를 최적 규모라고 할 수 있다. 그것은 대량생산의 법칙에 따른 원가절감의 효과와 대규모화에 따른 관리비의 증대효과가 상쇄될 수 있는 경영규모를 의미한다.

2) 최적조업도에 의한 최적규모

구텐베르크(E. Gutenberg)는 최적조업도를 평균비용이 최소가 되는 생산량이라 생 각하고, 그 같은 수준에서 최적의 경영규모가 유지된다고 설명하고 있다. 그것은 기술 적인 면에서의 최적의 조업상태를 의미하며 다른 말로 하면 시설의 최적이용수준을 나 타낸다. 왜냐하면 조업도(operating rate)란 조업률 또는 가동률이라고도 하는데, 생산시 설의 이용도를 의미하므로, 생산시설의 이용이 최적화됨으로써 단위당 평균비용이 최 저가 될 때 최적조업도가 실현되기 때문이다. 이때 단위당 이익은 최대가 된다.

기업의 비용에는 고정비와 변동비가 있는데, 전자는 생산시설의 이용도, 즉 조업 도에 관계없이 발생하는 비용이고, 후자는 조업도에 비례하여 발생하는 비용이다. 또 비용에는 총비용을 생산량으로 나누어서 계산할 수 있는 평균비용과 새로운 제품 한 단위의 증가에 따른 총비용의 증가분을 생산량의 증가분으로 나누어서 계산할 수 있는 한계비용이 있다. 따라서 한계비용(marginal cost)은 생산량 한 단위를 증가시키는 데 필요한 비용의 증가액이라고 할 수 있다. 이상과 같은 비용개념을 기초로 설명할 때, 최적조업도란 평균비용곡선과 한계비용곡선이 교차하게 되는 경우, 즉 평균비용과 한 계비용이 일치되는 조업도를 의미한다. 이때 기업의 평균비용은 최저가 된다.

그러면 평균비용곡선과 한계비용곡선이 교차하는 이유는 무엇인가? 평균비와 조 업도의 관계를 보면, 조업도가 증대될 경우 우선 평균고정비와 평균변동비가 둘다 감 소하게 되고 이에 따라 평균비 자체도 감소된다. 그리고 어느 조업수준에서 평균변동 비가 증가될 경우에도 이의 증가분보다 평균고정비의 감소분이 더 클 때 총평균비는 감소하게 된다. 그러나 그 감소의 정도는 점차 줄어든다. 그러므로 평균변동비와 평균 고정비가 일치하게 되는 조업수준에서 평균비용은 최저점에 이르게 되고 이 점을 지나 면 평균비용은 차츰 증가하게 된다.

그러나 한계비용의 곡선은 당초부터 고정비를 부담하지 않으므로 급격히 하강하 여 그 최소액도 평균비용의 그것보다 빨리 나타난다. 한계비용은 총비용의 증가분을 생산량의 증가분으로 나눈 것이며, 생산량을 1단위 증가시키는 데 필요한 비용의 증가액으로서 그것은 처음에는 급강하하나 일정한 조업수준에서 다시 상승하게 된다.

그리고 상승의 정도는 평균비용의 그것보다 더 커서(한계비는 변동비만으로 구성되기 때문에), 급기야는 평균비용곡선과 한계비용곡선이 교차하게 되는데, 이 교차점은 평균비가 최저인 점이다. 그러므로 한계비용과 평균비용이 일치되는 조업수준의 경영규모를 최적규모라 할 수 있다(김석회, 1998).

3) 최유리조업도에 의한 최적규모

우리는 최적조업도와 구별되는 개념으로 최유리조업도(最有利操業度)를 이해하여야 한다. 최유리조업도는 총액으로서의 이익을 최대로 하는 조업도를 말한다. 그것은 경영이 추구하는 기본적인 달성목표이며, 경영이 시장에서 마케팅활동을 전개하고 거기에서 자본회수를 하였을 때 실현될 수 있는 이익의 관점에서 본 최적의 경영규모이다.

단위생산비용은 최적조업도에서 최저가 되고, 따라서 그곳에서는 단위당의 이익도 최대가 된다. 그러나 최적조업도를 지나 생산을 할 때 비용도 증대하나 가격이 한계비용보다 높을 때에는 그 차액인 이익이 최적조업도하의 이익에 가산되므로 기업 전체로서의 수익은 증대된다. 따라서 <그림 5-4>에서 알 수 있듯이 가격이 한계비용과 일치되는 점에서 추가적 이익은 영(零)이 되며, 한계비용이 가격을 넘는 조업에 이르면 손실이 생기게 된다. 그러므로 한계비용곡선과 가격이 일치하는 조업도가 최적조업도이며, 이 점에서 경영의 이익은 그 총액에 있어 최대가 된다(김원수, 1997).

〈그림 5-4〉 최적조업도와 최유리조업도

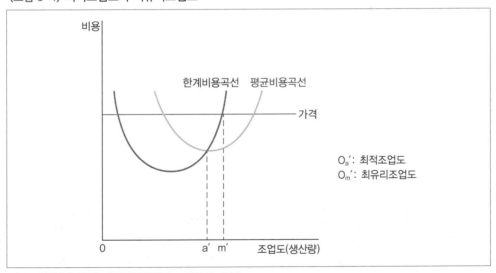

자료: 김원수(1997), 「신경영학원론」, 경문사, 320.

이러한 기업규모문제는 결국 대기업·중소기업의 문제로 귀착되게 된다. 이 기업규모와 관련하여 중소기업에 대해서는 제7장에서 별도로 다루기로 하겠다.

04 창업의 과정

하루에도 수많은 기업이 창업이 아닌 폐업신고를 낸다. 창업 시에 출자했던 자기자본은 말할 것도 없고 타인자본도 갚지 못한 채 빚더미 속에서 파산한다. 혹자는 창업을 "Business＋Risk taking"이라고 한다. 위험부담과 수익이라는 이율배반적인 두 요소를 한꺼번에 감당해야 하는 창업자로서 섣불리 사업에 뛰어들기보다는 사전에 철저한 조사와 준비가 필요하다(임창희, 2013).

일반적으로 경기가 호황일 때 창업을 해야 하며 불황인 경우에는 창업을 연기하는 것이 좋다고 생각한다. 그러나 불황일 때는 부동산 가격과 인건비 등이 낮기 때문에 적은 비용으로 창업을 할 수 있다는 장점이 있다. 그리고 불황에 창업하여 어려움을 극복한 기업은 그만큼 강한 체질을 갖추게 되므로 경쟁력을 갖게 된다.

따라서 창업을 호황, 불황 중에서 언제 하느냐가 중요한 것이 아니라 어떠한 아이디어를 가지고 있으며 사업에 필요한 자본을 어떻게 조달할 것인가가 중요하다고 할 수 있다. 다만 창업에는 위험이 따르기 때문에 체계적인 분석에 기초하여 창업과정을 거치는 것이 바람직하다.

창업과정이나 단계는 창업을 하는 동기와 창업의 형태, 창업의 규모 등에 따라서 달라질 수 있다. 그러나 일반적으로 창업과정은 <그림 5-5>와 같은 네 단계를 밟는 것이 일반적이며 합리적인 행동이라고 할 수 있다.

〈그림 5-5〉 창업의 과정

자료: 유세준·김의식·이내풍·홍준기·이건찬(2013), 「글로벌 시대의 경영학원론」, 제3판, 법문사, 106.

(1) 1단계: 내부여건과 환경분석

내부여건 분석이라 함은 조직 내부에서 활용할 수 있는 인적·물적 자원의 양과 질을 분석하는 것을 말한다. 창업자의 기술과 경험은 무엇인지, 가용자본은 어느 정도이며 자금 동원력은 어느 정도 충분한지를 분석하면서 이러한 자원들과 관련하여 다른 사람들에 비해 자기상황의 강점(strengths)과 약점(weakness)이 무엇인지를 검토해야 할 것이다.

외부환경 분석이란 경제동향과 업종의 사양성과 성장성, 경쟁업체, 정부의 정책과 노동시장 등을 종합적으로 고려하여 자신이 갖고 있는 기회(opportunities)와 위협(threats)을 파악한 뒤 위험에 대비하는 방안을 마련하고 기회를 적극적으로 활용하는 방법을 모색하는 것을 말한다.

(2) 2단계: 업종의 선택

창업의 성공 여부는 어떤 아이템(item)을 선정하느냐에 좌우된다고 해도 과언이 아니다. 이때 주의할 사항은 기존 제품과 유사한 업종이나 이미 유행이 지나 사양길에 접어든 업종에 손을 대지 말아야 한다는 점이다. 반대로 고객의 새로운 욕구를 충족시킬 수 있거나 기존 제품이라고 하더라도 새로운 기능을 추가시킨 독특한 아이템을 선정해야 성공가능성이 높을 것이다. 그러나 아무리 새로운 기술로 만들 수 있는 첨단제품이라도 고객에게 익숙하지 않은 것이라면 소용이 없다. 즉 창업자의 입장보다는 소비자 입장에서 판단해 보고 최종결정을 내리는 자세가 필요하다.

(3) 3단계: 사업타당성 분석

아이템이 선정되었다고 곧바로 창업하는 것도 위험하다. 구체적으로 그 아이템으로 사업을 개시한다고 가정하고 경제성, 기술성, 시장성을 분석하는 것을 사업타당성 분석(fisibility study)이라고 한다.

① 경제성 분석: 손익분기점, 총수익과 총비용을 계산한 후의 이익률, 총투자액에 대해 돌아오는 수익률 등을 분석해 본다.
② 기술성 분석: 생산기술은 있는지, 모든 자산과 인적자원에 대한 관리능력은 어

떤지, 재무관리와 회계적 계산 등에 관한 실력이 있는지 분석한다.

③ 시장성 분석: 고객의 욕구에 적합한지, 경쟁사에 비하여 시장점유율은 어느 정도인지, 판매전략은 무엇인지 등을 분석한다(임창희, 2015).

(4) 사업계획서의 작성

사업계획서는 사업타당성 검토 후 사업타당성이 인정된 경우에 작성하는 것으로서 <그림 5-6>과 같이 사업의 내용 및 성격, 경영방침, 기술성, 시장상황 및 판매전망, 수익성, 경쟁정도, 자금조달계획, 인력확보계획, 생산 및 판매방법 등이 포함된다. 따라서 사업계획서는 사업타당성 검토 의견에 기초하여 창업자 자신이 직접 작성하는 것이 가장 이상적이다. 사업계획서는 정형화된 형태가 없으며, 창업의 목적에 따라 내용이 달라진다. 일반적으로 사업계획서가 갖추어야 할 요인으로는 타당성, 현실성, 완전성 등이 있다.

타당성은 사업계획서가 이해하기 쉽고 정확하게 작성되었는지를 검토하는 것이다. 현실성은 현실의 상황을 적절히 반영하여 실현가능성이 높은 사업인가를 평가하기 위한 것이다. 그리고 완전성은 사업계획서에 나타난 항목들은 전부 준비되어 있어 보여줄 수 있어야 함을 의미하며, 아이디어와 사업계획이 유기적으로 연결되어 있음을 나타내 주는 것이다(양성국, 2007).

〈그림 5-6〉 사업계획서의 내용

- 창업자: 커리어, 자금력, 특장점과 약점 분석, 인맥지도, 인생설계
- 사업콘셉트: 사업의 정체성, 핵심상품과 가격전략, 상호
- 시장분석: 시장규모, 업종 및 상품 라이프사이클, 경쟁현황 및 경쟁자 분석, 타깃고객 분석
- 마케팅전략: 상품정책, 가격정책, 서비스정책, 고객관리정책, 입지선정과 점포규모, 판촉전략, 판매방식
- 디자인계획: 인테리어, 인쇄물, 유니폼, 간판, 그릇, 각종 현수막, 판매시점(POP)광고물
- 손익분석: 자금조달방법, 투자비, 손익분석, 주요 경비분석, 운영자금 예측 및 매출 예측
- 실행전략: 진행일정표, 분야별 거래처 리스트, 종업원 채용 및 훈련계획, 오픈리허설 계획 및 오픈행사 계획

자료: 양성국(2007), 「사회속의 기업? 기업속의 사회?」, 제2판, 청람, 128-129.

2017년에 기업활동을 한 회사 중 11.5%가 문을 닫은 것으로 집계됐다. 기업의 5년 생존율(2017년 기준)은 29.2%로 나타났다. 신설기업 10곳 가운데 7곳은 5년 내에 폐업한 셈이다.

통계청이 12일 발표한 '2018년 기준 기업생멸행정통계 결과'에 따르면 2017년에 소멸한 기업은 68만 8,000개로 2016년에 비해 7만 2,000개 늘었다. 당시 기업활동을 한 업체수(605만 1,000개)를 감안한 소멸률은 11.5%로, 전년보다 0.7%포인트 상승했다. 2014년 14.0%였던 소멸률은 2015년 11.5%, 2016년 10.8%로 떨어지는 추세를 보이다가 2017년 다시 상승세로 돌아섰다.

기업 신생률 및 소멸률(단위:%)

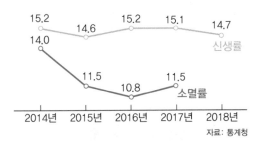

자료: 통계청

소멸 기업의 3분의 2는 △도소매업(17만 8,000개 · 비중 25.4%) △숙박음식업(14만 6,000개 · 20.9%) △부동산업(13만 6,000개 · 19.5%)에서 나왔다. 문 닫은 기업의 92.2%(64만 4,000개)는 1인 기업이었다.

2017년 기준 신생기업의 1년 생존율은 65.0%로 2016년(65.3%)에 비해 0.3%포인트 하락했다. 반면 5년을 버틴 기업은 29.2%로 2016년 28.5%에 비해 소폭 올랐다. 산업별로 전기 · 가스 · 수도산업의 생존율(1년 88.8%, 5년 76.1%)이 높았고 금융 · 보험업(1년 52.6%, 5년 17.8%)은 낮았다.

작년 새로 문을 연 기업은 92만 개로 2017년보다 7,000개(0.7%) 증가했다. 관련 통계를 집계하기 시작한 2007년 이후 최대치다. 하지만 신설기업의 92.5%가 개인기업이었다는 점에서 '생계형 창업'이 많았다는 분석이다(오상헌, 2019.12.12.).

자료: 오상헌(2019.12.12.), "10곳 창업하면 5년 뒤 3곳만 살아남는다," 「한국경제신문」.

05 창업 10계명

앞서 언급했던 창업의 3요소를 다 갖추고 아울러 3대 요건인 기업입지, 기업형태, 기업규모를 적절하게 결정한 뒤 창업의 과정을 거쳐 기업활동을 하게 된다. 그러나 창업기업이 이러한 과정을 모두 거쳤다 해서 모든 기업이 성공하는 것은 아니다. 누구나 창업할 수는 있지만 모두가 성공하는 것은 아니다. 일반적인 사항이지만 쉽게 간과하는 창업 성공 10계명의 키워드는 <그림 5-7>와 같은 정보, 업종, 시장조사, 사업계획서, 현장교육, 본사선정, 마케팅, 관리, 인내력 및 체면의식 등이다. 이를 보다 자세히 살펴보면 아래와 같다(김홍섭, 2003.03.04.).

〈그림 5-7〉 창업 성공 10계명의 키워드

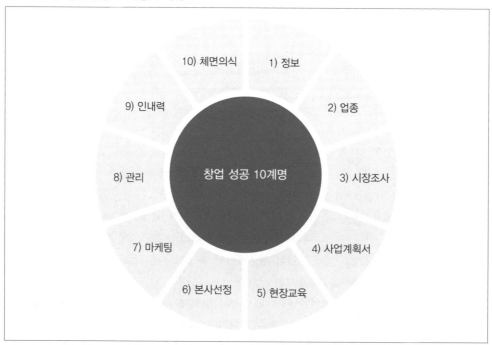

자료: 이승종(1990), 「경영학원론」, 석정, 51.

1) 정보

성공 비결의 첫 번째는 정보수집이다. 뉴스 및 그동안 언론에 발표된 것들을 중심으로 창업에 대한 관심을 기울이도록 한다. 평상시 아이템과 기존 상권 및 점포들에 대해 변화를 주시하며 창업강좌, 창업 박람회 등 관련 행사에 참여해 창업에 대한 분위기와 다양한 정보들을 접하는 일을 게을리 해서는 안 된다.

2) 업종

두 번째는 적합한 업종선정이다. 이는 위에서 말한 대로 자신과 맞는 업종을 선정하는 일이다. 성장가능한 유망업종이라 해도 운영하기에 무리가 있는 업종을 선정하게 되면 장기적으로는 창업자 스스로가 견뎌내지 못하게 된다. 따라서 관심이 많거나 하고 싶은 분야에서 출발해 자신에게 적합한 아이템을 선정할 수 있도록 해야 한다.

3) 시장조사

세 번째는 직접 발로 뛰는 시장조사다. 주변에 많은 전문가들의 충고를 귀담아 듣는 것도 좋지만 무엇보다 자신이 직접 시장조사를 하는 것은 기본이며, 필수사항이다. 창업뉴스와 책자 등의 수집된 정보들에 대해서도 직접 조사해 볼 필요가 있다.

4) 사업계획서

네 번째, 사업계획서 작성이다. 그동안 모아둔 시장조사 자료와 정보를 토대로 사업계획서를 작성한다. 이는 앞으로의 계획을 정리한다는 생각을 가지고 부담 없이 사업개요나 시장조사 운영전략, 판매전략, 마케팅전략, 소요인력 등 세부일정 등을 정리해 보자.

5) 현장교육

다섯 번째, 현장교육이다. 현장교육은 직접 체험과 마찬가지로 창업하기 이전에 유사업종에서 직접 경험을 해 보는 것이다. 그래야만 하고자 하는 창업에 대한 올바른 이해를 할 수 있으며, 주변 네트워킹도 형성할 수 있다.

현장교육을 통해 벤치마킹, 운영상 주의해야 할 점 등을 파악하는 것은 초보창업자에게는 그만큼 성공확률을 높일 수 있는 방법이다.

6) 본사선정

여섯 번째, 프랜차이즈 창업일 경우 본사 선정에 신중을 기해야 한다. 본사별로 초기 창업비용 등을 비교해 보고 본사의 연혁, 설립자, 가맹자수, 공급유통망, 슈퍼바이징 등을 꼼꼼히 분석한 다음 계약하도록 한다.

현재 운영 중인 가맹점을 찾아가 점주와 인터뷰하는 등 계약 이전과 이후 사후관리를 직접 눈으로 확인해 봐야 한다.

7) 마케팅

일곱 번째, 효과적인 마케팅 활용이다. 창업 업종별 타깃층과 상권에 따라 홍보방법은 달라질 수 있다. 현수막, 전단지 등 특성에 맞는 효과적인 마케팅 방법을 찾아 실시하도록 한다. 일례로 주부층을 겨냥해서는 입소문이 빠른 점을 이용해 구전마케팅 방법을 쓴다거나 직장인들에게는 이메일 마케팅을 하는 방법으로 고객을 달리한 홍보방법을 활용해야 한다.

8) 관리

여덟 번째는 관리부분이다. 재료 및 상품에 소요되는 원가계산을 정확하게 파악하고 관리해야 한다. 창업하기 전에 큰 문제가 아니니 신경조차 쓰지 않았다가 나중에 낭패를 볼 수 있다.

창업 후에는 상품관리 및 재고관리 등을 철저히 함으로써 장기적인 상품구매전략에 활용할 수 있고 소비층의 변화에 대해서도 민감하게 대응할 수 있는 좋은 자료가 된다.

9) 인내력

아홉 번째, 인내력을 가져야 한다. 창업은 짧은 기간에 승부를 보는 것이 아니라 적어도 6개월 이상 지나야 평가가 가능하다. 시대흐름과 경제상황은 언제 어떻게 변할지 모르기 때문에 처음에 잘 안 된다고 해서 업종을 바꾸거나 문을 닫는 것이 아니라 시간을 두고 살펴봐야 한다.

또 시작한 지 얼마 안 돼서 인내력 부족으로 사업을 접으려 마음먹을 것이라면 아예 시작부터 하지 말아야 한다. 창업은 체력과 인내력의 싸움이다. 창업을 하는 그 순간 직장생활에서 가졌던 생각과 마음가짐은 버릴 수 있어야 한다.

10) 체면의식

마지막 열 번째, 체면의식을 버려야 한다. "내가 그래도 왕년에는 잘나갔는데…", "남들 눈도 있으니 좀 깨끗하고 그럴듯해 보이는 사업을…" 등은 창업자가 마음속에서 버려야 할 대표적인 것들이다.

창업시장은 치열한 경쟁 속에서 살아남아야 하는 전쟁터와 같다. 자신의 상황을 보다 냉정하게 판단하고 처신하는 자세가 필요하다.

제3절 현대 기업의 유지와 성장

01 현대 기업의 유지

(1) 현대 기업의 유지요건

제2절에서 기업의 창설과 관련하여 3요소와 세 가지 기본요건, 즉 기업입지, 기업형태 및 기업규모 등에 대해 각각 살펴보았다. 이들의 적절한 고려로 일단 기업이 창설되었다고 해서 기업이 만유인력의 법칙에 따르듯 저절로 유지되는 것은 아니다. 적어도 기업이 현상유지되기 위해서는 그에 걸맞는 여러 가지 요건이 충분히 갖추어져야 한다. 그렇지 않으면 현대 기업은 베블렌(T. Veblen)이 얘기했던 고잉컨선(going concern)이 될 수 없다.

일반적으로 경제학에서 이야기하는 생산의 3대 요소는 토지(land), 노동(labor), 자본(capital) 등이다. 그러나 경영학에서는 <표 5-6>에서처럼 생산요소를 크게 기본요소와 관리요소로 나눈다. 이 중 기본요소로 흔히들 3M으로 일컬어지는 사람(Man 혹은 Manpower), 기계·재료(Machine·Materials) 및 자금(Money) 등의 세 가지 요소를 들고 있다. 그러나 고도산업사회 혹은 정보화사회라 일컬어지는 오늘날에 있어서는 이들 세 요소의 단순한 결합만으로는 기업의 유지가 어렵다. 일찍이 나폴레옹(B. Napoleon)은 "한 명의 유능한 정보요원은 1개 사단 병력과 맞먹는다"라고 할 정도로 정보의 유용성을 주장해 온 바가 있듯이, 정확하고도 시의적절한 정보(Information)는 군사 분야뿐만 아니라 기업경영에도 절대적으로 필요하다. 따라서 오늘날에는 기업경영의 기본요소로 흔히들 3M 1I라고들 한다.

이들 기본요소를 원하는 장소에서 적시에 확보할 수 있음으로써 기업은 최소한 유지가 가능하다. 그러나 이러한 요인이 단순히 확보만 되었다고 해서 자연발생적으로 기업이 유지되는 것은 아니다. 이렇게 확보된 기본요소가 적절히 결합될 때 비로소 기업의 유지가 가능하게 되는 것이다. 여기에 관리의 필요성이 대두된다. 이 관리의 기본적인 구성요소는 학자에 따라 다양하게 주장되어 왔지만, 일반적으로 POC(Planning, Organizing, Controlling), 혹은 PDS(Planning, Doing, Seeing)모형이 가장 많이 사용되기 때문에 계획·조직·통제 등의 구성요소를 들 수 있다.[5] 따라서 기업의 각층 경영자들이 사람, 기계·재료, 자금 등의 기본요소를 최적으로 결합할 수 있도록 기업을 전반적으로 계획하고 조직하며 통제할 때 현대 기업은 유지·존속이 가능한 것이다.

▍〈표 5-6〉 경영에서의 생산요소

(2) 한국기업의 변천

지금까지 현대 기업의 유지요건에 대하여 살펴보았는데, 그러면 실제로 우리나라 기업들이 지난 60년간에 걸쳐서 어떻게 유지 내지 변천해 왔는가를 한번 살펴보기로 하자.

한국기업들은 지난 60년간 무에서 유를 창조하며 비약적으로 성장해 왔다. 우리나라는 2005년을 기준으로 마침내 세계 10위의 경제대국(국내총생산액 기준)으로 부상하게 된다. 세계 200여 개의 나라 중 우리나라는 국토면적 기준으로 109위, 인구 기준으로 25위임을 감안한다면 우리경제의 위상을 실감할 수 있을 것이다. 더구나 이러한 경제발전이 영국이나 미국 등 주요 선진국과 같이 오랜 기간을 거쳐 이루어진 것이 아니고 해방 이후 단기간에 이루어졌기 때문에 '한강의 기적' 또는 '압축성장'으로 일컬어지기도 한다.

우리나라에서 본격적인 경제발전이 이루어진 것은 1960년대부터라 할 수 있다. 1960년 당시 우리나라의 1인당 국민소득은 80달러로 절대빈곤의 모습에서 벗어나지 못하였다. 우리의 역사는 단군 시절부터 시작되고 당시 1인당 소득을 1달러라고 가정

---

5 관리의 기본적인 구성요소는 제13장에서 보다 자세히 다루고 있다.

해 볼 때 1인당 소득 1달러에서 80달러 수준으로 성장하는 데 4,300년이 걸렸다면(매년 0.01% 성장) 80달러에서 16,300달러(2005년 기준)가 되는 데 불과 45년, 그리고 80달러에서 33,434달러(2018년 기준)가 되는 데 불과 58년밖에 걸리지 않았음을 알 수 있다.[6] 1960년대 이전의 절대빈곤의 시대를 거쳐 1960−1980년대의 한강의 기적으로 표현되는 개발시대, 1990년대 이후의 산업구조 고도화시대로 우리 경제는 발전해 왔다.

우리나라는 1960년부터 2000년까지 40년 동안 매년 8% 정도를 성장하는 세계 역사상 예를 찾아보기 힘든 경제발전을 이루어냈다. 영국이 18세기 중반 산업혁명 이후 약 250년, 미국이 남북전쟁 이후 약 150년, 일본이 메이지유신 이후 약 130년에 걸쳐 산업화가 이루어진 점을 생각한다면 대단한 성과임을 알 수 있을 것이다(안형순, 2007.06.14.).

2020년은 국내기업들이 식민지배와 전쟁의 폐허를 딛고 성장하기 시작한 지 만 75년이 되는 해이다. 한국전쟁으로 인해 그나마 남아 있던 생산기반이 와해되면서 모든 것을 '무'(無)에서 시작할 수밖에 없었다. 1955년 당시 제조업체 수는 8,600개에 불과했으나 2004년 말 11만 3천 개로 13배 증가한 데 이어 2013년 말 360,394개(42배 증가)와 2018년 말 현재 437,024개(54.6배 증가)로 늘어났고, 제조업 근로자수도 1955년 22만 명에서 2004년 274만 명(12배 증가)으로 늘어난 데 이어 2013년 371.6만 명(17배)과 2018년 말 현재 4,105,870명(18.7배)으로 증가하였다(통계청, 2019.12.31.).

그뿐만 아니라 상당수 국내기업들이 불과 70여 년만(실제로는 약 20여 년 정도에 불과)에 글로벌 기린아로 급성장하였다. 이를테면 반도체, 휴대폰, TFT−LCD 등 세계 IT업계를 선도하고 있으며, 자동차, 철강, 조선 등 중공업에서도 글로벌 강자의 지위를 굳건히 하고 있다.

한국 현대사가 격변의 과정을 밟아온 것과 같이 기업사도 성쇠의 역사를 거쳤고, 국내기업들은 이제 글로벌 비즈니스 세계에서 당당히 자리잡기에 이르렀다. 특히 우리 기업들은 오일쇼크, 외환위기, 글로벌 금융위기 및 유럽재정위기 등 혹독한 시련 속에서도 새로운 길을 찾아서 전전해 온 '도전과 응전'의 역사를 갖고 있다. 국내기업의 압축성장을 가능케 한 원동력은 성장모멘텀의 유지, 사업 변신, 혁신의 일상화 및 국민·정부·기업의 유기적인 협력 등이다.

동아일보가 2020년 창간 100주년을 맞아 자문위원 30인과 함께 선정한 '한국기업

---

6 한국은행이 발표한 '국민계정 2015년 기준년 2차 개편결과(1953−1999년)'에 따르면 우리나라 경제규모는 1953년 477억 원에서 2018년 1,983조 원으로 3만 9,665배 확대됐다. 1인당 GNI도 연평균 10%씩 성장하면서 이 기간 67달러에서 3만 3,434달러로 503배 늘었다(김경은, 2019.12.19.).

100년, 퀀텀점프[7]의 순간들'[8]은 우리기업의 100년사를 잘 보여주고 있다. 퀀텀점프의 순간들' 중 상위 20개 가운데 현대그룹 창업주 정주영 회장과 관련된 장면만 6개였다. '한국 최초의 독자개발 승용차 포니'(1976년·3위), '현대차 설립'(1967년·6위), '현대중공업 1호선 진수 및 인도'(1974년·8위) 등이 해당된다.

20위 중 삼성과 관련된 장면도 6개다. 1위인 '이병철 도쿄 선언'(1983년)을 비롯해 '삼성전자 설립'(1969년·4위), '이건희 신경영선언'(1993년·7위) 등이다. 포항제철 건설과 관련된 '포항제철 첫 쇳물 생산'(1973년·2위), '박태준의 하와이 구상'(1969년·15위)도 높은 지지를 받았다. 미국에서 제철소 건설에 필요한 차관을 얻는 데 실패한 박태준 당시 포철 사장이 하와이에서 목 놓아 울다가 대일청구권 자금 활용 아이디어를 떠올려 오늘날 포스코를 만든 그 장면이다(김현수·염희진·황태호, 2019.12.09.). 한국기업 100년사에 퀀텀점프의 순간들을 요약하면 <그림 5-8>과 같다.

이어서 국내 100대 기업의 변천과정을 보면, 기업환경의 변화가 극심했던 만큼 국내 100대 기업도 부침을 거듭해 왔다. <표 5-7>에서 알 수 있듯이 1955년 100대 기업 중 2004년에도 100대 기업에 포함된 기업은 CJ(제일제당), LG화학, 현대해상(동방해상보험), 한진중공업(대한조선공사), 대림산업, 한화, 한국전력 등 7개사로 7%에 불과했다. 1965년 100대 기업 중 2004년에도 100대 기업에 포함된 기업은 8개사로 8%였으며, 30년 생존율은 18%였다. 반면에 1975년 100대 기업의 30년 생존율은 20%였다. 30년간(1969-1999년) 미국기업의 잔존율 32%와 세계 100대 기업의 30년간 생존율 30%(서도원·이덕로, 2016)와 비교해 보면 국내기업들의 성쇠는 매우 역동적이다.

---

7 퀀텀점프(Quantum Jump)는 물리학 용어로, 양자세계에서 양자가 어떤 단계에서 다음 단계로 갈 때 단계의 차이만큼 뛰어오르는 현상을 뜻하는 말이다. 즉 어떤 일이 연속적으로 조금씩 발전하는 것이 아니라 계단을 뛰어오르듯이 다음 단계로 올라가는 것을 말한다. 경제학에서는 이러한 개념을 차용하여 기업이 사업구조나 사업방식 등의 혁신을 통해 단기간에 비약적으로 실적이 호전되는 경우 퀀텀점프라는 용어를 사용한다(Daum 백과, 2020).

8 '한국기업 100년, 퀀텀점프의 순간들'은 동아일보 취재팀이 자문위원 30명과 함께 자료수집, 설문, 분석 등의 과정을 거쳐 나온 결과물이다. 동아일보 취재팀은 한국기업사 주요 사건을 연도별로 1차 선정한 후 이를 △한국 기업사 △기술혁신 △거시경제 사건 △인수합병(M&A) △혁신상품 및 브랜드 등 5가지 분야로 나눠 자문위원을 대상으로 설문조사 및 심층 인터뷰를 진행했다. 경제·경영학을 비롯한 이공계 분야 대학교수, 국책연구소, 경제단체, 전직 관료 등으로 구성된 자문위원은 중요한 장면에 순위를 매겼고 취재팀은 이를 바탕으로 총 100개를 확정했다(김현수·염희진·황태호, 2019.12.09.).

〈그림 5-8〉 한국기업 100년, 퀀텀점프의 순간들

퀀텀점프 100장면

정부 중화학 육성책 시작
- 1992 · 45 삼성전자 세계 최초 64M D램 개발, D램 세계 1위 등극
- 1991 · 44 국내 첫 독자기술 엔진, 현대차 '알파엔진' 개발

중국 시장경제체제 전환 선언
- 1988 · 43 삼성 이건희 회장 취임. 2세 경영 시작
- 1987 · 42 광양제철소 1기 준공
- 1986 · 41 첫 자동차(엑셀) 미국 수출
- 1985 · 40 스테디셀러 쏘나타 그랜저 탄생(현대차)
- 1983 · 39 삼성전자, 세계 세 번째로 64K D램 개발
        · 38 이병철 회장 도쿄 선언 "삼성 반도체 진출"
- 1980 · 37 선경, 유공 인수
- 1979 · 36 명동의 랜드마크 롯데백화점 개점

2차 오일쇼크
- 1978

정부 중화학 육성책 시작
- 1971 · 25 정주영 회장, 영국서 조선소 건설 차관 성공
        · 26 한국 최초 유산군 발효유 야쿠르트 출시

1차 오일쇼크
- 1973 · 27 포항제철, 6월 9일 첫 출선
- 1974 · 28 최종현 선경 회장 취임
        · 29 삼성, 한국반도체 인수
        · 30 한라중공업이 만든 1호선 인도
- 1975 · 31 선경, 국내 최초 기업 연수원 설립
- 1976 · 32 동서, 세계 최초 커피믹스 개발
        · 33 현대건설, 사우디 주베일 산업항공사 계약 체결
        · 34 최초의 한국형 승용차 '포니' 탄생
        · 35 롯데, 호남석유화학(현 롯데케미칼) 인수

새마을 운동 시작
경부고속도로 완공
- 1970 · 24 한진상사, 대한항공공사 운영권 인수
        · 23 유한양행 유일한 박사, 경영 은퇴하며 국내 첫 소유·경영 분리
        · 22 삼성전자 설립
- 1969 · 21 박태준의 '하와이 구상'
- 1967 · 20 재벌사양가 신격호, 롯데제과 설립
        · 19 정주영, 현대자동차 설립

경제개발 5개년 계획
- 1966 · 18 LG, 한국 최초 합성세제 하이타이 출시
- 1963 · 17 한국 최초 라면 삼양라면 출시
- 1962 · 16 한국경제인협회 결성. 이병철 초대회장 '수출입국' 제안
- 1961 ·
- 1960 · 15 국내 최초 가전 시리즈(금성 냉장고, 카세트, 녹음기, 흑백TV 등)

농지개혁
- 1884 · 01 대한승공회미소 창설
- 1896 · 02 박승직상점(두산 전신) 개업
- 1897 · 03 동화약방 국내 최초 소화제 활명수 판매
- 1919 · 04 한국 최초 근대식 주식회사 경방 설립
- 1938 · 05 이병철 삼성상회 설립
- 1939 · 06 삼양사, 만주에 한국 최초 해외 법인 설립
- 1947 · 07 락희화학공업사(현 LG), 최초의 국산 화장품 '럭키크림' 출시
- 1949 · 08 정주영, 현대토건 설립
- 1953 · 09 최종건, 선경직물 설립
- 1956 · 10 대한증권거래소 출범. 상장 1호는 경방
- 1957 · 11 국산 초미도 1호 '미원' 개발(대상)
        · 12 인화, 다이너마이트 국산화 성공
- 1959 · 13 코오롱, 국내 최초 나일론 생산
        · 14 최초의 국산 라디오 금성 A-501 출시

- 1992
- 1993
  금융실명제 도입
- 46 호성 스판덱스 첫 독자 개발
- 47 이건희 회장, 신경영 선언
- 48 신세계, 국내 최초 대형마트 이마트 1호점 개점

OECD 가입
- 1994
- 49 선경, 한국이동통신 인수
- 50 삼성 256M D램 세계 최초 개발
- 51 삼성전자 애니콜 탄생
- 1995
- 52 럭키금성→LG, 선경→SK로 글로벌 CI 시대
- 53 다음 창업, 한메일(1997년) 등장
- 54 삼성전자, 애니콜 화형식
- 1996
- 55 한국이동통신, CDMA 세계 최초 상용화
- 56 국내 최초 온라인 쇼핑 시작 (인터파크)
- 57 넥슨, 세계 최초 그래픽 온라인 게임 '바람의 나라' 서비스
- 58 CJ, 세계 최초 즉석밥 햇반 개발

외환위기
- 1997
- 59 하나로통신, ADSL 상용화
- 60 삼성전자 TFT-LCD 세계 시장 1위
- 61 신격호, 외환위기 이후 2000만 달러 사재 출연
- 62 대우 해체
- 63 최태원 회장 취임
- 64 현대차, 기아차 인수
- 65 현대차, 미국서 10년, 10만 마일 무상보증 시작
- 1999
- 66 LG-현대, 반도체 빅딜
- 66 네이버 서비스 시작

- 2000
- 68 한국 조선산업 수주량 기준 최고한 세계 1위
- 69 포스코 KT 민영화
- 70 정몽구 회장 취임, 현대차 품질경영 드라이브
- 2001
- 71 현대차, 인천제철(현 현대제철) 편입
- 72 두산, 한국중공업(현 두산중공업) 인수
- 2002
- 73 LG, 세계 최초 5세대 TFT-LCD 생산라인 첫 가동
- 74 삼성전자, 반도플래시 1위
- 75 SK텔레콤, 신세기통신 인수
- 76 네이버, 지식인 등장
- 77 현대, 대한생명 인수
- 78 지주사 체제 전환(LG가 시작)
- 2003
- 2004

주5일제근무 도입
- 79 GS그룹 출범
- 2005
- 80 삼성 TV, 소니 추월, 세계 1위
- 2006

금융위기
- 81 포스코, 파이넥스 상용화 설비 세계 최초 준공
- 2007
- 82 아모레퍼시픽, 세계 최초 쿠션 파운데이션 개발
- 2008
- 83 LG화학, GM 배터리 독점 공급
- 2009
- 84 이재용 정의선 등 3세 경영 본격화
- 2010
- 85 한국 스마트폰 갤럭시S, 옵티머스 등 출격
- 86 카카오톡 등장
- 87 신동빈 회장 취임, 2세 경영 시작
- 2011
- 88 LG, 세계 최초 의류관리기 스타일러 시판
- 89 삼성 휴대전화 세계 1위
- 90 LG디스플레이, 세계 최초 대형 OLED 패널 양산
- 2012
- 91 현대차, 세계 10대 브랜드 진입
- 92 삼성전자, 세계 최초 V낸드 개발
- 2013
- 93 한화-삼성 빅딜
- 2014
- 94 롯데, 삼성SDI 케미컬 사업 등 인수
- 2015
- 2016
- 95 삼성전자, 하만 인수
- 2017
- 96 롯데, 한국 최고층 월드타워 오픈

주52시간 근무제 도입
- 2018
- 97 신세계 대기업 최초 주35시간 도입
- 98 삼성전자, 시스템 반도체 비전 2030 발표
- 2019
- 99 세계 최초 5G 상용화

세계 최초 5G 상용화... 대한민국이 시작합니다
- 100 현대중공업-대우조선해양 합병

▎〈표 5-7〉 시대별 100대 기업 잔존율

1955년	1965년	1975년	1985년	1995년	2004년	2015년
100	13	12	9	11	7	−
	100	25	17	18	8	
		100	38	29	20	
			100	61	29	
				100	47	
					100	59
						100

주: 1) 매출액 기준(단 1955년은 자본금 기준).
　　2) 부도 처리되었거나 공적 자금이 투입된 기업, 해당 기업이 와해된 기업은 제외.
자료: 공병호(1993), 21세기 기업변신을 위한 한국기업의 흥망사, 한국경제연구; 삼성경제연구소(2005.
　　05.), 국내 100대 기업 잔존율; 우고운(2015.11.04.) "시총 100대 기업, 10년 새 41% '물갈
　　이'…내수 약진 vs 수출 퇴조,"「조선일보」.

　　외부충격과 산업패러다임 변화가 100대 기업 잔존율에 큰 영향을 미쳤다. 곧 정부의 수출드라이브 정책하에서 성장했던 유력 기업들이 1980년대 이후 도태되고 다수의 기업이 새롭게 부상하였다. 또한 IMF외환위기 영향으로 1995년 100대 기업 중 대우자동차, 대우전자, 현대건설, LG반도체 등 상당수가 2004년에 제외되기도 하였다. 지난 60년 동안 시기별 매출 1위 기업의 성쇠를 보면 <표 5−8>과 같다.

▎〈표 5-8〉 시기별 매출 1위 기업의 성쇠

	1955년	1965년	1975년	1985년	1995년	2005년	2015년	2019년
삼 양 사	1위	23위	6위	51위	82위	−	247위	245위
동명목재	−	1위	−	−	−	−	−	−
대한항공	−	−	1위	16위	27위	24위	46위	50위
삼성물산	−	−	4위	1위	1위	18위	4위	15위
삼성전자	−	−	27위	9위	3위	1위	1위	1위

자료: 김성춘(2019.05.15.), "2019년 500대 기업,"「CEO스코어데일리」; 서도원·이덕로(2016),「현대경영학원론」, 박영사, 247.

　　1965년도 100대 기업은 주로 '먹고 마시고 입는' 경공업이 주류였다. 그러다가 중화학공업정책이 본격화한 1975년 이후부터 100위권 기업의 순위변동이 심하게 일어났다. 100대 기업 중에서 섬유·의복 및 가죽업종의 기업은 1965년 27개사에서 1991년

3개사로, 음식료품업종의 기업은 11개사에서 3개사로 급격히 줄어들었다. 반면 전기 및 전자기기는 2개사에서 9개사로, 운수장비는 1개사에서 8개사로, 기계는 1개에서 3개사로 각각 늘어났다.

1980년대에 들어서면서 건설업과 금융서비스 업종의 기업들이 100위권 내로 대거 진입했다. 1990년대에 들어와서는 자동차산업과 반도체산업이 크게 인기를 얻기 시작했다. 2000년에 들어와서는 반도체와 자동차산업에 이어 컴퓨터와 무선통신기기산업의 약진이 돋보인다. 끝으로 2019년 말 현재 반도체는 부동의 1순위를 유지하는 가운데 자동차가 석유화학이나 제품을 다시 앞질렀으며 최근 들어 화장품, 제약, 바이오 및 헬스케어 업종에 대한 관심이 증대되고 있다.

우리 기업의 역사는 수출의 역사이므로 수출을 빼고는 기업이 성장·발전을 얘기하기 어렵다. 이러한 맥락에서 우리나라 주력 수출상품의 변화추이를 보면 <그림 5-9>와 같이 1960년대의 철광석, 중석, 생사, 가발 및 의류에서 2014년 말에는 반도체(10.9%), 석유제품(8.9%), 자동차(8.5%), 평면디스플레이(7.0%), 자동차부품(5.2%)을 거쳐 2019년 말에는 반도체(17.3%), 자동차(7.9%), 석유제품(7.5%), 자동차부품(4.2%), 평판디스플레이 및 센서(3.8%)로 5대 주요 수출품목이 전체 수출의 40.7%(2006년 말에는

〈그림 5-9〉 우리나라 주력 수출상품의 변화추이

60년대	70년대	80년대	90년대	2000년	2006년	2014년	2018년	2019년
철광석	의류	선박	반도체	반도체	반도체	반도체	반도체	반도체
중석	선박	의류	의류	자동차	자동차	석유화학	석유제품	자동차
생사	목재	반도체	자동차	컴퓨터	무선통신기기	자동차	자동차	석유제품
가발	음향기기	철광판	선박	무선통신기기	선박	선박	디스플레이	자동차부품
의류	직물	직물	직물	선박	석유제품	무선기기	자동차부품	디스플레이

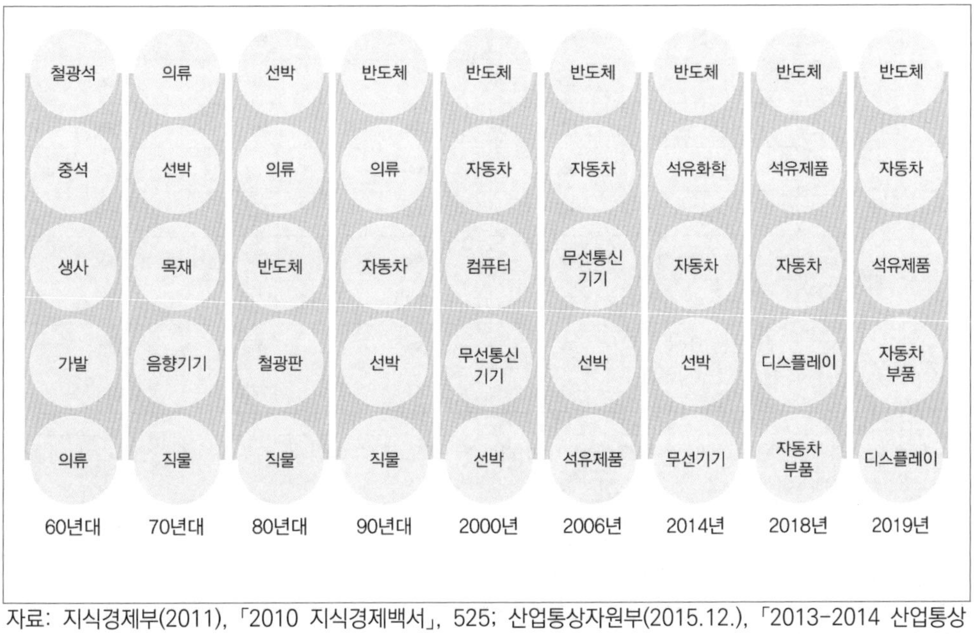

자료: 지식경제부(2011), 「2010 지식경제백서」, 525; 산업통상자원부(2015.12.), 「2013-2014 산업통상자원백서」, 60; 산업통상자원부(2019.02.). 「2017-2018 산업통상자원백서」, 60-78; e-나라지표; 관세청.

43%, 2014년에는 40.5%, 2018년에는 43.3%)를 차지하고 있다(산업통상자원부, 2015.12.). 2014년에는 석유화학 제품의 약진이 돋보였고, 2018년에는 평판디스플레이가 호조를 보였으며, 그리고 2019년에는 자동차가 스포츠유틸리티차(SUV)와 친환경차 판매에 호조세를 보이며 어려운 통상 환경 속에서도 선방해 수출 내 순위가 한 계단 올라갔다(고은지, 2020.01.19.; 산업통상자원부, 2019).

참고로 우리나라의 12대 주력 산업인 자동차, 조선, 일반기계(기계 산업군), 철강, 정유, 석유화학, 섬유(소재 산업군), 가전, 정보통신기기, 반도체(IT 제조업군), 디스플레이 및 이차전지 등의 2020년 산업전망 기상도를 보면 <그림 5-10>과 같다. 여기서 알 수 있듯이 2020년 12대 주력 산업 경기는 반도체와 이차전지는 호조인 반면에, 조선은 개선, 석유화학 등 소재산업과 자동차, 디스플레이 등은 부진으로 요약할 수 있다(이임자, 2019.12.).

〈그림 5-10〉 2020년 산업전망 기상도

		수 출	생 산	내 수	수 입
기계 산업군	자동차	🌧	🌧	☁	☀
	조선	☀☀	☁	☀☀	☀☀
	일반기계	☁	☁	☁	☁
소재 산업군	철강	🌧	☁	🌧	☁
	정유	☁	☁	☁	🌧
	석유화학	☂	🌧	🌧	🌧
	섬유	🌧	🌧	☁	☁
IT 제조업군	가전	🌧	🌧	🌧	☁
	정보통신기기	🌧	🌧	☁	☀
	반도체	☀	☀☀	☀☀	☀
	디스플레이	🌧	🌧	☂	☂
	이차전지	☀	☀	☀☀	☀☀

주: 1) 전망: 전년비 증가율 기준, ☂☂ -10% 이하, ☂ -10~-5%, 🌧 -5~0%, ☁ 0~5%, ☀ 5~10%, ☀☀ 10% 이상.
    2) 생산과 내수의 경우 자동차는 완성차, 조선은 건조량, 철강은 철강재, 정유는 석유제품, 석유화학은 3대 유도품 기준이고 여타 업종은 금액 기준.
    3) 수출과 수입은 모든 업종에서 달러화 가격 기준.
자료: 이임자(2019.12.), "2020년 12대 주력산업 전망,"「KIET 산업경제」, 산업연구원, 20.

시대별 100대 기업의 잔존율, 시기별 매출 1위 기업의 성쇠, 그리고 주력 수출상품의 변화추이에서 얻을 수 있는 시사점은 시대가 요구하는 적절한 방향으로 과감하게 변신하는 기업만이 다변화 환경 속에서 살아남고 성공할 수 있으며 그렇지 않은 기업은 겨우 명맥만 유지하거나 최악의 경우 흔적도 없이 사라지고 만다는 것이다(공병호, 1993; 이학종, 1994). 참고로 한국 10대 재벌의 변천과정은 살펴보면 <표 5-9>와 같다.

❙〈표 5-9〉한국 10대 재벌의 변천과정 (매출액 기준)

1960년	1972년	1979년	1987년	1997년	2000년	2007년	2015년	2018년
삼성	삼성	현대	현대	현대	현대	삼성	삼성	삼성
삼호	럭키	럭키	삼성	삼성	삼성	현대자동차	현대자동차	현대자동차
개풍	한진	삼성	럭키	LG	LG	SK	SK	SK
대한전선	신진	대우	대우	대우	SK	LG	LG	LG
낙희	쌍용	효성	선경	SK	한진	롯데	롯데	롯데
동양시멘트	현대	국제	쌍용	쌍용	롯데	GS	포스코	포스코
극동해운	대한전선	한진	한국화약	한진	대우	금호아시아나	GS	GS
한국유리	한국화약	쌍용	한진	기아	금호	한진	현대중공업	한화
동림산업	극동해운	한국화약	효성	한화	한화	현대중공업	한진	농협
태창방직	대농	선경	롯데	롯데	쌍용	한화	한화	현대중공업

자료: 조동성 외(1990), 「한국재벌연구」, 매일경제신문사, 217; 공정거래위원회(2001), 「공정거래백서 2001」, 461; 공정거래위원회.

CEO스코어가 2019년 9월 말 기준 공정자산과 발표된 합병·인수결합을 반영해서 매긴 2020년 예상 순위를 보면 <그림 5-11>과 같다. 삼성과 현대차, SK, LG, 롯데, 포스코 등 상위 6개 그룹의 순위는 10년 전과 동일했다. 특히 삼성, 현대차, SK는 10년 전보다 자산이 100조 원 이상 증가, 가파르게 성장했다. 7-10위는 10년 전에 비해 큰 변동이 있었다. 7위는 대우조선해양과 기업결합을 하면서 몸집이 크게 불어난 현대중공업이, 한화와 GS는 각각 8위와 9위를, 그리고 2012년에 경제지주와 금융지주로 분리되며 상호출자제한 기업집단으로 지정된 농협이 10위에 올랐다(김영신, 2020.01.15.).

<그림 5-11> 대기업집단 공정자산 2020 예상 순위

예상 순위   단위: 조 원

삼성 ① 425.2
현대자동차 ② 229.1
SK ③ 223.9
LG ④ 139.5
롯데 ⑤ 123.6
포스코 ⑥ 80.1
현대중공업 ⑦ 75.5
한화 ⑧ 69.2
GS ⑨ 66.4
농협 ⑩ 61.3

자료: 김영신(2020.01.15.), "대기업 순위 지각변동..10년새 59곳 중 7곳 빼고 다 바뀌어," 「연합뉴스」.

지금까지 한국의 100대 기업, 10대 재벌 및 연대별 1위 기업의 변천 등에 대해 살펴보았다. 자본주의의 꽃인 기업은 유지되어야 하고 성장과 발전을 해야 하는데 한국 창업기업의 3년 후 생존율이 불과 41%로 OECD 최하위 수준이다(한국무역협회 국제무역연구원, 2015.05.). 이러한 상황에서도 30년, 50년 아니 100년 이상 존속하는 기업들이 있는 것을 보면 장수하는 기업의 특징은 무엇일까? 이들은 과연 남다른 DNA를 가지고 있는 것일까? 지속가능경영(CSM: corporate sustainability management), 곧 기업의 지속가능성에 대한 관심이 확대되며 오랫동안 지속가능성을 유지해 온 기업, 즉 장수기업(long-lived companies)에 대한 관심도 증가하면서 장수기업의 성공요인, 특성이나 조건 및 기업변신 등에 관한 연구들이 많이 전개되고 있다(백유성, 2012; 신태진·이윤철, 2013; 정두식, 2010).

장수기업이 갖는 사회적 가치는 다양하다. 주주에게 기업의 장수는 장기투자의 매력을 부각시키는 요인이 될 것이고, 종업원에게 장수기업은 미래와 노후를 계획할 수 있는 매력적인 직장일 것이고, 협력업체에겐 안정적 거래처로서의 가치가 있을 것이며, 소유경영자에게 장수기업은 후대에 물려줄 가장 위대한 유산일 것이다(안세연, 2012). 장기적으로는 성과가 높은 기업은 생존하고 성과가 나쁜 기업은 소멸의 위기를 맞게 된다는 점에서(Williamson, 1991) 기업의 성과와 기업의 생존은 동일한 개념이 될 수도 있다.

이 '장수기업'이라는 기준을 일괄적으로 정하는 것은 용이하지 않다(안세연·조동성, 2011). 북미, 일본, 유럽의 기업들을 대상으로 한 연구에서는 등록법인들을 대상으로 한 자료를 기반으로 일반기업의 평균수명은 20-30년 정도, 일정규모 이상 기업의 평균수명을 40-50년 정도로 추정하고 있다. 한국기업의 경우 거래소 상장기업을 기준으로 한다면 평균수명이 약 35년이므로 상장기업을 기준으로 한다면 이 기간이 생존한 기업들은 장수기업이라고 할 수 있을 것이다(안세연, 2014).

우리나라에서 100년 이상된 장수기업은 <표 5-10>과 같이 두산(124년), 동화약품(123년), 성창기업(104년), ㈜경성방직(102년) 등 4개에 불과하고, 강원여객(99년)과 삼양사(96년) 등이 100년을 코앞에 두고 있다. 선진국들과 비교하면 현저하게 적은 편이다. 전 세계 장수기업의 50% 이상을 차지하고 있는 이웃나라 일본의 경우에는 200년 이상된 기업[9]의 수만 3,113개이고 1,000년이 넘은 기업도 무려 7개나 된다. 독일도 창업한 지 200년이 넘는 기업이 1,560개가 넘는다(박진영·신규섭, 2013.09.29.). 우리 기업들도 200년, 500년 아니 1,000년을 이어가는 기업들이 나올 수 있기를 기대해 본다.

▌〈표 5-10〉 우리나라의 주요 장수기업 현황

창업 이후 지속연수	기업명	설립일	업 종
100년 이상	㈜두산	1896.08.01.	음·식료품 제조업
	동화약품공업(주)	1897.09.25.	화학제품 제조업
	성창기업	1916.11.20.	종이·목재 제조 및 판매업
	㈜경성방직	1919.10.05.	섬유제품 제조업
90~99년	강원여객자동차(주)	1921.03.28.	육상 운송업
	㈜삼양사	1924.10.01.	음·식료품 제조업
70~89년	대한통운(주)	1930.11.15.	육상 운송업
	하이트맥주(주)	1933.08.09.	음·식료품 제조업
	금호전기(주)	1935.05.25.	기타 전기기계 제조업
	대성목재공업(주)	1936.06.09.	목재 및 나무제품 제조업
	㈜유한양행	1936.06.20.	화학제품 제조업
	㈜한진중공업홀딩스	1937.07.10.	전문, 과학 및 기술 서비스업
	대림산업(주)	1939.10.10.	종합 건설업

9 창업 200년 이상의 기업을 세계적으로 비교해 보면 일본 3,113사, 독일 1,563사, 프랑스 331사, 영국 315사, 네덜란드 292사, 호주 255사, 이탈리아 163사, 러시아 149사, 스위스 130사, 체코 97사, 미국 88사, 벨기에 75사, 스웨덴 74사, 스페인 68사, 중국 64사, 덴마크 62사 등이다(고토 도시오(後藤俊夫), 2009).

㈜유유	1941.02.28.	화학제품 제조업
일동제약(주)	1941.03.14.	화학제품 제조업
한국타이어(주)	1941.05.10.	고무 및 플라스틱 제품 제조업
한국도자기(주)	1943.12.04.	비금속광물 제품 제조업
㈜전북고속	1944.04.01.	육상 운송업
기아자동차(주)	1944.12.21.	자동차 및 트레일러 제조업
㈜중외제약	1945.08.08.	화학제품 제조업

주: 창업 70년 이상의 비금융기업.

02 현대 기업의 성장

지금까지 현대 기업의 유지에 관하여 살펴보았다. 기업경영의 3대 요소가 경영관리적인 측면에서 최적 결합이 이루어진다고 해서 그 기업이 바로 성장하는 것은 아니다. 오늘날과 같은 4차 산업혁명시대에서 기업이 질적·양적으로 성장하여 고잉컨선(going concern)이 되고 지속가능한 경영(sustainable management)이 되기 위해서는 자동화·기계화·정보화·지능화에 의한 기술혁신이 끊임없이 이루어지지 않고서는 불가능하다.

(1) 기술혁신과 4차 산업혁명

기술혁신(innovation)이란 종래 기술이 가졌던 기능적인 한계를 벗어나는 기술의 급격한 발전으로, 다만포우(F. Damanpour)는 조직에 새로운 시스템이나 정책, 프로그램, 공정, 제품 등을 자체개발하거나 외부에서 도입하여 사용하는 것으로 정의하고 있다(Damanpour, 1991). 특히 제조업의 관점에서 슈뢰더 등(R. G. Schroeder et al.)은 경쟁사에 비해 더 나은 품질, 더 값싼 제품을 생산하여 기업목표에 공헌할 수 있는 잠재력을 지닌 새로운 접근방법, 방식, 기술 등을 적용하는 것으로 정의내리고 있다(Schroeder, Scudder, & Elm, 1989). 따라서 기술혁신의 대상으로는 새로운 제품이나 서비스, 신생산공정기술, 새로운 조직구조와 관리시스템, 새로운 계획이나 프로그램 등 매우 광범위한 영역이 포함된다.

슘페터(J. Schumpeter)는 그의 초기 저서인 '경제발전의 이론'에서 자본주의 경제의 참된 질적 발전이란 '생산수단의 새로운 결합들'을 의미하는 혁신에 의해서만 가능하며, 그 다섯 가지 주요 유형으로서 ① 새로운 제품(new product)의 도입, ② 새로운 생산방법(new production method)의 도입, ③ 새로운 시장(new market)의 개척, ④ 새로운 원재료(new material) 공급원의 정복, ⑤ 새로운 조직(new organization)의 형성 등을 들고 있다(Schumpeter, 1934). 즉 슘페터의 혁신개념은 기술의 진보를 전제로 한 지금의 기술혁신개념보다 훨씬 폭넓은 경제활동과 그 변화를 의미하는 것이었다.

일반적으로는 혁신의 대상이 되는 기술의 성격에 따라 크게 세 가지, 즉 관리적 혁신과 기술적 혁신, 제품기술혁신과 공정기술혁신 그리고 급진적 기술혁신과 점진적 기술혁신으로 구분된다. 오늘날 컴퓨터에 기초한 생산자동화기술의 도입은 앞의 세 가지 구분에 기초해 볼 때 급진적 공정기술혁신을 말한다(Gerwin, 1988). 여기서 급진적이란 말은 불연속적인 사건으로 나타나며 오늘날엔 대개 기업 및 연구소의 의도적 연구개발활동의 결과로서 나타나는, 기존의 관행과 상당히 다르게 투입물을 산출물로 변환시키는 새로운 방법을 말한다.

'버는 힘'의 원천이 되는 혁신은 슘페터가 일찍이 지적한 것처럼 '창조적 파괴'(creative destruction)를 필요로 한다. 파괴 없이, 그리고 버리지 않고서는 새로운 이노베이션을 지속할 수 없다는 것이다. 기업, 개인, 정부로서는 글로벌 시장의 냉혹한 파괴 압력이 다가오기 이전에 자기 스스로를 파괴하면서 끊임없이 혁신해 나가려는 자세가 필요하다(Schumpeter, 1942).

설령 혁신이 이루어지더라도 이제는 일회성이 아니라 지속적으로 이루어져야 한다. 왜냐하면 제품의 수명주기와 마찬가지로 혁신의 수명도 계속 짧아지기 때문이다. 돌이켜보건대 과거에 등장했던 혁신기업은 그들이 달성한 업적을 통해 적어도 한 시대를 풍미할 수 있었다. 워크맨을 개발한 Sony가 그랬고 휴대전화를 발명한 Motorola가 그랬다. 하지만 지금은 혁신의 속도가 빨라지면서 과실을 누리기도 전에 새로운 혁신에 의해 시장이 재편되는 현상이 발생하고 있다. 이를 미국의 경영전략가인 다운즈(L. Downes)와 누네즈(P. F. Nunes)는 빅뱅파괴(big-bang disruption)라는 개념으로 설명한다(Downes & Nunes, 2013, 2014). 이것은 기존 제품이나 서비스를 개선하는 데 그치지 않고 시장을 새롭게 창조하는 동시에 순식간에 기존 제품을 없애버리는 새로운 혁신을 의미한다. 빅뱅 파괴가 발생하면 동시다발적으로 붕괴와 창조가 일어나 기업과 제품의 수명은 매우 짧아진다(황혜정, 2017.11.24.).

올해로 출시 13년이 된[10] 스마트폰의 등장으로 한때 혁신의 아이콘처럼 여겨졌던

10 대중적으로 스마트폰이 알려진 것은 아이폰 기준이다. 그러나 최초의 스마트폰은 미국 IBM이

많은 제품이 사라지고 말았다. 2007년 스티브 잡스(S. Jobs)가 세상에 내놓은 아이폰으로 인해 MP3 플레이어, 내비게이션, 디지털 카메라 등이 우리 곁에서 멀어지고 있다. 급기야 2017년 9월의 미국 최대 완구점인 Toysrus의 파산(당시 Toysrus의 채무총액은 52억 달러) 역시 스마트폰에 빠진 아이들이 더 이상 장난감을 가지고 놀지 않기 때문이라는 것을 보면 기발한 혁신은 산업의 경계를 넘나들며 엄청난 파괴력을 행사하게 된다(황혜정, 2017.11.24.).

주위에 온통 4차 산업혁명 이야기다. 제4차 산업혁명이란 정보통신기술(ICT)의 융합으로 이루어지는 차세대 산업혁명을 말한다. 18세기 초기 산업혁명 이후 네 번째로 중요한 산업시대이다. 4차 산업혁명은 21세기의 전개와 더불어 이미 우리 주위에 스며들고 있었지만 슈밥(K. Schwab)이 스위스 다보스에서 열린 세계경제포럼(World Economic Forum; WEF)의 2016 총회에서 어젠다로 제시하면서 크게 부각되기 시작했다(Schwab, 2016).

4차 산업혁명의 핵심은 빅데이터, 인공지능, 로봇공학, 사물인터넷, 무인 운송 수단(무인 항공기, 무인 자동차), 3D Printing, 나노 기술 등과 같은 6대 분야에서의 새로운 기술혁신이다. 이들을 좀 더 요약하면 바로 <그림 5-12>와 같이 ICBM(IoT/Cloud/Bigdata/Mobile) + AI(인공지능)로 나타낼 수 있다.

〈그림 5-12〉 4차 산업혁명: ICBM(IoT/Cloud/Bigdata/Mobile) + AI

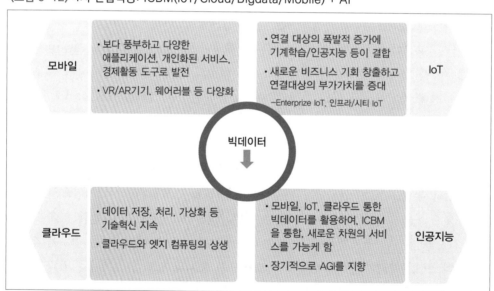

자료: 최계영(2017.05.31.), "4차 산업혁명과 ICT," 「KISDI Premium Report」, 17-02, 정보통신정책연구원, 12.

1993년 시장에 내놓은 '사이먼'이다.

아날로그 시대에 TV가 5,000만 대 보급되는 데 약 13년이 소요됐다. 반면 디지털 시대 Facebook이 5,000만 명 가입자를 확보하는 데 1년, 유튜브에서 BTS의 '작은 것들을 위한 시' 뮤직비디오가 1억뷰를 달성하는 데 단 37시간이 걸렸다. 디지털은 '속도'(speed) 그리고 기존 아날로그 시대가 가졌던 수요와 공급의 제약 '와해'(disruption)라는 두 가지 특성을 갖는다.

그런 의미에서 디지털 속도로 변화하지 않으면 성공하기 어렵다. 일찍 일어난 새가 먹이를 얻을 수 있듯이 4차 산업혁명시대에는 퍼스트 무버(first mover)만이 살아남게 된다. 이를 반증하듯 최근 McKinsey가 전 세계 경영진 1,500여 명을 대상으로 설문조사한 결과, 글로벌 디지털 선도기업들은 일반기업에 비해 4배 빠르고 2배 더 강력한 '디지털 템포'(drumbeat)를 유지하는 것으로 나타났다.

인간 맥박에 해당하는 조직의 일상적인 학습·참여·공유 등의 업무 템포부터 빠르다. 새로운 디지털 기술과 기능을 이해시키는 교육 횟수는 분기별에서 월별로 빨라진다. 고객 데이터를 수집·분석해 마케팅에 활용하는 주기도 다르다. 다수의 일반기업이 월간인 반면, 디지털 리더의 거의 절반(44%)은 매주 혹은 더 짧게 한다(임정수, 2019.11.06.).

4차 산업혁명은 우리가 상상하는 것 이상으로 빠르게, 또 거대한 물결로 밀려오고 있다. 이 4차 산업혁명은 인류에게 상상 이상의 삶을 제공해 주기도 하지만, 역으로 엄청난 위협으로 작용할 수도 있다. 영국 옥스포드대의 석학 마이클 오스본(J. M. Osborne) 교수는 고용의 미래 보고서를 통해 지금부터 20년 후인 2040년엔 '현재 직업의 47%가 사라질 것'이라고 예상했다. 준비가 안 된 나라, 무방비의 개인에게는 끔찍한 미래가 될 수밖에 없다.

미래학자들은 3차 산업혁명시대는 자본과 노동력이 우월한 대기업에게 유리했지만, 4차 산업혁명시대는 지식과 기술, 유연성과 민첩성을 가진 기업이 유리하다고 진단하고 있다. 에어비앤비나 우버처럼 산업 격변기의 틈새를 찾아내 신속한 의사결정 시스템을 구축하고 적절한 비즈니스를 추진한다면 오히려 기회가 될 수 있다는 것이다.

증기기관 발명으로 촉발된 1차 산업혁명은 영국에서 시작됐지만, 2차 산업혁명(전기)과 3차 산업혁명(컴퓨터, 반도체, 인터넷)은 미국에서 일어났다. 융복합, O2O, 인공지능을 주축으로 한 4차 산업혁명은 미국, 중국, 독일, 일본 등 전 세계에서 동시다발적으로 진행되고 있다. 우리 기업들과 정부가 각 분야의 변화의 방향과 속도를 민감하게 감지하고 어떻게 기술을 융합할 것인지 고민하고 면밀하게 대응하지 못한다면 한순간 낙오될 수밖에 없다(최종원, 2019.12.07.).

클라우스 슈밥 세계경제포럼 회장의 얘기처럼 과거 세상은 큰 물고기가 작은 물고기를 잡아먹는 세상이었지만, 4차 산업혁명시대의 세상은 빠른 물고기가 느린 물고기를 잡아먹는 세상이 될 것이다. 자본력과 노동력이 풍부한 기업들이 작은 기업들을 삼키며 성공을 거듭했던 과거와는 달리 앞으로는 기술력과 예지력으로 무장한 가운데 신속하게 움직이는 기업들이 시장을 장악해 나갈 것이다. 따라서 우리 기업들도 이러한 변화에 민감하게 대처해 조직과 의사결정 시스템을 정비해야 할 것이다.

(2) 우리나라의 4차 산업혁명 관련 기술 개발 · 활용

그러면 우리나라 기업들의 4차 산업혁명 관련 기술의 개발과 활용은 어느 정도인가에 대해 살펴보기로 하자. 통계청이 국내 회사법인 중 '상용근로자 50인 이상이면서 자본금 3억 원 이상'인 회사법인 13,144개 기업을 대상으로 2019년 6월에 실시한 「2018년 기준 기업활동조사」에 따르면 <표 5-11>에서 알 수 있듯이 조사대상 기업 중 1,500개(11.4%)의 기업이 4차 산업혁명 관련 기술을 개발·활용하고 있는 것으로 나타났다(통계청, 2019.11.22., 5-6). 이를 산업별로 보면 주로 제조업(41.8%), 정보통신업(28.0%) 등에서 4차 산업혁명 관련 기술을 비교적 많이 개발·활용하고 있음을 알 수 있다.

▌〈표 5-11〉 4차 산업혁명 관련 기술 개발 · 활용 현황 (개, %)

		산업 대분류											
	기업수	농림어업	광업제조업	제조업	전기가스업	건설업	도소매업	운수·창고업	숙박음식업	정보통신업	부동산업	기타서비스업	금융보험업
조사대상 기업수	13,144	30	6,286	6,273	62	567	1,512	755	347	1,101	252	1,875	357
구성비	100.0	0.2	47.8	47.7	0.5	4.3	11.5	5.7	2.6	8.4	1.9	14.3	2.7
4차산업 기술 개발·활용 기업수	1,500	2	627	627	10	49	137	31	14	420	6	127	77
구성비	100.0	0.1	41.8	41.8	0.7	3.3	9.1	2.1	0.9	28.0	0.4	8.5	5.1

자료: 통계청(2019.11.22.), 「2018년 기준 기업활동조사 잠정 결과」, 5.

이어서 우리 기업들이 주로 개발·활용하는 4차 산업혁명의 기술 분야는 <표 5-12>에서 알 수 있듯이 클라우드가 19.1%로 가장 많았고 다음으로 빅데이터(18.4%), 사물인터넷(16.3%), 모바일(5G)(13.5%) 등의 순으로 나타났다.

▌〈표 5-12〉 4차 산업혁명 관련 기술 개발·활용 분야 (개, %)

4차산업 기술 개발·활용 기업수	계	분야(복수응답)								
		사물 인터넷	클라 우드	빅 데이터	모바일 (5G)	인공 지능	블록 체인	3D 프린팅	로봇 공학	가상증 강현실
1,500	3,074	500	588	567	415	355	149	181	170	149
	100.0	16.3	19.1	18.4	13.5	11.5	4.8	5.9	5.5	4.8

자료: 통계청(2019.11.22.), 「2018년 기준 기업활동조사 잠정 결과」, 5.

끝으로 4차 산업혁명 관련 기술의 활용 분야는 <표 5-13>에서 알 수 있듯이 제품(서비스) 개발(57.8%)이 가장 많았고 다음으로 마케팅전략(12.7%), 생산공정(11.8%), 조직관리(9.1%), 판매목적(8.7%) 순으로 나타났다(통계청, 2019.11.22., 5-6).

▌〈표 5-13〉 4차 산업혁명 관련 기술의 활용 분야 (개, %)

4차산업 기술 개발·활용 기업수	계	단계(복수응답)				
		제품(서비스) 개발	마케팅전략	생산공정	조직관리	판매목적
1,500	3,051	1,762	386	359	279	265
	100.0	57.8	12.7	11.8	9.1	8.7

자료: 통계청(2019.11.22.), 「2018년 기준 기업활동조사 잠정 결과」, 6.

단추업체의 500년 생존비결

제조업 강국 독일에는 약 370만 개 기업이 있다. 이 중 가장 오래된 기업은 어디일까. 독일 경제지 한델스블라트는 수년 전 자국의 장수기업을 발표한 적이 있다. 단추업체 프륌은 1530년, 와인잔업체 포성어는 1568년, 은행인 베렌베르크방크는 1590년, 수제화업체 에드마이어는 1596년, 양조업체 프리드르는 1664년 문을 열었다. 이들은 최고(最古) 기업으로서 1-5위를 차지했다.

기자가 방문한 프륌은 독일 중서부 끝자락 스톨베르크에 있었다. 역사는 500년에 육박한다. 한국에서 가장 오래된 기업인 두산과 동화약품의 역사가 130년이 채 안

되는 것과 비교하면 장구한 세월이다. 독일에는 200년 넘은 기업만 800여 개에 달한다. 어떤 전략으로 경영해 왔기에 이렇게 오랜 세월 생존할 수 있는 것일까.

고급화 및 혁신으로 성장

프륌이 장수한 데는 몇 가지 비결이 있다. 첫째, 명품전략이다. 주력 제품 중 하나인 스냅버튼은 청바지 등에 들어가는 단추다. 하지만 수만 번을 잠그고 풀어도 고장이 나지 않는다. 모서리가 거칠면 옷감이나 핸드백의 가죽이 상할 염려가 있다. 하지만 이 단추는 참기름을 바른 듯 매끄럽다. 동남아시아산보다 몇 배나 비싼데도 명품의류나 핸드백업체들이 이 제품을 찾는 까닭이다.

둘째, 혁신이다. 창업자 프륌은 원래 구리제련사업을 벌였다. 그 뒤 이를 활용해 단추 바늘 등을 생산했다. 최근에는 이들 재료를 활용한 전자부품, 자동차부품 등으로 다각화하고 있다. 금속가공이라는 뿌리기술이 바탕이다. 이들은 전혀 다른 분야가 아니다. 금속을 얇게 펴면 전자부품이나 자동차부품이 된다. 이같이 관련 다각화를 하면서 혁신을 접목했다. 이런 식으로 개발된 제품이 약 1만 종에 이른다. 혁신상을 받은 제품만 76개에 이른다.

셋째, 글로벌화다. 유럽·아시아·북미 등 35곳에 공장 및 판매망을 운영한다. 뛰어난 품질의 제품을 제작해 글로벌 시장에서 파는 게 전략이다.

뿌리산업 도외시해선 곤란

4차 산업혁명 바람이 거세다. 인공지능 빅데이터 로봇 등 첨단기술이 속속 등장하고 있다. 하지만 이들이 일상생활에 꼭 필요한 단추 바늘을 대체할 순 없다. 프륌은 두 가지 시사점을 던진다.

우선 전통산업의 중요성이다. 이 분야에서도 혁신하면 얼마든지 성공할 수 있다. 섬유산업이 한국에선 찬밥 대우를 받지만 프랑스나 이탈리아에선 첨단패션산업이다. 국내엔 여전히 전통산업을 영위하는 기업이 많다. 텐트, 핸드백, 가죽원단, 가구, 골판지상자, 의류, 완구 등 셀 수 없을 정도다. 도금, 주물, 열처리, 금형, 단조 같은 뿌리 분야의 전통산업도 있다. 전국의 뿌리기업은 2017년 기준으로 2만 5,056개에 이른다. 이처럼 전통산업은 제조업의 근간을 형성하고 있다.

또 하나는 정부 정책이다. 4차 산업혁명이 중요하다고 해도 국가 연구개발의 초점을 여기에만 맞추는 것은 곤란하다. 이런 쏠림 현상 때문에 전통산업, 특히 뿌리산업이 소외돼서도 안 된다. 독일의 제조업이 강한 것은 주물, 열처리 등 뿌리기술이 강하기 때문이다. 독일은 뿌리산업을 첨단산업으로 예우할 뿐 아니라 '마지막으로 남은 선진국의 기술 프리미엄 영역'으로 여긴다. 우리도 이를 참고할 필요가 있다. 산업의 중심은 제조업이고, 제조업의 기반은 뿌리기술이라는 점을 잊어선 안 된다.

자료: 김낙훈(2019.12.18.), "단추업체의 500년 생존비결," 한국경제신문.

CHAPTER

6

기업형태

기업의 형태를 분류하는 기준에는 여러 가지가 있다. 그러나 기업이 어떤 식으로 설립되든 기업형태는 일반적으로 기업자본의 출자관계에서 본 법률형태와 경영활동의 견지에서 실질적인 출자와 이에 따른 책임부담에 따라 본 경제형태의 두 가지로 분류된다. 기업의 경제형태에서 보면 기업자본의 출자자가 사인(私人)인지 국가 또는 지방자치단체인가에 따라 <표 6-1>과 같이 크게 세 가지, 즉 사기업, 공기업 및 공사합동기업으로 나눌 수 있다. 아울러 단독기업이 다른 개별기업과의 결합을 통해 자기자본을 확대해 가는 기업집중과 복잡한 형태의 기업집중에 대해서도 각각 살펴보기로 하겠다.

〈그림 6-1〉 기업형태

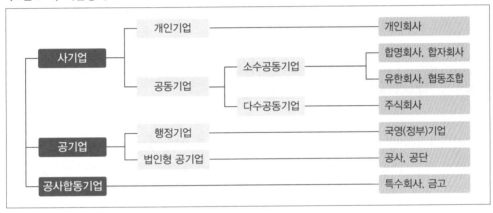

제 1 절 사기업

사기업이란 개인의 자본으로 개인에 의해 영리를 목적으로 영위되는 일체의 개별 경제를 말한다. 여기서 출자자가 1인인가 아니면 2인 이상의 공동인가에 따라 사기업은 개인기업과 공동기업으로 나뉘어지고, 공동기업은 다시 소수공동기업과 다수공동기업으로 나뉘어진다.

01 개인기업

개인기업(sole or single proprietorship)이란 가장 오랜 전통을 지닌 사기업으로 개인이 출자하여 소유·운영되는 기업형태를 말한다. 즉 한 사람이 단독으로 출자하고 지배하여 경영상의 모든 위험과 손실을 부담하며, 아울러 이윤도 단독으로 향유하는 기업으로 흔히 단독기업이라 일컬어진다. 개인기업의 소유자는 경우에 따라서 타인에게 기업체의 경영을 맡길 수 있으나 소유권, 경영권, 통제권(지배)이 모두 소유자에게 있는 것이 원칙이다.

개인기업은 우리나라는 물론이고 경제발전단계의 차이에 관계없이 어느 나라에서나 수에 있어서 가장 많다. 일반적으로 개인기업을 운영할 경우 발생되는 장·단점을 요약하면 <표 6-1>과 같다.

〈표 6-1〉개인기업의 장·단점

장점	단점
• 기업의 창업과 폐업이 용이하다.	• 기업 부채에 대하여 무한책임을 진다.
• 소유자 자신이 보스로 어느 누구보다 경영에 대한 관심이 크다.	• 한정된 재원으로 자본조달이 어렵다.
• 자신의 사업을 소유하고 있다는 사실에서 자	• 개인의 사망이나 은퇴로 사업의 영속성이 결여된다.

긍심을 갖게 된다. • 개인기업 소유자들은 미래세대를 위해 뭔가를 남길 수 있다. • 기업활동으로 획득한 모든 이윤을 독점적으로 소유할 수 있다. • 개인소득세 이외에는 어떤 특별한 세금도 없다.	• 대기업에 비해 임금과 복리후생수준이 낮아 자질 있는 종업원의 채용이 어렵다. • 일에 지나치게 장시간을 보내야 한다. • 의료보험을 비롯한 각종 복리후생혜택이 없거나 적다. • 기업확장이 둔화되어 제한적인 성장만을 가져오게 된다.

자료: W. G. Nickels, J. M. McHugh, & S. M. McHugh(2016), *Understanding Business*, 11th ed., New York, NY: McGraw-Hill Education, 192-194.

02 공동기업

공동기업이란 2인 이상의 출자자에 의해 영리를 목적으로 영위되는 일체의 기업형태를 말한다. 여기에는 합명회사·합자회사·유한회사와 같은 소수공동기업과 주식회사나 협동조합과 같은 다수공동기업이 있는데, 그러면 이들 기업형태에 대해 각각 살펴보도록 하겠다.

(1) 합명회사

합명회사(unlimited or general partnership)는 중세 유럽의 상업도시를 중심으로 육상운송과 관련되어 이루어진 '소시에테'(societes)라는 공동기업을 그 기원으로 한다. 소시에테는 출자자 상호 간의 신뢰관계를 중심으로 인적 통합관계가 강한 것이 특징이다.

합명회사는 2인 이상의 사원이 공동으로 출자하여 각 사원이 회사의 채무에 대해 연대하여 무한책임(상법 제212조)을 지는 회사이다(Cunningham, Aldag, & Block, 1993). 따라서 각 사원은 출자와 동시에 원칙적으로 사원 전부가 기업경영을 담당하게 되어 회사의 업무집행권과 대표권을 가지고 있다(상법 제200조 및 제207조). 출자는 현금이나 현물 등의 재산뿐만 아니라 노무도 출자할 수 있다. 그러나 각 사원의 지분은 다른 사원의 승인을 얻지 않고서는 그것의 전부 또는 일부를 자유로이 다른 사람에게 양도할 수 없다(상법 제197조 및 제218조).

합명회사의 각 구성원은 위험부담에 있어서 무한책임을 진다는 점에서 단독기업과 그 성질이 같다. 뿐만 아니라 각 구성원은 연대책임을 지는 관계로 회사관계에 있어서 다른 사원이 부담할 부분의 채무까지도 연대해서 책임을 져야 한다. 그러므로 합명회사는 보통 부자·형제·친척, 기타 가까운 우인 간에 이루어지는 기업형태이다. 이와 같이 자본의 결합보다도 인적인 결합이 보다 강한 인적회사의 대표적인 기업형태이다.

합명회사는 인적요소에 치중하기 때문에 각 사원은 법률상 여러 가지 구속을 받는다. 즉, 대표사원 혹은 업무집행사원을 선정하는 경우일지라도 그 연대무한책임에 있어서는 전 사원이 동일할 뿐만 아니라 정관의 변경, 사원의 제명, 소지분의 양도 등에는 전 사원의 동의 또는 수락이 필요하며 사원이 회사의 영업에 속하는 거래를 별도로 하거나 또는 동종의 영업을 목적으로 하는 다른 회사의 무한책임사원 또는 임원이 되려면 전 사원의 승인을 얻어야 한다.

(2) 합자회사

합자회사(limited partnership)는 중세 유럽의 해안상업도시를 중심으로 위험성이 높은 해상무역으로부터 발달한 '코멘다'(commenda)에서 그 기원을 찾을 수 있다. 코멘다는 중세 이탈리아 및 북구의 해안상업도시에서 모험적 성격이 짙은 해상수송, 해상무역을 배경으로 성립된 것이다.

코멘다란 본래 일종의 위탁계약관계(모험대체관계), 즉 위탁자는 해상기업자(수탁자)에게 상품 또는 자본을 위탁하고 그것에서 얻어지는 이익의 분배 및 손실의 부담에 관한 계약이며, 이 경우 위탁자는 그 출자액을 한도로 하는 유한책임을 지는 데 대해, 수탁자는 그 영업에 대해 무한책임을 지는 것이었다. 이러한 방식의 발달에 따라 점차로 이들 수탁자도 스스로 자금의 일부를 출자하게 되어 기능자본가와 무기능자본가의 결합형태가 성립되어 사회적으로 제도화된 것이 바로 합자회사이다.

합자회사는 사원이 회사채권자에 대해서 직접·연대·무한의 책임을 지는 무한책임사원과 채권자에 대해서 직접·연대책임을 지지만 출자액을 한도로 하여 유한책임을 지는 유한책임사원으로 구성되는 이원적인 인적회사이다. 무한책임사원은 출자를 함과 동시에 경영을 담당하며, 유한책임사원은 단지 출자만 하고 경영의 지휘·관리에는 참가하지 않는다. 출자에 있어서 무한책임사원은 합명회사의 사원과 마찬가지로 금전, 기타의 재산뿐만 아니라 노무도 출자할 수 있으나, 유한책임사원은 금전과 현물에 한하여 출자를 할 수 있다.

이와 같이 출자는 현금이나 현물 등의 재산뿐만 아니라 노무도 자유롭게 할 수 있으나 지분의 양도에는 제한이 뒤따른다. 즉 무한책임사원의 지분은 전 사원의 동의 없이는 양도할 수 없으나, 유한책임사원의 지분은 무한책임사원 전원의 동의로 양도할 수 있다. 그러나 주식과 같은 유통성이 없으므로 서로 신용할 수 있는 사람끼리 모여서 제한된 규모의 경영을 하는 데에는 적합하나 대기업의 경영에는 부적당한 기업형태이다(신재정 외, 2009).

(3) 유한회사

유한회사(private company)는 주식회사의 주주와 같이 사원 전원이 그들의 출자액(우리나라 상법의 경우 출자 1좌의 금액은 100원 이상으로 균일하게 하도록 규정하고 있다)을 한도로 하여 기업채무를 변제한다는 유한책임을 부담하는 사원으로만 조직되는 회사이다. 유한회사의 전 사원이 유한책임을 진다는 점은 주식회사의 경우와 같고, 전술한 합명회사 또는 합자회사와는 사원구성에 있어서 상이하다. 유한회사는 비교적 소수의 사원(2인 이상 – 50인 이하)과 소수의 자본으로 운영되므로 중소규모의 기업경영에 주로 이용된다. 하지만 반드시 중소기업에만 이용되는 것은 아니다. 외국계 투자기업으로 대기업인 OTIS엘리베이터도 유한회사의 형태를 띠고 있다.

유한회사에서 출자는 원칙적으로 현금만 허용되나 만약 현금 이외의 재산을 출자할 경우에는 정관에 현물출자(現物出資)를 하는 자의 성명, 출자의 목적인 재산의 종류·수량·가격 및 이에 대하여 배정할 출자자수를 기재해야 한다. 사원은 주식회사와는 달리 일반 대중으로부터 공모할 수 없으며, 지시식 또는 무기명식의 증권도 발행할 수 없다. 사원 사이의 지분양도는 자유로우나 비사원에 대한 양도는 사원총회의 특별결의가 있어야 한다.

유한회사의 특징으로는 크게 세 가지, 즉 ① 소지분에 대하여 주권을 발행하지 않으며, ② 소지분의 양도에는 사원총회의 결의를 필요로 하기 때문에 자유처분이 불가능하며, ③ 설립·개업·회사공시 등이 주식회사와 같이 번잡하지 않다는 점 등을 들 수 있다. 요컨대 유한회사는 번잡한 법적 절차를 피하기 위한 주식회사의 축소형으로 자본회사의 형식을 취하면서 인적회사의 성격을 가미하고 있는 형태이다(황대석, 1995).

유한회사의 기관에는 결의기관으로서의 사원총회와 집행기관으로서의 이사가 있으며, 두 기관 이외에 감독기관으로서 감사를 둘 수 있으나 반드시 있어야 하는 기관이 아닌 임의기관이다. 결의방법은 총회소집을 생략하고 서면결의를 할 수 없으나 총회는 이사가 이를 소집한다. 유한회사의 자본금은 얼마전까지만 해도 1천만 원 이상으로 제한하였으나 개정상법(2011.04.14.)은 이에 대한 제한규정을 폐지하고 다만 출자 1좌의 금액은 100원 이상으로 균일하게 하도록 하고 있다. 끝으로 이사의 수는 2명 이상 50인 이하로 2명으로도 충분하다.

(4) 주식회사

산업사회의 고도화로 기업규모가 거대화됨으로써 막대한 자금이 소요되었다. 이 자금은 한두 사람이나 몇몇 투자자의 출자로는 충당하기 어려워 일반 대중으로부터 폭넓게 자금을 조달하지 않을 수 없다. 이와 같이 일반 대중으로부터 다수의 자본을 손쉽게 조달할 수 있도록 하는 기업형태가 바로 주식회사로 오늘날의 대표적인 기업형태이다.

역사적으로 보면 1602년에 설립된 네덜란드의 동인도회사를 주식회사의 선구라고 보고 있다. 그 후 18세기 후반 산업혁명을 거치면서 대량생산체제를 지향하는 공업화 과정을 겪게 되면서 산업자본에 대한 요청이 증가함에 따라 주식회사의 발달은 급속히 진전되었다. 19세기 이후에 전개된 주식회사제도의 기점은 프랑스와 영국의 법률제도에서 찾을 수가 있다. 1808년에 시행된 프랑스 상법 속에 주주의 유한책임제와 주식의 자유양도성을 인정한 회사에 관한 규정이 등장한 이래, 유럽대륙에서는 주식회사제도의 법률적 윤곽이 정비되었다. 19세기에 영국에서는 소규모의 주식회사가 증가하였다. 이러한 사실은 영국 특유의 합명회사인 '파트너십'이 주식회사로 바뀌는 동향을 의미하는데, 이러한 종류의 주식회사는 자본조달을 용이하게 하려는 것이 아니라 유한책임제의 특전에 참가하려는 목적으로 설립된 것이다. 주식회사의 주요 기관으로는 주주총회, 이사회, 그리고 감사 등이 있다.

1) 주주총회

주주총회는 주주의 공동의사를 결정하는 주식회사의 최고의사결정 기관으로서 결산이 끝날 때마다 정기적으로 개최되는 정기총회와 필요에 따라 소집되는 임시총회의 두 가지가 있다. 주주총회는 주식회사의 최고의사를 결정하는 중요한 기관이기는 하나 현실적으로 어느 정도 형식화되고 있다. 주주총회는 자본 소유에 기초를 둔 최고의사결정과 주주의 이익확보라는 본질적 기능만을 행하게 하고, 업무집행에 관한 의사결정은 이사회에서 일임하고 있다. 상법도 주주총회의 결정사항을 상법과 정관에 정해져 있는 것에 한정하고, 그 외 사항에 관한 결의는 무효로 처리하고 있다.

2) 이사회

이사회는 주주총회에서 선임된 이사로 구성되며 회사의 주요 업무에 대해 집행하는 필요적 상설기관이다. 회사의 업무집행에 관한 의사결정은 법령이나 정관에서 주주총회의 권한으로 정한 사항을 제외하고 모두 이사회의 권한에 속한다. 이사회의 결의는 이사 과반수의 출석과 출석 이사의 과반수로 정해지는데, 우리나라 상법 제393조에서 규정하고 있는 이사회의 권한사항은 다음의 4가지이다.

① 중요한 자산의 처분 및 양도, 대규모 재산의 차입, 지배인의 선임 또는 해임과 지점의 설치·이전 또는 폐지 등 회사의 업무집행은 이사회의 결의로 한다.
② 이사회는 이사의 직무의 집행을 감독한다.
③ 이사는 대표이사로 하여금 다른 이사 또는 피용자의 업무에 관하여 이사회에 보고할 것을 요구할 수 있다.
④ 이사는 3월에 1회 이상 업무의 집행상황을 이사회에 보고하여야 한다.

3) 감사

감사는 회사의 회계뿐만 아니라 이사의 업무집행을 감사하는 기관이다. 감사의 임기는 2년이며 1명 이상이어야 한다. 주식회사의 감사제도에는 내부감사제도와 외부감사제도가 있는데, 우리나라의 경우 내부감사는 주식회사의 법정기관인 감사가 담당하고, 외부감사는 공인회계사가 담당한다.

감사도 주주총회에서 선임되는데, 이사를 선임할 때와는 달리 상법에서는 발행주식 총수의 100분의 3을 초과하는 수의 주식을 가진 주주는 그 초과하는 수의 주식에 관하여 감사를 선임하는 의결권을 행사하지 못하게 하고 있다. 이것은 대주주가 감사의 선임에 관여하지 못하게 하여 대다수 소액주주들의 공정한 의사에 의해 감사를 선출하기 위한 특별조치이다. 이러한 주식회사의 장·단점은 <표 6-2>와 같다(Nickels, McHugh, & McHugh, 2016, 203).

▮〈표 6-2〉주식회사의 장·단점

장점	단점
• 보다 많은 투자자금의 확보	• 해체의 어려움
• 출자자의 유한책임	• 막대한 설립비용
• 폭넓은 인적·물적 자원의 활용	• 두 가지의 세금신고(법인세＋개인세)
• 영속적인 수명	• 정부규제와 각종 보고의무
• 소유와 경영의 분리	• 시장변화에 신축적이지 못함
• 소유권이전의 용이성	• 이중과세(법인소득세＋배당소득세)
• 전문경영자에 의한 경영	• 이해관계인이 많음

자료: W. G. Nickels, J. M. McHugh, & S. M. McHugh(2016), *Understanding Business*, 11th ed., New York, NY: McGraw-Hill Education, 203.

주총(株總) 유감

포스코는 지난해 960억 원의 당기순손실을 기록했다. 1968년 창사 후 47년 만의 첫 적자였다. 그래서 2015년을 결산하는 주주총회에서는 경영진에 대한 주주들의 강한 질책이 예상됐다. 하지만 3월 11일 열린 주총에서 주주들은 목소리를 낼 수 없었다. '적자 재무제표'가 첫 번째 안건으로 상정되자 회사가 심어 놓은 주총꾼이 손을 들어 "적자를 냈지만 재무제표 안건을 통과시킬 것을 요청한다"며 바람을 잡았고, 여기저기서 재청한다는 소리가 나왔다. 권오준 회장은 때를 놓치지 않고 의사봉을 두드렸고, 포스코 역사상 첫 적자를 낸 경영진은 주주들의 질책 한마디 듣지 않고 책임을 모면했다.

70억 원의 이사 보수 안건도 한 푼 깎이지 않고 통과됐다. "지난해 포스코 주가가 40%나 떨어져 주주는 큰 손해를 봤는데 이사 보수는 왜 내리지 않느냐"는 항의는 "바쁜데 빨리 통과시키자"는 주총꾼의 목소리에 묻혔다. 보다 못한 소액주주가 일어나 "사전에 각본을 짜 놓은 듯이 형식적으로 주총을 진행하는데, 포스코의 위상에 맞지 않은 구시대적 행태"라고 지적했지만, 권 회장은 "내년 주총에는 불편함이 없도록 하겠다"며 피해갔다.

의류업체 BYC의 소액주주협의회는 올해 주총에서 상근감사 선임을 요구했다. 비합리적인 경영을 바로잡기 위해서였다. 하지만 경영진은 소액주주가 요구한 상근감사를 두는 대신 별도의 감사위원회를 신설하도록 정관을 변경해 버렸다. 감사위원회는 자산이 2조 원 이상인 상장기업만 설치 의무가 있어, 자산이 1조 원을 밑도는 BYC는 둘 필요가 없다. 그럼에도 경영진이 정관을 변경해 감사위원회를 설치하기로 한 것은 소액주주들이 요구한 상근감사 선임을 막아, 경영 간섭을 받지 않으려는 꼼수라는 평가다.

주총 시즌이 지나갔다. 올해 주총은 달라지지 않을까 기대했지만 예년과 마찬가지였다. 대부분 주총은 준비된 각본대로 진행됐고, 1시간 안에 끝났다. 10여 년 전 주총처럼 "당신, 주식 몇 주나 갖고 있어?" 하는 말은 나오지 않았지만, 소액주주는 여전히 무시당했다.

우선 기업들은 올해도 3월의 금요일 오전에 주총을 몰아서 개최했다. 코스피, 코스닥 전체 상장회사 1,933개 중 3월에 주총을 한 기업은 모두 1,581개였다. 이 중 금요일인 11일, 18일, 25일에 개최한 기업은 1,330개로 84%에 달했다. 주총이 쏠리는 날짜를 '슈퍼 주총 데이'라고 근사하게 부르지만, 실제로는 '주총 일자 담합'의 성격이 강하다.

주총 일자 담합은 주주의 참석을 제한하는 가장 큰 요인이다. 대만은 주총이 특정한 날에 몰리는 것을 막기 위해 '주총 일자 쿼터제'를 실시 중이다. 감독기관이 사전에 기업의 주총 희망 날짜를 접수해, 특정 일자에 과도하게 몰리면 다른 날짜로 분산한다. 한국도 이런 제도를 도입할 필요가 있다.

주총 시간이 너무 짧은 것도 문제다. 상장회사 주총의 평균 시간은 33.1분에 불과했다. '30분 주총'은 특히 은행권에서 두드러진다. 경영진이 동원한 것으로 보이는 주주가 "의장의 발언에 동의한다"고 나서면 박수로 안건을 추인하는 식으로 진행됐다.

소액주주보다 의결권이 큰 기관투자자들이 주총에서 '거수기' 노릇을 하는 것도 개선할 필요가 있다. 이런 문제를 방지하기 위해 기관투자자의 의결권 행사지침(스튜어드십 코드) 제도를 도입해야 한다는 목소리가 높다. 이 밖에도 전자투표 제도의 실효성을 높이는 것도 과제다.

투자의 귀재 워런 버핏이 이끄는 버크셔 해서웨이의 주총은 '자본주의 우드스탁'으로 불린다. 미국의 록음악 행사인 우드스탁처럼 축제 분위기에서 열린다고 해서 그렇게 부른다. 주총이 열리는 4월 말 5월 초 버크셔 해서웨이 본사가 있는 미국 네브라스카주 소도시 오마하에는 4만여 명의 주주와 가족이 찾아와 2박 3일 동안 즐기며 마음껏 발언하고 고급 투자 정보도 얻어간다.

역사가 짧고 문화가 다른 한국기업에서 축제 수준의 주총을 기대하기는 어렵다. 하지만 적어도 주주들이 주총에 참석해 발언하고 투표할 권리는 보장해야 한다. 주식회사를 자본주의의 꽃이라고 말한다. 주식회사의 최고 의결기구인 주총이 제 기능을 해서 한국도 이제 성숙한 자본주의를 꽃피우길 기대한다.

자료: 김종호(2016.04.02.), "주총(株總) 유감," 「조선일보」.

지금까지 네 가지의 기업형태에 대해 살펴보았다. 이들 기업형태의 장·단점을 전체적으로 비교해 보면 <표 6-3>과 같다.

회사별	장점	단점
개인기업	• 기업의 단순성 • 전이익의 보유 • 개인적 참여 • 단독의사결정자 • 소유권자 과세 • 창설과 해산의 용이성	• 무한자본조달책임 • 확장자금조달의 곤란성 • 소유자의 전반적인 관리부담 • 사업불안으로 인한 비영속성 • 경영능력의 한계
합명회사 합자회사	• 기업에 대한 약간의 제한 • 파트너의 자금과 재능의 총동원 • 개인회사보다 차입능력이 큼 • 개인회사보다 많은 전문화 기회 • 개인적 참여 • 소유권자 과세	• 무한과 공동자본조달책임 • 개인적 불화의 잠재 • 비교적 영속성 • 극한적 투자
주식회사	• 분리와 법적 실체 • 소유권자의 유한자본조달책임 • 장기수명 • 소유권이전의 용이성 • 자본조달능력의 증대	• 이중의 과세 • 설립의 복잡성과 많은 비용 • 정부규제와 보고요구 • 업무활동상의 비밀의 결여

자료: 반병길·김광규·한동여(2009), 「현대경영학원론」, 박영사, 95; 서도원·이덕로(2016), 「현대경영학원론」, 박영사, 156.

(5) 협동조합

일부 사업가들은 소유주, 경영인, 종업원, 고객 등을 구분하기를 원치 않는다. 그래서 태동한 조직이 협동조합(cooperatives)이다(Nickels, McHugh, & McHugh, 2014, 20). 협동조합이란 경제적으로 어렵고 사회적으로 소외되어 있는 사람들이 뜻을 같이하고 힘을 한데 모아 스스로 자신들의 처지를 개선하고 필요를 충족시키기 위해 만든 경제조직을 말한다. 이와 같이 협동조합은 일반기업처럼 영리가 주목적이 아니라 조합원 자신들이 상호이용하기 위해서 설립되는 것이 일반적이다.

이러한 협동조합이 가지고 있는 특징은 조직이 자발적이고, 운영이 민주적이며, 사업활동이 자조적이고, 그리고 경영이 자율적이라는 점에서 정부기업과 구별되며, 또 경제활동의 목적이 조합의 이윤추구에 있지 않고 조합원에게 봉사하는 데 있다는 점에서 주식회사와도 구별된다.

협동조합을 노동조합과 비교했을 때는 둘이 모두 조합원의 경제적·사회적 지위 향상과 권익 옹호를 목적으로 하고 있으면서도 협동조합은 조합원이 자체적으로 자본을 마련하여 자신들이 필요로 하는 사업활동을 벌이고 있는 데 반하여, 노동조합은 단순히 임금투쟁이나 노동조건 개선에 주력하고 있다는 점에서 이 둘의 차이를 찾아볼 수 있다.

한 걸음 더 나아가 협동조합은 비단 조합원에 대한 봉사 이외에도 정부의 손이 미처 미치지 못하는 분야에서 시장경제의 상도덕 재건과 경제질서 회복에 이바지할 뿐만 아니라 지역사회 발전에도 일익을 담당하고 있다. 이러한 협동조합의 형태에는 소비자 협동조합, 생산자 협동조합, 신용협동조합 등이 있다(이명호 외, 2015, 61).

협동조합운동은 19세기 중엽 영국에서 처음 일어났다. 1844년에 발족한 롯치데일 공정선구자조합(Rochidale Society of Equitable Pioneers)이 근대 협동조합의 효시이다. 자본주의의 성립·발달 과정에서 발생한 빈부의 격차·실업·저임금 등 사회문제를 해결하기 위해 등장한 것이다. 10여 년 후에는 프랑스와 독일에서도 협동조합운동이 일어났다.

영국의 초기 협동조합이 주로 노동자의 생활상태 개선을 위한 소비조합형태로 출발하였다면, 미처 자본주의가 확립되지 못한 프랑스에서는 산업혁명을 치르기 위해 중소 수공업을 근대적 공장제공업으로 개편하기 위한 생산조합 설립부터 착수하였다. 한편, 독일에서는 도시산업과 농촌농업의 생산력 증대에 무엇보다 시급한 것은 고리채를 추방하고 이자율이 낮은 자금을 공급하는 데 있다고 판단하고 신용조합을 결성·보급하는 데서 출발하였다.

전 세계적으로 75만 개 이상의 협동조합이 7억 3천만 명 이상의 조합원을 대상으로 사업을 전개하고 있으며 그중 미국인만 1억 2천만 명이나 된다(Nickels, McHugh, & McHugh, 2014, 173).

우리나라의 협동조합운동은 서유럽에 비해 약 80년 뒤져서 시작되었다. 1910년대의 금융조합이나 1920년대의 산업조합은 일제 총독부가 한국을 식민지로 지배·통치하기 위한 경제적 보조기관으로 설립한 것이기 때문에 엄밀한 의미에서 협동조합이라고 규정하기에는 이론이 없지는 않다.

오히려 1920년대 중반, 우리 한민족에 의해 전개된 조선물산장려운동·외화배척운동·납세거부운동·소작쟁의·민립대학설립운동 등과 함께 일어난 민간 협동조합운동이야말로 최초의 진정한 협동조합운동이었다고 평가해야 옳을 것이다. 전진한(錢鎭

漢) 씨가 영도한 협동조합운동사, 이성환(李晟煥) 씨가 이끈 조선농민사, 홍병선(洪秉璇) 씨가 벌인 협동조합이 거의 때를 같이하여 전국 방방곡곡에서 결성·확산되었다.

이 민간 협동조합은 전통적 협동조직인 계와 향약을 바탕으로 한 우리 농민·노동자·지식인·일반 서민 대중이 주체가 되어 자발적으로 소비조합과 신용조합을 조직함으로써 경제적 자력갱생운동을 벌이는 한편, 계몽활동을 병행함으로써 민족의식 고취와 조국해방을 염원하였다.

협동조합운동이 이 같은 정치적 색채를 띤 것은 세계 협동조합역사상 찾아보기 드문 일이었는데, 이 때문에 또한 일제의 탄압이 따를 수밖에 없었다. 따라서 이 운동은 1930년대 초반 조선총독부가 벌인 농촌진흥운동이 시작될 무렵 자연 소멸되거나 강제 해산되고 말았다.

제2절 공기업과 공사합동기업

01 공기업

(1) 공기업의 의의

자유기업제도하에서 기업은 민간이 사유로 운영하는 것이 원칙이다. 그러나 국가적, 사회적으로 필요한 특정 사업에 민간기업이 진출할 능력이 없거나 진출을 원치 않을 때는, 공공이익(public interests)을 도모하기 위하여 국가나 지방자치단체가 직접 소유·운영할 수밖에 없다. 이와 같이 사기업과는 본질적으로 구별되는바, 사회공공의 이익을 국가나 지방자치단체와 같은 공공단체가 출자하여 경영상의 책임을 지는 기업형태를 공기업(public enterprises)이라 한다.

이러한 공기업이 실제적으로 발달하게 된 것은 1929년 이후 세계대공황의 타개책으로 미국의 루즈벨트(F. D. Roosevelt) 대통령의 뉴딜(New Deal)정책의 실시에 따라 비롯되었다고 해도 과언은 아니다. 뉴딜정책에 따라 1932년부터 3년간에 걸쳐 부흥금융회사(RFC: Reconstruction Finance Corporation)와 연방예금보증회사(FDIC: Federal Deposit Insurance Corporation)를 비롯한 14개에 달하는 정부기업이 설립되었다. 그중에서 특히 유명한 것은 테네시계곡개발공사(TVA: Tennessee Valley Authority)인데, 이는 자연의 보호와 개발 및 실업구제를 위하여 다목적 댐의 건설 운하개발에 의하여 홍수방지, 전원을 공급하고 광물자원 및 산림의 개발과 보호 등의 다목적 국가경제개발을 전제로 하여 1933년 5월 10일에 설립된 최대의 공공기업이다. 이 TVA의 공공사업은 특성에 따라 단계적으로 민간기업에 이양되기는 하였지만, 현대 기업형태의 측면에서 공기업을 국가가 주도적으로 발전시킨 대표적인 사례이며, 이는 공기업을 발달시키게 된 동기가 된다.

공기업의 정의와 관련하여 구혜영·조윤정(2009)은 공기업을 '국민생활의 필연적 관계가 있는 재화나 용역을 생산하고 제공하며, 민간기업의 생산활동에 필요한 생산요소를 지원하는 기능을 수행하는 기업으로, 예산집행 결정 및 의사결정에 있어서 정부의 통제 또는 지배를 받는 한계를 안고 있는 기업'이라고 정의하였고, 행정학용어표준화연구회(2010)에서는 공기업을 '국가 또는 공공단체 등이 경영의 주체가 되어 재화나 용역을 공급하는 공적인 기업'이라고 정의하고 있다(구혜영·조윤정, 2009; 행정학용어표준화연구회, 2011).

이와 같이 공기업의 개념에 대해서는 학자마다 다양하게 정의내리고 있지만 크게 2가지 특성, 소유권과 설립목적을 공기업 개념정의에 있어서 공통적 요소로 포함하고 있다. 따라서 공기업은 다음과 같이 종합하여 정의할 수 있다. 공기업이란 '국가 또는 지방자치단체가 소유하는 기업으로서 국가 또는 지방자치단체가 수행하는 업무 중 수익 사업적인 성격을 지닌 업무를 수행하는 기업'이라고 정의할 수 있다. 즉, 공기업이라고 할 수 있으려면, 국가 또는 공공단체가 출자 및 관리하는 공익사업체라야 하고, 수익성을 가지고 있어야 한다.

우리나라의 경우 2007년 4월 제정된 「공공기관의 운영에 관한 법률」에 의해 공공기관을 공기업, 준정부기관, 기타 공공기관으로 세분하여 분류하고 있다. 여기서 공기업이라 함은 직원 정원이 50인 이상이고 자체수입원이 총수입액의 2분의 1이상인 공공기관 중에서 기획재정부장관이 지정한 기관을 말한다.

공기업은 영리를 목적으로 운영되는 사기업과는 그 성질이 상이하다는 관점에서 그 특성을 정리해 보면 다음과 같다.

첫째, 공기업은 국가 또는 지방자치단체가 출자해서 설립한 기업이므로 공공성이 있다. 둘째, 공기업은 영리를 목적으로 하는 사기업의 독점행위를 배제하고, 국민경제의 발전과 일반 대중의 복리증진을 위해 설립한 기업이므로 공익성이 있다. 셋째, 공기업은 설립 시 출자액을 기초로 운영에 필요한 비용은 예산회계제도에 따라 지출되고, 또 회계감사를 받을 의무가 있으므로 그 통제성이 있다. 넷째, 공기업은 예산회계연도에 따른 경영활동에서 이익과 손실의 관리를 독자적으로 관리할 뿐 아니라 분권관리의 형태로서 자율성과 능률성, 책임성과 기업성을 갖고 독자적인 계산단위와 관리단위를 중심으로 분권적 재무관리방식을 활용하는 독립채산제도라는 특성을 갖고 있다(이정규·서성한·유기현, 1994).

아울러 이러한 공기업의 장·단점을 요약하면 <표 6-4>와 같다.

▌〈표 6-4〉 공기업의 장·단점

장 점	단 점
• 국가 또는 지방자치단체가 출자하므로 예산 형태 또는 공채발행으로 무이자 또는 저리의 자본조달이 가능하고, 또한 조달능력이 크며 용이하다.	• 능력과는 상관없이 정치적 배려나 집권당에 대한 충심성에 따라 임명될 가능성이 많다.
• 시설재 도입, 원자재 배정, 생산제품과 서비스의 판매에 있어서 우대를 받는 경우가 많다.	• 정치적 인사행정, 관료주의, 기술혁신 등을 등한시하는 무사안일주의, 이익동기의 부족, 경쟁의 결여 등으로 경영능률의 저하가능성이 많다.
• 세금과 공과금 등이 면제되거나 낮다.	• 법령이나 예산에 구속받음으로써 경영은 경직되고 시장변화에 대처할 수 있는 융통성이 부족하다.
• 자본비용, 운영비용 등이 상대적으로 낮아서 제품과 서비스를 저가 또는 저요율로 제공할 수 있다.	• 필요 이상의 인적·물적 자원을 확보함으로써 관리상 낭비를 초래할 가능성이 많다.
• 적자발생 시 국가와 지방자치단체로부터 재정지원을 받아 메울 수 있다.	• 위와 같은 단점 때문에 적자운영이 보편적으로 발생하는데 그 부담은 납세자인 일반 국민에게 돌아오게 된다.
• 국영(國營)은 사적 운영에서 오는 불가피한 정부규제를 벗어날 수 있다.	

자료: 반병길(1993), 「경영학원론」, 박영사. 95; 이원우·서도원·이덕로(2008), 「경영학의 이해」, 박영사, 156.

이러한 공기업은 사기업과 생존목표, 설립근거, 산출물 성격, 운영과 자율성, 소유의 주체 등에서 뚜렷한 차이점을 갖는다. 이상철(2000)은 공기업과 사기업의 차이를 여러 가지 기준으로 비교 분석하였는데 구체적으로 <표 6-5>와 같다.

▌〈표 6-5〉 공기업과 사기업의 특성 비교

구분	공기업	사기업
생존목표	공익추구	이윤추구
목표의 수	다수	다수
주변환경	독점적	경쟁적
산출물 성격	공공재·사적재	사적재
설립근거	특별법	상법
활동준칙	정치성·경제성	경제성
정부통제	강	약
운영자율성	약	강
조직상 제약	강	약

인사상 제약	강	약
예산상 제약	강	약
투자의 결정	정치적 결단	경제적 가치판단
이윤의 귀속	국민/소비자	주주
소유의 주체	국민/정부	개인
가격의 결정	원가회수	경제적 타당성

자료: 이상철(2012), 「한국공기업의 이해」, 대영문화사; 김진숙·조상미·강철희·정승화(2014.05.), "전략적 사회공헌활동을 통한 공기업의 지역상생 발전 전략 -한국광해관리공단 사례를 중심으로-," KBR, 18(2), 21.

(2) 공기업의 형태

공기업의 형태는 나라와 학자에 따라 다르게 나타날 수 있으나 일반적으로 <그림 6-2>와 같이 행정기업과 독립공기업(법인체기업)의 두 가지의 기본형태로 구분할 수 있다.

〈그림 6-2〉 공기업의 형태

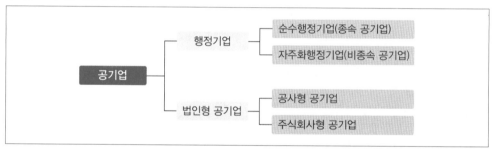

1) 행정기업

행정기업은 관청기업이라고도 하는데 그것은 행정관청의 일부분으로 조직됨으로써 각부 장관 또는 지방자치단체장의 직접적인 지휘하에 있는 소유와 경영이 일치한 공기업이다. 이것은 다시 다음의 두 가지로 구분된다.

① 순수행정기업: 이는 행정사업, 순수관청기업이라고도 하는데, 행정관청의 부·국·과로 경영되는 공기업형태이다. 따라서 독립적인 조직은 갖지 못하고 공기

업행정기관의 일부에 종속되어 있으므로 '종속 공기업'이라고도 한다. 그 운영은 행정법규(공무원법, 예산회계법 등)에 의해 규제받게 된다. 우리나라의 철도사업, 체신사업이 이에 해당한다.

② 자주화행정기업: 자주화행정기업이란 순수행정기업과 같이 행정기관이기는 하나 특별법에 따라 운영·관리되어 재정에는 종속시키지 않고 독립채산제에 의한 경영을 하며 대폭적인 자주성을 인정하는 형태이다. 이를 '비종속 공기업'이라고도 한다. 그러나 행정 또는 일반 예산 등에 의한 제약이 강해 합리적인 경영은 기대하기 어렵다.

2) 법인형 공기업

이는 일반 행정으로부터 분리되어 경제적으로 독립한 사업체로서 자주적인 경영을 할 수 있는 공유민영방식을 취하며, 법인체의 형태를 갖추고 있다. 따라서 법인체기업이라고도 한다. 이는 다시 다음과 같이 두 가지로 구분된다.

① 공사형 공기업: 공사형 공기업이란 특별법에 의해 설립되는 독립적인 법인으로서 완전한 자주적 경영체인데, 원칙적으로 독립채산제를 도입하고 이사의 선임과 같은 최고인사권은 물론 그 밖의 인선도 독자적으로 행한다. TVA나 우리나라의 경우 한국토지공사, 한국도로공사 등과 같이 공사(公社)로서 설립된 기업이 이에 속한다.

② 주식회사형 공기업: 이는 사법형태 공기업이라고도 하는데, 국가 또는 공공단체가 출자하여 설립하나 일반 사기업의 주식회사와 같은 사법상의 형태를 취하는 기업이다. 따라서 행정으로부터 완전 이탈하여 사기업과 같은 방식으로 운영된다. 우리나라의 경우 한국전력공사가 이에 속한다(박영희 외, 2014).

우리나라의 경우 기획재정부에서 매년 초 공공기관운영위원회의 심의·의결을 거쳐 그 해의 공공기관을 확정한다. 공공기관은 <표 6-6>과 같이 크게 세 가지, 즉 공기업, 준정부기관 및 기타 공공기관으로 나눌 수 있다. 2020년도 공공기관으로 확정된 기관수는 총 340개 기관으로 이 중 공기업이 36개, 준정부기관이 95개, 그리고 기타 공공기관이 209개이다(기획재정부, 2020.01.29).

▮〈표 6-6〉 현행 공공기관의 유형 분류

구 분		내 용
공기업		직원 정원이 50인 이상이고, 자체수입액이 총수입액의 2분의 1 이상인 공공기관 중에서 기획재정부 장관이 지정한 기관
	시장형	자산규모가 2조 원 이상이고, 총수입액 중 자체수입액이 85% 이상인 공기업(한국석유공사, 한국가스공사 등)
	준시장형	시장형 공기업이 아닌 공기업(한국조폐공사, 한국방송광고진흥공사 등)
준정부기관		직원 정원이 50인 이상이고, 공기업이 아닌 공공기관 중에서 기획재정부 장관이 지정한 기관
	기금관리형	국가재정법에 따라 기금을 관리하거나, 기금의 관리를 위탁받은 준정부기관(국민체육진흥공단, 국민연금공단 등)
	위탁집행형	기금관리형 준정부기관이 아닌 준정부기관(한국교육학술정보원, 한국과학창의재단 등)
기타 공공기관		공기업, 준정부기관이 아닌 공공기관

출처: 공공기관 알리오(www.alio.go.kr).

여기서 공기업은 시장형 공기업(자산규모가 2조 원 이상이고, 총수입액 중 자체수입액이 85% 이상인 공기업)과 준시장형 공기업(시장형 공기업이 아닌 공기업)으로 나누고 있다. 전자의 예로는 한국가스공사, 주식회사 강원랜드, 인천국제공항공사 등 16개 기관을 들 수 있다. 후자의 예로는 한국조폐공사, 한국마사회, 한국방송광고진흥공사 등 20개 기관을 들 수 있다(기획재정부·고용노동부, 2015; 공공기관 알리오). 2019년 우리나라 공사의 구체적 현황은 <표 6-7>과 같다.

▮〈표 6-7〉 2019년 공사 현황(36개)

구 분	(주무기관) 기관명
시장형 공기업 (16)	(산업부) 한국가스공사, 한국광물자원공사, 한국남동발전㈜, 한국남부발전㈜, 한국동서발전㈜, 한국서부발전㈜, 한국석유공사, 한국수력원자력㈜, 한국전력공사, 한국중부발전㈜, 한국지역난방공사, 주식회사 강원랜드 (국토부) 인천국제공항공사, 한국공항공사 (해수부) 부산항만공사, 인천항만공사

준시장형 공기업 (20)	(기재부) 한국조폐공사
	(문체부) 그랜드코리아레저㈜
	(농식품부) 한국마사회
	(산업부) ㈜한국가스기술공사, 대한석탄공사, 한국전력기술㈜, 한전KDN㈜, 한전KPS㈜
	(국토부) 제주국제자유도시개발센터, 주택도시보증공사, 한국감정원, 한국도로공사, 한국철도공사, 한국토지주택공사, 주식회사 에스알
	(해수부) 여수광양항만공사, 울산항만공사, 해양환경공단
	(방통위) 한국방송광고진흥공사
	(환경부) 한국수자원공사

자료: 기획재정부(2019.01.30.), 「2019년도 공공기관 지정」, 5.

(3) 공기업의 목적

공기업을 설립하는 목적은 경제정책적 목적을 비롯하여 사회정책적, 재정정책적, 특수정책적 및 공공정책적 목적 등이 있다.

1) 경제정책적 목적

국가는 경제정책상 수익성보다는 공익성을 추구하는 방향에서 공공투자정책이나 금융정책을 주도하는 기관으로서 공적 자본에 의한 사업을 추진하는 경우가 있다. 즉, 이는 경제정책상 사기업의 이익독점과 불합리한 서비스 및 금융체제의 교란 등 국민경제체제를 문란하게 할 수 있는 요인을 배제하여, 경제적으로 공공의 안정기반을 확보하고 국토개발 및 산업의 육성을 목적으로 설립한다. 이러한 목적의 대표적인 예는 미국의 테네시계곡개발공사(TVA)이다. 우리나라의 경우 한국은행, 한국산업은행, 한국토지공사, 한국에너지관리공단 등이 경제정책상의 목적으로 운영되고 있다.

2) 사회정책적 목적

공기업은 사회정책적인 목적을 해결하기 위한 목적으로 설립되는 경우가 있다. 즉 실업자의 구제, 근로자의 생활안정, 의료보험, 산업재해보험, 주택과 사회복지 등의 사업을 국가 또는 지방자치단체에서 국민의 공익성과 사회성을 보장할 목적으로 운영하고 있다. 이러한 사회정책적인 사업을 실행하는 기관으로는 한국토지주택공사, 한국보험공사, 의료보험관리공단 등이 있다.

3) 재정정책적 목적

공기업은 국가의 조세수입 이외에 국민의 세금부담을 경감시키고 국가수입을 증대시키기 위한 재정적인 목적을 갖고 설립되는 경우도 있다. 즉, 공기업은 독점기업의 성격을 갖고 국가재정을 충당하기 위하여 경영되고 있는데, 이의 대표적인 것으로 담배, 인삼 등의 전매사업을 하는 KT&G와 같은 기업을 들 수 있다.

4) 특수정책적 목적

공기업은 사기업의 형태로 경영할 수 없는 경우에 설립된다. 즉, 국가의 통일성 확보와 국가의 지휘·통제 및 감독이 불가능하다고 인정되는 공공성을 갖고 있는 사업을 경영하는 경우를 말한다. 이를테면 지폐, 주화, 은행권, 수입인지, 납세필증, 국·공채 등의 사업을 특수정책적인 목적을 갖고 운영되는 한국조폐공사가 대표적인 예이다.

5) 공공정책적 목적

공기업은 국민의 공익성을 보장·증대시키기 위한 목적으로 운영되는 경우도 있다. 즉 공익사업(public utilities)은 전기·수도·가스·철도·우편·전신·전화 등의 사업 부문에서 공익성이 강하고 서비스가 요구되며, 가격이나 요율 등을 정부차원에서 통제 및 독점이 불가피한 경우에 공공정책상의 목적으로 설립되는 경우가 있다(이정규·서성한·유기현, 1994). 이를테면 한국전력공사를 들 수 있다.

(4) 공기업과 독립채산제

독립채산제(business calculation)는 공기업경영의 독자적인 경영방식인데, 이는 공기업의 경영과 재정을 분리함으로써 공공단체와는 별개의 자주적 경영권을 유지하도록 하는 데 기본 목적이 있다. 이는 소련의 호즈라슈초트(khozraschet)에서 유래된 개념인데, 오늘날에는 공기업경영의 주요 지도원리로 채택되고 있다.

이는 한마디로 공기업의 경영에 대한 분권화를 실행한 자주적 재무관리방식을 말한다. 공기업이 비록 국가나 지방자치단체 등에 의해서 투자되고 또 경영되며 지배된다 하더라도, 그 경영관리 방식만큼은 국가의 규제로부터 벗어나서 독자적인 재정적 자유를 가지고 책임있는 경영을 하려는 것을 말한다. 그렇게 함으로써 공기업경영의 합리화와 경영능률을 확보하자는 것이다(김석회, 1998).

독립채산제하에서 지켜야 할 제반 원칙으로는 다음과 같은 것들이 있다.

① 수지적합의 원칙: 이는 공기업경영에서 발생한 모든 지출로서의 비용은 그 자체에서 거두어 들인 공동자금, 즉 수입의 한계 내에서 충당되도록 함으로써 경영의 채산을 맞추는 것이다. 이 원칙에 의할 때 기업의 지출은 모두 자기의 영업수입에 의해 충당되므로 국가예산에 의존할 필요가 없으며 공기업의 재정상의 독립이 확보될 수 있다.

② 자본의 자주조달의 원칙: 이는 기업이 필요로 하는 자본을 조달할 경우 자본조달의 방안이나 조달시기 등의 결정에 자주성을 보장하여야 한다는 원칙이다. 뿐만 아니라 증자의 필요시 이를 자주적인 자기금융 방식이나 자기책임하의 외부금융형식으로 조달해야 하는 원칙을 말한다.

③ 이익의 자주처분의 원칙: 이는 공기업이 경영활동을 통해 획득하게 된 이익에 대해서는 국고에 납입하지 않고 공기업 자신의 목적을 위해 자주적으로 처분할 수 있도록 함으로써 자본에 관한 자기충실의 원칙을 지킬 수 있도록 보장하려는 원칙이다. 이로 인해 경영자와 근로자의 경영성과에 대한 경제적 관심이 증대될 뿐만 아니라 유보된 축적기금을 생산과정의 기계화에 재투자함으로써 생산의 합리화가 촉진된다(안용식, 1986).

02 공사합동기업

(1) 공사합동기업의 의의

사기업과 공기업의 단점을 없애고 장점만을 살리려는 목적으로 국가 또는 지방자치단체와 개인이나 단체가 공동출자해서 공동으로 경영하는 기업을 공사합동기업 또는 공사공동기업(mixed undertaking)이라고 한다. 여기에는 국가 또는 지방자치단체가 자본출자를 하지 않고도 개인과 공동으로 기업경영에 참여하는 경우도 포함되지만 국가 혹은 지방자치단체가 단독으로 출자해서 직접 경영에 참가하는 경우는 공사합동기업이라고 볼 수 없다.

이러한 공사합동기업을 설립하는 목적은 공기업의 단점을 보완하여 기업과 사기업의 투자기회를 부여하며, 동시에 공기업을 사기업화하는 과정에서 잠정적인 기업형태를 채택하며, 동시에 거금의 자본금을 조달하는 데 있다.

(2) 공사합동기업의 형태

공사합동기업은 처음부터 이러한 형태로 설립되는 것이 있는가 하면, 기존 사기업에 대하여 국가 또는 지방자치단체가 출자하여 경영지배에 참여하는 경우와 거꾸로 공기업에 대하여 개인의 출자를 허락하는 경우도 있으며 또는 기존의 공기업과 사기업이 합병하여 설립되는 경우도 있다.

공사합동기업의 기업형태에는 주식회사 형태를 띠는 것과 특별법에 따라 특수형태를 띠는 것이 있다. 먼저 주식회사 형태를 띠는 공사합동기업은 국가 또는 지방자치단체가 개인과 공동출자를 한다는 점에서 사기업으로서의 주식회사와 다른 점이 있는 반면, 주주총회를 통해서 주요사항을 결정한다는 점에서는 양자가 동일하다. 이 경우는 보통 국가 또는 지방자치단체가 자본금의 과반수를 출자하여 경영지배권을 장악하고 중역의 임면권을 갖는 것이 보통이다. 국영기업의 대부분이 이 형태를 띤다.

특별법에 따라 특수형태를 띠는 공사합동기업은 정부출자 외의 민간자본이 참여한다는 점에 있어서 공사합동기업의 형태를 띠지만, 민간출자자에 대해서는 주식회사에 있어서의 주주와는 달리 의결권이 부여되지 않는다는 점, 이익배당에 제한이 있다는 점, 그리고 잔여재산의 분배는 출자한도에 한하게 되어 있다는 점에서 차이가 난다 (반병길 · 김광규 · 한동여, 2009).

(3) 공사합동기업의 장 · 단점

공사합동기업의 설립목적은 실질적으로 공기업과 사기업의 장점을 최대한으로 이용하는 데 있다. 그러나 실지 운영과정에서는 장점도 있겠지만, 역시 단점도 있게 마련이므로 이를 간략하게 요약하면 다음과 같다.

공사합동기업의 장점으로는 첫째, 대자본조달이 용이하고, 둘째, 기업의 과당경쟁의 요인을 국가적인 차원에서 제거할 수 있으며, 셋째, 원료구입과 시장에 우선권을 갖고 경영활동을 할 수 있다는 점 등이 있다. 반면에 단점으로는 첫째, 인사권을 대주주인 정부가 소유하고 있기 때문에 전문경영자를 계획대로 경영계층에 충원할 수 없고, 둘째, 책임의 전가성이 있으며, 셋째, 일정 기간 후에는 민영화를 전제로 함으로서 적극적인 책임경영의 관리적 기법과 창조성의 개발이 둔화된다는 점 등이 있다.

제3절 기업집중

01 기업집중의 의의

(1) 기업집중의 의의

현대를 흔히들 '3M(Mass production, Mass selling, Mass consumption)의 시대'라고 하는데 대량생산체제 사회로 들어가면서 자본주의의 형태가 변질되고 개별자본의 기업형태도 바뀌게 되었다. 이 변화의 과정은 무엇보다도 기업규모의 확대와 주식회사의 발전, 대기업에 의한 기업의 독과점 등의 산업사회의 변화에 대응해서 ① 개별자본의 증식, 확대 및 축적 등에 의한 기업집중, ② 소유와 경영의 분리 및 ③ 기업경영형태의 변화 등으로 전개되어 왔다.

개별자본은 자본의 활동을 통해 확대하려 하는데, 이 개별자본 확대의 형태에는 대체로 '기업집적'과 '기업집중'의 두 가지가 있다. 먼저 기업집적(industrial concentration)이란 개별자본의 증식과정을 통해 스스로 획득한 이윤을 축적함으로써 자기자본을 확대해 나가는 방법을 말한다. 반면에 기업집중(industrial centralization) 혹은 기업결합(industrial combination)이란 다른 개별자본과의 결합에 의해 대자본이 되는 방법이다(이한검, 1994).

다시 말하면 전자가 개별자본의 자기확대를 특징으로 한다면, 후자는 기존 자본의 개별적 독립성을 상실한 채 보다 큰 경제단위로서의 결합을 통해 개별자본의 확대화를 이룩하게 된다. 이 같은 관점에서 보면 집중은 집적의 경우처럼 사회적 자본의 절대적 증가를 가져오는 것이 아니라 기존 자본의 수적 감소에 의한 결합적인 자본의 확대를 그 변화의 본질로 하고 있음을 알 수 있다. <그림 6-3>이 이러한 관계를 잘 보여주고 있다.

〈그림 6-3〉 집적과 집중의 차이

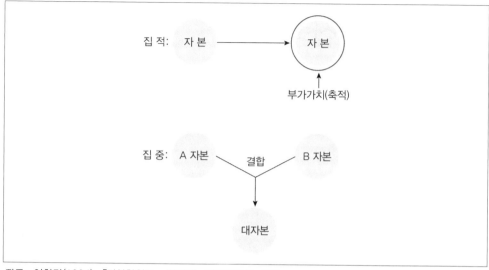

자료: 이한검(1994), 「경영학원론」, 개정판, 형설출판사, 223.

   기업형태의 측면에서 보면 자본의 집중은 합명회사, 합자회사, 유한회사를 거쳐서 주식회사의 형태에서 최고조에 이르게 된다. 개인적인 자본조달의 한계를 극복하고 보다 많은 타인자본의 조달을 가능케 하는 주식회사의 형태야말로 대량생산체제 사회에 있어서 산업자본의 가치증식에 적합한 제도이고 집적으로서는 이때 필요한 이윤의 축적력으로 자본확대의 한계를 극복하도록 해 준다. 뿐만 아니라 집적은 자본의 확대를 시간적으로 서서히 실현하게 되나 집중은 일시에 자본의 확대가 가능하며 그 결과 자원의 활용을 가속화시켜 생산력의 급격한 발전을 가능하게 한다.
   이와는 반대로 기업의 결합형태인 집중은 통상 합병(merger)으로 나타나 사회자본 가운데서 개별자본의 수를 감소시킴으로써 결과적으로 형태를 바꾸게 된다. 즉, 기업의 집중이 이루어지고 대규모화에 의한 거대기업이 등장하면 종래의 가격 측면에서의 자유경제체제는 새로운 형태의 기술적 측면에서의 경쟁으로 바뀌게 된다(이한검, 1992). 기업집중에 의해 대기업이 독점자본을 형성하게 되면 시장의 독점화를 통한 독점이익의 극대화를 추구하는 경우가 많다는 사실을 우리는 주목할 필요가 있다.

(2) 한국의 기업집중

   소유집중은 대규모기업집단을 소수의 자연인이 소유하고 있는 현상으로 한국의 경우 개인명의로 의결권주식총수에서 사실상 지배가 강한 지분을 소유하는 방식이나 지주회사를 통한 피라미드식 연쇄출자와 같은 전통적인 방식을 통해 이루어지지 않고 기업 간 주식을 상호보유하는 상호출자형식으로 이루어진 것이 특징이다. 협의의 상호 출자는 계열기업 간에 주식을 서로 보유하는 것을 의미하나, 광의로는 계열기업의 일 방적 출자를 포함한다(안청시 외, 1994).

　　기업 간 주식의 상호보유로 소유의 집중이 이루어질 경우 부의 편재와 세습이 초 래되며, 기업집단이 소유주의 통제하에 들어갈 경우 기업집단의 관료화를 수반하면서 가부장적 권위주의로 나타날 수 있다(이규억·이재형, 1990). 이러한 현상은 우리나라의 전통적인 가족제도와 가계승계제도 그리고 자본시장의 부재 등 여러 가지 요인이 그 배경에 작용해 왔다고 볼 수 있다(칼 모스코위츠, 1987). 따라서 이와 같은 전통적 사회 문화 속에서 소유와 경영이 분리되어 전문경영체제가 형성되기에는 몇 세대의 오랜 기 간이 소요될 수도 있다. 이 같은 집중화를 위한 확장은 개개 기업에게는 자연스런 현 상일지 모르나 급격한 사회변동 속에서 우리나라 기업의 소유경영체제는 국민으로부 터 비판의 대상이 되고 있고 기업구성원들로부터 거부감도 커지고 있으며, 기업 자체 도 국제화와 개방화의 압력 속에서 기업의 생존을 위하여 전문경영체제의 도입이 서둘 러 이루어져야 한다는 인식이 높아지고 있다(이학종, 1994).

　　기업집단체제 자체는 우리나라만의 독특한 현상은 아니며 그 나름의 유용한 측면 도 있는 것으로 알려져 있다. 은행이나 자본시장이 발달하지 않은 경우 내부자본을 이 용하여 새로운 분야에 쉽게 진출할 수 있고, 수직계열화와 관련 다각화를 통한 시너지 효과 및 거래비용 내부화 등을 기대할 수 있다. 특히 우리나라의 경우 대규모기업집단 이 과거 정부 주도의 불균형 성장전략에 의한 고도성장기에 대량생산 및 대외수출의 견인차로서 한국경제의 근대화에 큰 공헌을 했음은 부인할 수 없을 것이다.

　　그러나 우리나라의 대규모기업집단은 거미줄처럼 복잡하게 얽혀 있는 순환출자 구조, 총수 일가가 적은 지분만으로 계열사 지분을 지렛대로 하여 기업집단 전체를 지 배하는 소수지배구조(MCS: Minority Controlling Structure)를 나타내고 있으며, 이로 인해 경제력 집중, 시장에서의 경쟁기반 저해, 총수의 사익추구 유인 발생 등의 문제를 초래 하고 있다.

　　이러한 대규모기업집단의 문제점을 축소·시정하기 위해 공정거래위원회는 상호 출자금지, 출자총액제한, 상호채무보증금지, 금융·보험사의 의결권제한 제도 등을 탄 력적으로 운용해 오고 있다. 상호출자금지제도는 상호출자제한기업집단(2009년 이전까 지는 자산총액 2조 원 이상, 그 후로는 자산총액 5조 원 이상)으로 지정된 기업집단 소속 회사들이 자기의 주식을 소유하고 있는 계열회사의 주식을 취득·소유하는 것을 금지하는 제도이다. 상호출자는 기업 간에 자금을 서로 주고받음으로써 실질적인 출자 없이 가공적으로 자본금을 늘리거나 계열기업을 확장하는 수단으로서 악용될 수 있기 때문에 규율의 대상이 된다.

그러나 대규모기업집단은 순환출자 등 다양한 계열사 간 출자를 통해 과도한 지배력 확장의 위험이 있는바, 이러한 문제점을 방지하기 위하여 출자총액제한제도를 운용하기도 했다. 출자총액제한제도는 대규모 기업집단에 속한 회사는 순자산의 25% 이상을 다른 국내 회사에 출자할 수 없도록 규정한 제도이다. 대기업의 계열사 확장을 통한 경제력 집중을 억제하고, 업종 전문화를 유도하며, 상호출자 금지만으로는 규제하기 어려운 순환출자와 같은 간접적인 상호출자를 억제하기 위해 마련되었다.

1987년 도입 당시에는 순자산의 40%를 상한선으로 두었다가 1998년 25%로 낮추었으며, IMF구제금융 직후인 1998년 2월에는 규제 자체를 철폐했다. 하지만 폐지 이후 대규모 기업집단 계열사에 대한 출자가 늘면서 내부지분율이 상승하는 등의 부작용이 나타나자 1999년 출자총액 상한을 순자산의 25%로 하여 제도를 다시 도입했다. 2007년 대규모기업집단의 자산규모를 6조 원에서 10조 원으로 늘리고 출자한도는 예전처럼 40%로 늘렸으나 2009년 3월 이명박 정부가 들어서면서 다시 폐지했다.[1]

채무보증금지제도는 상호출자제한기업집단에 소속된 회사들이 계열회사의 국내 금융기관 여신에 대한 채무보증을 할 수 없도록 하는 제도이다. 계열회사 간 채무보증은 대규모 기업집단으로의 편중여신을 통한 경제력집중 심화를 가져오게 되고 계열회사 간에 연결고리가 되어 우량기업의 동반부실화를 야기할 수 있으므로 규율의 대상이 되고 있다.

또한, 공정거래법(정식명칭은 '독점규제 및 공정거래에 관한 법률')은 상호출자제한기업집단 소속 금융·보험사로 하여금 취득 또는 소유하고 있는 국내 계열회사 주식에 대하여 의결권을 행사할 수 없도록 하는 제도를 운용하고 있다. 금융·보험사 의결권 제한제도는 대기업집단이 소속 금융·보험사의 고객자산을 이용하여 지배력을 유지·확장

---

1 총수 일가의 경영권 분쟁 사태를 계기로 크게 주목을 받았던 롯데그룹과 같은 순환출자 구조, 즉 여러 계열사가 서로 다른 계열사의 지분을 소유해 지주회사나 핵심 계열사의 소수 지분만으로 그룹 전체를 지배하는 방법에 따른 문제점이 새삼 관심의 대상이 되고 있다. 롯데 신격호 총괄회장의 지분은 0.05%, 자녀 등 친인척 지분을 모두 합쳐도 2.36%에 불과하다.
공정거래위원회에 따르면 2015년 4월 1일 기준으로 롯데그룹 80개 계열사는 서로 물고 물리는 순환출자 고리가 416개에 달한다. 삼성그룹이나 현대차그룹 등 다른 재벌그룹은 기존의 순환출자 구조를 자율적으로 정리해 현재 각각 10개와 6개에 불과하지만, 롯데그룹은 이런 조류에 역행한 셈이다(홍정규·배영경, 2015.08.04.).

하는 것을 차단함으로써 산업자본의 금융지배에 따른 폐해를 방지하기 위한 제도이다.

끝으로 공정거래위원회는 상호출자제한기업집단 소속 회사가 대규모 내부거래를 하고자 하는 때에는 사전에 이사회의 의결을 거치고 공시하도록 하는 제도를 운용하고 있다. 이사회의 의결을 거치도록 한 것은 회사의 내부적 통제를 위한 것이고, 공시를 하도록 한 것은 소액주주나 채권자 등 이해관계인에 의한 감시를 유도함으로써 외부적 통제를 하기 위한 것이다.

기업집단 지정제도는 상호출자제한기업집단, 채무보증제한기업집단 등 대기업집단 시책의 적용대상이 되는 기업집단을 정하는 것으로서, 공정거래위원회는 매년 5월 1일(부득이한 경우 5월 15일까지) 동 기업집단 등을 지정하고 있다. 2019년도에는 5월 15일 자산총액 5조 원 이상인 59개 기업집단을 2019년도 공시 대상 기업집단으로 지정했다. 공시 대상 기업집단 수는 지난해 60개 대비 1개 감소[2]했고, 소속회사 수는 지난해 2,083개 대비 20개 증가했다. 기업집단별 총수유무 현황은 <표 6-8>과 같다.

▌〈표 6-8〉 기업집단별 총수유무 현황

구 분	총수있는 집단(51개)	총수없는 집단(8개)
상호출자제한 기업집단 (자산 10조 원 이상)	삼성, 현대자동차, 에스케이, 엘지, 롯데, 한화, 지에스, 현대중공업, 신세계, 한진, 씨제이, 두산, 부영, 엘에스, 대림, 미래에셋, 현대백화점, 효성, 한국투자금융, 영풍, 하림, 교보생명보험, 금호아시아나, 코오롱, 오씨아이, 카카오, 에이치디씨*, 케이씨씨	포스코, 농협, 케이티, 에쓰-오일, 대우조선해양, 케이티앤지
공시대상기업집단 (자산 10조 원 미만 5조 원 이상)	SM, 중흥건설, 한국타이어, 태광, 이랜드, 셀트리온, DB, 호반건설, 세아, 네이버, 태영, 넥슨, 동원, 한라, 아모레퍼시픽, 삼천리, 동국제강, 유진, 금호석유화학, 하이트진로, 넷마블, 애경, 다우키움	대우건설, 한국지엠

* 구(舊) 기업집단 '현대산업개발'로서, 2019년 지정부터 '에이치디씨'로 기업집단명 변경.
자료: 공정거래위원회(2019.05.15.), 「공정위, 59개 '공시 대상 기업집단' 지정」, 2.

---

2 신규 지정: '애경'(자산총액 5.2조 원), '다우키움'(자산총액 5.0조 원).
   지정 제외: '메리츠금융'(금융전업), '한솔'(자산총액 4.8조 원), '한진중공업'(자산총액 2.6조 원)
   (공정거래위원회, 2019.05.15., 1).

02 기업집중의 목적

오늘날 많은 기업들은 단독기업의 형태를 벗어나서 기업집중을 하게 되는데, 이러한 기업집중을 하는 근본적인 목적에는 다음의 세 가지가 있다.

(1) 경쟁의 제한이나 배제

기업의 규모가 확대되어 대량생산을 하게 되면 시장에서의 경쟁은 과열되어 출혈경쟁(cutthroat competition)으로까지 치닫게 된다. 이와 같은 지나친 경쟁의 소용돌이 속에서 손해를 보게 되는 것은 다름 아닌 기업이다. 따라서 기업들은 시장에 있어서의 이 같은 과도한 경쟁을 배제하거나 제한하기 위해서 기업집중을 시도하게 된다.

이러한 목적을 위한 기업집중은 보통 같은 종류 또는 유사부문의 기업 상호 간에 행해지는데, 이러한 기업집중을 수평적 결합(horizontal combination)이라고도 일컫는다. 이를테면 한 시멘트회사가 다른 시멘트회사와 제품판매 또는 생산의 협정을 통해 서로 경쟁을 제한하기 위한 협약을 맺을 때 이러한 식의 기업결합이 이루어진다. 이는 결국 시장을 독점적으로 통제함으로써 기업 간의 경쟁완화 및 시장의 안정적인 확보를 목적으로 하게 되며, 후술하는 카르텔이나 트러스트가 이에 해당한다.

(2) 생산공정의 합리화

제조회사가 생산에 필요한 원자재를 다른 기업에서 조달할 경우, 여기에서 생길지도 모를 생산의 차질이나, 비싼 원자재의 사용은 생산의 지연이나 원가의 상승을 불가피하게 초래할 것이다. 뿐만 아니라 생산된 제품을 다른 판매경로를 통해서 판매하게 될 때 생기게 될 경제적 판매노력의 손실도 말할 수 없이 크다. 이와 같이 생산공정을 합리화하기 위하여 제조회사가 원료생산회사나 원료공급업체와 결합하게 된다.

이를테면 어느 제조회사가 원료공급회사나 제품판매회사를 흡수합병함으로써 생산의 심도를 높일 수 있을 때, 생산공정을 중심으로 한 경영의 합리화는 자연히 이룩된다. 이러한 목적의 기업집중은 수직적 또는 종단적 결합(vertical combination)이라고도 일컬어진다. 이를테면 제지회사가 펄프회사와 결합을 맺거나 제지회사가 판매회사와 결합을 맺는 경우이다.

(3) 금융에 의한 타기업지배

대기업이나 금융업자가 중소기업을 지배할 목적으로 금전적 관계, 예컨대 자본대여나 주식참여에 의한 방법으로 중소기업을 산하에 두는 결합의 경우이다. 이와 같이 함으로써 대기업은 중소기업을 자기의 산하에 두고 경영에 대한 실권을 장악할 수 있게 된다.

이러한 식의 기업집중은 같은 분야의 기업 상호 간에 행해질 뿐만 아니라, 전혀 관계가 없는 다른 분야의 기업 간에도 행해진다. 후술하게 되는 이른바 '금융형 콘체른'이 바로 그 전형이며, 자본적 결합(capital combination)이라고도 일컬어진다. 어쨌든 이러한 기업집중은 수평적 결합이나 수직적 결합에서 보게 되는 이익을 추구하는 한편, 기업지배를 통한 자본의 절약 및 투자이익의 증대를 목적으로 하게 된다. 우리나라에서 소위 재벌기업이라고 불리어지는 것은 주로 이러한 형태의 기업집중을 의미한다.

03   기업집중의 형태

(1) 카르텔

카르텔(cartel)이란 동일업종이나 유사업종에 속하는 기업들이 독립성을 유지하면서 일정한 협약에 따라 이루어지는 기업의 수평적(횡단적) 결합방식이다. 즉 일정한 협약에 따라 자유경쟁을 배제하며 시장을 통제·지배해서 가격을 유지하고, 기업의 안정을 도모함을 그 목적으로 한다. 카르텔에 가맹한 기업은 제각기 기업으로서의 독립성을 유지하며, 외견상 단독기업과 조금도 다름이 없다. 다만 기업활동에 있어 어느 정도의 제한을 받을 뿐이어서, 일종의 독립기업의 연합체라고 할 수 있다.

기업활동이나 주식의 소유지배를 수반하는 트러스트·콘체른과 구별되며 대표적인 국제규모의 카르텔로는 석유수출국기구(OPEC)가 있다. 1870년대 이래 유럽 지역에서 급속히 발전했는데 국민경제발전을 저해하는 폐해가 커 많은 국가에서 금지나 규제를 하고 있다.

이러한 카르텔에는 기업 상호 간에 체결한 협약내용에 따라 판매카르텔, 구매카르텔 및 생산카르텔 등이 있다.

1) 판매카르텔

판매카르텔이란 판매상의 경쟁을 제한하기 위하여 동종 또는 유사기업 사이에 체결되는 카르텔협정을 말한다. 여기에는 가격카르텔, 조건카르텔, 수량카르텔 및 지역카르텔 등이 있다.[3]

가격카르텔이란 가맹기업들이 최저가격과 최고가격을 협정함으로써 과당경쟁을 피하기 위한 결합이다. 조건카르텔은 가격 이외의 판매조건, 예컨대 대금지급방법이나 운임부담조건 등에 관해서 협정을 체결하고 그 한도 내에서 판매하는 것이다. 수량카르텔이란 할당카르텔이라고도 하는 것인데, 이는 각 가맹기업들이 판매수량을 미리 할당하는 경우를 말한다. 그리고 지역카르텔이란 판매할 수 있는 지역을 상호분담함으로써 타기업의 판매 지역에 침범하지 않을 것을 협정하는 카르텔이다.

이러한 일련의 판매카르텔의 기능을 고도화시킨 것으로 풀(pool)과 신디케이트(syndicate)가 있다. 이 양자는 각 가맹기업과는 별도로 새로운 특별한 공동판매기구를 설치해서 가맹기업의 모든 판매를 협정에 따라 행한다는 점에서는 같으나, 후자가 전자보다 더 고도화된 형태의 카르텔이다. 즉 '풀'은 카르텔 가운데에 공동의 기관을 설치해서, 여기서 각 카르텔 가맹기업의 이해조절을 행하며, 계약위반에 대해서는 벌금을 부과하는 것이 일반적인 형태이다. 이 형태는 이윤분배, 주문분배, 공급분배 등을 공동기관에 풀(pool)해 나간다는 데서 그 이름이 유래한다. 여기서 쓰이는 '풀'이라는 표현이 미국에서는 일반적으로 카르텔을 의미한다.

이러한 풀보다도 더 고차적인 것이 신디케이트이며, 이는 카르텔기능이 가장 고도로 발달된 형태라 할 수 있다. 신디케이트 역시 공동판매를 행하는 중앙기관을 가지고 있으며, 각 가맹기업의 제품이 이 중앙기관을 통해 판매되므로 대외적으로는 공급제한과 가격지배가 행해지며, 각 기업과 그 고객과의 직접적인 관계가 계속된다는 것을 의미한다. 좁은 뜻으로 신디케이트라는 경우는 보통 공동판매를 행하고 있는 중앙기관을 가리키며, 이른바 공판회사가 이에 해당한다(서도원·이덕로, 2016, 218).

2) 구매카르텔

구매카르텔은 외국에서 원자재를 도입해서 생산해야 할 경우 외자를 절약하고 자재도입량의 적정수준을 유지하기 위해서 각 가맹기업끼리 구매량을 할당하는 카르텔을 말한다. 이와 같은 카르텔은 일반적으로 정부의 독려에 의해서 이루어지는 경우가

---

3 뒤이어 기술할 신디케이트가 바로 공판카르텔이어서 학자에 따라서는 다섯 가지로 보기도 하지만 본서에서는 신디케이트를 분리시켜 살펴보고자 한다.

있으므로 이것을 강제카르텔이라고 한다. 반면에 전술한 바 있는 여러 형태의 카르텔은 가맹기업끼리 자발적으로 형성하는 것이 원칙이기 때문에 이들을 자유카르텔이라고도 부른다.

3) 생산카르텔

생산카르텔은 가맹기업 간의 과잉생산에 따르는 제반 문제를 합리적으로 해결하기 위하여 생산에 관한 협정을 상호체결하는 카르텔을 말하며, 이는 그 협정의 내용에 따라 다음과 같이 세 가지로 분류되고 있다.

첫째, 생산제한카르텔은 가맹기업 간의 과잉생산을 방지하기 위해서 상호일정한 생산비율을 정해서 노동시간과 임금 및 제품의 규격과 수량을 할당, 배분하여 협정하는 것을 말하고, 둘째, 특수화카르텔은 가맹기업 간의 제품별 특성에 따라 전문 분야에 대한 협정을 체결하고 해당 분야에 대하여는 상호침해하지 않음으로써 안정적인 생산활동을 정하고자 하는 것을 말한다. 셋째, 특허이용카르텔은 특정 가맹기업의 창조적인 특허기술이나 특수하고 기밀에 속하는 생산기술을 가맹기업 상호 간의 협정에 따라 그 특허의 내용을 상호이용하는 것을 말한다.

이상과 같은 카르텔은 구속력과 공식력이 약한 상태에서의 신사협정에 의존하고 있으며, 동시에 협정에의 가입과 탈퇴가 자유롭기 때문에 이를 자유카르텔이라고도 말한다. 그리고 이 카르텔의 행위는 기업 간의 이익을 위한 부당한 협정체결의 가능성이 있으며, 이는 물가안정과 공정거래의 질서를 해칠 가능성도 있기 때문에 우리나라에서는 '독점규제 및 공정거래에 관한 법률'과 '독점규제 및 공정거래에 관한 법률의 적용이 제외되는 부당한 공동행위 등의 정비에 관한 법률'에 의해 카르텔은 금지되어 있다.

(2) 트러스트

카르텔은 그 지배력이 약해서 시장에 있어서의 경쟁의 배제를 적극적으로 실행할 수 없다. 따라서 시장에 있어서의 경쟁을 보다 적극적으로 배제하고, 또 시장을 독점하기 위해서 채택된 기업의 결합형태가 바로 트러스트(trust)이다. 트러스트는 각 가맹기업이 법률적으로나 경제적으로 독립성을 잃고 하나의 새로운 기업이 된다는 점에서 앞서의 카르텔과 구별된다. 이를 그림으로 나타내면 <그림 6-4>와 같다.

〈그림 6-4〉 카르텔과 트러스트

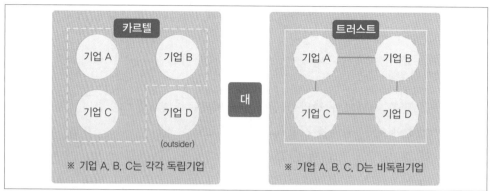

자료: 김귀곤 외(2018), 「경영학으로의 초대」, 제6판, 박영사, 70.

　　이러한 트러스트에는 두 가지, 즉 흡수합병(merger)과 신설합병(consolidation)이 있다. 흡수합병은 어느 기존 회사가 그대로 존속하면서 다른 회사를 흡수하는 합병방법이고, 신설합병은 기존의 모든 기업을 해체하고 전혀 새로운 형태의 기업으로 발족하는 것이다. 이들 합병방법에서는 청산절차가 불필요하고 회사의 모든 자산과 출자자가 어느 한 기업으로 이전수용된다. 매수합병은 어느 한 기업이 다른 기업을 일방적으로 매수하는 것을 말한다. 이때 재산은 매수되지만 출자자는 수용되지 않고 또 매수되는 기업인 소멸회사는 청산된다.

　　이상과 같은 트러스트의 대표적인 예로 1882년에 석유왕 록펠러(J. D. Rockefeller)가 조직한 스탠다드 오일 트러스트(Standard Oil Trust)[4]와 1887년에 결성된 위스키 트러스트 및 사탕 트러스트 등이 있다.

　　지금까지 살펴본 카르텔과 트러스트의 차이점을 살펴보면 <표 6-9>와 같다.

▎〈표 6-9〉 카르텔과 트러스트의 차이점

카르텔	트러스트
• 독점적 이익협정을 목표	• 독립적 기업지배를 목표
• 주로 경쟁방지가 목적	• 실질적 시장독점이 목적
• 가입기업의 독립성 유지	• 가입기업의 실질적인 독립성 상실
• 내부간섭 배제	• 내부간섭이 강함
• 주로 동종기업의 수평적 결합	• 동종 또는 이종기업의 수직적 결합

자료: 정수영(1999), 「신경영학원론」, 제8전정판, 박영사, 153.

4　1870년에 오하이오에서 Standard Oil을 세운 록펠러(David Rockefeller)는 공급과잉으로 석유
　값이 떨어지자 경쟁사를 모조리 사들여 1882년에는 40여 개 기업으로 Standard Oil Trust를 조
　직해 국내 석유 생산·공급의 95%를 독점한다. 거기서 얻은 막대한 수익은 철도·은행·광산·산
　림 등에 투자해 절대권력의 거대자본을 형성하게 된다(김명자, 2015.10.11.).

(3) 콘체른

콘체른(concern)이란 몇 개의 기업이 독립성을 유지하면서 주식의 소유, 자금의 대부와 같은 금융적인 방법에 의해 이루어진 기업결합이다. 흔히 재벌이라고도 일컬어지는 콘체른은 대기업, 특히 금융기업들이 중소기업을 지배할 목적으로 이들 중소기업의 주식에 참가함으로써 경영권을 장악하는 경우에 나타난다. 이 경우 대기업은 모회사(parent's company)로서 존재하게 되고 중소기업은 자회사(son's company)로서 존속된다.

일반적으로 자본주의는 상업자본주의(commercial capitalism)에서 산업자본주의(industrial capitalism)로, 그리고 금융자본주의(financial capitalism)로 그 특성이 변모됨으로써 오늘날에는 많은 금융기업들이 자본주의의 지배권을 행사하고 있다.[5]

이와 같이 많은 금융기업이나 산업기업들이 군소의 중소기업, 특히 이업종(異業種)의 중소기업의 주식을 보유함으로써 이들 기업의 경영실권을 쥐게 될 때 중소기업들은 외형상으로는 독립성이 유지되지만 실질적으로는 독립성을 잃고 대기업에 종속된다. 그리고 이와 같은 지배와 피지배의 관계가 한 국민경제 내에서 전국적으로 형성될 때, 이것은 하나의 재벌계열을 형성한다. 오늘날 우리나라의 재벌기업이 문어발식 기업계열화로 기업의 규모를 확산시켜 나가는 것은 하나의 좋은 예이다.

대기업이 중소기업을 금융적인 관계로서 산하에 둘 경우에도 여러 가지 방법이 있는데, 주식참여, 즉 자본참여를 통한 방법, 금융, 즉 대여를 통한 방법, 그리고 중역파견을 통해 경영에 깊숙이 참여하는 방법 등이 있다.

콘체른의 형태로서 기업을 결합할 때, 이의 대표적인 예로 지주회사(holding company)를 들 수 있다. 지주회사란 주로 다른 주식회사의 경영권 장악을 목적으로 해당 기업의 주식을 소유하는 회사를 말한다. 이 지주회사에는 다른 기업의 지배권을 장악할 뿐 스스로는 사업을 영위하지 않는 순수지주회사(pure holding company)와 다른 기업의 지배와 동시에 스스로도 사업을 영위하는 사업지주회사(operating holding company)가 있다. GE, Citicorp, ABB, IBM, Ford, Pepci 등 글로벌 기업 대부분이 여기에 속한다(이동기, 1997). 어느 경우이든 콘체른이라면 지주회사를 중심으로 한 형태가 압도적이다.

이러한 지주회사의 특징을 설명할 때 우리는 증권대위(證券代位)란 개념을 연상한다. 증권대위란 증권의 바꿔치기를 말하며, 지주회사로서의 지배회사와 자회사로서의

---

5 금융자본주의는 시장을 독점·과점하여 단지 기업가나 주주의 이익에만 급급함으로써 심각한 병폐를 드러내게 된다(Luthans, Hodgetts, & Thompson, 1984).

피지배회사 간에서 이루어지는 주식을 중심으로 한 투자관계를 설명할 때 나타나는 개념이다.

주식회사는 주식, 즉 유가증권의 발행을 통해서 소요자본을 조달하게 되고, 이렇게 조달된 자본을 기초로 하여 기업의 경영활동을 전개하게 되는데, 이 경우 어떤 기업들은 다른 기업의 주식을 보유함으로써 다른 회사의 경영활동에 관여하거나 또는 단순한 투자 또는 투기의 이익을 거두어 들인다. 다시 말해서 다른 회사의 주식에 대한 참여를 함으로써, 그 회사에 대한 지배관계를 형성하게 하거나, 아니면 투자수익과 투기의 이득을 얻으려고 한다. 이 경우 지주(투자)회사에서 계상될 수 있는 자산의 한 계정으로서 관계회사유가증권계정을 들 수 있는데, 관계회사유가증권계정을 가지고 있다는 것은 관계회사의 주식인 유가증권을 보유하고 있다는 것을 뜻한다.

이상의 두 가지 측면, 즉 유가증권인 주식의 발행을 통해서 자사의 자본금을 조달하고, 이것을 기금으로 해서 타사의 주식인 유가증권을 보유하게 되었다는 것은 따지고 보면 하나의 증권의 대치인 것이며, 이와 같은 현상을 우리는 증권대위라고 한다. 이와 같이 지주회사는 증권대위를 통해서 콘체른을 형성한다(김석회, 1993, 126-128).

이 지주회사에 의한 경영지배는 다만 그 지주회사가 직접 투자한 기업에만 미치는 것이 아니라, 그 기업의 노력하에 있는 관계회사에도 간접적으로 그 경영지배가 미치게 된다. 이를테면 다음의 그림에서와 같이 A라는 지주회사가 B1, B2라는 두 회사의 주식을 소유하게 됨으로써 이를 직접 지배하게 된다. 그런데 이 두 피지배회사에서 제각기 C1, C2 및 C3, C4라는 네 회사의 주식을 소유하게 된다면 A라는 지주회사는 단순히 B1, B2 두 개의 회사지배만을 통해 스스로의 자본을 이용함이 없이 C1, C2, C3, C4 네 회사까지도 간접지배할 수가 있게 된다. 이러한 지배방법은 더 나아가서는 D회사 이하에도 적용될 수 있다. 이 경우 이를 피라미드지배라 일컫는데 이것을 그림으로 나타내면 <그림 6-5>와 같다(서도원·이덕로, 2016, 222).

〈그림 6-5〉 지주회사에 의한 피라미드지배

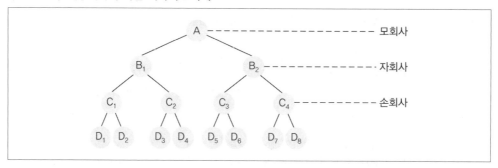

지금까지 카르텔, 트러스트 및 콘체른 등에 대해 각각 살펴보았는데 이들의 주요 특징을 비교해 보면 <표 6-10>과 같다.

▌〈표 6-10〉 카르텔, 트러스트 및 콘체른의 주요 특성 비교

구분＼종류	카르텔	트러스트	콘체른
명칭	기업결합	기업활동	기업집단(재벌)
목적	부당경쟁배제 시장통제	경영합리화 실질적 시장독점	내부경영통제지배
독립성	각 가맹기업 독립	법률적·경제적 독립성 완전상실	법률적 유지, 경제적 상실
결합성	약함(협정)	강함(합동)	경제적으로 결합
존속성	협정기간 후 자동해체	완전통일체	자본적 지배
결합방법	동종의 수평적 결합	수평적·수직적 결합	수평·수직·자본적 결합
구속력	협정조건에만 제한	완전한 내부간섭지배	경영활동구속 지휘
국적	독 일	미 국	독 일

자료: 조경동·윤덕병·유승동·이민세·류선권(2011), 「경영학원론」, 형설출판사, 130.

그러면 이어서 우리나라 공정거래법상 지주회사 현황을 살펴보도록 하자. 공정거래위원회는 매년 공정거래법상 지주회사 현황을 분석하여 발표하는데 2019년 9월 말 기준 공정거래법상 지주회사 현황은 <표 6-11>과 같다. 여기서 알 수 있듯이 지주회사 수는 지주회사제도가 도입된 1999년 4월 1일 이후 꾸준히 증가하여 2019년 9월 말 현재 지주회사는 173개사(일반 163개사, 금융 10개사)이다(공정거래위원회, 2019.11.).

▌〈표 6-11〉 지주회사 수 변동 추이 (단위: 개)

구 분	'05.8.	'06.8.	'07.8.	'08.9.	'09.9.	'10.9.	'11.9.	'12.9.	'13.9.	'14.9.	'15.9.	'16.9.	'17.9.	'18.9.	'19.9.
일반지주회사	22	27	36	55	70	84	92	103	114	117	130	152	183	164	163
대기업집단	10	12	15	13	16	22	26	28	30	30	29	19	39	34	37
금융지주회사	3	4	4	5	9	12	13	12	13	15	10	10	10	9	10
대기업집단	0	0	0	0	2	3	2	2	2	1	1	1	2	3	2
합계	25	31	40	60	79	96	105	115	127	132	140	162	193	173	173
대기업집단	10	12	15	13	18	25	28	30	32	31	30	20	41	37	39

자료: 공정거래위원회(2019.11.), 「2019년 공정거래법상 지주회사 현황 분석 결과」, 1.

04 기업집중의 법적 규제

지금까지 기업집중에 대하여 살펴보았는데, 이러한 기업집중에 의한 기업의 대규모화가 생산, 유통 및 조직 면에서 유리한 점도 없지는 않지만, 국민경제에 불리한 영향을 미치는 경우도 많다. 예컨대 기업집중을 통한 경쟁제한과 독점(monopoly)은 일반대중이나 선의의 경쟁업자들의 이익을 해치거나 그들의 이익에 나쁜 영향을 미치게 된다. 따라서 대부분의 국가에서는 건전한 국민경제의 발전과 공정한 경쟁을 실현하기 위하여 이와 같은 독점에 대하여 각종 규제를 가하고 있다.

예컨대 오늘날 기업의 독과점에 대한 규제가 가장 진전된 나라는 미국으로, 미국에서는 일찍부터 독과점에 대한 규제가 이루어져 왔는데, 1890년에 셔만법(Sherman Act)이 처음으로 제정되었고, 이어서 1914년에는 셔만법을 보완한 연방거래위원회법(Federal Trade Commission Act)과 클레이턴법(Clayton Act)이 제정되었는데, 보다 구체적인 내용은 <표 6-12>와 같다.

❙〈표 6-12〉 미국의 주요 반트러스트법

반트러스트법	연도	효 력
셔 만 법	1890	거래를 제한하는 계약, 결합 혹은 공모를 불법으로 규정 독점, 독점시도 또는 주(州) 사이의 거래를 독점하기 위한 공모를 불법화함
클레이턴법	1914	독점을 하거나 경쟁을 완화하는 가격차별의 불법화, 경쟁완화나 독점을 가져올 경향이 있는 경쟁자에 대한 불매운동으로 또 다른 실체를 요구하는 계약의 불법화, 경쟁완화나 독점효과를 가져오기 위하여 주식구매를 통한 합병의 금지, 몇 개의 회사를 통제하는 겸섭(兼攝)의 금지
연방거래위원회법	1914	연방거래위원회의 창설, 부당한 경쟁이나 사기에 의한 거래행위의 금지
로빈슨패트만법	1936	경쟁완화나 독점 경향이 있는 가격차별의 금지
셀러-케파우버 클레이턴 수정법	1950	경쟁완화나 독점효과를 가져오기 위하여 자산구매를 통한 합병의 금지
하트-스코트-로디노 반트러스트개선법	1976	주시민의 손해에 대해 각 주의 법무장관으로 하여금 반트러스트 위반으로 구속할 수 있도록 함

자료: L. W. Rue & L. L. Byars(2007), *Management: Skills and Application*, 12th ed., Boston, Mass: McGraw-Hill, 115.

우리나라의 경우 이에 대한 구체적인 규제의 법규가 미비하여 과거에 '부정경쟁방지법'(1961.12.10.)이나 '물가안정과 공정거래에 관한 법률'(1975.12.31.) 등으로 기업가의 독점활동을 부분적으로 규제해 왔다. 그러다가 다른 자유민주주의국가와 마찬가지로 기업집중은 많은 병폐를 낳으며 특히 경제·산업민주화에 반한다고 믿어 공정한 자유경쟁체제를 확보하기 위해 1980년 12월 31일 마침내 '독점규제 및 공정거래에 관한 법률'(법률 제3320호; 법률 제15784호 일부개정 2018.09.18.)을 제정한 바 있다. 이 법은 제1조 그 목적에서 "사업자의 시장지배적 지위의 남용과 과도한 경제력의 집중을 방지하고, 부당한 공동행위 및 불공정거래행위를 규제하여 공정하고 자유로운 경쟁을 촉진함으로써 창의적인 기업활동을 조장하고 소비자를 보호함과 아울러 국민경제의 균형있는 발전을 도모함을 목적으로 한다"고 규정하고 있다.

한편 정부는 1981년 5월에 발족된 공정거래위원회로 하여금 각종 불공정 거래행위를 조사하여 적절한 조치를 취하도록 하고 있다. 그러나 당시의 독점규제 및 공정거래에 관한 법으로는 경제력의 과도한 집중과 이에 따르는 경제적 폐혜를 제대로 방지할 수 없어 1985년 12월 31일 법개정을 통해 재벌그룹의 모기업과 계열기업 간의 상호출자를 강력히 규제하고 있다. 그럼에도 불구하고 21세기에 들어와서도 재벌그룹의 부당한 내부거래가 이루어지고 있어 공정거래위원회를 통해 내부거래와[6] 위장계열사를 조사하여 각종 제재조치를 취하고 있다.

---

6 내부거래(internal transaction)란 대규모 기업집단에 소속된 계열회사 상호 간의 거래행위를 말한다. 즉 한 재벌 그룹에 속하는 계열회사 간에 이루어지는 거래행위를 말하는 것으로 법률상의 용어는 아니다. 내부거래가 문제가 되는 것은 정상적인 가격보다 높거나 낮은 가격으로 거래하는 등 불공정거래의 소지가 커 공정거래위원회는 이것을 법으로 막고 있다.

복잡복합형태

앞 절에서 다양한 형태의 기업집중을 살펴보았으나 제2차 세계대전을 경험하면서 더욱 복잡한 형태의 기업집중이 나타나게 되었는데, 대표적인 예로 기업집단(enterprise group), 콩글로머리트(conglomerate), 조인트 벤처(joint venture) 등이 있다. 이들은 단순한 기업집중형태와 구별하여 복잡한 기업집중, 곧 복잡복합형태라 일컬어진다.

01 기업집단

앞서 언급했던 기업집중이 주로 자본을 중심으로 한 결합·지배의 관계인 데 반해, 기업집단(enterprise group)이란 상호보완적인 역할을 하는 여러 개의 생산부문이 생산기술적인 관점에서 결합하여 하나의 생산집합체를 구성한 '기업의 결합체'를 의미한다. 여기서 각 참가기업은 독립성을 유지하면서 서로 인접한 입지조건에 위치하는 것을 그 특징으로 할 뿐 지배·종속관계는 그다지 중시하지 않는다. 따라서 서로 다른 자본계열에 속하는 기업이 집합되어 기업집단을 구성하게 되는 경우도 있게 된다.

기업집단의 가장 대표적인 형태가 콤비나트(Kombinat)이다. 콤비나트의 어원은 러시아어에서 유래된 '공장집단', '다각적 결합공장'이라는 뜻으로 동일 지역 또는 인접 지역에 있고 서로 관련성이 있는 여러 업종의 기업이 생산기술적 입장에서 유기적으로 결합된 2개 이상의 기업결합체로 1930년대 소련의 공업화전략에서 비롯되었다(김귀곤 외, 2018, 71). 대표적인 예로 <그림 6-6>과 같은 석유화학 콤비나트를 들 수 있다.

〈그림 6-6〉 석유화학 콤비나트

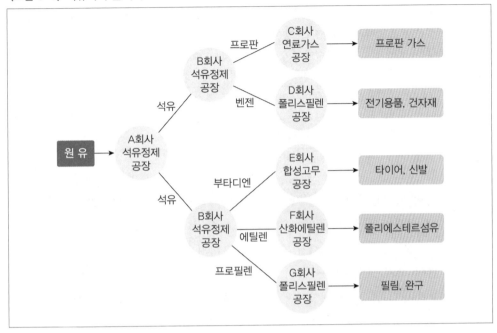

이 콤비나트는 기업의 결합이기 때문에 보통 자본적 결합인 콘체른의 형태를 취할 때가 많다. 그러나 그 자본적 결합은 어디까지나 기술적 결합을 기초로 해서 공장 간의 기술적인 제휴가 형성되게 마련이다. 이들 공장은 지역적으로 인접하고 있는 것이 필요하므로, 콤비나트는 공장의 지역적 집단화라는 양상을 나타내기가 보통이다. 기업집단의 동기 내지 목적은 여러 측면에서 살펴볼 수 있으나 직능별로 볼 때 〈표 6-13〉과 같다.

▌〈표 6-13〉 기업집단의 직능별 목적

구분\동기	내 용
재 무	기업집단은 자본적 이유(자본부족), 자금의 공동융자, 자금비용의 절감 등의 재무정책 상의 이유로 인한 집단화
인 사	인사상의 동기만으로 기업결합을 하는 경우는 드문 일이나 기업집단을 인사정책상의 전략으로 이용하는 경우
생 산	이는 제조상의 기술과정의 필요성에서 형성되는 경우인데, 오늘날 기업집단의 형성동기 중 대표적인 경우

판 매	오늘날은 대량생산에 의한 대량판매시대로 격렬한 시장경쟁에 이겨나가기 위해서 유통 혁명이 진행되는 과정에서 판매상의 이유로 업무제휴, 계열화, 기업결합을 행하는 경우
자재조달	이는 제조기술영역의 결합동기와도 관련성이 있는데 원료, 자재의 수급관계 또는 해외 자원의 공동개발 등을 목적으로 기업결합을 행하는 경우
기 타	기타 ① 개발·연구의 공동화, ② 조사기관의 공동설치, ③ 컴퓨터 이용을 위한 전산센터의 공유·공용, ④ 공익사업의 공동설치 운영, ⑤ 경영합리화의 실현, ⑥ 노동력 확보, ⑦ 공해방지, ⑧ 도시계획, ⑨ 산업정책 등

자료: 강신규 외(2002), 「현대경영학원론」, 형설출판사, 304.

또한 콤비나트의 장점으로는 생산자원의 다각적·효과적인 이용, 원료의 확보, 연료비의 절약, 운송비의 절약, 중간이윤의 배제 등을 들 수 있다. 반면에 콤비나트는 그 건설과정에서 보조일치상의 질서가 흔들리면 오히려 손실이 커지며, 기업집단 내에서의 제품경합이 생겨 조업도의 안정이 곤란해진다는 단점도 있게 된다. 이러한 결함을 극복하기 위해서도 공동손익계산이나 합병의 촉진 등 통일적인 합리화운영체제를 갖출 필요가 있으며, 또 공동용역에 대해서는 공동출자회사를 따로 만드는 등의 고려가 있어야 할 것이다.

02 콩글로머리트

(1) 콩글로머리트의 의의

콩글로머리트(conglomerate)는 라틴어의 'com'(합친다)과 'glomus'(덩어리)의 합성어로 눈사람처럼 쌓여 자꾸만 확대되는 것을 의미한다. 흔히 '집괴기업'(集塊企業)이라고도 불리우는 콩글로머리트란 서로 기능적 관련이 없는 복수의 상품 또는 서비스를 생산·판매하는 기업, 혹은 시장조건이 달라 상호경쟁 관계가 없는 복수의 지역시장에서 사업활동을 영위하는 기업을 일컫는다.

1960년대부터 하나의 패턴이 되어 온 콩글로머리트는 서로 관련이 없는 이업종(異業種)기업 간의 결합, 혹은 수평적 합병과 수직적 합병이 혼합된 혼합형 합병기업으로 주로 주식교환, 주식공개매입(TOB: take−over−bid)을 통하여 합병하기 때문에 '제3의 기업합병'이라 불리기도 한다. 한 예로 Matsushita Electric가 1990년에 미국 흥행사 (entertainment company)인 MCA사를 63억 달러에 취득한 것을 들 수 있다(Hellriegel, Jackson, & Slocum, 2005).

콩글로머리트는 미국에서는 1950년대 이후 콩글로머리트 합병이 크게 증가했는데, 그 기본적 요인은 첫째, 전시 중부터 전후에 걸쳐 군사기술이 발전하고 이것을 생산부문에 적용함으로써 새로운 제품과 새로운 산업이 생겨났는데 이것들을 광범위한 과학기술의 응용과 종합에 의해 성립하였다는 점, 둘째, 컴퓨터의 도입에 의한 오토메이션의 진전과 정보전달수단의 가속화·대량화가 경영관리의 시스템화를 촉진시키고, 몇몇 상이한 산업의 유기적 결합에 의한 시스템 산업을 형성시켰다는 점, 셋째, 미국의 독점금지법인 클레이턴법 제7조의 개정으로 기업 간의 수평적·수직적 합병이 금지됨으로써 이 법을 우회하면서 기업의 다각화를 실현시키기 위한 방편으로 생성·발달하였다는 점, 넷째, 증시호황 중에 신흥 콩글로머리트는 주가수익률(price-earning ratio) 등을 이용하여 자사주의 주가를 올리고 연쇄적 매수전략으로 기업의 급성장을 도모했는데, 이 과정에서 국내의 투자신탁 등이 성장주에 집중투자하여 신흥 콩글로머리트주의 주가 급등을 초래하였다는 점 등이다.

이어서 우리나라의 경우를 살펴보자. 우리나라 기업은 과거 30여 년 동안 사업의 다각화(diversification)를 통하여 고도의 성장을 달성해 왔다. 특히 대기업그룹의 경우에는 사업 간에 기술이나 경영에 있어서 연관성이 없는 비관련다각화, 즉 콩글로머리트 다각화(conglomerate diversification)를 성장전략으로 추구해 왔다. <표 6-14>에서 알 수 있듯이 초기에 우리나라의 50대 기업그룹 중 50% 이상이, 그리고 10대 그룹 중 7개의 기업그룹이 비관련다각화전략으로 성장해 왔다(정구현, 1991).

▌〈표 6-14〉 한국기업의 기능별 다각화유형

순위 \ 유형	전업형	본업형	수직형	관련형	비관련형
1~10			선경, 기아	한진	삼성, 현대, LG 등 7개 그룹
11~30		동아건설, 삼미	고려합섬, 풍산	태광산업, 해태 등 8개 그룹	두산, 한화 등 8개 그룹

| 31~50 | 농심 | 범양상선,
극동정유,
동원산업 | 우성건설,
아남 | 동국무역,
영풍 등 5개
그룹 | 삼양사, 동양
등 8개 그룹 |

자료: 정구현(1991), 「한국기업의 다각화전략과 국제경쟁력」, 한국경제연구원, 26-29.

비관련다각화는 새로운 사업 분야에 진출하여 다양한 제품포트폴리오(product portfolio)를 형성함으로써 기업의 성장을 지속시키고 경기변동이 기업에 주는 위험부담을 줄일 수 있다. 그러나 시장경쟁이 점점 치열해지고 기술고도화가 심해지자 제한된 자원으로 다양한 사업에 걸쳐서 기술개발에 집중투자하고 경쟁력을 유지하기가 매우 어렵게 되었다. 따라서 우리나라의 기업그룹들은 계열사들의 경쟁력과 장기전망을 분석하여 계열사들을 통폐합하고 그룹의 사업전략방향을 분명히 함으로써 그룹사업의 전문성과 집중성을 높이고 기업체질을 강화하는 데 많은 노력을 기울이고 있다(이학종, 1994).

(2) 콩글로머리트의 유형

콩글로머리트의 유형에는 제품확장형 콩글로머리트, 시장확장형 콩글로머리트 및 순수형 콩글로머리트 등의 세 가지가 있다.

① 제품확장형 콩글로머리트: 이는 기술적인 공통성을 가지고 있는 기업 간의 합병에 의한 것이다. 예를 들면 천연섬유와 합성섬유, 항공기와 미사일산업 간의 합병은 이에 속한다.
② 시장확장형 콩글로머리트: 이는 판매시장을 공통으로 하는 기업 간의 합병에 의한 것이다. 예를 들면 의약품과 화장품, 통조림과 식료품 체인점 간의 합병과 같이 실질적인 동일시장을 대상으로 하는 기업 간의 합병을 말한다.
③ 순수형 콩글로머리트: 이는 서로 공통성이 전혀 없으며, 합병을 위한 기술적 필연성도 가지고 있지 않은 둘 이상의 기업이 합병하여 복합기업을 형성하는 것으로 콩글로머리트형 기업에서 가장 전형적이고 순수한 형태이다. 이를테면 금융업과 레저산업, 철강업과 제지업, 항공업과 제약업 등과 같이 자본, 제품, 생산공정, 판매방법, 시장 등이 전혀 다른 기업 간에 서로 합병하는 것이다.

(3) 콩글로머리트의 문제점

이와 같이 다각적인 면에서 여러 특징을 가지고 있는 콩글로머리트도 여러 가지 경영상의 문제점이 있는데, 그중 중요한 것을 살펴보면 다음과 같다.

① 기업이윤증대의 곤란성: 콩글로머리트는 기업이 전문화되고 있는 현재의 시장이나 생산기술과 별로 관련성을 갖고 있지 않는 새로운 분야의 다각화이므로 기업의 '규모의 이익'은 얻을 수는 있어도 대규모생산이나 마케팅의 이익은 달성하기 어렵다.
② 기업위험의 증대성: 새로운 제품 분야는 이질적인 지식이나 경험을 필요로 하기 때문에 수평적 다각화나 사행적 다각화에 비해 위험이 보다 크다.
③ 경쟁상의 불리성: 만일 업계가 불황기를 맞아 경쟁이 격화되면 경쟁상의 곤란성에 봉착할 위험이 있다.

03 조인트 벤처

조인트 벤처란 어떤 기업에 관련회사가 출자하여 하나의 공동출자회사를 설립하는 경우를 일컫는 말로 흔히 합작(투자)회사 또는 합병회사라 한다. 이 조인트 벤처는 일반적으로 국제기업 간에 많이 이루어지게 되는데, 업종별로는 건설업이나 항공업계에서 가장 많이 이루어진다. 참고로 글로벌 항공사 간에 이루어진 주요 조인트 벤처 현황을 살펴보면 <표 6-15>와 같다.

▌〈표 6-15〉 글로벌 항공사 간 주요 조인트 벤처 현황

주요 협력 구간	조인트 벤처(시행 연도)
대서양 (미주~유럽)	에어캐나다 · 루프트한자 · 유나이티드(2009) 델타 · 에어프랑스 · KLM · 알리탈리아(2009) 아메리칸항공 · 브리티시항공 · 이베리아항공 · 핀에어(2010) 델타 · 버진애틀랜틱(2014)

태평양 (아시아~미주)	전일본공수 · 유나이티드(2011)
	일본항공 · 아메리칸항공(2011)
아시아~유럽	중국남방항공 · 샤먼항공 · 에어프랑스 · KLM(2006)
	중국동방항공 · 에어프랑스 · KLM(2010)
	아나 · 루프트한자 · 오스트리아항공 · 스위스항공(2012)
	일본항공 · 브리티시항공 · 핀에어(2012)
	에어차이나 · 루프트한자(2017)
	루프트한자 · 싱가포르항공(2017)
중국~대양주	에어차이나 · 에어뉴질랜드(2015)
	중국동방항공 · 콴타스(2015)
미국~대양주	델타 · 버진오스트레일리아(2011)
	유나이티드 · 에어뉴질랜드(2016)

자료: 류정(2017.03.13.), "저비용 항공사에 맞서… 대형 항공사들 '합작'," 「조선일보」.

1930년대 미국의 건설업계에서 처음 시작된 조인트 벤처는 오늘날 국제 간의 기업제휴 또는 국제 간의 공동출자형태로 많이 활용되고 있다. 따라서 최근에는 국내의 한 기업이 외국의 기술을 도입하거나 자국의 국경을 넘어 타국에 진출하려 할 때 다수의 관련회사들이 공동출자를 통하여 하나의 새로운 회사를 설립하게 되는 경우를 지칭하고 있다(이명호 외, 2015, 68).

우리는 지난 80년대 조인트 벤처를 통해 생산성 향상을 가져올 수 있었던 대표적인 미국의 사례로 NUMMI(The New United Motor Manufacturing Co., Inc.)를 들 수 있다. 캘리포니아주 프리몬트에 위치해 있는 동사는 1962년에 문을 연 이래 GMC트럭, Chevrolet Malibu, 그리고 Century 등을 생산해 오던 중 낮은 생산성과 경영성과로 1982년 GM에 의해 폐쇄된 바 있다. 1979년에는 종업원이 7천 명에 달하기도 했으나 동 공장이 폐쇄되던 1982년 3월에는 3천 명만이 남았고 생산성은 GM사의 공장들 중 최하위였다.[7] 그러나 1984년 12월 도요타와의 합작을 통해 Toyota는 자동차설계, 공장 재배치 및 생산관리를, GM은 설비제공과 자동차판매를 전담하기로 하고 생산 재개에 들어갔다(Brown & Reich, 1989).

여기서 강조된 도요타식 경영방식은 인간능력의 개발, 완벽을 위한 끊임없는 도전, 상호신뢰의 구축, 팀워크의 개발, 모든 근로자의 매니저로의 대우, 모든 종업원의 안정적 생활수준의 보장, 간판방식(看板方式; just-in-time)의 도입 등이다(박훤구,

---

7 1979년에는 종업원이 7천 명에 달하기도 했으나 동 공장이 폐쇄되던 1982년 3월에는 3천 명만이 남았고 생산성은 GM의 공장들 중 최하위였다(Smith & Childs, 1987).

1990). 놀라운 사실은 기존의 생산설비, 기술, 노조 및 노동력은 그대로 둔 채 단지 일본인 경영자들의 경영방식의 변화만으로 1982년 결근율 20－40%, 고충 8,000건에서 1987년 결근율 0.5%, 고충 30건, 그리고 GM의 다른 공장에서 차 한 대당 생산시간이 28시간이었으나 동 공장에서는 20시간 밖에 되지 않는 등 생산성이 이전보다 50%나 향상됨으로써 일본 타카도다에 있는 자회사의 수준에 필적할 정도였고 GM의 여러 공장 중 최고수준에 이르게 되었다.

특히 이 높은 수준의 생산성은 일본 내 조립라인에 있는 근로자들보다 평균 10살이 더 많은 노동력에 의해 달성됨으로써 더욱 주목을 끌었다(Holley, Jennings, & Wolters, 2005). 이러한 생산성 향상 이외에도 결함이 거의 없어짐으로써 품질 또한 크게 개선되어 1986년과 1987년에는 2,000만 달러의 이익을 낼 수 있었고 그 후 25년간 대표적인 조인트 벤처의 사례로 알려져 왔다.

그러나 2008년의 미국발 글로벌 금융위기가 자동차업계를 강타하면서 미국 자동차 판매는 금융위기 전인 2006년 1,615만 대에서 2008년 1,043만 대로까지 급감했다. 안방 시장에서 실적이 악화되자 미국 빅 3의 뼈아픈 구조조정이 가속화되었는데(최중혁, 2014.12.24.), 이때 파산보호를 신청한 GM은 비용절감 차원에서 NUMMI 운영에서 손을 떼기로 했고 이에 도요타도 공장을 더 운영하지 않기로 결정하면서 2010년 4월에 NUMMI 공장은 폐쇄되었다.[8]

AT&T 또한 조인트 벤처를 활용하는 많은 세계적인 기업들 중의 대표적인 기업이다. 1925년에 국제지분을 ITT(International Telephone and Telegraph)사에 매각한 이래 최근에까지 장거리통화서비스를 제외하고는 세계시장과 거의 완전히 동떨어져 있었다. 그 결과 1983년 해외에서 채용된 사람은 고작 50명에 불과했으나 1991년대에는 40개국에서 21,000명을 채용했다. 동사는 1990년도 총수입 중 15%를 해외로부터 벌어들였으며 2000년에는 해외판매가 총수입의 50%를 초과할 것으로 내다보고 있다(Holt, 1993).

한편 이러한 조인트 벤처는 반드시 국제기업 간에만 이루어지는 것은 아니다. 국내기업들 간에도 조인트 벤처가 종종 이루어지고 있다. 일례로 미국의 3대 자동차 제조업체인 GM과 Chrysler를 들어보자. 양사는 변속기를 만들기 위해 New Venture Gear로 불리우는 조인트 벤처를 설립했는데 이 계획에는 4,100명의 근로자가 참여하고 있으며 Chrysler의 뉴욕주 시라큐스에 있는 New Process Gear 공장과 GM의 인디애나주 문시에 있는 Hydramatic 공장을 통합하였다. 일자리를 보존하고 미국의 경쟁

8　도요타자동차는 2010년 4월 1일 공장폐쇄를 앞두고 정규직·시간제 근로자 4,700여 명에게 퇴직 보너스로 2억 5,000만 달러를 지급할 것이라고 밝혔다(김성휘, 2010.03.04.).

력을 도울 목적으로 추진된 이 조인트 벤처는 연간 약 65억 달러의 매출액을 올릴 계획이다. Chrysler가 새 기업의 지분을 64% 소유하고 나머지 38%는 GM이 소유하기로 되어 있다(Straub & Attner, 1991).

CHAPTER

7

중소기업론

우리나라 헌법 제123조 제3항은 "국가는 중소기업을 보호·육성하여야 한다"라고 규정하고 있고, 제5항은 "국가는 농·어민과 중소기업의 자조조직을 육성하여야 하며 그 자율적 활동을 보장한다"라고 규정함으로써 경제발전을 지속적으로 도모하기 위해서는 국민경제의 주요 주체인 중소기업의 건전한 발전이 중요하다는 인식하에 이를 법적으로 뒷받침하고 있다.

우리나라에는 중소기업기본법(1966)을 비롯하여 중소기업협동조합법(1961), 중소기업진흥에 관한 법률(1994), 대·중소기업상생협력촉진에 관한 법률(2006), 중소기업창업지원법(1986), 지역균형개발 및 지방중소기업육성에 관한 법률(1994), 중소기업은행법(1961), 신용보증기금법(1974), 소상공인보호 및 지원에 관한 법률(2015), 중소기업사업전환에 관한 특별조치법(2006), 벤처기업육성에 관한 특별조치법(1997), 기업활동규제완화에 관한 특별조치법(1993), 유통산업발전법(1997), 여성기업지원에 관한 법률(1999), 중소기업기술혁신촉진법(2001), 중소기업인력지원특별법(2003), 전통시장 및 상점가육성을 위한 특별법(2004), 중소기업제품구매촉진 및 판로지원에 관한 법률(2009), 도시형소공인 지원에 관한 특별법(2015) 등이 있는데(중소기업중앙회, 2018), 보다 자세한 중소기업관련 법체계는 <그림 7-1>과 같다.

이러한 맥락에서 본 장에서는 먼저 중소기업의 의의를 살펴본 뒤 중소기업의 역할과 특성, 그리고 우리나라 중소기업의 육성방안 등에 대해 살펴보기로 하겠다.

제 1 절 중소기업의 의의

01 중소기업의 정의

일반적으로 중소기업(small and medium size business)이란 규모가 상대적으로 작은 기업군 또는 기업을 말한다. 이러한 중소기업은 기업규모의 면에서는 중소규모 경영에 속하는 기업이지만, 반드시 어떤 범위의 규모에 속하는 기업만을 중소기업이라고 하는 것은 아니다.

왜냐하면 규모를 기준으로 기업을 분류할 경우 그것은 어디까지나 상대적인 것에 지나지 않기 때문이며, 중소기업의 정의가 시대와 업종 및 국가에 따라 다를 수 있기 때문이다(박성범, 2015).

우리나라에서는 중소기업의 양적 정의가 주로 적용되고 있는데 그렇다고 해서 중소기업정책의 추진에 있어서 질적 정의가 전혀 적응되고 있지 않은 것은 아니다. 그런 의미에서 중소기업에 대한 정의를 단적으로 나타내기는 어렵지만, 정의의 기준을 질적 특성을 무시하지 않는 범위 내에서 양적 측면을 인정하고 있음이 현실적인 경향이라 하겠다. 따라서 실정법상 규정된 중소기업은 종업원수, 총자산, 자본금, 자기자본 및 매출액 등 양적인 기준과 경제지원정책, 기업의 사업활동형태, 생산품의 라이프사이클 (life cycle), 기업경영의 동기, 대기업의 자회사나 대기업에 의해 실질적으로 지배되느냐의 여하 등과 같은 질적 기준에 의하여 대기업과 구분되고 있다.

우리나라에서도 양적 및 질적 척도에 의해 중소기업을 정의하고 있는데, 현행 중소기업의 정의는 2015.06.30.과 2016.01.27.에 개정된 중소기업기본법 제2조 제1항 제1호 및 시행령 제3조에 근거하여 중소기업은 다음 각 항목의 기준을 모두 갖추고 영리를 목적으로 하는 기업으로 하고 있다.

〈그림 7-1〉 중소기업관련 법체계

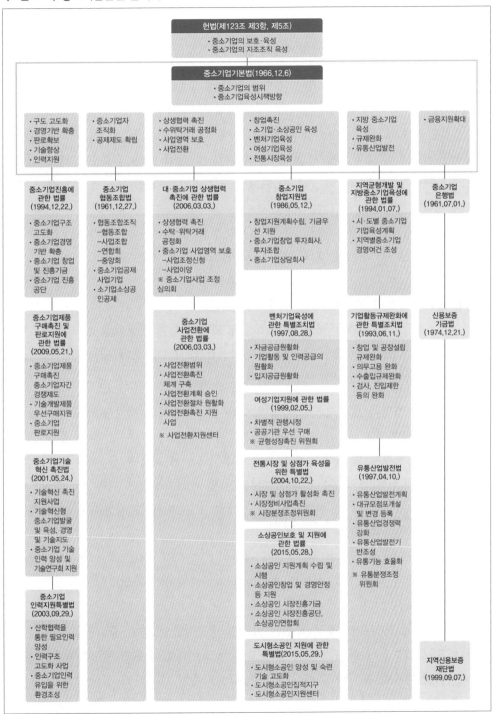

자료: 중소기업중앙회(2018), 「2018 중소기업현황」, 14.

중소기업기본법 제2조 제1항 제1호에서 중소기업은 다음 각 목의 요건을 모두 갖추고 영리를 목적으로 하는 기업으로 한다.

가. 업종별로 매출액 또는 자산총액 등이 대통령령으로 정하는 기준에 맞을 것
나. 지분소유나 출자관계 등 소유와 경영의 실질적인 독립성이 대통령령이 정하는 기준에 맞을 것

개정된 법률에서는 서비스업의 규모기준의 확대로 중소기업의 범위가 확대된 반면,「독점규제 및 공정거래에 관한 법률」제14조 제1항에 따른 상호출자제한기업집단 또는 채무보증제한기업집단에 속하는 회사는 중소기업의 범위에서 제외된 것이 핵심적 내용이다.

중소기업기본법 시행령 제3조(중소기업자의 범위)에서는 중소기업기본법 제2조 제1항 제1호에 따른 중소기업은 다음 각 목의 기준을 모두 갖춘 기업으로 한다.

1. 다음 각 목의 기준을 모두 갖춘 기업일 것
   가. 해당 기업이 영위하는 주된 업종과 해당 기업의 평균매출액 또는 연간매출액(이하 "평균매출액 등"이라 한다)이 [별표 1]의 기준에 맞을 것
   나. 자산총액이 5천억 원 미만일 것

2. 소유와 경영의 실질적인 독립성이 다음 각 목의 어느 하나에 해당하지 아니하는 기업일 것
   가. 「독점규제 및 공정거래에 관한 법률」(이하 이 호에서 "상호출자제한기업집단"이라 한다)에 속하는 회사 또는 같은 법 제14조의 3에 따라 공시대상기업집단의 소속회사로 편입·통지된 것으로 보는 회사 중 상호출자제한기업집단에 속하는 회사
   나. 자산총액이 5천억 원 이상인 법인이 주식등의 100분의 30 이상을 직접적 또는 간접적으로 소유한 경우로서 최다출자자인 기업

2015년 6월 30일부로 개정된 주된 업종별 평균매출액 등의 중소기업 규모기준을 보면 <표 7-1>과 같다(중소벤처기업부, 2019.11.). 이러한 범위기준은 세계 공통의 것이 아니어서 나라마다 업종에 따른 나름대로의 기준이 존재하고 있다(중소기업중앙회, 2015.12., 4-6).

▍〈표 7-1〉 기업규모 분류기준(중소기업기본법 제2조 및 소상공인보호 및 지원에 관한 법률 제2조)

업 종		중소기업	소기업	소상공인
제조업	의복, 의복액세서리 및 모피제품 제조업	1,500억 원 이하	120억 원 이하	10명 미만
	가죽, 가방 및 신발 제조업		120억 원 이하	
	펄프, 종이 및 종이제품 제조업		80억 원 이하	
	1차 금속 제조업		120억 원 이하	
	전기장비 제조업		120억 원 이하	
	가구 제조업		120억 원 이하	
	식료품 제조업	1,000억 원 이하	120억 원 이하	
	담배 제조업		80억 원 이하	
	섬유제품 제조업(의복제외)		80억 원 이하	
	목재 및 나무제품 제조업(가구제외)		80억 원 이하	
	코크스, 연탄 및 석유정제품 제조업		120억 원 이하	
	화학물질 및 화학제품 제조업(의약품제외)		120억 원 이하	
	고무제품 및 플라스틱제품 제조업		80억 원 이하	
	금속가공제품 제조업(기계 및 가구제외)		120억 원 이하	
	전자부품, 컴퓨터, 영상, 음향 및 통신장비 제조업		120억 원 이하	
	기타 기계 및 장비 제조업		120억 원 이하	
	자동차 및 트레일러 제조업		120억 원 이하	
	기타 운송장비 제조업		80억 원 이하	
	음료 제조업	800억 원 이하	120억 원 이하	
	인쇄 및 기록매체 복제업		80억 원 이하	
	의료용 물질 및 의약품 제조업		120억 원 이하	
	비금속 광물제품 제조업		120억 원 이하	
	의료, 정밀, 광학기기 및 시계 제조업		80억 원 이하	
	기타 제품 제조업		80억 원 이하	
전기, 가스, 증기 및 공기조절 공급업		1,000억 원 이하	120억 원 이하	5명 미만
수도업			120억 원 이하	5명 미만
농업, 임업 및 어업			80억 원 이하	5명 미만
광업			80억 원 이하	10명 미만
건설업			80억 원 이하	10명 미만
도매 및 소매업			50억 원 이하	5명 미만

운수 및 창고업	800억 원 이하	80억 원 이하	10명 미만
정보통신업		50억 원 이하	
수도, 하수 및 폐기물처리, 원료재생업(수도업제외)		30억 원 이하	
전문·과학 및 기술서비스업	600억 원 이하	30억 원 이하	5명 미만
사업시설관리, 사업지원 및 임대서비스업(임대업제외)		30억 원 이하	
예술, 스포츠 및 여가 관련 서비스업		30억 원 이하	
산업용기계 및 장비수리업		10억 원 이하	
보건업 및 사회복지 서비스업		10억 원 이하	
수리 및 기타 개인서비스업		10억 원 이하	
금융·보험업	400억 원 이하	80억 원 이하	
부동산업		30억 원 이하	
임대업		30억 원 이하	
숙박·음식점업		10억 원 이하	
교육 서비스업		10억 원 이하	

※ 자동차용 신품의자 제조업(C30393)은 별도기준(중소기업: 매출액 1,500억 원 이하, 소기업: 120억 원 이하).
자료: 중소벤처기업부(2019.11.), 「기업 단위 중소기업 기본통계」, 4.

02 중소기업의 의의

개별 중소기업은 대기업에 비하여 자본금, 매출액, 부가가치, 종업원수 등에 있어서 비교가 되지 않을 정도로 그 규모가 작다. 그러나 전체적인 측면에서 볼 때 중소기업은 국민경제에서 차지하는 비중이 대기업보다 훨씬 높다. 앞서 정의한 기준에 따라 우리나라 중소기업이 현황을 살펴보면 <표 7-2>와 같이 2017년 말 기준 우리나라 중소기업은 모두 630만 개로 전체 기업의 99.9%를 차지했으며, 중소기업 종사자는 1,599만 명으로 전체 기업 종사자(1,929만 명)의 82.9%로 파악됐다(중소벤처기업부, 2019.11.04.).

▌〈표 7-2〉 2017년 기준 중소기업 현황 　　　　　　　　　　　　　　　　(단위: 개, 명, %)

| 구 분 | 전 체 | 중소기업 | | | | | 중소기업 범위초과 |
| | | 소기업 | | 소계 | 중기업 | | |
		소상공인	소상공인 제외				
기업수	6,304,313 (100.0)	5,905,338 (93.7)	301,143 (4.8)	6,206,481 (98.4)	93,031 (1.5)	6,299,512 (99.9)	4,801 (0.1)
종사자 수	19,289,058 (100.0)	8,529,844 (44.2)	3,862,526 (20.0)	12,392,370 (64.2)	3,599,040 (18.7)	15,991,410 (82.9)	3,297,648 (17.1)

자료: 중소벤처기업부(2019.11.), 「기업 단위 중소기업 기본통계」, 4.

중소벤처기업부는 최근 통계청과 협업해 기존 사업체[1] 단위에서 기업 단위로 변경한 중소기업 기본통계를 새롭게 작성했다. 주요 결과를 보면, 기존 사업체 단위 통계보다 기업수와 종사자수가 크게 늘어난 가운데 전체 기업 종사자 중 중소기업 종사자 비율은 낮아졌다. 이번 신규 통계 작성으로 그동안 사업체 통계에서 제외됐던 물리적 사업장이 없는 전자상거래업, 부동산업 등이 포함돼 우리나라 모든 기업의 현황을 제대로 파악할 수 있다는 데 큰 의의가 있다. 또한, 기업 단위 중소기업 통계를 생산함으로써 그동안 국제통계 기준과 달라 국제기구 등에 제공하지 못했던 중소기업 통계 제공이 가능해졌다(중소벤처기업부, 2019.11.12., 2).

아울러 중소제조업의 위상(2017년)을 보면 <그림 7-2>와 같다. 이러한 우리나라 중소기업이 국민경제에서 차지하는 비중의 변화추이를 살펴보면 <표 7-3>에서 알 수 있듯이 종업원수, 생산액, 및 부가가치 등이 지난 40년간에 걸쳐 크게 증가해 왔음을 알 수 있다. 이와 같이 중소기업이 국민경제에서 차지하는 비중은 매우 높으며, 그것은 시간의 변천과 더불어 더욱 증대하고 있음을 알 수 있다.

---

1 '17년 중소기업수(비율): (기존) 373만 개(99.9%) ↔ (신규) 630만 개(99.9%)
　'17년 중소기업 종사자수(비율): (기존) 1,553만 명(89.8%) ↔ (신규) 1,599만 명(82.9%)

〈그림 7-2〉 중소제조업의 위상(2017)

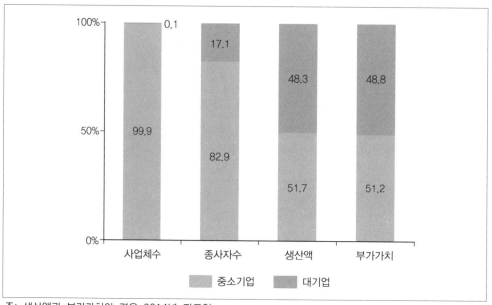

주: 생산액과 부가가치의 경우 2014년 자료임.
자료: 중소기업중앙회; 중소기업부(2016.05.), 「위상지표(통계청, 사업체조사 재편·가공)」, 2; 중소벤처기업
　　부(2019.11.), 「기업 단위 중소기업 기본통계」, 4.

▌〈표 7-3〉 국민경제에서의 중소기업 비중 변화　　　　　　　　　　　　　　　　(단위: %)

구 분	1975년	1980년	1984년	1995년	2000년	2005년	2010년	2013년	2018년
사업체수	92.2	96.6	97.4	99.0	99.7	99.9	99.5	99.5	99.9
종사자수	45.2	49.4	54.2	68.9	83.9	88.1	77.1	77.9	82.2
생 산 액	30.6	32.0	34.8	46.5	47.4	49.5	47.0	47.6	42.8
부가가치	31.3	35.1	36.1	46.3	50.2	51.5	47.4	49.5	−

자료: 중소기업중앙회(2015), 「2015 중소기업현황」, 7; 중소기업중앙회(2018), 「2018 중소기업현황」,
　　16.

　　이어서 주요국의 중소기업의 비중을 비교해 보면 <그림 7－3>과 같다. 이 그림
에서 알 수 있듯이 사업체수에 있어서 우리나라는 99.9%로 동일한 수준인 영국을 제
외하고는 전통적으로 중소기업 강국인 일본(99.1%), 대만(97.7%), 미국(96.9%), 독일
(99.3%) 등보다는 다소 높은 반면, 종사자수에 있어서는 영국(59.2%)을 포함하여 다른
주요국들보다 훨씬 높은 것으로 나타났다(윤태석, 2019.08.28., 조용철, 2019.11.13.; 중소기
업중앙회, 2015).

〈그림 7-3〉 주요국 중소기업의 비중비교

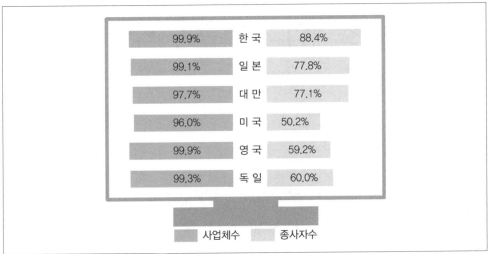

주: 한국은 2016, 일본은 2014, 대만은 2017, 미국은 2015, 영국은 2018년 기준임.
자료: 윤태석, 2019.08.28.; 조용철, 2019.11.13.; 중소기업중앙회, 2015.12.; 중소기업중앙회, 2018; 중소기업중앙회, 2018.12.31.

　　지금까지 중소기업의 위상을 통해 중소기업의 의의를 살펴보았다. 바야흐로 21C는 중소기업 시대로, 한국경제의 미래는 중소기업에 달려 있으며, 21C는 중소기업이 경제 움직임을 지배하는 시대가 될 것이다. 곧 중소기업은 국가경제의 심장이자, 중추(backbone)이다. 따라서 <그림 7-4>와 같이 20세기와는 달리 21세기에는 중소기업에 대한 인식전환이 뒤따라야 할 것이다(중소기업중앙회, 2015, 14).

〈그림 7-4〉 중소기업에 대한 인식전환

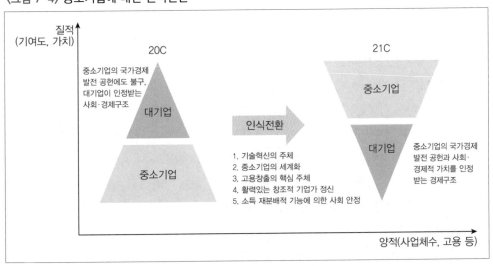

제2절 중소기업의 역할과 특성

01 중소기업의 역할

현대경제의 특징은 산업의 고도화에 의해 기업규모의 대형화, 대량생산체제, 생활편의시설의 확대, 인구의 대도시집중 등의 현상을 보이고 있다는 점이다. 그러나 이러한 특징은 몇 가지의 문제점을 파생시키고 있다.

첫째, 대량생산이 한계에 이르러 자연이 오염·파괴되어 최근 중국 북경의 스모그처럼 심각한 공해를 유발하고, 자원의 낭비를 가져왔으며 획일화, 단순화된 '인스턴트' 식품의 범람으로 현대인에게 정신문화적 욕구불만을 만성화시키고 있다.

둘째, 생산공장에서는 기계화·자동화·정보화가 추진되어 산업용 로봇이 주된 작업을 하고 인간은 작업과정을 지켜보거나 단순 반복적인 작업을 하는 보조자로 전락함으로써 노동자의 인간소외의식이 점차 깊어지고 있다.

셋째, 경제활동의 중추인력이 대도시로 집중됨으로써 도시와 지방 간의 산업불균형이 심화되어 가고, '한산모시', '안성맞춤'의 유기그릇 등 전통적인 지역고유산업은 점차 흔적조차 찾기 어려울 정도로 없어지고 있다.

이 밖에도 우리나라 경제가 당면하고 있는 문제점은 대기업 위주로 추진된 수출제일주의 정책이 외형만의 확대에 그쳤을 뿐 내실있는 성장을 보이지 못했고 부문 간 불균형이 지속되면서 구조적 취약성이 확대되고 있다. 이로 인해 경제회복에 비하여 체감경기 개선이 더디고, 저소득층 → 고소득층, 중소기업 → 대기업으로 가는 성장 사다리가 원활하게 작동하지 못해 경제전반의 역동성을 저해하고 있다. 신성장동력 부족, 청년일자리 문제, 비정규직 문제, 초저출산 등으로 우리나라 경제의 앞날에 대해 밝은 전망만을 할 수는 없다.

이와 같이 오늘날 한국경제가 안고 있는 문제점을 해소하고 우리나라 경제의 성장세를 지속적으로 유지하기 위해 중소기업의 육성은 가장 시급한 과제이며 또한 미래 사회에 대한 대비책으로서의 의미도 크다. 따라서 중소기업의 경제·사회적 역할에 대해 관심을 갖지 않을 수 없다. 그러면 중소기업의 이러한 역할에 대해 보다 구체적으로 살펴보기로 하자.

(1) 생업과 창업의 동기부여

중소기업은 비단 제조업에 국한되지 않고 광의로는 전 산업, 즉 농업, 임업, 수산업, 광공업, 건설업, 운송업, 금융·보험업, 상업 및 서비스업을 망라하는 1, 2, 3차 산업의 전 영역을 그 대상으로 하고 있다. 그러므로 중소기업은 자본주의 국가에 있어서는 국민의 '업', 즉 '경제활동' 그 자체를 모두 포괄하는 개념으로서 바로 그 나라 국민들의 생업기반이 된다.

그뿐만 아니라 중소기업은 건전한 기업가를 발굴·육성하며 더욱 확대될 것이다. 우리나라에 현존하는 중소기업체는 10년 또는 20년 후에 존재할 중소기업체의 몇 분의 1에 불과하다. 다시 말해서 앞으로 경제발전이 계속되고 공업화가 고도로 진전됨에 따라 중소기업체는 계속 생성되지 않으면 안 될 것이다. 특히 공업화의 전후 단계에서 정보, 지식산업으로의 이전과정을 겪게 되면 대기업은 규모의 거대함 때문에 오히려 경쟁력을 잃게 되고 시장의 급변하는 수요패턴에 기민하게 적응할 수 있는 중소기업이 훨씬 경쟁력을 갖게 될 것임에 비추어 볼 때 새로운 중소기업의 창업활동이 활발하게 전개될 것이다.

그러면 중소기업의 창업활동을 전개하는 사람들은 과연 어떤 사람들인가? 이와 관련하여 중소기업중앙회가 2006년 11월 5인 이상 300인 미만의 중소제조업 500개를 대상으로 중소기업 경영자의 출신유형을 살펴본 결과 창업자가 80.1%로 가장 많았으며, 다음으로 창업 2·3세 12.2%, 전문경영인 4.3%, 기업인수·합병(M&A) 3.4% 등의 순으로 나타났다(중소기업중앙회, 2007).

(2) 국력신장의 중추역할

한 나라의 국력은 물질적인 부와 정신적인 부의 결합에 의해 결정된다. 정신적인 부는 그 나라의 전통적인 문화수준과 그 국민의 교육수준 등에 의해 평가되고 물질적인 부는 경제력에 의해 좌우된다. 그러나 이 경우의 경제력은 기술력의 뒷받침이 없이는 사실상 불가능하다.

기술력은 중소기업이 주로 소유하고 있다. 한 예로 자동차의 조립과정을 보면 자동차 모기업은 차형 디자인에서부터 차체조립, 도장, 시험검사 등의 작업을 담당하고 있으나 자동차의 품질을 결정하는 부품은 전체의 90% 이상을 중소기업이 제작·공급하고 있다. 그리고 또 다른 예로서 미항공우주국(NASA)에서 제작하는 인공위성의 경우도 수만 종의 부품이 소요되지만 그 대부분을 중소기업이 공급하고 있다.

따라서 독자적인 기술력을 지닌 중소기업이야말로 일국의 경제력을 강화시키고, 경제력과 조화하여 국력을 강하게 만드는 것이다. 다시 말해서 중소기업은 국력신장의 기본이요, 모체라 할 수 있다.

(3) 중산층형성의 기반

자본주의 국가에서 중산층의 역할은 매우 중요하다. 중산층은 가진 자와 못 가진 자의 가운데에 위치하여 양자의 극한 대립을 중화시키며, 여론의 선도자로서 자본주의 경제를 활성화시키는 대표적 계층이다. 특히 중산층은 공산주의 이론에서 주장하는 '무산계급의 혁명'에 의한 공산화를 방지하는 최후의 보루라고 할 수 있다. 공산주의 혁명의 기초가 된 마르크스(K. Marx)의 이론에서 미처 그 큰 영향력을 예측하지 못했던 중산층의 존재야말로 자본주의 경제가 발전할 수 있는 튼튼한 터전을 마련해 주고 있는 것이다. 더욱이 우리나라와 같이 남북분단, 그것도 이데올로기적 대립이 세계에서 가장 첨예화되어 있는 국가에서는 중소기업의 육성발전을 통해 폭넓은 중산층을 형성하는 것이야말로 안보와 사회안정을 가져오는 첩경이라 하겠다.

(4) 지역의 균형 발전

중소기업은 그 특성상 중앙보다는 지방에 적합한 규모로서 미국, 일본, 독일 등 대부분의 선진국에서 지방을 중심으로 그 지역사회의 특성을 살리는 기업으로 발전되고 있는 것을 볼 수 있다. 종업원의 규모가 적고 소규모 투자로도 창업, 존속할 수 있으며 전국시장보다는 지방 또는 지역시장을 상대로 하기 때문에 자연히 중소기업은 지방에서 보다 유리한 입장에 놓이게 된다.

한 조사에 의하면 지방소재 중소기업이 고용하는 인력의 주요 공급원은 동일시군이 74.7%인 데 비해, 전국일원은 19.9%, 타 시도는 4.5%에 불과하여 지방중소기업이 실제로 고용 면에서 지역사회에 큰 기여를 하고 있는 것으로 나타났다(서도원·이덕로, 2016). 일반적으로 지역사회에 있어서 중소기업이 수행하는 역할을 살펴보면 <표 7-4>와 같다.

‖〈표 7-4〉지역사회에 대한 중소기업의 역할

중소기업의 역할	비 율
• 취업기회의 제공	66.6%
• 지역경제활동의 중심	50.9%
• 급여지급을 통한 지역소득의 형성	41.0%
• 경제순환을 통한 파급효과	29.9%
• 지방재정에의 기여	28.9%
• 지역사회형성의 중심	27.5%
• 지역의 활력원	26.5%
• 전통문화 및 전통산업의 담당자	4.0%

주: 복수응답 결과임.
자료: 김종재(2000), 「중소기업경영론 - 이론과 사례」, 중판, 박영사, 22-23.

그러므로 중소기업이 발전한다는 것은 곧 지방 또는 지역산업이 진흥되는 것을 뜻하며 이와 같이 대도시중심의 대기업과 소지방중심의 중소기업이 조화롭게 발전할 때 비로소 도시와 농촌, 중앙과 지방, 대도시와 중소도시의 균형있는 발전이 가능한 것이다.

(5) 기술개발의 첨병

중소기업의 특성으로서 다품종 소량생산체제를 들고 있다. 이와 함께 중소기업은 소규모 투자로도 경영이 가능하므로 창업에 손쉬운 이점이 있으나 자금조달능력이 부족하기 때문에 항상 도산의 위험이 따른다. 따라서 중소기업은 그들이 쉽게 동원할 수 없는 자금 외의 다른 측면에서 경쟁력을 갖추지 않으면 존속·발전이 어려운 영역이다. 이러한 맥락에서 중소기업은 근본적으로 자금보다는 기술과 기능에 의존하지 않으면 안 된다. 따라서 중소기업은 스스로의 생존과 성장을 위해 항상 시장변화와 수요변화에 기민하게 대처하며 산업발전을 주도하는 기술혁신이나 지식정보화의 첨병역할을 다하지 않으면 안 된다.

하지만 오늘의 현실은 어떠한가? 최근 들어 온통 4차 산업혁명 이야기이다. 문재인 정부는 '소득주도성장'을 뒷받침할 '혁신성장'의 핵심 공격수에 중소기업을 배치하기로 한 바 있다. 혁신성장 첨병은 대기업이 아닌 중소기업이다. 그런데 4차 산업혁명의 첨병이어야 할 중소·벤처기업들의 이탈이 이어지고 있어 안타깝다. 배달의 민족은 독일회사에 40억 달러(약 4조 6,240억 원)에 팔렸고, 게임회사 넥슨은 계속 매각 공고 중이고, 네이버는 일본 소프트뱅크와 합작사를 일본에다 만들었다. 실리콘밸리 등으로 떠나는 벤처는 셀 수 없을 정도다. 미·중 무역전쟁의 핵심도 따지고 보면 4차 산업혁명의 주도권 싸움이다(이인열, 2020.01.02.). 중국을 비롯하여 해외로 갔던 미국의 수많은 기업들이 트럼프 집권 후 미국으로 속속 유턴(U-Tern)하듯이 우리나라에도 중소기업이 기술개발의 첨병역할을 제대로 할 수 있는 풍토가 하루 빨리 조성되었으면 한다.

(6) 다양한 소비욕구의 충족

소품종을 대량생산하는 대기업보다 다품종을 소량생산하는 중소기업이 갈수록 다양해지는 소비자의 요구를 충족시키는 데 적합하다. 바야흐로 정보통신기술(ICT)과 자동화기술을 접목한 다품종 대량생산은 물론이고 맞춤형·소량다품종 생산도 가능한 시스템 대혁명이 구현되고 있다. 이에 따라 과거 물질적으로 풍족하지 못했던 시대에는 단순한 욕구를 채워주면 그만이었는 데 반해 현재는 물질적으로 풍족해짐으로써 소비자의 욕구는 단순한 것에서 개인의 취향이나 욕구 등을 반영하여 다양해졌으므로 제조업과 서비스산업 할 것 없이 소비자의 욕구를 충족시키기 위해 변화하고 다양화되지 않으면 안 된다. 이러한 맥락에서 중소기업은 소비자의 변화무쌍한 수요변화에 보다 기민하게 대응할 수 있다.

(7) 국제수지개선에 기여

중소기업은 소재나 부품의 생산에 전문화를 기하고 중간재의 품질개선 등을 통하여 공산품의 국산화비율을 증대할 수 있게 함으로써 외화의 가득률을 제고할 수 있을 뿐만 아니라 부품 등의 수입유발적인 산업구조를 개선시켜 준다. 이와 같이 한 국가에서 중소기업이 주종을 이루는 소재, 부품산업의 발달은 산업경쟁력을 향상시킬 뿐만 아니라 국내 모기업에서 생산하는 완제품의 경쟁력을 높이고 부품의 수출을 촉진시켜 국제수지를 개선할 수 있다(윤덕병, 2017.09.).

우리나라는 2004년 한 칠레 자유무역협정(FTA: Free Trade Agreement)을 선두로 싱가포르, 아세안, 인도, EU, 미국, 중국, 캐나다, 뉴질랜드, 베트남, 콜롬비아 등과 FTA를 체결·발효하였으며 에콰도르, 필리핀, 러시아, 말레이시아 등 많은 나라와도 협상을 진행 중에 있다(산업통상자원부, 2020). 그만큼 우리의 시장이 넓어질 수 있다는 의미이다(이준호·최정일·이옥동, 2011). 문제는 우리 중소기업이 얼마나 이 기회를 잘 활용하느냐에 달려 있다. 한국과 중국의 FTA도 마침내 타결되었다. 중국은 우리나라 최대 수출국으로 2017년 기준 총수출 5,737억 달러 중 1,421억 달러로 2위인 686억 달러의 미국의 2배가 넘는다.[2] 한국경제는 현재 중국 때문에 유지된다고 해도 과언이 아니다. 그러나 2013년 기준 전체 수출액 중 중소기업이 차지하는 비중은 15%에 그치고 있다. 대기업과 중견기업이 수출의 대부분인 약 85%를 차지하고 있다(김대종, 2015). 따라서 지역 중소기업들이 다국적기업의 글로벌 가치사슬에 다양한 형태로 참여하여 외화가 득에 힘쓸 필요가 있다.

(8) 고용창출에 기여

IMF외환위기 이후 한국경제의 특징 중의 하나는 실업과 비정규직의 증가를 들 수 있다. 특히 일본과 더불어 낮은 실업을 자랑해 왔던 우리나라는 최근 실업이 증가하고 있으며, 그중에서도 청년실업은 사상최고 수준이다. 이러한 실업문제는 '고용창출'에 대한 관심을 고조시키고 있다. 지금까지 중소기업이나 소상공업의 고용창출 효과를 분석한 연구에서 모두 중소기업이 고용창출의 견인차 역할을 하고 있음을 보여주었다(배영임, 2015; 안수진, 2006; 오세열·정호정, 2012; 이준원, 2019).

<그림 7-5>는 지난 50여 년의 산업화과정에서 대기업에 비해 중소제조업의 고용기여율이 얼마나 높은가를 잘 보여주고 있다. 여기서 IMF외환위기와 같은 특수한 경우를 제외하고 중소기업이 경기침체기에도 꾸준히 고용창출을 발생시켰음을 알 수 있다.

---

2 이 밖에도 우리나라 수출 상위 5개국에는 3위인 베트남 478억 달러, 4위인 홍콩 391억 달러, 그리고 5위인 일본 268억 달러이다(중소기업중앙회, 2018.12.31., 60).

〈그림 7-5〉 중소제조업의 고용기여율

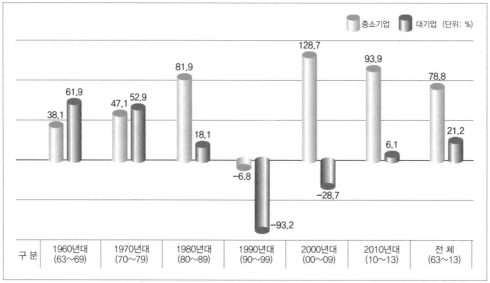

자료: 중소기업중앙회(2015), 「2015 중소기업현황」, 12.

02 중소기업의 특성

공룡은 1억 년을 살다가 사라졌지만 바퀴벌레는 수십억 년을 살고 있다. 전자현미경으로 보이는 물곰(water bears)의 몸길이는 0.1㎜에 불과하지만 히말라야산 정상에서도 살고 사하라 사막에서도 살아간다. 기업도 대기업만 유리한 것은 아니다. 중소기업이 오히려 적격일 때가 많다. 그래서 대기업이 중소기업 흉내를 내느라고 분사(分社)를 하기도 하고 소사장제(小社長制)를 도입하기도 한다(임창희, 2013). 따라서 중소기업이 유리한 때가 있고 유리한 분야가 있을 수 있다.

중소기업의 특성을 논할 때에는 어디까지나 대기업과의 상대적인 개념으로서 그 특성이 약점 또는 강점으로 모두 작용한다는 깃을 염두에 두어야 한다. 이러한 맥락에서 대기업과 중소기업의 차이를 요약하면 <그림 7-6>과 같다.

<그림 7-6> 대기업과 중소기업의 차이

자료: 김재명(2018), 「신 경영학원론」, 제2판, 박영사, 179; 임창희(2015), 「경영학원론」, 라온, 165.

이어서 아래에서는 중소기업의 특성을 경영적 특성, 환경적 특성, 생산기술적 특성 등으로 나누어 대기업과 비교해 보도록 하겠다.

(1) 경영적 특성

중소기업의 경영상의 특성은 대기업의 공식적·근본적·제도적 경영에 비해 인적 내지는 사적 경영으로 소유와 경영의 미분리현상이 두드러진다는 점이다. 따라서 보통 중소기업에서는 과학적·합리적인 관리방법보다는 주먹구구식 또는 직관에 의한 관리가 행해지고 있다. 경영자도 전문경영자보다는 창업주나 소유경영자가 월등히 많은 수를 차지하고 있으며, 의사결정 권한이 중앙에 집중되어 있는 1인 체제인 것이 보통이다. 중소기업은 경영규모가 상대적으로 작기 때문에 간접비용이 적게 들고 경기변동에 신축적으로 대응할 수가 있다. 일반적으로 대기업이 안정적·보수적인 성향을 갖는 데 비해 중소기업은 혁신적·진보적·도전적이다.

(2) 환경적 특성

중소기업은 환경적응에 있어서 대기업보다 상대적으로 탄력적·신축적이다. 이것은 조직의 인적 특성에서 나타나는 유연성 때문에 가능하며 이해관계자집단과 최고경영자의 직접접촉에 의한 원활한 커뮤니케이션 통로가 개방되어 있는 데 기인한다. 대기업이 전국을 그의 시장으로 삼고 있는 데 비해, 중소기업은 지역적 내지는 한정된 시장을 대상으로 하고 있다. 또한 동업종 간의 경쟁상태를 보면 대기업은 그 수가 적고 독과점화 현상에 의해 경쟁이 비교적 적은 데 비해 중소기업은 좁은 시장을 놓고 매우 많은 수의 기업이 격렬한 경쟁을 하고 있다. 그리고 중소기업의 지역사회관계는 대기업보다 밀접하며 지역문화의 형성에 큰 역할을 담당하고 있다.

(3) 생산기술적 특성

생산 및 기술의 측면에서 볼 때, 중소기업은 대기업처럼 계획에 의한 소품종 대량생산에 의하여 시장수요에 대응하기보다는 주문에 의한 다품종 소량생산에 의존하고 있다. 중소기업의 제품은 부품 및 소재, 중간제품이 많으며 이를 이용해서 대기업은 조립 및 완제품형태의 생산을 하고 있다. 중소기업은 그 규모의 중요성으로 인해 경공업 분야에 치중하고 있으며 노동집약적인 성격을 가지고 있다. 그리고 중소기업의 기술수준은 일반적으로 대기업보다는 낮은 편이지만 기술개발의 가능성과 잠재력은 매우 높으며 이것이 중소기업발전의 원동력으로 작용하고 있다.

이상의 세 가지 관점에서 대기업과 중소기업의 특성을 비교하면 <표 7-5>와 같다. 이 표에서 알 수 있는 것처럼 중소기업은 비록 제한된 시장에서 한정된 고객만을 상대로 하고 있지만 소비자의 다양한 기호를 충족시킬 수 있는 이점을 가지고 있으며, 직접판매를 통해 중간이익을 흡수할 수 있고 개인적 서비스를 강화할 수 있다. 또한 적은 인력으로 전문화된 생산이 가능하며, 생산성도 쉽게 높일 수 있어 품질향상과 원가절감에 유리하다.

이와 같이 기업규모의 중요성이 경영의 열악성과 연결되는 것만은 아니며 오히려 규모가 적으면서도 효율적인 경영을 하고 있고 생산성이 높은 중소기업을 주위에서 얼마든지 볼 수 있다. 중소기업은 대기업에 비해 그 나름대로 비교우위의 장점들을 의외로 많이 가지고 있으나 이러한 것들이 과거에는 별로 주목받지 못하였다. 그러나 앞으로는 중소기업의 유리한 특성들을 충분히 살리는 방향에서 중소기업의 발전을 도모하도록 하여야 할 것이다(신유근, 1988).

▮ 〈표 7-5〉 대기업과 중소기업의 특성비교

비교항목		대기업	중소기업
경영적 특성	• 경영방식 • 소유와 경영 • 관리방법 • 경영자 • 의사결정권 • 경영정책 • 의사소통	• 자본적·제도적 경영 • 분리 • 과학적·합리적·현대적 • 전문경영자 • 권한의 위임 (분권적 의사결정) • 안정적·보수적 • 간접적·공식적	• 인적·사적 경영 • 미분리 • 주먹구구식·직관적· 전근대적 • 소유경영자 • 1인 또는 가족지배 (집권적 의사결정) • 혁신적·진보적 • 직접적·신속성
환경적 특성	• 환경적응 • 시장규모 • 경쟁상태 • 지역사회관계(접촉성) • 소비자관계(만족가능성) • 일반적 여건(금융, 수출, 사회인식 등)	• 경직적·고정적 • 전국시장 • 미약(독과점화) • 빈약 • 소 • 유리	• 탄력적·신축적 • 지역시장 • 치열(난립) • 밀접 • 대 • 불리
생산 기술적 특성	• 생산형태 • 제품주안점 • 생산기술의 성격 • 산업의 중심 • 기술보유수준 • 기술개발잠재력	• 소품종 대량계획생산 • 조립 및 완제품 • 자본집약적 • 중화학 중공업 • 고급기술 • 소	• 다품종 소량주문생산 • 부품 및 소재 • 노동집약적 • 경공업 • 기본기술 • 대

자료: 신유근(1988), 「기업과 사회」, 경문사, 680.

제3절 우리나라 중소기업의 특징과 육성방안

앞서 살펴본 바와 같이 우리나라의 경우 중소기업이 전 산업에서 차지하는 비중은 매우 높으므로 중소기업의 육성 없이 건전한 경제성장이나 경제발전을 이룩할 수는 없다. 따라서 우리는 중소기업의 육성방안을 다각도로 강구하여야 한다. 이러한 맥락에서 우리나라 중소기업의 특징을 먼저 고찰한 후 우리나라 중소기업의 육성방안에 대하여 간단히 살펴보고자 한다.

01 우리나라 중소기업의 특징

우리나라 중소기업은 인력확보의 어려움을 비롯하여 다음과 같은 여러 가지의 특징을 가지고 있다.

(1) 인력확보의 어려움

사회적으로 취업난이 심각한 가운데, 중소기업은 여전히 인력확보에 어려움을 겪고 있다. 2018년 기준 중소제조업 인력부족률은 2.15%, 부족인원은 50.1천 명이다. 2017년 300인 이상의 대기업 인력부족률은 1.1%, 부족인원은 21천 명에 불과했다. 그러나 전자의 경우 중소제조업에 국한한 것으로 중소기업 전체로는 중소제조업 통계의 약 4배나 된다는 점을 감안하면 차이가 꽤 난다. 부족인력은 직종별로는 생산직이 2.72%로 가장 높았으며, 그다음으로 기술·연구직(2.26%), 판매·마케팅직(1.61%), 기타 종사자(0.96%) 등의 순으로 나타났다. 기업규모별로는 모든 직종에서 소기업의 인력부족률이 중기업보다 높게 나타났다(이은미, 2014.12.; 중소벤처기업부, 2018.08.; 중소벤처기업부, 2020.01.02.). 중소기업 부족인원 및 미충원인원 추이는 <표 7-6>과 같다.

	2010	2011	2012	2013	2014	2015	2016	2017	2018
부족인원	53.3	64.7	66.3	55.5	38.2	59.3	69.4	57.1	50.1
현재인원	2,069.7	2,087.9	2,122.8	2,086.1	2,375.9	2,430.0	2,199.0	2,331.5	2,315.0
부족률(%)	2.51	3.01	3.03	2.59	1.58	2.38	3.06	2.39	2.15

자료: 중소벤처기업부(2020.01.02.), 「중소기업실태조사」.

(2) 낮은 기술수준

2000년 이전만 하더라도 우리나라의 중소기업의 기술개발투자액은 선진국의 중소기업이나 대기업에 비하여 크게 뒤지고 있어서 기술수준이 크게 떨어져 있었다. 매출액 대비 연구개발비율의 연도별 추이를 보면 1989년 0.19%, 1998년 0.29%, 2000년 0.47%로 0.5%에도 미치지 못했으나 그 뒤 꾸준히 증가하여 2005년에는 1.12%, 2010년에는 1.31%, 2013년에는 1.38%, 2016년에는 3.71%로 크게 증가하였다(중소기업중앙회, 2015, 265; 중소기업중앙회, 2018.12.31.).

이와 같이 최근 10년간 연구개발비는 연평균 8.0%, 연구원수는 연평균 7.6% 증가할 정도로 중소기업 R&D투자는 양적으로 증가하고 있지만, 대기업과의 격차는 오히려 심화되고 있다. 구체적으로 기업 연구개발비 중 중소기업 투자 비중은 2007년 26.6%에서 2017년 21.9%로 낮아졌을 뿐만 아니라 대기업 대비 1개사당 연구개발비 비중(2007년 2.4% → 2017년 1.3%), 대기업 대비 연구원 1인당 평균 연구개발비 비중(2007년 44.7% → 2017 27.6%), 대기업 대비 1개사당 평균 연구원수 비중(2007년 5.4% → 2017년 4.7%) 모두 낮아졌다(노민선, 2019.01.14.).

한편 국내 중소기업들은 2014년 기준 자사의 기술력 수준을 동종업계 세계최고를 100으로 봤을 때, 평균 76.6점(2016년 75.3점)에 해당된다는 자체평가 조사결과가 나왔다. <그림 7-7>에서 알 수 있듯이 전경련 중소기업협력센터가 매출액 10억 원 이상 500억 원 미만 국내 355개 중소제조업체들을 대상으로 조사한 결과, 동종업계 세계최고(=100점) 대비 기술력 수준이 70~90점대에 속한다고 응답한 중소기업이 43.3%로 가장 많았고 90~100점 구간은 29.0%, 70점 이하는 27.7%로 나타났다(유은길, 2014.04.10.; 중소기업부, 2018).

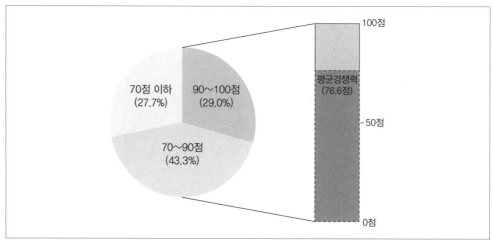

〈그림 7-7〉 중소기업 세계최고(=100점) 대비 기술력 수준

자료: 전경련 중소기업협력센터(2014.04.10.), 「중소기업 기술혁신의 수요현황 및 촉진과제」, 1.

(3) 낮은 노동생산성

우리나라 중소제조업은 인력과 자금이 부족할 뿐 아니라 생산설비가 진부화되고 숙련수준이 상대적으로 낮아 노동생산성 또한 낮은 편이다. 2014년 말 현재 종사자 1인당 부가가치생산성을 보면 <표 7-7>에서 알 수 있듯이 전체적으로 167,410천 원인데 여기서 중소기업은 109,313천 원으로 336,025천 원인 대기업의 32.5% 수준에 불과하다(중소벤처기업부, 2018.08.). 따라서 원가경쟁력이나 시장경쟁력에서도 열세에 놓이는 주요인이 되고 있다. 반면에 중소기업은 오늘날과 같은 인재전 시대에 고급 인력

〈표 7-7〉 부가가치생산성(종사자 1인당) (단위: 천 원, %)

	1980	1990	1995	2000	2010	2012	2013	2014
제 조 업	5,885	23,486	54,106	82,721	153,203	175,018	174,238	167,410
－중소기업	4,168	16,861	36,286	56,116	94,235	107,646	109,134	109,313
－대기업	7,577	34,174	93,308	158,441	351,984	359,462	368,214	336,025
대기업과 격차 (대기업＝100.0)	55.0	49.3	38.9	35.4	26.8	29.9	29.6	32.8

주: 1. (　)안은 전년대비 증감률(%)임.
　　2. 대기업과의 격차는 대기업을 100.0으로 할때 중소기업의 부가가치생산성 수준임.
자료: 중소기업중앙회, 「2015 중소기업현황」, 226; 중소벤처기업부(2018.08.), 「중소기업 통계 자료집」, 1.

의 확보가 어려운 여건하에서도 최근 몇 년간의 최저임금의 급격한 상승으로 임금상승의 압박을 받고 있어 노동생산성의 저하를 가중시키는 또 다른 요인이 되고 있다.

(4) 규모의 영세화

우리나라 중소기업의 규모별 사업체수 현황을 보면 <표 7-8>에서 알 수 있듯이 2017년 12월 말 현재 종업원 5인 미만의 영세 사업체수가 3,072,483개로 전체 중소기업 3,732,997개의 82.3%에 달하고 있다. 이 중에서 중소기업의 근간을 이루는 제조업의 경우 273,375개로 전체 중소기업 427,848개 중 63.9%에 달하고 있다.

▌〈표 7-8〉 종사자 규모별 사업체수 현황(2017년)   (단위: 인, 개, %)

산업별	전 체	1~4	5~9	10~19	20~29	30~49	50~99	100 ~199	200 ~299	300 ~499	500 이상
전 산업	3,732,997	3,072,483	419,038	142,681	40,710	29,427	18,167	7,412	1,724	854	501
제조업	427,848	273,375	87,716	33,993	13,156	10,269	6,589	2,249	395	93	13

자료: 중소벤처기업부(2019.06.13.), 「통계DB조회」.

기업형태에 있어서도 중소제조업의 조직형태는 <표 7-9>와 같이 73.3%가 개인기업이고 법인형태는 26.7%인 것으로 나타났다. 이 수치는 1980년의 78.3%, 1990년의 70.0%, 2000년의 57.4%로 다소 줄어들다가 최근 들어 다시 늘어나는 추세여서 규모의 영세성을 벗어나지 못하고 있다. 이와 같은 규모의 영세화는 고급인력을 경영활동에 참가시키는 것이 어려운 일이며, 기업주의 주관과 독단에 의한 경영이 이루어지기 쉽고, 합리적이고 과학적인 경영을 기대하기 어려운 요인이 작용하고 있다(서도원·이덕로, 2016, 295).

▌〈표 7-9〉 중소제조업의 조직형태

형 태	1986	1988	1990	1992	1994	1996	1998	2000	2006	2013	2017
법인	22.1	28.4	30.0	37.3	42.8	48.8	48.1	42.6	37.0	24.5	26.7
개인기업	77.9	71.6	70.0	62.7	57.2	51.2	51.9	57.4	63.0	75.5	73.3

자료: 중소기업중앙회(2015), 「2015 중소기업현황」, 119; 중소벤처기업부(2019.06.13.), 「통계DB조회」.

(5) 경쟁력의 취약

우리나라 중소기업은 조직력의 취약성, 판촉활동의 미숙 등으로 동일한 품질이라 하더라도 대기업에 비하여 판매경쟁에서 크게 뒤떨어져 있다. 그뿐만 아니라, 제품의 현찰판매가 1996년의 29.4%로 매우 낮은 수준이다. 그러나 사회적 분위기와 정부의 강력한 지도에 의해 크게 개선되어 2005년에는 71.7%, 2013년 81.7%로 개선되었다(중소기업중앙회, 2015, 264). 그러나 외상판매의 경우 대금의 평균 회수기간이 2005년 125.1일을 거쳐 2014년 2/4분기 말 현재 113.7%로 여전히 길어 중소기업 경영상의 큰 애로요인이 되고 있다. 다행히 금융감독원이 2019년 4월 납품 중소기업 보호 차원에서 2021년 5월까지 외상매출채권과 이 채권을 담보로 하는 대출의 만기(이하 외담대)를 90일로 단계적으로(현행 180일인 외상매출채권의 만기를 2019년 5월 30일부터 150일로, 2020년 5월 30일부터 120일로, 그리고 2021년 5월 30일부터 90일로 단축) 줄이기로 함으로써 앞으로는 외상판매 대금의 평균 회수기간이 크게 줄어들 것으로 보인다.

(6) 노사협조의 미약

중소기업은 대기업에 비해 기술이 진부하고 노동생산성이 매우 낮다는 점은 위에서 언급한 바 있다. 중소기업은 대기업에 비해 임금수준마저 크게 낮아 자질있는 종업원의 채용 또한 어려운 편이다. 중소기업의 대기업과의 임금격차는 대기업을 100으로 볼 때 1994년 76.7%, 2000년 71.35%, 2010년 59.9%까지 떨어졌다가 2014년 60.6%, 2017년 63.7% 정도이다(중소기업중앙회, 2015, 282; 중소벤처기업부, 2018.08.01.). 그러나 실제에 있어서는 복리후생비나 성과급까지 포함하면 이보다 훨씬 더 차이가 난다.

우리나라 경제가 급속한 양적 성장을 이룩해 오는 과정에서 물질 면과 정신 면의 괴리현상이 일어났고 노사 간의 인식부족과 가치관의 혼돈, 대기업과 중소기업 간 복리후생수준의 큰 차이 등으로 종업원의 불만을 흡수하거나 소화하기가 어려워 궁극적으로는 취업을 꺼리거나 이직의 원인이 되기도 하며 나아가 노사분쟁의 큰 요인이 되고 있다. 이것이 중소기업의 생산성향상과 계속기업(going concern)으로서의 유지와 성장에 큰 저해요인이 되고 있는 실정이다.

(7) 수도권 집중

정부는 지난 10여 년간에 걸쳐 혁신도시와 기업도시를 만들고 행정중심복합도시의 건설과 공기업의 지방이전을 지속적으로 전개해 왔음에도 불구하고 여전히 중소제조업의 수도권 집중화현상이 개선되지 않고 있다. 2017년 말 현재 중소제조업의 50.7%(319만 4천 개)가 서울·인천 및 경기도에 위치하고 있다. 중소제조업의 수도권 집중비율은 1980년에는 44.0%에 불과했으나, 1985년에는 54.8%, 1990년에는 58.1%, 1995년에는 55.8%, 2000년에는 57.1%로 크게 늘어났다. 그러나 2005년에는 52.2%, 2013년에는 47.8%로 다소 완화되다가 2016년부터 다시 50%대를 유지하고 있다. 종사자수로 보면 2017년 수도권 소재 중소기업 종사자는 857만 2천 명으로 비중은 53.6%이다. 참고로 지역별 중소기업 현황은 <그림 7-8>과 같다.

수도권일수록 공장부지가격이 비싸고 환경규제 등이 강화되어 있음에도 불구하고 이처럼 수도권에 중소제조업이 밀집되어 있는 것은 수도권에서 노동력확보가 상대적으로 용이하기 때문인 것으로 보인다(서도원·이덕로, 2016, 296).

〈그림 7-8〉 지역별 중소기업 현황

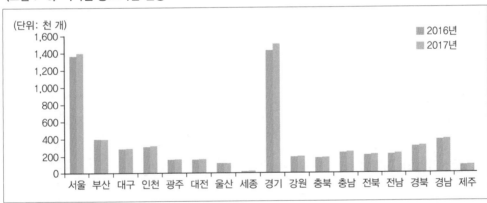

자료: 중소벤처기업부(2019.11.), 「기업 단위 중소기업 기본통계」, 12.

(8) 자금조달의 문제

우리나라 기업의 자금조달 실적을 보면 <표 7-10>에서 알 수 있듯이 2017년 말 현재 42조 6,240억 원이다. 이 중 대기업이 39조 4,105억 원으로 92.5%를 차지하고 중소기업은 3조 2,135억 원으로 전체의 7.55%에 불과하다. 2018년의 중소기업 직접금융 현황을 보면 기업공개 1조 7,463억, 유상증자 1조 1,877억, 일반회사채 1,300억 등 총 3조 640억 원으로 2016년이나 2017년보다도 적다(중소기업연구원, 2019.12., 4). 이 중에서도 자금조달의 대부분을 전체적으로 볼 때 회사채에 의존하고 있어 재무구조를 나쁘게 하지 않고도 필요로 하는 소요자금을 무이자로 확보할 수 있는 주식발행에 의한 직접 금융조달이 어려움을 알 수 있다(중소벤처기업부, 2018.08., 4).

▌〈표 7-10〉 자금조달 실적 추이
(단위: 억)

구 분		2013	2014	2015	2016	2017
전 체	중소	8,212	15,807	25,719	34,046	32,135
	대	459,359	483,712	463,621	342,695	394,105
주식 – 기업공개	중소	4,080	9,591	18,881	15,861	13,776
	대	6,884	7,942	12,687	23,611	45,117
주식 – 유상증자	중소	3,890	6,036	4,368	14,125	12,579
	대	37,166	52,697	44,244	48,978	32,100
회사채	중소	242	180	2,470	4,060	5,780
	대	415,309	423,073	406,690	270,106	316,888

자료: 중소벤처기업부(2018.08.), 「중소기업 통계 자료집」, 4.

02 우리나라 중소기업의 육성방안

(1) 중소기업의 계열화

중소기업의 계열화(integration)란 대기업과 중소기업이 상호분업적 협력관계를 이루는 형태로, 대기업이 중소기업에 대해 법률적·경제적인 독립성을 유지하면서, 자본적·업무적·기술적 결합을 시도할 경우에 발생하는 개념이다. 이것은 분업에 의한 상호이익을 도모할 목적으로 대기업이 여러 관련기업을 하청공장(subcontract plant)으로 둠으로써 대기업이 기간공장(key plant)으로서의 역할을 수행할 경우에 생긴다.

이와 같은 계열화를 통해서 대기업과 중소기업은 생산공정의 합리화를 도모할 수 있고 판매시장의 확보도 용이하게 된다. 대기업이 중소기업에 계열화를 통한 일거리를 제공함으로써 중소기업도 그 생존이 가능하게 되고, 또 대기업은 제조공정상 애로가 되는 공정을 중소기업에 하청으로 맡김으로써 제조과정상의 애로부문(bottleneck process)을 효율화할 수 있다(김재명, 2018). 결국 계열화를 촉진함으로써 대기업과 중소기업 간의 동반자적 협력관계를 확산시킬 수 있다.

이러한 맥락에서 2007년 4월 11일에 전부 개정된 중소기업기본법 제10조 1항의 '계열화의 촉진'에서 "정부는 중소기업자와 중소기업자 외의 자가 분업화를 통하여 서로 이익을 증진할 수 있도록 계열화를 촉진하기 위하여 필요한 시책을 실시하여야 한다"라고 규정한 바 있다.

(2) 중소기업의 협업화

이는 규모의 경제(economy of scale)에 따른 이익의 확대를 위해서 동일한 업종의 중소기업들이 생산판매에 대한 협업체제를 이룩하는 것을 말한다. 그러나 이때 각 기업은 법률적으로나 경제적으로 독립성을 유지한다. 협업화의 방법으로는 공장집단화, 시설공동화, 기업합병 및 경영협업화 등을 생각해 볼 수 있는데, 구체적 내용은 <표 7-11>과 같다. 중소기업진흥공단은 협업화사업에 대하여 부지매입비, 공장건축비, 기계 및 시설 설치 등 소요자금을 지원하는 이외에 기술·경영지도와 정보제공 등을 실시하고 있다.

▍〈표 7-11〉협업화의 유형

구 분	내 용
공장집단화	동종 또는 관련업종을 영위하는 중소기업들이 근대화를 도모할 목적으로 일정한 지역에 공장을 집단으로 이전하는 사업
시설공동화	동종 또는 관련업종을 영위하는 중소기업자들이 개별적으로 설치하기 어려운 생산시설, 공해방지시설, 시험조사시설, 복지후생시설, 전시판매장 등을 공동으로 설치 운영하는 사업
기업합병	동종 또는 관련업종을 영위하는 중소기업자들이 규모의 적정화를 도모할 목적으로 기업을 통합하거나 합병하는 사업
경영협업화	동종 또는 관련업종을 영위하는 중소기업자들이 공동구매사업, 공동기술개발 및 도입, 공동상품이용 등 경영·기술활용을 협업적으로 운영하는 사업

자료: 이원우·서도원·이덕로(2008), 「경영학의 이해」, 박영사, 227.

(3) 생산의 전문화

중소기업은 자동화된 기계에 의존하는 고도의 현대 생산기술보다는 수공업적 숙련을 필요로 하는 제품생산 분야에 존립의 기반을 갖게 되며, 이들 제품의 수요는 다품종 소량이기 때문에 중소기업에 보다 유리한 경우가 많다.

중소기업 가운데 특정 분야에서 시장경쟁력을 확보한 기업들의 공통점은 해당 분야의 전문기술을 가지고 있으며, 그 기술을 활용해 고객 니즈(needs)에 맞는 제품을 개발했다는 점이다. 수많은 시행착오를 통해 특정 분야에서 전문기술을 습득하거나 우연찮게 특정 분야를 선택해 집중적으로 기술경쟁력을 쌓는다.

특정 분야에 집중해 고도의 기술력을 쌓은 중소기업은 그 기술력을 기반으로 까다로운 시장의 요구에 신속하게 대응해 신뢰를 쌓는 동시에 안정적인 성장을 이룰 수 있다. 나아가 제품의 뛰어난 품질과 차별적인 기술력, 그리고 품질과 기술에 대한 자부심은 치열한 경쟁 환경에서도 지속경영을 가능하게 해 주는 원동력이 된다(나종호, 2018.01.31.).

(4) 경영관리체제의 정비

그동안 우리나라의 중소기업들은 고도성장과정을 거치면서 설비중심의 근대화에 주력해 온 결과 이에 대한 개선은 크게 이루어졌다. 그러나 정보, 마케팅, 인재육성 등 고유의 경영관리활동은 소홀히 한 나머지 이 분야는 상당히 낙후되어 있는 실정이다. 그 결과 중소기업은 일반적으로 관리체제가 비과학적이고 전근대적이며 비조직적이다. 따라서 중소기업의 경영합리화를 위해서는 모든 관리체제를 정비하여 보다 과학적이고 계획적이며 변화하는 환경에 신축적으로 대응할 수 있도록 하여야 한다.

이것이 곧 중소기업이 살아남기 위한 생존전략으로, 구체적으로는 기업가 정신의 함양, 세계화·디지털화에 걸맞는 인재양성 그리고 환경변화에 신축적인 조직구조의 구축 등을 들 수 있다.

(5) 공공구매지원의 활성화

세계적인 경기침체 상황에서 각국은 새로운 경제모델을 구상 중에 있으며 우리나라도 창조경제 달성을 위한 기술혁신형 중소기업의 육성을 위해 노력하고 있다. 혁신형 중소기업의 활성화를 위해서는 제품 및 서비스의 개발도 중요하지만 이러한 상품이 거래될 수 있는 시장의 조성 역시 매우 중요한 요소로 작용한다. 하지만 공공구매의 정책적 중요성과 지원수단으로서의 효용성이 높음에도 불구하고, 혁신을 위한 공공조달의 역할에 대한 심도있는 논의가 미흡한 편이다. 현재 우리 정부의 조달청에서 운영하고 있는 우수제품시장은 기술혁신형 공공구매의 대표적 사례(공공기관의 중소기업 물품구매액의 10% 이상을 기술개발제품으로 구매하도록 한 규정)로 이의 활성화가 필요하다(최종화 외, 2014).

아울러 위에서 언급했던 중소기업을 지원하기 위한 기술개발에 대한 지원과 초기 정착을 위한 안정적 판로 확보에 대한 정부차원의 정책적 지원이 병행될 때 중소기업의 안정적 성장과 발전이 가능하다.

(6) 기타 정부의 제도적 지원

1996년 2월 중소기업청의 발족에 이어 2017년 7월의 중소벤처기업부 승격 신설에서도 알 수 있듯이 정부의 중소기업에 대한 지원이 과거에 비해 상당히 광범위하고도 지속적으로 이루어지고 있으나 아직도 실질적인 육성성과는 미약하기 짝이 없다. 따라서 정부는 중소기업이 갖는 국민경제적 중요성을 감안하여 이의 육성을 위한 제반의 정책적 방안을 강구해야 한다. 중소기업의 금융적 지원을 위한 제도적 장치라든지, 기술지원을 위한 특수한 배려, 그리고 세제상의 혜택을 위한 특수조치 등이 집중적으로 채택될 수 있어야 한다. 이와 같이 할 때 비로소 중소기업의 체질이 근본적으로 개선되어 환경변화에 동태적으로 적응할 수 있게 될 것이다(김석회, 1998).

중소기업 80%, 4차 산업혁명 대비 "없다." 3곳 중 2곳은 몰라

중소 제조기업 대부분이 4차 산업혁명에 대응 계획이 없는 것으로 나타났다. 중소기업중앙회가 300개 중소 제조기업을 대상으로 '4차 산업혁명 대응 실태'를 조사한 결과 응답 기업의 79.7%가 4차 산업혁명에 대한 준비 계획이 없는 것으로 조사됐다고 4일 발표했다. 중소기업 63.7%는 4차 산업혁명을 "모른다"고 응답했다.

4차 산업혁명은 정보통신·과학 기술 등의 발전으로 경제·사회 전반의 변화를 불러올 차세대 산업혁명을 의미한다. 4차 산업혁명에 대한 중소기업의 인식은 지난해보다 개선되지 않은 것으로 나타났다. 지난해 10월 중기중앙회 조사에 따르면 '4차 산업혁명에 대해 알고 있다'고 답한 중소기업이 39.5%였지만, 올해는 36.3%에 그쳤다.

대부분의 중소 제조기업은 4차 산업혁명 대비를 통해 '생산성 향상'(55.7%)을 기대했다. 4차 산업혁명에 대비하면서 '생산성 향상'을 목표로 하는 기업은 직원이 많은 기업일수록 많았다(100인 이상 기업 81.8%). 반면 종사자 규모가 작은 기업은 4차 산업혁명에 대한 준비를 통해 '신제품 개발'(10인 미만 기업 33.3%), '비용 절감 등 경제성 제고'(10인 미만 기업 22.2%)에 도움이 될 것이라고 응답했다.

중소기업은 4차 산업혁명에 대응하기 어려운 이유로 ▶전문인력 부족(28.7%) ▶투자 대비 효과 불확실(28.3%) ▶투자자금 부족(27.7%) ▶4차 산업혁명 교육 부족(19.3%) 등을 꼽았다. 응답 기업의 10%만이 '2, 3년 안에 4차 산업혁명 대응 계획을 마련할 것'이라고 답했다.

정부의 4차 산업혁명에 정책에 대해 아쉬움을 표현하는 중소기업이 많았다. 응답 기업 22.7%는 정부 정책에 대해 '부족하다'고 평가했다. '잘하고 있다'고 한 기업은 12.7%였다. 중소기업은 4차 산업혁명에 대한 정부 정책의 문제점으로 '중소기업의 현실을 고려한 정책 부재'(72%)를 지적했다. 4차 산업혁명을 위해 정부 추진 과제로 ▶중소기업 맞춤형 컨설팅 지원 산업(53.7%) ▶투자 · 연구자금 관련 세제 혜택 등 지원(36.3%) ▶인재양성 · 근로자 재교육 지원(25.7%) 등을 꼽았다.

정욱조 중기중앙회 혁신성장본부장은 "정부가 4차 산업혁명 대응을 위해 다양한 정책을 실시하고 있지만, 중소기업 현장의 인식과 대응수준은 기대에 못 미치고 있다"며 "이번 조사를 바탕으로 인력과 투자역량이 부족한 등 중소기업의 어려움을 보완할 정책 · 사업을 마련하고 4차 산업혁명을 쉽게 이해하고 대응할 수 있도록 다양한 사례를 찾을 것"이라고 말했다.

자료: 임성빈(2019.11.04.), "중소기업 80%, 4차 산업혁명 대비 "없다." 3곳 중 2곳은 몰라," 「중앙일보」.

CHAPTER

8

기업환경

제1절 기업환경의 의의

01 기업환경의 의의

기업환경(business environment)이란 기업에 영향을 미치는 기업 안팎의 모든 요소로 크게 내부환경과 외부환경으로 나눌 수 있다. 내부환경은 기업의 내부에 존재하는 요소와 상황을 의미하며 여기에는 사명, 조직목표, 기업문화, 최고경영자의 관리스타일, 회사방침 및 종업원·노조 등이 있다(Mondy & Premeaux, 1995). 외부환경은 기업 외부에 존재하는 환경으로 다양한 기회와 위협을 제공하는 일반환경과 기업목표 달성에 직·간접으로 영향을 미치는 이해관계자 집단을 포함하는 과업환경으로 나눌 수 있다(김귀곤 외, 2018). 본 장에서는 외부환경에 초점을 두어 살펴보도록 하겠다.[1]

조직은 주어진 환경 내에서 행동한다. 조직은 개방시스템으로써 환경요인과 그 변화에 대해 끊임없이 상호작용하기 때문에 조직의 생존과 성장은 외부요인에 대한 조직의 능력과 적응력에 의해 좌우되는 것이다. 조직의 외부환경은 끊임없이 변동하고 있고 장기적인 변화를 겪기 마련이다. 따라서 조직이 그 생존과 성장을 계속하기 위해서는 이러한 외부환경 변화에 항상 민감하게 대처하는 적응능력을 길러야만 한다.

이와 같이 환경은 기업에 대하여 사업의 기회(opportunity)를 제공해 주기도 하지만, 기업이 수행하는 활동에 대한 위협(threat)이 되기도 하므로 조직이 그 생존과 성장을 계속해 나가기 위해서는 이러한 외부환경 변화에 신축적으로 대응하는 적응능력을

---

1 기업환경을 분류하는 방법은 학자에 따라 다양하다. 구체적으로 거시환경, 중간환경(intermediate environment) 및 미시환경으로 분류하는 학자가 있는가 하면(Hodge, Anthony, & Gales, 2003), 환경을 일반환경, 과업환경 및 내부환경으로 분류하는 논자도 있다(Daft, 2010). 이 밖에도 여러 가지의 분류방식이 있으나 본 장에서는 가장 보편적인 일반환경과 과업환경으로 나누어 각각 살펴보기로 하겠다.

길러야만 한다. 그러면 왜 기업이 환경문제에 대해 보다 많은 관심을 보여야 하는지 그 중요성에 대해 고찰해 보도록 하자.

첫째, 자본주의 경제의 발달로 자본주의 경제의 내부에 구조적 변화를 가져왔으며 세계경제의 구조에도 질적 변화를 일으키는 등 기업을 둘러싼 경제적 환경에서 큰 변화가 일어났다. 둘째, 경제적 환경뿐만 아니라 사회·심리적·정치적 환경 등 소위 경제 외적 환경도 크게 변화함으로써 기업활동에 중요한 영향을 미쳤다. 셋째, 민주주의의 발달과 더불어 기업과 지역사회와의 관계에도 큰 변화가 일어남으로써 지역사회가 기업경영에 주요한 영향을 미치게 되었다. 넷째, 기업에 대한 종래의 연구가 정태적 분석에서 동태적 연구로 바뀌었을 뿐만 아니라 기업을 개방시스템으로 보아 기업활동을 시스템적으로 파악하게 되었다. 다섯째, 기업에 미치는 여론의 영향이 커짐으로써 일주운동(一株運動), 소비자보호운동, 반핵·반전운동·여성해방운동, 인종차별반대운동 등과 더불어 환경보호 캠페인도 매스컴을 통해 자연히 여론을 촉진시키게 되었다. 여섯째, 공해문제가 악화됨으로써 자연생태계를 둘러싸고 지역사회나 일반 대중들의 관심이 그 어느 때보다도 고조되었다. 끝으로 현대자본주의 경제의 중핵을 이루는 기업에 대해 정부가 한편으로는 공적 규제를 가하고, 다른 한편으로는 각종 지원과 유인을 주는 등 정부가 기업경영에 중요한 영향을 미쳤기 때문이다(송기철, 1982).

02 기업환경의 성격

기업환경이 행동주체인 기업에 대해 의미가 있는가 그렇지 않는가 하는 것은 최종적으로 행동주체의 지각이나 판단에 의해 결정된다. 즉, 행동주체가 자신의 행동양식이나 행동성과에 중요한 영향을 미친다고 생각하였을 때 그것은 의미있는 환경으로서 다루어지는 것이며 나머지 요인은 잔여요인으로서 무시되게 마련이다.

그런데 이와 같은 기업환경은 기업에 영향을 미치거나 혹은 이에서 영향을 받는 단순한 정태적인 존재가 아니라 그 자체로서 독자적인 목적과 기능을 갖는 주체적인 존재이므로 현대기업은 기업환경과의 조화적인 관계를 유지하지 않으면 안 되는데, 이것이 곧 기업의 대(對)환경관계이다. 이러한 의미에서 기업을 경영한다는 것은 환경에 적응하여 기업목적을 달성하기 위한 관계관리(relation management)로서의 성격을 가진다고 할 수 있다.

행동주체인 기업이 환경을 판단할 수 있는 가능성은 상대적인 것이다. 여기에는 완전히 불가능한 것으로부터 어느 정도 곤란한 것, 약간 곤란한 것 등 그 제어가능성의 정도에 큰 차이가 있다. 이에 영향을 미치는 요인으로는 환경변화의 성격, 행동주체에 의한 환경동향의 파악수준, 환경에의 작용과 제어능력이나 수단의 개량·진보, 나아가 환경주체의 의사 등이 있다. 그런데 환경에 대한 행동주체의 일정한 작용이 상당한 기간 동안 집적되면 제어불가능하였던 환경부분이 제어가능요인으로 바뀌기도 하므로 환경은 언제나 제어불능인 것만은 아니다.

기업환경은 그것이 지니고 있는 변화특성에 따라 크게 다음과 같은 세 가지 유형으로 나눌 수 있다(Jacoby, 1977).

① 확실성 환경(certainty environment): 환경의 상태가 어떻게 될 것인지 미리 확정되어 있어서 쉽게 예측할 수 있는 환경이다.
② 위험성 환경(risk environment): 환경의 상태가 어떻게 될 것인지 예측하기는 어려우나 확률적으로 여러 가지 상태를 예측할 수 있는 환경이다.
③ 불확실성 환경(uncertainty environment): 환경의 상태에 대해 예측할 수는 있으나 각 상태가 발생할 확률을 추정할 수 없거나 또는 어떠한 상태가 생길 것인지 예측할 수 없는 환경이다.

오늘날 기업을 둘러싸고 있는 환경이 급격하게 변화하기 때문에 대다수의 기업환경의 성격은 셋째의 불확실성 환경에 속한다. 기업환경이 일정불변의 것이라면 이를 무시할 수도 있다. 그러나 오늘날 기업을 둘러싸고 있는 기업환경은 앞에서 보았듯이 그 대부분이 불확실성 환경이어서 그것이 가지는 특성은 유동적이고 항상 변동하고 있다는 데에 있다. 이러한 기업환경의 변화는 그 변화의 속도도 빠르며 또한 그 정도도 고도화되고 있고, 나아가서는 다양하게 변화한다는 특성을 가지고 있다. 이와 같은 의미에서 오늘날의 시대를 불확실성의 시대라고 하는 것이다.

그렇다면 환경변화의 특성은 어떠한 것일까? 첫째, 이의 변화속도는 종래에는 비교적 완만하였으나 오늘날에는 변화의 가속성이 아주 높다는 특성을 가지고 있다. 둘째, 이러한 환경의 변화는 오랫동안 계속되는 지속성을 가지지 못하고 일시적으로 변화하는, 변화의 일시성이라는 특성을 가지고 있다. 셋째, 종래의 환경변화는 그 원인을 비교적 쉽게 알 수 있었으나 오늘날에는 자원부족이나 공해문제처럼 변화의 다양성이 있다는 특성이 있다. 넷째, 오늘날의 환경변화의 발생빈도는 옛날에 비해 훨씬 높아서 변화의 빈발성이라는 특성을 가지고 있다. 다섯째, 종래의 환경변화에 영향을 미치는 요소가 다원적·복합적이라는 의미에서 변화의 다원성 내지 복합성이라는 특성을 가지고 있다.

그러면 기업과 기업환경은 어떠한 관계하에 상호관련되고 있는 것일까? 기업은 환경으로부터 기업활동을 수행하는 데 필요한 기업자원을 투입받아 확보하고 이를 결합·변환하여 환경의 요구에 적합한 재화나 서비스의 형태로 만들어 이를 환경에 내보낸다. 그 결과 이를 구매·사용·소비하는 소비자가 지급한 대가로서 기업의 중간목적인 판매이익이 실현되고 그것이 경쟁업체보다 유리한 경쟁적 우위의 입장에서 실현되면 그 기업은 장기적으로 성장·발전할 수 있는 기반을 마련할 수 있게 되는 것이다(김원수, 1995).

제2절 일반환경

일반환경(general environment)이란 한 경제 내 모든 혹은 대부분의 조직에 공통적으로 영향을 미치는 환경으로 종종 거시환경 또는 사회환경(societal environment)이라고도 한다. <그림 8-1>의 외곽 원에서 볼 수 있듯이 일반환경에는 경제적 환경, 법·정치적 환경, 사회·문화적 환경, 기술적 환경 및 국제적 환경 등이 있다. 그러나 정치적 법세력이나 기술력의 경우 경영자가 내리는 일상적인 의사결정에 직접적인 영향을 미치기 때문에 학자에 따라서는 과업환경으로 다루기도 한다(Hellriegel, Jackson, & Slocum, 2008, 71).

한 예로 노동조합은 한 조직의 과업환경이나 일반환경 어느 것이나 될 수 있다. 전미자동차노조(UAW: United Auto Workers)는 Ford, Chrysler 및 General Motors의 과업환경으로 자동차회사의 기업경영에 직접적인 영향을 미칠 수 있다. 그러나 우리나라의 삼성그룹 내 대부분의 회사와 포스코, 세계에서 가장 존경받는 기업(World's most

〈그림 8-1〉 기업환경의 분류

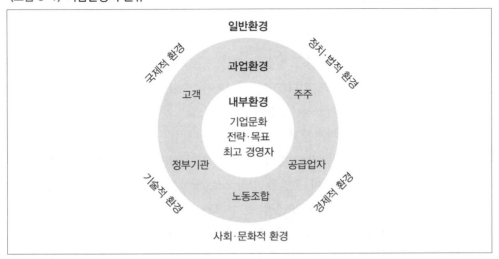

자료: 이승종(1990), 「경영학원론」, 석정, 51.

admired Companies)에 선정된 상위 10개 기업 중 Apple(애플 매장 비정규직 노조 있음)·
FedEx·Microsoft·Google·Berkshire Hathaway 등 5개사, 그리고 비노조 경영을 오랜
기간 성공적으로 실천하고 있는 대표적 기업인 IBM·Kodak, 영국의 Marks & Spencer
그리고 일본의 아이와(AIWA), 알프스전기(ALPS Electric) 등과 같은 노조 없는 기업은
과업환경이 아니다(김병용, 2011.05.18.).

아울러 근래에 와서는 각종 공해에 따른 환경오염의 문제와 자연생태계의 파괴에
따른 환경보호문제, 지구촌의 에너지 고갈에 따른 자연자원의 문제에 보다 많은 관심
이 기울여지고 있다. 단적인 예로 미국의 New York Times와 CBS TV방송이 1981년
공동으로 여론조사를 한 결과, 비용에 관계없이 환경개선이 이루어져야 한다고 생각한
사람은 고작 4%에 불과했으나 1989년에는 79%로 껑충 뛰어올라 자연적·생태적 환경
이 새로운 환경의 영역으로 떠오르고 있음을 알 수 있다(Hellriegel, Jackson, & Slocum,
2008, 71-72).

01 경제적 환경

기업환경이라면 경제적 환경을 일컬을 만큼 경제적 환경은 기업의 일반환경 중에서 가장 중요한 위치를 점하고 있다(Sharplin, 1985). 오늘날의 경제환경이 기업경영에 어떻게 영향을 미치는지 살펴보자. 호경기 동안 기업은 자사의 노동력을 늘리고 새로운 시장을 모색할 것이다. 경기침체 때에는 인력재배치나 재교육을 실시하고 심지어 인원삭감과 공장폐쇄를 단행하기도 한다. 이렇듯 경기국면은 기업활동에 영향을 미치게 된다. 물론 이때 모든 기업이 동일한 양상으로 영향을 받는 것은 아니다. IMF외환위기 이후 많은 제조업들이 지난 20년에 걸쳐 크게 회복하였거나 번창해 온 반면, 농업은 지속적으로 침체되어 온 사실에서도 잘 알 수 있다.

또한 경제적 환경은 국가의 경제체제와 밀접한 관계를 맺고 있다. 중국과 쿠바를 비롯한 몇몇 국가는 국가가 통제하는 중앙계획경제를 갖고 있다. 이들 나라에서는 정부가 기업소유, 생산량, 가격결정 및 다른 경제활동에 대한 규율을 정한다(Frederick, Davis, & Post, 1988; Kublin, 1990). 이와는 대조적으로 미국을 비롯한 대다수의 자유주의국가들은 자유시장체제를 가진 자본주의 경제를 채택함으로써 기업이나 다른 조직으로 하여금 수요와 공급에 의해 결정되는 시장가치에 따라 물건을 사고팔도록 한다. 중앙계획경제를 취하고 있는 많은 나라들이 점차로 경제규칙을 바꾸어 기업의 사적 소유와 같은 자유시장경제의 측면을 통합해 나가고 있다(Naisbitt & Aburdene, 1990).

이 밖에도 한 국가의 경제조직의 공·사유 형태, 재정·금융정책, 시장의 성격, 인플레이션, 국내외 경제성장률,[2] 국제정세에 따라 출렁이는 유가 등도 경제환경을 이루는 중요한 요소들이다. 경제가 질적·양적으로 확대되고 변동됨에 따라 기업은 여기에 적절히 탄력적으로 적응해 나가야만 한다. 경제가 호황이거나 기업이 속한 산업이 성장산업일 경우 기업의 규모와 경영은 대체로 성장할 수 있다. 예컨대 기업이 생산한 재화나 서비스에 대해 소비자나 산업시장, 정부기관 등이 만족할 만한 대가를 지불할 수 있다면 기업은 번창하게 될 것이며, 그렇지 못할 경우 기업은 실패하게 될 것이다. 그리고 시장에서 다른 조직들과 경쟁을 하고 있는 기업은 경제적 상황과 더욱 밀접한 관계를 갖게 된다. 정부의 재정금융정책이나 종합적인 경제정책은 그 영향력이 매우

---

2 우리나라는 1994년 이전만 하더라도 경제성장의 중심지표로 국민총생산(GNP)를 사용해 왔다. 하지만 1970년대 이후 세계적으로 경제의 국제화가 급격히 진전되면서 노동과 자본의 국가 간 이동이 확대됨에 따라 소득지표에 가까운 GNP기준 성장률이 국내경기 및 고용사정 등을 제대로 반영하지 못하게 되면서 각국은 경제성장의 중심지표로 GDP로 바꾸기 시작했다.

크기 때문에 기업은 이와 같은 요인에 많은 주의를 기울여야 한다.

02 법·정치적 환경

법적·정치적 요인은 기업 외부환경의 중요한 측면이다. 헌법을 비롯한 상법, 세법, 노동관계법 등은 기업이 활동하는 사회에 있어서 마치 게임의 규칙과도 같은 것이다. 기업은 여러 측면에서 직접·간접으로 법의 규제를 받는다. 또한 법은 비합리적인 일을 수행하는 기업의 존재를 허락하지 않는다. 사회의 틀 속에서 존재하게 되는 기업은 사회의 질서를 유지하기 위해서 규정된 제반 규칙인 법이라는 환경요인에 잘 적응해 나가야 한다. 더욱이 새로운 법이 제정되거나 법의 해석이 달라질 때에는 기업은 이에 따라 대응하지 않을 수 없는 것이다. 결국 조직은 법의 테두리를 벗어나서 존재할 수는 없다. 이러한 법체계에 대처하기 위해 조직은 법률전문가를 두기도 한다. 이를테면 인적자원관리와 관련하여 기업에 중요한 노동관계법은 근로기준법, 최저임금법, 산업재해보상보험법, 산업안전보건법, 노동조합 및 노동관계조정법 등등인데, 이들을 일반관리자가 다 이해하고 이에 대처해 나가기는 매우 어렵다. 따라서 일정규모 이상의 기업의 경우 공인노무사와 같은 전문가를 특별 채용하여 노사문제를 전담하도록 하고 있다(정종진·이덕로, 2017; 정종진·이덕로·이지만, 2018).

기업은 또한 새로운 법을 낳게 하는 정치적 요인을 그 환경으로 갖는다. 사회의 일반적인 정치풍토나 권력집중의 정도, 정치조직의 성격, 선거·정당제도 등은 기업에 커다란 영향을 미친다. 그리고 정치적 안정은 기업활동의 안정을 보장해 주기도 한다. 특히 경제적 문제가 정치적 문제로까지 확산되고, 국가 안전문제가 정치의 기본정책이 되며, 여러 이해관계자 집단 간의 갈등을 정치적으로 해결해야 할 필요성 때문에, 정치적 환경은 기업경영활동의 큰 테두리를 설정하는 데 크게 영향을 미치게 된다.

국제정치 분위기 또한 외부환경에 대단한 영향력을 가지고 있다. 1991년 미국과 이라크 사이의 전쟁으로까지 비화한 대립 관계를 생각해 보자. 기름부족에 대한 두려움으로 주요 석유판매상들이 가격을 올릴 기회를 엿보고 있는 동안 미국의 쌀재배자들은 그들의 최대 수출시장의 하나인 이라크에 대한 수출을 중단하게 되는 어려움에 직면하게 되었다.

03 사회·문화적 환경

사회·문화적 환경이란 조직이 활동하고 있는 사회의 가치관, 욕구, 문화. 전통, 관습 및 인구통계적 특성 등을 말한다. 이들 사회제도나 사회현상은 기업경영에 적지 않은 영향을 미친다. 예를 들면 캐나다 퀘백지방 주민들의 가치와 태도는 전국에 걸쳐 조직들에 상당한 영향을 미쳐 왔다. 1970년대에 프랑스어와 관습을 보존하기 위한 민족주의자 운동이 퀘백을 휩쓸었다. 이 지역 주민들의 압력으로 캐나다 정부는 프랑스어를 그 지방의 주요 언어로 지정하게 되었다. 결국 캐나다는 공식적으로 영어와 불어의 2개 언어를 사용하게 되었다(Bovee et al., 1993).

시간의 변화에 따라 가치관이 바뀌기도 하는데, 특히 경제적 환경변수인 IMF외환위기에 영향을 받아 소비자들의 가치관도 많이 바뀌어 왔다. 한국의 예를 하나 들어보자. 제일기획이 13-59세 소비자 3,600명을 대상으로 전국 소비자 의식을 조사, 분석한 내용을 담은 '2007 스위칭 코리아'라는 보고서를 2007년 11월 25일 발표했는데, 동 보고서에 따르면 IMF외환위기 직후인 1998년과 비교할 때 2007년을 살고 있는 요즘 한국 사람들은 정치나 경기불황과 같은 사회 공통의 영역보다 취미·여가·쇼핑·재테크·교육 등 개인적인 생활에 더 관심을 갖는 것으로 조사되었다. 제일기획은 개인적인 영역에 관심을 키워가고 자신만의 기준으로 가치를 판단하면서 다른 사람도 인정하는 식으로 '확 바뀐' 소비자의 특성을 감안해 2007년의 한국인을 '스위칭(Switching) 소비자'라고 명명했다.

이 밖에도 지난 30년에 걸쳐 한국인의 가치관이 많이 바뀌어왔다. 이를테면 충효 대 그 이외의 부분, 나라 대 자신과 가족, 미래 대비 대 현재 즐김, 시집 대 친정에 대한 중시나 우선시에 대한 가치관이 크게 바뀌어왔음을 알 수 있다(나은영·차유리, 2010).

끝으로 급속한 도시화의 진전과 더불어, 고령인구의 급속한 증가(<표 8-1>),[3] 기대수명의 증가(<표 8-2>),[4] 세계 최저 수준의 저출산(<그림 8-2> 참조), 교육수

---

3 고령화로 인해 생산가능인구의 감소, 소비와 투자의 위축, 성장률의 잠식, 사회보장제도의 확충과 재정부담의 증가, 이에 따른 사회갈등, 그리고 기업의 생산성 하락 등을 가져오게 된다(최숙희 외, 2007.08.03.).

4 통계청이 2019년 12월 4일 발표한 '2018년 생명표' 자료를 보면 지난해 태어난 아이의 기대수명은 82.7으로 예상됐다. 이는 5년 전 2013년 출생아(81.9년)보다 0.8년 늘어난 것이다. 성별로는 남자가 79.7년, 여자가 85.7년으로 여자가 남자보다 6.0년이 더 길었다. 2013년보다 각각 0.5년, 0.4년 늘었다. 이는 경제협력개발기구(OECD) 평균보다 각각 1.7년, 2.4년 더 높다. 남자의 기대수명이 가장 높은 국가는 스위스(81.6년)로 한국보다 1.9년 높았고 여자의 기대수명이 가장

준의 향상, 미디어매체의 발달 등은 기업활동에 새로운 기회를 제공하기도 하고 관리 방식이나 경영전략에 새로운 시각을 부여하는 동시에 기업에 대한 비판적 태도와 새롭고 다양한 요구를 증대시키고 있다.

▌〈표 8-1〉 고령화사회 속도추이

구 분	도달 연도			증가 소요연수	
	7% (고령화사회)	14% (고령사회)	20% (초고령사회)	7% → 14%	14% → 20%
일 본	1970	1994	2006	24	12
프랑스	1864	1979	2018	115	39
독 일	1932	1972	2009	40	37
이탈리아	1927	1988	2006	61	18
미 국	1942	2015	2036	73	21
한 국	2000	2018	2026	18	8

주: 7%, 14%, 20%는 각각 전체 인구 중에서 65세 이상 인구가 차지하는 비중을 말함. 우리나라의 경우 예측과는 달리 이미 2017년에 14.2%를 달성했다.
자료: 최숙희 외(2007.08.03.), 「한일 고령화의 영향과 파급효과」, 삼성경제연구소, 2-22.

▌〈표 8-2〉 기대수명 추이 (단위: 년)

연도	남녀전체	남자(A)	여자(B)	남녀 차이(B-A)
1960	52.4	51.1	53.7	2.6
1970	62.3	58.7	65.8	7.1
1980	66.1	61.9	70.4	8.5
1990	71.7	67.5	75.9	8.4
1995	73.5	69.6	77.4	7.9
2000	76.0	72.3	79.7	7.3
2005	78.6	75.1	81.9	6.8
2010	80.2	76.8	83.6	6.8
2017	82.7	79.7	85.7	6.0
2018	82.7	79.7	85.7	6.0

자료: 통계청(2007.12.), 「2006년 생명표 작성결과」, 2-3; 통계청(2000.08.), 「1999년 생명표 작성결과」, 2-3; 통계청(2015.12.), 「2014년 생명표(전국 및 시도)」, 2-4; 통계청(2019.12.), 「2018년 생명표 작성결과」, 3.

높은 국가는 일본(87.3년)으로 한국보다 1.6년 높았다(통계청, 2019.12., 11).

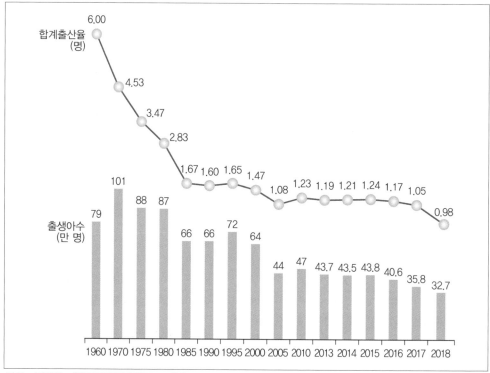

〈그림 8-2〉 합계출산율과 출생아수 추이

자료: 통계청, 「인구동태통계연보」, 각년도.

04 기술적 환경

현대자본주의는 산업혁명의 산물이라고 볼 수 있으며, 산업발전의 실제적인 원동력은 기술발전이나 기술혁신이라고 해도 과언은 아니다. 따라서 외부환경의 기술요소 또한 기업경영에 중요한 관련의미를 갖는다. 예를 들면 비디오카세트 녹화기(VCR)가 소개되있을 때, Sony의 베타 기술(Beta technology)은 산업표준으로서의 채택을 둘러싸고 JVC의 브이에이치에스 기술(VHS technology)과 경쟁하게 되었다. 제조업체와 영화사는 어떤 표준을 채택해야 할지 결정하지 않으면 안 되었고, 결국은 좀 더 장시간 작동되는 후자의 방식이 지배적인 기술이 되고 말았다. 동일한 표준화경쟁이 컴퓨터운영체제를 비롯하여 고선명(high-definition) 텔레비전, 레이저 디스크 및 기타 분야에서도 진행 중이다(Peters, 1987; Tushman & Anderson, 1986; Verespej, 1990).

　　기술은 기업이 처한 환경 중에서 가장 동태적이어서 기술의 영향력을 예측하기란 매우 어렵다. 이를테면 기술에 관한 1930년대의 정부연구는 텔레비전, 제트기, 기관이식(organ transplant), 레이저 빔 및 볼펜의 출현을 예측하지 못할 정도였다(Boone & Kurtz, 1992, 57). 그럼에도 불구하고 기술은 과거에 중대한 돌파구를 제공했으며, 기술개선은 오늘날의 많은 기업과 사회문제에 대한 해답으로 보여진다. 기술혁신 또한 기업에 경쟁적 우위를 주는 생산성을 개선하는 한 가지 방법일 수도 있다. 따라서 연구개발비, 연구개발인력, 특허에 대한 보호 내지 지원·특허건수, 로열티, 즉 기술도입료, 연구논문 등이 기술환경의 상당히 중요한 변수이다.

　　참고로 우리나라의 연구개발의 동향을 살펴보기로 하자. 우리나라 연구개발비 및 GDP 대비 연구개발비 비중 추이(2009－2018년)를 보면 <그림 8－3>과 같다. 2018년 총 연구개발비는 2017년 대비 6조 9,395억 원(8.8%)이 증가한 85조 7,287억 원으로 지난 30여 년간 급격히 늘어났다. 그 결과 국민총생산 대비 연구·개발투자는 4.81%를 기록하면서 <표 8－3>에서와 같이 세계최고의 수준을 유지하고 있다. 세계 2위는 이스라엘로 4.54%다.

<그림 8-3> 우리나라 연구개발비 및 GDP 대비 연구개발비 비중 추이(2009－2018년)

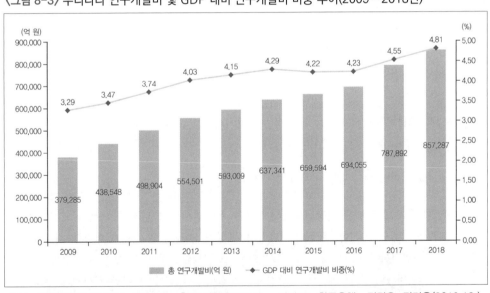

자료: 과학기술정보통신부·KISTEP, 「연구개발활동조사」, 각년도; 한국은행; 정민우·정기웅(2019.12.), "2018년 우리나라와 주요국의 연구개발투자 현황 비교," 「KISTEP 통계브리프」, 22, 한국과학기술기획평가원, 3.

▌〈표 8-3〉 연구개발투자 추이의 국제비교

연도 국가	1991	GDP 대비	2000	GDP 대비	2005	GDP 대비	2013	GDP 대비	2018	GDP 대비
한 국	27(1)	1.93	122(1)	2.39	236(1)	2.99	605(1)	4.15	779(1)	4.81
일 본	1,022(17.5)	2.57	1,420(11.6)	3.05	1,469(6.2)	3.18	1,709(28)	3.47	1,561(2.0)	3.21
미 국	1,601(28.1)	2.80	2,678(22.0)	2.74	3,125(13.2)	2.68	4,570(7.5)	2.73	5,433(7.0)	2.79
프랑스	289(5.1)	2.41	285(2.3)	2.15	463(2.0)	2.13	626(1.0)	2.23	5,65(0.7)	2.19
독 일	449(7.8)	2.61	466(3.8)	2.45	701(3.0)	2.51	1,064(1.8)	2.85	1,122(1.4)	3.04
영 국	219(3.8)	2.16	268(2.2)	1.86	372(1.6)	1.73	435(0.7)	1.63	439(0.6)	1.66

주: 2018년의 경우 한국을 제외한 나머지 나라의 통계치는 2017년이다. 참고로 중국은 2,604.9억 달러
　　로 미국 다음으로 많다.
자료: 미래창조과학부·KISTEP(2015.12.), 「2014년도 연구개발활동 조사결과」, 2; 정민우·정기웅(2019.12.),
　　　"2018년 우리나라와 주요국의 연구개발투자 현황 비교," 「KISTEP 통계브리프」, 22, 한국과학기술기획평가
　　　원, 3.

한편 우리나라 연구개발비의 정부 대 민간부담비율은 1976년의 경우 78 대 22로
정부부담분이 현저히 높았으나 1982년의 50 대 50을 기점으로 정부부담분이 급격히
줄어들어 2000년에는 25 대 75로 역전되었다. 2018년 말 현재 연구개발비의 재원별
비중을 보면 정부·공공재원이 21.4%, 민간재원이 76.6%, 외국재원이 1.9%로 나타났다
(정민우·정기웅, 2019.12., 5).

이는 민간부문의 연구·개발투자가 급격히 증가한 이유도 있겠으나 상대적으로 정
부의 투자가 부진했음을 보여주는 증거이기도 하다. 참고로 주요국의 정부·공공재원
비중을 보면 프랑스 36.7%(2016년), 영국 32.6%(2016년), 미국 30.3%(2017년), 그리고
독일 28.1%(2017년)이다(OECD, 2019.08.; 과학기술정보통신부·KISTEP, 2019.12.).

노키아·모토로라 '알맹이'만 팔린 사연

한때 세계 휴대폰 시장점유율 40%대를 웃돌면서 2011년까지 13년 동안 부동의
1위를 지켰던 노키아. 최초의 휴대폰을 개발해 20세기 말까지 휴대전화 최강자로
군림했던 모토로라. 하지만 두 회사 모두 스마트폰이 창궐(?)하면서 순식간에 자취
를 감춰버렸다. 과거 애플과 삼성전자만큼 잘나갔던 노키아와 모토로라의 현주소는
어디일까?

노키아의 휴대폰 제작을 담당하던 무선사업부는 2013년 마이크로소프트에 매각
됐다. '캐시카우'였던 무선사업부가 '암세포'로 변해 그룹 전체에 악영향을 미치자

협력사였던 마이크로소프트에 넘긴 것이다. 덕분에 노키아에서 생산했던 스마트폰 '노키아 루미아'는 '마이크로소프트 루미아'로 명맥은 이어갈 수 있게 됐다.

처음이자 마지막

1871년 펄프공장에서 출발하여 우여곡절 끝에 1967년 노키아와 핀란드고무회사, 핀란드전선회사를 합병한 '노키아 그룹'으로 재탄생하게 된다. 전 세계적으로 유명한 노키아의 휴대폰 사업은 1970년대 본격적으로 태동했다. 노키아는 무선통신이 가진 잠재력을 알아보고 통신 장비에 집중 투자하기 시작했는데 휴대전화의 대중화와 맞물려 폭발적인 성장을 거듭했다. 이후 기존 강자였던 모토로라를 몰아내고 세계 휴대전화 시장점유율 1위를 달성하면서 이름을 알렸다. 당시 생산된 '노키아 3310'은 흉기라 불릴 만큼의 내구력으로 유명했다. 또 합리적인 가격과 고성능의 휴대폰을 내놓으면서 개념있는 기업으로도 명성을 날렸다.

노키아의 휴대폰이 날개 돋친 듯 팔려나가면서 노키아는 핀란드 국민기업으로 우뚝 서게 된다. 당시 노키아가 너무 잘나간 나머지 업계에선 '노키아가 핀란드를 먹여 살린다'라는 우스갯소리까지 돌았다. 휴대전화 사업 매출이 핀란드 국가예산을 뛰어넘을 정도였고 한 국가의 경제를 좌지우지할 정도로 몸집이 커졌으니 과언은 아니었다. 실제 2011년 기준 노키아의 매출은 핀란드 국내총생산의 20%에 달했고 1998−2007년의 수출액 중 노키아가 차지하는 비중이 약 1/5에 이르렀다. 더욱 놀라운 점은 세계 굴지의 기업으로 성장하면서 단 한 번도 세금탈루와 같은 도덕적인 문제를 일으키지 않았다는 점이다.

노키아의 성공신화는 애플과 삼성전자로 대표되는 스마트폰 시대가 도래하면서 끝이 났다. 노키아는 애플이 '아이폰 1세대'를 처음 출시할 당시 자사의 스마트폰용 운영체제인 '심비안'과 '미고'의 개발을 시작했다. 심비안은 중저가 스마트폰에, 미고는 고가형 고급 스마트폰에 탑재될 예정이었으나 이 계획이 차질을 빚으면서 문제가 발생했다. 개발이 완료된 심비안으로는 애플의 'IOS'와 구글의 '안드로이드'를 상대하기엔 버거웠고 미고는 계속해서 개발 일정이 밀렸기 때문이다. 결국 미고는 제대로 빛을 보지 못한 채 '노키아 N9'에 처음 사용된 것을 마지막으로 다시는 사용되지 못했다.

특허만 뺏긴 채 中업체에 헐값에 매각된 노키아의 실적은 악화일로에 들어서게 됐다. 노키아의 2011년 1분기 매출은 애플과 삼성에 밀리면서 업계 3위로 내려앉았고 2011년 2분기에는 5,570억 원의 적자를 기록했다. 그나마 2011년까지 1위를 유지하고 있던 휴대전화 판매량에서도 2012년 삼성전자에 자리를 내주게 됐다. 시가총액도 2007년 기준 핀란드 1위를 기록했으나 이후 4년간 1/9로 줄어버리면서 2012년엔 3위로 몰락했다.

결국 노키아는 2013년 휴대전화 사업부를 마이크로소프트에 매각하고 휴대전화

시장에서 완전히 철수했다. 노키아는 기존에 남아 있던 조직을 2014년 네트웍스 사업부와 히어(HERE) 사업부, 테크놀로지 사업부로 개편해 사업을 꾸려나가고 있다.

노키아 몰락의 가장 큰 원인은 빠르게 변화하는 시장을 읽지 못한 점에 있다. 모토로라도 이러한 점에서 궤를 같이 한다. 모토로라도 한때 휴대전화 시장점유율 1위를 유지하면서 최강자로 군림했었고, 시장을 읽지 못한 채 스마트폰 등장과 함께 몰락하는 등 노키아와 유사한 점이 많다.

모토로라는 1928년 폴 갈빈과 조셉 갈빈이 설립한 휴대용 라디오 생산기업을 전신으로 한다. 형제는 모토로라 브랜드로 자동차 라디오를 주로 생산했고 1930년에는 경찰용 무전기도 판매했다. 모토로라가 본격적으로 성장한 시기는 2차 세계대전 당시 군수품 납품을 시작하면서다. 당시 전장에서는 휴대가능한 사이즈로 이동하면서 대화가 가능한 단말 장치가 필수품이었다. 당시 모토로라는 축적해 온 기술력을 바탕으로 단번에 점유율을 끌어올리면서 메이저로 발돋움했다. 이후 모토로라는 반도체사업과 음성기록 장치, 라디오 사업 등 다양한 분야에서 두각을 보이며 성장을 거듭했고 1984년에는 세계최초의 상업용 휴대전화 '다이나텍 8000X'를 출시했다.

'다이나텍 8000X' 출시 이후 모토로라는 다양한 휴대전화를 출시하면서 꾸준히 점유율을 확보했다. 이러한 노력이 결실을 맺어 1994년 모토로라는 세계 휴대폰 시장점유율 60%라는 경이로운 기록을 세우며 최강자로 군림했다. 하지만 최강자의 자리는 오래가지 못했다. 4년 뒤인 1998년 휴대전화 점유율은 노키아의 약진에 의해 35%까지 급락했고 이때부터 회사는 삐걱거리기 시작했다.

모토로라의 최대 실수는 휴대폰의 디지털화 타이밍을 놓친 것이다. 1998년 모토로라는 휴대폰 시장점유율 선두를 노키아에 양보하는 대신 세계 어디서든 통화할 수 있는 꿈의 휴대전화 '이리듐 프로젝트'에 공격적인 투자를 감행했다. 하지만 이리듐 프로젝트는 실패로 끝났고 모토로라에 큰 상처를 남기게 됐다. 결국 이러한 투자실패와 스마트폰 시대를 읽지 못한 경영진의 판단 착오가 맞물려 모토로라는 몰락하게 됐고 한때 60%였던 점유율은 2%까지 추락했다. 모토로라는 구글에 휴대폰사업 부문을 매각했고 다시 구글은 모토로라의 특허만을 흡수한 뒤 중국 제조업체인 레노버에 모토로라를 최종 매각했다.

자료: 이건엄(2015.11.27.), "노키아·모토로라 '알맹이'만 팔린 사연," 「파이낸셜투데이」.

05 국제적 환경

　　4차 산업혁명사회, 정보사회, 지식사회, 다원사회 및 글로벌사회로 특징지어지는 21세기에 있어서 경영자는 국내뿐만 아니라 국제를 무대로 경쟁하지 않으면 안 된다. 곧 5대양 6대주가 우리 기업들의 활동무대인 셈이다. 자동차산업의 세계화와 관련해 볼 때 한때 미국 일변도의 수출전략에서 이제는 중국, 유럽, 러시아 등 전 세계에 걸쳐 해외직접투자를 통해 시장을 공략하고 있다.

　　중국이 세계의 굴뚝이라 불릴 정도로 한때는 너도 나도 없이 중국으로 진출했지만 2010년 이후 한국기업들은 인건비 상승 등을 이유로 중국보다 아시아 지역의 다른 신흥국가(예 베트남·인도네시아·말레이시아)에 대한 투자규모를 빠르게 늘려가고 있다 (한국수출입은행 해외경제연구소, 2014). 비록 이전보다 투자규모가 다소 줄어들었음에도 불구하고 중국은 여전히 한국기업, 특히 제조업의 주요한 투자대상 국가이자 동시에 가장 많은 현지법인이 기업활동을 전개하는 국가이다(오중산, 2015).

　　한국기업의 중국시장에 대한 직접투자는 1988년부터 시작되어 1992년 한중수교 이후 급속히 증가하였다. 산업통상부 자료에 따르면 한국의 대중국 직접투자는 1992년 170건, 1억 4,000만 달러에 불과하던 것이 2013년 말 현재 중국에 진출한 한국기업 수는 약 2만 개 정도에 이르고 대중국 투자누계액은 565억 달러에 이르고 있다(왕군강·권영철, 2014.05.).

　　통계청이 국내 회사법인 중 '상용근로자 50인 이상이면서 자본금 3억 원 이상'인 회사법인 13,144개 기업을 대상으로 2019년 6월에 실시한 「2018년 기준 기업활동조사」에 따르면 지사·지점·법인투자 등의 형식으로 국외진출 중인 기업은 3,214개 (24.4%)로 전년 대비 5.0% 증가하였다. 기업당 국외 자회사수는 2.8개로 전년(2.8개)과 동일한 수준이었다. 업종별로는 제조업, 도소매업, 기타서비스업 등 모든 업종에서 국외 자회사수가 증가한 것으로 나타났다.

　　국외 자회사의 진출 지역은 아시아 지역이 69.9%로 큰 비중을 차지하고 있으며, 북미와 유럽은 각각 13.5%, 10.2% 수준을 본보이고 있다. 자회사의 국가별 분포는 <그림 8-4>와 같이 중국이 2,678개(29.9%)로 가장 많았으며, 미국(12.7%), 베트남 (10.9%) 순으로 나타났다(통계청, 2019.11.22., 5-6).

〈그림 8-4〉 국외 자회사의 국가별 분포

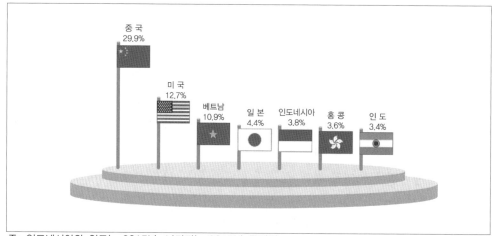

주: 인도네시아와 인도는 2015년, 나머지는 2018년 통계치.
자료: 통계청(2019.11.22.), 「2018년 기준 기업활동조사 잠정 결과」, 5.

이와 같이 오늘날과 같은 글로벌 경쟁 환경하에서는 관리관행이 나라에 따라서 차이가 난다는 점에 유의하는 게 중요하다. 이를테면 동양에서는 미국에서보다 거래관계를 터는 데 시간이 훨씬 더 걸린다. 일본에서는 기업접대가 경영자의 집에서는 결코 이루어지지 않는다. 음식점이나 호텔이 그러한 활동을 하기에 적합한 장소로 생각된다. 참고로 한국·미국 및 일본의 관리관행을 비교해 보면 <표 8-4>와 같다.

이와 같이 관리관행이 나라에 따라 다르기는 하지만 세계시장은 종종 유사하다. 그 결과 국제시장에 대한 경영자의 접근방법에 있어서 점진적인 변화가 있어 왔다. 국제경영에 대한 표준접근방법을 다국적 전략(multinational strategy)이라 하는데, 이러한 전략에 의해 제품은 특정의 해외시장에 적합하도록 설계 및 판매된다. 최근에 많은 기업들은 글로벌 전략(global strategy), 즉 전 세계시장에 대응하기 위한 표준화된 제도 및 마케팅 접근방법을 사용하는 전략을 채택하기 시작해 왔다. Toyota는 운전석의 위치를 제외하고는[5] 본질적으로 똑같은 차를 만들어 내고 있다. Black & Decker, Revlon 및 Sony는 세계적 전략을 사용하는 기업들의 대표적인 예이다(Saporito, 1984).

지금까지 기업의 일반환경으로 경제적 환경, 법·정치적 환경, 사회문화적 환경, 기술적 환경 및 국제적 환경 등을 살펴보았다. 이 밖에도 기업의 일반환경을 구성하고 있는 중요한 환경으로 자연적 환경을 생각해 볼 수 있다. 현대사회에서는 여러 가지

---

5 그 이유는 영국과 일본을 비롯한 몇몇 국가는 운전석이 오른쪽에 있는 반면 대다수의 나라들은 운전석이 왼쪽에 있기 때문이다.

▌〈표 8-4〉 한·미·일 경영관행의 비교

구 분	한국조직	미국조직	일본조직
목 표	단기목표	단기목표(수익성 위주)	장기목표(성장위주)
고 용	단기고용	단기고용	종신고용
승진평가	급속한 평가	급속한 능력평가·승진	완만한 평가·승진
경력계획	비체계화	전문경력계획	비전문적 경력계획
통 제	현재적 통제	통제기능의 현재성 전문통제관리	통제기능의 내재성 일반통제관리
의사결정	개인소수의사결정	개인의사결정	공동의사결정
책 임	개인책임	개인책임	집단책임
의식구조	개인소수의식	개인주의	집단주의
관 심		부분적, 차별적 관심	전체적 관심
보상제도		능률성과급	연공서열
가 치		능률, 경쟁, 합리성	안정, 협조, 온정적 분위기

자료: W. G. Ouchi(1981), *Theory Z: How American Business can meet the Japanese Challenge*, Reading, Mass: Addison-Wesley, 58-64; 박내회(1982), "Z 이론의 한국경영풍토에 적용연구," 「경상논총」, 서강대학교 경제연구소, 4(1), 149-161.

복합적인 요인에 의해 생태계의 균형이 파괴되면서 생태시스템(ecological system)과 관련된 새로운 문제영역들이 많이 등장하고 있다. 기업은 생태시스템을 구성하고 있는 하나의 하위시스템으로서 이러한 변화에 직접·간접으로 영향을 미치며 또 영향을 받고 있다. 환경이 오염되고 파괴되면서 이와 관련된 공해문제라든지, 자원고갈의 문제, 새로운 에너지원 개발의 문제, 그리고 식량문제 등 광범위한 영역에 걸쳐서 사회는 기업에게 어떤 역할을 기대하고 있다.

최근에 경제성장에 생태학적 한계가 존재한다는 자각은 많은 학자와 환경보호주의자에 의해 크게 일깨워지기 시작했다. 따라서 환경오염방지와 생태적 균형의 문제에 관한 각종 국제환경협약은 오늘날의 기업경영에 적지 않은 영향을 미치게 되었다.

우리 기업들은 세계화 시대를 맞으면서 환경문제가 기업의 국제경쟁력을 결정하는 중요한 요소로 인식하면서 환경친화적 경영을 도입하여 활발히 전개하고 있다. 그 대표적인 기업으로 LG마이크론, 삼성코닝, 두산유리공장, 코오롱, 한화종합화학, 현대중공업 및 한국도자기 등을 들 수 있다(박균수, 1994.04.).

제3절 과업환경

비교적 간접적인 영향력을 갖는 일반환경과는 달리 과업환경이란 한 조직의 성장, 성공 및 생존에 직접적인 영향력을 미치는 환경으로 특수환경(specific environment)이라고도 한다. 그러나 실제에 있어서는 과업환경과 일반환경의 구분이 항상 명확한 것은 아니며, 조직의 성격이나 활동에 따라 정의가 달라질 수 있다. 일반환경의 일부는 계속 과업환경으로 변화하고 동시에 일부의 과업환경도 그 영역이 더욱 넓어져 일반환경으로 흡수되기도 한다.

이처럼 조직의 과업환경은 시대와 상황에 따라 변화하고 있다. 한 예로 미국의 사립대학과 주립대학을 비교해 보면 분명해진다. 사립대학에서의 수업료는 주립대학에 비해 상당히 높다. 사립대학의 생존은 등록금을 내는 새로운 학생들의 끊임없는 유입, 동창회 기부 및 좋은 직장의 취업률과 명문 대학원 진학률 등에 달려 있다. 주립대학의 생존은 주의회의 지원금에 크게 의존한다. 그 결과 사립대학은 주립대학보다도 학생유치, 동문관계, 취업률이나 진학률 등에 보다 많은 노력을 경주하게 된다. 반면에 주립대학은 주의회에 지원금을 올려주도록 로비(lobby)하는 데 보다 많은 시간을 사용하게 된다(Robbins & Coulter, 2016).

01 종업원

전형적인 기업의 과업환경으로는 정부를 비롯하여 종업원(노조가 있을 경우에는 노동조합), 소비자, 지역사회, 경쟁기업, 공급업자, 금융기관(채권자), 언론기관, 그리고 경우에 따라서는 주주까지도 포함된다(Thompson, 1967).

아마도 가장 급속하게 변화하는 경영환경 중의 하나는 종업원에 대한 태도일 것이다. 일찍이 종업원들은 기업의 경제적 발전의 요소로 간주되었다. 보다 구체적으로 노동은 생산의 한 요소로 취급되었다. 이러한 견해는 경영자와 종업원 사이의 적대적인 관계를 발생시키게 되었다. 종업원들은 경영자가 소유자의 이익을 배타적으로 대변하고 있는 것으로 보았다. 오늘날 훌륭한 경영자들은 이러한 낡은 관계를 피하고 종업원들로 하여금 기업의 운명에 적극적인 관심을 갖도록 촉구한다.

아울러 기업경영에 노조의 영향력이 점차 강화되어 가는 오늘날의 추세에서 노동조합 또한 중요한 과업환경이 될 수 있다. 특히 우리나라의 경우 1987년 6·29 직후와 1997년 초 노동법파문으로 폭발적인 노사분규를 경험하면서 노사협력이 없이는 산업의 평화도, 국민경제 발전도 없다는 값비싼 교훈을 얻게 되었다. 참고로 우리나라 전체 노조 조합원수는 2018년 말 기준 노조 조직대상 노동자 1,973만 2,000명 가운데 233만 1,000명으로, 전년도에 비해 24만 3,000명(11.6%) 증가한 것으로 나타났다. 노조 조직률은 1989년 19.8%를 정점으로 지속적으로 하락하다가 2011년 복수노조의 허용으로 조금씩 늘어나 현재는 11.8%로 나타났다. 전국 노조 수는 5,868개이며, 상급단체별로 노조조직 현황을 살펴보면, 민주노총 41.5%(96만 8,000명), 한국노총 40.0%(93만 3,000명), 공공노총 1.5%(3만 5,000명), 전국노총 0.9%(2만 2,000명) 순이다(고용노동부, 2019.12.).

02 경쟁업체

경쟁업체란 동일한 고객에게 유사한 제품이나 서비스를 제공하거나 조직이 필요로 하는 동일한 자원을 두고 경쟁하는 다른 조직을 말한다. 대부분의 조직은 적어도 하나 이상의 경쟁기업을 갖기 마련이다. 이를테면 Xerox는 Canon, Minolta, Ricoh 및 Sharp와 같은 강력한 경쟁업체에 직면해 있다(Thomas, 1990).

얼마 전 시간기준경쟁(time-based competition)이 핵심적인 경쟁력이 되어 왔다. 시간기준경쟁은 고객이 고객의 시간표에 맞추어 그리고 다른 경쟁자가 인도할 수 있는 것보다 훨씬 빨리 원하는 것을 인도하는 것을 의미한다. 시간기준경쟁을 사용하는 기업들 중에는 Federal Express, Domino's Pizza, Sony, Benetton 및 Sharp 등이 있다 (Stalk, 1988).

경영자는 경쟁업체의 제품가격, 품질, 고객서비스, 공급원, 시장점유율, 기술혁신, 임금, 인력개발 및 기타 활동에 대하여 끊임없이 추적하지 않으면 안 된다. 그러나 경쟁업체는 세계 전역에 걸쳐 고객과 자원을 경쟁하기 위하여 국경을 가로지르기 때문에 경쟁력을 추적하고 예측하기가 매우 어렵다. 경영자가 경쟁업체에 관한 정보를 얻기 위하여 사용할 수 있는 방법에는 산업모임에의 참가, 무역간행물의 구독, 연보(annual reports)의 점검 및 광고 정사(精査; scanning) 등이 포함된다. 경쟁움직임을 포착하고 분석함으로써 경영자는 경쟁계획을 보다 효과적으로 개발할 수 있다(Porter, 1985).

03 주 주

주주란 주식을 소유한 사람을 말한다. 일반적으로 주식에는 두 가지 형태, 즉 보통주(common stock)와 우선주(preferred stock)가 있다. 이 중 보통주의 주주들만이 투표권을 갖게 된다. 그들은 소유한 주식수에 비례하여 투표를 한다. 그들은 이사회를 구성하는 이사들을 선출한다. 다음에 이사들은 그 회사의 최고경영자를 선출하고 여타의 의사결정을 한다. 그러나 사실상 공개기업의 주주들은 자신들의 투표권을 경영자들에게 주거나 투표에 참여하지 않는다. 그들 대부분은 기업의 소유권을 순전히 재무적인 투자로만 보고 있다.

우리나라의 경우에는 기업의 소유주(owner)가 대주주로서 기업경영에 직접 참여하는 것이 일반화되어 있다. 하지만 선진국의 경우에는 소유와 경영의 분리가 철저하게 지켜지고 있다. 이런 경우 주주는 배당, 시세차익 및 유무상 증자 등과 같은 투자수익에 주로 관심을 갖고 기업경영은 대부분 전문경영자에게 일임하는 것이 상례로 되어 있다(유필화 외, 2006).

소유와 경영의 분리로 전통적인 주주들은 이제 단순한 투자자로 남아 있지만 아직도 주주들은 점증하는 영향력을 행사하고 있다. 경영자나 이사가 주주의 이익을 대변해 주지 못했다고 주장하면서 그들을 상대로 한 주주의 소송이 빈번하다. 예를 들면 Discovery Toys의 최고경영자인 레인 니메쓰(L. Nemeth)를 상대로 캘리포니아주 콘트라 코스타군에서 제기된 주주소송이다. 그 소송에 따르면 니메쓰는 기업자금을 개인비용으로 사용했고 주주에게는 배당을 하지 않고 대신에 자신만 상여금을 받아간 것으로 되어 있다. 주주들은 니메쓰가 회사를 개인 소유물인 것처럼 운영해 왔다고 주장하였다(Schmitt, 1989).

04 소비자

산업화 초기에는 공급에 비해 수요가 많아 세이의 법칙, 즉 판로설(Say's law)이 그대로 적용되던 시기였다. 그러나 경쟁이 가속화되면서 시장의 성격이 판매자시장(seller's market)에서 구매자시장(buyer's market)으로 변화하게 되었고, 상대적으로 소비자의 위치도 높아지게 되었다. 그러나 이때에도 소비자는 시장 내의 구매자로서만 기업에 의해 인식된다. 자본주의 사회의 발전이 더욱 진전되고 고도소비 사회에 이르게 되면 소비자는 다양한 가치관과 조직화된 행동을 통하여 기업에 대해 압력을 가하는 중요한 이익집단으로 변모하게 된다. 오늘날 소비자집단은 그들의 가치와 요구를 실행하기 위해 각종의 사회운동이나 정치적 과정에 참여함으로써 기업에 대해 영향력을 행사하고 있다.

소비자환경의 중요성이 근래에 이르러 더욱 중요하게 된 이유를 설명하는 데는 소비자주의(consumerism)의 형성과 라이프 스타일(life style)의 변화를 들 수 있다. 소비자주의란 판매자와 관련하여 구매자들의 권리와 힘을 강화하기 위하여 소비자들과 정부의 조직화된 운동의 기반이 되는 정신을 말한다(박충환·오세조, 1993). 이러한 정신을 바탕으로 하여 소비자들의 조직화된 운동이 점차 강화되어 감에 따라 정부도 소비자들의 권익을 보호하기 위한 많은 소비자관련입법을 통하여 기업에 대해 제약을 가하기 시작하였다. 조직화된 소비자운동은 근래에 이르러서는 대부분의 선진산업사회의 보편적인 사회운동이 되었다. 우리나라에서도 소비자보호단체들의 활동이 점차 확대되고 있으며, 장래에는 이들의 활동이 기업에 대해 미치는 영향력이 더욱 증가할 것으로 전망된다.

라이프 스타일의 변화도 소비자환경의 중요성을 부각시킨 원인이 된다. 산업사회가 발전하여 상대적으로 더 높은 수준의 경제적 풍요가 달성되고 다원적 가치관이 성립하게 되자 라이프 스타일의 변화가 이루어지게 되었다. 이러한 라이프 스타일은 소비자, 근로자 및 기타 다원집단의 수많은 행동을 규제하기 때문에 기업에 대하여 큰 영향력을 미치게 된다. 더구나 새로운 라이프 스타일이 상대적으로 획일적이었던 종래의 라이프 스타일보다 더욱 다양한 형태로 형성되고 있기 때문에 라이프 스타일의 의의가 더욱 크다.

05 지역사회

　　지역사회(community)는 기업을 둘러싼 이익집단 중에서 가장 최근에 중요성이 증가하고 있는 집단이다. 지역사회는 협의로 보면 공장의 인근 주민들을 지칭하지만, 우리나라와 같은 경우에는 대기업의 영향력으로 국가전체에까지 확산되는 개념이기도 하다. 지역사회는 비교적 조직화되지 못한 산발적 형태로 특정의 문제가 발생할 때에만 기업에 대해 영향력을 행사한다. 그러나 이러한 일시적인 영향력의 행사가 기업의 전략적 의사결정에 커다란 영향을 미칠 뿐만 아니라 최근에는 공해문제, 자원문제, 환경문제 등과 같은 기업의 사회적 책임문제와 관련하여 지역사회문제의 중요성이 더욱 증가하고 있는 실정이다.

　　지역사회가 기업의 중요한 이익집단으로 등장하게 된 직접적인 계기는 공해문제의 발생이다. 대부분의 경우 기업활동으로 인한 공해의 직접적인 피해자는 지역주민들이므로 공해문제가 점점 심각하게 되고, 지역주민들의 공해에 대한 위기의식이 점차 높아감에 따라 기업과 지역사회 간의 마찰이 더욱 빈번히 발생하게 되었다.

　　그러나 오늘날 지역사회의 문제는 단지 공해문제에만 있는 것이 아니다. 지역사회의 기업에 대한 요구는 공해문제의 해결뿐만 아니라 자원의 보존·유지, 자연환경의 보호, 더 나아가 지역사회의 개발, 지역문화에의 기여, 산학협동 등 실로 다양하다. 그리고 기업이 지역사회에 진출함으로써 지역사회의 소득의 증가와 고용의 실현이라는 긍정적 효과를 낳기도 하였으나 그에 못지않게 많은 부정적 효과를 가져왔다. 공해의 심각한 폐해, 자연파괴, 경기침체 시의 해고, 지역사회의 전통문화의 파괴 및 위화감의 야기 등과 같은 다양한 충격들이 지역사회에 영향을 미치게 되었다. 그로 인하여 지역사회는 그들의 이익을 보호하고 증진시키기 위해 조직화된 노력을 결집하게 됨에 따라 중요한 다원적 조직의 하나로 등장하게 되었다(신유근, 1988).

06 공급업자

　　공급업자는 제품과 서비스를 창출하기 위하여 투입요소로 사용되는 자원을 제공하는 개인이나 조직이다. 공급업자는 조직이 자기네 고객에게 봉사하기 위하여 계속적인 자원원(sources of resources)을 가져야만 하기 때문에 과업환경의 중요한 요소이다. 공급업자와의 좋은 관계 또한 조직의 목표달성을 도와줄 수도 있다. 더욱이 공급업자들은 자금, 정보 및 종업원과 같은 비물질적 자원을 제공한다. 은행, 주주 및 개인투자자들은 그 조직의 몇몇 자원원이다. 잡지, 신문, 연구원들도 조직의 정보원에 속한다. 고용기관과 대학의 취업지원처도 인적자원의 두 공급업자이다.

캘리포니아주 산호세에 있는 컴퓨터 디스크드라이브 생산업체인 Maxtor와 같은 회사는 특정의 정교한 부품의 경우 필요로 할 때 즉시에 공급받을 수 있도록 하기 위하여 4−5개의 공급업자로부터 구매한다. 반면에 Maxtor는 몇몇 주문부품은 단 하나의 공급업자로부터 구매한다. 단 하나의 공급원과 거래를 할 경우 Maxtor는 그 부품에 대해 보다 많은 통제력을 가질 수 있으며 그 결과 비용을 훨씬 더 낮출 수 있다. 그러나 공급업자가 제때에 인도하지 못하거나 자재 부족을 이유로 사업을 그만두게 되면 그 조직은 고객의 욕구를 충족시키기가 어렵게 된다(Bovee et al., 1993, 80).

07 언론기관

기업의 경영성과에 상반된 영향을 미치는 또 다른 외부의 직접환경은 언론기관이다. 인터넷을 비롯하여 라디오·텔레비전·신문·잡지 등을 소위 매스미디어라고 부른다. 기업은 이들 언론 내지 상업매체들을 이용하여 더 많은 물건을 팔기 위한 적극적인 판촉활동을 전개하기도 하지만, 이들의 집중적인 보도에 의해 기업이미지가 실추당하거나 공개적인 지탄을 받기도 한다.

오늘날과 같은 정보화시대에서는 소비자가 구매의 최종의사결정을 행하기에 앞서 이에 필요한 여러 정보를 다양한 채널을 통해 얻게 되는데 주로 언론매체를 통하여 입수하고 있기 때문에 경영자는 매출을 늘리기 위해서 이들 언론매체를 활용하지 않을 수 없는 것이다. 시청률이나 청취율이 높은 텔레비전과 라디오, 발행부수가 많은 신문과 잡지를 이용하여 제품광고 또는 기업광고를 하면, 보다 많은 고객들에게 정보전달의 효과가 있어서 매출액 신장에 간접적으로 기여하지만 이때에는 반드시 높은 광고료를 지불하여야 하는 경제적 부담을 피할 수 없다.

텔레비전이나 라디오광고의 경우 방송시간과 광고대상의 제품성격을 합치시키는 배려도 있어야 한다. 이른 아침이나 저녁 때에는 어린이 관련용품의 광고가, 스포츠 프로그램이 방영되는 일요일 오후나 기타 시간에는 스포츠용품 및 음료수 광고가, 연속극이 방영되는 저녁시간에는 여성을 대상으로 한 화장품 광고가 적격일 수 있다. 출판매체인 신문이나 잡지를 이용하는 경우에는 일반적으로 제품의 성격상 시각적 효과와는 무관하며, 제품에 관한 상상력을 유발시킬 필요가 있거나, 제품에 관한 이해가 지속적으로 요구될 때이다. 신문이나 잡지는 아니지만 사이에 넣어서 광고하는 간지(間紙) 등의 방법이 있는데, 이는 한정된 지역을 대상으로 판촉이 필요한 백화점 광고·독서실 광고 등에 사용된다.

한편 기업이 국민의 건강에 해가 되는 제품을 생산하거나, 지나치게 높은 가격을 설정함으로써 부당하게 소비자를 착취한다거나, 경영자들이 사회적 기대와는 상관없이 사리사욕을 충족시키기 위해 비윤리적 행위를 자행하는 경우에 언론매체들이 이들 악덕기업과 경영주를 비난하는 여론을 공개적으로 조성함으로써 언론매체와 기업 간의 관계는 협력관계가 아니라 적대관계로 일변할 수 있다. 특정 기업에 대한 언론의 공개적 비난은 소비자가 그 기업과 기업의 제품을 불신하게 만들고 시장점유율을 떨어뜨리며, 경영성과를 나쁘게 하는 것은 물론 최악의 경우에는 기업이 도산하는 원인(遠因)이 되기도 한다.

08 금융기관

외부 직접경영환경으로서의 금융기관은 중앙은행을 비롯한 시중은행·보험·증권·종합금융·저축은행·신용금고 등의 자금의 수신 및 대출기능을 가진 각종 금융 매개기관을 일컫는다. 기업이 이들 금융기관과 긴밀한 관계를 유지한다면 자금을 순조롭게 공급받아 자금순환의 단절 없이 제반 경영활동이 잘 진행될 수 있으며, 또한 잉여자금이 발생하였을 경우에도 이들 기관들을 잘 활용함으로써 회수가 확실하고 고율의 이자를 지급하는 금융상품에 투자하는 것이 가능하게 된다. 특히 시중의 자금사정이 극도로 악화되어 있던 IMF경제체제나 불경기하에서는 금융기관으로부터의 원활한 자금공급이 기업에게는 생명수와 같은 것으로서 금융기관과 소원한 관계에 있는 경쟁기업에 비해 절대적인 비교우위를 누릴 수가 있다.

특히 자금의 공급보다 수요가 근원적으로 많은 금융제도하에서는 금융기관들이 기업의 유지나 성장은 물론이고 심지어 도산과도 직접적인 관련을 맺고 있다. 1990년대 J모 시중은행은 정치권에 유착되어 H모 철강재벌에 대해 무분별한 대출을 주도하였다가 해당 재벌의 해체와 금융산업 전체의 부실화, 나아가 IMF사태를 촉발시켰다고 지목되고 있다. IMF사태의 도래 이후 금융감독위원회라는 정부기관이 금융권의 여신을 철저히 규제·감독함으로써 산업의 구조조정은 물론 기업의 생살여탈권까지 갖게 되었다. 또한 신용경색(credit crunch)하에서 자금공급이 원천적으로 봉쇄된 중소기업에게는 소액의 대출이 기업을 살릴 수 있는 생명수와 같은 역할을 하고 있다. 반면에 1986년 이후 3저 현상(김영규, 2006)으로 인해 기업의 경영 여건이 호전되었을 때 각 기업은 갑자기 늘어난 여유자금을 각종 금융기관의 다양한 상품에 투자함으로써 보다 높은 영업외 수익을 올리려고 노력하기도 했는데, 이를 기업의 재테크라고 부르기도 했다.

09 정 부

외부의 직접경영환경으로서 정부는 뒤에서 얘기할 간접경영환경요소 중에서 정치적·법적 요인과 밀접한 관련을 맺고 있는 것으로서 기업과의 관계는 감독자의 관계일 수도 있고 후원자의 관계일 수도 있다. 정부가 기업에 미치는 영향력은 한 나라의 경제발전과도 유관하다. 후진국이나 개발도상국의 경제제도하에서는 정부가 기업경영에 직간접으로 지대한 영향을 미치지만, 선진경제제도하에서 정부의 영향력은 비교적 작은 편이다.

정부가 기업의 경영행위 및 제품 그리고 유통질서 등 경영의 내·외적인 측면에서 기업을 규제하거나 감독할 수 있는 근거는 정부가 제정한 일련의 법령, 즉 식품위생법, 환경보전법, 독과점금지법, 공정거래법 등과 시행령 및 조례 등이다. 정부는 민간기업들이 자율적으로 선의의 경쟁을 통하여 기술을 습득하고 규모의 경제를 실현함으로써 자유경쟁으로 인한 과실이 국민에게 돌아갈 수 있도록 자유방임주의 경제체제를 채택하는 것이 가장 바람직하다. 그러나 이것은 오로지 이상주의일 뿐 실제로는 정부가 기업에 다소 간의 규제를 가하지 않을 수 없는 경우가 대부분이다.

정부가 기업을 감독하거나 규제하는 유형은 다양한데, 불량한 제품이 생산되지 못하도록 표준규격이나 안정도를 강화시켜 그런 조건을 충족하는 제품에는 KS(Korea Standard; 한국공업규격)마크, GD(Good Design; 우수디자인)마크와 같은 정부공인표시를 부여하기도 한다. 또한 환경오염을 방지하기 위하여 공장에서 방류되는 폐수나 분진이 일정한 기준치 이상을 초과하지 못하도록 감독하기도 하며, 수은중독과 같은 산업재해를 유발시킬 우려가 있는 작업장에서 일하는 근로자를 보호하기 위해 시설개수령 등의 시행령을 시달하기도 한다.

또한 과대포장이나 허위광고를 통하여 소비자가 현혹당하는 것을 방지하기 위하여 공정거래법을 제정하여 기업이 공정한 거래를 하도록 유도하기도 한다. 재벌들이 중소기업의 영역까지 무분별하게 문어발식 확장을 꾀하거나 금융업을 지배함으로써 산업독점화하는 것을 규제하여 공정하고 자유로운 경쟁을 촉진함으로써 국민경제의 균형있는 발전을 도모할 목적으로 독점규제 및 공정거래에 관한 법률 등의 관련법규를 제정하기도 한다.

정부는 기업에 대하여 규제나 제약만 가하는 것이 아니라 때로는 저리융자를 알선하여 기업의 금리부담을 완화시켜 준다든지, 기업이 스스로 입수할 수 없는 해외시장에 관한 특수정보를 해외공관을 통해 입수한 후 전달한다거나, 연구개발활동을 지원하기 위하며 서류작업의 간소화와 저리수출금융의 제공 및 수입품에 대한 높은 관세의 부과 등 정부의 민간기업에 관한 지원책은 그 정도와 종류가 실로 다양하다.

정부의 기업에 대한 간섭과 지원은 집권당의 정강 또는 정책에 따라 크게 달라질 수 있다. 미국의 경우 공화당보다 민주당이, 영국에서는 보수당보다 노동당이, 프랑스에서는 드골파보다 사회당이 집권한 경우에 민간기업에 관한 간섭이나 규제를 강화시키는 경향이 있으며, 보다 많은 세금을 거두어서 중산층 이하의 저소득층 국민에게 사회복지 형태로 분배하고자 하는 성향이 강했다(서도원·이덕로, 2016, 341).

제4절 우리나라의 기업환경

01 우리나라의 기업환경

지금까지 기업환경에 대해 살펴보았는데, 그러면 우리나라의 기업환경 여건이 어떠한가에 대해 살펴보기로 하자. 우리나라의 기업환경은 20세기까지만 하더라도 세계적인 투자유망 지역과 비교해서 지가(地價), 금리 등 전반적인 부문에서 최하위인 것으로 분석되었다. 한 예로 산업연구원이 1994년에 창원, 반월, 마산 지역과 6개의 세계적인 투자유망 지역을 직접 방문해 기업환경을 비교한 결과에 따르면 <표 8-5>에서와 같이 우리나라의 기업환경은 '노동력 질'만 우수할 뿐 지가, 금리, 임금, 정부지원 및 규제, 세금부담 등 대부분의 항목에서 하위를 기록하여 종합적인 기업환경이 최하위인 것으로 조사되었다.

임금의 경우 우리나라 3개 지역의 단순기능적 근로자의 월평균 임금수준은 약 1,000달러 수준으로 영국이나 프랑스 수준에 육박하고 있으며, 중국이나 베트남에 비해 10-30배, 멕시코나 태국에 비해서는 2-5배에 이르는 것으로 나타났다. 공장부지 가격은 우리나라가 m^2당 100-160달러에 달해 조사 대상국 중 가장 높은 수준을 기록, 태국, 중국, 베트남, 멕시코의 4-10배에 이르고 북아일랜드나 프랑스의 로렌 지역보다 높은 수준을 보이는 것으로 나타났다.

금리의 경우 비교대상 국가들이 5 내지 7%대인 반면 우리나라는 12%에 달해 고임금, 고지가와 함께 우리 기업들의 요소비용 부담을 가중시키고 있는 것으로 나타났다. 사회간접자본 수준은 영국이나 프랑스를 기준(100)으로 할 때 우리나라는 70-80, 멕시코 등 후발개도국은 40-60대인 것으로 조사되었다. 끝으로 정부지원 및 규제와 관련하여 우리 정부는 기업이 투자·생산·판매하는 모든 과정에서 지원에는 인색하고 규제는 매우 엄격하게 집행해 기업환경을 더욱 악화시키고 있는 것으로 나타났다.

┃ 〈표 8-5〉 각국의 기업환경 항목별 순위

구 분	영국 북아일랜드	프랑스 로렌지역	멕시코 북서부	중국 천진청도	태국 방콕근교	베트남 호치민주변	한국 창원반월
임금수준	6	7	4	1	3	2	5
노동력의 질	1	3	7	5	6	4	2
지 가	5	1	6	2	4	3	7
금 리	1	3	2	6	3	5	7
세금부담	4	4	4	2	3	1	4
S O C	1	1	4	7	5	6	3
정부지원 규제	1	1	3	4	4	7	6
시장접근	2	2	1	4	4	4	4
종합평점	21	22	31	31	32	32	38

그러나 1998년 2월 28일 법률 제5529호로 제정된 '행정규제기본법'에 따라 정부의 규제정책을 심의·조정하고 규제의 심사·정비 등에 관한 사항의 종합적 추진을 위하여 대통령 직속으로 규제개혁위원회가 설치 운영되면서 정부의 각종 규제가 정비되기 시작하였다.[6] 그뿐만 아니라 지난 2008년 '7% 성장, 국민소득 4만 달러, 세계 7대 강국'이라는 '747공약'을 앞세워 당선된 이명박 전 대통령은 17대 대통령 취임사에서 "기업은 국부의 원천이요, 일자리 창출의 주역"이라며 "기업인이 나서서 투자하고 신바람 나서 세계시장을 누비도록 시장과 제도적 환경을 개선하겠다"고 비즈니스 프렌들리(business-freindly; 친기업적인) 정부를 천명하면서 기업경영환경은 외형적으로는 크게 개선되기 시작하였다.

이러한 결과는 세계은행이 발표한 "2019년 기업환경평가(Doing Business 2020)"에서도 잘 나타나고 있다. 여기서 우리나라는 190개국 중 5위를 기록했다.[7] 세계에서 5번째로 기업하기 좋은 나라라는 평가 결과다. 우리나라는 지난 2014년 이래로 5위와 4위를 번갈아 하면서 6년째 5위 안에 머물고 있다. 이는 13년 전인 2006년의 23위, 2008년의 30위에 비해 크게 상승한 것이다. 이러한 결과는 주요 20개국(G20) 국가 중에서는 1위, 경제협력개발기구(OECD) 국가 중에서는 뉴질랜드(1위)와 덴마크(4위)에 이어 3위다.

---

6 박근혜 정부의 경우, 규제신문고를 활성화하여 2014년 한 해에만 20,000건이 넘는 규제 애로사항을 건의받았으며 이 중 40% 정도의 개선을 이루어내기도 했다(이혁우·김진국, 2015.09.30.).

7 1-4위는 뉴질랜드, 싱가포르, 홍콩, 덴마크 등이 차지했다. 우리 다음으로는 미국(6위), 조지아(7위), 영국(8위), 노르웨이(9위), 스웨덴(10위) 등이 자리했다.

세계은행 기업환경평가는 국가별 기업환경을 기업 생애주기에 따라 창업에서 확장, 운영, 퇴출에 이르는 10개 부문으로 구분하여 표준화된 시나리오(Case Scenario)를 바탕으로 객관적 사실에 대한 설문조사·법령분석을 통해 기업활동 관련 제도를 비교·평가한다. 따라서 정부, 교육, 금융, 노동 등 넓은 분야에 대해 주관적 설문조사를 크게 활용하는 IMD, WEF 국가경쟁력 평가와는 조사범위와 방법 측면에서 상당한 차이가 난다.[8]

부문별 순위변동을 보면 <표 8-6>에서 알 수 있듯이 우리나라는 총 10개 분야 중 세금납부(24 → 21위)에서만 2018년에 비해 순위가 소폭 상승하고, 전기공급(2위), 재산권등록(40위), 법적분쟁해결(2위), 퇴출(11위)은 동일하며, 그리고 5개 분야, 즉 창업(11 → 33위), 건축인허가(10 → 12위), 자금조달(60 → 67위), 소액투자자보호(23 → 25위), 통관행정(33 → 36위) 등은 하락하였다(World Bank, 2019.10.).

▍〈표 8-6〉 기업환경의 부문별 순위변동 추이

평가 부문	'08	'10	'12	'13	'14	'15	'18	'19
전체 순위	23	16	8	7	5	4	5	5
① 창업	126	60	24	34	17	23	11	33
② 건축 인허가	23	22	26	18	12	28	10	12
③ 전기공급	−	−	3	2	1	1	2	2
④ 재산권 등록	67	74	75	75	79	40	40	40
⑤ 자금조달	12	15	12	12	36	42	60	67
⑥ 소액투자자 보호	70	74	49	52	21	8	23	25
⑦ 세금납부	43	49	30	25	25	29	24	21
⑧ 통관행정	12	8	3	3	3	31	33	36
⑨ 법적분쟁해결	8	5	2	2	4	2	2	2
⑩ 퇴출	12	13	14	15	5	4	11	11

자료: World Bank(2015.10.), *Doing Business 2016*, 4; World Bank(2019.10.), *Doing Business 2020*, 4-5.

---

8 세계은행은 각 나라가 기업활동의 가장 기본이 되는 제도와 인프라를 얼마나 갖추고 있느냐만을 평가한다. 따라서 파업·규제 등은 반영이 우리 업계에서는 그대로 믿기 어려워하고 있다. 세계은행과는 달리 포브스, 국제경영개발원(IMD), 세계경제포럼(WEF) 등 다른 평가기관들의 기업환경평가에선 한국이 중위권이다. 이 평가기관들은 외적인 인프라보다는 문화나 정치·경제적 상황, 노사관계 등을 주로 반영한다는 공통점이 있다(곽창렬·양모듬, 2015.10.28.).

비록 창업의 여건이 크게 악화되었고 자금조달이 여전히 매우 나쁜 상황이긴 하지만 2019년 기업환경평가 결과는 일반적인 기업활동 관련 제도 측면에서 우리나라가 세계적인 수준에 도달했음을 평가받았다는 점에서 의의가 있으며 기업하기 좋은 환경 조성을 위해 꾸준히 노력해 온 결과가 반영된 측면으로 보인다.

기업환경의 국가별 비교가 아니라 우리나라 국민들만을 대상으로 한 조사결과에서는 이와는 달리 기업환경에 대해 오히려 부정적인 것으로 나타났다. 전국경제인연합회가 서울·부산 등 전국 5대 도시의 성인남녀 1,000명을 대상으로 조사하여 2014년 12월 11일(화) 발표한 「기업에 대한 국민인식 조사보고서」에 따르면 응답자 10명 중 7명 정도(68%)가 우리나라가 다른 경쟁국에 비해 기업을 경영하기에 좋지 않은 환경이라고 보고 있다. 이어서 기업환경이 나쁜 이유로는 <그림 8-5>와 같이 '많은 규제', '높은 인건비', '노조의 심한 경영 간섭' 등을 그 주요 요인으로 인식하고 있는 것으로 나타났다.

이처럼 기업환경이 열악하다는 인식 때문인지 응답자들이 자녀들에게 권유하고 싶은 직장의 형태로 4명 중 3명 이상이 '공무원, 교사 등 정부공공 분야'(41.2%)와 '변호사, 의사 등 전문직'(34.3%)을 응답하여, 비교적 고용이 안정된 직장 형태와 전문직을 선호하는 것으로 나타났다. 반면에 창업은 12%, 대기업은 7.9%, 중소기업은 4.4% 등으로 낮게 나타나, 왕성한 기업가 정신이 요구되는 창업 및 기업 활동에 대한 선호도는 매우 저조한 것으로 조사됐다. 따라서 기업가 정신을 고취하고, 기업을 하기에 좋은 환경을 조성하기 위해서는 이러한 부정적 요인들을 해결하거나 완화시키려는 노력이 필요하다고 판단된다.

〈그림 8-5〉 기업환경이 나쁜 이유

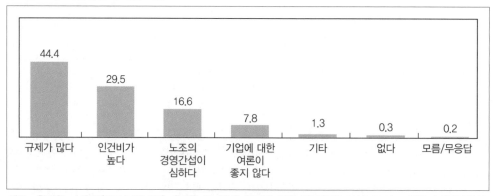

자료: 황인학·송용주(2014.10.30.), 「기업 및 경제 현안에 대한 국민인식 조사보고서」, 전국경제인연합회, 64.

지금까지 우리나라 기업환경에 대해 살펴보았는데, 전반적으로 볼 때 우리의 국력이나 경제규모에 비해서는 기업환경이 좋지 않은 상황이다. 산업정책이 퇴색하기 시작한 1980년대 중반을 기점으로 정부 주도하에 성장해 온 한국기업은 스스로의 판단과 선택에 의해 사업전략을 추진하는 '홀로서기'를 시작해 왔다. 그로부터 지난 30년간 선도기업을 중심으로 한국기업이 장족의 발전을 한 것은 사실이나 '경영의 보수화 경향'이 강화되어 어두운 그림자를 드리우고 있다. 기업가 정신이 퇴조하면서 미래를 위한 투자가 위축되는 부작용이 발생하고 있는 것이다. 환경의 산물인 경영의 보수화를 극복하기 위해서는 '기업하기 좋은 나라'를 만들기 위한 사회적인 노력이 필수적이다. 또한 이해관계자의 다양화 속에 지배구조에 대한 논란이 지속되고 있는 것도 문제이다. 기업에게 조직 선택의 자유를 부여하고 시장과 경쟁이 소유-전문경영체제를 선택하도록 하는 한국적 지배구조의 정립이 시급하다. 기업은 지속적인 성장을 이루기 위하여 아직 취약한 글로벌 경영체제 구축에 역량을 결집하여야 하고, 존경받는 기업상을 구현하기 위해 노력하여야 한다.

CHAPTER

9

경영자

제1절 경영자의 의의

01 경영자의 의의

기업가란 기업을 관리·운영하는 주체를 말한다. 기업은 영리경제의 단위이며 개별단위체이다. 따라서 기업의 주체가 되는 기업가는 영리활동의 주체이자 자본의 소유자이다. 이것이 바로 고전적인 의미에 있어서의 기업가인 것이다.

이와 같이 고전적인 자본주의체제에 있어서는 원칙적으로 기업자본의 제공자가 동시에 그 운용자, 즉 경영자이기도 하다. 그래서 출자자로서의 기업적 기능과 경영자로서의 전문적 기능과는 아직도 분화되지 않고 기업가라는 용어가 사용되어 왔다. 그러나 금세기에 들어와 기업이 대규모화되고 복잡다단해지면서, 특히 주식제도가 발전하여 많은 출자자가 출현함으로써 주식의 분산에 따른 소유와 경영의 분리가 촉진되기에 이르렀다. 소유와 경영의 분리라는 점에서 볼 때 경영자는 역사적으로 다음의 세 가지, 즉 소유경영자, 고용경영자 및 전문경영자 등으로 나누어 볼 수 있다(정수영, 1991).

(1) 소유경영자

산업화 초기에는 기업의 규모가 그리 크지 않고 전문적인 경영능력도 별로 요구되지 않아 출자자인 소유주가 직접 경영권을 갖고 경영기능을 수행할 수 있었다. 이 시대에는 생산이 단순해서 복잡한 기술이 필요하지 않았으며, 소비자의 욕구에 대한 이해 없이도 판매기능의 수행에 어려움이 없었고, 대규모의 자본조달이나 운용이 요청되지 않고 조직의 규모가 작아 쉽게 조직을 이끌어나갈 수 있었기 때문에, 소유주 자신이 스스로 경영을 담당하는 것이 가능했다. 이와 같은 경우 소유주 또는 기업가 자신이 경영자를 겸하는 것이 가능하므로 출자자와 경영자가 분리될 필요가 없는데 이러한 경영자를 소유경영자(owner manager)라고 한다(신유근, 2011). 곧 소유경영자란 기업의 출자자임과 동시에 경영자인 사람으로서 흔히 기업가(entrepreneur)라고도 불린다.

이들 소유경영자는 자본의 조달과 운용 및 위험부담, 의사결정, 지휘, 통제 등의 기능을 모두 담당하였으며, 기업가 기능과 경영자로서의 전문기능이 분화되지 않았다. 이와 같은 유형의 경영자는 오늘날 중소기업과 같은 비교적 소규모기업에서 찾아볼 수 있으며, 또한 그 기업조직이 대규모일지라도 자본의 대부분을 출자하고 동시에 경영자로서 기업조직의 경영에 직접 참여하고 있다면 그러한 경영자도 소유경영자인 것이다.

(2) 고용경영자

역사적으로 볼 때 경영자는 소유경영자(owner manager)로부터 전문경영자(professional manager)로 발전해 왔지만, 전문경영자의 출현 전 단계로 소위 고용경영자(employed, salaried manager)라는 경영자가 소유경영자와 더불어 존재하기도 하였다. 고용경영자는 기업규모가 차츰 커지고 경영활동의 폭과 내용이 점점 복잡해짐에 따라 소유경영자인 기업가 혼자서 경영관리 기능의 전부를 담당하기가 어려워지는 단계에서 출현하게 된다. 즉 소유경영자에게 고용되어 그가 맡고 있는 일부의 기능, 때로는 대부분의 기능을 위탁받아서 소유경영자의 자본증식을 도와주는 대리인 역할을 하는 경영자가 고용경영자 또는 고용중역이다. 이러한 고용경영자는 경영관리의 전문적 지식과 기술이 있다 하더라도 주로 자본가나 기업가의 이익을 대변할 뿐이며, 실질적으로는 소유경영자의 성격과 별로 다를 바가 없다.

(3) 전문경영자

전문경영자의 출현은 경영규모의 대규모화와 함께 복잡화된 생산수단의 관리, 다양화된 생산요소의 효율적 결합, 격변하는 환경에의 창조적 적응, 그리고 장기적인 전망의 필요 등 경영내용의 복잡화로 인하여 여러 가지 다양한 경영직능을 합리적으로 수행하기 위해서는 단지 출자자란 자격만으로는 이를 감당할 수 없었기 때문에 경영관리에 대한 전문적 지식, 풍부한 경험, 그리고 중후한 인품을 고루 갖춘 전문경영자가 필요하게 된 것이다. 아울러 주식회사제도의 발전으로 주식이 광범하게 분산되고, 다수의 소주주집단이 그 소유주식수로 실질적인 지배를 할 수 없게 되었고, 주주총회가 형식적 의결기관화되어 경영자의 의사가 기업조직의 기본적 방침을 지배하게 됨에 따라 전문적 경영능력과 지식을 가진 전문경영자가 등장하게 된 것이다.

소유경영자와 전문경영자는 경영능력상의 차이 말고도 여러 가지 면에서 비교될 점이 있는데 이는 근본적으로 서로의 입장과 개인적 이해관계가 다르기 때문이다. 소유경영자는 자본증식과 수익극대화가 주요 목적이겠지만 전문경영자는 종업원에게도 수익을 배분하고 사회나 고객을 위한 봉사도 생각해야 할 것이다(임창희, 2015). 소유경영자와 전문경영자의 각각의 장단점을 비교해 보면 <표 9−1>과 같다.

▌〈표 9-1〉 소유경영자와 전문경영자의 비교

기 준	소유경영자	전문경영자
장 점	• 최고경영자의 강력한 리더십 • 과감한 경영혁신 • 외부환경변화에의 효과적 적용	• 민주적 리더십과 자율적 경영 • 경영의 전문화·합리화 • 회사의 안정적 성장
단 점	• 가족경영, 족벌경영의 위험 • 개인이해와 회사이해의 혼동 • 개인능력에의 지나친 의존 • 부와 권력의 독점	• 임기의 제한, 개인의 안정성 추구 • 주주 이해관계의 경시 • 장기적 전망과 투자 부족 • 단기적 기업이익 및 성과에의 집착

자료: 신유근(2000), 「경영학원론 – 시스템적 접근」, 다산출판사, 105.

아울러 지금까지 다룬 소유와 경영의 분리에 따른 경영자의 유형을 그림으로 나타내면 <그림 9−1>과 같다.

〈그림 9-1〉 경영자의 유형(소유와 경영의 분리)

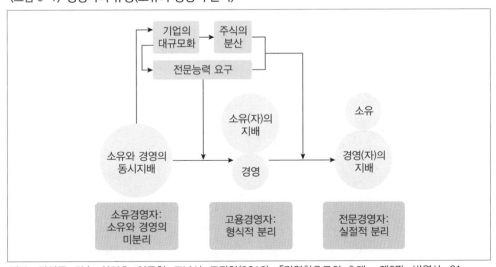

자료: 김귀곤·김솔·이명호·이주헌·조남신·조장연(2018), 「경영학으로의 초대」, 제6판, 박영사, 81.

　　오늘날의 경영자는 전문경영자로서 출자나 소유와는 전혀 관계없이 오직 전문적이고 독자적인 경영관리의 기능을 수행하는 계층을 의미하는데, 여기에는 <그림 9-2>와 같이 크게 최고경영자, 중간경영자, 일선경영자 등이 있다. 그러면 이들 각각에 대해 살펴보기로 하자.

〈그림 9-2〉 경영자의 계층 및 영역

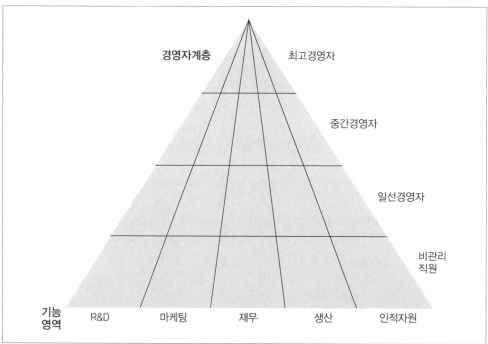

자료: A. Kinicki & B. K. Williams(2013), *Management: A Practical Introduction,* 6th ed., New York: McGraw-Hill, 17.

(1) 최고경영자

　　최고경영자는 한 조직의 전반적인 방향과 운영에 대한 최고의사결정자로서 권한과 책임을 지고 있는 사람들을 말한다. 착한 기업의 대명사인 유한양행의 고(故) 유일한 사장, 황의 법칙(Hwang's law)으로 유명한 삼성전자 반도체 부문의 전 황창규 사장,

현대자동차의 정몽구 회장, 우리나라 최초의 여행장이었던 권선주 기업은행장, Walt Disney의 마이클 아이스너(Michael Eisner)와 Microsoft의 설립자이자 회장이었던 빌 게이츠(Bill Gates), 일본 소프트뱅크의 손정의(孫正義) 회장 등이 바로 그러한 경영자들이다. 최고경영자의 일반적인 명칭으로는 최고경영자(CEO: Chief Executive Officer)를 비롯하여 최고운영책임자(COO: Chief Operating Officer), 사장, 회장, 대표이사, 사업부문장, 수석 부사장 등이 사용되고 있다(Kinicki & Williams, 2013).

최고경영자들은 이사회에서 결정된 기본방침을 실천에 옮기기 위한 전반적이고 총괄적인 관리기능을 담당하며, 기업의 장기적인 목표와 전략을 수립하고 기업의 사회적 책임도 지는 경영자이다(윤종훈 외, 2013). 최고경영자들은 종종 지역사회문제, 상거래 및 정부와의 협상에서 조직을 대표하게 된다. 그들은 자기 시간의 대부분을 회사 내 다른 최고경영자나 회사 밖의 사람들과 대화하는 데 보낸다. 이를테면 American Airlines의 사장인 로버트 크렌달(Robert Crandall)은 여러 이슈에 관한 American Airlines의 입장을 자사 직원, 연방항공국 직원, 그리고 지방정부와 지역사회 집단에게 설명하는 데 상당한 시간을 보내고 있다(Hellriegel, Jackson, & Slocum, 2008, 9).

조직위계상 최상위계층에 속하는 최고경영자들은 다시 자신들이 맡고 있는 기능이나 역할에 따라 수탁경영층, 전반경영층, 사업부문책임자 등으로 구분될 수 있다.

수탁경영층이란 소유와 경영이 분리된 주식회사 형태의 현대기업에서 중시되는 개념으로서 주주로부터 경영기능을 위임받아 주주의 이익을 대표·보호하는 것을 가장 큰 기능으로 하는 경영층에 있는 사람을 말하며, 이들은 주주의 위탁 아래 경영활동에 관한 제 기능을 독자적으로 수행하고 그 결과를 주주에게 보고할 책임이 있다. 이러한 기능을 수행하는 것이 바로 이사회로, 이는 회장과 이사들로 구성되는데 이들 중 경영활동에 참여하는 이사를 사내이사, 경영활동에 직접 참여하지 않는 이사를 사외이사라고 지칭한다.

전반경영층이란 수탁경영층, 즉 이사회가 주주의 위임을 받아 경영활동을 수행하고 그 성과를 주주총회에 보고하는 기능을 하고 있음에 비해, 기업경영 전반에 관련된 활동에 대한 권한과 책임을 지는 경영기능을 수행하는 경영층을 말한다. 즉 이사회가 정한 기본정책을 수행하면서 기업경영을 계획·실행·통제하는 기능을 수행한다. 전반경영층에는 사장·부사장·전무·상무 등이 포함되며, 사장은 통상 회사를 법적으로 대표하는 대표이사를 겸직하는 것이 일반적이다. 사장과 같이 공식적으로 회사를 대표하면서 기업경영 전반에 대해 책임지고 활동하는 사람을 최고경영자라 지칭한다.

이 밖에도 CEO의 정책방식에 따라 일상 업무에 관한 주요 의사결정을 책임지는,

부사장, 전무 등과 같은 최고운영책임자(COO: Chief Operating Officer), 기업의 자금, 비용, 경리 등을 총괄하는 최고재무책임자(CFO: Chief Finance Office), 정보 분야 담당 최고 임원으로 기업의 정보전략을 세우고 정보기술과 정보시스템에 대한 책임을 지는 최고정보책임자(CIO: Chief Information Officer), 전문지식을 효과적으로 발굴, 활용하는 지식경영을 총괄하는 최고지식책임자(CKO: Chief Knowledge Officer), 기술을 효과적으로 획득, 관리, 활용하는 활동을 총괄하는 최고기술책임자(CTO: Chief Technology Officer), 기업기밀, 기술기밀 등 보안 관련 부문을 총괄하는 최고보안책임자(CSO: Chief Security Officer), 그리고 인재의 채용, 개발과 양성, 배치 및 관리 등을 총괄하는 최고인사책임자(CHO: Chief Human−resource Officer) 등을 들 수 있다.

사업부문책임자란 기업의 규모가 커지게 됨으로써 여러 개의 사업부 또는 부문으로 나뉘게 되는데 이들 각 사업부를 책임지는 경영자를 말한다. 이들 각 부서의 책임자는 기업 전체의 기본정책을 준수하면서 자기 부문만의 독자적인 경영활동을 수행한다. 각 사업부 또는 부문의 경영활동이 성공적으로 이루어져야 기업 전체적으로 경영정책의 수행과 전반 관리기능이 효과적으로 이루어질 수 있다. 기업 내 작은 기업이라 할 수 있는 사업부문의 경영활동에 대해 책임을 지는 사업부문책임자를 통상 부문장 또는 본부장이라고 한다(신유근, 2000).

(2) 중간경영자

작은 조직은 단지 하나의 경영자 계층만으로도 사업을 성공적으로 영위할 수 있다. 그러나 조직의 규모가 커지고 내용이 복잡해져 감에 따라 문제 또한 증대하게 된다. 대규모 조직의 몇몇 경영자들은 종업원 활동을 조정하고, 어떤 제품과 서비스를 제공해야 할지를 결정하며, 그리고 이들 제품과 서비스를 고객에게 판매하는 방법을 결정하는 데 초점을 맞추지 않으면 안 된다. 이러한 일들이 바로 중간경영자들이 다루어야 할 문제들이다. 중간경영자들은 최고경영자로부터 전반적인 전략과 방침을 받아 일선경영자들이 이행할 수 있도록 그들을 구체적인 목표와 계획으로 전환시켜 나간다(이원우·서도원·이덕로, 2008).

전형적으로 중간경영자들은 최고경영자와 일선경영자의 중간에 위치하여 경영조직체 각 부문에 대한 관리책임을 맡는 경영자군을 지칭한다. 구체적으로 각 부문의 장, 이를테면 부장, 차장, 과장 등과 (부)국장, (부)실장, (부)처장 등이 그 좋은 예이다. 이처럼 관리책임이 부문관리에 있다는 것은 그 기초에 전문화나 능률화의 원칙에 따라서 부문관리의 책임을 뚜렷이 하고자 하는 이유가 있기 때문이다. 이때 부문관리는 보통 경영목적에 따라서 직능별, 지역별, 제품별, 공정별 또는 공장별 등으로 그룹화되면서 집행되게 마련이다. 이를테면 생산부장(직능별), A지구 판매소장(지역별), 가전제품 담당과장(제품별), 또는 제1공장장(공장별) 등이 그러한 부문적인 그룹의 예시가 되겠지만, 이 경우의 부문관리의 명칭이 바로 각 부문의 목적을 달성하기 위한 관리책임을 실질적으로 표현하는 것이라고 할 수 있다.

세 가지 기본적인 경영자계층은 <그림 9-3>과 같이 전통적으로 (a)와 같은 피라미드의 형태를 나타냈다. 그러다가 많은 기업들이 1980년대 말과 1990년대 초에 원가를 절감하기 위해 기계화·자동화·정보화를 도입하여 중간관리직을 대폭 없앰으로써 조직구조를 (b)와 같이 만들게 되었다.

〈그림 9-3〉 기본적인 경영자계층

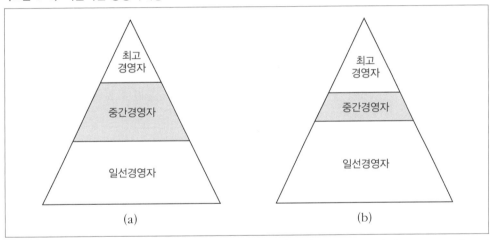

자료: D. Hellriegel, S. E. Jackson, & J. W. Slocum, Jr.(2008), *Managing: A Competency-Based Approach*, 11th ed., Mason, OH: Thomson/South-Western, 8.

(3) 일선경영자

일선경영자란 하위경영자나 하위관리자(lower management)로 또는 일선관리자 내지 일선감독자(first level supervisor) 등으로 다양하게 불리는데(이명호 외, 2015; 이진규, 2015), 통상적으로는 재료, 기계, 설비, 공구, 생산공정 등에 대해서 직접 감독책임을 지고 있는 현장관리자군을 지칭한다. 여기에는 직장(직공장), 계장, 대리, 조장, 반장 등의 이른바 현장간부가 이에 해당된다. 그들에게 보고하는 종업원들은 제품이나 서비스에 관계없이 조직의 기본적인 생산작업을 한다. 예를 들면 대우자동차의 일선감독자들은 자동차를 조립하고 검사하는 종업원을 감독한다. 또한 기아자동차의 판매관리자는 고객에게 차를 판매하는 판매사원을 감독하게 된다.

그들은 자신의 작업수행과 관련하여 부하들과 의사소통을 하며 모든 문제를 해결한다. 따라서 시간의 대부분을 자연히 그들이 감독하는 사람들과 더불어 보내게 된다. 따라서 대부분의 하위경영자들은 상위경영층이나 다른 조직에서 온 사람과는 거의 시간을 보낼 수 없게 된다(Hellriegel, Jackson, & Slocum, 2008, 8).

제2절 경영자의 관리기술

01 경영자의 관리기술

경영자의 관리기술(managerial skill)이란 경영자가 자신의 직무를 충실하게 수행해 나가는 데 필요로 하는 구체적 능력을 말한다. 이러한 관리기술은 교육 훈련, 경험, 실무를 통해서 학습되고 개발·향상될 수 있다는 특성이 있다. 따라서 많은 학자들은 성공적인 경영자들을 대상으로 그들이 지닌 관리기술이 어떤 것인가를 밝히려고 애써왔다. 왜냐하면 오늘날과 같이 치열한 경쟁사회는 유능한 경영자를 그 어느 때보다도 필요로 하기 때문이다. 그러면 효과적인 경영에 관련된 관리기술은 무엇인가? 이러한 물음에 스질라기(A. D. Szilagyi, Jr.)는 전문적 기술, 인간적 기술, 개념적 기술 및 진단적 기술을 들고 있으며(Szilagyi & Wallace, 1987), 헬리겔과 슬로컴(D. Hellriegel & J. W. Slocum)은 전문적 기술, 인간적 기술, 개념적 기술 및 의사소통적 기술 등으로 구분하고 있다(Hellriegel, Jackson, & Slocum, 2008, 10−11). 끝으로 로버트 카츠(R. L. Katz)는 모든 형태의 관리상황에 필요한 세 가지의 구체적인 기술로 전문적 기술, 대인적 기술, 개념적 기술 등을 들고 있다(Katz, 1974).

본 절에서는 가장 일반적인 분류로 카츠의 분류방식에 따라 경영자의 관리기술을 살펴보기로 하겠다.

(1) 전문적 기술

전문적 기술(technical skill)이란 전문적 지식과 경험을 토대로 특정의 방법, 절차 및 기법 등을 해당 분야에 적용시키는 능력을 말한다. 이를테면 설계기술, 시장조사, 회계업무 및 컴퓨터 프로그래밍, 노사관계 등에 필요한 전문적 기술을 생각해 볼 수 있다. 이러한 기술들은 구체적이며 통상 대학의 교과목이나 직장 훈련(OJT: on the job training) 프로그램에서 가르쳐질 수 있다. 경영자는 조직 내 다른 사람들이 필요로 하는 전문적 기술을 확인하고 개발하는 데 매우 관심을 갖고 있다. 특히 일선감독자들에게 있어서는 절대적으로 필요한 전문적 기술을 갖는 것이 매우 중요하다.

(2) 대인적 기술

대인적 기술(interpersonal skill)이란 구성원들을 리드(lead)하고 동기부여시키며(motivate) 갈등을 관리하고 다른 사람과 더불어 일할 수 있는 능력을 말한다. 기술적 기술이 사물(기법이나 물적 대상)과 함께 일하는 것이라면, 대인적 기술은 사람과 함께 일하는 데 초점을 둔다. 모든 조직의 가장 가치있는 자원은 사람이기 때문에 대인적 기술은 경쟁수준이나 기술에 관계없이 모든 경영자의 핵심 부분이다.

탁월한 대인적 기술을 가진 경영자는 의사결정에의 참여를 권장하며 부하로 하여금 스스럼없이 의사표시를 하도록 한다. 훌륭한 대인적 기술을 가진 경영자는 다른 사람을 좋아하며 그들에 의해 사랑받는다. 반면에 효과적인 대인적 기술이 결여된 경영자는 무례하고 무뚝뚝하며 비동정적이어서 다른 사람들을 불편하게 하고 분개하도록 할 수 있다.

(3) 개념적 기술

개념적 기술(conceptual skill)이란 분석적으로 생각하고, 조직을 전체로 보아 자신의 계획 및 사고 능력을 적용할 수 있는 능력을 의미한다. 훌륭한 개념적 기술을 가진 경영자는 조직의 여러 부서와 기능이 어떻게 상호연결되어 있는지 그리고 한 부서에서의 변화가 다른 부서에 어떻게 영향을 미칠 수 있는가를 볼 수 있다(Kinicki & Williams, 2013, 27). 경영자들은 미래에 발생할지도 모를 다른 형태의 관리문제를 진단하고 평가하기 위하여 개념적 기술을 사용한다.

개념적 기술은 무에서 유를 창출하는 아이디어 창출능력이자 사람의 사고방식이기 때문에 개발하기가 가장 어려운 것 중의 하나이다. 개념적 기술을 잘 사용하기 위해서는 ① 엄격한 목표·기준보다는 상대적인 우선순위, ② 확실성보다는 상대적인 기회나 가능성, 그리고 분명한 인과관계보다는 대강의 상관관계와 전반적인 패턴에 의한 사고를 필요로 한다. 개념적 기술은 추세에 따라 환경을 살필 수 있는 능력을 필요로 하는 경영자의 기업가, 혼란조정자, 자원할당자, 그리고 교섭담당자로서의 의사결정 역할에 특히 중요하다.

이러한 개념적 기술은 모든 경영자들에게, 특히 최고경영자에게 필요하다. 최고경영자들은 조직환경의 변화를 지각하여 올바른 의사결정을 내림으로써 변화에 신속하게 대응하지 않으면 안 된다. 이를테면, 세계에서 가장 혁신적인 은행의 하나로 인정받고 있는 Citicorp는 양도성예금증서(CD: negotiable certificate of deposit)를 처음으로 개발했으며, 자동출금기(ATM: automated teller machine)를 사용한 최초의 은행 중 하나이다. 그리고 세계에서 가장 큰 민간 해외대출기관이다. 이 모든 것은 Citicorp의 최근 은퇴한 최고경영자인 월터 리스턴(Walter B. Wriston)이 그 은행으로 하여금 1990년대에 세계경제가 직면하게 될지도 모를 문제에 관하여 혁신적인 사고방식으로 전환하도록 하기 위한 선견지명을 가졌기 때문이다(Wriston, 1990).

끝으로 일본의 전기회사인 Matsushita Electric의 마쯔시다 고노스께(Matsushita Konosuke) 회장은 자기 회사의 250년 계획을 개발하는 데 있어 상당한 개념적·분석적 기술을 사용해 온 것으로 유명하다(Kinicki & Williams, 2013, 27-28).

02 관리기술의 최적 결합

위에서 세 가지 관리기술에 대해 살펴보았는데, 이들 관리기술이 경영계층별로 어떻게 결합됨으로써 최적결합, 이른바 스킬 믹스(skill mix)가 이루어지는가를 살펴보기로 하자.

<그림 9-4>에서 알 수 있듯이 세 가지 관리기술의 상대적 중요성은 개별경영자가 속한 경영자계층에 따라 다르다. 전문적 기술은 기업의 하위 수준에서 특히 중요시되며 상위로 올라갈수록 그 중요성은 낮아진다. 그 반면에 개념적 기술은 상위 수준일수록 중요시되는데, 왜냐하면 최고경영자일수록 기업 전체에 영향을 미치게 되는 포괄적이고 장기적인 의사결정에 임할 가능성이 높기 때문이다. 그리고 인간적 기술은 어느 계층에서나 거의 비슷한 비중으로 중요시된다. 그 이유는 경영이란 본래 다른 사람을 통해 목표를 달성시키는 과정이기 때문에 아무리 전문적인 기술과 개념적 기술을 충분히 지니고 있다 해도 다른 사람들을 필요 이상으로 자극시킨다든지 이들에게 나쁜 영향을 주어 작업을 방해한다면 그것은 불필요한 것이 되고 말기 때문이다(김영규, 2006).

〈그림 9-4〉 카츠에 의한 관리기술의 최적결합

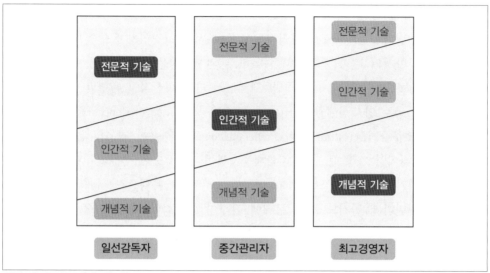

자료: R. L. Katz(1974), "Skills of Effective Administrator," *Harvard Business Review*, Sep.-Oct., 94-96.

이와는 다소 다른 관점에서 대인관계능력을 관리계층에 관계없이 가장 중요하다고 주장한 학자들이 바로 크루든과 셔먼(H. J. Chruden & A. W. Sherman)이다. 그들은 <그림 9-5>와 같이 모든 경영자들은 대인관계기술에 반을 할애하고 나머지 전문적 기술과 개념적 기술을 관리계층에 따라 차등적으로 발휘해야 한다고 주장하였다.

〈그림 9-5〉 크루든과 셔먼에 의한 관리기술의 최적결합

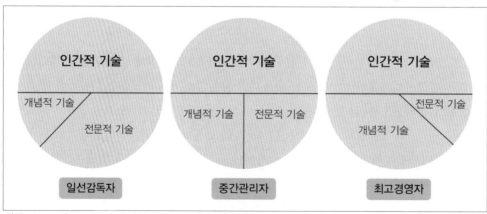

자료: H. J. Chruden & A. W. Sherman(1984), *Managing Human Resources*, 7th ed., Cincinnati: South-Western Pub. Co., 69-71.

이어서 1990년대와 2000년대에 이들 관리기술의 상대적인 중요성을 살펴보면 <표 9-2>와 같다. 이들 자료는 Fortune, General Electric 및 기타 기관에서 실시한 조사연구에서 얻어진 것이다(Hellriegel, Jackson, & Slocum, 2008, 26-28). 여기서 알 수 있듯이 비전있는 리더십(visionary leadership)은 21세기에 가장 가치가 높은 관리기술이 될 것이다(Bennis & Nanus, 1985).

▌〈표 9-2〉 1990년대와 2000년대 관리기술의 중요성

관리기술	행 동	연 대	
		1990	2000
전 문 적	• 컴퓨터 조작능력	3	7
	• 마케팅과 판매	50	48
	• 생산	21	9
대 인 적	• 윤리 강조	74	85
	• 인적자원관리	41	53
	• 종업원의 불만해소	34	71
개 념 적	• 전략수립	68	78
	• 강력한 비전제시	75	98
	• 경영승계계획	56	85
	• 국제경제 및 정치의 이해	10	19
커뮤니케이션	• 고객과의 빈번한 커뮤니케이션	41	78
	• 종업원과의 빈번한 커뮤니케이션	59	89
	• 매체와 대중연설의 취급	16	13
	• 문화차에 대한 민감성	10	40

주: 비율은 각 행동을 중요하다고 생각하는 경영자의 수를 나타냄.
자료: L. B. Lorn(1989), "How the Next CEO will be different," *Fortune*, May 22, 157-161; 이원우 · 서도원 · 이덕로(2008), 「경영학의 이해」, 박영사, 284.

제3절 경영자의 역할

01 경영자의 역할

경영자의 역할이란 관리행동의 구체적 범주를 의미한다. 실로 많은 논자들이 경영자가 구체적으로 해야 할 역할에 대해 설명하고 있다. 이 주제와 관련된 가장 저명한 학자인 민츠버그(H. Mintzberg)는 경영자는 10가지의, 각기 다르지만 상호밀접하게 관련되어 있는 역할들을 수행한다고 결론지었다(이덕로, 2002). 이 10가지 역할은 <그림 9-6>과 같이 주로 대인관계, 정보전달 및 의사결정과 관련된 역할 등으로 집단화될 수 있다(Mintzberg, 1973; Robbins & Judge, 2019).

〈그림 9-6〉 경영자의 역할

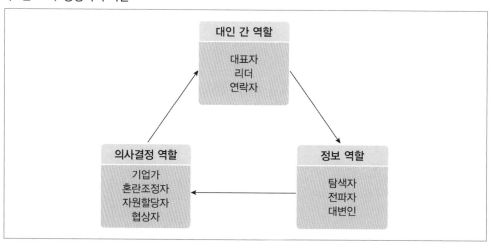

자료: H. Mintzberg(1975), "The Manager's Job: Folklore and Fact," *Harvard Business Review*, July-August, 16; 김태열·이덕로(2019), 「4차 산업혁명시대와 리더십」, 피앤씨미디어, 19.

02 대인 간 역할

대인 간 역할이란 사람들 사이의 관계와 관련하여 경영자가 해야 될 일을 말한다. 경영자들은 부하, 동료, 상사, 고객, 공급업자, 노동조합간부 및 지역사회 유지들을 포함한 조직 안팎의 여러 사람들과 상호작용을 하는 데 상당한 시간을 보낸다. 이러한 상호작용을 하는 과정에서 경영자들은 세 가지의 주요 대인 간 역할, 즉 대표자(figurehead) 역할, 리더(leader) 역할 및 연락자(liaison) 역할 등을 수행하게 된다.

(1) 대표자 역할

대표자 역할은 모든 관리역할 중 가장 기본적인 역할로 경영자는 각종 의례의식과 상징적인 기능에서 조직을 대표하게 된다. 단위조직의 장으로서의 경영자는 각종 의례의식의 주관, 방문객의 접견, 소속구성원들의 관혼상제 참석, 중요 고객에 대한 접대, 그리고 각종 행사에의 참석 등과 같은 의식적인 일을 수행함으로써 조직의 이미지 제고와 성공에 필요한 대표자 역할의 의무를 수행하고 있다.

(2) 리더 역할

리더 역할은 조직목표를 달성하기 위하여 부하의 활동을 이끌고 동기부여시키며 조정하는 역할을 말한다. 그러므로 리더 역할은 모든 관리활동에 두루 영향을 미치게 된다(Achua & Lussier, 2010, 10). 이를테면 리더 역할의 몇몇 측면은 충원이나 교육훈련과 관계가 있다. 다른 측면은 조직목표를 달성하도록 부하를 동기부여시키는 것과 관계된다. 또 다른 측면은 종업원이 확신할 수 있는 비전(vision)의 설계에 관련되어 있다.

Apple의 스티브 잡스(S. Jobs) 전 회장과 Polaroid의 에드윈 랜드(E. Land) 회장은 종업원이 가지지 못한 비전을 갖고 있었다. 잡스는 기존제품과는 완전히 차이가 나는 제품을 설계한다는 꿈을 갖고 그의 기업을 개인용 컴퓨터산업으로 이끌었다. 랜드는 즉석사진이라는 단일제품 시장에서 기술혁신에 초점을 맞추었다. 그의 모토(Motto)는 "다른 사람이 할 수 있는 일은 어떤 것도 하지 말라"는 것이었다. 이러한 비전이 종업원을 자극시켜 신제품을 개발할 수 있었다. 랜드가 Polaroid에 재임하는 동안 2,000개 이상의 새로운 제품과 공정이 만들어지고 특허를 받았다(Hellriegel, Jackson, & Slocum, 2008).

(3) 연락자 역할

연락자 역할은 경영자가 조직 안팎의 다양한 사람들과 갖는 각종 접촉을 말한다. 조직의 외부인사에는 고객, 정부관리, 소비자, 공급업자, 유통업자, 경쟁업체, 금융기관, 정부나 정부기관 및 지역사회 등과 같은 수많은 이해관계자들이 포함된다. 조직 내에서도 경영자는 종업원이나 경우에 따라서는 노동조합원들과 끊임없이 상호작용을 하지 않으면 안 된다. 왜냐하면 연락자 역할을 통해 경영자나 경영자는 조직의 성공에 영향을 미칠 수 있는 여러 사람들과 각종 단체들로부터의 지원을 모색할 수 있기 때문이다.

03 정보 역할

유능한 경영자는 각계각층 사람들과의 대인 접촉을 통해 많은 연결망을 구축한다. 대표자와 연락자 역할을 수행하는 동안 이루어진 많은 대인 접촉에서 경영자는 중요 정보에 접근할 수 있다. 이러한 접촉으로 말미암아 경영자는 사실상 조직의 신경중추(nerve center) 역할을 하게 된다. 정보 역할에는 세 가지 역할, 즉 탐색자(monitor) 역할, 전파자(disseminator) 역할 및 대변인(spokesperson) 역할 등이 포함된다.

(1) 탐색자 역할

탐색자 역할이란 조직의 유지와 성장에 영향을 미칠지도 모를 조직 안팎의 각종 정보를 체계적으로 탐지하고, 수집하며, 분석하는 것을 말한다. 정보를 수집하는 방법에는 메모, 보고서, 전문간행물, 신문, 기타 등등을 읽는 방법, 다른 사람과 얘기하거나 조직 내외의 각종 모임에 참석하는 방법, 그리고 제품, 가격 및 사업과정을 비교하기 위하여 경쟁자의 가게를 방문하는 것과 같은 관찰방법이 포함된다(Achua & Lussier, 2010, 11).

(2) 전파자 역할

경영자는 업무와 관련하여 조직 안팎에서 지득한 정보를 직속부하와 조직 내 관련된 구성원들과 나누어 갖는다. 몇몇 경영자는 통상적으로는 특정 정보에 접근할 수 없는 어떤 부하에게는 특별 정보를 건네주기도 한다. 실제에 있어서 부하들에게 많은 정보를 건네주는 것은 시간낭비이고 비생산적일 수도 있다. 성공적인 경영자는 정보의 홍수 속에 어떤 정보가 그리고 얼마만큼의 정보가 유용한 것인가를 결정하는 중요한 일을 한다.

(3) 대변인 역할

대변인 역할에서 경영자는 다른 사람들에게, 특히 조직 외부의 사람들에게 그 회사의 공식입장에 관한 정보를 전해 준다. 오늘날 대변인 역할이 중요성에 있어서 점차 증대되고 있는데, 그 이유는 적어도 부분적으로는 언론과 일반 대중이 보다 많은 정보를 실시간으로 요구하고 있기 때문이다. 실제로 많은 기업들이 이러한 요구에 부응하기 위하여 홍보실이나 홍보팀과 같은 전담부서를 두어 기업설명회(IR: Investor Relations), 기자회견 혹은 기자간담회 등을 해 오고 있다.

04 의사결정 역할

경영자는 조직을 새로운 목표와 활동으로 이끌기 위한 시기와 방법을 결정하는 데 취득한 정보를 사용하게 된다. 경영자나 경영자가 내리는 의사결정은 소속 조직의 흥망성쇠와 직결되기 때문에 의사결정 역할은 아마도 세 가지 역할 중 가장 중요한 역할일 것이다. 일반적으로 의사결정 역할에는 네 가지, 즉 기업가(entrepreneur) 역할, 혼란조정자(disturbance handler) 역할, 자원배분자(resource allocator) 역할 및 협상자(negotiator) 역할 등이 있다.

'대박신화' 임성기 한미약품 회장, 전 직원에 1,100억 원 주식 무상증여

지난해 8조 원 규모의 천문학적 신약 기술 수출 성과를 올린 한미약품은 임성기 회장이 1,100억 원에 달하는 개인 보유 주식을 임직원에게 무상으로 증여키로 했다고 4일 밝혔다. 제약업체 오너가 전 직원들에게 보유 주식을 무상증여한 것은 제약업계 사상 처음있는 일이다. 제약업계에선 이번 무상증여 규모를 두고 "파격이다"라는 평가가 나온다.

임성기 회장은 한미약품 그룹 임직원 2,800여 명에게 한미사이언스 주식 90만 주를 무상증여한다. 한미사이언스의 지난해 12월 30일 종가 12만 9,000원으로 환산하면 1,100억 원에 달하는 규모다. 이는 임 회장 보유 주식의 4.3%에 해당하며 한미사이언스 전체 발행 주식의 1.6%를 차지한다.

임직원 평균 월급 기준으로 보면 1,000%에 해당하며 직급과 연봉에 따라 다르겠지만 산술적으로 개인당 평균 4,000만 원을 지급받게 된다. 2014년 한미약품 직원 평균 연봉은 5,200만 원이었다. 앞서 한미약품 그룹 임직원들은 지난해 말 연말 성과급 200%를 별도로 받았다.

임성기 회장은 "몇 년간의 적자와 월급 동결 상황에서도 연구개발(R&D)에 힘써 준 임직원에게 위로가 됐으면 한다"고 밝혔다.

제약 업계 일각에선 한미약품의 공격적인 R&D 투자로 수년 안에 유동성 위기를 맞을 것이라는 우려도 내놓았다. 한미약품은 이런 우려를 불식시키고 7개의 신약을 글로벌 제약기업인 일라이릴리, 베링거인겔하임, 사노피, 얀센 등에 7조 6,000억 원 규모로 수출하는 신화를 만들었다.

지난 수년간의 노력을 보상받은 한미약품 직원들은 창업주의 파격적인 성과 보상에 고무됐다. 한미약품 관계자는 "2011년부터 임원들 중심으로 월급이 동결됐고, 직원들도 물가상승률 정도의 임금 인상을 감내해 왔다"며 "지난해 한 해 동안 이룬 성과를 창업주가 임직원들에게 되돌려준 것"이라고 말했다. 이 관계자는 또 "창업주가 직원들이 고생한 것에 대해 보상을 해 준 만큼 창업주가 평소에 강조한 주인 의식이 진짜로 생겼다"면서 "앞으로 개인 성과와 함께 회사 발전을 위해 최선을 다하기로 했다"라고 분위기를 전했다.

임 회장의 파격적인 성과 보상 소식에 제약업계가 술렁이고 있다. 7조 6,000억 원대의 천문학적 규모의 기술 수출에 이어 파격적인 보상이 나오자, 제약업계에서도 성과 보상을 바라보는 눈이 달라진 것이다.

제약업계의 한 관계자는 "한미약품의 기술 수출 성과가 한국 제약기업도 뚝심있게 연구개발하면 성과를 낼 수 있다는 것을 증명했다면, 임 회장의 주식 무상증여는 적극적인 연구개발 투자가 제약 산업 종사자 개인에게도 이득이 될 수 있다는 것을 보여줬다"고 말했다.

자료: 김민수(2016.01.04.), "'대박신화' 임성기 한미약품 회장, 전 직원에 1,100억 원 주식 무상증여,"
「조선일보」.

(1) 기업가 역할

기업가 역할은 새로운 프로젝트나 사업의 설계와 착수를 의미한다. 샘 월턴(S. Walton)이 1962년에 Wal-Mart를, 1983년에 Sam's Wholesale Club을 창업했을 때, 그의 주된 목표는 양질의 제품을 값싸게 제공하는 것이었다(Always Low Prices: Save Money, live better!). 저가격 목표를 달성하기 위하여 Wal-Mart는 재고를 줄이고 관리 계층을 단축했으며, 자사의 상점을 대부분 작은 마을에 두었다. 10년 만에 Wal-Mart 는 미국 내 최대의 할인점이 되었다. 월마트는 2019년 4월 30일 현재 전 세계 27개국 에 걸쳐 11,368개의 점포를 갖고 있고, 2018년 말 기준 종업원 230만 명에 연간매출액 은 5,003.43억 달러, 순이익 98.62억 달러에 이르고 있다. 기업가로서 월턴은 할인 소 매업에서 변화의 설계자이자 주창자였다(김태열·이덕로, 2019, 22).

GE의 전 회장이었던 잭 웰치(J. Welch)의 업계 1위를 위한 노력(No. 1 or No. 2, if not, sell, fix, close; 1등 또는 2등을, 그렇지 않으면 매각하거나, 고치거나, 아니면 폐쇄하라) 또한 마찬가지이다(김태열·이덕로, 2014, 16). 3M의 아더 프라이(A. Fry)가 포스트잇 (post-it) 종이를 만들었을 때에도 이러한 역할을 했던 것으로 알려지고 있다(서도원· 이덕로, 2016, 369-370).

(2) 혼란조정자 역할

경영자는 자신의 직접적인 통제 밖의 문제와 변화를 다룰 때 혼란조정자 역할을 한다. 전형적인 문제에는 노동자에 의한 파업, 주요 공급업자의 파산, 그리고 고객의 계약파기 등이 포함된다. 때때로 혼란은 훌륭하지 못한 경영자가 상황을 무시하여 이 것이 하나의 위기로 전환되기 때문에 일어난다. 그러나 심지어 훌륭한 경영자마저 그 들의 의사결정의 모든 결과를 좋은 방향으로만 기대할 수 없는 경우도 있다.

문제를 좀 더 확대하여 국제질서를 한번 생각해 보자. 1990년 여름 이라크의 사담 후세인(S. Hussein) 대통령이 쿠웨이트를 침공함으로써 유가가 하룻밤 사이에 천정부지로 치솟았다. 이라크의 쿠웨이트에 대한 침입은 세계평화에 대한 위협으로 보아, 미국의 부시(G. Bush) 대통령은 1991년 1월 16일에 미국 주도의 사막의 폭풍작전(Operation Desert Storm)을 전개하여 단 42일 만에 이라크 사태를 종결하여 걸프만에서 혼란조정자 역할을 했다.

(3) 자원할당자 역할

자원할당자 혹은 자원배분자 역할이란 자금, 설비, 사람 및 경영자의 시간에 대한 경쟁적인 요구들 중에서 적절한 선택을 하는 것을 의미한다. 경영자는 정해진 예산의 얼마를 광고에 배분하여 기존 제품라인을 늘리는 데 어느 정도의 예산을 사용해야만 할 것인가? 새로운 주문을 충족시키기 위하여 제2교대조가 보강되어야 할 것인가? 아니면 초과근로수당(overtime)을 지불해야 할 것인가? 와 같은 질문을 제기하여 이에 슬기롭게 대처할 수 있어야 한다.

(4) 협상자 역할

자원배분자 역할과 밀접한 관계가 있는 것이 바로 협상자 역할이다. 이러한 역할에서 경영자는, 상호 간의 차이점을 토의하여 합의에 도달하기 위하여 밀고당기는 과정을 거치지 않으면 안 된다. 협상결과는 경영자의 능력이나 소속 조직에 적지 않은 영향을 미치기 때문에 협상은 경영자 직능의 중요한 부분이다. 이러한 협상은 경영자의 모든 목표를 공유하지 않는 사람이나 집단(예 노동조합)을 다루어야 할 때 특히 힘이 든다(Hellriegel & Slocum, 1992, 12-16).

지금까지 경영자가 발휘해야 할 10가지의 역할에 대해 살펴보았다. 그러면 이들 각각의 역할이 실제로 얼마나 중요한가를 살펴보기로 하자. <그림 9-7>에서 알 수 있듯이 복수응답의 경우 협상자 역할이 가장 높은 72%로 나타났고, 이어서 기업가 역할(52%), 전파자 역할(47%), 리더 역할(46%), 문제해결자 역할(38%)의 순으로 나타났다(서도원·이덕로, 2016, 365-371).

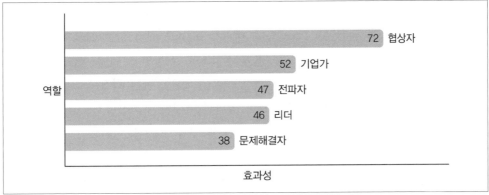

〈그림 9-7〉 경영효과성에 대한 경영자의 역할별 중요성   (단위: 점수)

자료: 김태열·이덕로(2019), 「4차 산업혁명시대와 리더십」, 피앤씨미디어, 25.

05 가장 영향력있는 최고경영자

전술한 경영자의 구체적 역할을 충실히 수행할 때 비로소 훌륭한 경영자가 될 수 있다. 여기서는 최선을 다하여 소속 기업을 세계 굴지의 기업으로 만들고 있는, 세계에서 가장 영향력있는 국내외 최고경영자들에 대해 살펴보도록 하자.

(1) 우리나라에서 가장 영향력있는 최고경영자

그러면 우리나라에서 가장 영향력있는 CEO는 누구일까? 데일리한국과 주간한국이 리서치앤리서치에 의뢰해 2015년 9월 11일부터 13일까지 사흘 동안 전국 성인남녀 1,000명을 대상으로 여론조사를 실시해 '우리나라 재계 총수 중 가장 영향력있는 CEO는 누구라고 생각합니까?'라고 물은 결과 <그림 9-8>에서 알 수 있듯이 전체 응답자 중 39.6%가 이건희 회장이라고 대답했다. 2위는 17.4%를 얻은 이재용 부회장이 차지했다. 1위와 2위와 격차는 22.2%포인트로 2015년 5월 데일리한국이 실시한 여론조사 당시 차이(26%포인트)보다 상당히 좁혀졌다. 2014년 9월 주간한국 여론조사에서는 이건희 회장이 57.8%, 이재용 부회장은 불과 4.2%를 기록했던 것과 비교하면 1년 사이에 상당한 변화가 이뤄진 셈이다.

정몽구 현대차 회장은 2015년 5월보다 1.5%포인트 상승한 13.1%로, 현대중공업 최대주주인 정몽준 전 의원은 0.7%포인트 내려간 6.2%로 각각 3, 4위를 차지했다. 그 다음은 구본무 LG 회장(1.8%), 최태원 SK 회장(1.5%), 신동빈 롯데 회장(1.3%) 순이었다. 김승연 한화 회장(0.8%) 허창수 GS 회장(0.8%), 조양호 한진 회장(0.4%), 박용만 두산 회장(0.3%), 신격호 롯데 총괄회장(0.1%), 정의선 현대차 부회장(0.1%) 등은 1% 미만의 응답을 얻었다. 특히 형제 간의 경영권 분쟁에서 승기를 잡은 신동빈 회장의 영향력은 0.4%에서 1.3%로 3배 이상 올라갔다. 구본무 회장과 최태원 회장의 영향력도 지난 5월 조사에 비해 각각 0.7%포인트, 0.6%포인트 상승했다.

〈그림 9-8〉 우리나라에서 가장 영향력있는 CEO

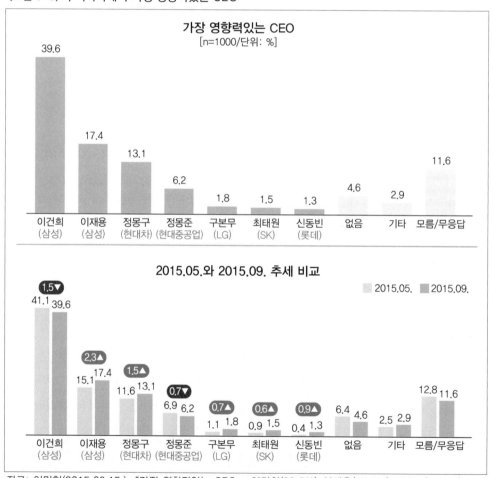

자료: 이민형(2015.09.15.), "가장 영향력있는 CEO… 이건희(39.6%) 이재용(17.4%) 정몽구(13.1%) 정몽준(6.2%) 순," 「데일리한국」.

이번 조사결과를 성별로 보면 이건희 회장은 남성(39.6%)과 여성(39.7%)의 차이가 크지 않았지만 이재용 부회장을 선택한 응답은 여성(14.1%)보다 남성(20.7%)에서 월등히 높았다. 정몽구 회장도 여성(9.9%)보다 남성(16.3%)에게서 더 높은 평가를 받았다. 다만 정몽준 의원의 경우 남성(5.6%)보다 여성(6.8%)의 평가가 더 높았다.

연령대별로 보면 이건희 회장의 영향력은 고연령층으로 갈수록 상대적으로 줄어들었다. 20대(19세 포함)와 30대에서는 각각 54.5%, 50.6%로 절반을 넘겼지만 40대 41.5%, 50대 29.8%, 60대 이상 26%로 나이가 들수록 평가 비율이 감소했다. 이재용 부회장은 모든 연령층에서 고른 분포를 보였다. 40대에서는 상대적으로 높은 20.1%였고, 20대에서는 19.9%, 30대와 50대에서는 각각 17.3%, 17.9%, 60대 이상에서는 12.6%를 기록했다. 재계 총수들의 지역별 평가 차이는 크지 않았다(이민형, 2015.09.15.).

(2) 세계에서 가장 영향력있는 최고경영자

미국 경제전문지 'CEO월드'가 선정·발표한 '2019년 세계최고의 CEO'(Best CEOs In The World 2019)에서 전 세계에서 '가장 영향력있는 최고경영인' 1위는 더글러스 맥밀런(C. D. McMillon) 미국 월마트 CEO가 차지했다.

이번 순위는 전 세계 96개국 CEO 1,200여 명을 대상으로 재임기간의 경영실적과 함께 소속 기업의 환경 영향, 지배구조, 사회공헌, 브랜드 가치, 시장점유율, 영향력 등을 종합 평가한 후 총 121명이 명단에 이름을 올렸다. 국가별로는 미국이 55명에 달해 가장 많았다. 독일이 11명으로 그 뒤를 이었고, 인도 10명, 일본 9명, 프랑스 8명, 중국 7명 등의 순이었다. 한국기업인으로는 삼성전자 반도체와 디스플레이 사업을 총괄하는 삼성전자 디바이스솔루션(DS) 부문장인 김기남 부회장이 유일했다.

1위에 오른 맥밀런은 28개국 총 1만 1,718개의 매장을 보유한 월마트에서 실력만으로 말단 직원에서 최고경영인 자리에 오른 입지전적인 인물이다. 네덜란드 Royal Dutch Shell의 벤 반 뷰어든(Ben van Beurden)과 룩셈부르크의 다국적 철강업체인 ArcelorMittal의 인도 출신 CEO인 락시미 미탈(L. N. Mittal)이 그 뒤를 이었다. 또 Saudi Aramco의 아민 나세르(A. H. Nasser)와 영국 BP의 밥 더들리(B. Dudley), 미국 Exxon Mobil의 대런 우즈(D. Woods), 독일 Volkswagen의 헤르베르트 디스(H. Diess), Toyota Motor의 도요다 아키오(Akio Toyoda), 미국 Apple의 티머시 쿡(T. D. Cook), 미국 Berkshire Hathaway의 워런 버핏(W. E. Buffett) 등이 '톱 10'에 포함됐다.

<표 9-3>에서 알 수 있듯이 삼성전자의 김기남 부회장은 13위로 올라갔는데

재계 관계자는 "삼성전자가 최근 몇 년간 글로벌 메모리 반도체 시장의 '슈퍼호황' 덕분에 실적이 좋았고, 글로벌 사회공헌활동을 많이 진행한 게 김 부회장의 상위권 진입에 영향을 미친 듯하다"고 말했다.

❙⟨표 9-3⟩ 세계에서 가장 영향력있는 최고경영자

순 위	이 름	직 위	국 가	소속 기업
1	C. Douglas McMillon	CEO	미국	Walmart
2	Ben van Beurden	CEO	네덜란드	Royal Dutch Shell
3	Lakshmi Niwas Mittal	회장 겸 CEO	룩셈부르크	ArcelorMittal
4	Amin H. Nasser	CEO 겸 사장	사우디	Saudi Aramco
5	Bob Dudley	그룹 최고경영자	영국	BP
6	Darren Woods	CEO 겸 회장	미국	Exxon Mobil
7	Herbert Diess	CEO 겸 이사회 의장	독일	Volkswagen AG
8	Akio Toyoda	이사회 대표	일본	Toyota Motor
9	Timothy D. Cook	CEO	미국	Apple
10	Warren E. Buffett	CEO	미국	Berkshire Hathaway
11	Jeffrey P. Bezos	CEO	미국	Amazon
12	David S. Wichmann	CEO	미국	UnitedHealth Group
13	Kim Ki Nam	CEO 겸 부회장	한국	삼성전자
14	Ivan Glasenberg	CEO	스위스	Glencore
15	Brian S. Tyler	CEO	미국	McKesson
16	Ola Kallenius	CEO	독일	Daimler
17	Larry J. Merlo	CEO	미국	CVS Health
18	Patrick Pouyanne	CEO 겸 회장	프랑스	Total
19	Jim Hackett	사장 겸 CEO	미국	Ford
20	Michael K. Wirth	CEO 겸 이사회 의장	미국	Chevron

자료: A. Papadopoulos(2019.07.25.), "Best CEOs In The World 2019: Most Influential Chief Executives," *CEOWORLD magazine*.

한때 세계에서 가장 영향력있는 최고경영자로 자주 선정된 기업인은 IT기업인 Apple의 회장 겸 최고경영자(CEO)였던 스티브 잡스(S. Jobs)였다. 미국의 유명한 경제주간지 포춘은 2007년 가장 영향력있는 재계 지도자 25인의 선정에서 "1위에 오른 잡스 회장은 반도체 칩과 디스크·플라스틱·소프트웨어의 비밀스러운 조합으로 욕망의 디지털 기기를 만들어냈으며, 이를 자신만의 매혹적인 브랜드로 승화시키는 능력이 있다"고 선정 이유를 밝혔다. 잡스는 매킨토시·픽사·아이팟으로 이어지는 일련의 기술 혁신을 이끌었으며 아이팟은 얼마 전 미 경제전문잡지 비즈니스위크에서 선정한 '올해의 베스트 가전'에 오르기도 했다. 경영계의 석학 짐 콜린스(J. Collins)는 잡스를 일컬어 능력과 시간을 겸비한 '비즈니스계의 베토벤'(Ludwig van Beethoven)으로 부르기도 하고, 또 한편에서는 그를 공급자와 파트너, 심지어 산업까지도 그의 뜻대로 하는 '마키아벨리'(N. Machiavelli)로 부르기도 했다(김유림, 2007.11.28.).

CHAPTER

10

경영전략

최근 들어 기업환경이 급격하게 변화하고 경쟁이 더욱 가속화됨에 따라 경영전략이란 용어가 경영학에서 그리고 실제 조직체경영에서 흔히 쓰이고 있지만 그 정확한 의미는 사용자에 따라서 많은 차이를 보이고 있다. 그뿐 아니라 경영전략과 관련하여 전략경영, 경영정책, 전략적 경영, 전술, 방침 등 여러 가지의 비슷한 단어들도 많이 사용되고 있어서 개념상의 혼돈을 가져오는 경우도 적지 않다. 따라서 본 장에서는 먼저 경영전략의 의의를 살펴본 후 경영전략의 수준 및 과정 등에 대해서 살펴보도록 하겠다.

제 1 절　경영전략의 의의

01　경영전략의 의의

전략(strategy) 또는 경영전략(business strategy)이란 본래 군사적 용어로 사용되어 오다가 Chandler(1962)에 의하여 경영학 분야에 처음 도입된 이후 Ansoff(1965), Andrews(1980) 등에 의해 경영전략에 대한 연구가 본격적으로 시작되었다. 특히 경영전략은 1980년대 후반 급격한 환경변화에 직면하고 기업을 둘러싼 경영환경이 불확실해지자 이에 대응하는 방법을 모색하는 과정에서 경영학의 주요 관심 분야로 부상하게 되었다(심태용·이대규, 2019).

경영전략(business strategy)이란 조직의 방향을 결정하는 대규모의 행동계획으로 (Kinicki & Williams, 2018) 기업에게 경쟁우위를 제공·유지시켜 줄 수 있는 중요한 의사결정이다(장세진, 2013). 보다 구체적으로 조직체의 목적을 달성하기 위한 수단으로서 조직체 내부의 모든 기능과 활동을 통합한 종합적인 계획을 의미한다. 조직체가 항상 변하는 환경 속에서 장기적으로 좋은 성과를 거두려면 환경변화에 적합한 목적을 설정하는 것은 물론, 이를 달성하기 위하여 기업체 내부의 인력과 자금 그리고 기술·시설 등 모든 자원을 효율적으로 동원시키는 통합적이고 종합적인 계획이 필요한데, 이것이 바로 경영전략이다. 따라서 경영전략은 조직체의 장기적인 성과와 목적달성에 많은 영향을 주는 결정적인 요소라 할 수 있다.

이러한 사실은 미국의 기업소유자들을 대상으로 실시한 조사연구에서도 잘 나타나 있는데, 이 조사결과에 따르면 조사대상자의 69%가 경영전략을 갖고 있으며 그들 중 89%가 경영전략이 조직체의 목적달성에 상당히 효과적이었다고 응답한 것으로 나타났다(Robbins & Coulter, 2018). 이와 같이 조직체의 장기적인 성과와 목적달성에 중요한 경영전략은 다음과 같은 특성을 갖는다.

첫째, 경영전략은 기업과 관련된 가장 본질적인 문제를 다룬다. 즉 당해 기업이 속한 사업 분야가 무엇인지, 또 어떤 층의 고객을 주요 대상으로 겨냥하고 있는지, 그리고 주요 판매시장은 어디인지 등이 그것이다. 환언하면 기업이 생산하는 제품의 성격이나 종류, 주요 대상고객이나 시장, 그리고 사업의 다각화 여부 등이 경영전략과 밀접한 관련을 맺고 있는 개념들이라고 할 수 있다.

둘째, 경영전략은 일상적인 의사결정과 관련된 세부계획의 기본골격이 된다. 경영전략은 기업이 갖고 있는 제 자원의 배분과정에서부터 일상적 경영활동에 이르기까지 경영활동의 다양한 부분을 포괄하고 있다. 곧 법체계로 볼 때 각종 법률의 모범이 되는 헌법과 유사한 성격을 갖는다고 볼 수 있다. 그러므로 하부경영계층의 각종 전술계획이나 작업계획들은 실천에 있어서 전사적인 경영전략에 일치시켜 추진되어야 한다.

셋째, 경영전략의 수립은 다른 여타 계획들과 비교하여 시간이 많이 소요된다. 일반적으로 경영전략은 몇 개월이나 1년과 같은 단시간에 추진되고 성사될 수 있는 성질의 것이 아니므로 장기에 걸쳐 지속적으로 추진되어야 하며, 추진 결과까지도 함께 평가되어야 하는 장기적·지속적 성격을 가진 계획이다.

넷째, 경영전략은 기업의 모든 에너지와 자원이 소요되는 최우선적 과제이다. 경영전략은 기업이 장래에 있어 보다 높은 성장과 유리한 입지를 확보하기 위하여 추진하는 주요한 계획이기 때문에 기업이 소유한 인적·물적·재화적 자원은 그것의 성공적 추진을 위하여 최우선적으로 조달되어야 하며, 아울러 적시(適時)에 합리적으로 배분되어야 한다.

끝으로, 경영전략은 최고경영자의 적극적 관심과 참여가 요구되는 최고경영층의 경영활동이다. 왜냐하면 최고경영자는 높은 관점에서 기업의 모든 측면을 관찰할 수 있는 안목이 있기 때문이며, 그리고 경영의 하부계층이 경영전략을 효율적으로 실천하기 위해서는 최고경영층들의 참여와 꾸준한 지원이 있어야 하기 때문이다(Moriatory & Moran, 1990).

02 경영전략과 전술

경영전략과 밀접히 관련된 개념으로서 경영전략과 구별되어야 할 또 하나의 용어는 전술(tactics)이다. 원래는 둘 다 군사·전쟁용어로 사용되어 왔으나 1941년에 노이만과 모겐스턴(J. Von Neumann & O. Morgenstern)이 경제학에 처음 도입하였으며 그 후 1950년대부터 경영학에 널리 보급되었다(Ansoff & McDonnell, 1990).

오늘날 전략과 전술은 경영성과를 달성하는 과정에서 매우 중요한 요소로 작용하고 있으므로 실제경영에서도 흔히 사용되고 있는 용어들이다. 일반적으로 전략과 전술은 거의 똑같은 의미로 사용되는 경우가 많으나, 실제적으로 개념상 매우 중요한 차이가 있으므로 그 차이를 명백히 인식할 필요가 있다.

Hellriegel, Jackson, & Slocum(2008)는 전략과 전술의 특징을 <표 10-1>과 같이 간략히 요약하고 있다. 양자의 차이를 성과 수준, 영향 범위 및 개념적 측면에서 보다 자세히 살펴보면 다음과 같다.

┃〈표 10-1〉 전략과 전술의 특징

차 원	전 략	전 술
• 의사결정의 유형	• 적합적 및 혁신적	• 일상적 및 적합적
• 의사결정의 조건	• 위험 및 불확실성	• 확실성 및 위험
• 주로 입안되는 계층	• 중간이나 최고경영자	• 종업원에서 중간경영자
• 시간 관점	• 장기(보통 2년 이상)	• 단기(보통 1년 이하)
• 의도하는 목표	• 장기적인 생존과 성장의 확신	• 전략을 이행하기 위한 수단

자료: D. Hellriegel, S. E. Jackson, & J. W. Slocum, Jr.(2008), *Managing: A Competency-Based Approach*, 11th ed., Mason, OH: Thomson/South-Western, 46.

(1) 성과수준의 차이

전략과 전술은 기업체의 실제성과에 있어서 그 효력에 큰 차이를 나타낼 수 있다. 즉, 전략은 전술에 비하여 상대적으로 보다 높은 차원에서 성과상의 효력을 발휘하고 있는 반면에, 전술은 전략에 종속된 개념으로서 성과상의 효력범위가 전략에 의하여 지배되고 있다. 의사결정 관점에서 볼 때, 전략은 일반적으로 조직체 전체의 성과에 영향을 주는 요인으로 인식되고 있다. 따라서 전략 자체가 우수하다면 집행과정에서 아무리 전술상의 과오를 범하더라도 비교적 높은 수준의 성과를 달성할 수 있지만, 전략 자체가 잘못되었다면 그 집행결과에서 아무리 우수한 전술을 사용한다 하더라도 성과수준은 낮을 수밖에 없다.

예를 들면, 특정 기업이 속해 있는 산업이나 그 기업의 제품은 일반적으로 매우 중요한 전략적 의사결정이다. 따라서 성장산업에서 우수한 제품을 생산하게 되면 영업활동이 다소 저조하거나 노사 간에 약간의 갈등이 있더라도 비교적 좋은 성과를 거둘 수 있다. 이와는 반대로 사양산업이나 불리한 산업에서 불량상품을 생산하게 되면 아무리 적극적인 판촉활동을 전개하거나 협조적 노사관계를 유지한다 할지라도 좋은 성과를 얻기가 매우 어렵다(이학종, 1992).

(2) 영향범위의 차이

전략은 기업체 전체에 장기에 걸쳐 영향을 미치는 데 비하여 전술은 특정된 기능이나 부서 등 비교적 제한된 범위 내에서 단기에 걸쳐 영향을 미친다. 기업체의 업종과 제품의 선정은 기업체 전체에 장기적인 영향을 미치는 것이 확실하다. 이에 비하여 판촉활동은 제품에 존속된 의사결정으로서 영향범위가 마케팅 분야에 제한되어 있고 그 영향기간도 비교적 단기간으로 제한되어 있다. 이와 같이 전략적 의사결정은 그 영향이 일반적으로 조직 전체에 장기적으로 나타나면서 조직체 전체의 효율성을 결정하는 요인으로 작용하는 데 비하여, 전술적 의사결정은 그 영향이 부분적으로, 그리고 단기적으로 나타나면서 일반적으로 조직체 내의 기능적 또는 일부 부서의 능률을 결정하는 요인으로 작용한다고 볼 수 있다.

(3) 개념적 차이

그러나 전략과 전술은 성과수준이나 영향범위에 있어서 어떠한 절대적인 차이개념에 의하여 구분되는 것은 결코 아니다. 의사결정에 있어서 전략과 전술은 어디까지나 상대적인 개념으로서 어떠한 의사결정이 비교적 더 중요한지 성과상의 중요성을 중심으로 의사결정의 우선순위를 인식하는 데에 그 의의가 있는 것이다. 따라서 앞의 예에서 판촉활동은 산업이나 제품선정과 같은 전략적 의사결정에 비하면 전술적 의사결정에 불과하겠지만 주어진 제품의 시장확대를 목적으로 하는 경우에는 판촉활동도 가격결정과 더불어 매우 중요한 전략적 의사결정인 동시에 판촉활동을 전개하는 데 있어서 각종 광고매체의 결정은 전략적 판촉활동에 존속된 전술적 의사결정이라 할 수 있다. 이와 같이 전략과 전술은 상대적 개념으로서 의사결정 상황에 따라 똑같은 의사결정이 전략적인 성격을 띨 수도 있고, 전술적인 성격을 지닐 수도 있다(이학종, 1994).

요약하면 전략은 공간적으로 대국적(global)이며 시간적으로 장기적인(long-term) 의사결정으로, 군대의 전쟁(war)에 해당되는 개념이다. 반면에 전술은 공간적으로 국지적(local)이며 시간적으로 단기적인(short-term) 의사결정으로, 군대의 전투(combat)에 해당되는 개념으로 볼 수 있다.

03 경영전략과 경영정책

이상에서 살펴본 바와 같이 경영전략은 경영학연구나 실제의 기업경영에서 경영정책(business policy)과 밀접한 관계를 맺고 있으며, 경우에 따라서는 경영정책과 동일한 의미로 사용될 때도 있어서 경영전략과 경영정책 사이에 용어상의 혼돈이 있을 수 있다. 좁은 의미에서 경영정책은 기업경영의 중요 지침 또는 경영의사결정의 가이드(guide)로서 경영방침과 똑같은 의미를 지니고 있는 것으로 볼 수 있다. 따라서 이러한 의미에서의 경영정책은 경영전략의 한 부분으로서 시장경쟁정책과 자금관리방침 등 기업의 목적달성을 위한 하위전략(substrategy)이라 할 수 있다.

그러나 넓은 의미에서의 경영정책은 전략경영과 똑같은 의미를 지닐 수 있다. 즉, 경영정책을 기업체의 성과수준과 경영방향 그리고 성과달성방법을 지배하는 전략적인 과정으로 보고 목적설정과 전략의 형성 그리고 전략의 수행을 모두 포함한 경영전략으로 볼 수 있다. 특히 경영학 교과과정에서 경영정책이 과목명칭으로 사용되는 경우에는 경영전략과 똑같은 개념으로 사용되고 있다. 그러나 경영학 과목으로서의 경영정책은 전통적으로 기업체의 목적달성을 위한 모든 내부기능과 활동의 통합을 강조해 왔다. 그러나 근래에 와서 기업의 목적설정과 성과달성과정에서 전략적인 의사결정 개념이 강조되기 시작하면서 경영전략이라는 과목명칭이 점점 많이 사용되었다. 따라서 경영전략과 경영정책은 경영학 과목으로서 똑같은 내용을 의미할 수 있지만 엄밀한 의미에서 전략적 의사결정 관점에서 다소 차이가 있다고 볼 수 있다.

지금까지 경영전략과 경영정책에 대해 많은 논자들이 다양한 입장을 전개해 왔는데 이들을 크게 세 가지로 나누어 볼 수 있다.

첫째, 경영전략을 상위개념, 경영정책을 하위개념으로 보는 관점이다. 히긴스(J. M. Higgins)가 이러한 입장을 견지해 온 대표적 학자로, 그는 경영정책을 경영전략의 성공적인 수립과 수행을 보장하기 위한 광범위한 지침으로 보고 있다. 곧 경영정책은 경영전략의 구성요소로 보고 있다.

둘째, 경영전략과 경영정책을 대등하게 보는 입장이다. 호퍼(W. Hoper)는 경영전략은 넓은 의미에서 경영정책이란 용어의 일반적인 형태로 보고 있으며 스테이너(G. A. Steiner)는 경영전략을 종래 경영정책이라 불리던 것에 대체되는 오늘날의 일반적인 용어로 다루면서 통례적으로 그의 저서에서는 경영정책과 경영전략(policy/strategy)을 묶어서 전개하고 있다.

셋째, 경영정책을 상위개념, 경영전략을 하위개념으로 보는 입장이다. 창(Y. N. Chang)은 경영정책이란 기업의 기본적인 제 문제, 그 목적, 사명 및 광범위한 목적을 규정하는 기본적인 틀(framework)인 동시에 기업 전체의 관점에서 기업행동을 지배하는 일련의 지침인 반면, 경영전략이란 기업목적달성을 위한 중요한 행동과정을 묘사해 주는 주요 계획이며, 현재 및 미래의 기회를 포착하고 위협을 제거하기 위해 제 자원을 배분하는 수단을 규제하는 청사진(blueprint)으로 보고 있다. <그림 10-1>이 경영정책과 경영전략에 이어 프로그램에 이르는 개념적 모형을 잘 보여주고 있다.

〈그림 10-1〉 단순한 개념적 모형

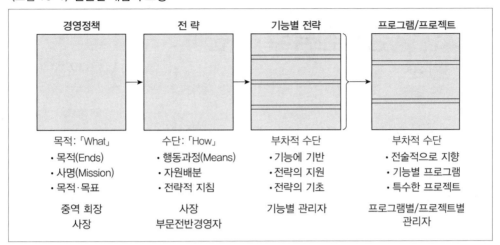

자료: Y. N. Chang & F. Campo-Flores(1980), *Business Policy and Strategy: Text and Cases*, Santa Monica, Calif.: Goodyear Pub. Co., 8.

제2절 경영전략의 수준

보다 작은 규모의 조직들은 단 하나의 전략수준을 가진다. 그러나 기업의 규모가 점차 커지게 됨에 따라 조직구조가 더욱 복잡해지고 전략수준도 세 가지의 각기 다른 수준, 즉 기업수준(corporate level), 사업수준(business level), 기능수준(functional level)으로 나누어지게 된다(Newman, Logan, & Hegarty, 1989).

01 기업전략

기업전략(corporate strategy)은 구조적으로 볼 때 기업 전체의 경영을 지배하는 가장 상위의 경영전략으로 흔히들 전사적 전략이고도 한다. 대규모조직의 정상에서는 이사들과 최고경영자들은 "어떤 사업을 추구할 것인가?", "이들 사업 간에 자원을 어떻게 배분할 것인가?"를 결정함으로써 기업의 목적을 재편하게 된다. 전사적 전략은 이사회의 의사결정이 통상 제품라인을 증감시키는 기업인수·합병(M&A: Merger & Acquisition), 주요 사업의 확장 및 포기 등과 관계되어 있기 때문에 포트폴리오 전략(portfolio-level strategy)이라고 한다(Lorange, 1980). 오늘날 이러한 전략에는 해외법인설립, 다른 조직과의 합작투자를 통한 새로운 기업의 창설 등이 포함되기도 한다.

널리 알려진 기업들 사이의 기업인수·합병이 전사적 전략을 잘 설명해 주고 있다. 갈수록 제품수명주기(PLC)가 짧아지고, 사업에 성공하기 위해 다양한 기술과 경험이 요구되는 최근의 경쟁 환경에서는 사업영역 확장을 추진하기 위해 처음부터 사업을 시작하는 내부개발(Internal Development) 방법보다는 인수합병(Merger & Aquisition)을 통해 신규사업에 진출하는 경우가 많아지고 있다(최영준·권기환, 2015).

Sears, Philip Morris, Coca-Cola, Citicorp 및 Hospital Corporation of America 등은 새로운 제품이나 서비스 라인을 구입하고 사업부를 추가했으며 어떤 경우에는 자사의 전사적 목표를 바꾸기도 했다. 이를테면 Sears는 거의 1세기 동안 지배적인 머천

310   4차 산업혁명시대의 경영학원론

다이저(merchandiser)였으나, Allstate, Coldwell Banker 및 Dean Witter의 인수로 부동산, 증권 및 보험업계에서 지배적인 기업이 되었다(Holt, 1993).

한국기업의 생존전략… "알아서 하세요?"

지금 한국경제는 거대한 패러다임의 전환기를 맞아 생존의 기로에 놓여 있다. 이미 4차 산업혁명의 파도를 타고 AI와 빅데이터 기술을 선점한 구글과 아마존 같은 거대 기업들이 국가 간 경계를 허무는 초제국주의를 실현시키고 있다. 여기서 전통적 강대국들은 미국, 유럽, 아시아에서 패권 경쟁을 벌이고 있다. 이러한 흐름 속에 한국은 어떠한 선택과 준비를 해야 할까?

지금의 4차 산업혁명은 AI, 사물인터넷, 가상현실, 빅데이터, 블록체인 등과 같은 기술발전과 물리적 투자만을 의미하지 않는다. 산업구조부터 기업의 경영방식, 삶의 방향과 개인 생각까지 총체적으로 바꿔야 한다. 과거의 성공 방정식을 모조리 버리고 다르게 생각하고 행동해야 함을 의미한다.

선도기업은 '퍼스트 펭귄'을 지향한다. 이는 위험한 바다로 가장 먼저 뛰어드는 첫번째 펭귄을 뜻하며, 도전과 용기의 결과로 얻어지는 성취 이상의 내용을 포함한다. 한국기업은 보유한 강점과 자산, 기득권을 내려놓고 새롭고 위험한 길로 뛰어드는 퍼스트 펭귄의 정신과 실천이 필요하다. 세상의 변화를 쫓아 경쟁의 울타리로 들어가는 것이 아니라 크든 작든 남들이 못하는 새로운 가치를 창조를 추구해야 한다.

그러기 위해서는 진화적 전략수립 방식을 채택해야 한다. 네이버는 공식적인 전략기획 부서가 존재하지 않는다. 전략을 수립할 때는 개별 사업부에서 현장 경험을 기반으로 스스로 알아서 진행해야 하기 때문에 전략을 수립하고 계획하는 전담부서가 없다. 그 대신 회사의 커다란 방향이 정해지면 다소 치밀하지 못더라도 일단 행동을 시작한다. 그러면서 급변하는 시장환경에 지속적으로 대응해 나간다.

아시아 기업 시가총액 1위를 차지한 텐센트의 마화텅 회장도 아이디어의 빠른 실행을 강조한다. 한 직원이 새벽 2시에 보고서를 마 회장에게 보냈는데, 20분도 안돼서 '이 부분을 고치고 바로 실행하라'는 메일을 회신한다. 기병대 같은 신속한 실행력이 삼성전자보다 3배에 달하는 시가총액 증가율을 달성하게 했다.

한국기업의 99.99%는 핵심성과지표(KPI)나 평가등급제와 같은 인사평가 제도를 활용한다. 수우미양가로 성과의 순위를 정하고 목표달성 여부만 평가한다. 그 속엔 자율성이란 찾을 수 없다. GE, 구글, 페이스북, 넷플릭스, 드롭박스 같은 선도기업은 KPI 대신에 구성원 상호 간 비공식적인 리뷰를 통해 스스로 성찰할 수 있는 피드백 방법을 사용한다.

특히 인터넷 파일공유 기업인 드롭박스는 '당신이 가장 똑똑합니다. 알아서 해결하세요'라는 원칙을 가지고 있다. 이 자율성 부여의 원칙으로 탄생한 것이 바로 드롭박스의 에러화면 '사이코박스'다. 드롭박스의 한 엔지니어는 404에러라고 나오는 것이 아름답지 못하다고 판단해 관리자와 상의 없이 사이코박스라는 그림을 디자인하고 이 그림을 에러 메시지 화면에 사용했다. 덕분에 고객과 경영진으로부터 큰 호평을 받을 수 있었다. 뿐만 아니라 대부분의 선도기업은 전통적인 교육을 모두 폐지 또는 축소하고 일을 통해 지식을 공유하는 데 중점을 둔다. 또한 직원들은 자신이 원하는 다른 부서로 전직할 수 있는 권한이 있으며 각 부서들은 스스로 자원배분의 우선순위를 정할 수 있는 자율성이 주어진다.

대다수 한국기업들은 고양이를 보고 고양이를 그대로 그리는 1차원적 모방에 멈춰 있다. 자율성이 없이 KPI로만 평가받으니 이들에게 추가적인 생각이나 창의력은 사치일 뿐이다. 하지만 자율성이 부여되면 고양이를 보고 사자를 그린다. 즉 베끼는 수준을 넘어 기존의 것을 발전시켜 재창조함으로써 차별화해 나간다.

자료: 정인호(2020.01.01.), "한국기업의 생존전략… "알아서 하세요?", 「이코노믹리뷰」.

02 사업전략

일단 최고경영자들이 기업전략에 동의하고 나면 그들은 관심을 사업전략으로 돌리게 된다. 사업전략은 단일사업의 운영을 이끌어 "우리가 어떻게 경쟁할 것인가?"라는 질문에 해답을 제공한다. 단일사업기업이나 전략사업단위(SBU: Strategic Business Unit)는 특정 라인의 제품이나 서비스를 특정 사업이나 시장 부분(market segment)에 제공한다. 그 회사나 사업단위의 최고경영자들은 ① 그 기업이 경쟁우위를 어떻게 유지할 수 있으며, ② 핵심 기능부서(생산, 인적자원, 마케팅, 재무) 각각이 어떻게 그 기업의 전반적인 효과에 기여할 수 있으며, 그리고 ③ 그 기능들 사이에 자원이 어떻게 할당되어야만 하는가에 대한 계획에 몰두하게 된다(Hellriegel, Jackson, & Slocum, 2008, 256).

1980년대 후반 Honda의 목표 중의 하나는 생산량 한계를 극복하기 위하여 자동차제조시설을 확대하는 것이었다. 이러한 목표를 충족시키기 위한 사업전략에는 ① 1989년까지 일본의 스즈끼공장에 새로운 생산라인의 설치, ② 1990년 중 일본 내 새로운 공장의 건설에 착수, ③ 오하이오주 이스트리버티에 연산 150,000대 생산라인을 갖춘 제2미국 공장의 1990년 내 완공, 그리고 ④ 영국에 연간 70,000대의 엔진을 생산할 수 있는 엔진공장의 건설 등이 포함되어 있다(Wheelen & Hunger, 2012).

03 기능전략

자회사(subsidiary)와 사업부는 종종 너무 복잡해서 단일 수준의 전략적 의사결정을 하기가 어려워 책임을 제3의 층(a third tier)으로 나누지 않을 수 없게 된다. 이 세 번째 수준에 있는 경영자는 기능수준의 전략 혹은 사업수준의 전략을 지원·보조하는 전략에 관심을 갖게 된다. 기능전략의 주요 초점은 자원 생산성(resource productivity)의 극대화에 있다(Hopper & Schendel, 1978). 기능수준의 의사결정에는 신기술의 이행, 신제품의 개발, 새로운 시장의 개척, 새로운 시설의 확장, 그리고 새로운 인적자원 프로그램의 구축방법 등이 포함된다.

모든 기업이 기능수준의 결정을 전략적이라고 생각하지는 않는다. 그럼에도 불구하고 많은 대기업은 마케팅전략이나 연구개발전략과 같은 기능수준의 전략적 계획시스템을 필요로 한다(Holt, 1993). Honeywell의 여러 자회사의 하나인 Micro Switch는 모기업과는 별도의 사업전략을 책임지고 있다. Micro Switch는 스위치와 감지기 장치의 3대 제조업체의 하나로 제품공학, 제조, 마케팅, 품질보증, 인적자원관리, 조달 그리고 유통을 포함하여 주요 기능별 활동의 각각에 대해 통합전략을 필요로 한다. 또한 Micro Switch의 중역들은 또 하위경영자들이나 종업원들과 계획을 검토하기 위하여 매주 반나절 정도를 할애하였다(Henkoff, 1990.12.31.).

지금까지 세 가지 수준의 전략을 살펴보았는데, 기업 전체가 성공하기 위해서는 이들 전략이 상호 간에 밀접한 상호작용을 하고 잘 통합되지 않으면 안 된다. 여러 사업을 하는 회사의 경우 각 수준별 전략을 그림으로 나타내면 <그림 10-2>와 같다.

〈그림 10-2〉 전략수준

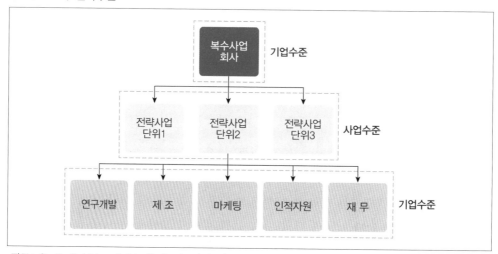

자료: S. P. Robbins & M. K. Coulter(2016), *Management,* 13th ed., Boston: Pearson, 14.

앞에서 우리는 경영전략의 의의를 비롯하여 경영전략의 수준을 살펴보았다. 이어서 경영전략이 어떤 일련의 과정으로 이루어지는지에 대해 자세히 살펴보기로 하자. 경영전략과정(strategic management process)은 좁게는 경영전략의 수립(strategy formulation)과 전략의 실행(strategy implementation) 그리고 전략의 평가(strategy evaluation)의 세 부분으로 구성되지만, 넓게는 <그림 10-3>과 같이 사명(mission)의 정의, 목표의 설정 및 환경·조직체분석 등을 포함하는 단계로 이루어진다.[1]

〈그림 10-3〉 경영전략의 과정

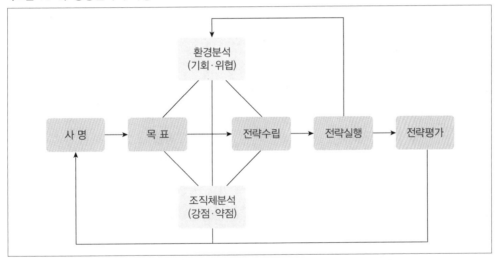

---

1 물론 학자에 따라서는 사명의 정의와 목표설정을 묶어서 전개하는 경우도 많은데, 본서에서는 양자를 나누어 살펴보고자 한다.

01 사명과 비전

경영전략과정의 첫 단계는 기업의 사명, 즉 미션(mission)을 결정하고 이에 걸맞는 비전을 설정하는 것이다. 기업의 사명이란 기업의 기본목적, 존재이유, 특성, 철학, 이념, 가치관, 기업가 정신, 이미지 등을 포괄하는 개념으로, 곧 그 조직의 현행 목적의 총합(total sum)을 말한다. 따라서 사명에는 다음과 같은 물음에 대한 응답이 적혀 있어야 한다. 즉 우리가 어떤 사업에 진출할 것인가? 우리의 고객은 누구인가? 우리의 주요 제품과 서비스는 무엇인가? 우리의 기본 기술은 무엇인가?(Kinicki & Williams, 2013) 주주들이 보다 높은 배당을 받을 수 있도록 혹은 주가를 올릴 수 있도록 우리가 이윤을 극대화해야 할 것인가? 종업원들이 안정적으로 남아 있을 수 있도록 우리가 소득의 안정을 강조해야만 할 것인가? 등이다.

이 밖에도 고려해야 할 여러 가지가 있다. 사명결정은 경영자의 의사결정이 기초를 두게 될 원칙의 결정을 필요로 한다. 그 기업의 여러 일반 대중과의 관계에서 존경할 만한가? 아니면 불명예스러운가? 무자비한가? 아니면 배려 깊은 것인가? 이러한 의문에 대한 답은 일단 도달하기만 하면 하나의 기업문화가 되어 조직사명을 결정하는 경향이 있다.

피터 드러커는 기업의 사명이 기업 자체에 의해 결정되기보다는 고객에 의해 결정된다고 주장하였다. 기업의 제품이나 서비스에 대한 고객의 만족이 기업의 사명을 결정한다. 따라서 기업의 사명을 정의할 때는 잠재적 고객을 포함한 모든 고객의 욕구를 알아보는 것으로부터 시작한다는 것이다. 결국 기업사명은 기업의 전략적 의사결정자의 사업철학을 구체화시키고 기업이 계획할 미래의 상을 함축하며, 기업의 자기개념을 반영하고, 그리고 기업이 만족시키려는 주요 소비자 욕구와 기업의 주요한 제품 및 서비스 영역을 나타낸다(이진규, 2015).

잘 정립된 사명의 전형적인 예로 90여 년 전에 개발된 AT&T의 '비전을 주는 사명'을 들 수 있다. 그 사명은 전임 회장에 의해 "좋고, 값싸며, 빠르고 세계적인 전화서비스의 꿈, 이 사명은 단순한 추측이 아니다. 그것은 여러분이 뭔가를 하려고 하는 완벽하게 명확한 진술이다"로 묘사되어 있다(Granger, 1964). 참고로 초일류 기업들의 사명을 살펴보면 <표 10-2>와 같다.

┃〈표 10-2〉 초일류 기업의 사명

기 업	사 명
Google	• 정보를 정리해 누구나 편리하게 이용할 수 있도록 하는 것
Alibaba	• 세상에서 어렵게 거래하는 사람이 없도록 하는 것
3M	• 미해결 문제의 혁신적 해결
HP	• 인류의 진보와 복지를 위한 기술공헌
McKinsey & Company	• 기업과 정부의 성공을 위한 도움 제공
Wal−Mart	• 서민에게도 부자와 같은 제품구입의 기회제공
Walt Disney	• 사람들을 행동하게 만들기
Apple	• 사람의 임파워먼트에 헌신하도록 인간적인 도구를 제공하여, 일하고, 배우고, 소통하는 방식을 바꾸도록 도와주는 것
Amazon	• 사람들이 온라인에서 원하는 것은 무엇이든 제공하는 기업, 지구 상에서 가장 고객을 중요시하는 기업이 되자
삼성전자	• 지속가능한 미래에 공헌하는 혁신기술, 제품, 그리고 디자인을 통해 미래 사회에 대한 영감고취
유한양행	• GREAT YUHAN, GLOBAL YUHAN

자료: 이진규(2015), 「현대경영학」, 제6판, 법문사, 114: 각사 홈페이지.

비전(vision)이란 기업이 미션에서 선택한 사업 영역 안에서 구체적으로 어떤 미래 모습과 시장 지위를 지향할 것인지를 밝히고, 그런 미래 모습을 달성하기 위한 기본적 대안들을 명시하는 것이다. 곧 조직의 바람직한 미래상을 표현한 것으로, 해당 조직이 향후 5−10년 후 달성하거나 이루어야 할 조직구성원 공통의 목표를 가리킨다. 이러한 비전은 조직으로 하여금 목표를 설정할 수 있도록 해 주고, 장기적으로 조직을 운영할 방향타의 역할을 수행한다.

이어서 한국을 대표하는 세계적 초우량기업 삼성전자의 비전을 알아보자. 삼성전자는 1969년 수원에서 직원 36명, 자본금 3억 3,000만 원으로 창립한 이래, 50년이 되는 2018년 말 현재 종업원 10만 3,011명에 매출 243조 7,000억 원, 영업이익 58조 8,900억 원으로(윤민혁, 2019.11.01.) 전 세계 200개가 넘는 자회사를 거느린 글로벌 IT 리더로 발전했으며 포춘 500대 기업 중 15위, 글로벌 기업 브랜드 가치 세계 7위이다. 삼성전자 제품에는 주력 제품인 스마트폰과 태블릿 같은 모바일 통신제품은 물론, TV, 모니터, 프린터, 냉장고, 세탁기와 같은 가전제품이 있다. 또한 D램과 비메모리 반도체 같은 핵심 전자부품에 있어 신뢰받는 공급사로 그 명성을 이어나가고 있다.

삼성전자의 미래 비전을 규정하는 기본 원칙은 "미래 사회에 대한 영감, 새로운 미래 창조"이다. Vision 2020은 전 세계 커뮤니티에게 영감을 주어 보다 풍부한 디지털 경험으로 가득한 더 나은 세상을 만들고자 하는 삼성의 열망에 수반되는 기술, 제품 그리고 솔루션 혁신을 선도하고자 하는 결연한 의지를 핵심적으로 보여준다. 글로벌 사회에서 창의적인 리더로서의 책임을 인식할 때 직원과 협력사 간의 공유된 가치를 만들 수 있으며, 동시에 산업과 고객에게 새로운 가치를 제공할 수 있는 노력과 자원을 투입할 수 있다. 삼성은 모든 사람이 흥미를 느끼고 기대하는 미래를 만들고자 한다.

많은 사람이 이해하고 측정가능한 목표를 세우기 위해, 구체적인 내용으로 비전을 세웠다. 2020년까지 연간 매출액 4천억 달러, 브랜드 가치 세계 5위 이내를 달성하고자 한다. 이러한 목표를 이루기 위한 관리 이니셔티브로 3대 핵심 전략요소, 즉 창조 경영, 파트너십 경영, 인재 경영을 수립했으며, 여기에 삼성의 문화, 사업 운영, 그리고 경영과 관련된 내용을 포함하고 있다. 지금까지 설명한 삼성전자의 비전을 보면 <그림 10-4>와 같다.

〈그림 10-4〉 삼성전자의 Vision 2020

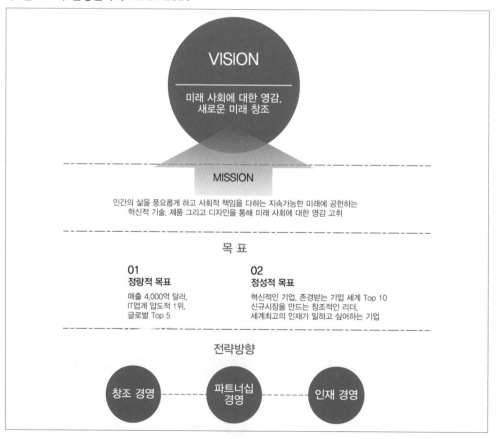

02 목표의 설정

사명을 나타내는 문장은 전략적 목표를 개발하기 위한 프레임워크이며 이러한 목표는 명확하고, 측정가능해야 하며, 그리고 일정 기간 동안 표시되어야 한다. 예를 들어 Control Data Corporation의 사명은 문제해결을 위해 특정 목표의 컴퓨터기술을 개발하고자 한다고 명시하고 있다. CDC는 다양한 컴퓨터를 만들기 위해 설립된 회사가 아니라 단지 항공공학과 과학환경 분야의 문제해결에 집중하기 위해 설립된 회사이다. 그 회사의 5년간 전략목표는 최신 워크스테이션(workstation)으로 매출액에 있어서 연 평균 15%의 성장을 달성하고 99% 믿을 수 있을 정도로 품질개선을 이룩하는 것이다.

Hart, Schaffner, & Marx는 고품격 의류를 만든다. 동사의 남성복 상표로는 Hickey-Freeman, Jarmar, Christian Dior, Pierre Cardin, Cesarani, Jack Nicklaus, Playboy 및 Johney Carson 등이 있으며, 여성복의 상표로는 Baskin, Hannyse 및 Chas 등이 있다. HS&M의 주된 목표는 고품격 의류 분야에서 시장선도자(market leader)가 되며 계속적인 연간 배당으로 볼 때 투자자의 수익을 산업표준 이상으로 유지하는 것이다. HS&M은 사업전략으로 조직되어 있어서 각 의류라인이 매출, 이익 및 품질이미지별로 경쟁목표를 갖고 있다(Hol, 1993).

분명하게 제시되어 있는 목표가 전략경영의 유일한 접근방법은 아니다. 그것은 어떤 경우 몇몇 조직에게는 가장 좋은 접근방법이 아닐지도 모른다. 그러나 피터 드러커(P. Drucker)가 1954년에 목표에 의한 관리(managements by objective)를 창안한 뒤부터는 목표를 구체적으로 설정함으로써 경영과정을 개선시키게 된다는 사실이 일반적으로 받아들여져 왔다(Mondy & Premeaux, 1995). 그러나 이 기업목적은 고정불변의 것이 아니라 시장상황이나 시대조류에 따라 신축적이어야 한다. 이러한 맥락에서 기업의 목적·가치관의 변모내용을 살펴보면 <표 10-3>과 같다.

┃〈표 10-3〉기업목적 및 가치관의 변화

이전의 가치관	새로운 가치관
• 경제적 목적의 추구	• 비경제적 목적(사회적 책임)의 추가
• 이윤극대화	• 이익만족화
• 순수한 사적이익	• 계몽된 사적이익·공헌자이익·사회이익
• 돈이 중요	• 돈보다 인간이 중요
• 집권화	• 분권화 또는 집권화와 분권화의 조화

• 능률, 성장	• 창의성·혁신, 분배·형평·공정
• 의식주 해결	• 삶의 질
• 표준화, 획일성	• 차별화·개성화, 다원성
• 타율성	• 자율성
• 지역화	• 국제화·세계화·지구화
• 직능관리	• 전략경영
• 보수·안정	• 혁신·진취

자료: 양창삼(1994), 「조직이론」, 박영사, 474.

03   조직체·환경분석

전략수립에 앞서 사전에 고려해야 할 요소들을 파악할 때 전통적으로 가장 많이 사용하는 방법은 <그림 10-5>와 같은 SWOT(Strengths, Weaknesses, Opportunities, Threats) 분석이다. SWOT이란 기업이 직면한 외부환경 중 기회와 위협이 되는 요소들을 기업 내부의 강점과 약점에 대응시켜 효율적 전략을 수립하는 기법을 말한다. 따라서 여기에서는 조직체분석과 환경분석을 나누어 살펴보기로 하겠다(임창희, 2013).

〈그림 10-5〉 SWOT 분석

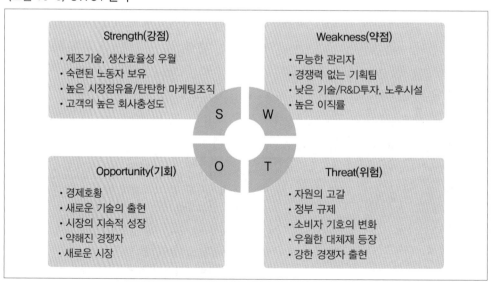

(1) 조직체분석

조직체의 강·약점을 분석하는 것은 기업의 경쟁적 우위와 열위를 확인하기 위해서 필요하다. 경쟁적 우위와 열위라는 것은 현재나 장래의 경쟁자들과 비교하여 기업이 지니고 있는 강점과 약점을 일컫는다.

문제가 되는 것은 '잘하고 못하는 것'이 아니라 '다른 업체와 비교해서 상대적으로 잘하고 있거나 못하고 있는 것이 무엇인가?'이다. 이러한 강점과 약점의 비교를 통해 경영자는 조직의 경쟁무기를 결정짓는 독특한 능력을 결정할 수 있다. 이를테면 Black & Decker는 커피메이커, 토스트 굽는 기계, 다리미, 기타 등등을 만드는 General Electric의 소형가전제품 사업부를 인수하여 이름을 바꾼 뒤 General Electric 이름 때보다도 훨씬 많은 수익을 올리기 위하여 품질과 내구성에 대한 Black & Decker의 명성을 이용하였다(임창희, 2013, 242).

(2) 환경분석

환경은 기업에 기회(opportunities)를 제공하기도 하고 한편으론 위협(threats)을 주기도 한다. 환경분석의 목적은 제8장에서 기술한 경쟁자, 고객, 공급자, 정부, 금융기관, 지역사회 등의 과업환경과 기술적, 경제적, 사회문화적, 정치·법적, 국제적, 자연적 요인 등의 일반환경이 기업에 미치는 변화의 내용을 확인하는 것이다. 환경분석에는 오로지 가장 중요하다고 생각되는 요소들을 확인하는 것이 필수적이다. 기타 모든 환경요인들에 대한 확인도 시도해야 하는데, 이때 필요한 정보는 소비자와 공급자분석, 무역관계 간행물, 전시회 및 각종 홍보책자 등 실로 다양한 자료에서 수집가능하다.

경영환경의 분석에는 예측기법을 비롯하여 경영과학기법이 사용되기도 하는데, 중요한 것은 환경변화를 미리 감지하는 것이다. 환경변화를 뒤늦게 알게 되면 경쟁자들이 우리 기업을 공략하기가 쉬워진다. 비록 경영환경의 예측이 완벽한 정확도를 갖지는 못하지만 기업으로 하여금 일반환경의 변화에 적응할 수 있게 하며, 과업환경의 활동을 조정하고 예측하게 하는 효과가 있다.

한 예를 들어보자. Panasonic은 가정용 오락시스템(home entertainment system)의 주요 제조업체이다. 그러나 1980년대 중반부터 소형화에 대한 기술의 획기적인 발전과 소형주택에서 살려고 하는 사회적 추세 등으로 말미암아 강력하지만 매우 소형인 사운드시스템에 대한 수요가 급증하게 되었다. Panasonic의 가정용 오디오전략의 성공은 기업환경에서 일어나고 있는 기술 및 사회변화를 보다 정확히 이해한 결과이다(Robbins & Coulterm, 2012).

그러나 일본의 잃어버린 20년을 겪으면서 승승장구했던 Panasonic도 예외는 아니었다. 한때 세계를 제패했던 일본 가전업체들이 끝모를 추락의 수렁에 빠지면서 일본 가전업계의 맏형을 자임하는 Panasonic마저 미국발 글로벌 금융위기 때 적자로 들어섰다가 2012년 7,721억 엔 적자, 2013년 7,542억 엔의 2년 연속 적자를 기록하면서 누적적자로 15,263억 엔을 기록하게 된다. 이 회사 쓰가 가즈히로(津賀一宏) 사장은 실적 발표 회견에서 "우리는 디지털 가전 분야의 루저"라며 글로벌 경쟁에서의 완패를 시인했는데 Panasonic의 최고경영자(CEO)로선 굴욕적인 발언이다. 그는 더 나아가 "Panasonic은 투자판단이나 환경변화에 대한 대응에 문제가 있었다. 생각한 대로 되지 않으면서 손실이 확대됐다"고 실토했다. Panasonic은 최근 PDP 등 전자사업을 버리고 차량과 에너지솔루션 분야에 역량을 집중한 결과 다시금 부활의 날갯짓을 하고 있다(곽창호, 2016.01.21.).

04 전략의 수립

전략경영과정의 세 번째 단계는 행동을 위한 청사진을 그리는 전략수립단계이다. 전략을 수립함으로써 경영자는 목표가 어떻게 달성될 것인가를 설명한다. 전략수립은 목표설정과 마찬가지로 상황분석으로부터 나온 정보를 고려한다. 경영자들은 기업수준의 전략으로부터 출발하여 사업전략, 기능전략 등을 수립하게 된다. 본 절에서는 기업수준의 전략에 대해서만 살펴보기로 하자.

기업수준에서 경영자는 전략을 수립할 때에 두 가지 형태의 의사결정을 내려야 한다. 먼저 그들은 마스터플랜으로 사용될 대전략(grand strategy)을 준비함으로써 조직을 위한 전반적인 방향을 결정하지 않으면 안 된다. 둘째, 그들 조직활동의 유형을 결정하고 여러 사업들 중에서 자원이 어떻게 할당되어야 할 것인가를 결정하는 제품포트폴리오전략(product portfolio strategy)을 결정하지 않으면 안 된다.

① 대전략: 대전략이란 조직의 장기목표를 달성하는 데 필요한 주요 활동을 안내하기 위하여 고안된 포괄적인 일반전략이다. 이러한 대전략은 <그림 10-6>과 같이

세 가지 형태의 전략, 즉 성장전략(growth strategy), 안정전략(stability strategy) 및 축소전략(retrenchment strategy)(Kinicki & Williams, 2013, 184)[2]을 포함한다.

〈그림 10-6〉 대전략

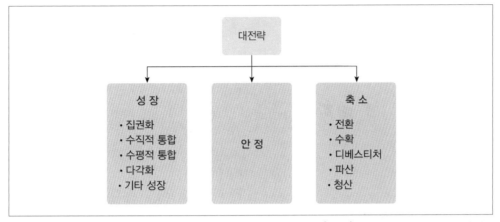

자료: C. L. Bovee, J. V. Thill, M. B. Wood, & G. P. Dovel(1993), *Management,* New York: McGraw-Hill Co., 247.

② 포트폴리오전략: 대전략이 조직의 전반적인 방향을 정하는 것인 데 반해 포트폴리오전략은 한 조직의 활동형태와 자원할당방법과 관계되는 전략이다. 경영자가 포트폴리오전략을 개발하기 위하여 사용할 수 있는 두 가지 주요 기법은 <그림 10-7>과 <그림 10-8>과 같은 BCG 성장-점유율 매트릭스(growth share matrix)와 GE 사업스크린(business screen)이다.

BCG 성장-점유율 매트릭스, 곧 BCG 매트릭스는 보스턴컨설팅그룹(Boston Consulting Group)에 의해 1970년대 초반 개발된 것으로, 기업의 경영전략 수립에 있어 자금의 투입, 산출 측면에서 사업(전략사업 단위)이 현재 처해 있는 상황을 파악하여 상황에 알맞는 처방을 내리기 위한 사업포트폴리오(Business Portfolio) 분석기법이다.[3] 반면에 McKinsey 컨설팅사의 자문을 받아 General Electric이 개발한 GE 사업 스크린은 시장이나 산업의 매력도(market attractiveness)와 사업 위치(business position)라는 2가지 요소를 기준으로 전략적 사업부나 주요 제품을 분류하는 분석기법이다.

---

2 학자에 따라서는 축소전략 대신에 방어전략을 사용하기도 한다(Kinicki & Williams, 2013).
3 BCG 매트릭스는 사업의 성격을 단순화, 유형화하여 어떤 방향으로 의사결정을 해야 할지를 명쾌하게 얘기해 주지만, 사업의 평가요소가 상대적 시장점유율과 시장성장률뿐이어서 지나친 단순화의 오류에 빠지기 쉽다는 단점이 있다.

〈그림 10-7〉 BCG 성장-점유율 매트릭스

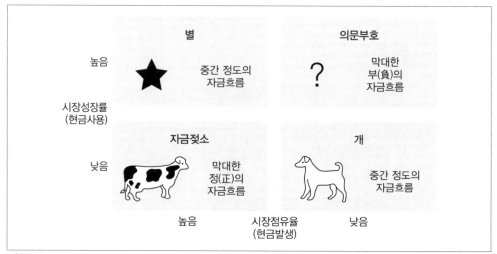

자료: C. L. Bovee, J. V. Thill, M. B. Wood, & G. P. Dovel(1993), *Management*, New York: McGraw-Hill Co., 247.

〈그림 10-8〉 GE 사업스크린

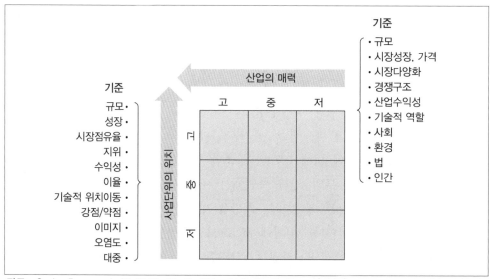

자료: C. L. Bovee, J. V. Thill, M. B. Wood, & G. P. Dovel(1993), *Management*, New York: McGraw-Hill Co., 251.

05 전략의 실행

몇몇 사람들은 전략실행이 전략경영의 가장 어렵고도 중요한 부분이라고 주장한다. 비록 전략계획이 아무리 창의적이고 잘 수립되어 있다 하더라도, 그것이 적절하게 실행되지 않는다면 조직엔 아무런 이득도 없을 것이다.

전략의 실행(implementation)이란 전략과 관련된 활동이 실제로 일어나도록 하는 과정이다. 여기에는 예산을 통한 자원의 할당, 조직을 활동시키는 프로그램이나 프로젝트의 개발 그리고 기업경영자가 매일매일 제 활동을 지도하는 데 사용할 수 있는 방침, 절차 및 규칙의 명료화 등이 포함된다. 따라서 전략실행이란 방침, 프로그램, 프로젝트, 예산, 절차 및 규칙에 규정되어 있는 제 활동을 통해 목표를 달성하는 전략의 세심한 실행이다.

전략실행은 <그림 10-9>와 같이 조직의 여러 차원을 포함한다. 그것은 경영자의 리더십 능력, 조직구조, 정보와 통제시스템, 생산기술, 그리고 인적자원을 포함하여 하나 이상의 조직차원을 변화시킴으로써 야기될 수 있는 조직행동에서의 변화를 필요로 한다(Galbraith & Kazanjian, 1986).

<그림 10-9> 전략실행의 조직적 차원

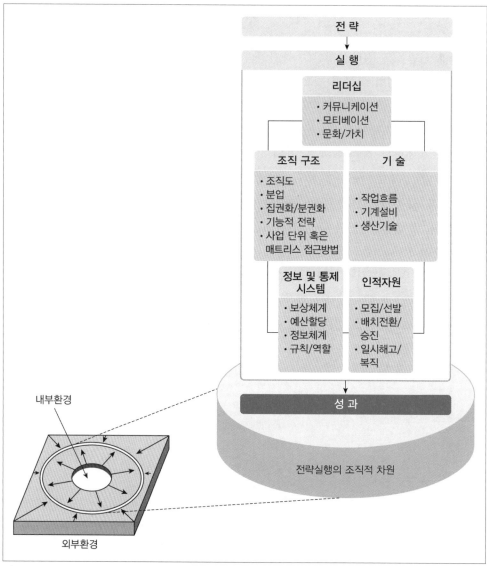

자료: J. R. Galbraith & R. K. Kazanjian(1986), *Strategy Implementation: Structure, System and Process*, 2nd ed., St. Paul, MN: West Publishing, 29.

06 전략의 평가

경영전략의 마지막 측면은 경영전략이 의도된 대로 이루어지고 있는지 그렇지 않은지를 확인하기 위하여 통제시스템을 통해 수집된 정보의 평가로 이루어진다. 곧 경영전략의 평가란 경영전략의 형성과정에서 외부환경 분석과 내부조직체 분석이 제대로 이루어지고 모든 전략가와 전문가들의 아이디어가 충분히 고려되어 전략적 목적과 하위전략이 적절히 형성되었는지, 전략의 전개과정에서 중요 목적과 전략이 각층 조직구성원들에게 명백히 전달되고 목적달성을 위한 조직구조 및 관리체계가 만족스럽게 설계되었는지, 그리고 관리자들의 리더십 행동이 의도한 대로 잘 조성되었는지와 같은 전략경영과정 전반에 걸친 평가를 의미한다.

이러한 전략경영과정의 평가는 전략경영과정에서 달성한 실제성과의 평가와 연결되어 전략경영의 구체적인 문제를 진단하게 되고, 앞으로의 전략형성과 전략전개에 이어짐으로써 전략경영이 계속적인 과정으로 진행된다. 경영전략의 평가는 단순히 최종적인 성과가 나타난 이후에 실시되는 사후평가만은 결코 아니다. 특히 전략의 전개과정에서 최고경영층은 전략경영의 진행현황과 실제성과를 자주 점검 평가하여 전략집행상의 조정이나 보완책을 마련하는 것은 물론이고 전략적 목적과 하위전략에도 필요한 수정이나 변경을 시도하게 된다. 이와 같이 전략경영은 전략의 형성과 전개 그리고 평가가 상호 간의 밀접한 관계 속에서 조직체의 장기적인 성과를 목적으로 총체적으로 이루어지는 계속적인 과정인 것이다(이학종, 1994).

CHAPTER

11

의사결정

의사결정이란 목표를 달성하기 위하여 여러 대안들 중에서 가장 좋은 하나의 대안을 선택하는 과정으로 조직체의 흥망성쇠가 달려 있다고 하여 흔히들 생명과정이라고까지 일컬을 정도이다. 따라서 경영자가 합리적인 의사결정으로 조직의 당면과제를 해결하고 목표를 달성하도록 하여야 한다. 그러한 취지에서 본 장에서는 의사결정의 중요성과 의의, 과정, 모형, 조건, 유형 및 의사결정의 개선기법 등에 대해 각각 살펴보기로 하겠다.

제 1 절 의사결정의 의의와 과정

01 의사결정의 중요성

인간은 매일매일의 생활에서 수백 번의 의사결정(decision-making)을 하기 때문에 일생을 통해 천문학적인 수의 의사결정을 하게 된다. 이렇듯 인간은 매순간 선택의 갈림길에 놓여 있다. 개인의 하루를 예로 들어보자. 조기운동의 유무, 아침 식사메뉴의 결정, 양복과 넥타이의 색깔 결정, 직장 출근 시 어떤 교통수단을 이용할 것인가의 결정, 하루일과 중 어떤 일을 얼마 동안 할 것인가의 결정, 퇴근 후 여가시간의 선택, TV 채널의 선택, 그리고 취침시간의 선택에 이르기까지 우리는 계속되는 선택의 갈림길에 놓이게 된다. 우리는 또 이러한 일상적인 문제뿐만 아니라 직장이나 배우자의 선택, 주식시장에서의 투자시점이나 투자종목의 결정 등 보다 의식적인 판단과 결단을 요구하는 문제를 해결해야 하는 경우도 있다. 어쩌면 우리 인간의 삶은 판단, 선택, 그리고 결정의 연속이라고 할 수도 있을 것이다.

조직을 운영하는 데 있어서도 현상은 크게 다르지 않다. 조직 구성원들은 때때로 주체할 수 없이 많은 정보와 문제를 다루어야 한다. 합리적인 결정을 내리는 경우도 있지만 그렇지 못한 경우도 많다. 일상적인 업무에 묻혀 지내다 보면 무엇이 중요한 문제이고 무엇이 덜 중요한 문제인지를 구분할 수 없게 된다. 급하지 않은 사소한 문제(악화; 惡貨)에 지나치게 몰입한 나머지 정작 중요한 문제(양화; 良貨)의 해결에 충분한 시간을 할애하지 못하는 이른바 악화가 양화를 구축(驅逐; 몰아서 내쫓다)하는 경우도 많다.

민주와 독재, 진보와 보수, 이상과 현실, 간단과 복잡, 최선과 최악, 그리고 독단과 합의 등과 같은 양극의 가치관 사이에서 오늘도 조직인들은 순간순간 판단하고, 선택하고, 결단하지 않으면 안 된다. 이와 같은 이유로 의사결정이란 사회과학이라기보다는 차라리 예술에 가깝다고 말하는 사람들도 있다(김태열·이덕로, 2019, 214).

경영자들은 조직의 목적을 달성해 나가는 과정에서 여러 가지 이슈, 즉 기업의 전략, 구조, 품질개선시스템, 평가시스템, 기타 등등의 이슈와 관련하여 선택의 문제에 봉착하게 된다. 이러한 선택의 문제들을 <그림 11-1>과 같이 모든 경영관리 기능에서 이루어지게 되는데, 이들을 어떻게 결정하고 해결하느냐에 따라서 조직의 성과와 성공이 결정되어(Hart & Milstein, 2003) 조직이 성장하거나 발전하기도 하고 더러는 쇠락의 길로 접어들기도 한다. 이러한 의미에서 사람에 따라서는 의사결정의 중요성을 나타내는 말로 "경영은 곧 의사결정이다"(Management is decision-making)라고까지 주장하기도 한다(Ireland & Miller, 2004). 이와 같이 의사결정은 조직의 성패를 결정하는 가장 근본적인 요소로 흔히 조직체나 집단의 생명과정이라고까지 불릴 정도이다. 이러한 취지에서 노벨경제학상 수상자인 사이먼(H. A. Simon)은 경영자를 의사결정자와 동의어로 볼 만큼 기업경영에서 의사결정을 중시하는 대표적인 학자이다(이원우·서도원·이덕로 2002; Simon, 1977).

〈그림 11-1〉 경영관리기능과 의사결정

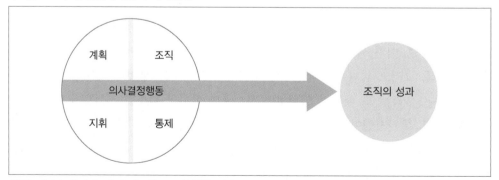

자료: A. J. Dubrin & I. R. Duane(1993), *Management and Organization,* 2nd ed., Cincinnati, Ohio: South-Western Publishing Co., 16.

기업의 의사결정이 기업의 성장이나 몰락을 결정짓는다는 사실은 금융기관 불패(不敗)의 신화도, 대기업은 망하지 않는다는 대마불사(大馬不死)도 어이없이 깨져버린 IMF외환위기의 교훈에서도 잘 알 수 있다. 좀 더 비근한 예로는 2013년 12월 12일 코스피200 12월물 옵션을 주문하면서 시장가격보다 현저히 낮거나 높은 가격에 매물을 쏟아내 400억 원대의 손실을 보는 금융사고를 냈던 한맥투자증권의 사례이다. 단 한 차례의 직원의 주문실수로 한맥투자증권은 결국 파산하고 말았다(김경민, 2014.04.14.; 정유진, 2015.10.30.).

'주문실수' 한맥투자증권, 결국 퇴출 길로...

지난해 코스피200 옵션 주문실수로 파산 위기에 몰린 한맥투자증권이 금융당국에 제출한 경영개선계획을 승인받지 못하면서 인가 취소될 가능성이 커지고 있다. 14일 금융투자업계에 따르면 금융위원회는 지난 4일 열린 정례회의에서 한맥투자증권이 지난달 제출한 경영개선계획을 심사한 결과 불승인 결정을 내렸다.

금융위는 한맥투자증권의 주문사고 때 360억 원의 수익을 거둔 미국계 헤지펀드와의 이익금 반환협상이 타결되지 않았고 현실성 있는 증자계획도 마련되지 않아 회생가능성이 희박하다고 보고 자구계획을 승인하지 않았다. 이에 따라 한맥투자증권은 다른 현실성 있는 증자 또는 자금 확충방안을 제시하지 못하면 증권업 영업인가 취소와 파산절차를 밟게 될 것으로 전망된다.

한맥증권은 지난해 12월 12일 코스피200 12월 선물 옵션을 주문하면서 시장가격보다 현저히 낮거나 높은 가격에 매물을 쏟아내 거액의 손실을 보는 사고를 냈다. 사고원인은 직원의 주문실수인 것으로 파악됐다. 손실액은 모두 462억 원. 이 중 439억 원을 한맥투자증권(24억 원)을 포함한 증권사들이 출연한 손해배상공동기금으로 충당했다.

한맥증권은 주문실수가 났을 때 이익금 일부를 돌려주는 국제 관행에 입각해 이익을 본 외국계 기관투자가들과 이익금을 돌려달라는 협상을 진행했으나 별다른 성과가 없었다.

금융위는 지난 1월 한맥투자증권을 부실금융기관으로 지정하고 경영개선명령을 내렸으며 7월 15일까지 6개월간 영업을 정지했다. 금융위는 앞으로 한맥투자증권 경영진에 대한 청문절차 등을 거칠 예정이다.

자료: 김경민(2014.04.14.), "'주문실수' 한맥투자증권, 결국 퇴출 길로...,"「파이낸셜뉴스」.

이와 같이 증시 거래 담당자들이 주문을 넣으면서 실수가 종종 발생하는데, 자판보다 '굵은 손가락'(fat finger)으로 버튼을 누르다 잘못 입력했다는 의미로 팻핑거라고 부른다. 천문학적 금액이 오가는 증시에서는 사소한 실수도 증권사 파산으로까지 연결될 수 있다. 이는 꼭 우리나라에 국한된 것은 아니다.

일본에서도 황당한 주문 입력 실수가 있었다. 2005년 당시 일본 대형 증권사 미즈호증권의 한 직원은 61만 엔짜리 주식(제이콤) 1주를 팔려다가 이 주식 61만 주를 1엔에 내놓았다. 컴퓨터가 '하한가보다 가격이 낮다'는 경보를 냈지만 직원은 이를 무시했다. 이 주식은 하한가로 곤두박질쳤고 이 영향으로 도쿄 증시도 폭락했다. 닛케이 평균 주가가 300엔이나 떨어졌는데 당시 기준으로 역대 세 번째로 큰 낙폭이었다. 직원의 대형 실수로 미즈호증권이 부담한 손해는 400억 엔(약 4,000억 원)에 달했다.

2015년 독일 최대 은행인 도이체방크는 헤지펀드와 외환거래를 하면서 신입사원이 60억 달러(약 6조 원)를 잘못 입금했다가 되찾기도 했다. 미국 나스닥 시장에 상장된 하이량교육은 주가가 10.18달러에서 2만 배 가까이 치솟았다가 거래가 모두 취소됐다.

자료: 최선을(2018.04.08.), "황당 실수로 한맥투자증권 파산까지… 증시 강타한 '팻핑거'," 「서울신문」.

02 의사결정의 의의

그러면 의사결정이란 무엇인가? 대프트(R. L. Daft)는 "의사결정이란 경영자가 조직의 문제와 기회를 확인하여 그것을 해결하는 과정"으로 정의내리고 있다. 몬디와 프리믹스(R. W. Mondy & S. R. Premeaux)는 의사결정을 "대안들을 탐색, 평가하여 그중에서 가장 적절한 하나를 선택하는 과정"으로 보고 있다. 본서에서는 의사결정을 목표를 달성하기 위하여 여러 대안들 중에서 가장 좋은 대안을 선택하는 논리적인 과정으로 보고자 한다.

의사결정은 결정의 주체에 따라 개인적 의사결정과 집단적 의사결정으로 구분해 볼 수 있다. 이들은 문제, 과업의 유형, 의사결정의 수용, 해결안의 질, 개인의 특성, 의사결정의 분위기, 가용시간의 양 등에 있어서 차이를 보이는데, 이들을 비교해 보면 <표 11-1>과 같다. 일반적으로 개인적 의사결정도 중요하지만 기업경영이나 조직운영과 관련하여 보다 중요한 것은 바로 집단적 의사결정이다. 왜냐하면 공자(孔子)와 같이 고명한 사람도 "삼인행 필유아사(三人行 必有我師: 세 사람이 가면 반드시 내 스승이 있다)"라고 했듯이 기업의 해외진출, 새로운 공장의 건설, 신제품의 개발 및 기업목표의 변경 등과 같이 중요한 의사결정은 기업의 흥망성쇠를 크게 좌우하기 때문에 중지를 모으기 위해서는 집단적 의사결정이 보다 중요하기 때문이다. 집단의사결정의 장점·단점은 <표 11-2>와 같다.

▌〈표 11-1〉 개인의사결정과 집단의사결정의 비교

요인	개인의사결정	집단의사결정
• 문제, 과업의 유형	창의성 또는 능률이 요구될 때	다양한 지식과 기술이 요구될 때
• 의사결정의 수용	구성원의 수용이 중요하지 않을 때	집단구성원들의 수용이 중요할 때
• 해결안의 질	최고의 사람을 찾을 수 있을 때	해결안을 개선할 수 있을 때
• 개인의 특성	개인이 함께 일할 수 없을 때	개인이 함께 일한 경험이 있을 때
• 의사결정의 분위기	일할 분위기가 경쟁적일 때	분위기가 문제해결에 지원적일 때
• 가용시간의 양	시간적 여유가 없을 때	비교적 시간적 여유가 많을 때

자료: W. R. Mondy & S. R. Premeaux(1993), *Management: Concepts, Practices, and Skills*, 6th ed., Boston: Allyn and Bacon, 239.

▌〈표 11-2〉 집단의사결정의 장·단점

장 점	단 점
• 다양한 지식, 다양한 관점 및 보다 완전한 정보의 유발과 축적	• 보다 많은 시간과 비용의 소요
• 의사결정에 대한 만족과 이해에 대한 폭넓은 지원	• 집단에 대한 지나친 의존으로 경영자의 관리 능력을 제한함
• 중요한 커뮤니케이션의 수단	• 타협안으로 보다 나은 의사결정이 희생됨
• 보다 양질의 의사결정을 가져옴	• 영향력있는 사람에 의한 집단의 지배
• 의사결정에 대한 몰입의 증대	• 집단사고(group think)나 동조압력(conformity pressures)의 유발

자료: C. L. Bovee, J. V. Thill, M. B. Wood, & G. P. Dovel(1993), *Management*, New York: McGraw-Hill Co., 194; S. P. Robbins & A. J. Timothy(2019), *Organizational Behavior*, 18th ed., Boston: Pearson, 340.

아울러 여기서 유의할 점은 경영계층에 따라 의사결정의 성격이 달라진다는 점이다. 그러면 경영자계층에 따라 의사결정 책임의 범위가 어떻게 달라지는가를 살펴보자. 경영자가 일선감독자에서 최고경영층으로 올라감에 따라 경영자의 책임이 점차 증대되는 것과 마찬가지로 의사결정 책임 또한 보다 증대된다. 조직의 전반적인 성과를 책임지고 있는 최고경영자는 조직의 미래활동을 결정하는 중요한 의사결정을 한다. 중간경영자들은 최고경영자가 설정한 목표범위 안에서 각 부문별 의사결정에 책임을 지고 있다. 끝으로 일선감독자는 범위가 보다 좁으며 직접적인 책임에 초점을 두는 의사결정을 하게 된다(Moody, 1983; Simon, 1976).

03 의사결정의 과정

어떤 경영자는 의사결정과 관련하여 정보의 수집, 분석 및 선택에 상당한 시간, 노력 및 인적·물적 자원을 사용하는 반면, 어떤 경영자는 그러한 것을 거의 사용하지 않는다. 그러나 의사결정은 의사결정자가 바라는 상태를 달성하기 위한 하나의 과정이기 때문에 어떤 의사결정자이든 일련의 의사결정 과정을 거치게 되는데, 경영자가 실제로 의사결정을 하기 위해 거치는 단계는 일반적으로 <그림 11-2>와 같은 다섯 단계이다.

〈그림 11-2〉 의사결정의 5단계 모형

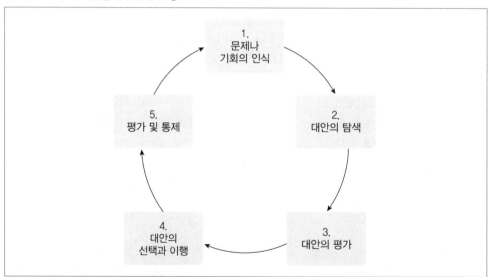

자료: C. P. Neck, J. D. Houghton, & E. L. Murray(2017), *Organizational Behavior: A Critical-thinking Approach*, California: Sage, 195.

(1) 문제나 기회의 인식

아인슈타인(A. Einstein)에게 "한 시간 내에 세상을 구해야 한다면 당신은 어떻게 하시겠습니까?"라고 질문하자, 그는 55분은 문제가 무엇인지를 확인하고 나머지 5분으로 그 문제를 해결하겠다고 대답했다는 유명한 일화가 있다(김경수·김공수, 2015). 문제의 본질이 무엇인가를 정확히 아는 것이 문제해결의 지름길임을 시사하는 말이다.

리비트(Harold Leavitt)는 "기업경영자는 세 가지 주요 재능, 즉 문제해결, 추가적인 의사결정, 그리고 이행 및 비전을 제시하는 사업가적인 재능을 가지지 않으면 안 된다"라고 주장했다. 이러한 의미에서 사람에 따라서는 의사결정을 단지 문제해결로 보기도 한다. 의사결정에서 문제는 꼭 부정적인 것만은 아니다. 문제는 때로는 기회로도 작용하기도 한다(Mondy & Premeaux, 1995).

의사결정 과정에 있어서 첫번째 과정은 문제보다는 기회를 더욱더 찾아야만 한다. 왜냐하면 문제는 결국은 자명해질 것이지만 기회는 보통 추구하지 않으면 안 되기 때문이다. Columbia Pictures의 구매에 있어서 Coke는 기회로 보이는 것을 이용하였다. 1년 내에 Coke는 Columbia Pictures의 주식을 공개함으로써 부채를 다 갚았으며 아직도 그 회사 주식의 약 반을 소유하고 있다. 그러나 종종 문제와 기회 사이의 차이가 분명하지 않은 경우도 있다.

문제 혹은 기회의 정의나 인식에 있어서 문제 자체가 아니라 그 이면에 작용하는 원인을 고려하는 것이 중요하다. 이를테면 생산라인에서 불량품이 증가한 경우를 생각해 볼 수 있다. 이 경우 훈련을 제대로 받지 않은 근로자가 그 부서에 배치되었을지도 모른다. 유지요원이 설비 서비스하는 일을 잘하지 못했기 때문일는지도 모른다. 혹은 제품 자체에 결함이 있었기 때문에 불량품이 되었을지도 모른다(서도원·이덕로, 2016).

(2) 대안의 탐색

일단 문제가 인식되고 나면 그 문제에 대한 실현가능한 대안들이 개발되어야만 하고 각 대안들의 잠재적인 결과가 고려되어야만 한다. 실제로 중요한 대안은 고려될 수 있는 대안들 중에서 가장 좋다고 판단되는 대안이다. 따라서 의사결정 과정에서는 이 시점에서 문제를 해결할 수 있는 가능한 모든 방법을 고려하는 것이 중요하다. 적용가능한 대안의 수는 의사결정 자체의 중요성뿐만 아니라 의사결정에 이용가능한 시간과 비용에 의해서도 제한을 받게 된다. 그리고 가장 좋은 대안이라 하더라도 어느 누구도 그것을 실행할 수 없다면 선택될 수 없으므로 실행가능성도 충분히 고려하여야 한다. 끝으로 모든 대안이 평가될 때까지는 어떤 대안이든지 모두 다 고려의 대상이 될 수 있도록 하여야 한다.

(3) 대안의 평가

여러 대안들이 탐색되고 나면 다음으로 그중에서 최선의 대안이 어떤 것인가를 평가하여야 한다. 각 대안들에는 자체의 장단점과 한계가 있다. 하나의 대안이 분명히 최고의 대안일지 모르지만 아울러 약간의 약점도 있을 수 있다. 기존의 코카콜라와 맛이 다른 새로운 Coca-Cola를 만들려는 대안은 옛 Coca-Cola를 좋아하는 고객들을 멀어지게 할 위험을 수반하고 있다. 따라서 경영자들은 특정 대안의 관련의미, 결과, 그리고 조직이나 환경에 미치는 효과 등을 고려하여 종합적으로 평가하는 것이 매우 중요하다.

대안을 평가하는 방법에는 여러 가지가 있다. 한 가지 방법은 각 대안의 찬반을 열거하는 것이다. 이러한 방법은 종종 나머지 안보다 분명히 좋은 것으로 확인되고 있는 한 가지 대안을 가져온다. 그러나 찬반의 수에 보다 많은 역점을 두기보다는 오히려 각 대안과 관련되어 있는 찬반의 전반적인 중요성을 고려하는 데 보다 유의하지 않으면 안 된다. 일반적으로 대안의 평가기준으로는 다음의 세 가지, 즉 충분성, 실현가능성 및 현실성 등이 사용되고 있다(Holt, 1993).

(4) 대안의 선택과 이행

여러 대안들 중에서 가장 좋은 행동과정을 선택할 수 있는 능력에 따라 성공적인 경영자와 그렇지 못한 경영자로 판가름할 수 있다. 전반적인 상황을 고려하여 목표를 달성할 가능성이 가장 높은 대안이 선택되어야 한다. 이 단계는 쉽게 들릴지 모르나 경영자들에게 있어서는 가장 어려운 단계이다. 그것은 문제가 복잡하고 애매하며 높은 위험성이나 불확실성에서는 더욱 그러하다. 일반적으로 경영자가 대안을 선택할 때는 대안의 효과, 대안의 수행가능성 및 대안의 조직에 대한 결과 등과 같은 점들을 고려하여야 한다.

최종안을 선택만 하고 그것을 적절히 수행하지 못하면 그 의사결정은 실패한 것이나 다름없다. 따라서 가장 좋은 대안을 선택한 후 경영자는 그 결정을 이행하지 않으면 안 된다. 집행에 있어서 지원을 구하기 위한 한 가지 효과적인 방법은 대안에 따라 영향을 받게 될 사람을 가능하면 의사결정 과정에 참여시키는 것이다. 특히 대안을 탐색하고 평가할 때 종업원들은 숨겨진 어려움을 발견함으로써 가치있는 공헌을 할 수 있다. 일반적으로 성공적인 집행은 경영자의 커뮤니케이션 기술과 변화에 대한 사람들의 반응에 관한 감수성에 달려 있다(Drucker, 1982).

(5) 평가 및 통제

의사결정 과정의 최종단계는 실행결과를 평가하여 의사결정과 그 집행에 관하여 피드백(feedback) 혹은 사후검토(follow-up)를 하는 것이다. 이렇게 함으로써 의사결정자는 그 결과가 기대를 충족시켰는지의 여부를 알 수 있으며 의사결정과 그 집행을 개선하는 데 필요한 변화를 도모할 수 있다. 만약 원래의 결정이 바라는 결과를 달성하지 못한다면 아마도 문제가 잘못 정의되었거나 다른 대안으로 대체되었어야 할 것이다. 이와 같이 의사결정을 집행한다 해서 그 과정이 완성되는 것은 아니다. 의사결정의 각 단계에서의 지속적인 재평가와 피드백을 통해 미래 의사결정에 유용한 정보를 제공하도록 하여야 한다.

한 예를 들어보자. 아일랜드 관광청은 보다 많은 관광객을 유치하기 위하여 한때 대대적인 판촉을 한 적이 있는데, 그 결과 고소비 관광객의 유입을 보여주는 최초의 결과에 당국자들은 매우 흡족해했다. 그러나 보다 면밀히 검토해 본 결과 동 관광청은 이들 아일랜드 관광객이 아일랜드 제품과 서비스에 돈을 쓰는 대신에 비(非)아일랜드계가 소유한 호텔에 투숙하고 수입 스테이크를 먹으며 수입차를 임대하고 있다는 사실을 알게 되었다. 이러한 피드백을 토대로 당국은 프로그램을 바꾸어 내국인 소유의 호텔에 투숙하며 국내 음식점과 술집을 애호하는, 보다 알뜰한 관광객을 겨냥해야 한다는 것을 깨닫게 되었다(Levitt, 1991).

제2절 의사결정의 행동모형

　　의사결정은 인간의 합리적이고 이성적인 판단에 바탕을 두고 있지만 인간은 언제나 합리적인 결정만을 내릴 수는 없다. 이론적으로 보면 완전한 합리성(complete rationality)에서 완전한 비합리성(complete irrationality)에 이르는 연속선의 범위에서 의사결정이 내려지게 된다. <그림 11-3>에서 알 수 있듯이 완전한 합리성에 근거한 의사결정 모형을 합리적 혹은 경제적 모형이라 하고, 완전한 비합리성에 근거한 의사결정 모형을 사회적 모형이라 하며, 두 극단 사이의 중간에 위치한 모형을 가리켜 사이먼(H. A. Simon)의 만희적(滿犠的) 모형(satisficing model)이라 한다.[1] 그러면 이들 세 가지 의사결정 모형에 대해 살펴보기로 하자.

〈그림 11-3〉 의사결정의 행동모형

자료: F. Luthans(2005), *Organization Behavior*, 10th ed., New York: McGraw-Hill Book Co., 486.

1　학자에 따라서는 합리적 모형, 제약된 합리성 모형, 양호하게 관리된 모형, 그리고 사회적 모형 등으로 구분하기도 한다(Luthans, 2005, 534).

01 합리적 의사결정 모형

합리적 의사결정 모형은 의사결정 행동의 고전적 연구방법으로서, 개인을 합리적인 경제인(rational economic man)으로 전제하고 완전정보환경하에서의 가장 합리적인 의사결정 행동을 모형화하고 있는데 경제적 의사결정 모형이라고도 한다. 이 모형은 다음과 같은 것을 기본전제로 하고 있다(Szilagyi & Wallace, 1990).

① 완전한 정보(perfect information): 의사결정에 요구되는 모든 정보가 존재하고 있고, 또 이들 정보를 모두 수집(accessibility)할 수 있다.
② 완전한 대안(perfect alternatives): 개개 구성원은 의사결정 과정에서 고려될 수 있는 대안을 모두 인식하고 있다.
③ 완전한 선호체계(complete system of preference): 개개 구성원은 대안분석에 있어서 완전하고 일관된 선호체계를 가지고 있다.
④ 합리적 의사결정(rational decision−making): 개개 구성원은 항상 자기가 추구하는 목적을 최적화(optimization of goal)시키는 합리적 대안을 선택한다.
⑤ 계산상의 무한계성(no limit to computational complexity): 대안분석에 있어서 가중치나 확률 및 기타 복잡한 계산이 무제한 가능하기 때문에 아무리 어려운 의사결정도 계산해 낼 수 있다.

02 사회적 의사결정 모형

합리적인 의사결정 모형의 정반대에 사회적 의사결정 모형(social model)이 있다. 정신분석학의 대가인 프로이트(S. Freud)는 인간은 무의식적 욕망에 의해 주로 지배된다고 봄으로써 합리적인 의사결정은 있을 수 없고, 다만 느낌, 감정, 본능 등에 따라 의사결정이 이루어진다고 보았다. 비록 프로이트의 이러한 견해에 많은 사람들이 이의를 제기하기는 하지만 오늘날 사회적 영향력이나 사회적 압력 등이 경영자로 하여금 비합리적 의사결정을 가져오게 할 수도 있다는 데에는 거의 대부분이 동의하고 있다.
미국 사회학의 아버지인 애시(S. E. Asch)는 <그림 11−4>와 같은 '선의 길이에 관한 실험'을 통해 사람은 동조(conformity)에 대한 집단 압력에 순응함으로써 자기의 견해를 굽히는 비합리성을 가지고 있음을 잘 보여준 바 있다(Asch, 1951, 1956). 곧 다수가 공유하는 잘못된 생각 때문에 한 개인의 옳은 판단이 영향을 받게 되는 현상인 애시효과가 상존해 있음을 극명하게 보여주었다.

〈그림 11-4〉 애시의 연구에서 사용된 카드의 예

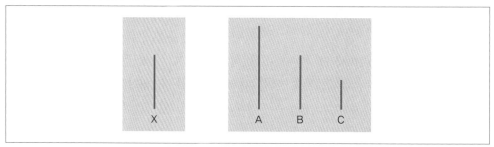

자료: S. P. Robbins & A. J. Timothy(2019), *Organizational Behavior*, 18th ed., Boston: Pearson, 329.

03 만희적 의사결정 모형

현실적으로 조직체에서 의사결정자는 전체 문제와 정보의 일부분만을 가지고 의사결정에 임함으로써 합리성에 제한이 있을 수 있고(Schwenk, 1985), 목표 또한 정적 (static)인 것이라기보다는 오히려 동적(dynamic)이어서 최대로 가능한 만족을 어느 정도 희생하여 만족해야 하는 만희적 의사결정(satisficing decision making)을 한다는 것이다. 이와 같이 조직행동적 관점은 의사결정을 개인과 집단 및 전체 조직체의 사회적 과정(social process)으로 보고, 이 과정에서 작용하는 동기적, 인지적 그리고 계산능력상의 한계를 현실적으로 분석하여 보다 실질적인 의사결정 행동모형을 제시하는 데 그 초점을 두고 있다.

이러한 관점에서 의사결정 행동을 개념화한 것이 마치와 사이먼(J. March & H. A. Simon)의 제한된 합리성(bounded rationality)이다(Cyert & March, 1963). 제한된 합리성이란 개인의 의사결정 활동은 복잡다단한 모든 사항을 통해 이루어지는 것이 아니라 핵심 사항만 다루는 제약적이고 단순화된 모델을 통해 이루어진다는 것이다(Simon, 1997;

Augier, 2001).

만희형 혹은 만족화 모형은 사이먼이 합리적(경제적) 모형의 비현실적 가정을 대신할 수 있는 일련의 가정들을 제시함으로써 비롯된 것이다. 이 이론을 경제적 모형에 대한 보다 현실적 대안으로 간주하는 것은 이 때문이다. 그의 주장에 따르면 의사결정자, 특히 관리인(administrative man)은 완전한 합리성(perfect rationality)을 근거로 행동하는 것이 아니라 제한된 합리성(limited rationality)에 바탕을 두어 행동한다. 의사결정에 있어서 그가 주장하는 가정은 다음과 같다(Simon, 1957).

첫째, 인간은 지적 능력의 한계로 이용가능한 모든 대안들 가운데서 한정된 몇 개의 대안만을 지각하고 있고, 각 대안의 결과에 대해서도 그 일부만을 알고 있을 뿐이다. 둘째, 인간은 지각의 한계를 가지고 있어서 실제 세계를 제한적으로 인식하여 단순하게 보거나 공허한 것(emptiness)으로 간주한다. 따라서 생각을 갖게 하기보다는 비교적 단순한 주먹구구식의 법칙이나 요령 또는 습관을 사용하여 의사결정을 한다. 셋째, 대안을 선택함에 있어서 기대가치의 극대화보다는 만족을 추구하여 만족스러운, 또는 그것으로 족한 정도를 택한다. 만족화의 기준으로서 시장점유율, 적정이윤, 공정가격을 참고로 하게 된다.

그는 이러한 가정에 따라 행동하는 인간을 '관리인'이라 불렀다. 사이먼의 관리인은 합리적이고 최대화를 추구한다는 점에서 경제인과 같지만, 극대화할 수 있는 능력을 가지고 있지 못하므로 만족화를 목표로 삼는다는 점에서 경제인과는 다르다. 극대화할 수 없는 이유는 목표가 정태적이 아니라 동태적이고, 정보가 결코 완전하지 못하며, 시간과 비용에 따른 제약조건이 존재하고, 환경적 요소를 무시할 수 없기 때문이다(Harrison, 1975). 사이먼의 모형은 관리적 측면에서 볼 때 이러한 제약점을 인식했다는 점에서 매우 실제적이다. 그의 모형을 가리켜 '관리적 모형'(administrative model)이라 부르는 것은 이와 같이 조직관리의 현실성을 고려했다는 점 때문이다.

[제3절] 의사결정의 유형

의사결정의 유형은 학자에 따라 그 견해가 다양하나 일반적으로 그 유형을 분류한 견해로서는 앤소프(H. I. Ansoff)의 전략적 의사결정, 관리적 의사결정 및 업무적 의사결정과 사이먼의 정형적 의사결정(programmed decision making)과 비정형적 의사결정(nonprogrammed decision making)을 들 수 있다. 이 밖에도 구체적인 결과가 발생할 확실성의 정도에 따라 확실성하에서의 의사결정, 위험하에서의 의사결정 및 불확실성하에서의 의사결정 등으로 분류할 수 있다. 본서에서는 앤소프와 사이먼의 의사결정 유형을 중심으로 살펴보기로 하겠다.

01 전략적·관리적·업무적 의사결정

앤소프는 의사결정의 유형을 그 수준과 범위에 따라 세 가지, 즉 전략적, 관리적 및 업무적 의사결정으로 분류하고 있는데, 이들 의사결정의 특성은 다음과 같다.

(1) 전략적 의사결정

전략적 의사결정(strategic decision making)이란 기업의 내부문제보다는 주로 기업의 외부문제와 관계되는 의사결정으로, 구체적으로 말하면 기업이 어떤 업종에 종사하고 장래에는 어떠한 업종으로 진출할 것인가를 결정하는 문제이다. 이 밖에도 IMF경제체제 이후부터 활성화되기 시작한 M&A를 비롯하여, 해외진출문제, 기업목표변경, 다각화문제 등을 들 수 있다. 요컨대, 앤소프의 전략적 의사결정이란 환경변화에 적응하는 기업의 제품, 시장 분야의 선정과 이에 대한 제 자원의 배분에 관한 의사결정을 의미하고 있다. 이러한 전략적 의사결정은 기업의 흥망성쇠와 직결되는 것으로 주로 최고경영층에 의해 이루어진다.

(2) 관리적 의사결정

관리적 의사결정(administrative decision making)이란 앞서의 전략적 의사결정을 구체화하기 위하여 최적의 능력을 낼 수 있도록 기업의 제 자원을 조직화하는 것과 관련되는 의사결정이다. 구체적으로는 책임·권한 관계라든가 정보의 흐름 등 조직기구에 관한 결정, 일의 흐름, 유통경로, 제 시설의 입지 등 자원의 변환과정의 구조에 관한 결정 및 자금, 설비, 원재료, 인원 등 경영 제 자원의 조달과 개발에 관한 결정 등이 그 대상이 된다. 이러한 관리적 의사결정은 주로 중간경영층에 의해 이루어진다.

(3) 업무적 의사결정

업무적 의사결정(operating decision making)이란 앞의 두 가지 의사결정을 구체화하기 위하여 기업 제 자원의 변환과정상의 효율을 최적화하는 것을 목적으로 하는 의사결정이다. 생산, 마케팅, 인사 및 재무활동 등과 관련하여 일상적으로 이루어지는 의사결정이 포함되는데, 그 구체적 내용으로는 단기 재고수준, 하부단위로의 예산배정, 및 외상매출금의 회수 등에 관한 의사결정 등을 들 수 있다. 이러한 업무적 의사결정은 주로 하위관리자들에 의해 이루어진다.

지금까지 살펴본 전략적·관리적·업무적 의사결정의 특징, 영역 및 종류를 비교·요약하면 <표 11-3>과 같다.

┃〈표 11-3〉 전략적·관리적·업무적 의사결정의 비교

구 분	전략적 의사결정	관리적 의사결정	업무적 의사결정
의사결정의 특성	• 제품·시장의 제 기회에 기업 전체의 제 자원을 배분하는 것 • 부분적 무지	• 제 자원의 조직·조달 및 개발 • 경제적 변화와 사회적 변화의 강한 관련성 • 전략적, 업무적 의사결정의 갈등	• 주요 직능영역에 대한 제 자원배분의 예산화 • 자원이용과 변환의 일정계획 • 감시와 통제

의사결정의 영역	• 각종 목적 및 목표 • 다각화전략 • 관리전략 • 재무전략 • 성장방식 • 성장의 타이밍	• 조직기구: 정보·권한· 책임의 흐름구조 • 자원변화구조: 일의 흐 름, 유통시스템, 제 시설 의 입지 • 자원조달과 개발: 자금 ·시설 및 설비	• 업무목표, 가격 및 생 산량의 설정 • 업무활동의 수준: 생산 일정·재고수준 • 마케팅의 제 방침 • 전략연구개발의 제 방 침과 전략통제
의사결정의 종류	• 집권적 의사결정 • 비반복적 의사결정 • 수정불가능한 의사결정 • 부분적 무지하에서의 의사결정	• 전략적 혹은 업무적 제 문제에서 발생하는 의사결정	• 분권적 의사결정 • 반복적 의사결정 • 대량적 의사결정 • 복잡성에 의한 준(準) 최적화 의사결정 • 수정가능성있는 결정

02 정형적·비정형적 의사결정

사이먼은 의사결정이 정형화(프로그램화)되어 있는지의 여부에 따라 정형적 의사
결정과 비정형적 의사결정으로 분류하고 있다.

(1) 정형적 의사결정

정형적 의사결정(programmed decision making)이란 예측가능한 상황에서 이루어지
며 예측가능한 결과를 갖는 의사결정이다. 결과를 예측할 수 있는 것은 유사한 결정이
반복적인 상황하에서 이전에도 종종 이루어졌기 때문이다. 여기서 정형적(programmed)
이라는 말은 '구조화된'(structured) '명확한 파라미터(parameter)를 갖는다'는 의미의 컴
퓨터용어에 따른 것이다. 그러므로 정형적 의사결정에 있어서 경영자는 유사한 문제와
의 사전 경험에 기초를 두고 분명한 파라미터와 기준을 갖고 있다. 문제는 종종 구조
화되고 대안들은 잘 정리되어 있다.

많은 경영자의 결정은 방침, 지시, 규율 및 절차에 따라 구조화된다. 예를 들면 반
복해서 결근을 하는 종업원을 징계하는 것이 회사방침이라면 경영자는 결근을 입증하

기 위한 절차를 따르고 어떤 징계조치를 취해야 할 것인가를 결정할 것이다. 그래서 회사방침은 감독으로 하여금 더 이상 무단결근이 일어날 경우 정직이나 해고될지도 모른다는 것을 종업원에게 알리기 위하여 서면징계를 하도록 요구할 수도 있다. 서면징계는 징계를 받은 종업원의 인사기록카드에 기록되며, 만약 결근이 계속될 경우 감독은 그 사람을 정직시키거나 해고할 수 있는 결정에 착수하게 된다.

이와 같이 결정을 정형화하는 이유는 결정에 일관성을 부여하고 결정자의 시간을 절약하여 다른 보다 중요한 활동에 주의를 집중시키도록 하려는 데 있다. 그러한 정형화는 오늘날 컴퓨터를 이용함으로써 결정의 자동화·지능화까지도 가능하도록 하고 있다. 조직 내 의사결정의 약 90% 이상이 그와 같이 정형화될 수 있는 것에 속한다는 사실을 감안할 때 4차산업혁명의 시대에 컴퓨터에 의한 결정의 자동화는 앞으로 의사결정 방식과 경영능률에 큰 변화를 초래할 것으로 예상된다. 이러한 의사결정은 주로 선형계획법(LP), 게임이론 등과 같은 계량경영학(OR: Operation Research) 기법을 통해 이루어진다.

(2) 비정형적 의사결정

비정형적 의사결정(nonprogrammed decision making)이란 독특한 상황에서 이루어지며 종종 예측할 수 없는 결과를 갖는 의사결정이다. 이 의사결정은 정형적 의사결정과는 달리 프로그램화할 여지가 적고, 개인의 경험·판단·능력 등에 의해 많은 영향을 받게 된다. 경영자들은 잘못 정의되어 있는 문제에 직면할 수도 있고 이전에는 결코 경험해 보지 못한 상황에 놓여 있을 수도 있다(Agor, 1986). 이러한 상황에서의 의사결정은 정형적 의사결정보다 덜 분명하며 규칙적으로 이루어지지 않기 때문에 경영자들은 미래에 유사한 결정을 다루기 위한 지침(guideline)을 개발하기가 어렵다(Mintzberg, Raisinghani, & Theoret, 1976). 이를테면, 해외시장으로의 진출 여부, 새로운 공장의 건설 여부, 혹은 최첨단 컴퓨터시스템의 구입 여부 등을 들 수 있는데, 이들과 관련된 의사결정은 조직의 성패와 밀접한 관계가 있는 것으로 통상 상위경영층에 의해 이루어지게 된다.

중역들은 거의 대부분 이러한 비정형적 문제에 직면하게 된다. 그들의 과업은 예측하기 어려운 변화를 다루는 것이다. 민즈버그(H. Mintzberg)는 중역들이 어떻게 의사결정을 하는가를 연구한 결과 중역들은 제9장에서 살펴본 바와 같이 중요한 개인적 판단을 요하는 네 가지의 의사결정 역할을 갖는다고 결론을 내렸다. 혼란조정자, 자원배분자, 협상자 및 기업가역할이 바로 그것이다(Mintzberg, 1980).

　이들 역할의 각각이 구조화되어 있지 않기 때문에 이러한 역할을 맡고 있는 사람들은 많은 이례적인 의사결정에 책임을 지고 있다. 예를 들면, 혼란조정자는 이례적인 문제를 해결하지 않으면 안 된다. 예를 들어 일선감독자는 무단결근을 하거나 자주 지각하는 종업원들을 다루는 방법에 관하여 의사결정을 하지 않으면 안 된다. 자원배분자는 기업의 자원을 활용하기 위한 새로운, 보다 효율적인 방법을 모색하지 않으면 안 된다. 그래서 헨리 카이저(H. Kaiser)는 철강업이 어려울 때인 1950년대 초 차체(車體)를 철강 대신 알루미늄으로 대체했다. 그 결과 알루미늄 제품에 기초한 새로운 산업이 발달하게 되었다. 협상자는 반대의견을 동화시켜 특정 이슈와 관련하여 다른 사람이나 집단과 협력하지 않으면 안 된다. 이것은 노사대표들 사이에 이루어지는 단체교섭에서 분명하게 나타난다. 그리고 아마도 가장 중요한 것으로 기업가는 중요한 문제에 대한 혁신적인 해결책을 찾는 데 계속해서 몰두해야 한다. 이를테면 캐퍼(Mitch Kapor)는 회계사와 은행 대부계가 복잡한 계산을 수행하기 위한 정확하고도 사용하기 쉬우며 아울러 배우기 용이한 소프트웨어 프로그램을 원한다는 것을 알고 마이크로 컴퓨터용 Lotus 1−2−3 스프레드시트(spreadsheet)를 개발한 경우이다.

　지금까지 살펴본 정형적·비정형적 의사결정을 비교하면 <표 11−4>와 같다.

┃〈표 11-4〉정형적·비정형적 의사결정의 비교

구분	정형적 의사결정	비정형적 의사결정
문제유형	• 빈번한, 반복적·일상적 인과관계에 관한 상당한 확실성	• 새로운, 비구조적, 인과관계에 관한 상당한 불확실성
절차	• 방침, 규칙 및 명확한 운영절차	• 창의성과 직관에 의한 운영절차
각종 예	• 대학: 성적관리, 연구비관리 • 의료기관: 환자의 등록절차 • 정부: 공무원의 승진용 인사고과	• 대학: 새로운 강의실의 건축 • 의료기관: 새 실험기자재의 구입 • 정부: 정부기관의 재조직

자료: J. M. Ivancevich, R. Konopaske, & M. T. Matteson(2011), *Organizational Behavior and Management*, 9th ed., New York, NY: McGraw-Hill Irwin, 587-588.

제4절 의사결정의 개선기법

집단의사결정은 개인의사결정과 비교해서 여러 가지의 장단점을 지니고 있다. 집단의사결정의 장점으로는 보다 폭넓은 사실과 지식의 축적, 높은 정확도, 다양한 대안의 탐색가능성, 그리고 보다 폭넓은 지지 등을 들 수 있다. 반면에 집단의사결정의 단점으로는 시간 낭비, 비용의 과다, 특정인에 의한 지배, 최적안이 아닌 타협안의 도출, 갈등이나 부조화의 유발 등을 들 수 있다(Nelson & Quick, 2003).

집단구성원들이 서로서로 의사결정을 할 때 나타날 수 있는 좋지 않은 현상 중의 하나가 바로 집단사고(groupthink)이다. 집단사고란 구성원들 사이에 합의에 대한 요구가 지나치게 커서 현실적인 다른 대안의 모색을 저해하는 경향, 즉 집단구성원들 간의 잘못된 의견일치 추구성향을 말한다. 집단사고는 솔로먼 애시가 유일한 반대자와 함께 자신의 실험에서 내린 결론과도 밀접하게 일치하는 것 같다(서도원·이덕로, 2016, 432).

집단사고에 빠진 구성원들은 자신이 속한 집단이 최고라는 착각에 빠지게 되며 다른 집단에 대해 배타적 아집을 가지고 자기집단 내부적으로는 구성원들 간에 의견이 일치되어 있다는 착각을 보이게 된다. 즉 자기가 속한 집단의 역량을 과도하게 높이 평가하려는 성향을 가지고 타 집단에 대해서 폐쇄적 아집을 보이며 반대의 의견이 있더라도 스스로 자제하는 등의 획일성 추구성향을 보이게 된다. 이렇게 하면 집단의사결정이 역기능적 결과를 낳게 된다. 예를 들어 대안을 불완전하게 탐색한다든가, 유리한 정보만을 선택하여 편협된 결정을 내리게 될 수가 있다. 그 결과 최적의 대안이 선택될 수 없게 되고 성공적 성과창출의 가능성이 저하되는 결과를 가져오게 된다.

역사적인 미국의 외교정책결정에 관한 연구를 보면, 정부의 정책입안자 집단들이 실패하였을 때―이를테면, 1941년 일본의 진주만 공격에 대한 미국의 대비책 미흡, 케네디(J. F. Kennedy) 정부 당시의 쿠바의 피그스만(Bay of Pigs) 봉쇄, 그리고 존슨(L. Johnson) 대통령 당시의 베트남전의 확대결정―이러한 증상들이 만연했던 것으로 나타났다(Janis, 1982). 보다 최근에 Challenger호와 Columbia호의 우주선 재난과 허블망원경 주렌즈(main mirror)의 작동 실패 등은 집단사고 증상이 분명하게 나타나는 NASA의 의사결정 과정과도 연관되어 있었다(Moorhead, Ference, & Neck, 1991; Robbins, 2005, 258-259).

제니스(I. L. Janis)는 이러한 집단사고의 증상으로 ① 잘못 불가(不可)의 환상, ② 합리화, ③ 도덕성의 환상, ④ 동조압력, ⑤ 만장일치의 환상, ⑥ 자기검열, ⑦ 반대집단에 대한 상동적(常同的) 태도, ⑧ 집단 초병 등을 들고 있다(Janis, 1982, 1989; Park, 1990). 학습보다는 성과에 더욱 초점을 두는 집단은 특히 이러한 집단사고의 희생자로 전락하여 대다수의 말에 동의하지 않는 사람의 의견을 억압하기 쉽다(Choi & Kim, 1999; Park & DeShon, 2010).

이와 같이 집단사고는 많은 집단을 공격해 그들의 성과를 극적으로 방해할 수 있는 하나의 병폐이다. 따라서 집단의사결정의 질을 높이기 위해서는 집단의사결정을 보다 창의적으로 개선하는 것이 중요하다. 의사결정의 개선기법으로는 여러 가지가 있는데, 이 중 대표적인 방법으로 명목집단법, 델파이기법 및 브레인스토밍 등에 대해 살펴보기로 하겠다.

01 명목집단법

한 자리에 모여서 의사결정을 하려고 토의를 하다 보면 상급자의 눈치도 보아야 하고, 앞에서 먼저 의견을 제시했던 사람이 자기가 좋아하는 사람인지 싫어하는 사람인지에 따라 자기 의견이 영향을 받게 되기도 한다. 즉 어떤 의견에 찬성하려고 하다가도 싫어하는 사람이 그것을 꺼내 놓으면 그 의견에 무조건 반대하기도 하는데 이러한 폐단을 방지하기 위해 나온 것이 바로 명목집단법(NGT: Nominal Group Technique)이다.

명목집단법은 문자 그대로 이름뿐인 집단으로 회합에 참석한 사람들이 제시된 문제에 대해 자신의 아이디어를 낸 뒤 제출된 모든 아이디어를 칠판이나 차트에 기록하여 장단점에 대한 토론을 거쳐 투표로써 최종안을 선택하는 창의적인 기법이다. 명목집단법은 의사결정 과정 동안 토론이나 대인 커뮤니케이션을 제한하기 때문에 명목(nominal)이라는 용어를 쓴다. 집단구성원들은 전통적인 위원회 회의에서처럼 의사결정 과정에 모두 참석하지만 독립적으로 활동한다. 명목집단법은 보통 <그림 11-5>

와 같은 과정을 거쳐 이루어지는데 이를 요약하면 다음과 같다.

〈그림 11-5〉 명목집단법의 단계

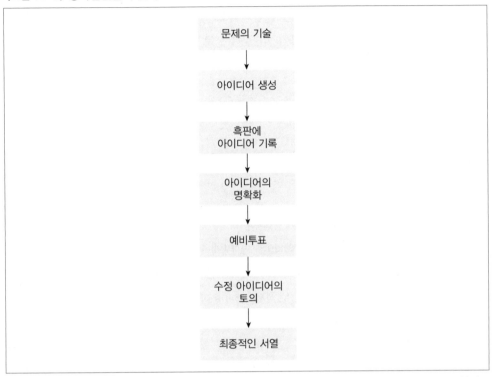

문제의 기술

↓

아이디어 생성

↓

흑판에
아이디어 기록

↓

아이디어의
명확화

↓

예비투표

↓

수정 아이디어의
토의

↓

최종적인 서열

자료: P. E. Moody(1983), *Decision Making: Proven Methods for Better Decisions*, New York: McGraw-Hill Book Co., 119.

① 7-10명으로 이루어진 집단의 개개 구성원들이 제시되는 문제에 대해 상호 간에 일체의 토의 없이 자신의 아이디어를 서면으로 작성한다.

② 작성된 아이디어가 제출되면 기록원으로 지정된 사람이 그것을 칠판이나 차트에 기록한다. 이 과정에서 특정 아이디어가 누구의 것인지를 모르게 한다.

③ 칠판이나 차트에 적힌 모든 아이디어들에 대해 그것들의 장단점, 타당성, 명료성 및 기타 여러 가지 측면에서 토론한다.

④ 마지막으로 아이디어들에 대해 선호도에 따라 등급을 매기는 방식으로 투표를 하여 가장 많은 점수를 얻은 것을 집단의 최종결정으로 선택한다.

명목집단법의 주요 이점은 집단이 공식적으로 만나도록 허용하기는 하지만 상호작용 집단(interacting group)에서처럼 독립적인 생각을 제한하지는 않는다는 점(Faure, 2004)과 의사결정에 소요되는 시간이 대략 2시간 정도로 상당히 짧다는 점이다. 반면에 이 방법은 한 번에 한 문제밖에 처리할 수 없으며, 이를 이끌어나가는 리더가 충분한 능력을 갖추어야 한다는 점이 큰 단점이라고 할 수 있다. 연구결과 일반적으로 명목집단법이 브레인스토밍보다 성과가 나은 것으로 나타났다(Robbins & Timothy, 2019, 342).[2]

02 델파이기법

고대 그리스의 옛도시인 델파이(Delphi)를 본따서 이름이 지어진 델파이기법 (Delphi technique)은 전문가 패널(panel)의 합의에 기초를 둔 의사결정 기법이다. 전문가들은 합의에 도달할 때까지 자신들의 의견을 단계별로 다듬어나간다. 이 기법은 의견에 의존하기 때문에 분명히 절대 안전한(foolproof) 것은 아니다. 그러나 도달된 합의는 단 한 사람의 전문가 의견보다는 훨씬 더 정확한 게 일반적이다.

델파이기법은 미국이 소련에 특정의 손실을 끼치기 위해서는 얼마만큼의 원자폭탄이 필요한 것인가에 관한 전문가의 의견을 구하기 위하여 1950년대 초 Rand Corporation에서 군전략가를 위한 델파이 프로젝트(Delphi Project)를 수립했는데, 여기서 사회적, 정치적 및 군사적 조건의 미래 시나리오를 개발하기 위해 최초로 사용되었다(Taylor, 1984). 그 뒤 중요 첨단기술회사인 TRW가 우주, 수송 및 주택과 같은 다양한 분야에서의 발달을 예측하기 위하여 1960년에 델파이기법을 사용하기 시작했다. Goodyear는 21세기의 새로운 타이어연구와 기타 기업활동을 계획하기 위해서 이 방법을 사용 중에 있다. 최근에 이 기법은 사업전략의 환경평가, 도시재개발, 에너지 보존 그리고 오염방지와 같은 다양한 분야에서 문제를 확인하고 해결하며, 목표와 우선순위를 정하는 것을 도와주기 위하여 효과적으로 제공되어 왔다(Hellriegel, Jackson, & Slocum, 2005). 델파이기법은 다음과 같은 단계를 거쳐 이루어지는데 이것을 그림으로 나타내면 <그림 11-6>과 같다.

---

2 명목집단법과 브레인스토밍 사이의 자세한 비교는 이덕로 외 공역(2015)을 참조.

① 전문가들에게 가장 적절한 의견을 요구하는 설문지를 배부한다.

② 각 전문가들은 개별적으로 최초설문지를 완성하여 돌려준다.

③ 그 결과를 수집·요약한 뒤 2차 설문지를 전문가들에게 다시 보낸다.

④ 각 전문가들은 1차 설문지의 결과를 참고하여 2차 설문지를 완성한다.

⑤ 최종적인 합의에 도달할 때까지 이러한 과정이 계속 반복된다.

〈그림 11-6〉 델파이기법의 단계

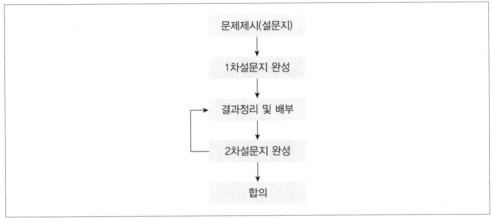

자료: W. R. Mondy & S. R. Premeaux(1995), *Management: Concepts, Practices, and Skills*, 7th ed., Boston: Allyn and Bacon, 22.

이 델파이기법과 전술한 명목집단법 사이의 기본적인 차이점은 다음과 같다. 첫째, 델파이기법의 참가자들은 전형적으로 서로 간에 잘 모른다. 그러나 명목집단법의 참가자들은 서로 간에 잘 알고 있다. 둘째, 델파이기법의 참가자들은 물리적으로 떨어져 있으며 결코 서로 대면접촉을 하지 않는 반면에 명목집단법의 참가자들은 얼굴을 맞대고 만난다. 셋째, 델파이기법의 과정에서 참가자들 사이의 모든 커뮤니케이션은 설문지와 모니터 직원으로부터의 피드백을 경유하지만 명목집단법에서 참가자들 사이의 커뮤니케이션은 직접적이다.

델파이기법의 이점으로는 첫째, 개개인의 신념이나 가치를 희생시키지 않고도 전문가로부터 주관적인 정보를 모을 수 있다. 둘째, 민주적인 과정에서 합의에 의한 결정은 행동에 활기를 띠게 하기 때문에 불확실하거나 위험성이 매우 높은 상황에서 보다 적절하다. 셋째, 장소나 사회심리적인 특성에 구애받지 않고 아주 많은 사람들로부터 의견을 물을 수 있다는 점이다.

델파이기법의 단점으로는 집단구성원들이 타협에 의한 합의에 도달할 수도 있다는 점이다. 이것은 전문가들이 주의 깊게 선발되지 않거나 구성원들의 적절한 전문능력을 갖지 못하거나 강한 개별편견을 가지고 있는 경우에 중요한 문제가 될 수 있다(Holt, 1993).

03 브레인스토밍

브레인스토밍(brainstorming)이란 1939년 미국의 광고회사인 BBDO의 부사장이었던 오스본(A. F. Osborn)에 의하여 창안된 아이디어(idea) 창출기법으로 두뇌(brain)에 폭풍(storm)을 일으킨다는 뜻으로 두뇌착란법이라고도 한다. 이 브레인스토밍은 10명 전후의 집단을 대상으로 10−60분간에 걸쳐 한 주제에 대하여 다각적인 토론을 통하여 대량의 아이디어를 얻는 자유연상법(free association)의 전형적인 방법이다(Osborn, 1963; Litchfield, 2008). 처음에는 광고 분야에서 창조적인 아이디어를 개발하기 위하여 사용된 이 기법은 오늘날 광고뿐만 아니라 제품개발 기타 조직 내 모든 문제해결을 위해 산업계와 교육계에서 널리 사용되고 있다.

브레인스토밍(brainstorming)은 비판을 하지 않는 가운데 대안을 조장함으로써 창의성을 저해하는 동조에 대한 압력을 극복할 수 있다. 브레인스토밍이 사실 아이디어를 불러일으키기도 하지만 아주 능률적인 방법은 아니다. 연구결과 혼자 일하는 개인은 브레인스토밍 회의 내의 집단보다 더 많은 아이디어를 내는 것으로 일관되게 나타나고 있다. 이에 대한 한 가지 이유는 '생산장애'이다. 집단에서 아이디어를 낼 때 많은 사람들은 한 차례만 얘기함으로써 사고과정을 방해하고 궁극적으로 아이디어의 공유를 방해한다(Kerr & Tindale, 2004).

브레인스토밍은 정형화된 범주를 탈피하여 다양한 사고활동으로 지각상의 장애, 문화적 장애, 그리고 감정적인 장애 등의 장벽을 제거하여 잠재적인 아이디어를 보다 많이 유발시키기 위한 인위적인 방법으로 다음의 네 가지 원칙이 있다. 즉 ① 비판금지의 원칙(criticism is ruled out), ② 결합개선의 원칙(combination and improvement are welcomed), ③ 자유분방의 원칙(freewheeling is welcomed), ④ 질보다 양 우선의 원칙(quantity and variety are welcomed) 등이다.

군사문제 연구에서 세계적인 권위를 갖고 있는 연구기관인 미국의 랜드 연구소(Rand Corporation)와 같은 대표적인 싱크탱크(think tank)가 이 기법을 종종 사용해 왔다. 연구결과 브레인스토밍은 참가자가 5−6명으로 이루어진 집단일 때 가장 효과적인 것으로 나타났다. 특히 브레인스토밍은 충분한 시간이 허용될 때 좋은 결과를 가져올 수 있으나 서두르게 되면 참가자들이 협력적이기보다는 전투적이 될 수도 있다(Hellriegel, Jackson, & Slocum, 2008).

오늘날에는 전자정보통신의 발달에 힘입어 전자 브레인스토밍(electronic brainstorming) 기법도 사용되고 있다. 전자 브레인스토밍 회의는 일반적으로 몇십 대의 단말기가 있는 한 방 안에서 실시하기도 하고, 다른 장소에 있는 사람들과도 컴퓨터를 통해 실시하기도 한다. 전자 브레인스토밍 회의에 참석한 개개인은 자신의 아이디어를 언제든지 컴퓨터 단말기를 통해 익명으로 제시할 수 있으며, 제시된 아이디어는 참가자 모두가 무작위로 볼 수 있다. 그리고 회의의 의장 혹은 사회자의 역할은 참여자들이 핵심 주제에서 벗어나지 않도록 하는 것이다(김경수·김공수, 2015).

Amabile(1983)은 직접적으로 창의력 훈련을 할 수 있는 프로그램으로 브레인스토밍, 시넥틱스, 창의적인 문제해결력, 기타 프로그램 등으로 분류하고 있는데, 이 중 첫 번째로 브레인스토밍을 손꼽았다(Amabile, 1983). 실제로 브레인스토밍은 창의성을 증진시키기 위해서 널리 사용되어 왔고 그 효과성 또한 입증되었다.

이러한 브레인스토밍의 구체적인 효과로는 ① 인간관계의 원활화, ② 적극적 태도 확립, ③ 동기부여, ④ 창의적 태도 배양, ⑤ 진취적 태도 배양, ⑥ 문제해결능력의 함양, ⑦ 합리적인 습관의 증진 등을 들 수 있다(유기현·송병선·권용만, 2008).

그러나 ① 단순한 의사결정에만 적용가능함으로써 위험이나 불확실성이 큰 문제에는 적용하기 어렵고, ② 시간이 많이 걸리고 비용이 많이 들며, ③ 피상적인 아이디어밖에 얻지 못하게 되는 경우가 있으며, ④ 아이디어의 결합을 위한 기법이 충분히 개발되지 못하고 있다는 등의 결함도 지적되고 있다(정종진·이덕로, 2017, 274−279).

CHAPTER

12

기업의
사회적 책임

제1절 기업의 사회적 책임의 의의

01 기업의 사회적 책임의 의의

금세기 동안 학계, 사회활동가 그리고 경영자들이 기업과 사회 사이의 이상적인 관계를 논의하게 됨에 따라 경영자의 의사결정과 관리활동은 점점 관심의 대상이 되었다. 한 가지 핵심적인 이슈는 사회에 긍정적, 부정적으로 영향을 미치는 기업활동에 대해 기업이 어떤 책임을 져야 하는가를 결정하는 것이다. 두 번째 핵심 이슈는 사회적 문제를 경감하거나 해결하기 위하여 기업이 얼마만큼의 책임을 져야 하는가를 결정하는 것이다(Drucker, 1974, 1982).

이들 두 이슈는 모든 기업은 자체의 목표추구를 초월하여 사회에 의무를 갖고 있으며, 따라서 기업은 사회에 혜택을 주는 식으로 활동해야만 한다고 주장하는, 기업의 사회적 책임(CSR: corporate social responsibility)으로 알려진 개념의 핵심이다. 기업의 사회적 책임이란 사회 전체의 복지와 조직의 이해 모두를 보호하고 개선시키는 조치를 취해야 하는 경영자의 의무를 말한다. 따라서 오늘날의 경영자들은 조직의 목표뿐만 아니라 사회의 목표도 달성하려고 하지 않으면 안 된다(Certo, 1997).

기업의 사회적 책임은 다양한 수준에서 논의되고 있다. 일반적으로 기업의 사회적 책임은 <그림 12-1>과 같이 네 가지 수준, 즉 경제적(economic) 수준, 법적(legal) 수준, 윤리적(ethical) 수준, 그리고 자유재량적(discretionary) 수준에서 검토해 볼 수 있다.

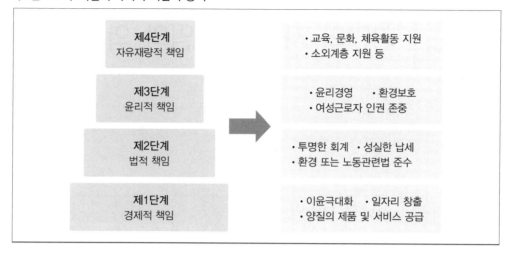

첫째, 기업은 고객들이 원하는 양질의 제품이나 서비스를 만들거나 제공하여 일정한 이윤을 남겨야 하는(영리사업인 경우에) 경제적 책임을 갖고 있다. 경영전문가 피터 드러커(P. Drucker)는 조직은 경제적으로 견딜 수 없거나 최소한의 수용가능한 이윤수준과 동떨어진 활동을 시작해서는 안 된다고 주장하고 있다. 그러나 경제학자 밀턴 프리드먼(M. Friedman)과 다른 사람들은 이윤극대화에 대한 책임은 기업의 유일한 사회적 책임이라고 주장한다. 이러한 관점에 따르면 비경제적 활동은 주주의 자금을 흡수함으로써 경영자로 하여금 그들의 주된 이윤추구목표에서 멀어지게 한다. 더욱이 기업 경영자는 사회적 문제의 해결에 미숙하다. 그래서 그들이 사회적 문제에 관여함으로써 통상적인 기업활동과의 이해갈등을 야기할 수도 있다(Carroll, 1979).

둘째, 기업이 각종 법과 규정의 범위 안에서 기업활동을 추구하려는 법적인 책임이다. 그러나 법과 규정이 조직과 그 구성원들이 취하는, 있을 수 있는 모든 조치를 포괄하는 것은 아니다. 제품의 상표부착에서 고용관행에 이르는 수많은 대안들 중에서 하나의 행동과정을 선택하지 않으면 안 된다. 모든 경영자는 법적으로 정당한 두 가지 이상의 대안들 중에서 하나의 행동과정을 선택하지 않으면 안 된다. 그러면 문제는 '더 이상 법적인 것'(What is legal)이 아니고 '올바른 것'(What is right)이다.

셋째, 기업이 무엇이 올바른가를 결정하고 그에 따라 행동하는 것과 관련된 윤리적 책임이다(Wood, 1991). 윤리적 책임은 윤리적 규범의 준수와 법적 규제 사항의 준수, 그 이상의 윤리적 행동을 취하는 등의 모든 노력을 의미한다. 경제적, 법률적 책임도 윤리적인 규범을 포함하고는 있지만 기업들은 법률에 의해서 요구되지 않는 기타 사회 구성원들이 기업에 대해 기대하고 있는 추가적인 활동이나 행동들에 대한 책임이 있다. 이러한 윤리를 강조한 윤리경영은 기업이 준법정신만을 이행하는 것이 아닌, 기업의 지속가능한 경영과 관련하여 장기적인 경영 관점과 밀접한 관계를 지니고 있다(Ferrell et al., 2002).

끝으로 네 번째 수준의 사회적 책임은 사회에서 기업에게 요구 혹은 기대하는 최소한의 수준을 넘어서서 개개인의 판단과 선택에 완전히 맡겨 버리는 자유재량적 책임이다. 이 책임은 법에 의해 강요되는 것도 심지어 윤리적 의미에서 조직에 기대하는 것도 아니다. 이는 다른 용어로 자선적 책임(philanthropic responsibility)이라고도 정의하며, 기업이 선량한 기업시민이 되기를 바라는 사회의 전체적인 기대에 부응하는 기업의 행동으로 기업이 대중의 복지를 증진시키게 하는 프로그램이며 자발적이며 적극적으로 참여하는 것을 포함한다(Carroll, 1991). 이를테면 비영리기관들에 대한 지원, 예술 활동지원, 자원봉사, 지역사회개발 및 후원활동 등의 노력 등을 들 수 있다.

많은 기업인들이 이러한 기업의 사회적 책임(CSR: corporate social responsibility)을 '경제적 책임'에 국한시키는 경향이 있다. 이와 같이 경제적 이윤추구에만 급급하다 보면 기업 본연의 자세보다는 불법과 탈법이 난무하기도 하고 설령 법적으로 문제가 없기는 하지만 윤리적인 측면이나 일반 국민의 감정에 어긋나는 일을 저지르는 경우가 종종 있었다. 얼마 전에 발생했던 대한항공, 남양유업이나 몽고식품과 같이 경제적 성과가 탁월하거나 좋은 기업들이 대리점이나 구성원들에 대한 임직원들의 갑질 스캔들로(이상화, 2019) 사회적으로 지탄을 받는 경우가 전형적인 예이다.

한·중·일 기업호감도 비교조사, 기업호감도 조사, 반기업 정서조사 등 여러 설문조사결과(김영욱·이현상, 2006.08.29.; 대한상공회의소, 2019.01.21.; 황인학, 2015.11.12.) 우리나라에서 기업이 호감을 제대로 사지 못하는 것으로 나타났다. 그 결정적인 원인으로 분식회계, 편법상속, 정경유착, 갑질, 탈세, 부동산투기 등이 지적되고 있다. 비즈니스를 잘하느냐 못하느냐가 아니라 비즈니스 과정에서 법과 윤리를 제대로 지켰는지 여부가 문제인 것이다. 더욱이 기업의 법적 및 윤리적 책임에 대한 요청도 '현행법 준수'에서 머물지 않고 '사회통념이나 국민정서를 거스르지 말아야 한다'는 수준으로 갈수록 강화되고 있다. 나아가 구미에서처럼 환경이나 복지와 같은 사회문제해결에도 기업이 적극 나서야 한다는 목소리까지 들린다(서도원·이덕로, 2016, 446).

<표 12-1>과 같은 한 조사결과는 기업의 사회적 책임에 대한 우리나라 기업인들과 일반공중, NGO들 간의 인식 차를 잘 보여 준다. 이 조사에서 일반공중과 NGO들은 경제적 책임보다 법적 책임 또는 윤리적 책임을 더 중시했다. 또한 상대적으로

경제적 책임보다는 법적 및 윤리적 책임의 실천이 미흡하다고 봤다. 특히 기업인들이 가장 잘 이행하고 있다고 자부하는 법적 책임에 대해, NGO들은 4가지 책임 가운데 실행도를 가장 낮게 평가했다.

▌〈표 12-1〉 일반공중, NGO, 기업 간 4가지 CSR에 대한 인식비교

순 위	중요도			실행도		
	공중	NGO	기업	공중	NGO	기업
1	법적 책임 4.39	법적 책임 4.58	법적 책임 4.33	경제적 책임 3.04	경제적 책임 2.83	법적 책임 4.13
2	경제적 책임 4.15	윤리적 책임 4.26	경제적 책임 4.17	법적 책임 2.7	자선적 책임 2.38	경제적 책임 3.92
3	윤리적 책임 4.12	경제적 책임 4.07	윤리적 책임 4.09	윤리적 책임 2.68	윤리적 책임 2.35	윤리적 책임 3.85
4	자선적 책임 3.52	자선적 책임 3.64	자선적 책임 3.58	자선적 책임 2.58	법적 책임 2.34	자선적 책임 3.54

주: 30여 개 기업의 홍보 담당자 183명, 23개 NGO 종사자 199명, 그리고 일반인 233명 등을 상대로 한 설문조사 결과임. 5점 척도 기준.
자료: 이현우·김형석(2006) "우리나라 기업의 사회적 책임 활동에 대한 공중·기업·NGO의 인식 비교연구," 「광고연구」, 70, 190.

한편 기업은 물론 일반인들과 NGO들이 일반적으로 가장 고차원의 CSR로 분류되는 자선적 책임(자유재량적 책임)의 중요도를 가장 낮게 인식하고 있는 점이 눈에 띈다. 이를 "우리나라에서는 자선적 책임이 중요하지 않다"고 곧이 곧대로 해석하는 것은 단견이다. 그보다는 "현 단계에서는 자선적 책임보다 법적 책임 등 초보적 단계의 기업의 사회적 책임이 시급한 과제로 제시되고 있다"고 보는 것이 균형 잡힌 시각일 것이다.

커다란 인식의 갭이 존재하는 상황에서 CSR은 자원의 낭비일 뿐이다. 아무도 주목하지 않는 곳에 돈을 뭉텅뭉텅 쓰고는 '우리나라에서는 CSR이 안 먹힌다'고 하는 것은 본말이 전도된 변명이다. 사회적 요청에 귀를 열어 놓는 것이 성공적인 CSR의 기본조건이다(이철용, 2006.05.31.).

위에서 언급한 네 가지 범주의 사회적 책임이 상호배타적인 것은 아니다. 따라서 주어진 어떤 조직활동도 그 이면에 경제적, 법적, 윤리적 혹은 자유재량적 동기를 다 가질 수 있다는 각 책임의 상대적 크기는 〈그림 12-2〉와 같다. 여러 이해관계자 집단의 이해를 신중히 고려할 때 경영자는 주주에 대한 경제적 책임이 다른 집단에 대한

경제적, 법적, 윤리적, 혹은 자유재량적 책임을 완전히 압도하도록 해서는 안 될 것이다(Goodpaster, 1991).

〈그림 12-2〉 사회적 책임의 상대적 크기

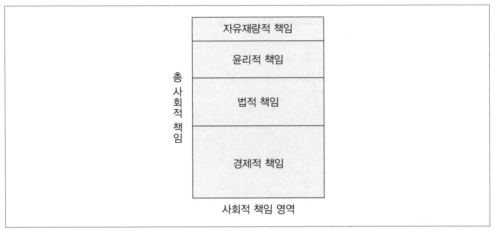

자료: C. L. Bovee, J. V. Thill, M. B. Wood, & G. P. Dovel(1993), *Management,* New York: McGraw-Hill Co., 105.

　　사회적 책임을 추구하려는 동기는 완전한 자기 이해에서 완전한 이타주의에 이르기까지 다양하다. 이 동기는 조직이 사회의 요구에 반응하는 방식을 변형시켜 왔다. 특히 미국의 기업들은 사회적 책임의 관점에 있어서 많은 변화를 가져왔다. <그림 12-3>에서 알 수 있듯이 산업혁명에서 금세기 초까지 기업은 주로 경제활동에 초점을 맞추었으며 기업활동의 경제적 결과에만 단지 관심을 가졌다. 그 초점이 다소 확대되어 사회적 활동을 포함하기는 하지만 이들 사회적 활동은 주로 사회적 결과만 추구하게 되었다. 이 단계에서 기업도 기업의 사회적 추구와는 아주 동떨어진 사회적 목표를 달성하기 위해서만 사회문제에 기여하였다. 1960년대 중반부터 1970년대 초까지 사회적 불안, 정부개입의 증대, 그리고 보다 많은 법과 규제들이 기업으로 하여금 경제적 활동의 사회적 결과를 고려하게 함에 따라 그 초점이 다시 확대되었다(Chrisman & Carroll, 1984; Wokutch, 1990).

<그림 12-3> 사회적 책임의 관점변화

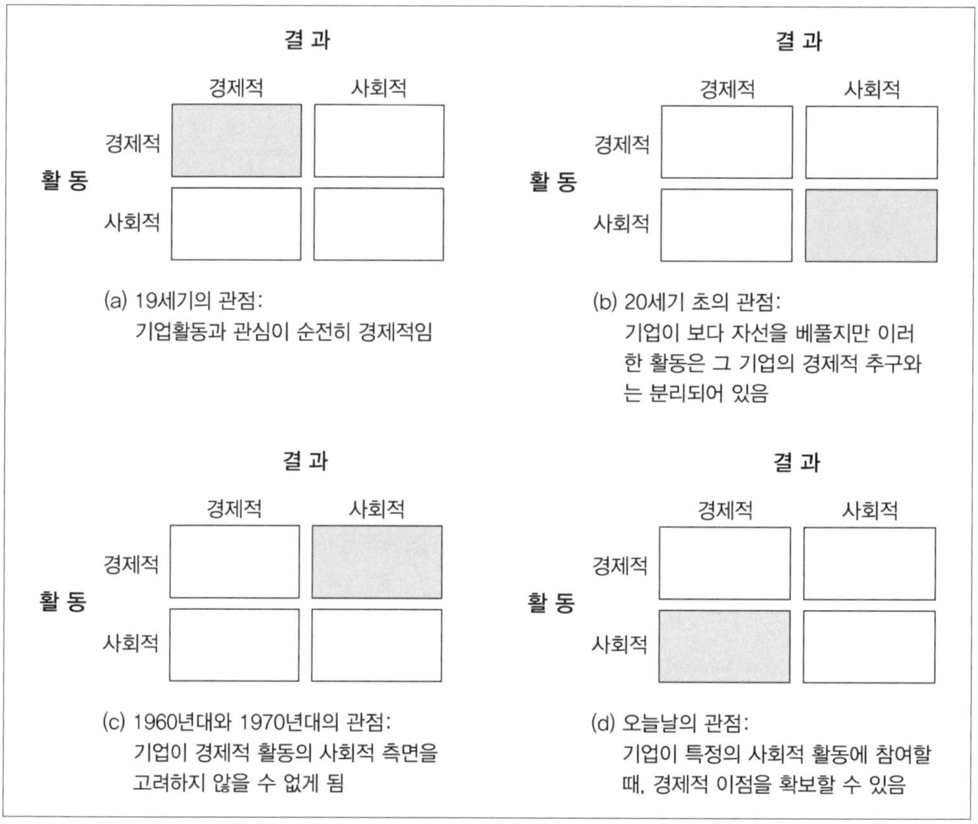

(a) 19세기의 관점:
기업활동과 관심이 순전히 경제적임

(b) 20세기 초의 관점:
기업이 보다 자선을 베풀지만 이러한 활동은 그 기업의 경제적 추구와는 분리되어 있음

(c) 1960년대와 1970년대의 관점:
기업이 경제적 활동의 사회적 측면을 고려하지 않을 수 없게 됨

(d) 오늘날의 관점:
기업이 특정의 사회적 활동에 참여할 때, 경제적 이점을 확보할 수 있음

자료: C. L. Bovee, J. V. Thill, M. B. Wood, & G. P. Dovel(1993), *Management,* New York: McGraw-Hill Co., 105.

오늘날의 환경에서 많은 기업들은 사회적 책임이나 몰입이 수익성과 상반되는 것은 아니라고 믿게 되었다. 이러한 견해는 기업이 사회적 활동에 참여할 때 경제적 보상을 가져올 수 있다는 것을 인정하고 있다. 실제로 많은 기업들이 CSR활동을 통해 CSR을 수행하는 기업에 대한 이미지와 태도 개선, 이해관계자의 만족도 향상, 기업 위기 시 완충 작용, 향후 잠재적인 고객이나 고용자 확보, 기업과 제품에 대한 호감 증가 및 구매의도 증가 등과 같은 긍정적인 효과를 보아왔다(구윤희, 2017; 김해룡·이형탁, 2010; Creyer & Ross, 1997; Maignan & Ferrell, 2004). 이러한 결과는 우리나라 100대 기업이 매년 100억 원 이상을 CSR에 투자하고 있는 사실을 뒷받침해 주는 것이기도 하다. <그림 12-4>가 정도경영, 환경경영, 사회공헌 등과 같은 기업의 사회적 활동은 기업의 유무형 성과에 긍정적으로 작용하고 높아진 재무성과, 시장가치 및 경쟁력 등은 다시 CSR활동을 강화할 수 있는 여력을 창출하는 '선순환 고리'가 발생함을 보여주고 있다.

〈그림 12-4〉 기업의 사회적 책임과 기업성과의 선순환 고리

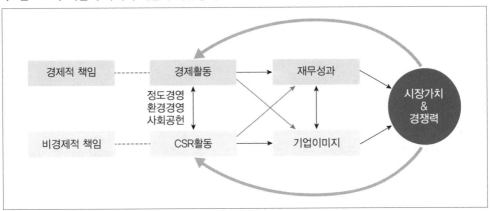

자료: 조희재·문지원·정호상(2007), 「지속성장기업의 조건: CSR」, 삼성경제연구소, 5.

보다 최근에 기업이 사회적 책임의 원칙, 사회적 이슈에 대한 반응의 과정, 그리고 사회적 이슈를 전달하기 위한 방침의 개발들을 얼마만큼 통합하는가를 이해하기 위한 방안으로 기업의 사회적 성과(corporate social performance)라는 개념이 개발되어 왔다. 그러나 기업의 중역, 정부관리, 학계 및 사회단체는 현대조직을 위한 적절한 수준의 사회적 책임에 대한 완전한 합의와는 동떨어져 있으며 그들은 계속해서 사회문제에서의 기업의 관여를 토의하고 있다(Wartick & Cochran, 1985).

02 기업의 사회적 책임의 접근방법

기업의 사회적 책임은 시대에 따라 다를 수 있다. 그리핀(R. W. Griffin)은 시간의 변천과 더불어 기업의 역할이 어떻게 변화해 왔는가를 <그림 12-5>를 통해 설명하고 있다. 이와 같이 역사적 변천에 따라 기업역할이 이윤극대화 경영에서 수탁경영을 거쳐 생활의 질 경영으로 달라져 왔기 때문에 그에 따른 사회적 책임을 보는 관점 또한 달라지고 있다.

<그림 12-5> 사회 내의 기업역할의 변화

자료: R. W. Griffin(2011), *Management: Principles and Practices*, 10th ed., Mason, OH: South-Western/Cengage Learning, 87.

일반적으로 받아들여지는 사회적 책임에 대한 세 가지 관점은 전통적 관점 (traditional view), 이해관계자 관점(stakeholder view) 및 적극적 관점(affirmative view) 등이다. 이들 관점 각각은 공리주의(utilitarian), 도덕적 권리(moral right) 및 정의(justice) 적 접근방법에 상대적으로 다른 강조점을 두고 있다. 공리주의 접근방법이란 행동을 위한 동기보다는 행동이나 그 결과에 초점을 두는 접근방법이며, 도덕적 권리 접근방법이란 결정이 기본적인 권리와 특권(이를테면 생명, 자유, 건강 및 프라이버시)과 일치하여야 한다고 주장하는 접근방법이다. 그리고 정의적 접근방법이란 결정이나 행동이 개인과 집단 사이에 편익(benefit)과 비용을 얼마나 공정하게 배분하는가와 관련하여 평가하는 접근방법을 말한다(Roemer, 1998; Schminke, Ambrose, & Noel, 1997).

<그림 12-6>에서 볼 수 있듯이 전통적인 사회적 책임은 주로 공리주의 접근방법에 기초를 두고 있다. 반면에 적극적인 사회적 책임은 정의와 도덕가치 접근방법에 크게 의존하고 있다. 그림의 화살표가 윤리적 접근방법 각각의 상대적 강조점을 나타내고 있다. 또한 어떤 조직의 의무의 정도는 전통적인 사회적 책임개념하에서는 비교적 제한되어 있다. 이해관계자 개념하에서 의무는 점차 확대되며, 적극적 개념하에서는 상당히 확대된다. 미국과 캐나다에서는 전통적인 사회적 책임개념이 대기업이 발달하던 1880년대에 등장했다. 이해관계자 개념은 강력한 정부가 들어서 대공황을 타개해가던 1930년대에 등장했다. 그리고 적극적인 개념은 사회적 소요와 기업에 대한 사회적 불만이 고조되던 1960년대에 등장하게 되었다.

<그림 12-6> 사회적 책임개념과 윤리적 접근

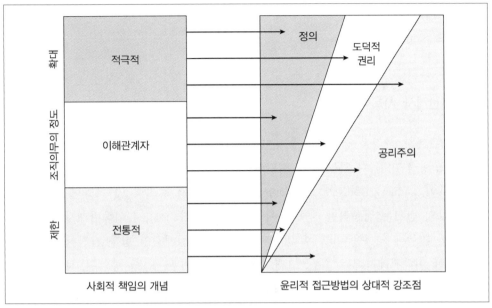

자료: D. Hellriegel, S. E. Jackson, & J. W. Slocum(2005), *Management: A Competency-Based Approach*, 10th ed., South-Western Educational Pub., 163.

(1) 전통적 사회적 책임

전통적 사회적 책임개념은 경영자는 주주의 이익에 봉사하지 않으면 안 된다고 주장한다. 환언하면 경영자의 주된 관심은 주주의 이윤과 그들의 장기적 이익을 극대화하는 것이다. 노벨경제학상 수상자인 밀턴 프리드먼(M. Friedman)이 이러한 관점의 가장 잘 알려진 주창자일 것이다(Hodapp, 1990). 그는 주주의 이익을 극대화하지 않는 자원의 사용은 소유자들의 동의 없이 그들의 자금을 낭비하는 일이라고 주장하면서 경영자의 행동은 회사의 경제적 욕구에 의해 제한되어야만 한다고 보고 있다. 프리드먼의 주장을 요약하면 다음과 같다.

"기업은 한 가지의, 유일한 사회적 책임이 있는데, 그것은 기업이 게임의 법칙에 놓여 있는 한 기업이 제 자원을 활용하여 기업의 이윤을 증대시키기 위한 활동에 참여하는 것이다. 다시 말하면 속이지 않고 개방되고 자유로운 경쟁에 적극 참가하는 일이다."

이러한 관점은 많은 경영자와 주주들 사이에서는 매우 가치있는 것으로 받아들여지고 있지만 일반 대중들 사이에서는 그다지 지지를 받지 못하고 있다(Hellriegel, Jackson, & Slocum, 2005, 164).

(2) 이해관계자 사회적 책임

이해관계자 사회적 책임개념에 의하면 경영자는 조직의 목표달성에 영향을 받거나 혹은 영향을 미칠 수 있는 특정 집단에 대한 의무를 가져야 한다는 것이다(Kuhn & Shriver, 1991; Luthans, Hodgetts, & Thompson, 1990). 앞서 <그림 12-6>에서 알 수 있듯이 의무의 범위는 전통적인 사회적 책임 때보다 크다. 여기서 이해관계자란 그 조직의 결정과 활동에 영향을 미칠 수 있는 잠재적 혹은 실제적인 힘을 가진 집단을 말한다. 이러한 이해관계자에는 주주, 고객, 경영자, 정부기관, 노조, 종업원, 채권자, 무역협회, 공급업자, 유통업자, 지역사회 및 소비자단체 등이 있다. 이러한 접근방법을 받아들이는 대부분의 경영자들은 다음과 같은 기업의 의무에 관한 피터 드러커의 해석에 아마도 찬성할 것이다.

> "기업의 제일의 사회적 책임은 미래의 비용(future cost)을 능가하는 충분한 이윤을 창출하는 일이다. 만일 이러한 사회적 책임이 충분히 충족되지 못하면 다른 어떠한 사회적 책임도 충족될 수 없다. 경제 쇠퇴기에 쇄락하는 기업은 좋은 이웃, 좋은 사용자가 될 수 없거나 어떤 식으로든 사회적으로 책임을 다하지 못할 것 같다. 자본에 대한 수요가 급속히 늘어날 때에는 비경제적 목적, 특히 '자선'에 이용가능한 재원은 아마도 증액될 수 없을 것이다. 그 재원은 거의 틀림없이 줄어들게 된다"(Drucker, 1984).

오늘날 이해관계자 개념이 일반 대중과 많은 경영자들에 의해 가장 폭넓게 지지를 받는 개념이다. 1990년대를 통해 보다 많은 조직들이 복잡한 이슈와 행동대안을 고려할 때 이러한 이해관계자 개념을 보다 적극적으로 적용할 것으로 보인다.

(3) 적극적 사회적 책임

적극적 사회적 책임개념은 의무의 범위가 가장 큰 것으로, 이 개념에 따르면 경영자는 환경변화에 단순히 반응하기보다는 오히려 환경의 변화를 기대함으로써 문제를 회피하고, 조직의 목적을 이해관계자와 일반 대중의 목적에 잘 융화시키며, 조직의 여러 이해관계자와 일반 대중의 상호이익을 증진시키기 위한 구체적인 조치를 취하지 않으면 안 된다는 것이다(Epstein, 1989). 이러한 개념은 앞서 언급한 바와 같이 윤리적 접근방법 중 정의와 도덕적 권리 접근방법으로부터 주로 기인된 것이다. 만약 어떤 회사가 적극적인 사회적 책임하에서 기업을 운영하고 있다면 그 회사는 변화를 하거나 소송, 새로운 입법 및 사업의 손실가능성에 직면하지 않으면 안 되는 외부압력 훨씬 이전에 자발적으로 품질의 변화를 주도하여 양질의 제품을 최상의 서비스로 고객에게 제공하였을 것이다.

03 기업의 사회적 책임에 대한 찬반 논쟁

이상에서 기업과 다른 여러 조직들이 사회의 요구에 부합하면서 행동하여야 함을 논의하였다. 이에 대해서는 찬성과 반대의 의견이 논의되고 있다. 고전적 자유시장경제의 주창자로 널리 알려진 경제학자 밀턴 프리드먼(M. Friedman)은 기업의 사회적 책임에 대해 반대하고 있다. 그는 기업의 목표인 주주이익의 최대화와 개념적으로 상이한 사회적 책임을 받아들인다면 자본주의적 자유경쟁사회의 근본이 흔들리게 된다고 주장한다.

쿤츠와 오도넬(H. Koontz & C. O'Donnell)도 기업이 지나치게 본연의 사명에서 벗어나게 되면 사회적으로 충돌을 가져올 뿐만 아니라 그 스스로의 목표에까지 달성할 수 없게 된다고 주장하고 있다. 나아가 경영자는 모든 분야에서 전문가가 될 수는 없다는 이유 등을 내세워 기업의 지나친 사회적 개입에 반대하고 있다(Koontz & O'Donnell, 1972).

그러나 다른 저명한 경제학자인 사뮤엘슨(P. Samuelson)은 프리드먼의 주장에 대해 반대한다. 그는 과거에는 특정 대기업만이 사회적 책임에 참가했을 뿐이지만 현재는 수많은 기업이 사회적 책임을 완수하기 위해 많은 노력을 기울이고 있으며 이는 바람직하다고 주장하고 있다. 아래에서 각 주장의 내용과 근거를 살펴보기로 하겠다.

(1) 기업의 사회적 책임에 대한 반대이유

기업이 사회적 책임을 수행하는 것과 관련하여 많은 학자들과 기업인들이 반대하고 있는데, 이를 반대하는 사람들의 주장의 근거는 다음과 같다.

① 이윤극대화의 방해: 사회적 책임이행계획에 금전적 지원을 하게 되어 자유경쟁시장의 원칙이 지켜지지 않으며 주주들의 경제적 이익이 감소된다.
② 비용증대: 사회적 책임은 기업에게 많은 비용을 부담시키기 때문에 기업은 좋은 투자안에 투자하지 못하는 경우도 발생할 수 있다.
③ 기술부족: 기업이 모든 사회문제들을 해결할 수 있는 사회적 기술을 다 갖추고 있는 것은 아니다. 부족한 기술의 훈련과 경험은 경제적 문제와 관련되어 있어 추가적인 비용을 초래하게 된다.
④ 목표달성의 방해: 사회적 목표추구가 기업의 경제적 활동에 지장을 줌으로써 경제적 목표와 사회적 목표 어느 쪽도 달성하지 못하게 되는 경우가 발생할 수 있다.
⑤ 경쟁력의 약화: 사회적 비용이 제품의 가격에 전가되어 국제시장에서 사회적 비용을 부담하지 않는 나라에 비해 경쟁력이 떨어질 수 있다.
⑥ 집단 간의 마찰 초래: 사회적 활동 참여에 대해 완전한 지지가 이루어지지 않아 다른 관점을 가진 집단들 사이에 마찰을 불러일으킬 수 있다.
⑦ 힘의 지나친 비대: 기업은 충분한 힘을 가지고 있으며 추가적인 사회적 책임은 기업의 힘과 영향력을 더욱 증대시킬 것이다(Davis & Blomstrom, 1988).

(2) 기업의 사회적 책임에 대한 찬성이유

기업이 사회적 책임을 수행하는 것과 관련하여 많은 학자들과 기업인들이 찬성하고 있는데, 이를 찬성하는 사람들의 주장의 근거는 다음과 같다.

① 일반 대중의 기대: 일반 대중들은 기업이 사회로부터 적지 않은 혜택을 받아 왔으므로 결국 사회의 요구에 반응하지 않으면 안 된다고 생각한다.
② 대중의 이미지: 사회적 책임은 좋은 기업이미지(public image)를 불러일으킬 수 있다. 그 결과 기업은 고객, 종업원, 투자자들을 끌 수 있다.

③ 책임과 권한의 균형: 기업은 사회적으로 많은 권한을 가지고 있으므로 이에 상응하는 책임 또한 당연히 부여되어야 한다.

④ 자원의 보유: 기업은 다양한 자원을 보유하고 있다. 특히 기업은 사회문제를 해결하기 위하여 유능한 경영자와 전문가를 충분히 활용할 수 있다.

⑤ 치료보다 예방효과: 현재의 사회적 문제를 치료하기보다는 사회적 참여를 통해 그 문제를 미연에 막아주는 것이 훨씬 좋고 쉽다.

⑥ 사회환경의 개선: 보다 나은 사회환경을 만드는 것은 사회와 기업 모두에게 혜택이다. 곧 사회는 보다 나은 이웃과 고용기회를 통해 이익을 얻으며 기업은 노동력의 원천이자 소비자인 지역사회의 개선으로 혜택을 얻게 된다.

⑦ 정부규제와 개입의 축소: 사회적 책임은 추가적인 정부규제와 개입을 줄일 수 있어 기업은 의사결정에 보다 큰 자유와 신축성을 가질 수 있다.

⑧ 장기이익의 원천: 사회적으로 책임있는 기업들은 보다 확실한 장기적인 이익을 갖는 경향이 있다(Robbins & Coulter, 2016).

04 기업의 사회적 책임과 공유가치창조

기업들의 사회에 대한 단순한 기부 또는 일회성 봉사활동 등에 그치곤 했던 CSR에서 요즘은 기업의 핵심 역량을 활용해 기업의 경제적 이윤을 보장하면서도 사회적 이익을 동시에 창출하는 혁신활동인 공유가치창조(CSV: Creating Shared Value)가 새롭게 떠오르면서 이에 대한 논의가 활발히 전개되고 있다(박병진·김도희, 2013; 이경우·류성민, 2014; 조상미·이재희, 2015). 따라서 기업이 이윤의 일부를 사회에 환원하는 사회적 책임이나 사회공헌활동방식을 넘어서, 경제적 가치와 사회적 가치를 동시에 창출하는 공유가치창출이 하나의 새로운 경영전략으로 떠오르고 있다(박홍수, 2014).

(1) 기업의 사회적 책임과 공유가치창조

기업의 사회적 책임에 대한 개념은 대단히 논쟁적이다. 우선, 사회적 책임의 범위와 내용을 기준으로 다음의 두 인식유형이 대립해 왔다. 이윤 및 일자리 창출과 같은 기업 본연의 경제적 기능을 법적 테두리 내에서 준수하며 수행해야 한다는 기업의 사회적 책임개념(경제책임 우선론)과 윤리경영을 강조하며 전 사회 이해당사자들의 이익이 걸린 환경문제나 빈곤, 교육, 보건, 지역사회에 대한 공헌까지 포괄하는 규범적 기업의 사회적 책임개념(사회책임 우선론)이 대립해 왔다.

최근에는 사회윤리적 가치와 책임, 경제적 가치와 준법차원의 기업책임을 통합적으로 사고하는 전략적 기업의 사회적 책임(CSR), 공유가치창조(CSV)의 관점에서 본 신개념 CSR에 대한 관심이 높아지고 있다. 기존의 CSR 논쟁에서 CSR의 윤리적/규범적 차원을 지나치게 정당화하거나, 반대로 기업의 역할을 경제적 책임으로만 한정시키는 이분법적인 시각에 대한 회의론이 강화되고 있다. 이러한 논의는 사회적 책임(social responsibility)과 경제적 책임(economic responsibility)을 대립적인 관계가 아니라 상호보완적으로 보는 '공유가치 창출'(CSV)로 진화하고 있다. 각종 사회문제를 기업마다 제각각인 원천 사업과 연계해 장기적인 경쟁우위를 확보하도록 한다는 전략이다. CSR이 사후 이익의 일부를 사회에 환원하는 개념이라면 CSV는 시장경제적 가치와 사회적 가치를 동시에 창출하는 비즈니스 모델이다(조재길, 2019.12.30.).

공유가치창출(CSV) 개념은 Porter & Krammer가 2006년 Harvard Business Review에 발표한 "전략과 사회: 경쟁우위와 기업의 사회적 책임 간의 연결"에서 처음 소개한 이후(Porter & Kramer, 2006), 2011년부터 본격적으로 확장시킨 개념이다. 여기에서 말하는 공유가치창출은 신경영 패러다임으로, 사회적인 조건을 개선시키면서 동시에 기업의 이윤추구를 위한 핵심 경쟁력을 강화하는 경영활동을 의미한다(윤각·이은주, 2014). 그들은 기업이 추구하는 경제적 가치와 사회적 가치는 양립가능하며, 양 가치가 공유될 때 지속가능한 기업경영이 이루어질 수 있다는 발상의 전환이 필요하다는 주장이다.

이러한 이론이 주목을 받는 것은 기업의 경제적 책임과 사회적 책임을 대립적 관계로 이해하는 한, 경제적 책임을 포기할 수 없는 기업들이 냉소와 불신의 소재를 끊임없이 제공할 수밖에 없기 때문이다. 이는 기업의 사회적 책임에 대한 규범적 정당화가 강화될수록 기업의 사회적 책임활동을 위선적으로 보는 시각이 강화되는 CSR의 딜레마가 발생할 수밖에 없음을 의미한다(Porter & Kramer, 2011).

현실적으로 보면 2000년대를 거치면서 서구 학계와 선진국을 중심으로 기업의 책임을 경제적 책임에 한정해야 한다는 논의가 급속히 약화됨으로써 전통적인 논쟁구도는 힘을 잃고 있다. 대신 CSR에 대한 광범위한 합의 속에서 경제적 책임보다 사회적 책임을 우선해야 한다는 규범적 CSR의 관점과 사회책임-경제책임을 통합적으로 바라

봐야 한다는 CSV론(전략적 혹은 도구적 관점에서의 CSR) 간의 경쟁으로 논쟁축이 이동하고 있다(Porter & Kramer, 2006).

끝으로 CSV의 모범 사례로 Nestle를 들어보자. Nestle는 과거처럼 공정무역을 통해 아프리카와 중남미 커피 농부들의 소득을 향상시켜 주는 방식 대신, 질 높은 커피 원료를 충분히 조달하기 위해 농부들에게 혁신적 농법과 기술 그리고 금융지원을 제공하는 CSV 프로그램을 개발하여 정착시켰다. 이를 통해 네스프레소 커피 매출액을 2000년 이후 30퍼센트 이상 증진시켰을 뿐만 아니라 농부들의 소득도 공정무역을 통해 증가시킬 수 있었던 액수와 비교해 15배에서 30배 이상 향상시켰다(서재혁·장용석·정재관, 2015.06.05.).

(2) 선진국과 개도국의 CSR 인식차이

CSR 논의와 실천을 주도해 온 서구 선진 자본주의 국가들의 인식조사 결과를 살펴보면, 경제책임을 강조하는 CSR론 대 사회책임을 우선하는 규범적 CSR론 간의 경쟁구도 대신 규범적 CSR론 대 전략적 CSR, 즉 CSV론 간의 경쟁구도로 전환되고 있음을 확인할 수 있다. <그림 12-7>은 각국 국민들에게 대기업이 "법의 테두리 내에서 이윤을 창출하며, 세금을 납부하고, 일자리를 창출하는 데 집중해야 한다"(경제책임 우선론)는 주장과 "법이 요구하는 수준으로 높은 윤리적 기준을 세워나가고, 모두에게 더 나은 사회를 만드는 데 적극적으로 기여해야 한다"(사회책임 우선론)는 주장, "앞의 두 입장을 절충하여 추진해야 한다"(사회책임-경제책임 병행론)는 주장 중 어느 입장을 선호하는지에 대한 설문조사 결과이다.

24개국 조사결과를 보면, 서구 선진 자본주의 국가에서는 양 입장을 절충 혹은 병행해야 한다는 관점이 다수를 이루며 전통적인 논쟁축을 구성했던 사회책임 우선론과 경제책임 우선론을 지지하는 여론은 상대적으로 소수를 이루고 있다. 사회책임-경제책임 병행론의 경우 호주(53%), 영국(51%), 미국(50%), 캐나다(46%) 등에서 높게 나타났다. 선진국 중에서는 독일이 34%로 다소 낮았다. 그뿐 아니라 경제 수준이 그리 높지 않은 인도네시아(51%), 폴란드(50%)에서도 양자 병행론에 대한 지지가 과반에 달하고 있어 CSV를 강조하는 국가들이 상당히 넓게 분포하고 있음을 알 수 있다. 이러한 결과는 사회적 책임을 우선하는 CSR 인식과 경제적 책임을 강조한 CSR 인식 간의 전통적인 논쟁이 갖는 의미가 크게 퇴색했음을 보여준다.

반면, 멕시코(13%), 나이지리아(16%), 러시아(20%), 브라질(22%), 인도(22%), 가나

<그림 12-7> 국가별 대기업의 사회적 책임활동에 대한 인식유형 분포(%)

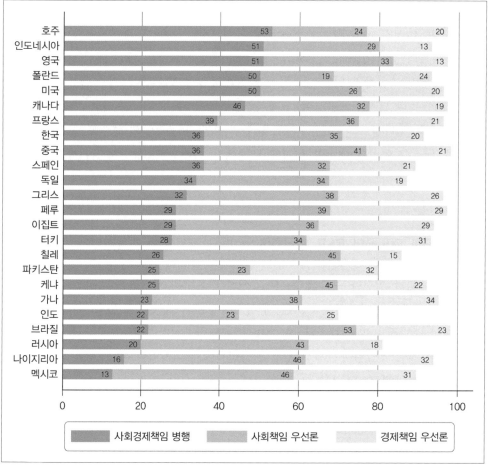

주: 세 범주 외에 "별로 기대할 것이 없다", "모름/무응답" 비율은 표기하지 않았음.
자료: GlobeScan·동아시아연구원·사회적기업연구소(2014), 「RADAR 2013 국제조사」.

(23%), 케냐(25%) 등 신생 개발도상국이나 신흥경제대국들과 같은 후발 주자 그룹에서
는 사회책임－경제책임을 배타적으로 보지 않는 여론이 소수에 불과했다. 다시 말해
이들 나라들에서는 대기업의 사회적 책임에 대해 사회책임 우선론과 경제책임 우선론
이 여전히 경쟁적인 개념으로 인식되고 있다. 그러나 이들 중 인도(23%) 정도를 제외
하면 대부분의 나라에서 사회책임 우선론이 경제책임 우선론보다 다수를 점하고 있어
규범적 CSR론이 보편적 개념으로 자리잡았음을 알 수 있다. 특히 브라질(53%), 나이지
리아(46%), 멕시코(46%), 케냐(45%), 칠레(45%), 러시아(43%)에서는 폭넓은 사회적, 윤
리적 책임을 강조하는 규범적 CSR 개념이 다수여론을 점하고 있다(GlobeScan·동아시아
연구원·사회적기업연구소, 2014).

제2절 기업의 사회적 책임의 내용

경영자 혹은 기업은 안으로는 기업을 유지·발전시켜야 하는 책임을 져야 하는 한 편 밖으로는 수많은 이해관계자들의 이해를 조정·통합하는 책임을 지지 않으면 안 된다. 따라서 경영자의 책임은 크게 대내적 책임과 대외적 책임으로 나누어 볼 수 있다. 흔히들 전자를 일차적 책임 또는 근원적 책임이라 부르며, 후자를 이차적 책임 또는 파생적 책임이라 부른다. 좁은 의미에서 사회적 책임이라 하면 대외적 책임만을 의미하지만 넓은 의미에서는 대내적·대외적 책임을 포함하고 있다.

넓은 의미의 사회적 책임을 생각할 때 구체적 내용과 관련하여 각 기업을 비롯한 조직에서 그 특색에 맞게 다양한 방법으로 실행되어 왔으며, 이를 연구에 적용시키고자 하는 각 연구자들 또한 연구대상의 특성을 고려해 다양한 유형으로 제시하고 있다.

먼저 Dahlsrud(2008)는 기업의 사회적 책임에 관한 37개의 정의를 토대로 기업의 사회적 책임을 크게 환경적, 사회적, 경제적, 이해관계자적, 자발적 차원의 5가지로 분류하였다(Dahlsrud, 2008; Du, Bhattacharya & Sen, 2015). Eilbirt & Parket(1973)은 CSR활동을 교육기관에 대한 공헌, 사회·생태적 관심, 소수민족 채용 및 훈련, 문화예술 분야의 공헌, 중년층들의 채용 및 훈련, 시민권, 지역의 개발, 고객 고충 처리, 쉽게 이해할 수 있는 회계제표, 진실된 광고, 제품 및 품질의 안전 및 보증, 알아보기 쉬운 제품설명서 등 15가지로 분류한 바 있다. 또한 Corsin & Steiner(1974)는 경제의 성장 및 효율, 교육, 고용·훈련, 시민권 및 평등한 기회, 도시 개발 및 재개발, 공해 제거, 관리보존과 레크리에이션, 문화·예술, 의료서비스, 정부 등으로 구분하고 있다(한은경, 2003). Kotler & Lee(2005)는 "착한 기업이 성공한다"라는 글에서 사회적 프로그램을 "기업이 사회적 책임을 수행하기 위해 사회문제를 지원하여 펼치는 일련의 활동들"이라 정의하며 이를 기반으로 공익연계마케팅, 사회공헌활동, 사회마케팅, 공익캠페인, 지역사회봉사, 사회적 책임경영 실천 등 6가지 유형으로 분류하였다(Kotler & Lee, 2005). 끝으로 Walker & Kent(2009)는 프로구단의 CSR활동 유형을 자선활동, 지역사회봉사활동, 유소년 교육활동, 유소년 건강활동으로 총 4가지로 분류한 바 있다(Warker & Kent, 2009).

이와 같이 경영자나 기업이 사회적 책임을 져야 할 분야로는 다양한데, 본서에서는 이들을 종합하여 다음과 같은 다섯 가지 분야, 즉 기업의 유지·발전, 이해관계자의 이해조정, 사회발전, 지역사회,[1] 자연환경보호, 소비자권리보장 등으로 나누어 각각 살펴보기로 하겠다.

01 기업의 유지·발전

이유가 무엇이건간에 기업을 도산으로 몰고가는 경영자는 반사회적인 기업인이라고 할 수 있다. 합리적인 경영으로 기업을 계속 발전시키는 경영자나 기업인만이 어떤 의미에서는 애국자인 것이다. 그것은 국내외 경기가 나쁠 때일수록 특히 그러하다. 왜냐하면, 특히 대규모일수록 기업은 개인이나 대주주의 사적 소유물이기보다는 사회적 공기(公器), 즉 사회가 필요로 하는 하나의 시스템 또는 기구로서의 존재가치가 더 크다고 보는 것이 더욱 타당하기 때문이다. 이와 같이 기업을 전체 사회를 구성하는 하나의 요소라고 볼 때, 경영자는 시스템으로서의 기업을 유지·발전시켜야 할 책임을 전체 사회에 대해 져야 한다.

전체 사회를 구성하는 시스템에는 기업뿐만 아니라 정부, 교육기관, 군대, 종교단체, 사회문화단체 등 여러 가지가 있다. 이들은 각기 고유의 목적을 갖고 있는바, 기업의 고유한 목적을 이들 시스템에 봉사하기 위해 제품과 서비스를 능률적으로 생산하고 적정하게 배분하는 것을 계속하는 데 있다. 달리 표현하면, 제품과 서비스에 대한 전체 사회 내지 소비대중의 필요를 지속적으로 만족시켜 주는 데 기업의 목적이 있다. 이와 같이 기업은 경제목적을 수행하는 기업시스템으로서의 고유한 가치가 있는 것이며, 정부·교육기관·군대 등과는 목적과 존재가치가 다르다.

따라서 경영자가 수행할 기업유지·발전의 책임에는 아래와 같은 것이 포함된다. ① 사회에 대한 경제적 책임을 다하는 것이다. 따라서 경영자가 사회적 책임을 원만히 수행할 수 있으려면 최우선적으로 경제적 책임을 효율적으로 수행해야 한다. ② 경영자는 일정수준 이상의 이윤을 창출하여야 할 책임이 있다. 이익의 창출은 경영자의 능률과 성과를 측정하는 가장 중요한 척도라는 점에서도 특히 중요하다. ③ 경영자는 자

---

1 이에 대한 보다 자세한 논의는 제8장 제3절 과업환경에서 이미 다루었기 때문에 여기서는 생략하기로 한다.

유기업제도, 시장경제체제 및 민주적 경제체제를 유지·발전시켜야 할 책임이 있다. 이 책임은 경제적 책임, 적정 이익 창출 및 여타 사회적 책임을 다함으로써 일반 대중으로부터 호응과 지원을 계속 받을 수 있을 때 비로소 가능하다. ④ 경영자는 미래의 기업경영을 담당할 후계자들을 개발·양성하는 것도 기업을 유지·발전시키는 중요한 책임의 하나이다.

이와 같이 볼 때, 기업을 잘못 경영하여 도산시키는 경영자는 출자자에게 개인적 손실을 안겨 줄 뿐만 아니라 아까운 자원을 낭비하여 사회적 손실을 초래하기 때문에 결과적으로 사회적 책임을 등한시하는 무능한 사람이라고 할 수 있다(반병길·김광규·한동여, 2009, 290-292).

02 이해관계자의 이해조정

기업체에는 <그림 12-8>과 같이 그 기업의 의사결정에 의해 직·간접으로 영향을 받는 수많은 이해관계자들(stakeholders)이 있다. 이들 이해관계자들은 제각기 다양한 욕구들을 갖고 있다. 즉 주주들은 주가를 보전해 주고 일정한 배당을 해 주며 적절한 유무상 증자를 해 주기를 바란다. 종업원은 좋은 작업조건하에서 고임금과 고복지를 원한다. 소비자들도 양질의 제품을 값싸고도 원하는 장소에서 즉시에 공급받기를 기대한다. 이러한 직접적인 이해관계자들 말고도 정부·공급업자·유통업자·금융기관·지역사회 등도 다양한 기대와 요구로써 기업의 의사결정에 영향을 받거나 미친다(반병길·김광규·한동여, 2009).

〈그림 12-8〉 기업의 이해관계자

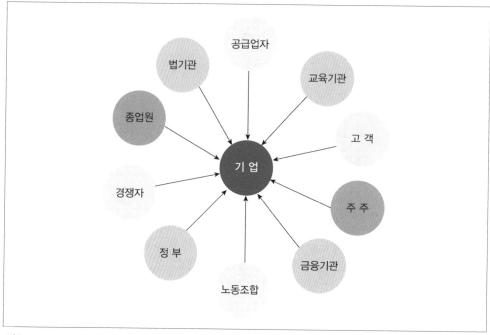

자료: W. G. Nickels, J. M. McHugh, & S. M. McHugh(2012), *Understanding Business*, 9th ed., New York, NY: McGraw-Hill Education, 192.

경영자가 기업의 모든 이해관계자들의 이해를 만족스럽고도 공평하게 조정한다는 것은 대단히 어려운 일이다. 왜냐하면, 모든 이해집단은 각기 집단구성원의 자체이익(self-interest)만을 증진시키기 위해 행동하므로 집단 간의 이익충돌(conflict of interests)이 불가피하기 때문이다. 예컨대, 주주에게 좀 더 많은 이익배당을 해 주려면 종업원이 요구하는 대로 임금인상을 해 줄 수 없고, 종업원에게 임금을 인상해 주고 주주에 대한 이익배당도 늘리기 위해 제품가격을 인상하게 되면 소비자들의 복지향상과 상충하는 결과가 생기게 된다.

이와 같이 이해집단 간의 이해충돌로 인하여 복잡미묘한 문제가 발생할 수 있기 때문에, 경영자가 다양한 이해들을 조정해야 하는 사회적 책임을 지는 것이다. 경영자는 이해조정을 할 때 자기의 개인적인 판단에만 의존하는 것이 아니라 회사법, 정관, 증권거래법, 노동관계 제 법규, 공정거래법, 소비자보호법, 환경보호법 등 각종 법규에 따라야 한다. 그리고 시장경제와 자유기업제도의 원리·원칙, 기업윤리, 대중여론, 정부정책 등도 참작해야 한다.

지역사회 등 이해관계자 밀착형 사회공헌활동의 예로 유한양행의 '건강의 벗'을 보자. 유한양행은 본사가 위치한 지역 내 노인성 만성질환 환자에 대한 양질의 프로그램을 제공할 목적으로 지역사회 내 복지기관과 및 병원과 연계하여 고혈압·관절염 등 질병별 관리법교육, 건강검진 및 정기 가정방문, 건강관리 및 노인 인식개선 캠페인 등을 진행하고 있다(전국경제인연합회, 2019.11.14., 10).

03 사회발전

오늘날 기업은 기업이익의 사회환원 차원에서 사회의 발전을 도모하기 위하여 사회 구성원에게 보건이나 사회복지의 증진, 교육지원 및 문화활동에 대한 지원 등을 적극 모색하는 것은 실로 바람직하다고 할 수 있다.

(1) 사회복지의 증진

많은 조직들이 지역사회의 보건에 투자하는 이유는 사회적 책임뿐만 아니라 그 일이 바람직하고 가치있으며 기업, 종업원 크게는 지역사회를 포함하는 모든 사람들에게 필요하다는 것을 믿기 때문이다. 사회복지의 증진 프로그램에는 지역사회의 탁아시설 개선에 375,000달러를 지원한 Procter & Gamble처럼 어린이를 위한 프로그램에서 노인을 위한 프로그램에 이르기까지 다양하다. 여기서 사용될 돈의 액수가 클 필요는 없다. 매사추세츠주 댄버스에 있는 GTE Electrical Products는 보스턴 지역의 24개 고등학교에 배포할 금연영화를 복사하는 데 단지 600달러를 보냈다. 그리고 꼭 돈을 보내지 않고도 많은 조직들은 경영자나 종업원들로 하여금 병원과 보건시설에서 자원봉사를 하도록 촉구함으로써 지역사회의 복지를 지원하고 있다(Behrens, 1988).

우리나라의 경우 한국 제일의 기업그룹인 삼성은 사회복지, 문화예술, 학술교육, 환경보전·봉사활동, 국제교류 및 체육진흥 등 다양한 사회공헌활동을 전개해 오고 있다. 삼성은 전체 지원금액의 50% 이상을 사회복지 부문에 투입하여 장애인, 무의탁독거노인, 소년소녀가장, 백혈병 어린이 등 어둡고 그늘진 곳에서 고통받는 우리 이웃과 더불어 사는 행복한 세상을 만들기 위해 노력하고 있다(삼성, 2018).

(2) 교육지원

모든 형태의 조직은 교육에 대한 사회적 책임에 진지한 관심을 갖고 있다. 숙련 근로자의 부족에 직면하여 경영자는 자선을 베풀거나 적극적으로 알리기 위해서라기보다는 살아남기 위하여 유치원, 초등학교, 중·고등학교, 대학교, 대학원, 그리고 직업학교를 개선시키기 위한 뭔가를 하지 않으면 안 된다는 것을 깨닫고 있다. 현재의 숙련 근로자 부족사태는 앞으로 더욱 악화될지 모른다. 즉 연구자들은 향후 15년간에 걸쳐 미국의 새로운 직무의 대부분이 고등학교 이상의 교육수준을 필요로 할 것으로 예측하고 있다. 그럼에도 미국 10대의 약 25%가 고졸 이하의 학력이며 노동력의 4분의 1이나 약 20－27백만의 성인들이 기본적인 직무수행에 필요한 읽기, 쓰기 혹은 산수를 할 수 없는 형편이다(Keehn, 1991).

이러한 욕구에 대응하여 기업은 갖가지 교육에 자원을 투자해 왔다. 액슨(Exxon) 교육재단, 버네트 탄디(Burnett Tandy)재단, Westinghouse Electric, Drave, 그리고 PPG Industries는 단지 강의하는 것이 아니라 학생들에게 지능을 사용하도록 코치하는 것과 같은 상상력을 키우는 강의방식을 사용하는 선생들과 교장들을 지원해 오고 있다. 다른 맥락에서 크레이(Cray) 연구소는 매년 900명의 수학과 과학선생들에게 2주간의 보충연수과정을 제공하고 있다. 'Pepsi School Challenge'를 통해 달라스와 디트로이트 시내 학교에 다니는 학생들은 정규학교를 다니는 동안 적어도 평균 'C'학점을 유지하는 한 매 학기마다 수업료를 지원받는다. 머리손질제품의 제조업체이자 미국에서 6번째로 큰 흑인소유의 기업인 Soft Sheen은 1개 국민학교와 2개 고등학교를 정해 그 학교에 자재와 설비를 제공하고 있다(서도원·이덕로, 2016, 467; Moskowitz, 1989).

삼성의 여러 사회공헌활동 중 특이한 것 중 하나가 바로 교육에 대한 지원이다. 삼성은 교육기회의 불균형이 우리 사회의 양극화를 더욱 심화시킬 수 있다는 인식 아래 그 해법의 하나로 희망의 사다리를 운영하고 있다. 희망의 사다리는 경제적인 어려움 때문에 희망을 잃어버리는 일 없이 더욱 알찬 꿈을 키울 수 있도록 영유아에서 초중고를 거쳐 대학에 이르기까지 각 생애 주기에 맞는 교육 사업을 지원해 나라의 동량으로 성장하는 디딤돌을 놓아주고 있다(삼성, 2015).

이 밖에도 다문화가정·사회배려계층 예체능 인재 양성 프로그램인 대교의 눈높이 드림프로젝트, 경제적으로 어려운 고등학생을 대상으로 장학금을 지원하는 프로그램인 대한제강의 Steel Heart Scholarship, 대림미술관과 연계해 문화에 소외되어 있는 청소년을 대상으로 다양한 문화예술교육 및 체험활동을 지원하는 대림산업의 해피투게더,

문화시설이 취약한 아동들에게 자연과 숲을 테마로 한 독서환경 조성프로그램인 이마트의 키즈 라이브러리, 저소득 가정의 아동을 대상으로 하는 학습공간을 마련해 주는 프로젝트인 GS건설의 꿈과 희망의 공부방, 청소년들의 올바른 금융가치관 형성을 위한 금융교육강좌인 한국씨티은행의 씽크머니 등이 있다(전국경제인연합회, 2019, 19).

(3) 문화·예술 지원

문화·예술을 지원하는 기업들은 이러한 형태의 사회적 책임이 기업의 인식을 긍정적인 방향으로 촉진시킨다고 믿는다. 그들은 문화·예술행사에 대한 지원을 지역주민의 보다 나은 삶의 질에 대한 투자로 본다. 다음 절에서 보게 될 전국경제인연합회가 국내 주요 231개 기업을 대상으로 2014년 한 해 동안 사회공헌활동에 지출한 금액을 조사한 결과에서도 문화예술 및 체육 분야는 전년도에 비해 크게 늘어났다.

문화예술에 대한 지원을 비용이 아니라 투자로 보기 때문에 실제로 현지고객, 종업원, 그리고 다른 이해관계자 또한 이러한 지역사회 발전의 혜택을 거두어 가게 된다. 뉴욕주 버팔로시에 있는 Westwood Pharmaceutical은 버팔로 교향악단과 같은 단체에 기증을 한다. 그 회사는 자사의 지원이 이 지역문화의 중추로써 관광객과 달러를 끌어들이는 경제의 통합 부분인 이들 조직에 중요하다고 생각한다. 또한 사람들에게 버팔로에서 이용할 수 있는 문화활동을 인식하게 함으로써 Westwood Pharmaceutical은 이 지역 밖으로부터 훌륭한 경영자와 종업원을 모집할 수 있는 창의적인 능력을 향상시킬 것이라고 믿고 있다.

우리나라 기업의 문화·예술에 대한 관심과 지원은 경제발전과 더불어 60년대 후반부터 점차 높아지기 시작했다. 그러다가 1994년에 이르러 보다 효율적인 지원방안을 확충해 국가의 총체적 경쟁력 제고에 기여한다는 취지 아래 한국메세나협의회(2013년에 한국메세나협회로 개칭)가 창설되었으며 이때부터 기업이미지와 브랜드 가치를 높이는 전략으로 기업의 메세나 활동이 본격화되어 왔다(삼성, 1997).

한국메세나협회가 회원사, 기업출연 문화재단 및 국내 매출액 상위 500대 기업 등 총 645개사를 대상으로 기업의 문화예술 지원을 직접 조사한 바에 따르면 2018년 우리나라 기업의 문화예술 지원 규모는 1,910억 3천만 원으로 집계되었다. 이는 총 370개 기업 중에서 문화예술지원 실적이 있는 기업 115개사가 2018년 한 해 동안 760건의 사업에 지원한 금액으로 기업당 평균 지원금액은 16억 6천만 원이며 건당 평균 지원금액은 2억 5,100만 원이었다. 보다 자세한 내용은 <표 12-2>와 같다.

▌〈표 12-2〉 2018년도 한국메세나협회 직접조사 '자체 지원현황'

구 분	2010년	2015년	2016년	2017년	2018년	전년 대비(%)
지원기업수	104	114	120	118	115	▼2.5
지원금액	166,507	169,930	191,517	184,118	191,029	▲3.8
지원건수	1,319	930	861	799	760	▼4.9
기업당 평균 지원금액	1,601	1,491	1,596	1,560	1,661	▲6.5
건당 평균 지원금액	126	182	222	230	251	▲9.3
기업당 평균 지원건수	8.2	8.2	7.2	6.8	6.6	▼2.8

자료: 한국메세나협회(2019), 「2018년도 기업의 문화예술 지원현황 조사」, 52; 한국메세나협회(2014), 「2013년도 연차보고서」, 53.

2018년 기업의 문화예술 분야별 지원 금액을 살펴보면, <그림 12-9>와 같이 인프라지원금액이 1,194억 2,800만 원으로 가장 높게 집계되었다. 그다음으로 클래식 (177억 1,300만 원), 미술·전시(169억 9,800만 원), 문화예술교육(156억 1,700만 원) 등의 순이었다. 인프라지원금액은 전년도보다 7.0% 증가했는데 증가의 주요 원인은 수도권 지역에 신규 개관한 대형 전시관에 대한 지원의 영향으로 파악된다. 오케스트라, 오페라, 합창, 음악축제 등에 대한 지원이 포함된 클래식 분야는 전년 대비 0.3% 감소하였다. 미술전시 분야는 전년 대비 4.3% 감소하였는데 이러한 감소세는 유통업계와 기업 운영 미술관 등이 진행하던 외부 대형 미술전시후원, 미술 콘텐츠를 융합한 프로젝트 행사 등이 일부 축소된 것이 주요 원인으로 분석된다.

〈그림 12-9〉 2017, 2018년도 기업의 문화예술 분야별 지원금액 (단위: 백만 원)

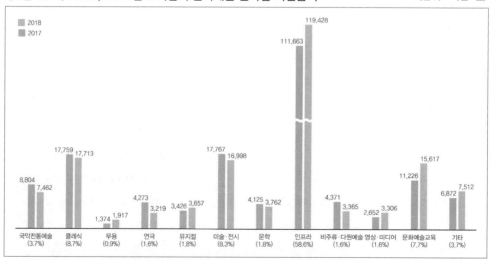

자료: 한국메세나협회(2019), 「2018년도 기업의 문화예술 지원현황 조사」, 54.

끝으로 문화예술교육 분야는 전년도에 비해 39.1%의 높은 증가세를 보였는데 이
것은 이에 대한 관심과 지원이 2015년부터 지속적으로 증가하고 있는 추세의 일환으
로 보인다(한국메세나협회, 2019, 53).

기업의 문화예술 지원방식으로는 <그림 12-10>에서 알 수 있듯이 응답기업의
76.6%가 직접적인 자금 지원을 하고 있는 것으로 조사되었다. 자금 지원 외에 기업의
공연시설, 로비, 유휴 공간 등 자체 시설의 무상 대여를 통한 장소 지원이 8.7%, 직원
들의 자원봉사 등 인력 지원이 7.8%, 기술 지원 5.1%, 현물 지원이 1.8%의 순으로 나
타났다. 이러한 결과는 금전적 지원 외에도 물적, 인적, 기술력 등 비금전적 자원을 다
각적으로 활용하는 새로운 방식의 문화예술 지원 프로그램이 필요함을 의미한다(한국
메세나협회, 2019, 55).

〈그림 12-10〉 2018년도 기업의 문화예술 지원방식

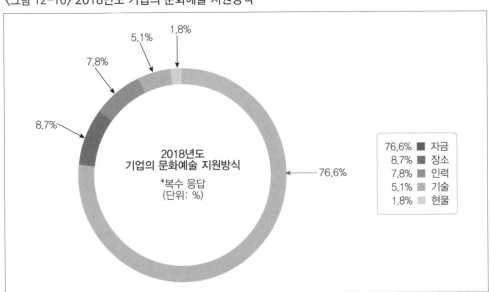

자료: 한국메세나협회(2019), 「2018년도 기업의 문화예술 지원현황 조사」, 55.

04 자연환경보호

　　지난 1년 동안 우리나라 국민들이 가장 관심을 보였던 환경문제는 미세먼지였다. 환경보건시민센터가 조사한 자료에 따르면 설문 참여 인원의 59%가 미세먼지를 가장 큰 환경문제로 꼽았다. 정부 역시 미세먼지를 사회적 재난으로 지정하고 대통령 직속 국가기후환경회의를 출범시키는 등 해결책 마련에 분주하다(김동식, 2020.01.18.).

　　친(親)환경을 넘어 필(必)환경시대가 된 요즘 미세먼지의 확대적 발생이 점차 큰 사회문제로 대두되고 있다. 과거에는 환경을 오염시키는 요인이 상대적으로 적어 수질오염, 대기오염, 폐기물처리와 같은 것이 그다지 문제화되지 않았다. 그러나 기업이 대규모화하고 산업이 고도화됨에 따라 기업이 배출하는 오염물질의 양이 자연의 복원력, 즉 정화능력을 초월하여 인간의 생활환경을 크게 파괴하고 나아가 인간의 건강과 생존을 위협하기에 이르렀다. 문제는 이들 공해 중 일부를 제외하고는 대부분의 발생원은 기업활동으로 야기된 것이므로 기업이 충분한 사회비용을 투입하여 공해 방지시설을 갖출 뿐만 아니라 보다 적극적인 방법으로 자원환경을 보존하기 위한 세심한 배려가 뒤따라야 한다. 따라서 많은 조직은 생태학, 자연자원의 보존과 같은 자연환경보호를 사회적 책임의 내용으로 선택하고 있다.

　　한 조사결과에 따르면 조사에 응한 미국 성인의 77%가 회사의 환경에 대한 평판이 구매결정에 영향을 미친다고 응답을 한 사실은(Allen, 1991; Kirkpatrick, 1990) 결코 놀라운 일이 아니다. 많은 기업들은 환경보전에 앞장설 뿐만 아니라 재생노력을 지원하고 낭비를 줄이며, 그리고 실제로 많은 제품을 재생물질로 전환하고 있다. 한 예로 삼성그룹의 '1사 1산 1하천 가꾸기 운동'은 생명외경사상을 바탕으로 사람과 자연을 존중하는 그룹의 녹색경영 이념을 실천하고, 환경보전에 대한 기업의 사회적 책임을 다한다는 의지에서 출발하고 있다. 삼성그룹은 유한킴벌리와 마찬가지로 앞으로 보다 다양한 프로그램을 개발하여 기존의 환경보존 운동을 국민적 생태계 보전운동으로 발전시켜 나가려 하고 있다.

　　점점 더 많은 기업들이 "환경적으로 좋은", 즉 환경친화적인 제품을 시장에 내놓음으로써 환경에 대한 고객의 관심에 편승하기 위해 다양한 방안을 모색하고 있다. 마쓰시타 전기는 친환경 마크인 'eco ideas'를 부착한 친환경제품(그린상품)이 전체 매출에서 차지하는 비중이 50%를 넘을 정도로 환경경영에 주력하고 있다(조희재·문지원·정호상, 2007).

한 예로 삼성전자를 보자. 전 세계적으로 온실가스 감축을 위한 2005년 '교토의정서' 발효 이후, 삼성전자는 친환경 경영에 가속도를 붙였다. '저탄소 녹색성장'을 주도하면서 글로벌 규제에 선제 대응하기 위한 '녹색경영 비전과 중기 목표'를 2009년 발표했다. 올해는 그로부터 10년이 흐른 시점이다. 삼성전자는 2009－2018년 사이 에너지 고효율 제품 개발 등을 바탕으로 제품 사용단계에서 온실가스를 2억 4,310만 톤 감축했다. 이는 전 세계 15억 가구가 1년 동안 냉장고를 사용했을 때 발생하는 온실가스와 같은 양이다(삼성전자, 2019.06.).

05 소비자 권리보장

소비자는 안전에 대한 권리, 정보를 받을 권리, 자유선택의 권리, 의사표시의 권리, 피해보상을 받을 권리, 소비자 교육을 받을 권리, 청정한 환경에 대한 권리, 단결 및 단체행동을 할 수 있는 권리 등을 가지는데, 이러한 제 권리를 보장받기 위하여 각국은 정부기관과 민간단체 모두에서 다양한 소비자 보호운동을 전개하고 있다. 따라서 기업은 소비자에 대하여 다양한 사회적 책임을 다하지 않으면 안 된다.

몇몇 조직은 고품질, 안전, 그리고 믿을 만한 광고를 보장하는 데 대단히 애를 쓰며 소비자의 권리를 특히 의식한다. 소비자의 관심이야말로 Gillette 제품의 완전무결 담당 부사장의 최고 우선순위이다. 그 부사장은 주방기구를 사용, 남용 및 오용하며 에어로졸 제품의 분사능력을 검사하고 그리고 그 회사의 품질통제 전문가를 이중 점검하는 29명의 기술자를 감독하고 있다.

이 회사는 또한 과학자들이 Gillette의 신제품의 부작용을 찾아내고 샴푸와 Gillette의 기타 제품에 대한 알레르기 반응을 점검하는 의료평가실험실을 유지하고 있다. 비록 Gillette는 제품안전에 관한 정부규제를 따라야 했기 때문에 이러한 대대적인 노력을 경주했지만 그 회사의 효과와 품질에 대한 강박관념은 최소한의 법적 의무를 초월하고 있다. 이와 같이 Gillette는 엄청난 비용을 들이기는 했지만, 최고경영자들은 만족한 소비자는 충실한 소비자이며 따라서 충분한 가치가 있다고 믿었다(서도원·이덕로, 2016, 472).

이 밖에도 경영자의 자질이나 기능 면에서 볼 때 경영자는 사회문제·사회개혁·

사회정화 및 인권보호 등을 해결하거나 선도할 수 있는 위치에 있기 때문에 이에 대한 노력도 아끼지 말아야 한다. 몇몇 예를 들어 보자.

취업준비생 청년들의 좌절감, 우울감 등 심리정서 문제해소 및 취업지원 교육을 목적으로 2박 3일간 문화와 예술을 주요 키워드로 하여, 취업준비 과정에서 청년들이 겪는 스트레스를 해소하고 자신감을 회복할 수 있는 프로그램을 운영하는 GS칼텍스의 '취준 동고동락'과 저출산 문제를 해결하기 위한 정책 수립, 기업 및 국민인식 변화 유도를 목적으로 가족의 개념 재정립, 남성 육아 참여, 출생에 대한 사회책임 실현 등 중점 추진과제를 프로그램 제작에 반영하여, '육아권', '아빠 육아', '육아친화마을 조성' 등을 이슈화하고 미혼모 지원사업을 추진하는 프로그램인 SBS의 '아이 낳고 싶은 대한 민국', '희망TV SBS', '세.가.여(세상에서 가장 아름다운 여행)' 등을 들 수 있다(전국경제 인연합회, 2019.11.14., 8).

제4절 한국기업의 사회적 책임현황

우리나라 기업의 사회적 책임의 현황을 알아보려면 사회공헌이나 사회봉사활동의 규모와 내역을 통하여 알아볼 수 있다. 그러면 이들 각각에 대해 자세히 살펴보기로 하겠다.

01 한국기업의 사회적 책임의 규모

전국경제인연합회가 국내 매출액기준 500대 기업 중 206개 기업을 대상으로 2018년 한 해 동안 사회공헌활동에 지출한 금액을 조사한 결과 <표 12-3>에서 알 수 있듯이 우리나라 주요 기업들이 지출한 사회공헌비용은 총 2조 6,060억 5,809만 원으로, 2017년의 2조 7,243억 5,578만 원에 비해 4.3% 감소한 것으로 나타났다. 또한 2018년 1개사 평균 사회공헌 지출비용은 126억 5,077만 원으로 2017년 137억 5,937만 원에 비해 8.1% 감소한 것으로 나타났다.[2]

이와 같이 사회공헌 규모의 감소원인은 ① 경영실적 부진, ② 대규모 시설건립 및 지원 종료, ③ 기존 출연재단에 대한 추가출연 감소, ④ 의료 및 문화예술 공간 등 특정 기간 내 SOC성 사회공헌 인프라 구축사업의 마무리, ⑤ 2018년 2월의 평창동계올림픽 개최에 앞서, 2017년에 체육 분야 등 관련 지출이 일시적으로 늘어났던 것 때문으로 보인다(전국경제인연합회, 2019.11.14.).

---

2 한국사회복지협의회가 발간한 '2019 사회공헌 백서'(2019)에서는 2018년 국내 100대 기업의 사회공헌 지출 비용이 1조 7,145억 원으로, 1개 기업당 평균 약 306억 원을 지출한 것으로 나타났다. 또한 사회공헌 지출액이 전체 매출액에서 차지하는 비율은 평균 0.18%였고 상위 30대 기업군의 매출액 대비 사회공헌 지출비율은 0.29%로 대기업의 비중이 높은 것으로 분석됐다. 산업별로는 IT·정보기술(반도체, 소프트웨어, 디스플레이 등) 기업들의 사회공헌 지출규모가 가장 높은 것으로 나타났고 금융(보험·은행·증권), 커뮤니케이션 서비스(미디어·방송·출판), 식음료 및 생활용품 등을 제공하는 소비재 산업이 뒤를 이었다(한국사회복지협의회, 2020).

(단위: 백만 원, %)

구 분	1998년 (147개사)	2005년 (244개사)	2010년 (220개사)	2015년 (255개사)	2016년 (196개사)	2017년 (198개사)	2018년 (206개사)
총 지출액 규모	332,710	1,402,510	2,873,505	2,902,050	2,094,785	2,724,356	2,606,058
전년도 대비 증가율	8.5%	14.2%	8.4%	8.7%	−27.8%	30.1%	−4.3%
평균 지출액 규모	2,263	5,747	13,061	11,380	10,688	13,759	12,651
전년도 대비 증가율	−32.1%	6.2%	8.4%	−1.6%	−6.1%	28.7%	−8.1%

자료: 전국경제인연합회(2015.11.), 「2015 주요 기업 기업재단 사회공헌백서」, 12; 전국경제인연합회
　　　(2019.11.14.), 「2019 주요 기업의 사회적 가치 보고서」, 4.

　　이어서 매출액 대비 사회공헌 지출비율을 보면 <그림 12-11>과 같이 2018년 사회공헌활동 지출액은 전체 매출액의 0.16%로, 2017년도 0.18%에 비해 소폭 하락했다. 2006년 이래 글로벌 금융위기를 제외하고는 0.2%대를 유지해 오던 매출액 대비 사회공헌 지출비율은 2012년부터 하향추세를 보이고 있다. 이는 최고치였던 2006년의 0.28%에 비해서는 0.1%이상 하락했고 글로벌 금융위기가 있었던 2008년의 0.15%에 근접하는 수준이다(서도원·이덕로, 2016, 474).

〈그림 12-11〉 연도별 매출액 대비 사회공헌 지출비율

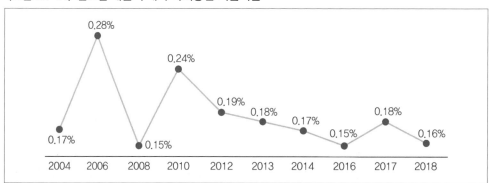

주: 해당 항목 분석기업 기준: ('04)201개사, ('06)194개사, ('08)208개사, ('10)218개사, ('12)234개사,
　　　('13)234개사, ('14)231개사, ('15)255개사, ('16)193개사, ('17)196개사, ('18)206개사.
자료: 전국경제인연합회(2015.11.), 「2015 주요 기업·기업재단 사회공헌백서」, 13; 전국경제인연합회
　　　(2019.11.14.), 「2019 주요 기업의 사회적 가치 보고서」, 4.

　　또한, 2018년 세전이익 대비 사회공헌 지출비율을 보면 <그림 12-12>에서 알 수 있듯이 1.9%로, 2016년 2.4%, 2017년 2.2%에 비해 다소 감소한 것으로 나타났다. 2009년 미국발 금융위기의 회복과 더불어 크게 증가했던 세전이익 대비 사회공헌 지

출비율은 다음해 크게 떨어졌다가 2010년 이후로 추세적으로 증가해 왔다. 최근 들어 약간씩 낮아지고는 있으나 분석기업 206개사 중 30개사(14.6%)는 세전이익에서 적자를 기록했음에도 불구하고 사회공헌활동을 추진한 것으로 나타나 어려운 경영환경 속에서도 우리 기업들이 사회공헌활동을 꾸준히 이어오고 있음을 보여준다.

〈그림 12-12〉 연도별 세전이익(경상이익) 대비 사회공헌 지출비율

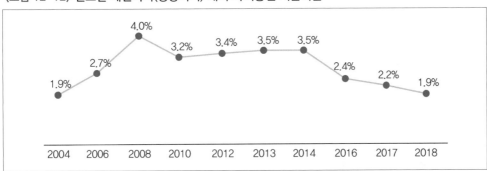

자료: 전국경제인연합회(2015.11.), 「2015 주요 기업·기업재단 사회공헌백서」, 13; 전국경제인연합회 (2019.11.14.), 「2019 주요 기업의 사회적 가치 보고서」, 4.

　　1사당 평균 사회공헌비용 역시 2004년 54억 1,200만 원, 2005년 57억 4,800만 원을 기록한 데 이어 2006년에는 89억 원을 넘어섰고 2014년 말에는 115억 6,205천만 원이다. 2017년에는 137억 5,937만 원으로 최고점을 찍었다가 8.1% 감소하여 2018년 1개사 평균 사회공헌 지출비용은 126억 5,077만 원으로 나타났다. 이러한 기업의 사회공헌활동에 대한 지출이 지속되는 것은 우리 기업들이 매출액이나 단기적인 이윤에 크게 영향을 받지 않고 지속적으로 사회공헌활동을 펼치고 있기 때문으로 보인다(이원우·서도원·이덕로, 2008).

　　또한 국내기업들은 일회적이고 시혜적인 단순기부를 지양하고, 기업들이 직접 운영하는 사회공헌활동이 늘어나고 있는 것으로 나타났다. 이는 기업이 단순기부를 통한 사회공헌활동에서 탈피하여 기업의 장기적인 전략수립과 함께 지속적이고 체계적인 사회공헌활동 프로그램을 운영하는 형태로 변화하고 있음을 보여준다. 기업들이 직접 운영하는 사회공헌활동은 세제혜택이 낮아질 수 있음에도 불구하고 직접 프로그램을 주도하는 것은 사회공헌활동을 기업의 경영전략과 연계시켜 그 효과를 높이고 이에 대한 책임성도 높이겠다는 의지의 표현으로 볼 수 있다. 이러한 사례로는 KT가 사회공헌활동 차원에서 추진하고 있는 프로그램으로 국민의 IT활용능력 향상을 돕기 위한 개인 상담 및 단체교육과, 씨티은행이 실시하고 있는 청소년들을 대상으로 한 금융교육 등

을 들 수 있다(원용득, 2007.12.).

참고로 기부문화의 변화 과정을 살펴보면 <표 12-4>와 같이 1970, 80년대에는 비자발적이고 준조세적 성격의 기부가 주류를 이루었으나, 1990년대 이후 정부 주도의 모금활동이 민간기부로 이양되면서 민간의 자발적인 기부문화가 확산되고 있다. 특히 2000년대 들어서서 기업의 사회공헌활동이 확대되고 개인 기부도 늘어나는 추세를 보이고 있다. 또한 기부방식이 다양화되고 기부정보 채널도 확대되는 등 기부환경이 변화하고 있다(최연지, 2007.07.09.).

▌〈표 12-4〉 기부문화의 변화과정

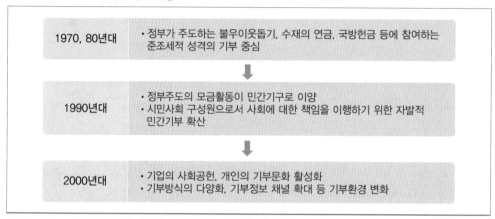

자료: 최연지(2007.07.09.), "기업 기부문화와 활성화 과제,"「FKI Issue Paper」, 전경련, 1.

한편, 기업의 사회공헌활동과 별도로 기업재단을 통한 사회공헌활동 또한 활발히 이루어지고 있다. 그 결과 자산규모의 증가뿐 아니라 총사업비 규모도 증가해 왔다. 기업재단의 총사업비 규모를 살펴보면 1992년도는 1,050억 원이었던 것이 1994년 말에는 3,354억 원, 1995년도 사업비는 6,090억 원, 2006년에는 1조 7,123억으로 1992년도에 대비하여 볼 때 16배 이상으로 증가하였다. 그 뒤에도 계속 증가하여 2015년 응답 기업재단 62개의 사업비 지출액은 총 3조 3,903억 원으로, 전년 대비 1.91% 증가한 것으로 조사되었다. 기업재단들의 전체 사업비 주요 증가요인은 일부 의료보건 분야와 문화 분야 재단들이 기존 프로그램에 대한 지출을 확대한 것에서 비롯되었다(전국경제인연합회, 2015.11., 2016.10., 27). 2011-2015 기업재단 사업비 지출액 추이를 보면 <그림 12-13>과 같다.

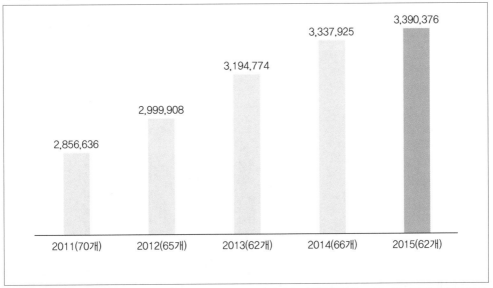

〈그림 12-13〉 2011-2015 기업재단 지출액 추이
(단위: 백만 원)

자료: 전국경제인연합회(2015.11.), 「2015 주요 기업·기업재단 사회공헌백서」, 19-22; 전국경제인연합회 (2016.10.), 「2016 주요 기업·기업재단 사회공헌백서」, 27.

     기업재단의 효시는 1939년 설립한 장학재단인 경방육영회와 양영재단이며, 1960년대 이후 기업재단을 통한 사회공헌활동이 본격화되기 시작하였다. 특히 최근 에스오일과학문화재단, BMW미래재단 등 해외기업 또는 해외자본이 많이 투입된 기업들도 재단을 통한 사회공헌 사업을 추진하는 사례가 나타나기 시작하였다(서도원·이덕로, 2016, 478). 대부분의 기업재단들은 주고 서울 등 수도권에 소재지를 두고 사업을 추진하고 있으며, 2000년 이후에는 인천, 전남(여수), 강원(정선), 대구 등 출연기업 본사 또는 사업장과 밀접한 지역에 설립하는 경우도 증가하는 추세이다. 2000년대 이후 설립재단인 GS칼텍스재단(전남 여수), GM한마음재단(인천), 강원랜드복지재단(강원 정선), DGB사회공헌재단(대구), KRX국민행복 재단 등이 교육·취약계층 지원사업을 추진 중에 있다(전국경제인연합회, 2015.11., 2016.10.), 연대별 재단설립수 추이를 보면 <그림 12-14>와 같다.

〈그림 12-14〉 연대별 재단설립수 추이

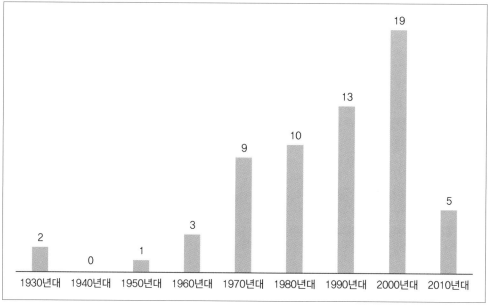

자료: 전국경제인연합회(2016.10.), 「2016 주요 기업·기업재단 사회공헌백서」, 25.

02 한국기업의 사회적 책임의 내역

(1) 한국기업 사회공헌의 지출 분야

사회공헌비용의 지출현황을 분야별로 살펴보면 <그림 12-15>에서 알 수 있듯이 취약계층 지원에 대한 지출(37.6%)이 가장 높고, 이어서 교육·학교·학술(14.7%), 문화예술 및 체육(11.0%), 창업지원(10.9%) 순으로 나타났다. '창업지원'은 이번 조사에서 신규로 별도분석한 분야로, 역량있는 창업가를 발굴하고 공간·자금·멘토링을 지원하는 활동을 활발하게 추진 중인 것으로 나타났다. '기타' 항목으로는 내수활성화 및 상생활동(1사 1촌, 자매마을, 전통시장, 협력사 지원), 호국보훈 및 나라사랑 분야(군인·소방관, 독도 관련 사회공헌), 국내 재난피해지역 후원, 임직원 자원봉사 동참활동(매칭기프트 및 기부) 등 다양한 부문이 포함되었다(전국경제인연합회, 2019.11.14., 6).

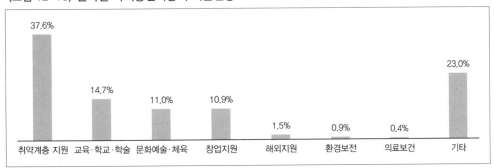

〈그림 12-15〉분야별 사회공헌비용의 지출현황

자료: 전국경제인연합회(2019.11.14.), 「2019 주요 기업의 사회적 가치 보고서」, 6.

21세기에 들어서기 전까지만 해도 지출비중은 교육·학교·학술 분야가 가장 많았고, 뒤를 이어 취약계층 지원, 문화예술 순이었다. 특히, 2004년부터 취약계층에 대한 지출이 크게 늘어나고 있는데, 이는 취약계층의 사회복지 분야에 대한 기업의 관심이 최근 더욱 높아지고 있는 데에 기인한 것으로 보인다. 또한 2005년에는 국제구호활동에 대한 기업들의 참여가 두드러지게 나타났는데, 이는 동남아시아의 쓰나미 피해와 미국의 카트리나 피해에 대한 우리 기업들의 지원이 활발하게 이루어졌기 때문인 것으로 분석된다(서도원·이덕로, 2016, 479-480). 분야별 사회공헌비용 지출비율 추이는 <표 12-5>와 같다.

▌〈표 12-5〉분야별 사회공헌비용 지출비율 추이

분 야	2004	2006	2008	2010	2011	2012	2013	2014	2015	2016	2017	2018
취약계층 지원	41.0	27.0	43.2	43.8	38.3	31.7	33.9	29.5	33.5	41.2	31.3	37.6
교육·학교·학술	42.6	23.2	20.6	14.7	23.2	16.1	23.7	18.2	17.5	21.9	13.1	14.7
문화예술 및 체육	9.1	11.2	12.3	11.8	11.6	11.1	12.7	15.3	16.4	20.5	21.6	11.0
환경보전	0.7	2.2	1.7	1.6	2.6	2.4	1.4	4.1	3.7	1.2	1.3	0.9
해외지원	0.6	2.2	3.2	6.9	3.8	2.9	6.5	1.7	1.3	3.0	1.9	1.5
의료보건	2.2	6.6	4.3	5.1	3.4	5.7	0.8	1.1	1.6	0.4	9.4	0.4
기 타	3.7	27.5	14.7	16.0	17.2	30.2	21.0	30.1	26.0	11.8	21.4	23.0

자료: 전국경제인연합회(2015.11.), 「2015 주요 기업·기업재단 사회공헌백서」, 16.; 전국경제인연합회(2019.11.14.), 「2019 주요 기업의 사회적 가치 보고서」, 6.

2018년 기업 사회공헌활동의 특징은 <표 12-6>과 같이 'U.P.G.R.A.D.E.'로 요약할 수 있다. 이는 U(UN SDGs, 유엔 지속가능발전목표 연계), P(Problem-solving, 문제해결), G(Green, 친환경), R(Relationship, 관계개선), A(Analysis, 가치분석), D(Donation, 기부), E(Education, 교육)를 일컫는다. 여기서 UN SDGs(Sustainable Development Goals, 지속가능발전목표)는 2015년 9월 UN(국제연합) 총회에서 채택된 사회·환경·경제 분야 의제로, 2030년까지 지속가능한 발전을 위해 달성해야 할 인류 공동의 17개 목표 및 169개 세부목표를 말한다.

▌〈표 12-6〉 2018년 기업 사회공헌활동의 특징 – U.P.G.R.A.D.E.

	구 분	내 용
U	UN SDGs (지속가능발전목표)	UN의 지속가능발전목표를 지지하고 자사활동에 연계
P	Problem−solving(문제해결)	사회문제해결을 위해 고민하고 지역사회에 공헌
G	Green(친환경)	환경 친화적 경영 및 관련 사회공헌활동 추진
R	Relationship(관계개선)	지역사회·협력사 등 이해관계자 관계개선 지향
A	Analysis(가치분석)	사회적 가치 창출 효과에 대한 다면적인 분석 시도
D	Donation(기부)	다양한 기부 플랫폼 마련과 활발한 물적·인적 자원 기부
E	Education(교육)	미래 인재 양성을 위한 교육 사회공헌활동 지속 및 다양화

자료: 전국경제인연합회(2019.11.14.), 「2019 주요 기업의 사회적 가치 보고서」, 7.

(2) 한국기업 사회공헌의 유형

한국사회복지협의회가 상위 100대 기업의 447개 사회공헌을 유형별로 분석한 결과를 보면 <그림 12−16>과 같이 현금기부가 20%로 가장 많았고, 교육제공(19%), 봉사활동(17%), 물품기부(16%)가 뒤를 이었다.

참고로 최근 들어 두드러진 특징 중의 하나인 자원봉사활동의 경우 한국사회복지협의회가 2019년 12월에 국내 상위 100대 기업을 대상으로 실시한 사회공헌 현황조사에서 100대 기업의 자원봉사 총 규모는 270만 5,583시간이었으며 이를 경제적 가치로 환산하면 501억 5,016만 원에 달하는 것으로 분석됐다. 또한 약 40만 명이 1년간 자원봉사에 참여했으며, 1인당 연간 평균 봉사시간은 7.0시간으로 나타났다(한국사회복지협의회, 2020).

〈그림 12-16〉 100대 기업의 사회공헌 유형

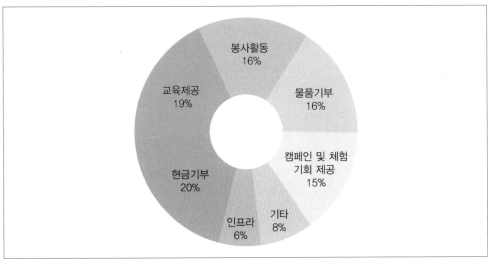

자료: 한국사회복지협의회(2020), 「2019 사회공헌 백서」, 4-5.

CHAPTER

13

경영관리론

제 1 절   경영관리의 개념과 특성

경영관리(management)의 개념에 대한 정의는 학자마다 매우 다양하게 규정하고 있음을 볼 수 있다. 그리고 'management' 용어 자체가 다양한 뜻을 가지고 있기 때문에 하나의 뜻을 가진 용어로 사용하기는 매우 어렵다. 그것은 기능(function)을 의미하는 동시에 그 기능을 수행하는 사람(people)을 의미하기도 한다. 그리고 사회적 지위(position)나 계급(rank)을 의미하기도 하며, 또 한편으로는 학문 분야(discipline)나 연구 분야의 뜻도 가지고도 있다(Drucker, 1973, 5).

이와 같이 경영관리는 다양한 의미를 가지고 있지만 이의 적용은 기업을 비롯한 학교, 병원, 군대, 교회, 가계 등 모든 조직에 공통적으로 적용되는 보편적 개념이다. 경영학사의 관점에서 경영관리의 개념은 미국 경영학의 핵심으로서 경영관리론의 시조라고 일컫는 테일러(F. W. Taylor)나 페욜(H. Fayol)에서 비롯된 것이라 할 수 있다. 이들은 경영관리(management)의 본질을 "관리하는 데 있다"고 보고 '관리한다'(managing)를 구체적으로 계획과 조직 그리고 통제와 같은 과정(process) 내지 기능(function)을 의미한다고 제시하고 있다. 이런 점에서 고전적 관리론이나 현대의 경영관리론은 본질 면에서 차이가 없다 할 것이다(한희영, 1988, 425).

01   관리기능(과정)의 개념

전통적으로 경영관리는 조직목표를 달성하는 과정(process)으로 간주하였다. 경영관리론으로서 매니지먼트(management)의 참뜻은 '사람'들의 노력을 통해 '일'을 달성시키고자 하는 관리과정(management process)에 있으며, 이러한 관리과정은 관리기능(management function)을 분석함으로써 보다 명확해진다고 볼 수 있다. 관리과정학파의 대표격인 쿤쯔는 "경영관리(management)란 집단 속에서 함께 일하는 개인들이 정해진 목표를 효율적으로 달성하기 위하여 환경을 조성하고 유지해 나가는 과정(process)"으로 정의하였다(Weihrich & Koontz, 2005, 4-5). 이러한 관리과정적 의미의 개념에는 다음과 같은 확대된 의미를 내포하고 있다. ① 구체적인 관리과정으로서 계획(planning), 조직(organizing), 충원(staffing), 지휘(leading), 그리고 통제(controlling)활동 등의 관리기능이 있다. ② 경영관리는 모든 종류의 조직에 적용된다. ③ 경영관리는 조직의 모든 계층에 적용된다. ④ 모든 관리자들의 목표는 동일하다. 즉 잉여(surplus)를 창출하는 것이다. ⑤ 경영관리를 하는 것은 생산성과 관련된다. 즉 유효성(effectiveness) 및 능률(efficiency)과 관련된다.

이와 같이 경영관리에 대한 과정적 관점은 조직목표를 달성하기 위하여 수행해야 할 활동체계를 논리적 순서로 명확하게 제시해 준다. 이러한 관점은 페욜에 의해 제창된 이래 경영학자와 실무자들 사이에 널리 받아들여지고 있다. 페욜은 제3장 1절에서 언급한 바와 같이 다섯 가지의 관리기능의 과정, 이를테면 계획, 조직, 명령, 조정 그리고 통제 등을 제시하였다. 그러나 이러한 다섯 가지 관리과정의 요소는 <표 13-1>에서와 같이 학자에 따라 조금씩 수정되어 제시되고 있는데, 최근에는 대부분 계획, 조직, 지휘(명령), 그리고 통제 등의 네 가지를 들고 있다(Hellriegel, Jackson, & Slocum, 2005, 350-662).

❙〈표 13-1〉 경영관리기능의 내용

연대별	연구자별	계 획	조 직	명 령	동기부여	통 제	조 정	충 원	기 타
1916	페욜(H. Fayol)	◎	◎	○		◎	○		
1934	데이비스(R. C. Davis)	◎	◎			◎			
1937	굴릭(L. Gulick)	◎	◎	○			○	○	(보고)
1947	브라운(A. Brown)	◎	◎	○		◎			(결합)
1948	브레크(E. F. L. Brech)	◎			○	◎	○		
1950	뉴먼(W. H. Newman)	◎	◎	○		◎			(결합)
1953	테리(G. R. Terry)	◎	◎		○	◎	○		
1964	알렌(L. A. Allen)	◎	◎	○		◎			(결정)
1971	매시(J. A. Massie)	◎	◎	○		◎		○	(전달)
1973	데일(B. Dale)	◎	◎		○	◎			
1984	쿤쯔 외(H. Koontz et al.)	◎	◎	○		◎		○	
1993	홀트(D. H. Holt)	◎				◎			
2004	르위스 외(P. S. Lewis et al.)	◎	◎	○		◎			

| 2005 | 헬리겔 외(S. E. Hellriegel et al.) | ◎ | ◎ | ○ | | ◎ | | |
| 2016 | 니켈스 외(G. Nickels et al.) | ◎ | ◎ | ○ | | ◎ | | |

자료: 김태열·이덕로(2019), Hellriegel, Jackson, & Slocum(2005), Holt(1993), Lewis, Goodman, & Fandt(2004), Nickels, McHugh, & McHugh(2016), Robbins & Coulter(2016).

02 관리기능(과정)이론의 특성

경영관리의 개념을 과정으로서 보는 견해는 학자나 실무자들로부터 널리 수용되어 왔다. 따라서 이론적으로 또는 실무상으로 강점을 갖고 있다. 이론적 관점에서 볼 때 관리과정에 의한 관리를 하게 되면 관리상의 복잡한 문제를 개념적 틀에 따라서 수행하게 되므로 간편하고 논리적으로 처리할 수 있는 장점이 있다.

한편 실무적 관점에서 볼 때 관리의 과정적 순서에 따라서 진행하게 되면 실제로 이러한 순서에 의해 수행하지 않는 경영자들보다 좋은 성과를 보여준다.

관리과정이론이 이러한 이점이 있음에도 적용상의 문제가 제기되고 있다. 그 일례로 헨리 민쯔버그(H. Mintzberg)의 연구에 의하면 최고경영자는 관리를 하는 데 있어서 관리과정이론에서 제시하듯이 순서적 절차에 따라 계획과 조직화를 하는 것이 아니라 오히려 외부환경에 반응적으로 대처한다는 것이다(Mintzberg, 1980, 54-99).

민쯔버그에 의하면 관리과정에 의한 관리는 외부환경을 정확하게 예측할 수 있는 안정된 기업환경에서는 과정적 순서에 의한 관리수행을 할 수 있으나 경영자들이 활동하는 실제의 상황은 대단히 복잡하고 불확실성이 크기 때문에 관리과정적 틀에 맞추어 계획을 수립하고 조직활동을 수행하기는 어렵다는 것이다. 이와 견해를 같이 하는 피터 드러커(P. Drucker)는 이러한 급변하는 상황에서 필요한 것은 새로운 변화를 다룰수 있고 새로운 상황에 편승할 수 있는 능력의 개발이라고 주장하였다(Drucker, 1980).

따라서 오늘날 동태적 기업환경에서의 경영계획(planning)에 대한 개념은 관리과정적 관점에서의 계획활동과는 다르다. 전통적으로 경영계획(planning)의 의미는 미래 행동계획의 작성과정을 뜻하는 것이나 이제는 불확실하고 때로는 예측할 수 없는 상황에 대하여 준비하는 과정으로 이해된다. 즉 구체적인 과정은 현재 수립된 계획의 검토과정과 새로이 직면하는 문제와 기회에 대하여 현시점에서 취하여야 할 의사결정을 검토하는 과정을 포함하게 된다.

이러한 목적달성을 위하여 경영자는 꾸준히 새로운 추세를 관망하고 개발을 추진해야 하며, 어떠한 일이 일어날 것인가를 예견하여 상황에 대처하는 적절한 대책을 강구해야 한다. 이러한 대안이 제10장에서 살펴본 경영자의 전략(strategy)수립기능인 것이다.

제 2 절 **경영관리의 본질과 내용**

01 경영관리의 본질과 경영학 체계

(1) 경영관리의 본질

경영관리가 무엇인가에 대한 개념과 본질적 특성에 대해서는 전통적으로 관리과 정학파들에 의해 주도되어 왔으며, 그 초점은 관리과정에 놓이게 된다. 본서에서는 관리과정론의 본질적 특성을 논의하는 관리과정학파의 주창자로 일컬어지는 쿤쯔의 관리과정의 개념을 중심으로 그 특성을 논의해 보기로 하자. 그는 경영관리의 본질적 특성을 위에서 논의되었듯이 관리과정적 기능으로 보고, 모든 조직에 보편적으로 적용될 수 있으며, 그리고 조직 내 모든 경영계층에서도 적용될 수 있는 것으로 요약하고 있다(Weihrich & Koontz, 2005, 4).

첫째, 경영자가 수행하는 기본적인 관리기능이다. 경영관리의 본질은 경영자가 수행하는 기본적인 관리활동에서 찾아볼 수 있다. 따라서 많은 경영학자들이나 실무자들은 경영관리기능을 분석함으로써 유용한 조직이해의 지식체계를 형성하게 되었다. 이러한 관리기능의 구분요소는 <표 13-1>에서와 같이 학자마다 다양하게 구분되고 있다. 그러나 관리기능의 과정적 요소를 구분하는 것과는 관계없이 관리기능을 특성에 따라 과정적 요소로 구분하여 개념화하고, 원리를 발견하여 이론적으로 체계화한 점, 그리고 수행방법으로써 여러 가지 기법(technique)을 사용하는 것은 관리기능 연구의 공통된 특징이라고 할 수 있다. 따라서 지금까지의 관리기능론의 지식체계는 관리기능의 과정적 요소를 구분하여 개념화하고, 그 원리를 이론화함으로써 조직이 직면한 문제해결에 어떻게 활용할 것인가에 역점을 두어 왔다.

이와 같이 경영관리의 개념을 과정적 기능으로 볼 때 경영문제해결에 이론적으로 또는 실무적으로 이점을 갖고 있음은 위에서 지적되었다. 즉 경영관리의 과정적 개념은 조직환경이 안정적이고 예측가능한 경우에 보다 유용한 것이다. 그러나 조직환경이 급변하며 불확실성이 큰 동태적 환경일 경우에는 위의 관리과정적 기능의 원활한 수행은 한계가 있다. 즉 전통적 관리기능론의 경영계획(planning)기능으로는 급격하게 변화하는 환경에 전향적으로 대응하는 데는 한계가 있다.

이러한 외부환경적 변화에 대한 이해와 이에 대응하기 위한 대안으로 경영자의 전략적 사고와 전략수행 능력이 요구되는 것이다. 이런 관점에서 볼 때 경영자가 수행해야 할 임무는 이제 조직 내부의 문제에 국한되지 않고 외부 조직환경과의 관계 속에서도 수행될 임무가 부여되는 것이다.

둘째, 경영관리는 모든 조직에 보편적으로 적용된다. 모든 경영관리자들은 조직 내 구성원으로 하여금 조직목표의 달성을 위해 최대한의 공헌을 하도록 해야 할 책임을 갖고 있다. 따라서 경영관리는 조직의 규모, 목적, 형태에 구애받지 아니하고 모든 조직에 보편적으로 적용될 수 있는 기능이다. 즉 경영관리는 대기업이나 중소기업, 영리기업이나 비영리기업, 서비스업종의 조직이나 제조업의 기업, 그리고 개인기업이나 회사형태의 기업, 학교, 병원, 교회 등의 모든 조직에 공통적으로 필요한 기능이다. 따라서 어떤 조직이든 조직목표를 효과적으로 달성하기 위해서는 경영관리기능은 필수적인 것이다.

셋째, 경영관리는 조직 내 모든 계층에 보편적으로 적용된다. 조직 내 모든 관리자는 경영관리기능을 수행한다. 다만 관리계층별로 관리활동을 수행하는 데 노력하는 시간과 내용이 다를 뿐이다. 즉 제9장에서 논의된 바와 같이 경영자의 관리기능은 조직계층별로 상대적 중요성이 다르다는 것을 알 수 있다. 즉 최고경영층의 관리수준은 하위계층의 관리자들에 비하여 상대적으로 계획수립(planning)이나 조직화(organizing) 기능에 많은 노력을 하고 있는 반면에 하위계층의 관리자들은 지휘·감독기능(leading)에 많은 노력을 하게 된다. 따라서 경영계층별로 요구되는 관리기술(managerial skill)도 다르게 된다(이원우·서도원·이덕로, 2008, 396).

이와 같이 경영관리기능은 최고·중간·하위계층 등 조직계층의 수준에 관계없이 적용되는 보편성을 갖고 있다. 그런데 여기서 경영관리기능의 의미는 수직적 계층의 분화에 따라 이루어지는 경영활동을 의미하므로 본질적으로는 전반관리(general management)를 지칭하는 것이다.

(2) 관리기능과 경영학체계

경영관리기능은 분화 양상에 따라 수직적 관리기능과 수평적 관리기능으로 구분할 수 있다. 수직적 관리기능이란 조직계층의 분화에 의하여 경영자층을 최고경영층(top management), 중간관리층(middle management), 하위관리층(lower management)으로 구분하는 것이며, 수평적 관리기능이란 부문기능으로써 생산, 판매, 인사, 재무 등의 부문으로 분화되는 것을 말한다.

수직적 관리기능은 일명 관리자기능 또는 경영자기능(function of manager)과 동일한 개념이며, 부문기능과는 전혀 다르다. 즉, 수직적 관리기능은 경영자가 수행하는 전반관리(general management)라는 관점에서 경영계획, 경영조직, 경영통제활동을 의미하며, 제2장에서 제시한 경영학원론에 해당된다. 반면에 부문관리기능이란 부문별 수평적 분화에 따라, 이를테면 생산관리, 마케팅관리, 재무관리, 인적자원관리 등과 같이 구분되는 것이며 경영학각론에 해당된다.

따라서 경영학원론의 범위와 대상도 경영관리론으로서의 매니지먼트를 논의하는데 있어서 전반관리로서 관리기능(과정)에 있게 되는 것이지, 부문관리로서의 부문기능에 있는 것은 아니다. 부문관리로서의 부문기능에 경영학의 주된 관심이 집중될 때, 그것은 경영학원론으로서가 아니라, 어디까지나 경영학각론의 테두리 속에서 다루어져야 마땅하다(한희영, 1987, 429).

위와 같이 경영관리기능을 구분할 때 이를 연구대상으로 하는 경영학의 학문체계는 제2장에서 논의한 바와 같이 경영자의 전반관리기능의 본질 규명을 대상으로 하는 경영학원론과 부문관리론으로서의 경영학각론으로 구분하는 것이 일반적이다.

02　경영관리(기능)과정의 내용과 순환체계

(1) 경영관리(기능)과정의 내용

관리과정학파들에 의하여 논의되어 온 경영관리의 과정적 기능을 구성하는 요소에 무엇이 포함되는가에 대해서는 <표 13-1>에서 살펴본 바와 같이 학자들마다 매우 다양하다. 따라서 관리기능에 대한 정의도 다양하게 내려질 수 있다. 그러나 모든 관리과정론자들의 공통적인 과정 요소로 제시하고 있는 것은 경영계획(planning), 경영조직(organizing), 경영통제(controlling)기능임을 볼 수 있다. 이런 점에서 위 세 가지 과정적 기능은 관리과정의 핵심적 기능이 되는 것이다.

경영관리과정의 주요 내용에 대해서 관리과정론의 선구자인 페욜의 경영관리과정과 미국경영학의 주류인 관리과정학파의 대가인 쿤쯔의 관리과정 요소들 중심으로 살펴보고자 한다. 페욜은 제3장 제1절에서 살펴본 바와 같이 기업활동을 ① 기술적 활동(technical activities), ② 영업적 활동(commercial activities), ③ 재무적 활동(financial activities), ④ 보전적 활동(security activities), ⑤ 회계적 활동(accounting activities), ⑥ 관리적 활동(managerial activities) 등으로 구분하고 이 중에서도 경영자의 관리적 활동을 중시하여야 함을 강조하였다. 그리고 관리적 활동을 구성하고 있는 여러 가지 부분적 활동을 관리요소(elements administration) 또는 관리기능(function)인 계획, 조직, 명령, 조정, 통제의 5가지 요소로 구성된다고 구체적으로 제시하고 있다. 이런 의미에서 페욜은 전통적 관리이론의 선구자라고 할 수 있다(Fayol, 1949, 20−41).

페욜 이후 꾸준히 계승 발전되어 온 관리과정론은 쿤쯔에 와서 더욱 이론적인 체계화가 이루어져 왔으며, 그는 계속적으로 관리과정이론의 발전을 꾀하여 왔다. 그는 관리과정의 요소를 본 장 제1절에서 살펴본 바와 같이 계획(planning), 조직(organizing), 충원(staffing), 지휘(leading), 통제(controlling) 활동 등의 5개 과정으로 분류하고 있다.

이와 같은 관리과정 요소를 간략히 요약하면 다음과 같다.

1) 경영계획(planning)

경영계획은 조직의 사명(missions)과 목표(objectives), 그리고 이들을 달성하기 위한 행동방안을 선택하는 모든 활동이 포함된다. 즉 여러 가지 대안들로부터 미래의 행동과정을 선택하는 의사결정이 필요하다. 그러나 의사결정이 이루어지기 전에 행해지는 계획수립에 대한 연구, 분석 또는 제안(proposal) 등은 실질적인 계획기능은 아니다. 경영계획에 대한 구체적인 내용은 제14장에서 살펴보고자 한다.

2) 경영조직(organizing)

경영조직은 계획을 실행으로 옮기기 위한 모든 조직화 기능을 의미한다. 조직 내 구성원들은 그들이 담당할 역할의 구조를 의도적으로 설정하는 기능으로서 목표를 달성하기 위해 필요한 모든 '일'을 확인하여 배분하고 그 일을 최선을 다하여 수행할 수 있는 '사람'에게 할당하도록 한다는 점에서 의도적이라고 할 수 있다. 이러한 조직화의 목적은 조직구조를 설정해 가는 과정인 것이다. 조직화의 결과 생겨나는 조직구조의 목적은 구성원들이 좋은 성과를 낼 수 있는 환경을 조성하는 데 있다. 따라서 효과적인 직무설계는 중요한 관리활동이 되는 것이다.

특히 쿤쯔는 다른 관리학자들과 달리 충원(staffing)을 조직화 기능에서 분리하여 별도로 분류하고 있다. 그러나 대부분의 관리학파들은 충원(staffing)기능을 조직화 기능 속에 포함시키고 있는데, 그 이유는 충원기능이 조직화에 의해 설정된 직위에 인원을 배치하고 그 상태를 유지하기 위한 인사관리기능을 포함하고 있다고 간주하기 때문이다.

이와 같이 조직화 기능은 조직구조와 관련하여 다루게 되며 이에 대한 구체적인 논의는 제15장에서 다루어진다.

3) 경영지휘(leading)

경영지휘란 구성원들로 하여금 조직과 집단목표를 달성하는 데 공헌하도록 그들에게 영향을 미치는 것으로 경영관리상 대인관계 측면과 밀접한 관계가 있는 분야이다. 따라서 지휘의 내용은 동기부여(motivation), 리더십, 커뮤니케이션 활동이 핵심을 이룬다. 지휘활동에 대한 구체적인 내용은 제15장에서 다룬다.

4) 경영통제(controlling)

통제는 수행되는 일들이 계획에 일치되도록 하기 위하여 조직과 개인의 성과를 측정하고 수정하는 관리기능 요소이다. 즉 모든 활동들이 계획에 수립된 대로 잘 수행되고 있는가를 탐지하고 확인하여 수정하는 과정이다. 따라서 통제기능은 경영계획(planning)기능과 밀접한 관련이 있다. 물론 경영계획기능이 선행되는 것이지만, 계획이 저절로 달성되는 것은 아니다. 계획은 다만 특정 목표를 달성하기 위하여 경영자가 제반 자원을 사용하는 방법을 제시해 준다. 그리고 모든 활동은 계획된 행동에 일치하고 있는가의 여부를 파악하기 위해 점검을 받는다. 또한 통제활동은 일반적으로 목표 달성의 측정과 관련이 있다. 따라서 이를 위한 여러 가지 통제수단도 이용되고 있다. 이러한 통제기능과 관련된 기법 등에 대해서는 제17장에서 다루게 된다(서도원·이덕로, 2016, 517).

(2) 경영관리 순환체계

위에서 설명한 경영관리기능의 과정적 요소는 독립적인 것이 아니라 서로 맞물려 돌아가는 밀접한 관계를 가지고 하나의 순환구조(체계)를 이루기 때문에 이를 관리의 순환(management cycle)이라 한다(임창희, 2013). 이러한 관리순환체계는 관리과정 요소의 기능적 결합으로서 과정 요소 간의 상호관련성 내지 상호의존성을 중심으로 형성되는 것이며, 경영관리의 동태적 개념을 경영의 측면에 이용하고자 한 것이다. 이러한 관리순환의 모형으로는 흔히 <그림 13-1>처럼 PDS 또는 POC방법으로 제시된다. PDS방법은 계획(planning), 집행(doing), 평가(seeing)의 첫 글자로 표시한 약어로서 기능상의 관련성을 표현한 것이다. 그리고 POC는 관리기능인 계획(planning), 조직(organizing), 통제(controlling)의 첫 글자의 약어 표시로서 학자들마다 다양한 관리과정 요소를 제시하고 있지만, 이들 3가지 관리기능은 모든 학자들이 공통적으로 제시하고 있는 관리기능 요소이다.

〈그림 13-1〉 경영관리 순환체계

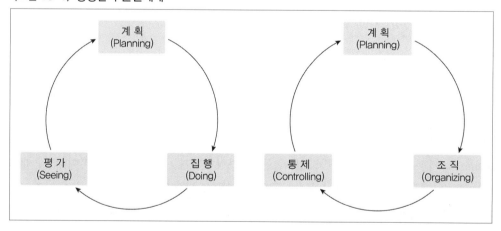

제3절 관리이론의 원칙과 적용

01 일반적 관리원칙

관리원칙은 일찍이 고전적 관리이론으로 불리는 관리과정학파에서 본격적으로 다루어 왔다. 이러한 관리원칙은 제3장에서 제시한 바와 같이 페욜에 의해 처음으로 제시되었다. 페욜은 관리기능이 실제로 수행되어 좋은 관리활동이 이루어지기 위해서는 관리원칙으로 열거한 14개 항목의 제각기의 관리행위가 원리에 따른 것이어야 한다고 주장하였다. 그 후 테일러의 관리원칙(제3장에서 제시되었음)이 적어도 미국 경영학사적으로는 최초의 것이라 할 수 있다. 즉 테일러는 그의 저서 '공장관리'(Shop Management)에서 "이러한 과학적 관리의 원칙은 모든 종류의 인간활동에 적용된다"고 주장하고, 또 "이러한 관리원칙을 적용하면 곧 놀라운 성과가 빚어진다"고도 강조하면서, 그러한 관리원칙의 때와 장소를 초월한 보편타당성을 피력한 것이다(한희영, 1988, 503).

경영관리론의 선구자들인 두 사람의 관리원칙은 적용관점과 영역에서 차이가 있다. 테일러의 관리원칙은 기술적 접근이며 생산관리 측면에 주안점을 둔 관리원칙인 반면에 페욜의 관리원칙은 경영의 전반관리(general management)라는 관점에서 제시된 관리원칙이라는 점에서 의의가 큰 것이다.

그 후로는 경영관리론상의 관리과정학파의 대표격인 쿤쯔와 오도넬(H. Koontz & C. O'Donnell)도 관리원칙을 제창하였으나 페욜의 관리원칙(principles of management)과 비슷하며, 그 내용의 중복, 상호 간의 모순 등에 있어서는 유사한 것으로 지적되고 있다.[3] 이들의 관리원칙은 제3장에 제시된 페욜의 관리원칙과 매우 흡사하므로 본 절에

---

3 이들이 주장한 제 원칙은 그들의 5판인 1972년판(H. Koontz & C. O'Donnell(1972), *Principles of Management: An Analysis of Managerial Functions*, 5th ed., New York: McGraw-Hill)까지에만 나열되어 있었으나 그들의 개정 신판인 6판(1976) 이후부터는 그들의 관리원칙 자체가

서는 이들의 관리원칙 제시를 생략하고자 한다.

02 관리원칙의 적용한계

위에서 살펴본 고전적 관리이론 이후 관리과정학파 학자들에 의하여 주도되어 온 관리원칙은 근대 관리이론의 입장에서 그 효용성에 의문을 제기하고 실제로 많은 비판을 받고 있다. 이러한 비판의 이유는 '관리의 일반원칙'이 지닌 자체의 '비과학성'에서 연유되는 것이다. 구체적으로 지적되는 비과학적인 요소는 ① 각 관리원칙은 그 의미가 애매하여 격언이나 속담과 비슷하고, ② 서로 모순된 원칙들이 존재하며, ③ 과학적으로 입증되지 못하고 있는 점 등이 지적되고 있다.

원칙이란 과학적 방법에 의해 일반화된 것, 또는 가설이 정확성 여부를 가리기 위해 검증을 거쳐 사실로 나타난 것으로서 실제(reality)를 반영하거나 설명할 수 있는 것을 의미한다(Weihrich & Koontz, 2005, 18-22). 이러한 관점에서 볼 때 위의 관리원칙들은 그것이 검증되지 않은 가설적 성격을 띠고 있는 것이기 때문에 과학성의 요건에 한계가 있는 것이다. 따라서 관리원칙으로서의 보편타당성을 지니기 위해서는 제시된 원칙들이 검증되어 가설의 성격을 벗어나야 된다. 페욜이 제시한 관리의 일반원칙은 경영 활동과정에서 반드시 지켜야 하는 규칙 또는 원칙이라기보다는 '상황적 조건에 따라 탄력적으로 적용시키는 규준'의 의미로 사용한 것이다. 이는 후일의 관리과정학파들이 관리원칙을 하나의 보편타당성(universality)을 지닌 것이라 주장함으로써 비판을 받게 된 것과는 차이가 있는 것이다.

위의 표현대로라면 오히려 이의 적용은 기업이 처해 있는 상황에 따라 그 조건이 달라짐을 강조하고 있는데, 이는 오늘날의 상황적합적 사고(contingency approach)와 일맥상통하는 바가 있다. 경영관리학이 하나의 과학(science)으로서의 요건을 갖추기 위해서는 그 연구대상으로 하고 있는 경영관리 현상에 대한 설명, 예측, 이해 및 제어를 가능케 할 수 있는 과학적 지식체계를 형성해야 한다. 그리고 이러한 지식체계가 형성되려면 경영관리론은 가설의 수준을 벗어나 실증성과 예측성을 갖춘 원칙의 체계로 승

자취를 감추어 아무런 언급도 없다. 이는 사이먼(H. A. Simon)일파의 관리원칙의 비과학성에 대한 끈질긴 비판 탓으로, 되도록 원칙들을 표면에 내세우는 것을 의식적으로 회피한 때문인 것으로 풀이된다(한희영, 1988, 506).

화되어야 한다.

이런 면에서 관리원칙은 자체적으로 지닌 비과학성과 보편타당성의 결여로 과학(science)으로서 한계를 갖게 된다.

03 관리이론의 적용

과학적 용어에서 이론(theory)이란 중요한 지식의 영역에 대한 틀(framework)을 부여하거나 이들을 함께 결합시키는 상호관련된 개념과 원칙들을 체계적으로 분류한 것이다(Weihrich & Koontz, 2005, 18-22). 따라서 관리 분야에 있어서도 이론의 역할은 적절한 관리지식을 분류하는 수단을 제공해 주기 때문에 매우 중요한 것이다. 실제로 경영관리 활동과정에서 어떠한 문제와 관련하여 상호관련성이 있고 경영자에게 예측적인 가치를 제공해 주는 많은 원칙들, 예를 들면 조직기능과 관련하여 명령일원화의 원칙, 권한위양의 원칙, 책임·권한의 원칙 등이 있다.

관리에서 원칙(principle)이란 일반적으로 독립변수와 종속변수라고 하는 2개 혹은 그 이상의 변수들 사이의 관계를 설명하는 기본적인 이론체계라고 할 수 있다. 이러한 원칙은 기술적(descriptive)이거나 예측적(predictive)일 수 있으나, 규범적(prescriptive)인 것은 아니다. 즉 원칙은 두 변수간의 상호관계를 밝히는 것으로서, 상호적용을 했을 때 어떠한 일이 일어나는가를 과학적 방법으로 설명하고 예측하는 것이다.

여기서 규범적이라는 의미는 '무엇을 해야 하는가?'(what we should do?)를 의미하는 것으로서 기업경영 현상에 관한 것이라면, 기업경영 현상을 있는 그대로 설명하는 것이 아니라 해야 할 상황을 설정해서 그 방향으로 현실의 경영 현상을 이끌어 나가는 것을 의미한다. 따라서 원칙은 이러한 규범적 특성을 띠는 것은 아니다. 예를 들어 경영관리 현상에서 명령일원화의 원칙은 하위자가 한 사람의 직속상사로부터 지시를 받을수록 지시에 대한 혼란이 적을 것이라는 것을 말한 것이다.

이 원칙은 어디까지나 예언적인 것에 지나지 않는다. 위의 원칙을 여러 사람이 절대로 한 사람의 하위자에게 지시를 해서는 안 된다는 것을 의미하는 것은 아니다. 오히려 이 원칙이 내포하고 있는 내용은 만약 여러 사람의 상사가 한 사람의 부하에게 지시를 한 경우 여기서 초래될 문제가 있을 수 있으므로, 다수의 지시와 명령이 갖게 되는 단점과 장점들이 균형을 이루도록 함에 있어서 이러한 문제를 고려해야 한다는 것이다.

따라서 경영자들은 관리활동에 이론이나 원칙을 적용할 때 어디까지나 현실적 상황을 고려해야 하는 것이다. 즉 조직이 처해 있는 상황적 특성에 따라 조건이 다를 수 있으므로 상황적합적 접근방법(contingency approach)이 필요하다는 것이다.

CHAPTER

14

경영계획론

제 1 절 경영계획의 본질

01 경영계획의 의의와 중요성

(1) 경영계획의 의의

경영자가 경영활동을 수행한 후 높은 성과를 이룩하기 위해서는 미래를 잘 예측하고 사전에 미래에 대한 준비를 잘해야 한다. 이러한 미래상황의 대비에 필요한 첫 번째 과정이 경영계획(planning)과정이다. 즉 동태적인 행위과정으로서 계획수립활동이다.

<그림 14-1>에서 보는 바와 같이 관리과정의 첫 번째 과정인 경영계획은 보다 구체적으로는 조직사명과 목표를 설정하고, 이러한 목표를 달성하기 위한 전반적인 전략을 수립하며, 이러한 행동들을 통합하고 조정하기 위한 계획의 포괄적인 계층구조를 개발하는 과정이 모두 포함되며, 조직이 무엇을(what) 어떻게(how) 해야 하는가의 문제, 곧 목적(ends)과 수단(means)의 관계를 포함하고 있다(Robbins & Coulter, 2016, 189). 이러한 경영계획의 정의는 경영자에게 세 가지의 의미를 제시해 준다.

① 미래지향성(forward thinking): 경영자는 경영계획과정을 통하여 경영활동이 일어나기 전에 무엇을, 어떻게, 할 것인가에 대한 결정을 해야 한다.
② 의사결정(decision making): 경영계획은 조직이 미래에 달성하고자 하는 목표를 확인하고 그것을 달성하기 위해 요구되는 모든 활동을 명시하는 의사결정 기능을 포함한다.
③ 목표지향성(goal oriented): 경영계획은 조직이 설정한 목표를 달성하고 가장 바람직한 결과를 얻기 위해 필요로 하는 모든 활동에 노력을 기울인다.

<그림 14-1> 경영계획과 다른 관리기능과의 관계

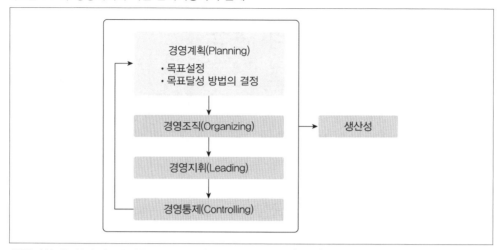

자료: W. G. Nickels, J. M. McHugh, & S. M. McHugh(2016), *Understanding Business,*
11th ed., New York, NY: McGraw-Hill Education, 178.

이와 같은 경영계획(planning)은 미리 결정된 행위과정으로서의 계획(plan)과는 구분된다(Massie, 1987, 83). 즉 계획은 목표를 달성하기 위하여 필요한 자원의 할당, 일정계획 및 모든 행동을 구체화한 청사진으로서 특정 프로젝트에 맞추어 작성되거나 어떠한 미래의 행동을 반복적 내지 계속적으로 규제할 수 있도록 방침(policy), 절차(procedure) 및 규칙(rules)의 형태로 작성될 수도 있다. 그러나 경영계획(planning)은 계획수립과정으로서의 동태적인 행위과정이다. 따라서 경영자들이 직면하는 모든 환경에 적응할 수 있도록 계속적으로 평가되어야 한다.

(2) 경영계획의 중요성

1) 조직구성원들의 활동조정

조직 내 개인과 집단의 과업활동이 효과적으로 목표달성을 하기 위해서는 서로 간의 노력이 조정되어야 하는데 이때 경영계획은 아주 중요한 기능이 된다. 이러한 조정화 기능으로 인하여 부문별 목표와 전체 목표 간에 조화를 이룰 수 있으며 부문별 목표와 전체 목표달성에 기여하게 된다.

2) 미래의 변화에 대한 준비

경영자의 경영계획활동은 안정적인 경영환경에서도 필요한 것이지만 실제는 미래의 변화환경에 더욱 필요한 것이다. 따라서 목표설정과 계획서 완성까지의 시간적인 차이가 클수록 예기치 못한 상황에 대비한 계획의 필요성은 더욱 크다고 하겠다.

3) 성과의 개선

경영계획은 경영성과와 관련하여 경영자에게 여러 가지 이점을 제공한다. 첫째, 경영자에게 성과지향의 방향감각을 갖게 하며, 둘째, 경영활동상의 가장 중요한 부문이 어딘가를 인식시켜 주며, 셋째, 조직의 강점이 무엇인가를 알려 줌으로써 자원의 효율적 활용을 할 수 있도록 해 주며, 넷째, 계속적으로 변화하고 있는 외부환경에 능동적으로 대처할 수 있도록 도움을 줄 수 있으며, 다섯째 표준을 명백하게 제시함으로써 실제의 결과 평가에 기초를 마련해 주는 이점이 있다.

4) 통제의 용이

경영관리기능으로서 경영계획과 통제는 불가분의 관계에 있다. 통제는 계획에 따른 경영활동 수행결과에 대한 측정과 평가를 하며 필요시에는 계획의 재구성을 해야 한다. 통제가 없는 경영계획은 계획수행 결과에 대한 필요한 조치를 취할 수 없으며, 반면에 경영계획이 없다면 수행활동에 대한 측정과 평가기준이 없으므로 통제를 할 수 없게 된다. 따라서 통제활동이 효율적으로 수행되기 위해서는 경영계획이 반드시 선행되어야 한다.

5) 경영자의 개발

경영계획은 높은 수준의 지적인 사고를 요하는 활동이다. 따라서 계획을 수립하는 사람들은 이론적이고 불확실한 아이디어나 정보를 잘 처리할 수 있는 능력이 있어야 한다. 경영자는 계획수립활동을 통해서 미래지향적으로 생각할 수 있는 능력과 논리적 아이디어를 개발할 수 있는 기회를 가질 수 있게 된다(서도원·이덕로, 2016, 528).

02 경영계획의 본질적 특성

(1) 목적과 목표에 대한 기여

모든 계획과 여기에 관련된 부수적 내지 보완적인 계획의 목적은 조직체의 목적과 목표를 달성하는 데 기여해야 한다. 이 개념은 의도적인 협동을 통하여 집단의 목적을 달성하기 위해 존재하고 조직화된 기업의 본질에서 유래된다.

(2) 계획의 우선성

경영계획은 <그림 14-2>에서 보듯이 비록 실제에 있어서는 모든 관리기능이 하나의 행동체계로 구성되어 있지만 경영계획은 모든 집단의 노력에 필요한 목표를 수립한다는 점에서 다른 기능의 수행에 우선해야 한다는 특성이다.

〈그림 14-2〉 경영관리 기본기능으로서의 경영계획

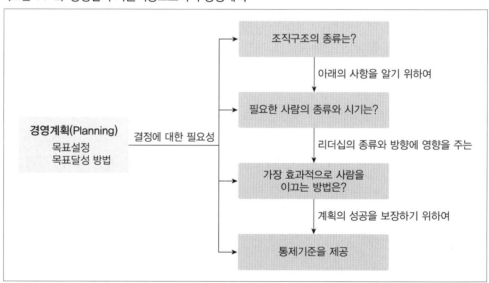

자료: H. Weihrich & H. Koontz(2005), *Management: A Global Perspective*, 11th ed., Singapore: McGraw-Hill, 122.

(3) 계획의 일반성

경영계획은 모든 조직계층의 최상위층에서 하위층의 관리자들에게 어느 정도까지의 재량권과 경영계획에 대한 책임이 부여되지 않는다면 그들은 진정한 의미의 관리자라고 볼 수 없다. 그러므로 경영계획은 모든 계층의 관리자들에게 부여되는 보편적 특성이 있다.

(4) 계획의 효율성

경영계획기능의 효율성은 계획을 작성하고 운영하는 데 투입된 모든 비용과 기업의 목적 및 목표달성에 기여한 정도와 비교하여 측정된다. 따라서 합리적인 계획이란 최소의 비용으로 최대의 효과를 실현할 수 있도록 설계되어야 한다.

03 계획의 유형

계획의 유형은 <표 14−1>과 같이 적용범위, 시간구분, 계획의 구체성, 이용빈도 등 다양한 기준에 의해 구분할 수 있다. 이러한 경영계획의 분류기준은 독립적인 것이 아니라 상호의존적이다.

┃⟨표 14-1⟩ 계획의 유형

분류기준	유형
적용범위	• 전략계획(strategic plans) • 운영계획(operational plans)
시간구분	• 단기계획(short−term plans) • 장기계획(long−term plans)
구체성 정도	• 구체적 계획(specific plans) • 지침적 계획(directional plans)
이용빈도	• 지속적 계획(standing plans) • 일시적 계획(single−use plans)

자료: 이원우·서도원·이덕로(2008), 「경영학의 이해」, 박영사, 413.

(1) 적용범위에 의한 구분

전략계획은 조직전반에 걸쳐 적용되며 전반적인 조직목표를 설정하고 조직이 처한 조직환경적 관점에서 조직의 위치와 방향을 정하고, 이것이 실현될 수 있도록 하기 위해서는 어떠한 전략과 자원이 필요한가를 결정하게 된다.

반면에 운영계획(operational plans)은 전략계획에 비하여 범위가 제한되어 있고, 전략계획의 전반적 목표를 어떻게 달성할 것인가에 대하여 구체적으로 규정한 세부계획으로서 전략계획을 수행하는 데 필요한 활동과 자원에 비중을 두고 있다. 대체로 전술적 계획(tactic plans)으로 일컬어지기도 하는 운영계획은 전략의 선택보다는 자원의 할당과 실제 작업활동의 일정계획(scheduling)을 보다 많이 다루게 된다. 일반적으로 기업의 전형적인 운영계획으로는 생산계획, 재무계획, 설비계획, 마케팅계획, 인사계획 등을 들 수 있다.

전략계획과 운영계획의 관계에서 기간과 범위 및 계획의 구체성 측면에서 볼 때 다르게 나타난다. 전략계획은 5년 또는 그 이상의 장기계획으로서 보다 광범위한 영역을 포괄하나 세부적인 것까지 구체적으로 작성될 수는 없다. 반면에 운영계획은 단기계획으로서 제한된 범위에 적용되며 보다 구체적이며 세부적인 계획으로 수립된다.

그러나 전략계획도 운영계획이 조직 전체적인 측면에서 보다 효과적으로 수행될 수 있도록 하기 위해서는 어느 정도 구체적으로 수립되는 것이 바람직하다. 이런 점에서 전략계획과 운영계획은 상대적인 개념으로 상호보완적이어야 한다.

(2) 기간구분에 의한 계획

계획의 적용기간에 따라 장기계획(long-term plans)과 단기계획(short-term plans)으로 구분하나, 전통적으로 재무분석에서는 여기에 중기(intermediate-term)개념을 추가하여 사용하는데 경영자들이 계획을 수립할 때도 이와 같은 구분을 하게 된다. 일반적으로 장기계획이라 함은 5년 이상, 단기는 1년 또는 그 이하를, 그리고 중기계획은 장기와 단기 사이를 나타낸다(임창희, 2019). 그러나 이러한 기간구분에 대해 규정이나 논리적인 근거가 있는 것은 아니므로 이의 적용은 조직이 직면한 문제의 특성이나 환경에 따라 계획기간의 적용은 달라질 수 있다.

(3) 구체성의 정도에 따른 구분

구체성의 정도에 따라 구체적 계획(specific plans)과 지침적 계획(directional plans)으로 나눌 수 있다. 구체적 계획이란 명확하게 정의된 목표를 가지고 있기 때문에 목표와 관련하여 해석상 모호하거나 오해의 소지가 전혀 없는 계획을 의미한다.

그러나 구체적인 계획이라도 불확실성이 큰 상황에서는 한계가 있다. 즉 불확실성이 큰 경우 경영자는 예기치 못한 변화에 적응하기 위해서 계획의 신축적인 적용이 필요할 때가 있다. 지침적 계획이란 일반적인 지침(guideline)을 가진 신축적인 계획을 의미한다. 이러한 지침적 계획은 경영자로 하여금 구체적인 목표나 구체적인 행동과정에 얽매이지 않도록 해 준다. 따라서 불확실성이 큰 상황하에서는 신축적으로 대응할 수 있는 지침적 계획이 오히려 더 유용할 수가 있다.

(4) 이용빈도에 의한 구분

일시적 계획(single-use plans)은 특별한 상황의 필요에 따라서 수립되는 것으로 그와 동일한 형태로는 다시 사용되지 않는 계획이다. 프로그램, 프로젝트와 예산은 일시적 계획의 전형적인 예이다. 그것은 특정 프로젝트나 기간에 적합하도록 작성되어 있고 프로젝트가 달성되었거나 기간이 완료되면 더 이상 이용되지 않는 계획이다.

반면에 지속적 계획(standing plans)은 반복적으로 사용될 수 있도록 수립된 것으로서 조직의 방침(policy), 절차(procedure) 및 규칙(rule) 등의 형태로 수립된다. 그리고 일단 수립되면 여러 상황하에서도 계속적으로 일관성을 갖고 적용될 수 있도록 행동의 지침을 제공해 준다.

<그림 14-3>은 조직 내 계획유형을 목적 또는 사명, 목표, 전략, 방침, 절차, 규칙, 프로그램 그리고 예산 등으로 구분한 것을 계층적으로 표현한 것이다.

1) 목적 또는 사명(purposes and missions)

모든 조직은 조직화된 관리활동을 하기 위해서는 최소한의 목적과 사명을 가지고 있어야 한다. 기업도 사회로부터 부여받은 기본적인 기능이나 과업이 있다. 따라서 기업은 이러한 목적이나 사명을 잘 수행함으로써 사회적 기대에 부응하여야 한다.

〈그림 14-3〉 조직계획의 계층

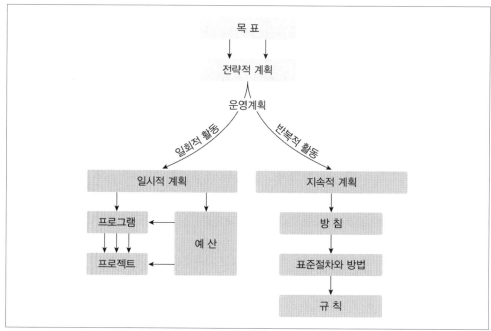

자료: J. A. F. Stoner, R. E. Freeman, & D. R. Gilbert, Jr.(1995), *Management*, 6th ed., Englewood Cliffs, N. J.: Prentice-Hall Inc., 219.

2) 목표(objectives or goals)

조직의 활동이 지향하는 궁극적인 것으로서 경영계획의 최종점일 뿐만 아니라 조직화·지휘·통제 등이 지향하는 최종지점이기도 하다. 기업목표는 그 기업의 기본계획이 되며 각 부서들도 자체의 부서목표를 가지고 있다. 부서의 목표는 당연히 기업목표의 달성에 기여해야 하지만, 부서목표와 기업목표는 전적으로 다를 수도 있다.[1]

3) 전략(strategies)

전략은 기업의 기본적인 장기목표의 결정과 이 목표를 달성하기 위하여 필요한 자원을 할당하고 행위과정을 선택하는 것을 의미한다. 따라서 전략의 목적은 주요 목

---

1 최근 들어 재무성과의 극대화라는 기업의 일차적 목표와 함께 기업경영에 직간접적으로 영향을 미치는 경제적, 환경적, 사회적 요소를 함께 고려하자는 지속가능경영(sustainability management) 이 주요 화두로 떠오르고 있다. 지속가능경영이란 기업경영에 영향을 미치는 경제적, 환경적, 사회적 사안을 전체적으로 아우르면서 기업의 장기적 가치를 추구하는 개념으로, 기업이 근시안적인 이윤극대화가 아닌 건전한 기업 생태계 조성과 그 유지에 힘쓸수록 개별 기업도 장기적으로 건강한 성장을 이룰 수 있음을 의미한다(민재형·하승인·김범석, 2015).

표와 방침의 체계를 통하여 기업의 미래 모습을 결정하고 전달하며, 기업의 행동과 사고의 길잡이가 되는 유용한 개념의 틀을 제공하는 데 있다.

4) 방침(policies)

방침은 의사결정에 있어 사고를 이끌어 주거나 연결시켜 주는 일반적인 기술서(statements)라는 점에서 계획의 한 유형이라고 할 수 있다. 그러나 모든 방침이 반드시 기술로서 표현되는 것은 아니며 때로는 경영자의 활동을 통해서 암시되기도 한다.

5) 절차(procedures)

절차는 미래의 활동방법을 수립한다는 점에서 계획이라 할 수 있는데, 이의 본질은 필요한 행동들의 시간적 순서를 결정하는 것이다. 따라서 절차는 행동에 대한 지침이며, 특정의 활동들이 수행되어야 하는 정확한 방법들을 상세하게 기술하고 있다.

6) 규칙(rules)

규칙은 특별히 요구되는 행동이나 해서는 안 될 행동에 대하여 재량권의 여지가 없도록 규정해 놓은 가장 단순한 형태의 계획으로서 흔히 방침이나 절차와 혼동하는 경우가 있다.

이러한 규칙은 시간적 선후관계를 명시하지 않고 행동을 이끈다는 점에서 절차와 다르다. 반면에 절차는 사실상 규칙의 시간적 순서라고 할 수 있다.

7) 프로그램(programs)

프로그램은 목표, 방침, 절차, 규칙, 과업할당, 취해야 할 조치, 사용될 자원 및 주어진 행동방안을 수행하는 데 필요한 여러 가지 요소들의 복합체로서 통상적으로 예산의 지원을 받는다.

8) 예산(budgets)

예산은 예상되는 결과를 수치로 표현한, 즉 숫자화된 프로그램으로서 프로그램을 실행가능하게 해 준다. 이러한 예산은 재무적 금액으로 표현될 수도 있으며, 노동시간 또는 제품의 단위와 같이 측정가능한 다른 수치로 작성될 수도 있다.

예산은 통제의 수단도 되지만 예산을 편성하는 것은 분명히 경영계획에 속한다.

제2절 계획수립의 단계

경영계획은 일반적으로 <그림 14-4>와 같은 실무적 단계를 거쳐 작성된다. 조직계층상 어느 계층의 관리자들이라도 본질적으로 동일한 단계를 거치게 될 것이나 부차적인 계획이나 보조적인 계획들은 비교적 단순하기 때문에 몇 단계는 보다 쉽게 구분될 수도 있다. 그리고 실무상으로는 각 단계마다 행동방안의 실행가능성을 고려하여 작성되어야 한다.

〈그림 14-4〉 계획수립의 단계

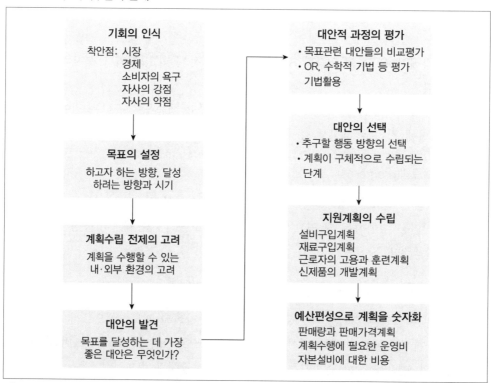

자료: H. Weihrich & H. Koontz(2005), *Management: A Global Perspective*, 11th ed., Singapore: McGraw-Hill, 131.

(1) 기회의 인식

'기회의 인식'이란 '문제의 발견'을 의미하기도 한다. 관리자들은 미래의 가능한 기회에 대하여 명확히 이해하고, 자사의 강점과 약점에 비추어 현재의 위치를 판단하여 해결하고자 하는 문제점과 기대하는 것이 무엇인가에 대해 잘 파악하고 있어야 한다. 이와 같이 계획수립은 기회 여건의 현실적 진단을 요하는 것이다.

(2) 목표의 설정

계획수립에 있어서 두 번째 단계는 기업 전체에 대한 목표를 수립하고 그 다음에는 각 부분단위별 목표를 수립하는 것이다. 이러한 계획수립은 장·단기별로 작성하게 된다. 여기서 설정되는 목표는 기대되는 결과를 구체적으로 명시하고, 달성되어야 할 최종지점은 무엇이며, 어느 부문이 우선적으로 강조되어야 하며, 그리고 전략, 방침, 절차, 규칙, 예산, 프로그램 등 계획체계의 네트워크에 의해 무엇이 달성되어야 할 것인가를 제시해야 한다.

(3) 계획전제의 수립

계획전제란 예측, 적용가능한 기본방침, 기존의 계획 등과 같은 아주 중요한 계획수립의 전제조건을 수립하여 각 관련자들에게 전달하며 사용 시에 이들의 합의를 얻는 일이다. 여기서 전제란 계획이 앞으로 전개될 환경에 대하여 가정한 예상환경을 의미한다. 이 전제에 대하여 계획수립과 관련된 관리자들의 의견이 일치되는 것은 매우 중요한 것이다.

(4) 대안적 과정에 대한 결정

계획수립의 네 번째 단계는 대안적 과정을 모색하고 검토하는 단계이다. 일반적으로 합리적인 대안이 존재하지 않는 계획이란 거의 없으며, 명확하게 드러나지 않는 대안이 오히려 최선의 대안이 되는 경우가 흔하다. 따라서 계획입안자들은 가장 의미있는 대안을 찾아내기 위하여 일반적으로 예비검토를 해야 한다.

(5) 대안적 과정의 평가

대안적 과정을 찾아내어 그들의 강점과 약점을 검토한 후의 다음 단계는 전제와 목표의 관점에서 이들을 상호비교하여 평가하는 것이다. 이 단계에서는 대안적 과정의 효율적 평가를 위해서 경영과학(OR: Operations Research), 수학적 기법 및 컴퓨터 기법이 많이 적용된다.

(6) 대안의 선택

계획이 채택되는 시점으로서 실제로 의사결정이 이루어지는 단계이다. 즉 계획이 구체적으로 수립되는 단계를 말한다. 대부분의 경우 대안의 선택은 많은 대안들 중에서 하나의 최선을 선택하는 것이다. 그러나 대안들을 분석하고 평가한 결과 필요에 따라서는 복수의 대안적 과정을 선택할 수도 있다.

(7) 파생계획의 수립

대안적인 행동과정이 선택되었다고 해서 계획수립이 완결되는 경우는 드물다. 왜냐하면, 계획이 보다 철저하게 수립되고 실행되기 위해서는 이를 보완하고 지원할 후속적인 계획이 뒷받침되어야 하기 때문이다. 따라서 기본계획을 지원하고 보완하기 위한 파생계획(derivative plans)을 수립해야 한다.

(8) 예산의 편성

기본계획과 파생계획이 수립되고 나면, 마지막 단계로 계획을 숫자화하는 예산편성이 필요하다. 기업 전체의 예산은 결과적으로 이익이나 잉여를 낳게 되는 수입과 비용의 총액 및 현금과 자본지출 등 대차대조표에 나타나는 주요 항목들의 예산을 나타낸다. 잘 편성된 예산은 다양한 계획들을 서로 연결시켜 주는 수단이 될 뿐만 아니라 통제의 기준이 된다.

제3절 목표관리에 의한 계획수립

01 목표관리의 의의

목표관리 또는 목표에 의한 관리(MBO: management by objectives)는 1954년 드러커(P. F. Drucker)가 "경영의 실제"(The Practice of Managements)라는 저서에서 처음으로 제창한 것으로서, 과거의 경영이론과 실제에 있어서 목표관리만큼 많은 관심과 또는 적용을 해 온 경영기법은 없을 정도로 발전해 왔다. MBO란 조직목표를 효율적으로 달성하기 위하여 경영자(상사)와 부하의 합의하에 목표를 설정함으로써 부하직원들의 참여에 의한 동기를 부여하고, 설정된 목표를 실적평가와 통제의 주요 기초로써 사용할 것을 강조하는 경영철학인 것이다. 무엇보다도 MBO는 성과의 달성과 결과(results)를 강조하는 사고방식이다. 이러한 MBO의 특성은 그 구성요소인 목표의 구체성, 부하가 참여한 의사결정, 계획기간의 명시, 실적에 대한 피드백을 살펴봄으로써 더욱 잘 알 수 있다(Robbins et al., 2015, 199).

1) 목표의 구체성

MBO에서는 달성하고자 하는 목표를 간단 명료하게 제시해야 한다. 예를 들면 단순히 '비용을 절감하자' 혹은 '서비스나 품질을 개선하자'는 식으로 표현하는 것은 적절하지 못하다. 따라서 이러한 목표들은 측정될 수 있고 평가될 수 있도록 구체적인 목표로 예를 들면 품질개선을 위해 '반품률을 1% 미만으로 유지하자'라는 식으로 표기되어야 한다.

2) 부하참여의 의사결정

전통적인 목표설정의 특징은 상사의 일방적 결정에 의해서 이루어졌다면 MBO에서는 부하가 참여하게 되고 상사와 합의하여 결정하게 된다. 목표설정이 상사와 부하 간에 상호협의와 조정으로 이루어지기 때문에 목표 실현가능성도 높일 수 있다.

3) 계획기간의 명시

MBO는 목표가 달성되는 명확한 기간이 명시되어야 한다. 일반적으로 계획 기간 명시는 3개월, 6개월 혹은 1년 단위로 정하여 과업의 진행상황에 따라 정기적으로 통제를 할 수 있는 근거를 마련해야 한다.

4) 실적에 대한 피드백

MBO는 목표를 달성하기 위해 정보가 계속적으로 피드백되어야 한다. 피드백이 보다 이상적으로 되기 위해서는 개인에게 계속적으로 관련정보에 대한 피드백을 시켜 줌으로써 각각의 지적사항이나 수정행동기능을 추적할 수 있도록 해야 한다.

02 MBO에서의 목표설정

〈그림 14-5〉 전통적인 목표설정

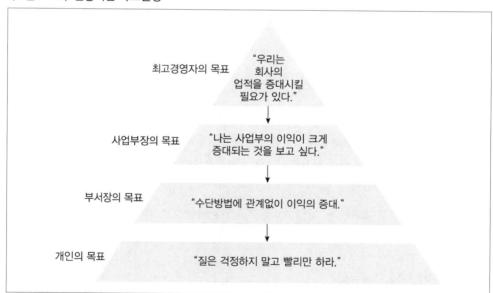

자료: S. P. Robbins & M. K. Coulter(2011), *Management*, 11th ed., Upper Saddle River, NJ: Pearson Education, 198.

전통적인 목표설정 방식은 <그림 14-5>에서와 같이 먼저 최고경영자가 목표를 설정한 후 각 조직수준별 하위목표(subgoal)를 확립하는 일방적 과정을 거치게 되고, 최고경영층은 일방적으로 하위계층에 성과표준을 부과하게 된다. 그리고 업적성과에 대한 평가는 일정 기간 후에 목표달성의 평가에 따라 이루어진다. 이와 같이 전통적인 목표설정 방식에서의 목표의 역할은 최고경영자에게 부여된 통제수단의 하나라고 할 수 있다.

그러나 목표관리에서의 목표설정은 <그림 14-6>에서와 같이 조직전체의 목표가 연속적인 각 하위계층의 특정 목표, 즉 사업부별, 부서별, 개인별 목표로 하향적으로 연계되기는 하지만 하위계층의 관리자들은 자기영역의 목표설정에 공동으로 참여하게 된다. 따라서 MBO에서의 목표설정은 하향식(top-down) 방법으로뿐만 아니라 하위계층의 참여에 의한 상향식(bottom-up) 방법에 의해 상호적으로 이루어지게 된다. 종업원 개인별로도 각각의 소속된 부서의 성과를 달성하기 위한 개인별 목표를 가지고 있다. 따라서 개인별로 각각의 목표를 달성하게 되면 그가 소속한 단위부서의 목표가 달성되고 나아가서는 조직 전체의 목표가 실현되게 되는 것이다.

〈그림 14-6〉 MBO에서의 목표설정

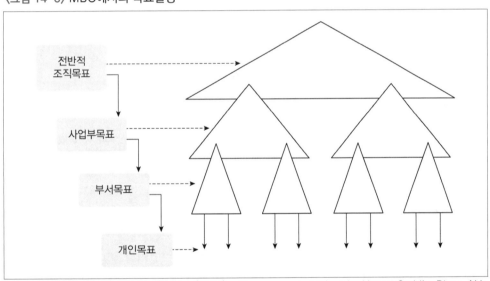

자료: S. P. Robbins & M. K. Coulter(2011), *Management*, 11th ed., Upper Saddle River, NJ: Pearson Education, 199.

03 목표에 의한 관리의 과정

　목표관리시스템이 체계적으로 구성되어 잘 실행되기 위한 동태적 과정은 <그림 14-7>과 같다.

〈그림 14-7〉 목표관리의 과정

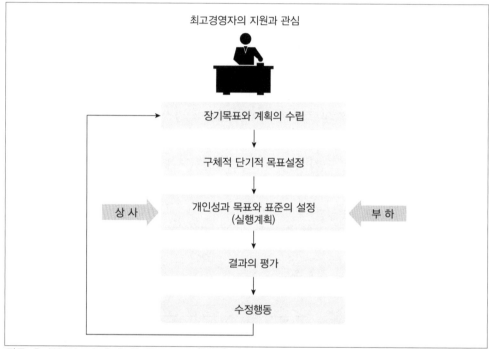

자료: R. W. Mondy & S. R. Premeaux(1995), *Management: Concepts, Practices and Skills*, 7th ed., Englewood Cliffs: Prentice-Hall, 155.

(1) 장기목표와 계획의 수립

　MBO의 중요한 요소는 장기목표와 계획을 확립하는 일이다. 장단기의 구분은 다양한 기준에 따라 구분할 수 있으나 보통 1년 이상에 걸쳐 조직이 이뤄야 할 목표를 장기목표라 한다. 이러한 계획들은 조직의 사명이나 기본적 목적을 고려함으로써 개발될 수 있는 것이다. 일본인들 사이에 경영의 신으로 추앙받는 마쓰시다 전기의 창업자였던 마쓰시다 고노스께(松下幸之助)는 230년간의 장기계획으로 유명하다.

(2) 단기목표의 설정

단기목표도 장기목표와 계획처럼 전반적인 조직목적과 관련하여 설정하여야 한다. 단기목표는 일반적으로 생산성, 마케팅활동과 수익성 영역에서 목표로 제시되는 것처럼 특정의 양적 목표로 표현된다.

(3) 개인의 성과목표와 표준설정

목표관리과정에서 가장 중요한 단계는 개인에게 도전감을 주되 달성가능한 목표를 설정해 주고 상사와 부하 간의 합의에 의하여 표준을 설정하는 것이다. 이와 같이 개인의 성과목표와 표준의 설정은 구체적인 실행계획(action plan)을 의미하는 것으로 각 개인은 상사와 공동으로 목표를 설정하고 상사는 목표달성을 위한 과업수행 방법에 대해서 부하직원에게 어느 정도의 재량권을 주어야 한다.

실행계획은 각 개인들이 특별히 수행해야 할 일이 무엇이며 언제 종결되어야 할 것인가를 명확히 제시해 주어야 한다. 예를 들면, 판매관리자가 내년도에 판매량 20% 증가를 목표로 하였을 때, 실행계획에서는 3인의 경험있는 판매인을 고용하고, 주요 고객을 일주일에 6회씩 방문하며, 모든 판매원들에게 적절한 판매량을 할당하는 것이 필요하다.

(4) 결과의 평가

개인의 성과목표와 표준을 설정한 실행계획이 수립되었으면 다음 단계로 목표달성을 위한 진척상황에 기초하여 성과를 측정하고 평가하는 단계이다. 특정의 성과목표는 경영자에게 비교의 근거를 마련해 주는 것이 되며, 목표가 상사와 부하직원의 합의에 의해 설정되었을 때 자기평가와 통제가 가능해지는 것이다. 사실상 MBO에 있어서 업적평가는 상호협의에 근거한 공동노력인 것이다.

(5) 수정행동

비록 목표관리시스템이 아무리 훌륭한 경영관리 틀을 제공한다고 하더라도 결과가 계획대로 수행되지 않았을 때는 경영자는 스스로 수정행동을 취해야 할 필요가 있다. 이러한 행동은 담당자를 바꾸거나 조직을 변경하며, 심지어는 목표를 변경하는 방식으로 이루어진다. 나가서는 관리자나 종업원들에게 교육훈련을 시킴으로써 기대한 결과를 보다 잘 달성할 수 있도록 하는 방식을 채택하기도 한다. 수정행동은 언제나 부정적 의미를 가져서는 안 된다. 그러므로 경우에 따라서는 목표관리시스템에서도 목표는 직무수행과 관련하여 아무런 제약 없이 하향 조정될 수 있는 것이다.

04 MBO의 평가

MBO는 그것이 갖고 있는 유용성 때문에 널리 적용되어 왔음에도 불구하고 한편으로는 그 적용상 한계 때문에 실패하는 경우도 많이 있었다. 이런 점에서 MBO의 효과에 대한 평가는 다양하게 내릴 수 있다. 쿤쯔는 MBO의 장점과 문제점을 아래와 같이 제시하였다(Weihrich & Koontz, 2005, 159－162).

(1) 목표관리의 장점

① 경영관리의 개선: 목표관리는 경영자로 하여금 단순한 계획수립을 요구하는 것이 아니라 성과를 위한 계획수립을 고려하도록 한다. 그리고 현실성있는 목표를 설정하기 위한 관리상의 많은 요인을 고려함으로써 경영관리의 개선을 가져올 수 있다.

② 조직의 명확화: MBO는 관리자에게 조직의 역할과 조직구조를 명확히 할 것을 요구한다.

③ 자기 목표에 대한 전념(commitment): 조직구성원 스스로가 명확한 목적의식을 가지고 자기의 임무에 전념하도록 해 준다. 즉 구성원들에게 목표설정 기회에 참여시키고 이를 달성하기 위한 프로그램 진행상의 재량권을 부여함과 동시에 자기를 통제할 수 있는 기회를 제공해 준다.

④ 효과적인 통제의 개발: 통제기능 자체가 결과를 측정하고 계획으로부터의 편차를 수정하는 과정이므로 이의 기준이 되는 목표를 명확히 한다는 것은 그만큼 통제기능을 효과적으로 수행할 수 있다는 것이다.

(2) 목표관리의 단점

① MBO의 철학에 관한 교육의 실패: MBO는 단순한 경영관리기법이 아니라 목표관리의 본질인 참여에 의한 목표설정과 자기통제방식이 적용된다는 기본적인 철학을 구성원들에게 이해시키지 못하고 있다는 점이다.

② 목표설정자에 대한 지침 제공의 실패: 관리자는 계획수립의 전제, 회사의 목표와 방침이 무엇이며, 자신의 활동이 목표와 어떻게 관련을 갖고 있는지를 알아야 한다. 이러한 필요성을 충족시키기 위해서는 관리자들에게 조직수준별 목표수립에 대한 명확한 지침(guideline)이 제공되어야 한다.

③ 목표설정의 어려움: 실제로 검증할 수 있는 목표를 설정하는 것은 어렵다. 그러나 쉽게 달성되지 않는 목표라도 노력하면 달성가능한 목표를 설정해야 하며 기대되는 행위를 분명히 해야 한다.

④ 단기목표의 강조: 대부분의 MBO 프로그램에서 관리자들이 설정하는 목표는 단기적인 목표가 많기 때문에 장기적인 목표가 상대적으로 소홀히 다루어지는 경향이 있다.

⑤ 비탄력성의 위험: 목표변경에 대한 거부감 또는 변경된 기업목적 및 수정된 정책에 의해 쓸모 없게 된 목표를 관리자가 달성하려는 경직된 성향을 의미한다.

이 외에도 성과측정을 지나치게 강조한 나머지 양적 목표만을 생각하는 경우도 있다(서도원·이덕로, 2016, 551).

(3) MBO의 성공요건

목표관리를 실제 적용함에 있어서 위와 같은 많은 어려운 점이 있음에도 불구하고, 이 시스템은 실무에 있어 목표설정을 강조하고 있으며 오랫동안 계획수립과 관리수행의 본질적 부분으로 인식되어 왔다. 따라서 MBO시스템의 실제 적용에 있어 성공을 거두기 위해서는 적어도 다음과 같은 지침이 마련되어야 한다.

첫째, 최고경영층의 지원이 있어야 한다.

둘째, 자율성이 보장되어야 한다. MBO는 관리수단이며 관리책임이 수반되므로 인사부서 등의 스태프부서로부터 간섭이 없어야 하며, 각 부서의 관리자와 부하 간에 직접적인 관계에 의해 자율적으로 이루어지도록 해야 한다.

셋째, 명확한 목표설정이 요구된다. 목표를 설정할 때 목표가 의미있고 잘 표현되도록 해야 한다. 즉 목표가 구체적이고, 기간이 명시되며, 이해하기 쉽고 도전할 수 있는 것이어야 한다.

넷째, 조직 내에 원활한 커뮤니케이션이 이루어지도록 해야 한다.

CHAPTER

15

경영조직론

제1절 조직화 기능

01 조직화와 관리기능

(1) 조직화의 의의

계획이 수립되어 목표가 제시되면 경영자는 그것을 달성하기 위한 조직 내 인적자원과 물적자원을 적절하게 조직화(organizing)하는 것이다. 조직화 기능은 <그림 15-1>과 같이 경영계획 과정에서 설정된 목표를 달성하기 위해 '일'을 세분화하여 구성원들에게 배분하고 자원을 할당하며, 그리고 산출결과를 조정화하는 과정으로서 통제기능과도 유기적 관계를 갖고 하나의 관리순환체계를 형성하게 된다.

〈그림 15-1〉 조직화와 다른 관리기능과의 관계

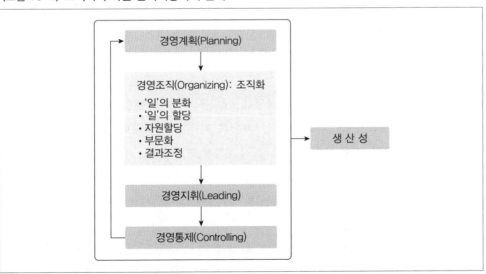

자료: W. G. Nickels, J. M. McHugh, & S. M. McHugh(2016), *Understanding Business,* 11th ed., New York, NY: McGraw-Hill Education, 183.

여기서 경영관리 과정(process)으로서 이해되는 조직화(organizing)의 의미는 실체로서의 조직(organization)과는 구분된다. 즉 조직(organization)은 경영자의 조직화 기능의 수행결과로서 형성된 것이며, 반면에 조직화(organizing)는 조직의 형성과 유지를 위한 관리과정적 기능이다. 따라서 조직화(organizing)는 동태적인 표현으로서 다분히 기능적인 의미를 내포하고 있는 반면에, 조직(organization)은 정태적 표현으로서 형태나 구조의 의미를 갖게 되며 경영조직론은 이 두 부분에 대한 이론과 실제를 대상으로 하는 것이다(Schmerhorn, 2001, 178-179).

(2) 조직화를 위한 의사결정

관리기능으로서의 조직화가 잘 이루어지게 되면, 첫째, 조직 내 구성원들이 '무엇을'(what) 해야 할 것인가가 분명하게 되고, 둘째, '누가'(who), '누구에게'(whom), 책임을 지는가가 명확해지며, 셋째, 커뮤니케이션 경로가 명확해진다. 그리고 자원배분이 조직목적에 맞도록 집중될 수 있다.

이를 위해 조직화에 대한 다음 사항의 내용에 대해 체계적인 의사결정을 해야 한다.

① 일(work)의 분화: 먼저 조직화를 위해서는 조직목표를 달성하기 위해 필요한 일(work)들을 파악하여 보다 작은 과업(task)으로 세분화시켜야 한다. 일의 세분화는 전문성을 고려하여 분업(division of work)의 이점을 살릴 수 있도록 이루어져야 한다.

② 일(work)의 할당: 전문성을 살려 세분화된 모든 일들을 능력이 있는 자에게 할당한다.

③ 필요한 지원과 자원할당: 조직목표 달성을 위한 실행활동이 원활하게 이루어질 수 있도록 여러 가지 필요한 지원과 자원을 할당해야 한다. 자원할당과 지원은 자원의 효율성과 전체적 조직효과성을 고려하여 의사결정을 해야 한다.

④ 관련된 일(work)의 집단화: 구성원 개인이나 집단이 수행하는 '일'들이 똑같거나 유사한 것을 집단화(grouping)하며, 이는 곧 부문화(departmentation)를 의미한다.

⑤ 과업활동의 조정: 구성원 그리고 각 부문별로 수행할 '일'들을 갖고 있다. 그러나 이러한 '일'이 협조가 잘되어 보다 높은 조직성과를 이루기 위해서는 적절한 조정이 있어야 한다.

여기에는 두 가지의 기본적인 문제, 즉 조직 내 다양한 구성요소들을 어떻게 분화 (differentiation)하고 통합(integration)시킬 수 있는가를 해결할 수 있어야 한다(Schmerhorn, 2001, 178-179).

그러나 분화와 통합의 문제는 매우 복잡한 관계를 갖고 작용한다. 그러므로 경영 자들은 자기 통제하에서 자원을 조직화할 때 분화와 통합을 신축적으로 조정함으로써 조직목표가 효과적으로 달성될 수 있도록 해야 한다.

02 조직화 과정과 원칙

(1) 조직화 과정의 전제

조직화 기능은 조직목표를 효과적으로 달성하기 위하여 조직(구조)를 구성하고 유지하는 관리활동이지만 모든 활동이 조직(구조)에서 이루어지는 것이기 때문에 조직 (구조)의 특징을 명확히 이해할 필요가 있다.

첫째, 조직구조는 목표와 계획을 반드시 반영하여야 한다. 왜냐하면 조직 내 모든 활동은 조직목표와 계획으로부터 시작되기 때문이다. 둘째, 조직구조는 직위에 주어진 합법적인 권력형태로서의 권한체계를 반영해야 한다. 셋째, 계획과 마찬가지로 조직구 조는 그 환경, 즉 경제적, 기술적, 정치적, 사회적, 그리고 윤리적 환경요인을 반영시켜 야 한다. 따라서 조직구조는 절대적인 것이 아니라 상황변화에 따라서 변화에 적응될 수 있도록 재조직화(restructuring)될 수도 있는 것이다. 넷째, 조직은 사람들로 충원되 는 것이기 때문에, 조직 내의 모든 활동과 조직구조의 권한관계는 인간의 한계와 관습 을 고려해서 결정되어야 한다.

(2) 조직화의 과정

조직화의 과정은 <그림 15-2>와 같이 3-6단계의 과정을 거쳐 이루어진다.

〈그림 15-2〉 조직화의 과정

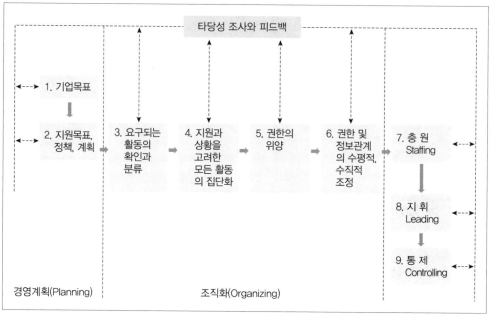

자료: H. Weihrich & H. D. Koontz(2005), *Management: A Global Perspective*, 11th ed., Singapore: McGraw-Hill, 258.

①－② 1－2단계: 경영계획(planning) 과정

③ 3단계(필요한 활동의 파악과 분류): 조직목표를 달성하기 위해서 필요한 일 (works)과 활동(activities)이 어떠한 것이 있는가를 확인하고 특성을 고려하여 분류한다.

④ 4단계(활동의 집단화): 위에서 분류된 일(works)이나 활동을 세분화하여 각 개인 에게 할당하고 이를 부문화하는 단계이다. 즉 확인된 일과 제 활동이 잘 수행 될 수 있도록 집단화, 즉 부문화(departmentation)하고 최선의 사용방안을 마련 하는 단계이다.

⑤ 5단계(권한의 위임): 할당된 활동을 원활히 수행할 수 있도록 각 직위에 권한을 위임하는 단계로서 각 직위별로 그리고 직위와 직위 간에 상호관계가 설정된다.

⑥ 6단계(통합단계): 권한관계와 정보흐름을 통하여 모든 부문화된 부문들을 수평 적·수직적으로 통합하는 단계이다.

위의 3－6단계를 거쳐 조직화 과정이 끝나면 설정된 각 직위에 필요한 요원을 배 치하는 등 충원화(staffing) 과정이 필요하게 된다.

(3) 조직화의 원칙

조직화에 관한 여러 가지 원칙은 이미 제14장의 관리원칙에서 논의된 바와 같이 반드시 지켜야 할 법칙은 아니더라도 조직화 기능을 수행하는 하나의 기준을 제공하고 있다고 할 수 있다. 웨이리치와 쿤쯔는 조직화 원칙을 조직화의 전 과정, 즉 조직화의 목적, 조직화 이유, 조직구조의 권한관계, 부문화, 그리고 조직화 과정별로 구분하여 다양한 원칙들을 제시하고 있다(Weihirich & Koontz, 2015, 258-260).

1) 관리한계의 원칙(span of management)

관리한계란 한 명의 관리자가 효과적으로 관리할 수 있는 부하의 수로(Robbins & Judge, 2015, 468) 관리직위에 따라 다르다. 그러나 관리한계의 정확한 수는 여러 가지 상황적 요인에 따라 다를 수가 있다. 조직화를 하게 되는 이유와 관련된 관리한계의 원칙은 '계층의 원칙'과 밀접한 관계가 있다. 즉 관리범위의 숫자가 많을수록 계층의 수는 줄어들며, 반면에 관리범위의 수가 줄어들면 계층수가 증가되는 경향이므로 계층의 원칙과 모순되는 원칙이라 할 수 있다.

2) 계층의 원칙(scalar principle)

계층의 원칙(scalar principle)은 조직구조의 수직적 계층분화에 따른 직위의 권한과 관련한 원칙으로 일명 계층단축화의 원칙(principle of scalarship)이라고도 한다. 즉 조직의 수직적 계층수가 적을수록 조직의 상층부에서 개별적인 부하의 직위에 이르기까지 권한계통이 명확해질 수 있으며, 의사결정에 대한 책임이 더욱 분명해질 수 있고, 조직의 의사소통은 더욱 효과적으로 이루어질 수 있게 된다. 반면에 상하의 수직적 계층이 길어지거나 많아지면 정보전달이 늦어지며 의사소통이 불충분하거나 왜곡되어 상호이해가 곤란하게 된다. 따라서 이 원칙은 관리한계의 적정화를 고려하여 도입되는 것이 바람직한 것이다.

3) 권한위양의 원칙(principle of delegation)

조직 내의 하위자가 상사의 지시나 명령을 받지 않고, 독자적인 재량권으로 직무를 수행할 수 있도록 상사가 갖고 있는 직무수행의 권한을 하위자에게 위양하는 과정을 의미한다(이명호, 2015, 186). 이러한 권한위양의 원칙은 직무가 너무 상사에게만 집중되는 것을 방지할 수 있고, 하위자의 창의력을 발휘할 수 있으며, 그리고 문제가 발생되었을 때 상황에 맞는 결정을 신속히 할 수 있다는 이점이 있다.

권한위양의 원칙과 관련된 것으로 책임절대성의 원칙(principle of absoluteness of responsibility)과 예외의 원칙(principle of exception)이 적용될 수 있다. 책임절대성의 원칙이란 권한을 위양했어도 책임은 위양될 수 없음을 의미한다. 이 경우 상사가 자기의 '일'을 부하에게 위양했다고 하더라도 부하의 '일'에 대해서는 책임을 져야 한다는 것이다. 그리고 예외의 원칙은 상사는 일상적이고 반복적인 일을 하위자에게 위양하고, 자신은 예외적이거나 우연적인 업무만 수행하게 되는 것을 의미한다.

4) 권한과 책임의 원칙(principle of authority and responsibility)

개인에게 할당된 직무와 관련하여 책임과 권한관계를 명확히 하여야 한다는 원칙이다. 권한과 책임은 서로 적절히 대응(일치)하여야 조직활동이 원활해질 수 있다는 의미에서 권한과 책임의 일치원칙(principle of parity of authority and responsibility)이라고도 한다.

또한 직무와 관련하여 볼 때, 직무를 수행하기 위해서는 필연적으로 권한과 책임이 부여되어야 하며, 이를 수행한 담당자는 직무수행결과에 대한 보고의무(accountability)를 가져야 한다. 즉 <그림 15-3>와 같이 권한과 책임 그리고 보고의무가 밀접하게 대응해야 한다는 의미에서 직무의 '삼면등가(三面等價)의 원칙' 혹은 권한-책임-보고의무 3면등가의 원칙이라고도 한다.

〈그림 15-3〉 권한-책임-보고의무 3면등가의 원칙

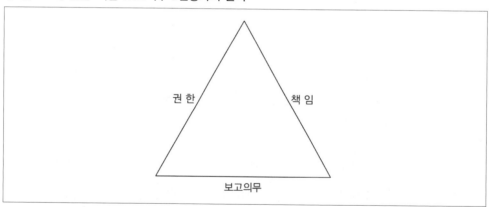

자료: 김영규(2008), 「경영학원론」, 2판, 박영사, 243.

5) 명령일원화의 원칙

명령일원화의 원칙(principle of unity of command)이란 조직질서를 유지하기 위한 명령체계의 확립을 요구하는 원칙이다. 즉 한 사람의 하위자는 한 사람의 직속상사로부터 지시·명령을 받아야 한다는 원칙으로(Robbins & Judge, 2015, 468), 이렇게 했을 때 조직질서가 유지될 수 있다는 것이다. 이러한 원칙이 잘 지켜지면 조직 내 갈등문제는 더욱 적어질 것이며 결과에 대한 개인적 책임감은 더욱 커질 것이다. 반면에 명령계통이 일원화되어 있지 못하여 둘 이상의 상사로부터 명령을 받게 되면 조직질서는 혼란해지고 책임소재가 불명확할 뿐더러 책임감도 결여될 것이다.

6) 기능화의 원칙(principle of functionalization)

조직구조의 부문화(departmentalization)와 관련하여 적용되는 원칙으로서 조직 내 '일'의 기능을 중시하게 된다. 즉 조직 내에서 수행해야 할 '일'을 확인하고 특성에 따라 분류·통합하여 각각의 직무에 적절한 담당자를 배치하면 그 기능이 발휘되어 조직이 효율적일 수 있다는 원칙이다.

제2절 조직구조

01 조직구조의 의의

조직구조는 조직의 목표를 달성하기 위하여 개인과 집단의 행동을 이끌어갈 직무와 부서의 체계적인 틀(frame)로서 조직화 기능의 기반을 제공하는 것이다(Ivancevich et al., 1994, 254). 이런 점에서 조직 내의 하위 단위조직을 의미한다. 이러한 조직구조 개념을 조직화(organizing) 기능과 관련지어 볼 때, 조직화 기능이 경영자의 조직활동에 대한 의사결정 기능인 반면에 조직구조는 의사결정 결과를 반영한 것이라고 볼 수 있다.

조직구조가 조직 내외적으로 제 기능을 잘 할 수 있도록 하기 위해서는 상황적합적인 조직설계가 이루어져야 한다. 상황적합적 관점에 의하면 조직구조에 영향을 미치는 요인으로 보통 환경, 전략, 기술, 규모 등을 들고 있다. 따라서 조직구조를 설계할 때는 뒤에서 상세히 설명하겠지만 이러한 상황적 요인과 조직구조와의 관계에 대한 기본적 명제에 근거해야 할 것이다. 이러한 조직구조는 어떻게 결정되고, 구성요소는 무엇이며, 그리고 형태는 어떠한 것이 있는가를 살펴봄으로써 더욱 그 특성을 잘 알 수 있다.

또한 조직구조가 공식적으로만 형성되는 것은 아니다. 이러한 인위적인 공식조직 속에는 작업관계나 일상적 과업수행과정에서 자생적으로 생성되는 비공식조직구조도 존재하고 있다.

(1) 공식조직구조(formal organization structure)

　　공식적으로 조직된 기업 내의 의도적인 역할구조를 의미한다. 즉 조직목표를 달성하기 위하여 조직 내 구성원들의 역할관계를 인위적으로 체계화한 구조체계이다. 이러한 공식조직구조의 개념은 <그림 15-4>와 같이 조직도(organization chart)를 통해서 잘 파악할 수 있다.

〈그림 15-4〉 조직도

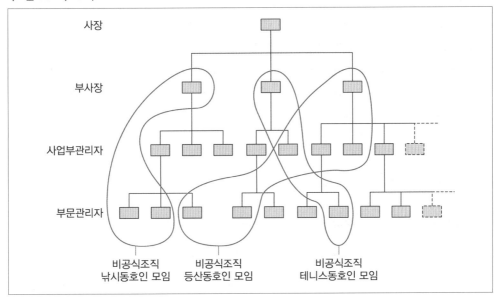

　　조직도는 조직 내의 직무내용과 직위 간의 관계를 구성하는 기본체계로서 다음과 같은 특성의 정보를 제공해 준다.

① 분업(division of work): 조직도표상의 4각형으로 표시된 부분으로서 구성원 각자가 할 일이 할당되어 있다.
② 직무유형: 각 직위에 할당된 직무의 특성과 직위명칭을 알 수 있다.
③ 상사와 부하의 관계: 조직도상의 각 직위 간을 연결하고 있는 선은 권한계층상에 있어서 누가 누구에게 업무보고를 해야 하는가를 보여준다.
④ 의사소통의 경로: 도표상의 선은 정보의 공식적 흐름이 조직 전체를 통하여 어떻게 이루어지고 있는가를 나타내고 있다.

⑤ 하위집단 구성: 조직도는 여러 가지 직위들이 결합되어 하위집단을 이루고 있고, 여러 직위들로 구성된 하위집단이 누구의 관리하에서 함께 일하는가를 보여준다.

⑥ 관리계층: 조직도는 또한 권한계층상 몇 개의 관리계층이 있는가를 보여준다.

그러나 공식조직구조는 신축성을 가져야 한다. 물론 공식조직에서 '공식적'이라는 의미가 본래부터 비탄력적이라거나 조직을 지나치게 제약하는 것은 아니다(Weihrich & Koontz, 2005. 259). 그렇지만 조직이 실제 조직활동을 하는 데 있어서 조직도상의 공식조직구조는 정태적인 모형(static model)에 불과하기 때문에 복잡하고 동태적인 상호작용이 이루어지는 개방체계로서의 기업조직 전체를 완전하게 묘사할 수 없다는 한계를 갖게 된다(김귀곤 외, 2018, 197). 따라서 공식조직구조는 조직 내 구성원들이 창조적 재능을 발휘할 수 있도록 자유재량권을 주며, 개인적인 의도와 역량을 인정할 수 있는 여지가 있도록 신축성을 가져야 한다.

(2) 비공식조직구조

1) 비공식조직구조의 의의

비공식조직구조는 공식적으로 설정되거나 공식성이 요구되는 것은 아니지만 사람들이 서로 교제하게 됨에 따라 자생적으로 형성된 개인적이고 사회적 관계의 네트워크로 정의된다(Davis & Newstrom, 1989, 308). 즉, 비공식조직구조는 조직 내 구성원들의 개인적이고 사회적 욕구의 필요성에서 생겨난 자생적 조직으로서, 공식적으로 문서화되거나 인지되는 것은 아니다. 그러나 실제의 일상적 직무수행에 있어서는 매우 중요한 직무관계를 형성하게 된다.

<그림 15-4>상의 곡선으로 표시된 부분은 비공식조직을 나타내는 것이며 각각의 비공식조직 형성의 목적에 따라 구성집단이 다르게 형성되어 있음을 볼 수 있다. 공식조직의 이면에 이러한 비공식조직이 존재하는 것을 처음으로 인식하게 된 것은 앞서 제3장에서 살펴본 호손실험(Hawthorne experiment)의 결과 그 중요성이 밝혀지면서부터 비롯된 것이다.

2) 비공식조직구조의 이점

비공식조직구조가 공식조직구조와 구성원들에게 제공할 수 있는 잠재적인 이점은 아래와 같다.

① 조직구성원들의 과업달성에 도움을 줄 수 있다.
② 공식조직구조의 한계를 보완해 준다.
③ 조직 내 의사소통을 원활하게 해 준다.
④ 조직구성원 간에 서로 지원하고 보호해 준다.
⑤ 사회적 욕구(social needs)를 만족시켜 준다.
⑥ 일체감과 소속감을 갖게 해 준다(윤종훈 외, 2013, 268).

3) 비공식조직구조의 문제점

비공식조직구조는 공식조직구조 운영에 도움을 줄 수 있는 이점도 있으나 오히려 불리하게 작용할 수도 있다. 이러한 구체적인 예로는 다음과 같다.

① 변화에 대한 저항을 가져올 수 있다.
② 경영상의 관심을 다른 데로 돌리는 경향이 있다.
③ 조직목표 달성을 위한 노력을 다른 데로 돌리는 경향이 있다.
④ 조직 내 불필요한 소문이 만연할 수 있다.

02 조직구조의 특성요인

(1) 조직구조의 구성요소

조직활동의 기반을 제공하는 조직구조는 복잡성(complexity), 공식화(formalization), 그리고 집권화(centralization) 등 세 부분으로 구성되며, 조직에 따라 이들 요소의 결합되는 정도가 다르다(Robbins, DeCenzo, & Coulter, 2015, 30-34).

1) 복잡성(complexity)

조직 내에 존재하는 분화(differentiation)의 정도를 의미한다. 조직은 성장하여 규모가 커지게 되면 일을 보다 많이 분할하게 되고 보다 많은 부서들이 생겨남에 따라 조직의 복잡성은 커지게 된다.

2) 공식화(formalization)

조직 내 종업원들의 행동을 지시할 규칙이나 절차의 표준화 정도를 의미한다. 따라서 조직 내에 보다 많은 규칙이나 절차가 정형화되어 있으면 조직구조는 보다 공식화된 조직구조 형태로 설계된다. 이러한 공식화 수준은 조직마다 다르며 조직 내에서는 직무의 특성에 따라 서로 다르다. 대체로 단순하며 반복적으로 수행하는 직무일수록 공식화의 정도는 크다. 그러나 전문화 수준이 높은 직무는 공식화하기가 어렵다.

그리고 공식화 정도는 또한 조직계층이나 부서에 따라서도 다르게 나타날 수 있다. 조직의 상위층으로 올라갈수록 관리자는 비정형화된 직무에 대한 의사결정을 많이 하는 반면 하위층에서는 상대적으로 정형화된 반복적인 업무를 많이 하게 된다. 또한 부서의 취급 업무에 따라서도 공식화 수준은 다르게 나타난다. 이를테면 생산부서의 자동화나 기계화를 통한 반복 작업활동은 작업표준화가 전제되어야 한다.

3) 집권화(centralization)

의사결정 권한이 조직을 통하여 얼마나 분산되었는가의 측정과 관련한 것으로 집권화가 큰 조직은 의사결정 권한을 최고경영층이 보유하게 되며, 반대로 분권화가 큰 조직은 권한이 하위계층으로 많이 위양된다. 집권화의 특성은 후술하게 될 조직구조의 결정요인과 관련하여 그 특성을 달리할 수 있다.

(2) 조직구조의 결정요소

모든 조직체는 주어진 상황하에서 설정된 조직목표를 달성하기 위한 가장 적합한 조직구조를 형성함으로써 조직마다 각기 다른 다양한 조직구조 형태를 갖추게 된다. 이렇게 다양한 조직구조 형태가 있지만, 경영자들이 실제로 조직형태를 결정할 때는 대체로 4가지 요소, 즉 직무의 전문화(specialization of jobs), 권한위양(delegation of authority), 부문화(departmentation), 관리한계(span of control)를 고려하게 된다. <그림 15-5>는 경영자들이 조직설계를 할 때 고려할 결정요소들의 선택범위를 보여주고 있다.

〈그림 15-5〉 조직구조의 결정요소

- **직무의 전문화**
  높다 ——————————————— 낮다

- **부문화**
  동질적 ——————————————— 이질적

- **권한위양**
  집권화 ——————————————— 분권화

- **관리한계**
  좁음 ——————————————— 넓음

자료: J. M. Ivancevich, P. Lorenzi, S. J. Skinner, & P. B. Crosby(1994), *Management: Quality and Competitiveness*, Burr Ridge, Ill.: Irwin, 256.

1) 직무의 전문화

조직구조의 가장 기본적인 것은 먼저 구성원들에게 할 일(work)을 배분하는 것이다. 이때 경영자는 조직 전체의 업무를 어떠한 원칙에 따라 배분할 것인가를 결정해야 한다. 전통적 고전이론에서는 가능한 한 직무를 전문화, 세분화하는 것이 능률과 생산성을 높이는 방법으로 인식하여 분업의 원칙에 따라서 직무를 배분하여 왔다. 따라서 직무 담당자는 전문화된 일을 반복적으로 처리함으로써 생산성을 높일 수가 있었던 것이다. 그러나 직무를 전문화시켜 수행하게 되면 단기적으로 능률과 생산성 향상의 효과가 기대되지만, 장기적 관점에서 보면 작업의 단순한 반복과정에서 지루함을 느끼기 때문에 오히려 생산성이 떨어질 수도 있다. 따라서 경영자는 조직구조 설계 시 이런 점을 간과해서는 안 된다.

2) 권한위양

조직설계 후 직위의 구성원들에게 직무가 할당되면 그 직무를 수행할 수 있는 권한이 주어져야 한다. 여기서 권한(authority)이란 직위에 주어진 합법적인 권력형태로써 주어진 책임과 임무를 수행하는 데 필요한 의사결정권을 의미한다(Ivancevich et al., 1994, 256). 경영자는 모든 일을 혼자서 할 수 없기 때문에 어떠한 과업을 다른 사람에게 위양할 수가 있다. 이와 같이 경영자가 조직구조 설계 시에 조직계층을 통하여 권한을 하위계층으로 위양하는 과정을 분권화(decentralization)라고 하며, 반대로 권한을 경영자에게 집중시키는 것을 집권화(centralization)라고 한다.

조직설계에 있어서 권한의 위양관계는 매우 중요한 요소로 작용한다. 왜냐하면 권한위양이 수직적인 조직계층을 따라 이루어지면 하나의 명령체계(chain of command)를 형성하게 되며, 권한위양 정도에 따라 집권적 또는 분권적 조직구조를 결정하게 되기 때문이다. 또한 권한관계를 수평적 분포 측면에서 고려할 때는 기능적 조직구조 형성에 지배적 역할을 하기 때문이다. 즉 권한관계가 조직계층상 상위층에 집중될수록 집권적 조직구조를 형성하고, 반면에 하위계층에 권한위양이 많이 될수록 분권적 조직구조가 형성된다.

권한관계를 수평적 차원에서 고려할 때는 조직의 기능별 부문화 과정에서 라인부서와 스태프부서의 관계설정에 매우 중요한 요인이 될 수 있다. 즉 조직구조 설계 시에 기획, 인사, 총무, 경리 등의 스태프부서에 많은 권한이 집중될수록 기능적 조직(functional organization)이 구성되며, 반면에 생산, 판매 등의 라인부서에 많은 권한이 부여될수록 라인중심의 라인·스태프 조직(line-staff organization)이 형성된다.

3) 부문화(departmentation)

직무를 어떠한 논리적 기준에 따라 집단화시키는 과정으로서 수평적 분화라고도 한다. 부문화를 유형화하는 기준은 단순한 인원수, 시간, 기능, 지역, 고객, 공정 또는 설비, 제품 및 여러 기준의 결합에 따라 다양하게 사용될 수 있다(Weihrich & Koontz, 2005, 266-267). 그러나 가장 일반적인 조직의 부문화 방식은 기능(function), 제품(product), 고객(customer), 그리고 지리적(geographic) 유형으로 구분되고 있다.

4) 관리한계(span of control)

관리한계(span of control)는 한 사람의 관리자나 감독자가 관리할 수 있는 부하의 수를 의미한다. 관리한계 폭이 넓으냐 또는 좁으냐에 따라 조직구조 형태에 많은 영향을 주게 된다. 즉 관리한계를 확대하여 관리자 한 사람이 많은 부하를 감독하게 되면 평평한 형태의 조직(flat organization)이 형성되며 반대로 관리한계 폭을 좁혀서 관리자 한 사람이 제한된 수의 부하를 감독하게 되면 조직구조는 수직적 형태의 조직(tall organization)를 형성하게 된다. <그림 15-6>은 이러한 두 개의 조직구조 유형을 예시한 것이다.

〈그림 15-6〉 관리한계

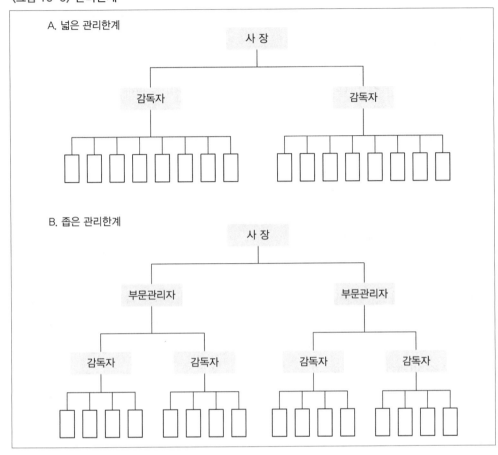

이와 같이 계층수를 얼마로 할 것이냐의 문제는 관리한계 폭과 밀접한 관련이 있게 된다.

<표 15-1>은 관리한계와 조직의 구조적 특징과 조직체의 요건과의 관계를 요약한 것이다.

▎〈표 15-1〉 관리한계와 조직체 요건

관리한계	구조적 특징	조직체 요건
좁음	수직적, 집권적, 통제적	비구조적 과업, 다양한 과업, 부하의 능력개발과 지도, 부하들의 지역적 분산
넓음	수평적, 분권적, 자율적	구조적, 표준화된 과업, 높은 수준의 부하능력, 다양한 스태프 지원기능

자료: 이학종·박헌준(2004), 「조직행동론」, 법문사, 400.

이와 같이 계층수를 얼마로 할 것인가의 관리한계의 개념은 원래 고전관리이론에서 전통적으로 연구된 중요과제로서, 공식적으로 제시하여 관리계층별로 감독범위를 산출한 경우도 있다.

그러나 이상적인 관리한계 폭을 결정하는 공식은 존재치 않는다. 그것은 한 사람의 관리자가 감독할 수 있는 관리한계는 여러 가지 상황적 요인에 의해 다르게 나타나기 때문이다. 따라서 조직구조 설계 시 관리한계의 범위는 조직체의 상황적 여건을 고려한 가운데 추진되어야 한다.

03 조직구조의 형태

경영의 조직화 단계에서 형성되는 조직구조는 경영조직론 중에서 핵심을 이룬다. 조직단위의 분화 내지 구분은 위에서 논의된 직무의 전문화 정도, 부문화, 권한위양, 그리고 관리한계의 폭 등의 조직구조를 결정하는 요소들을 어떻게 적용하느냐에 따라서 조직구조 형태가 달라진다.

(1) 수직적·수평적 조직

1) 수직적 조직구조

수직적 구조는 경영계층에서의 분화체계를 의미하며, 수평적 조직구조란 수평적으로 조직단위를 분화한 것을 의미한다.

경영계층은 대기업인 경우 흔히 최고경영층(top management), 중간관리층(middle management), 하위관리층(lower management) 등으로 나누어지는데, 경영조직의 수직적 구조는 바로 이러한 경영계층을 의미한다. 이러한 수직적 구조는 관리한계의 범위에 따라 하향적으로 분화(위양)될 수 있는 것이다. 경영계층에 대한 기능이나 역할에 대해서는 앞서 제10장 경영자 편에서 자세히 설명하였다.

수직적 조직구조의 장점으로는 관리한계가 좁고 부하의 수가 적을 때에는 의사결정이 체계적으로 질서있게 이루어짐으로써 조직체에 좋은 성과를 가져올 수 있으며 의사결정의 결과도 더 자주 평가될 수 있으므로 통제된 조정기능이 원활히 이루어진다는 점이다. 그러나 수직적인 계층이 많을수록 비용이 많이 들며, 커뮤니케이션을 복잡하게 하는 점, 단위부서와 계층이 많음으로 하여 경영계획과 통제를 복잡하게 하는 점은 수직적 조직구조의 단점이라고 하겠다(이원우 외, 2008, 451).

2) 수평적 조직구조

이는 각 조직단위의 설정이나 분화과정을 통하여 수평적으로 형성되는 조직구조를 의미한다. 이러한 수평적 조직구조는 조직단위 형성의 기준에 따라 일반적으로 ① 기능별, ② 제품별, ③ 지역별, ④ 고객별, ⑤ 공정별 기준에 의해서 부문화가 이루어진다.

① 기능별 조직구조(functional departmental organization): 조직이 수행하는 기능에 따라서 직무를 구조화하는 부문화 조직구조로서 기업은 대체로, 생산, 재무, 마케팅, 연구·개발 및 인사기능을 수행하게 되는데 이 기준에 따라 기능별 부문화를 이룰 수 있다.
   이러한 기능별 기준에 의한 조직단위 형성의 장점은 무엇보다도 기능별 전문화(functional specialization)를 통한 경영활동을 할 수 있다는 점이다. 특히 조직환경이 안정되고 공정이나 작업활동을 엄격하게 통제해야 할 때 효율적으로 활용될 수 있는 조직구조 형태이다. 그러나 기능별 전문화가 부문 간의 의사소통을 원활하게 하지 못하는 점은 기능별 조직구조의 단점이라고 하겠다.
② 제품별 조직구조(product departmental organization): 이는 조직이 생산하는 특정 제품이나 생산라인에 기초한 부문화로 형성된 조직구조 형태로서 직무수행자들은 부문화된 특정 제품을 중심으로 그들의 전문지식과 기능을 활용한다. 이러한 조직구조는 기업이 생산하는 주력 제품이 여러 가지일 때 제품 또는 생산라인별로 형성할 수 있다.
③ 지역별 조직구조(regional departmental organization): 조직단위의 설정을 지리적 영역에 기초를 둔 지리적 부문화(geographic departmentalization)를 통하여 형성되는 수평적 조직구조 형태이다. 이러한 조직구조는 기업의 주활동이 지리적으로 광범위하게 확산되어 있고, 그 지역의 고객의 욕구나 특성이 매우 다르게 나타날 때 채택하게 된다.
   지역별 조직구조는 특정 지역에서 제조되는 제품이 그 동일 지역에서 판매될 경우 효과적으로 활동될 수 있다. 그러나 지역별 조직구조의 단점은 지역별 단

위조직이 너무 광범위하게 확산되어 본사에서 이들을 관리할 많은 스태프인원
이 필요하다는 점이다.

④ 고객별 조직구조: 산업제품, 가전제품, 특수품 등과 같이 고객의 욕구나 구매
력을 고려하여 고객들에게 보다 효과적인 서비스를 할 수 있도록 고객의 종류
를 기준으로 부문화한 조직구조 형태이다. 이러한 고객별 부문화의 조직구조
형태는 백화점에서 고객유형별로 매장을 마련한다든지, 은행에서 고객에 기초
하여 업무를 편성하는 등이 좋은 예라 할 수 있다.

이 조직구조의 이점은 고객 종류별로 전문성을 살려 서비스함으로써 고객에
대한 서비스를 철저하게 제공할 수 있다는 점이다. 그러나 여러 부문의 활동을
통합하기 위한 많은 규모의 스태프인원이 필요할 경우 비용이 많이 든다는 점
이 단점이다.

⑤ 공정별 조직구조(process departmental organization): 공정별 조직구조는 조직이
생산하는 특정 제품의 공정에 기초한 부문화로 형성된 조직구조 형태로 직무
수행자들은 전문화된 특정 공정을 중심으로 그들의 전문지식과 기능을 활용하
게 된다. 예를 들어 가죽코트를 대량으로 만드는 가죽을 자르는 부서 하나, 색
감을 넣는 부서 하나, 그리고 코트에 박음질하는 부서 하나, 이렇게 각각의 부
서를 따로 갖고 있다. 이러한 전문화는 종업원들이 중요한 기술들에 대해 집중
할 수 있도록 하기 때문에 그들이 더 열심히 일할 수 있게 된다(권구혁 외,
2014, 259).

이러한 수평적 조직구조는 많은 장점을 갖고 있다. 특히 관리한계 폭이 넓은 수평
적 조직에서는 부하의 수가 많기 때문에 관리자가 부하들을 철저히 감독할 수 없어 자
연히 권한을 부하에게 위양하게 되므로 부하들은 자연히 자기의 책임감을 높이게 되
고, 사기가 향상되며, 그 결과로 높은 성과와 자기능력개발이 가능하게 된다는 점이다.
그리고 수평적 조직구조에서는 권한위양이 불가피하기 때문에 관리자가 부하의 훈련
과 능력개발에 관심을 많이 두게 된다. 또한 수직적 조직구조에 비하여 조직계층 수가
줄어들어 계층 간에 의사소통이 원활해지는 장점이 있다. 그러나 관리한계가 너무 확
대되면 부하들의 업무를 조정하고 관리하기가 어려울 뿐더러 통제가 어렵다는 것은 수
평적 조직구조의 단점이라고 할 수 있다(이원우 외, 2008, 581-582).

(2) 집권적·분권적 조직구조(centralized and decentralized organization)

이는 주로 권한위양의 조직구조 결정요소에 의하여 형성되는 조직구조 형태이다. 일반적으로 하위계층에 권한이 많이 위양될수록 분권적 조직이 형성되고, 반면에 권한위양이 제한되어 상위계층에 집중되어 있는 경우 집권적 조직이 형성된다. 이러한 권한의 수직적 계층에 의한 위양은 조직구조 설계에 있어 부문화 방법과 조직의 수직적 또는 수평적 조직구조 결정에 작용하는 관리한계와 밀접한 관계에 있다. 집권적 조직에서는 모든 의사결정권이 집중되어 권한의 명령체계가 너무 길어지므로 변화에 신속하고 탄력적으로 적응하기가 어렵게 된다. 특히 수직적 조직계층 수가 많으면 의사소통이 신속하게 이루어지지 못한다.

그러나 경영활동의 집중화로 일관된 의사결정을 할 수 있으며, 관리자들의 개인적인 리더십의 발휘와 예기치 못한 우발적 상황에 효과적인 대응이 가능하다. 분권화 조직구조는 권한위임으로 인하여 최고경영층의 과중한 책임을 줄여주며, 부하직원들의 의사결정 참여기회가 확대됨으로써 사기가 진작되며 관리자훈련에도 기여하게 된다. 이러한 분권화 조직의 가장 단순한 유형은 앞서의 수평적 조직구조에서 제시된 조직구조 형태 중 제품별, 지역별 및 고객별 조직구조가 이에 해당된다.

이러한 분권화 조직은 보통 독자적인 제품별, 지역별, 고객별 등 목적별 또는 사업부별 부문화를 통한 조직구조를 형성하여 단위 부서별로 독자적인 운영을 하고 결과에 대한 책임을 지는 분권화의 경영관리 방식을 택하게 된다. 이러한 분권적 조직구조의 대표적인 형태로는 사업부제 조직(devisionalized organization)을 들 수 있다. 사업부제 조직의 전형은 <그림 15-7>과 같다.

이러한 사업부제 조직은 아래와 같은 상황일 때 존립이 가능하다(한희영, 1987, 521).

① 조직구조가 분권적일 때, 즉 약간의 본사기능을 남겨 놓고는 각 사업부에 대폭적인 권한위임이 행해지고 있을 경우
② 각 사업부가 독립적인 계산단위이며 책임단위일 때, 즉 각 사업부는 이익센터(profit center)로서 독립채산제로 운영될 경우
③ 그 기업이 어느 정도 이상의 규모를 지녔을 때, 즉 사업부가 독립해서 효율적으로 운영되기 위한 최소한의 분권제 또는 규모상의 이점이 있을 경우
④ 따라서 각 사업부서장은 마치 독립된 기업의 책임자처럼 의사결정을 하는 권한을 가졌을 경우

<그림 15-7> 사업부제 조직

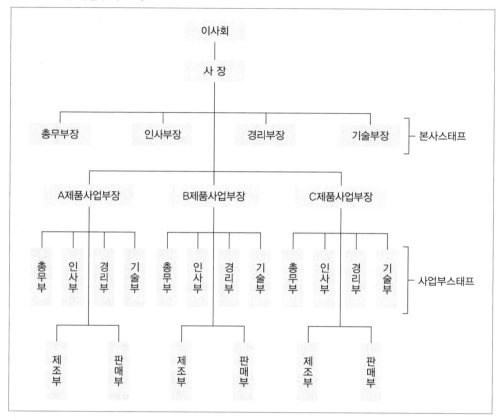

집권적 조직과 분권적 조직의 구분은 권한의 위양 정도에 따른 것이기 때문에 그 장·단점은 상대적인 의미에서 파악해야 한다. 그리고 분권화 정도는 조직이 많은 상황적 요인에 의해 결정되는 것이다. <표 15-2>는 분권화의 장점과 한계를 제시한 것이다.

▌<표 15-2> 분권화의 장점과 한계

장 점
1. 최고결정자의 의사결정 부담을 일부 덜어주어 경영자에게 시간적 여유 제공
2. 의사결정과 권한 및 책임의 확대
3. 의사결정 시 관리자에게 보다 많은 자유 및 독립성 부여
4. 동기유발을 제고할 수 있는 광범위한 통제의 확립 및 행사
5. 가능한 상이한 조직단위의 업적 비교를 가능게 해 줌
6. 이익센터(profit center)의 설정과 활용

7. 제품다양화의 촉진
8. 일반관리자의 개발
9. 급변하는 환경에 적응하는 데 도움

한 계

1. 통일된 방침 보유 곤란
2. 분권화된 조직단위에 대한 조정의 복잡성 증가
3. 상위경영자의 일부 통제력이 상실되는 결과를 초래할 가능성
4. 부적절한 통제기법으로 제한받을 가능성
5. 부적절한 계획수립 및 통제시스템을 제약받을 가능성
6. 유능한 관리자 활용이 제한될 가능성
7. 상당한 관리자 훈련비
8. 외부세력(전국노동조합, 정부통제, 조세정책 등)에 의한 제한가능성
9. 일부 회사운영이 규모의 경제로 불리해질 가능성

자료: H. Weihrich & H. D. Koontz(2005), *Management: A Global Perspective*, 11th ed., Singapore: McGraw-Hill, 312.

(3) 라인·스태프 및 기능적 조직구조

이 조직구조는 조직결정요소로서의 권한관계가 수평적으로 조정되는 가운데서 형성되는 조직구조의 형태에 따라 구분한 것이다. 즉, 조직 내의 권한이 스태프와 같은 전문기능에 얼마나 많은 기능을 부여하느냐에 따라서 형성되는 조직구조 유형이다.

1) 라인·스태프 조직구조

조직에서 라인과 스태프의 관계에 대한 일반적인 개념은 라인기능이 기업목표달성에 직접적인 영향을 주는 것이며, 반면에 스태프기능은 라인기능을 맡고 있는 관리자가 기업의 주요 목표를 가장 효과적으로 달성할 수 있도록 도와주는 기능을 수행하는 것으로 정의된다. 이럴 경우 조직 내의 경영활동은 제조와 판매는 라인기능으로, 그리고 구매·경리·인사 등은 스태프기능으로 구분할 수 있을 것이다. 그러나 이러한 개념구분은 조직목표달성에 직접적으로 기여하는 기능구분을 어렵게 하는 경우가 있다. 그러므로 조직에서 라인과 스태프에 관한 보다 논리적인 개념으로는 이들 사이를 단순한 권한관계 문제로 보는 것이다(Weihrich & Koontz, 2005, 293).

라인권한에서는 상사에게 부하에 대한 직선적인 권한을 주게 된다. 따라서 어떠한 조직이든 조직계층의 위계에 따라 상층부에서 하위직에 이르기까지 지휘·명령이 직선

적으로 내려가게 되는 것이다. 반면에 스태프기능의 본질은 조언적이라는 데 있다. 따라서 순수한 스태프 요원은 조사와 연구활동을 통하여 라인관리자에게 조언을 하는 것이다.

위와 같은 라인과 스태프 관계에서 볼 때, 라인·스태프 조직은 공동의 목적을 달성하기 위하여 라인과 스태프 간의 협력관계를 갖도록 만들어진 조직이다. 일명 참모조직이라고도 하는 라인·스태프 조직구조는 <그림 15-8>과 같이 한편으로는 라인기능인 지휘·명령의 일원화를 유지하고, 다른 한편으로는 수평적 분화에 따른 책임과 권한을 확립하고자 하는 조직구조 형태이다.

〈그림 15-8〉 라인·스태프 조직의 구조

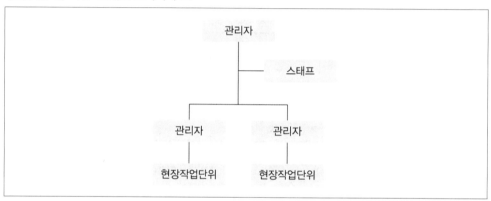

조직이 성장하여 경영규모가 확대되고 조직활동의 내용이 복잡해지면 단순히 수직적인 계층의 분화에 의한 관리자의 증가만으로 경영활동이 능률적으로 수행되기는 어렵다. 따라서 라인계층의 관리자들은 집행활동에 전력하고, 보다 특정의 전문성을 요하는 사항에 대해서는 전문가의 조언과 서비스를 받는 일이 필요하다. 이러한 스태프 부문은 각층의 관리자를 보좌하기 위한 기관으로서 형성되며, 스태프 요원은 경영관리에 관한 전문적 사항 내지 분야에 대해 특정한 관리자에게 조언을 하게 된다. 따라서 스태프 부문은 어디까지나 조언기관이며, 어떠한 종류의 지휘·명령의 권한도 부여되지 않는다.

이와 같이 라인·스태프 조직구조는 라인의 지휘·명령체계가 유지되면서 전문적인 지식이 활용되고 스태프 부문의 조언을 받을 수 있다는 점에서 장점이 될 수 있다. 그러나 라인과 스태프기능 간의 권한관계는 단순히 조언관계만 형성하는 것은 아니다. 때에 따라서는 스태프에게 그들이 맡고 있는 전문기능에 대하여 전적인 권한이 부여될 수도 있다. 이러한 스태프의 권한을 기능적 권한(functional authority)이라고 한다. 이러한 기능적 권한관계는 조직구조의 스태프의 관계에서 스태프의 권한이 가장 큰 경우에 해당된다. 그리고 이외에도 라인에게 의사결정권이 주어지지만 스태프의 동의가 있어야만 라인의 결정이 효과를 발휘할 수 있는 동의관계의 형태, 라인에게 최종적인 의사결정권이 부여되었더라도 의사결정 과정에서 반드시 스태프와 상의하여 스태프의 의견이 반영되도록 하는 라인·스태프 관계의 형태가 있다.

2) 기능적 조직구조(functional organization)

스태프 부서를 비롯한 전문가들에게 많은 권한을 부여함으로써 형성되는 조직구조 형태로서 앞서 제3장에서 논의된 바와 같이 과학적 관리법의 창안자인 테일러가 채용한 기능식 직장제도에서 시작된 것이다. 이는 기본적으로 전문화의 이점을 살리고 라인조직의 결점을 보완하기 위한 것이다. 따라서 관리기능을 전문적으로 분화시켜 전문화의 이점을 살리고 관리자의 부담을 경감시키고자 하는 것이다.

<그림 15-9>는 기능적 조직의 기본구조를 예시한 것이다.

〈그림 15-9〉 기능적 조직의 기본구조

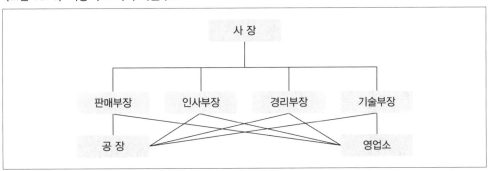

조직구조상 상사는 라인조직과 같이 자기의 밑에 있는 하위자의 업무를 독점적으로 지휘·감독하는 것이 아니다. 한편 하위자의 입장에서도 각기 전문성을 달리하는 여러 명의 상사들로부터 지휘·감독을 받게 된다. 이와 같이 기능조직에 있어서도 상사와 부하의 관계가 매우 복잡하여 지휘·명령계통이 일원화될 수 없으며 책임과 권한도 명확하지 못하게 되는 점은 기능식 조직의 단점이다. 이외에도 전체적인 조정이 곤란하고, 협동이 잘 안될 수 있으며, 관리비의 증대 등이 단점으로 지적될 수 있다. 반면에 전문성이 기능별로 분화되므로 이를 효과적으로 사용할 수 있으며, 책임감이 강해질 수 있고, 매우 민주적이라는 장점이 있다.

(4) 위원회 조직(committee organization)

부분 간의 협조와 조정을 확보하고 전사적인 관점에서의 의사결정을 위하여 기존의 조직구조 위에 설치되는 또 하나의 조직구조 형태를 말한다. 따라서 위원회는 어떤 특정의 문제를 해결하기 위해 조언, 조정 또는 의사결정을 하는 계획적인 집단이라고 할 수 있다(김귀곤 외, 2018, 204-205). 위원회(committee)의 형식으로 구성되기 때문에 회의 조직(meeting organization)이라고도 하는데 운영에 있어서 다른 형태의 조직과 병용될 수 있다.

위원회에서 결정된 결의는 스태프 제도의 경우와 마찬가지로 조언적인 성격을 띠는 것이 일반적이다. 그러나 경우에 따라서는 위원회에서 직접 결정권을 행사함으로써 라인의 역할을 수행할 수도 있다. 위원회 조직의 단점으로는 책임이 명확하지 못하거나 책임이 분산된다는 점, 회의과정에 시간적 낭비가 많다는 점, 위원들 상호 간에 지나친 논쟁으로 반목이 생기거나 타협적인 결정이 이루어짐으로써 최선의 결정이 되지 못하게 되는 점 등을 들 수 있다. 반면에 위원회 제도는 각 전문 분야의 정보를 반영할 수 있기 때문에 합리적 의사결정을 할 수 있는 가능성이 크고, 결정과정이 민주적이며, 구성원들의 창의력이 발휘될 수 있다는 점이다.

(5) 프로젝트 조직

1) 프로젝트 조직의 의의

전통적인 조직은 직능의 분화를 전제로 하며 경영목적을 합리적으로 달성하기 위한 직무의 설계, 즉 직능의 분화에 있다고 할 수 있다. 따라서 분업을 통한 직무분화, 계층적인 권한구조, 규칙과 질서를 통한 업무수행으로 조직의 발전을 도모하여 왔다.

그러나 조직을 둘러싼 환경조건이 다양해지고 변화의 폭이 증대함에 따라 직능적 분화에 의한 조직구조로는 효율적인 의사결정을 할 수가 없게 되었다. 즉 직능의 분화를 전제로 한 전통적인 조직구조가 조직의 유효성이란 측면에서 한계를 갖는다.

전통적인 조직구조의 분화·전문화의 원리가 지배하는 계층적 의사결정 구조에서는 부문적인 의사결정의 능률화는 달성되어도 환경변화에 따르는 불확실성은 극복하지 못한다. 그러므로 기업이 분화의 단계에서 통합의 단계로 접어들고 능률(efficiency)보다는 유효성(effectiveness)을 주로 고려하게 됨에 따라 나타난 동태적인 조직형태가 바로 프로젝트 조직이다. 즉 환경변화에 따르는 불확실성을 감소시키기 위한 새로운 기술적 의사결정 구조인 프로젝트 조직은 변화하는 환경의 적응하기 위하여 분화·전문화된 직무를 통합·조정함으로써 조직상의 혁신을 꾀하자는 것이다.

결국 프로젝트 조직이란 직능부제 조직의 각 직능을 횡적으로 결합함으로써 의사결정의 동태화 내지는 통합화한 형태라고 할 수 있다. <그림 15-10>과 같은 프로젝트 조직인 것이다.

〈그림 15-10〉 프로젝트 조직

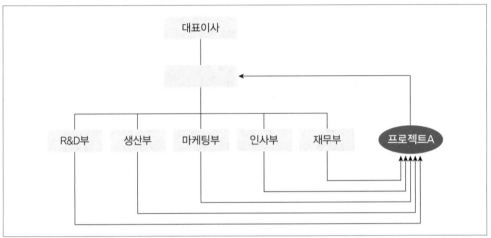

자료: 김귀곤 외(2018), 「경영학으로의 초대」, 제6판, 박영사, 205.

프로젝트(project)란 조직이 여러 노력을 집중하여 해결하고자 시도하는 과제를 말한다. 전통적 조직에서도 그러한 과제는 얼마든지 생겨났고, 또한 그런 대로 해결되어 왔다. 그러나 오늘날 기술혁신의 결과 프로젝트는 대형화·복잡화하여 종래의 직능부제나 사업부제 등으로는 효과적으로 처리할 수 없게 되었다. 이에 따라 전략적으로 중대하고 종합적인 노력을 필요로 하는 과제에 대하여는 그 과제의 달성을 위한 독자적인 조직이 기존의 조직 외부에 독립적으로 설정되는데, 이것이 곧 프로젝트 조직(project organization)이다. 클리랜드와 킹(D. I. Cleland & W. R. King)은 "프로젝트 조직이란 특정한 목표를 달성하기 위하여 일시적으로 조직 내의 인적·물적 자원을 결합하는 조직형태"라고 정의하였으며, 태스크포스팀(task force team)이라고도 한다.

프로젝트 자체가 계획을 수행하기 위해 시간적으로 유한성을 가지고 있으므로, 따라서 프로젝트 조직도 임시적이다. 즉 프로젝트 조직은 해산을 전제로 하여 임시로 편성된 일시적·잠재적 조직이며, 신규 내지 혁신적·비상례적 과제달성을 위해 형성되는 동태적 조직이다. 또한 이는 기존의 조직과 통합되고는 있으나, 직능의 과정을 중심으로 이루어지는 조직이므로 권한의 계층적 구조라는 성격보다는 직무의 체계라는 성격이 강하다. 따라서 직무의 상호관련이라는 직무상의 횡적(horizontal) 관련이 중심이 된다(이명호, 2015, 196).

2) 프로젝트 조직의 특성

프로젝트 조직에는 다음과 같은 특성이 있다.

첫째, 경영조직을 프로젝트별로 분화하여 조직화를 꾀한 조직형태이다. 둘째, 프로젝트가 완료되면 해산되는 일시적이고 잠정적인 조직이다. 셋째, 직능의 과정을 중심으로 해서 이것과 구조가 통합되고 있는 시스템이기 때문에 권한의 계층적 구조라는 성격보다는 직무의 체계라는 성격이 강하게 나타나고 있다. 넷째, 스태프 조직이 아니라 라인조직이므로 프로젝트 관리자는 라인의 장이며, 그는 프로젝트를 실현하는 책임과 권한을 갖고 있다. 다섯째, 권한은 프로젝트의 합법성 내에서 존재하고, 조직 내에서 수평적·대각적·수직적으로 영향을 미치며 조직 외부로도 방사된다.

이상과 같이, 프로젝트 조직의 특성은 조직 내의 수평적, 대각적 관계를 설정한 것으로 직능부제 조직 또는 사업부제 조직과는 조직원리에 있어서 다르다. 프로젝트 조직은 이들과 상호교착하면서 대립하는 관계에 있다. 이와 같은 관점에서 프로젝트 조직과 기능식 조직을 비교하면 <표 15-3>과 같다(김종인, 2002, 40-44).

┃〈표 15-3〉 프로젝트 조직과 기능식 조직의 비교

현상	프로젝트 조직	기능식 조직
라인-스태프의 이분원리	계층모형의 자취가 남아 있기는 하지만 라인기능은 지원적인 위치에 있다. 권한과 책임의 연결망이 존재한다.	라인기능은 목표달성에 직접적인 책임을 지며 라인에 있는 자에게 지시, 명령하고 스태프는 조언을 한다.
계층원리	수직적 연쇄의 요소가 있으나 수평적·대각적 작업 흐름을 강조한다. 중요한 사업은 그 업무의 정당성에 따라 수행된다.	권한관계의 연쇄는 전체조직을 통하여 상위자에서 하위자로 연결되어 있다. 중요한 사업은 수직적 계층의 상위에서 하위로 지시되어 수행된다.
상하관계	동료 간, 관리자와 전문기술자 간의 관계에 기반을 두고 있으며, 이 관계가 사업의 수행에 이용된다.	모든 중요한 사업은 상하 간의 피라미드 구조를 통하여 수행됨으로 성공을 위해서는 상하관계가 매우 중요하다.
조직의 목표	프로젝트의 관리는 비교적 독립된 많은 부문의 조인트 벤처이다. 따라서 목표는 다변적으로 설정된다.	조직목표는 모조직이 환경과의 관계에서 추구하는 것이다. 따라서 목표는 일방적으로 설정된다.

지시·명령의 체계	프로젝트 관리자는 조직 간의 공통목표를 달성하기 위하여 기능식 조직의 라인을 가로질러 업무를 수행한다.	전반 관리자가 동일한 계획을 가진 활동집단의 장으로 행동한다.
권한과 책임	프로젝트 관리자의 경우 책임이 권한을 초과하는 경우가 많다.	기능식 조직에서 권한과 책임은 일치한다. 상하관계는 기능적 권한과 스태프 서비스기능에 의해 유지된다.
존속기간	프로젝트는 일정 기간 내에 완료되어야 하므로 존속기간은 한정되어 있다.	특정 과제 내지 목적과 관계없이 영속적이다.

(6) 행렬조직(matrix organization)

　　행렬조직 혹은 매트릭스 조직(matrix organization)은 전통적인 수평적 부문화에 의한 기능별 조직과 프로젝트 조직을 결합한 복합적인 형태이다. 오늘날과 같이 조직환경의 변화가 심하고 고도의 전문적인 기술이 요구되는 동태적 환경하에서는 조직이 신축적으로 적응할 수 있도록 조직이 설계되어야 한다.

　　행렬조직에서는 달성할 목적이나 프로젝트를 중심으로 여기에 필요한 모든 자원을 총괄적으로 관리함으로써 보다 효과적인 목적달성과 프로젝트의 성과를 거두는 것을 목표로 한다. 따라서 행렬조직에서는 기능 간의 권한관계보다는 기능 간의 상호의존성을 강조하게 되므로, 조직설계 시 체계적인 계층구조나 기능별 부문화보다는 실제로 유용한 전문적인 지식이나 기술의 활용을 중시하게 된다.

　　<그림 15-11>에서 보듯이 조직의 구성원들은 한편으로는 기능식 조직 내에서의 역할을 수행하고, 또 한편으로는 프로젝트 사업의 성원으로서의 역할을 수행하게 된다. 따라서 구성원들은 각 프로젝트에 참여함으로써 기능상의 전문성을 발휘할 수 있는 기회를 갖게 되며 나아가 자기개발의 기회를 갖게 된다.

〈그림 15-11〉 행렬조직

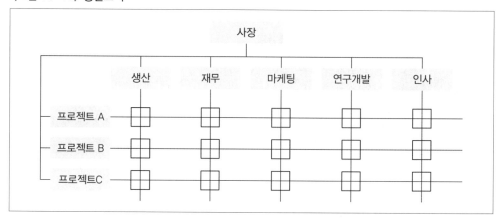

변화하고 동태적 환경에 가장 적합하게 적용될 수 있는 행렬조직은 조직 내 스태프를 효율적으로 활용할 수 있고, 전문기술자 간에 상호의존성을 높여 서로 협조할 수 있게 하며, 최고경영층은 일상업무에서 벗어나 계획수립기능에 전념할 수 있게 하고, 구성원 개인들의 성장과 발전을 가져올 수 있으며, 그리고 개별 구성원의 창의력과 사기를 제고시키는(이진규, 2015, 172) 장점이 있다.

반면에 행렬조직은 잘못 적용되면 불필요한 일을 조성하고, 위원회가 난립되어 조직 내 커뮤니케이션을 저해함으로써 오히려 보다 많은 관료제의 특징이 노출될 수 있으며, 개인이나 집단이 2인 이상에게 보고하게 되므로 혼란이 야기될 수 있다. 그리고 관리자나 스태프의 증가로 비용이 많이 드는 점 또한 단점이다.

우주항공사업에서 처음으로 사용되었던 행렬조직은 이제 신제품이나 기술개발과 사업목적이 뚜렷하여 분권화를 요구하는 조직체에서 많이 사용되고 있다.

제3절 ┃ 조직설계

01 조직설계의 의의

조직설계(organizational design)란 경영자들이 조직구조를 개발하는 모든 과정을 의미한다(Donnelly, Gibson, & Ivancevich, 183). 그러므로 조직의 새로운 구조적 형태를 만들거나 또는 기존의 조직구조 형태를 변경시키는 모든 선택과정이 포함된다. 따라서 조직설계는 구조(structure)와 과정(process)의 개념으로 이해될 수 있다. 즉 구조(structure)는 설계의 과정을 거쳐 나타난 결과로서 정태적인 특성을 띠며 동태적인 조직화의 기반이 된다. 반면에 조직설계의 과정(process)은 조직구조의 특성과 관련한 의사결정의 과정으로서 동태적인 개념이다. 조직설계의 구체적인 실행적 측면을 <그림 15-5>의 조직구조 결정요소인 직무전문화, 부문화, 권한관계, 그리고 관리한계 등을 조정하고 결정하는 기능이다.

02 조직설계에 대한 접근방식

조직설계를 어떻게 하는 것이 바람직한 것인가에 대하여 크게 두 가지 접근방식이 있다. 하나는 조직설계에 있어 상황에 관계없이 가장 최선의 방법이 존재한다는 것을 전제로 하는 보편주의적(universalistic) 접근방식이고, 다른 하나는 조직설계는 상황에 따라서 최선의 방법이 존재한다는 상황적(contingency) 접근방식이 있다.

보편주의적 접근방식은 다시 고전적 관리론에서의 조직설계에 대한 관점과 인간관리론에서의 조직설계에 대한 관점으로 구분된다(Donnelly et al., 1998, 180).

(1) 고전적 조직이론의 관점

이 조직설계에 대한 관점은 과학적 관리법 시대의 조직설계 관점과 독일의 사회학자였던 막스 베버에 의해 주장된 관료제 조직(bureaucracy)의 조직설계 관점을 말한다. 조직설계에 대한 사회적 그리고 관리적 관심은 최대의 생산성을 실현하기 위한 조직 내 자원의 효율적 활용에 두고 있다.

고전적 관리이론에서는 조직목적을 효율적으로 달성하기 위해서는 이상적인 조직구조가 형성되어야 하며, 이를 위해서는 작업자가 수행하는 직무범위가 양적으로 적고, 질적으로 깊이가 낮으며 분업에 의한 작업의 전문화가 이루어지도록 직무와 작업을 구성해야 한다고 가정하였다. 이러한 논리를 조직설계에 적용하여 조직을 공식화하고 권한이 상위층에 집중되도록 하여 복잡성을 크게 할수록 조직의 효과성이 크다고 전제하고 있다.

한편 관료제에서도 논리적이며 합리적인 조직설계를 지향하고 이상적인 관료제 조직을 만들기 위하여 적용해야 할 다섯 가지 원칙을 제시하였다(제3장 참조). 관료제 조직의 특성들이 엄격하게 준수되는 조직이 이상적인 관료제 조직이라고 할 수 있다. 우리는 이러한 관료제 조직들을 주로 정부나 행정관청 조직에서 볼 수 있다.

일반적으로 대기업에서 많이 나타나고 있는 관료제 조직의 조직설계는 엄격한 규칙이나 절차의 준수를 강조함으로써 조직이 경직되어 탄력성을 잃게 되고, 조직 내 스태프 기구 및 인원의 증대로 비능률을 초래하는 등의 단점이 있다. 특히 환경이 복잡하고 변화가 큰 기업환경에서는 바람직하지 못한 조직설계 방식이다. 그러나 안정된 환경에서 규칙과 절차에 따라 행동의 일관성을 유지해야 할 상황하에서는 효과적인 조직설계 방식이라 하겠다. 고전적 관리론이나 관료제에서의 조직설계에 대한 관점은 모두 조직상황에 타당한 유일의 최선의 방법이 있다고 전제한 보편주의 개념에서 출발하였다. 따라서 위에서 제시된 각각의 특성들을 조직설계에 철저하게 적용함으로써 최선의 조직성과를 이룰 수 있다고 할 것이다.

조직설계를 위한 고전이론 관점은 조직설계 이론의 출발점으로 조직설계 이론을 발전시키는 데 많은 공헌을 했다고 할 수 있지만 조직상황의 변화는 고전적 조직설계 이론의 적용에 한계를 가져왔다.

(2) 신고전 조직이론의 조직설계 관점

경영관리론의 역사적 관점에서 고전적 관리이론인 과학적 관리법은 조직문제에서 인간적 측면을 경시했다는 점이 문제점으로 지적되고 있다. 이 같은 문제점을 극복하기 위한 새로운 대안으로 신고전이론, 즉 인간관계론이 제시되었으며 조직설계의 관점도 변화하게 되었다.

조직설계에 대한 관점의 변화는 고전적 이론이 조직설계에 있어서 인간적 측면을 경시했고, 조직상황도 안정적이며 예측가능한 것으로 가정한 점에 대해 새로운 대안을 제시하는 데서 출발한다. 따라서 신고전이론에서의 조직설계 관점은 조직 내에서 개인의 중요성과 영향을 중시하며, 권한의 위양이 이루어지는 분권화 조직의 특성을 띠게 설계하는 것이 조직의 효과성을 높일 수 있다고 가정한 것이다.

호손실험의 결과는 종업원이 단순히 지시된 일만을 수동적으로 처리하기보다는 개인적 자주성을 갖고 능동적으로 처리할 수 있는 존재임을 인식하게 되었고, 또 한편으로는 종업원이 일에 대한 기대와 동기가 단순한 경제적 보수에서 비롯되는 것이 아니라 다양한 심리적·사회적 요인에 의해 이루어진다는 결과를 제시하고 있다. 따라서 조직설계 시에 이러한 인간에 대한 새로운 가정을 고려하게 된 것이다.

신고전 조직설계 이론에서 가정하는 또 하나의 요인은 조직상황의 변화를 전제로 한다는 점이다. 고전적 조직설계 관점은 과학적 관리법 시대의 조직상황이 상대적으로 안정되고 변화에 대한 예측가능성이 높은 것으로 가정하였다. 그렇지만 실제적으로 조직상황은 불확실성이 크고 예측하기 어려운 것이 현실이다. 이러한 상황적 변화 및 현실성을 조직설계에 반영한다는 것이 신조직이론에서의 조직설계의 관점이다.

따라서 여러 가지 조직상황과 기술의 변화는 여기에 적응할 수 있는 신축적인 조직설계를 필요로 한다. 이런 점에서 신고전이론의 조직설계 접근은 고전적 조직설계 접근보다 보편적으로 적용될 수 있는 접근법이라고 할 수 있다. 그렇지만 신고전이론의 조직설계 접근방식도 단순하게 인간 측면을 너무 강조한 나머지 실제 적용에 있어 효과적이지 못한 결과를 가져오는 경우도 적지 않았다.

이와 같이 조직설계에 대한 보편적인 접근방식은 조직설계 요인을 단순화시켜 일률적으로 적용했다는 점에서 한계를 갖게 되었다. 따라서 경영자들은 조직이 처한 상황적 요인에 적합한 조직설계를 모색하게 되었다.

(3) 상황적 조직설계 관점

상황적 조직설계 관점은 위에서 제시된 고전적 조직설계나 신고전이론에 의한 조직설계 방식이 각각 최선의 방식이 되기 위해서는 조직이 직면한 환경이나, 조직전략 및 기술의 특성에 의존하고 있다는 것을 강조한다. 즉 조직구조는 조직설계를 결정하는 중요 요인의 상황적 요인에 좌우되며, 상황적 요인과 조직구조와의 적합성 여부에 따라 조직성과의 효과성이 결정되는 것이다.

따라서 많은 연구자들과 경영자들은 조직설계에 영향을 미치는 상황요인이 무엇인가에 대하여 많은 연구를 하였다. 조직설계에서 일반적으로 고려되는 상황적인 요인으로는 조직의 규모, 기술, 전략 및 환경을 들 수 있다. 이와 같은 조직설계와 관련한 상황적인 요인 중 기술과 환경에 관해서는 제3장 제4절에서 논의되었으므로 아래에서는 조직설계에 영향을 미치는 상황적 요인 중 규모와 전략을 중심으로 살펴보고자 한다.

1) 규 모

조직규모(size)란 일반적으로 조직 내 조직활동에 참여하는 종업원수로써 측정되며, 이를 기준으로 크기가 결정된다.

조직이 성장하여 조직규모가 커지면 업무량이 증대하여 독립적인 부서와 계층 수가 증가하게 되며, 새로운 유형의 전문기술을 가진 인력이 증대되어 전문화가 확대된다. 그리고 증가된 부서와 부서 간의 다양한 업무를 보다 효율적으로 처리하기 위하여 업무처리 절차와 규칙 등의 표준화 정도가 높아지게 된다. 권한관계에 있어서도 규모가 커지면서 소수의 몇 사람으로 모든 것을 의사결정할 수 없게 되는 경우가 많으므로 권한의 분권화가 많이 이루어진다.

2) 전 략

전략과 조직구조의 밀접한 관련성이 있음을 처음으로 밝혀낸 것은 챈들러(A. D. Chandler)에 의해서다. 그는 대기업들의 조직구조를 역사적으로 분석함으로써 전략과 조직구조 간에 밀접한 관련성을 규명하였다.

챈들러의 전략과 조직구조의 관계에 대한 연구결과는 "조직구조는 전략에 따른다"(Structure follows strategy)라는 명제로 집약된다(Chandler, 1962). 이러한 결과를 조직구조설계와 관련하여 살펴보기로 하자. 먼저 기업조직은 일반적으로 단일제품을 생산하는 데서부터 시작된다. 이 경우 조직의 전략도 단순하며 조직구조 역시 간단하게 설계될 수 있으며, 조직구조의 특성도 복잡성이 낮고 공식화 수준이 낮은 것이 특징이다.

그러나 조직이 성장을 목표로 제품생산을 다양화하거나 이를 위한 조직전략도 다각화 전략을 채택하게 되면 조직의 전략은 더욱 정교하게 수립될 필요가 있다. 그리고 조직 구조도 효율적인 자원분배와 부서 간의 조정기능을 효과적으로 수행할 수 있도록 설계 되어야 한다.

이와 같이 기업조직의 성장과 관련하여 조직환경과 목표가 변경되면 이를 달성하 기 위한 전략도 변화가 요구되며 나아가서는 전략을 효과적으로 수행할 수 있는 조직 구조가 적합하게 뒷받침되어야 한다. 이와 같이 조직전략과 조직구조는 밀접한 관계에 있으므로 조직구조 설계 시에 중요한 상황적 요인으로서 고려되어야 한다.

03 조직설계 모형

조직구조의 특징을 나타내는 여러 가지 특성요인에 대해서는 앞서 살펴보았다. 즉, 조직구조는 위에서 논의된 바와 같이 직무의 전문화, 권한위양, 부문화, 그리고 관 리한계 등의 결정요소에 의해 형성되기 때문에 조직설계는 복잡성, 집권화, 공식화 등 조직구조의 모든 구성요소 등을 조정하고, 조직의 전문화 또는 집권화가 어느 정도인 가를 결정해야 한다.

아래에서는 두 가지의 조직구조 특성요인들을 결합한 조직설계 모형을 살펴보기 로 한다. 조직설계에 대한 기본적인 틀로서 <그림 15-12>와 같이 기계적(mechanic) 모형과 유기적(organic) 모형이 제시되어 있다.

〈그림 15-12〉 기계적·유기적 조직

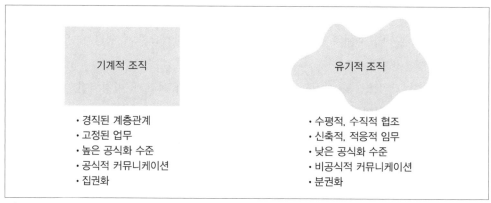

자료: S. P. Robbins, D. A, DeCenzo, M. K. Coulter(2015), *Fundamentals of Management: Essential Concepts and Applications*, 9th ed., Boston: Pearson, 294.

(1) 기계적 모형

조직구조 설계모형으로서의 기계적 모형(mechanic model)은 생산성 향상과 효율성 증대를 이룩하기 위하여 조직 내 규칙과 직무전문화 그리고 집권화를 강조하는 조직구조 모형으로서의 기계적 조직(mechanic organization)을 형성하게 된다.

앞서 논의한 막스 베버의 관료제 조직은 이러한 기계적 모형의 전형이라고 할 수 있다. 이러한 기계적 모형의 특성은 <그림 15-12>에서 보는 바와 같이 권한이 집중되어 있으며 규칙이나 절차가 엄격하게 적용되며 조정은 공식적이며 비개인적으로 이루어진다. 그리고 일의 분할은 명확하게 되어 있고 관리한계는 좁다. 따라서 조직 내 직무들이 단순하여 표준화되기 쉽고 일상적으로 처리될 수 있을 때 보다 효과적으로 사용될 수 있는 조직구조 모형이다.

(2) 유기적 모형

조직설계의 유기적 모형(organic model)은 기계적 모형에 비하여 유연하고 부드러운 조직구조 모형으로서 신축성과 적응성의 극대화를 꾀하는 유기적 조직(organic organization)을 형성하게 된다. 이러한 유기적 조직구조는 직무의 전문화나 조직 내의 직위나 공식화된 규칙 등을 강조하지 않는 반면에 인간의 잠재능력의 활용을 중시한다. 이러한 유기적 조직은 <그림 15-12>에서 알 수 있듯이 권한이 분산되어 있고,

규칙과 절차가 많지 않으며 엄격하지도 않아 신축적으로 적용할 수 있다. 그리고 일의 분할에 대해서 엄격하지도 않고 관리의 폭도 넓으며, 조직 내 조정활동이 개인적이며 비공식적으로 이루어지는 경향이 많다.

이와 같이 유기적 조직은 조직상황의 변화가 심하고 불안정한 경우에 보다 적합하게 적용될 수 있는 조직설계 모형이다. 그러나 기계적 조직구조와 유기적 조직구조의 구분은 각 조직 특징을 결정짓는 요인의 양극단적 특성에 의해서 이루어지는 것은 아니다. 따라서 기계적·유기적 조직구조의 구분은 상대적인 개념이다.

CHAPTER

16

경영지휘론

제1절 경영지휘의 의의와 중요성

지휘(leading)란 경영자가 조직목표를 달성하기 위하여 조직구성원들과 의사소통하고 그들을 동기부여시키는 관리기능을 말한다. 경영성과는 경영자들이 발휘하는 지휘기능의 질과 매우 밀접한 관련성이 있다. 왜냐하면 업무의 성격이나 종류, 조직의 특색, 업무를 수행하는 개인이나 집단의 특성에 따라 지휘방법이 달라질 수 있기 때문이다. 지휘기능의 질을 높이는 것은 성공적 운영을 위한 가장 중요한 요소들 중의 하나일 뿐만 아니라 조직경영의 필수적인 요소이다. 이러한 경영지휘기능과 다른 관리기능과의 관계를 살펴보면 <그림 16-1>과 같다.

<그림 16-1> 경영지휘기능과 다른 관리기능과의 관계

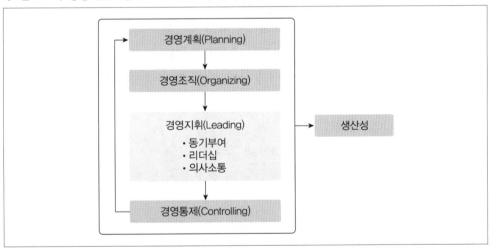

자료: W. G. Nickels, J. M. McHugh, & S. M. McHugh(2016), *Understanding Business*, 11th ed., New York, NY: McGraw-Hill Education, 193.

여기서 알 수 있듯이 경영자의 지휘기능에는 동기부여, 리더십, 의사소통 등의 다양한 기능이 포함되어 논의된다.

제2절 동기부여

01 동기부여의 의의

동기부여(motivation)란 단어는 라틴어인 movere(to move)에서 나온 말로서 '어떤 사람을 자극하는 행동을 불러일으키거나 또는 다른 사람으로 하여금 바람직한 행동을 수행하도록 이끄는 것"이라고 간단히 정의할 수 있다. 즉 동기부여는 사람들에게 자발적 내지 적극적으로 책임을 지고 일을 하고자 하는 의욕이 생기게 하는 것으로 목적달성을 위한 행동을 유발시키는 행동과정이라고 할 수 있다.

일반적인 동기부여는 목표를 향한 노력과 관련되지만, 직무관련 행동에 대한 유일한 관심을 반영하기 위하여 Pinder(2008)는 조직목표 쪽으로 초점을 좁혀 동기부여를 "목표를 달성하기 위한 한 개인의 노력의 강도, 방향 및 지속성을 설명하는 과정"으로 정의하고 있다(Pinder, 2008). 이 정의의 세 가지 핵심 요소는 <그림 16-2>와 같은 강도, 방향 그리고 지속성이다.

여기서 강도(intensity)란 개인이 얼마나 열심히 노력하는가를 나타낸다. 이것은 대부분의 사람들이 동기부여에 대해서 언급할 때 초점을 두는 요소이다. 하지만 노력이 조직에 이익이 되는 방향으로 향하지 않는다면, 노력의 강도가 아무리 높다고 하더라도 좋은 직무성과는 나오지 않을 것이다. 그러므로 우리는 노력의 강도뿐만 아니라 노력의 질도 함께 고려한다. 조직의 목표를 향하고 그리고 그와 일치하는 노력이야말로 우리가 추구해야만 하는 노력의 종류이다. 끝으로 동기부여는 지속성 차원을 갖고 있다. 이것은 개인이 노력을 얼마나 오래 유지할 수 있는가를 측정한다. 동기부여가 되어 있는 개인들은 목표를 달성하기 위해 충분히 오래 과업에 머문다(Robbins & Judge, 2019, 240).

한 예로 하버드대학의 윌리엄 제임스(W. James) 교수는 동기부여에 관한 연구에서

노력강도(Intensity)

개인이 얼마나 열심히
노력하는가의 정도

방향(Direction)

노력이 조직의 목표와
얼마나 일치하는가의
정도

지속성(Persistance)

개인이 노력을 얼마나
오래 유지할 수 있는가의
정도

종업원은 보통 일을 할 때 자기능력의 약 20－30%만을 발휘하지만, 강력한 동기부여
가 되었을 때에는 자기능력의 80－90% 가까이 발휘한다는 결과를 보여주었다.
Sutermeister(1976)는 생산성의 결정요인을 크게 구성원의 성과와 기술이라는 두 가지
요인으로 구분하였다. 여기서 구성원의 성과는 생산성의 중요한 결정요인으로 구성원
의 능력과 동기부여에 의해서 결정된다(Cambell & Prichard, 1976, 63－130). 이 중 기술
을 제외한다면 $P = M \times A$(P＝performance, M＝motivation, A＝ability)라는 등식으로 나타
낼 수 있다(Sutermeister, 1976, 46－76). 여기서 알 수 있듯이 능력이 동일하다면, 아니
심지어 능력이 조금 떨어지더라도 동기부여가 제대로 이루어졌을 때 조직의 성과가 높
아질 수 있음을 알 수 있다.

02 동기부여에 관한 제 이론

동기부여에 관한 중요성이 인식되면서부터 많은 학자들의 관심과 행동과학의 발
전으로 인해 제 관련학문(disciplines)인 사회학, 심리학, 문화인류학 등의 도움을 얻어

종합과학적 연구의 방향으로 전개되고 있다. 동기부여이론은 크게 내용이론, 과정이론 및 강화이론 등으로 구분해 볼 수 있는데 본 절에서는 내용이론에 국한시켜 주요 학자의 이론을 살펴보기로 한다.

모티베이션 내용이론이란 인간을 동기부여시킬 수 있는 요인이 무엇인가에 초점을 두는 이론으로 매슬로우(A. H. Maslow)의 욕구단계이론, 허즈버그(F. Herzberg)의 이요인이론, 앨더퍼(C. P. Alderfer)의 ERG이론, 맥클랜드(D. C. McClelland)의 성취동기이론 등을 들 수 있다.

(1) 매슬로우의 욕구단계이론

인본주의 심리학의 대가인 매슬로우는 인간을 동기유발시킬 수 있는 욕구는 5가지, 즉 생리적 욕구, 안정 및 안전욕구, 사랑 및 소속욕구, 존경욕구, 자아실현욕구 등이 <그림 16-3>과 같이 계층적 구조를 이루고 있다고 주장했는데 이들을 중요도 순으로 보면 다음과 같다(Maslow, 1943, 370-396).

〈그림 16-3〉 매슬로우의 욕구단계이론

자료: A. H. Maslow(1970), *Motivation and Personality*, 2nd ed., New York: Harper & Row; J. A. Wagner Ⅲ & J. R. Hollenbeck(2014), *Organizational Behavior: Securing Competitive Advantage*, 2nd ed., New York: Routledge, 109.

① 생리적 욕구: 이 욕구는 삶 그 자체를 유지하기 위한 것으로 인간의 가장 근원적인 욕구이다. 이것은 학습되지 않는 욕구로 구체적으로 의, 식, 주 및 성에 대한 욕구 등이다.

② 안정욕구: 일단 생리적인 욕구가 충족되면 나타나는 욕구로 육체적 안전과 정신적인 안정을 찾고자 하는 욕구를 말한다. 공무원에 대한 인기가 좋은 것은 다름 아닌 직업에 대한 안정 때문이다.

③ 사랑(사회)욕구: 인간은 사회적인 존재이기 때문에 첫째와 두번째 욕구가 어느 정도 충족되면 싹트는 욕구가 바로 사랑(사회)욕구로 어딘가에 소속되고 싶어 하며 사랑하고 싶은 욕구를 갖게 된다.

④ 존경욕구: 존경욕구란 안팎으로부터 존경받고자 하는 욕구이다. 내부적으로는 자존심과 자신감 등을 들 수 있으며, 밖으로는 권위와 인정 등을 들 수 있다.

⑤ 자아실현욕구: 자아실현욕구란 인간의 가장 고차적인 욕구로 자신의 현재적 내지 잠재적 유용성을 극대화시킴으로써 자기 자신의 능력을 최고도로 발휘하고 싶어 하는 욕구를 말한다(Maslow, 1954, 92).

매슬로우는 다섯 가지의 욕구를 고차(higher-order)와 저차(lower-order)로 구분했다. 사람들이 시작하는 생리적 욕구와 안전욕구는 저차의 욕구이며, 사회적 욕구와 존경욕구, 자아실현욕구는 고차의 욕구였다. 고차의 욕구는 내적으로(개인 내에서) 충족되는 반면, 저차의 욕구는 대부분은 외적으로(임금, 노조계약, 정년보장과 같은 보상에 의해) 충족된다.

매슬로우의 욕구단계이론은 특히 실무 관리자들 사이에서 널리 인정을 받았다. 그것은 직관적으로 논리적이며 이해하기 쉽다. 그러나 불행하게도 연구가 그것을 입증하지는 못하고 있다. 매슬로우는 실증적으로 입증하지 못했으며 그 이론의 타당성을 입증하려 했던 여러 연구들 또한 이를 제대로 뒷받침하지 못했다(이덕로, 2018, 152; 김태열·이덕로, 2019, 190; Rauschenberger, Schmitt, & Hunter, 1980).

(2) 허즈버그의 이요인이론

허즈버그(F. Herzberg)는 피츠버그와 그 근교에 있는 200명의 회계사와 기술자를 대상으로 동기부여에 관한 실증적 연구를 했는데, 여기서 직무에 불만족을 느끼는 사람은 직무환경과 관련되어 있고 직무에 만족을 느끼는 사람은 직무내용과 밀접한 관계가 있다는 사실을 알게 되었다. 그는 전자를 직무불만족을 예방해 준다는 의미에서 위생요인(hygiene factor)이라고 하고, 후자를 직무만족을 유발시켜 준다는 점에서 동기유발요인(motivator)이라고 명명하였다. 위생요인에는 임금, 복리후생, 대인관계, 감독, 안전보건, 지위, 회사방침 및 작업환경 등을 들 수 있고, 동기유발요인에는 성취, 인정, 발전, 책임 및 직무 그 자체를 들고 있다(Herzberg, 1968, 57). 이것을 그림으로 나타내면 <그림 16-4>와 같다.

〈그림 16-4〉동기유발요인과 위생요인의 비교

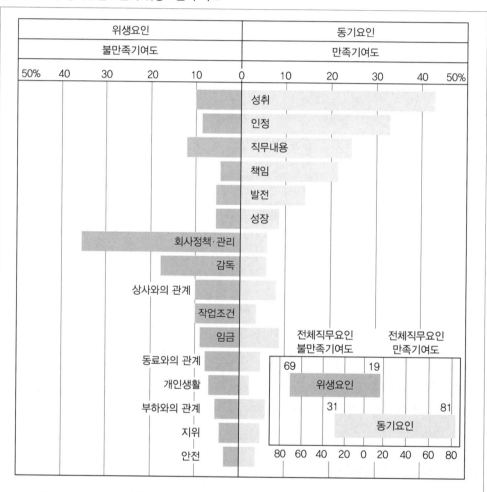

자료: S. P. Robbins(2005), *Organizational Behavior*, 11th ed., Englewood Cliffs, N.J.: Prentice-Hall, Inc., 174.

한 가지 재미있는 사실은 허즈버그는 개인행동을 자극하는 동기요소를 두 가지 요인으로 나누고 이들이 개인의 불만족행동과 동기행동에 미치는 영향을 분석하고 있다는 점이다. 여기에서 허즈버그는 종래의 만족－불만족의 단차원적(unidimensional)개념을 부인하고 <그림 16－5>와 같이 만족과 불만족의 복수차원적(bidimensional)개념을 제시함으로서 동기요인들의 작용영역과 한계를 명백히 해 주고 있다.

이요인이론은 문헌상 제대로 지지를 받지 못했으며 비판자가 많았다. 그러나 이러한 비판에 관계없이 허즈버그의 이론은 널리 읽혔고, 많은 관리자들이 그 이론을 추천하고 있다(Robbins & Judge, 2015, 220).

<그림 16-5> 만족-불만족의 관점 차이

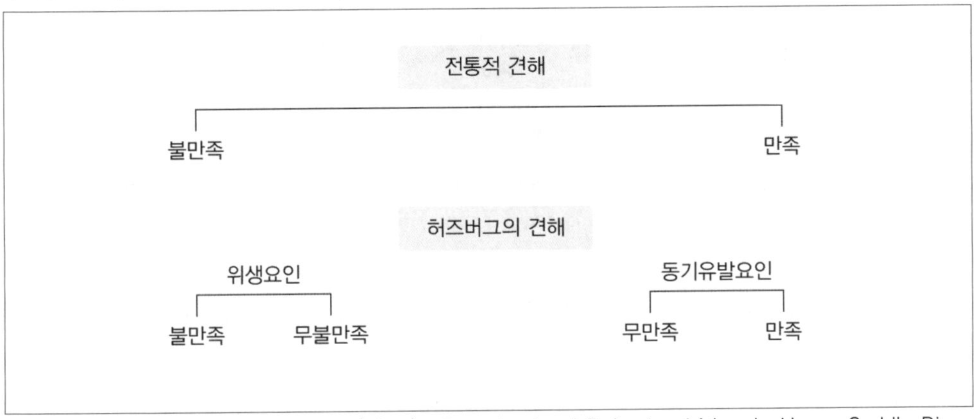

자료: S. P. Robbins, & T. A. Judge(2015), *Organizational Behavior,* 14th ed., Upper Saddle River Cliffs, N.J.: Pearson Education, Inc., 219.

(3) 앨더퍼의 ERG이론

매슬로우의 욕구 5단계이론을 수정하여 조직환경하에서 개인의 욕구동기를 보다 현실적으로 제시한 이론이 바로 앨더퍼의 ERG이론이다. 앨더퍼는 욕구를 크게 3가지로 범주화하여 영어의 첫자를 따서 ERG이론으로 명명하였다. 여기서 E란 존재욕구(Existence need)로 매슬로우의 생리적 욕구와 일부의 안전욕구에 해당되는 것으로써 경제적 보상과 안전한 작업조건 등에 대한 욕구를 말한다. R은 관계욕구(Relatedness need)로 매슬로우의 소속 및 사랑욕구와 일부의 안전 및 존경욕구에 해당되는 것으로써 개인 간의 사교, 소속감 및 자존심 등을 나타내며, G는 성장욕구(Growth need)로 매슬로우의 자아실현욕구와 일부의 존경욕구에 해당되는 것으로써 개인의 능력개발,

창의성 및 성취감 등을 의미하는데 이것을 그림으로 나타내면 <그림 16-6>과 같다(Alderper, 1969, 142-175).

〈그림 16-6〉 앨더퍼의 ERG이론

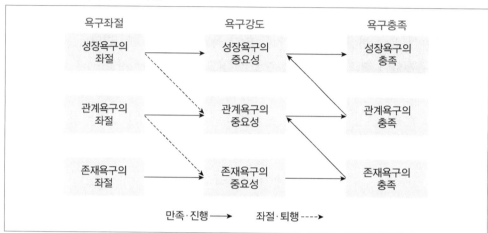

자료: 김태열·이덕로(2019), 「4차산업혁명시대와 리더십」, 피앤씨미디어, 193; R. Kreitner & A. Kinicki(2013), *Organizational Behavior*, 10th ed., New York, NY: McGraw-Hill/Irwin, 174.

앨더퍼의 ERG이론은 여러 가지 면에서 매슬로우의 욕구단계이론과 공통된 점이 많지만 크게 두 가지 면에서 매슬로우의 욕구단계이론과 차이를 보이고 있다. 첫째, 매슬로우의 욕구단계설은 저차원의 욕구가 충족되면 보다 고차원의 욕구로 나아가는 진행이 이루어진다고 보았지만(satisfaction-progression), 앨더퍼의 ERG이론은 저차원의 욕구가 충족되면 다음 단계의 욕구로 이행할 뿐만 아니라 좌절되면 퇴행하기도 한다는 점이다(frustration-regression). 둘째, 매슬로우의 욕구단계성은 저차원의 한 가지의 욕구가 충족되어야 비로소 보다 고차원의 욕구가 싹튼다고 주장했으나 앨더퍼의 ERG이론은 두 가지 이상의 욕구가 동시에 싹틀 수 있다는 점이다.

(4) 맥클리랜드의 성취동기이론

맥클리랜드는 인간욕구를 성취욕구(n Ach: need for achievement), 권력욕구(n Pow: need for power), 친교욕구(n Aff: need for affiliation) 등 3가지로 나누고 있다. 여기서 성취욕구란 이전보다 나은 업적을 수행하려는 강박관념을 나타내는 욕구를 나타낸다. 친교욕구란 다른 사람과 친밀한 관계를 확립하고 유지하고자 하는 욕구를 말한다. 그리고 권력욕구란 다른 사람을 통제하기 위하여 영향력을 행사하고자 하는 욕구를 의미한다(McClelland & Burnham, 1976, 100－110).

초기의 동기부여이론 중에서 맥클리랜드의 이론이 가장 높은 연구 지지를 받았다. 안타깝게도 그 이론은 다른 이론들보다 실질적인 효과는 적었다. 맥클리랜드는 세 가지의 욕구가 잠재의식이라고 주장했기 때문에 욕구를 높게 평가할 수는 있어도 그것을 알지는 못한다. 따라서 그들을 측정하기가 용이하지는 않다.

지금까지 대표적인 동기부여이론들을 살펴보았는데 이들 네 가지 동기부여이론을 비교하면 ＜그림 16－7＞과 같다.

〈그림 16-7〉 모티베이션 내용이론의 비교

자료: R. N. Lussier(2017), *Human Relations in Organizations: Applications and Skill Building*, 10th ed., New York: McGraw-Hill Book Co., 234-246; C. P. Neck, J. D. Houghton, & E. L. Murray(2017), *Organizational Behavior: A Critical-thinking Approach*, California: SAGE., 122.

01 리더십의 의의

리더십(leadership)에 대한 연구는 집단 내의 분화된 기능에 대한 광범위한 연구 중의 하나로, 두 사람 이상의 사람이 공동목표를 수행하는 데 발생하는 상호작용과 집단성원 간의 영향력과 통제작용을 의미하며 집단형성이 이루어질 때 일어나는 상호작용적 현상이다(오세철, 1978, 574). 이러한 리더십에 대한 연구가 어떤 방향에서 발전되어 왔는가를 알기 위해서 리더십의 정의부터 살펴볼 필요가 있다.

스톡딜(R. M. Stogdill)은 다양한 문헌들을 포괄적으로 개관한 뒤 "리더십의 정의는 그 개념을 연구하는 학자들의 수만큼 많다"라고 말하면서 리더십의 정의를 아래와 같은 열한 가지의 범주로 나누고 있다(Stogdill, 1974, 7-16). 즉, 집단과정의 초점으로서의 리더십, 인성과 그 영향으로서의 리더십, 순응을 이끄는 기술로서의 리더십, 영향력 행사로서의 리더십, 행동으로서의 리더십, 설득형태로서의 리더십, 권력관계로서의 리더십, 목표달성의 수단으로서의 리더십, 상호작용의 결과로서의 리더십, 분화된 역할로서의 리더십 및 구조주도로서의 리더십 등이다.

일반적으로 대부분의 학자들은 리더십이 어떤 주어진 상황 속에서 목표를 달성하기 위해 개인 또는 집단의 활동에 영향을 미치는 과정이라는 견해에 일치하고 있다. 따라서 본 연구에서는 리더십을 "주어진 상황하에서 조직목표를 달성하기 위하여 상사가 부하에게 영향력을 행사하는 과정"으로 정의하고자 한다.

이러한 리더십과 관련하여 지금까지 다양한 이론들이 전개되어 왔다. 전통적으로 리더십 이론은 <표 16-1>에서와 같이 초기에는 특성이론에서 출발하여 행동이론을 거쳐 상황이론으로 발전해 왔다. 그러다가 20세기 말의 급격한 환경의 변화로 1980년대 후반부터는 신조류의 리더십, 즉 새로운 리더십 이론들이 전개되고 있다. 본서에서는 원론차원에서 가장 많이 언급되고 있는 특성이론, 행동이론 및 상황이론 등에 대해 각각 살펴보기로 하겠다.

┃〈표 16-1〉리더십 이론의 역사적 전개과정

리더십 이론	시 기	초 점
• 특성이론	• 과거~1940년대	• 자질, 특성
• 행동이론	• 1950년대~1960년대	• 리더십 유형
• 상황이론	• 1970년대 이후	• 리더십 유형＋상황
• 새로운 리더십 이론	• 1980년대 후반 이후	• 비전, 카리스마, 변화, 혁신

02 리더십 특성이론(trait theory of leadership)

이 이론은 지도자와 지도자가 아닌 사람들을 구별하는 구체적인 특성을 찾아내는 데 주요 관심을 집중시키는 연구의 흐름으로 일명 '자질론'이나 '위인이론'(greatman theory of leadership)이라고도 한다. 이 이론에 의하면 지도자는 고유한 개인적인 특성만 가지고 있으면 그가 처해 있는 상황이나 환경이 바뀌더라도 항상 지도자가 될 수 있다는 것이다. 곧 리더십 연구 초기에 많은 학자들은 "리더는 태어나는 것이지 만들어지는 것이 아니다"라고 믿었다. 따라서 특성추구이론의 지지자들은 과거로부터 1930－1940년대에 이르기까지 지도자가 지녀야 할 공통적인 특성을 규명하는 데 온갖 노력을 경주해 왔다.

최근까지도 성공적인 리더의 특성에 관한 연구를 계속해 오고 있는 대표적인 학자인 바스와 스톡딜(B. M. Bass & R. Stogdill)은 1948년 이후의 리더십 특성연구들을 분석한 끝에 효과적인 리더의 특성을 신체적 특성, 사회적 배경, 지능, 성격, 과업특성 및 사회적 특성 등으로 범주화하고 있는데, 보다 구체적인 내용은 <표 16－2>와 같다 (Bass & Stogdill, 1981, 233).

▌〈표 16-2〉 리더십 특성연구의 중요 측면

신체적 특성	사회적 배경	지능
• 연령 • 신장 • 체중 • 용모	• 교육 정도 • 사회적 신분 • 사회적 관계	• 판단력 • 결단력 • 표현능력
성격	**과업 특성**	**사회적 특성**
• 독립성 • 자신감 • 지배성 • 공격성	• 성취욕구 • 솔선수범 • 지구력 • 책임감 • 인간에 대한 관심 • 결과 지향성	• 관리능력 • 협조성 • 대인관계기술 • 권력욕구 • 청렴성

자료: B. M. Bass & R. Stogdill(1981), *Handbook of Leadership*, N.Y.: Free Press of Glencoe, 233.

그러나 오늘날의 많은 연구들은 특성이론이 성공적인 리더십을 예측하는 데 있어서 유용하지 못하다고 주장한다. 그 이유로, Hellriegel, Jackson, & Slocum(2005, 296-297)은 첫째, 지도자의 행동과 인성 간에 일관성있는 상관관계가 발견되지 않았다. 둘째, 신체적 요인은 효율적 리더십과 관련이 있으나 상황에 따라 반드시 필요한 점은 아니다. 셋째, 상황요인은 때때로 인성요인을 무시하게 된다. 넷째, 인성기술과 측정 자체가 부적절하다는 점 등을 들고 있다. 이와 같이 리더십 특성이론을 지도자들의 공통적인 특성을 추출해 내는 데 실패함으로써 한계에 부딪히게 되었다.

03 리더십 행동이론(behavioral theory of leadership)

지도자의 공통적인 특성을 규명하는 데 실패한 리더십의 연구는 이번에는 밖으로 드러나는 지도자의 행동을 관찰하는 쪽으로 전환하게 되었다. 그리하여 1940년대 말부터 1960년대 초 사이에 대부분의 연구는 높은 성과와 관련있는 지도자 행동, 즉 리더십 유형(leadership style)을 발견하는 데 연구의 초점을 두었다. 이러한 연구의 흐름을 리더십의 행동이론이라고 한다. 리더십 유형에 관한 주요 연구들은 다음과 같다.

(1) 아이오와대학의 리더십 연구

1939년 아이오와대학의 리피트와 화이트(R. Lippitt & R. R. White)는 르윈(K. Lewin)의 지도하에 10대 소년들을 대상으로 리더십을 연구하기 위하여 리더십을 <그림 16-9>와 같이 세 가지, 즉 민주형, 전제형(권위주의적), 자유방임형으로 나누어 리더십 행동이론에 관한 개척적인 연구를 실시하였다(Lewin, Lippitt, & White, 1939, 271-276).

〈그림 16-8〉 아이오와 대학의 리더십 유형

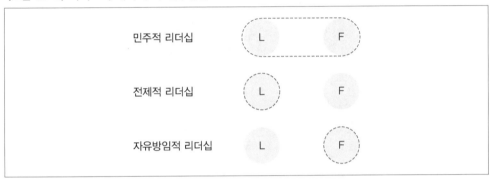

여기서 전제적 리더십(autocratic leadership)이란 조직 내 모든 의사결정을 지도자 혼자서 행하는 리더십을 말하고 민주적 리더십(democratic leadership)은 의사결정의 권한을 부하들에게 대폭적으로 위임하는 리더십이며, 자유방임적 리더십(laissez-fairs or free rein leadership)은 지도자는 가능한 한 의사결정 과정에 참여하거나 간섭하지 않고 구성원들, 즉 부하들에게 의사결정의 권한을 완전히 위임하는 리더십을 말한다.

리더십에 관한 개척적인 연구인 이 연구의 유효성과 관련해서 일찍이 많은 연구가 있었다. 그 결과 일반적으로 민주적인 리더십이 집단구성원과의 관계, 집단행동의 특성, 지도자 부재 시의 구성원 태도 등에서 전제적인 리더십보다 호의적으로 나타나기 때문에 생산성 효과가 동일하다면 민주적 리더십이 보다 바람직하다고 볼 수 있다.

(2) 오하이오 주립대학의 리더십 연구

오하이오 주립대에서는 1945년부터 조사질문서 방식에 의한 여러 형태의 집단과 상황에 있어서의 리더십을 분석하였다. 그 결과 차원이 뚜렷하게 다른 두 가지 리더십을 발견했는데, 구조주도(initiating structure)와 배려(consideration)가 바로 그것이다(J. J. Morse & F. R. Wagner, 1978, 23 – 25).

전자는 직무나 인간을 조직화하는 것으로서 리더가 과정을 정의하고 과업을 할당하며 엄격한 감독을 통해 생산실현에 보다 큰 관심을 두는 반면, 후자는 우정, 온정, 상호신뢰, 존경 및 부하의 복리후생에 대한 관심 등을 표시하는 행동으로서 인간관계의 유지에 더 큰 관심을 두고 있다. 이 연구는 배려와 구조주도의 여러 가지 배합을 보여주기 위하여 <그림 16-9>과 같은 리더십의 4분면을 개발하였다.

〈그림 16-9〉 오하이오대학의 리더십 4분면

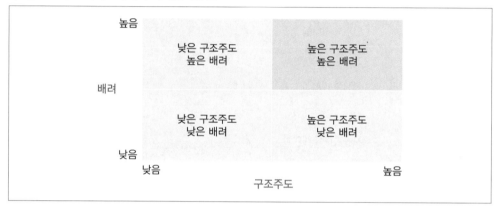

그림과 같은 네 가지의 리더십 유형을 통해 실증적인 연구를 해 본 결과 구조주도가 높고, 배려도 높은 리더십일 때 가장 효과적인 리더십 유형인 것으로 나타났다. 오하이오 주립대학의 리더십 연구는 리더십을 매우 체계적이고 상세하게 설명하고 있다는 점에서 높이 평가할 만하다.

(3) 미시간대학의 리더십 연구

오하이오 주립대학의 리더십 연구에 뒤이어 1947년 미시간대학의 사회연구소는 성과가 높은 지도자가 사용하는 일반적인 리더십 유형을 발견하기 위하여 폭넓은 연구를 실시하였다. 그 결과 높은 성과를 올린 지도자들은 부하의 인간적인 측면에 보다 많은 관심을 가지는 사람임을 알아냈다. 그들은 이러한 리더십 유형을 종업원중심적 리더십(employee – centered leadership)이라고 부르고, 엄격한 감독(close supervision), 합법적·강제적인 힘(legitimate and coercive power)의 사용에 초점을 두는 리더십을 직무

중심적 리더십(job-centered leadership)이라고 칭했다(Likert, 1961, 5-25).

연구결과 높은 성과를 올린 리더들은 부하의 인간적인 측면에 보다 많은 관심을 가지는 인간중심적인 리더인 것으로 나타났다. 그러나 미시간의 연구도 지도자 행동이 상황에 따라 변할 수 있다는 사실을 보여주지 않음으로써 비판을 면치 못하였다.

(4) 블레이크와 무우튼의 관리격자이론

블레이크와 무우튼(R. R. Blake & J. S. Mouton)은 오하이오, 미시간대학의 연구들을 바탕으로 생산과 인간관계의 개념을 교차시킨 관리격자이론(managerial grid theory)을 정립하였다. 관리격자는 지도자가 지향할 수 있는 방향을 2차원으로 구분했는데, 횡축은 생산에 대한 관심(concern for production)의 정도를 파악할 수 있도록 9등급으로 나누고, 종축은 인간에 대한 관심(concern for people)의 정도를 파악할 수 있도록 역시 9등급으로 나누었다(Robbins, 2005, 337).

그 결과 나타난 81개의 지도자 유형 중 기본적인 형태로써 (1, 1)형의 무관심형 리더(impoverished leader), (1, 9)형인 사교형 리더(country club leader), (9, 1)형인 과업 리더(autocratic task leader), (5, 5)형인 중도형 리더(middle of the road), (9, 9)형인 팀 리더(team leader) 등을 들고 있다(Blake & Mouton, 1964, 130-140). <그림 16-10>은 이들 관계를 잘 설명해 주고 있다.

<그림 16-10> 블레이크와 무우튼의 관리격자이론

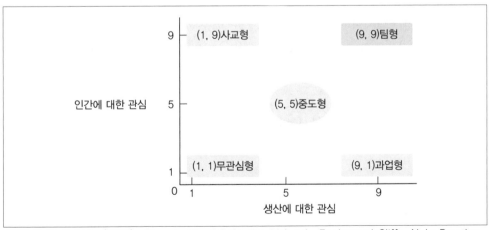

자료: S. P. Robbins(2005), *Organizational Behavior*, 11th ed., Englewood Cliffs, N.J.: Prentice-Hall, Inc., 337.

(5) 리커트의 시스템 Ⅳ이론

리커트(R. Likert)는 30년간의 리더십 연구를 동해 리더십 유형을 크게 4가지, 즉 시스템 Ⅰ, 시스템 Ⅱ, 시스템 Ⅲ, 시스템 Ⅳ 등으로 나누었는데 각 리더십의 특성은 다음과 같다.

① 시스템 Ⅰ형: 착취적, 권위주의적 리더십으로 상하 간의 불신관계를 비롯하여 집권적 권한과 통제적 경영관리 및 상사의 지시와 공포에 의한 동기부여를 특징으로 하는 리더십이다. 의사소통은 대체로 하향적이다. 따라서 횡적인 의사소통은 거의 없고 상향적 의사소통은 최소한에 그치며 자주 왜곡된다.

② 시스템 Ⅱ형: 온정적·권위주의적 리더십으로 마치 주인과 머슴의 관계와 같은 신뢰관계로 의사결정의 집권적 경향과 경영관리의 통제적 경향이 높고 하위자의 의사결정 참여가 제한적인 리더십이다. 의사소통은 대체로 하향적이지만 일정한 횡적인 의사소통이 존재한다. 상향적 의사소통은 상사를 통해 여과되는 경우가 많다.

③ 시스템 Ⅲ형: 상담형 리더십으로 상하 간에 신뢰분위기가 꽤 형성되어 있고 하위계층에 권한위양이 제한된 범위 내에서 이루어지며, 조직구성원의 의사결정에 대한 참여가 이루어지고 정(正)의 동기부여 방식을 통해 동기부여가 이루어지는 리더십이다. 의사소통은 상향적인 동시에 하향적이며 왜곡되지 않는 경향이 있다.

④ 시스템 Ⅳ형: 참가적 리더십으로 상사가 부하를 완전히 신뢰하며 의사결정 권한이 분권화되어 있고 부하가 상당한 자유재량을 누리고 있는 리더십을 말한다. 의사소통의 흐름은 하향적, 상향적, 횡적이며 왜곡이 거의 없다(김태열·이덕로, 2019, 109-111).

지금까지 리커트의 시스템 Ⅳ이론에 대해 살펴보았는데 이들을 요약하면 <표 16-3>과 같다.

▮ 〈표 16-3〉 리커트의 시스템 Ⅳ이론

유 형 \ 특 징	착취적·전제적 시스템 Ⅰ	온정적·전제적 시스템 Ⅱ	상담형 시스템 Ⅲ	참가적 시스템 Ⅳ
신뢰의 정도	전혀 신뢰 않음	약간 신뢰함	상당히 신뢰함	전적으로 신뢰
자유재량정도	전혀 없음	거의 없음	꽤 있음	전적으로
의견의 반영정도	거의 반영 안함	가끔 반영함	보통 반영함	항상 반영함
동기부여방식	상, 벌	상, 벌	상	상

위의 네 가지 시스템 유형으로 연구를 해 본 결과 생산성과 수익이 높은 기업일수록 시스템 Ⅳ에 가까운 관리방식을 취하고, 반대의 경우 시스템 Ⅰ에 가까운 관리방식을 취하는 것으로 나타났다(Hodgetts, 1999).

04 리더십 상황이론

(1) 리더십 상황이론의 의의

지금까지 리더십 연구에서 모든 상황 여건에 부합하는 유일의 리더십 특성이나 행동유형은 발견되지 않았다. 그 결과 경영전반에 걸쳐 최근에 강조되고 있는 상황적합적 접근방법이 리더십 연구에도 적용되게 되었다.

리더십 상황이론에 의하면 <그림 16-11>에서 볼 수 있듯이 리더의 행동이 특정의 상황과 부합될 때 비로소 그 리더십 유형이 유효하다는 것이다. 리더십 유효성은 리더의 스타일뿐만 아니라 리더십 환경을 이루는 상황에 의해서도 결정된다고 보고 양자의 적합성에 초점을 두는 이론이다.

〈그림 16-11〉 리더십 상황이론

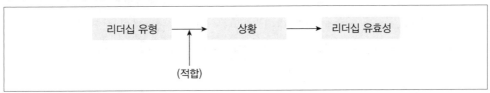

리더의 행동유형과 상황요인에 대해서는 연구모형마다 서로 다른 입장을 취하고 있다. 리더의 행동유형은 대체로 인간과 과업을 중심으로 한 2차원적 모형이 가장 많이 제시되고 있다. 그리고 상황의 유형화는 주로 다음의 요인을 중심으로 이루어지고 있다. 즉 ① 리더와 부하 사이의 관계, ② 상사의 기대와 행동, ③ 부하의 특성, ④ 과업의 한 특성, ⑤ 조직의 문화와 정책, ⑥ 동료의 기대와 행동, ⑦ 부하의 성숙도, ⑧ 직위에 따른 권한 등이다.

요컨대 리더십 상황이론이란 리더십 유형과 상황적 요인과의 효율적 결합을 의미한다. 즉 특정의 상황에 가장 어울리는 리더십이 발휘될 때 그 집단의 성과와 구성원의 만족감이 증대될 수 있다는 것이다. 그러므로 상황과 리더십의 유형화를 어떻게 시도하느냐에 따라 여러 상황적응적 리더십 이론이 나타나게 되었다. 대표적인 상황이론으로 피들러(F. E. Fiedler)의 상황모형, 하우스(R. House)의 경로-목표이론, 허쉬와 블란차아드(P. Hersey & K. Blanchard)의 수명주기이론 등을 들 수 있다. 여기서는 피들러의 상황이론을 중심으로 살펴보도록 한다.

(2) 피들러의 상황모형

피들러는 산업계 지도자, 교육계 지도자, 군(軍) 지도자 등을 대상으로 16년에 걸친 리더십 연구결과 리더십 유효성의 상황모형을 주장하였다. 피들러가 사용한 리더십 스타일과 상황변수는 다음과 같다.

1) 리더십 스타일

피들러는 개인에 대한 리더십의 영향력 정도를 측정하기 위해 최소선호동료(LPC: the least preferred coworker)척도를 고안하였다. 최소선호동료척도는 과업지향적 리더십과 관계지향적 리더십을 측정하기 위한 척도이다. LPC척도는 <그림 16-12>와 같이 선호도를 나타내는 구간별 척도(1에서 8까지)로 표시되어 있으며 총 20개 항목으로 이루어져 있다.

피들러는 높은 LPC점수를 보이는 리더를 다른 사람과 보다 사이좋게 지내려는 '관계지향적'(RO: Relation Oriented) 리더로, 낮은 LPC점수를 보이는 리더를 동료와 관계보다는 일에 몰두하는 '과업지향적'(TO: Task Oriented) 리더로 분류하였다.

〈그림 16-12〉LPC척도

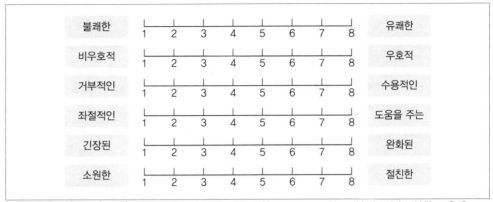

자료: F. E. Fiedler(1976), *Improving Leadership Effectiveness*, New York: John Wiley & Sons, 41.

2) 상황변수

피들러가 주장한 세 가지 상황변수는 리더와 부하와의 관계(leader-member relations), 과업구조(task structure), 그리고 직위권력(position power) 등이다.

① 리더와 부하의 관계: 가장 중요한 상황변수로서 부하가 리더에 대해 느끼는 신뢰성, 확신, 존경의 정도로써 상하 간의 관계가 좋고 나쁨을 의미한다. 이것이 높을수록 그 상황은 리더에게 호의적이다.
② 과업구조: 작업목표의 명료성, 목표에 이른 수단의 다양성 정도, 의사결정 결과의 확인가능성, 그리고 의사결정의 구체성과 관련이 있는 변수로 과업이 구조화되면 될수록 그 상황은 리더에게 호의적이다.
③ 직위권력: 리더의 직위가 집단성원들로 하여금 명령을 받아들이도록 할 수 있는 정도로 부하들에 대한 처벌, 보상, 진급·승진에 대한 추천권이나 결정권을 뜻한다. 이러한 권한이 강하면 강할수록 리더에게 유리한 상황이 된다.

이상의 세 변수의 결합이 리더에 대한 상황의 유리성을 결정하게 되는데 8가지의 배합결과는 1-3번째까지는 유리한 상황이고, 7-8번째 상황은 불리한 상황이며, 그리고 4-6번째 상황은 상황의 유리성이 중간 정도이다. <그림 16-13>와 같다.

〈그림 16-13〉 세 가지 상황변수에 의해 측정된 상황의 유리성 차원

	매우 유리							매우 불리
	I	II	III	IV	V	VI	VII	VIII
리더와 부하와의 관계	좋음	좋음	좋음	좋음	나쁨	나쁨	나쁨	나쁨
과업구조	높음	높음	낮음	낮음	높음	높음	낮음	낮음
직위권력	강함	약함	강함	약함	강함	약함	강함	약함

자료: F. E. Fiedler & M. M. Chemers(1974), *Leadership and Effective Management*, Glenview, Ill., Scott, Foresman, 70.

피들러는 리더의 LPC점수와 여러 상황에서의 집단의 유효성을 연구한 결과 과업지향적인 리더는 상황이 매우 유리하거나 불리할 때 적합한 반면, 관계지향적인 리더는 상황이 중간 정도일 때에 적합한 것으로 나타났다. 이러한 관계가 <그림 16-14>에 잘 나타나 있다.

〈그림 16-14〉 피들러의 상황모형: 리더십과 상황과의 연결

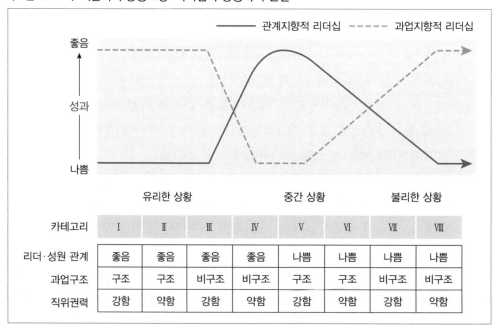

카테고리	I	II	III	IV	V	VI	VII	VIII
리더·성원 관계	좋음	좋음	좋음	좋음	나쁨	나쁨	나쁨	나쁨
과업구조	구조	구조	비구조	비구조	구조	구조	비구조	비구조
직위권력	강함	약함	강함	약함	강함	약함	강함	약함

자료: F. E. Fiedler(1981), "Validation and Extention of the Contingency Model of Leadership Effectiveness: A Review of Empirical Findings," *Psychological Bulletin*, 76, 131; S. P. Robbins & A. J. Timothy(2019), *Organizational Behavior*, 18th ed., Boston: Pearson, 467.

제4절 의사소통

01 의사소통의 의의

의사소통(communication)이란 수신자가 이해할 수 있도록 송신자가 수신자에게 정보를 전달하는 것으로서 효과적인 의사소통은 의사전달자로서의 송신자가 전달하는 정보에 대해 수신자가 일치된 의미를 가질 때 이루어진다. 이는 조직에서 공통의 목적을 달성하도록 구성원들을 서로 연결지어 주는 수단으로서 이를 통해 조직의 활동이 통합화 및 단일화될 수 있기 때문에 지휘기능에서 무엇보다 중요하다.

조직 내 여러 가지 관리기능을 통합시킬 수 있는 의사소통은 ① 조직목표의 설정과 전달, ② 조직의 목적달성을 위한 계획의 개발, ③ 가장 효과적인 방법으로 조직 내 인적, 물적 자원의 조직, ④ 조직구성원의 선발, 교육훈련 및 평가, ⑤지휘, 지시(directing), 동기부여 및 종업원이 자발적으로 기여하고자 하는 조직풍토의 조성, ⑥ 성과통제 등의 조직내부기능에 변화를 위해 필요하다.

<그림 16-15>는 의사소통이 내부적인 관리기능을 용이하게 할 뿐 아니라 조직의 외부환경과 관련을 맺고 있음을 보여준다.

<그림 16-15> 의사소통의 목적과 기능

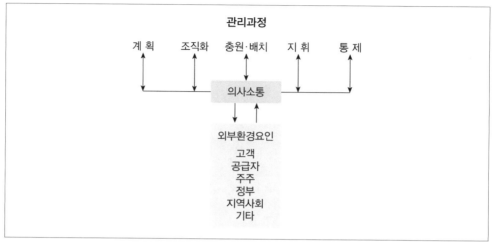

자료: H. Weihrich & H. D. Koontz(1994), *Management: A Global Perspective*, 10th ed., New York: McGraw-Hill Co., 519.

02 의사소통의 과정과 수단

(1) 의사소통 과정

효과적인 의사소통(effective communication)은 정보의 출처인 송신자로부터 수신자에게 전달된 정보에 대해 쌍방이 일치된 의미를 가질 때 이루어지는 것이다. 따라서 의사소통이 이루어지는 과정을 잘 이해한다는 것은 매우 중요하다.

<그림 16-16>은 송신자가 어떻게 메시지를 수신자에게 전달하는가에 대한 의사소통 과정에 대해 설명한 것으로 크게 송신자(전달자), 메시지 전달경로, 수신자, 그리고 피드백으로 구분할 수 있다(Robbins & Judge, 2015, 332-344).

〈그림 16-16〉 의사소통 과정의 모델

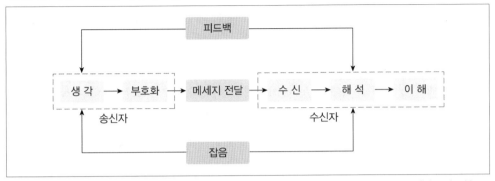

자료: H. Weihrich & H. D. Koontz(1994), *Management: A Global Perspective*, 10th ed., New York: McGraw-Hill Co., 540.

1) 송신자

의사소통은 사고(thought)나 아이디어를 가진 송신자로부터 시작된다. 송신자는 어떠한 사고나 아이디어를 가지고 있을 경우 송신자와 수신자가 이해할 수 있도록 체계적인 기호로 부호화(encoding)하여 정보의 메시지를 구성한다.

2) 메시지 전달을 위한 경로

송신자에 의해 부호화된 정도나 의사는 수신자에게 어떠한 메시지 전달경로를 통해 전달되어야 한다. 메시지는 구두(oral), 문서나 메모, 컴퓨터, 전화, 그리고 다른 전자통신매체 등을 통해서 이루어진다. 메시지 전달경로는 경우에 따라서 몇 개의 경로가 이용되기도 하는데 이 경우 각각의 경로는 장단점을 가지고 있으므로 이를 잘 파악하여 적절하게 활용하면 보다 효과적인 의사소통이 이루어질 수 있다.

3) 수신자

수신자는 송신자로부터 전달된 메시지를 받는 자로서 부호화된 메시지를 생각으로 바꾸는 해석(decodoing)단계와 그리고 그 정보가 갖는 의미를 이해하는 과정이 필요하다. 정확한 의사소통이 이루어지기 위해서는 송신자와 수신자 모두가 메시지를 구성하고 있는 상징(symbols)에 대하여 일치하거나 최소한 비슷한 의미를 갖고 있을 때 가능한 것이다. 따라서 수신자는 정보메시지를 접수하여 명확하게 해석한 후 그 정보가 갖는 의미를 이해하여야 한다.

4) 잡음(noise)

의사소통 과정에서의 잡음은 송신자의 경우 제약된 환경 내에서 정확한 생각의 표현이나 부호화에 실패함으로써 발생되기도 하며 메시지 전달과정에서는 전화연결 상태가 불량할 때처럼 경로상의 단절에 의해 나타날 수 있다. 수신자의 경우는 전달된 메시지에 대해 상징의 의미를 잘못 해석하거나 이해함으로써 또는 전달된 정보에 대한 수신자의 행동적 특성에 따라 다른 의미로 해석될 수 있다.

5) 피드백

의사소통이 효과적으로 이루어졌는가를 확인하기 위해서는 피드백과정이 반드시 필요하다. 즉 메시지 전달자는 수신자로부터의 피드백을 통하여 정보가 자신이 의도한 대로 전달되었는지를 알 수 있게 된다. 또한 피드백은 의사소통의 결과로 개인 또는 조직의 변화가 발생되었는지를 확인해 줄 수 있다(Robbins & Judge, 2015, 338-344).

(2) 의사소통의 수단

의사소통이 이루어지기 위해서는 송신자와 수신자를 매개하는 수단이 필요하다. 이러한 수단은 대체로 구두(oral), 문서(written), 그리고 비언어적(nonverbal)인 것으로 구분된다.

1) 구두에 의한 의사소통

많은 정보들이 구두로 전달된다. 이를테면 직접적인 의사소통에서 두 사람 간의 직접적인 대화, 전화통화 또는 집단토의와 같이 언어적 수단으로 정보를 교환하는 것이다. 이러한 언어적 수단에 의한 의사소통은 공식적 또는 비공식적으로 이루어질 수 있으며, 계획적이거나 우발적으로 이루어지기도 한다.

언어적 수단에 의한 의사소통의 장점은 우선 다른 수단에 의한 것보다 쉽게 이루어질 수 있다는 점이다. 즉 즉각적인 피드백에 의한 신속한 정보의 교환이 가능하며, 의사소통 시 발생하는 의문사항에 대하여 질문이나 요점을 명백히 할 수 있다. 더욱이 상사와의 회합은 부하에게 무엇이 중요한가를 느끼게 해 준다. 그리고 비공식적 또는 계획된 모임은 해결해야 할 문제의 이해에 크게 공헌하게 된다.

그러나 잘못된 단어를 사용하거나 또는 잡음이 발생하면서 전달되지 못하는 경우, 의사전달이 빠르게 이루어질 경우 문제를 사려 깊게 판단할 시간이 부족하여, 중요한 문제에 대한 의사소통의 방법으로는 부적합한 것이다.

2) 문서에 의한 의사소통

간단한 메모로부터 복잡한 내용에 이르기까지 여러 가지 형태로 정보전달 방법은 매우 정확하고 영구적인 기록으로 남길 수 있으며, 메시지를 준비할 수 있고 많은 대중에게 전달할 수 있는 장점이 있으며 정보를 전달받는 측도 충분한 시간을 갖고 전달된 내용을 신중히 검토할 수 있어 보다 정확하게 내용을 이해할 수 있다.

그러나 많은 시간이 걸리며, 피드백이 늦어지고 또는 피드백시스템이 없는 경우에는 전달된 내용이 정확히 이해되었는지를 아는 데 많은 시간이 소요되는 점 등은 단점이라고 할 수 있다.

3) 비언어적 의사소통

비언어적 수단으로는 뉘앙스, 이미지, 신체적 표정이나 몸짓, 얼굴 표정, 그리고 의사소통이 이루어지는 물리적 환경의 특성(예 거리) 등을 들 수 있다(Robbins & Judge, 2015, 34). 이러한 비언어적인 의사소통은 명확하지 않고 애매모호한 경우가 많아 언어적인 방법이 수반되지 않을 경우 전달하고자 하는 내용에 오해가 생길 수도 있다. 따라서 비언어적 수단에 의한 의사소통은 언어적 수단을 동시에 보조적으로 사용할 때 그 효과가 증대될 수 있다.

03 의사소통의 네트워크

(1) 네트워크의 유형

의사소통은 조직 내 구성원이나 집단들을 여러 가지 의사소통 수단을 가지고 연결시켜 주게 된다. 그리고 의사소통이 이루어질 때는 의사전달자와 수신자 사이에 여러 개의 연결점을 갖는 의사소통 네트워크(communication network)를 형성하게 되며 이를 통하여 의사소통의 흐름을 파악할 수 있게 된다. 이러한 의사소통 네트워크의 유형은 <그림 16-17>과 같이 바퀴형(wheel), Y자형, 연쇄형(chain), 원형(circle), 그리고 완전연결형(all channel)과 같이 구분된다. 효과적인 의사소통 네트워크 평가기준은 의사소통이 얼마나 신속하며 정확하게 이루어지는가에 대한 정보교환의 특성과 의사소통과 관련된 구성원의 특성 등의 기준에 의해 그 효과가 평가될 수 있다.

유형 / 특성	(바퀴형)	(Y자형)	(원형)	(연쇄형)	(완전연결형)
〈정보교환의 특성〉					
• 의사소통의 신속성	빠름	느림	느림	느림	빠름-느림
• 의사소통의 정확성	높음	보통	보통	낮음	높음
〈구성원의 특성〉					
• 구성원들의 만족감	낮음	낮음	낮음	높음	높음
• 리더가 생겨날 가능성	높음	높음	높음	없음	없음
• 집권화 정도	높음	높음	보통	낮음	낮음

자료: R. W. Mondy & S. R. Premeaux(1995), *Management: Concepts, Practices, and Skills*, 7th ed., Englewood Cliffs: Prentice-Hall, 371.

1) 바퀴형

작업집단 내 강력한 리더가 존재하여 구성원들 간의 의사소통이 그 사람에게 집중되는 경우로서 모든 정보가 리더를 중심으로 집중되며 그리고 이를 통해서 다른 사람에게 전달된다.

2) Y자형

Y자형은 집단 내에 강력한 리더가 있는 것은 아니지만 어느 정도 대표성 있는 중심인물을 통해 비교적 공식적인 계층을 따라 커뮤니케이션이 이루어지는 형태이다. Y형은 라인과 스태프가 혼합되어 있는 집단에서 흔히 나타난다. Y형은 주로 세력집단의 리더가 커뮤니케이션의 중심역할을 맡고, 비세력 또는 하위집단에도 연결되어 전체적인 커뮤니케이션 네트워크를 형성하게 된다(이덕로·김태열, 2014, 206).

3) 원형

원형은 구성원들의 서열이나 지위가 서로 비슷하여 중심인물이 없이 구성원 모두가 대등한 입장에서 의사소통을 할 수 있고 구성원은 의사결정에 이르기까지 그들 간에 똑같이 정보를 처리하는 특성을 지닌다. 이는 위원회나 태스크포스(task force) 조직에서 형성되는 유형이다.

4) 연쇄형

연쇄형은 흔히 체인형(chain type)이라고 한다. 집단 내에서 지위의 차이에 의해 의사소통 경로가 엄격하게 정해져 있어 지위를 따라 상사와 부하 간에 직접적으로 의사소통이 이루어진다.

5) 완전연결형

집단의 구성원들이 다른 구성원들과 정상적으로 의사소통을 할 수 있는 경우로서 상호 정보수집과 표현이 가능하다. 이러한 완전연결형의 의사소통 네트워크는 주로 공식적 구조나 리더가 없는 집단 그리고 비공식적 집단에서 발견할 수 있다.

(2) 공식적 의사소통 네트워크

조직 내의 공식적인 조직도상에 직무수행과 정보전달을 위해 이미 만들어져 공개되어 있는 의사소통 네트워크로 공식적인 경로와 방식 그리고 절차에 따라 의사소통이 이루어진다. 여기서는 대체로 정보의 흐름(flow) 또는 방향(direction) 그리고 경로(channel)의 명칭으로 논의된다. 흔히 의사전달의 흐름이나 방향을 기준으로 수직적, 수평적 그리고 대각적 의사소통 방식으로 구분된다. <그림 16-18>은 공식조직구조상의 정보의 흐름의 유형을 도시한 것이다.

〈그림 16-18〉 조직 내 정보의 흐름

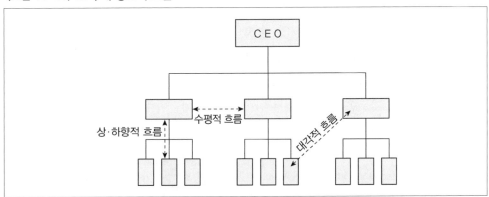

자료: H. Weihrich & H. D. Koontz(1994), *Management: A Global Perspective*, 10th ed., New York: McGraw-Hill Co., 544.

1) 수직적 의사소통

① 하향적(top-down, downward) 의사소통: 하향적 의사소통을 통하여 전달되는 내용은 상사로부터의 지시와 명령, 공지사항의 전달 그리고 부하의 업적평가 결과의 피드백 등이 있으며 이러한 내용은 공식화된 지휘·명령체계에 따라 전달하게 된다.

그러나 조직의 규모가 크고 의사전달자와 수신자 사이에 지위의 차이가 크면 의사소통경로가 길수록 하향적 의사소통의 정확도는 낮아진다. 따라서 경영자들은 하향적 의사소통을 보다 효과적으로 활용하기 위해서는 다양한 방법과 경로를 활용하여야 할 것이다.

② 상향적(bottom-up, upward) 의사소통: 조직 내 하위지위의 사람들로부터 상위지위의 사람들에게 업무처리 결과나 수집된 정보의 보고, 새로운 아이디어의 제안 그리고 업무처리상 상사의 도움을 청하는 등의 경우에 활용된다. 많은 조직들은 제안제도나 고충처리제도와 같은 방식으로 공식적인 상향적 의사소통 네트워크를 갖추고 있다.

상향적 의사소통방식은 주로 참여적이고 민주적인 조직환경에서 찾아볼 수 있는 형태이다. 이 방식에는 의사전달의 정확성에 문제를 갖게 될 경우가 있다. 상향적 의사소통이 효과적으로 이루어지기 위해서는 의사전달자와 수신자간에 서로 신뢰할 수 있고 종업원들의 참신한 아이디어를 이끌어내고 문제점 등을 솔직히 표현할 수 있도록 자유로운 조직분위기 형성이 필요한 것이다.

2) 수평적 의사소통

수평적 의사소통은 조직 내에서 동등한 부서 간 또는 동료들 간에 이루어지는 의사소통 방식으로 횡적(lateral) 혹은 상호작용적(interactive) 의사소통이라고도 한다. 조직의 목표를 효율적으로 달성하기 위해 분업화된 부서들이나 직무담당자들이 업무의 중복이나 불필요한 갈등을 줄이고 서로 간에 협조를 이끌어내기 위해서 필요한 정보를 교환하는 의사소통방식이다.

이러한 수평적 의사소통은 특히 타협이나 공동합의를 위해서는 필연적으로 있게 마련인데 보다 원활하게 진행될 수 있도록 하기 위해서는 자유롭고 개방적인 분위기 조성이 중요하다.

3) 대각적 의사소통

이는 조직구조상 동일 또는 유사수준의 부서 간 또는 사람들 간에 정보의 수평적 흐름이나 직접적 보고관계에 있지 않은 상이한 수준의 사람들 간의 대각선적인 정보교환 내지 흐름을 의미한다. 즉 이 의사소통 방식은 정보교환이나 흐름이 기능이나 조직의 계층에 구애받지 않고 이루어지며 통상 어느 한편 또는 쌍방에게 정보와 협력 그리고 지원을 제공하려는 데 목적이 있다.

그러나 대각적 의사소통은 정상적인 명령체계에 따르지 않고 이루어지기 때문에 의사소통의 중복이나 부서 간의 마찰을 일으킬 수가 있다. 이러한 단점에도 불구하고 조직에서 대각적 의사소통이 자주 이용되는데 이는 의사소통이 보다 신속하고 능률적으로 이루어질 수 있기 때문이다.

(3) 비공식적 의사소통

실제로 조직에서 이루어지는 의사소통 중 많은 부분이 조직 내 권한 계층에 관련되지 않는 성질을 지닌 비공식적 의사소통을 통해서 이루어진다. 이러한 비공식적 의사소통은 공식적 의사소통과 공존하면서 불가분의 관계에 있고 또한 보완관계를 지니는 경향이 있기 때문에 실제로 조직 내에서 중요한 기능을 한다.

모든 조직에 존재하게 되는 비공식적 의사소통은 주로 정보의 결핍, 불확실성 및 정서적 갈등의 이유로 생겨나는 것으로 <표 16-4>에서와 같이 공식적 의사소통과는 몇 가지 측면에서 특성을 달리하고 있다. 비공식적 의사소통은 흔히 그레이프바인(grapevine)이라고 불리는데, 이는 의사전달 체계가 포도넝쿨처럼 복잡하게 얽히고 설켜 있어 정확한 정보전달이 되지 못하는 상태를 지칭하는 것이다. 조직 내에서 이루어지는 사실과 다른 소문이나 유언비어 등은 사실상 '그레이프바인'에 의해서 비롯된 것이 많다(Rashotte, 2002, 92-101; Robbins, & Judge, 2015, 336).

공식적 의사소통	비공식적 의사소통
늦음	빠름
계획적·의도적	자발적·무의식적
주로 문서에 의함	주로 구두(oral)에 의함
공표됨	공표되지 않음
일상적인 일에 관련됨	비일상적인 일에 관련됨
업무지향적	인간지향적
경영자중심	종업원이 중심

자료: 이덕로(2018),「조직행동론」, 피앤씨미디어, 275.

대부분의 경우 조직 안에서 이루어지는 비공식적 의사소통을 부정적으로 생각하는 경향이 있으나 의사전달 내용이나 정보가 비공식적 사교집단에 의해 만들어지는 것이므로 잘 사용되면 조직에 큰 도움을 줄 수 있게 된다. 따라서 경영자들은 비공식적 의사소통의 중요성을 인식하고 이의 긍정적 활용을 위한 개방적인 조직분위기 조성에 노력해야 할 것이다.

04 의사소통 과정의 관리

의사소통의 효과를 높이기 위해서 의사소통을 방해하는 제 요인이 무엇인지를 파악하고 의사소통의 개선을 위한 다각적인 노력이 필요하다.

(1) 의사소통의 장애요인

효과적인 의사소통을 방해하는 요인에 대해서는 여러 가지 기준에 의해 구분될 수 있다 일반적으로는 <표 16-5>와 같이 크게 세 가지, 즉 전달자와 관련된 요인, 수신자와 관련된 요인, 상황관련 요인 등으로 나누어볼 수 있다.

┃〈표 16-5〉효과적인 의사소통의 장애요인

전달자와 관련된 요인	수신자와 관련된 요인	상황과 관련된 요인
• 의사소통 목표의 결여 • 의사소통 기술의 결여 • 대인 감수성의 결여 • 다른 준거틀, 신뢰성의 결여	• 평가적인 경향 • 선입관 • 반응피드백의 결여 • 선택적인 지각	• 어의상의 문제 • 정보의 과중 • 시간상의 압박

자료: R. W. Griffin(2013), *Management*, Mason, OH: South-Western Cengage Learning, 494-496을 수정한 것임.

1) 전달자와 관련된 요인

가. 의사소통 목표의 결여

로크(E. Locke)에 의해 제시된 목표설정이론(goal setting theory)에 따르면 구체적이고도 의식적인 목표는 목표가 없거나 일반적인 목표보다도 보다 높은 성과를 가져온다고 했다. 의사소통 또한 분명한 목적이 있어야 한다. 이 목적은 전달자에게 메시지를 형성할 기초를 제공한다. 그러한 목적이 결여되었을 때 일관되지 않은 메시지의 형성을 가져오게 된다.

나. 의사소통 기술의 결여

전달자가 전달해야 할 의사소통의 목표가 분명하다고 하더라도 이것을 제대로 전달할 수 없다면 이 또한 효과적인 의사소통이 될 수 없다. 구체적으로 부적절한 단어, 부적절한 발음, 부적절한 문장 그리고 어울리지 않은 매체 등을 사용하게 되면 의도된 의사소통의 효과를 거두기 어렵다.

다. 대인 감수성의 결여

전달자가 전달해야 할 의사소통의 목표가 분명하고 필요로 하는 언변을 지니고 있다고 하더라도 대인 감수성(interpersonal sensitivity)의 결여로 말미암아 다른 사람의 반감을 불러일으키거나 다른 사람의 욕구나 감정에 무관한 언어를 사용함으로써 의도했던 의사소통 목표를 달성하지 못하는 경우가 많다.

라. 각기 다른 준거틀

준거체계의 차이(different frame of reference)가 그릇된 의사소통(miscommunication)을 가져오기도 한다. 사람들은 상이한 경험과 성장 및 교육 배경에 따라 동일한 의사소통도 각기 다르게 지각할 수 있다. 따라서 전달자는 의사소통에 있어서 연령, 직급, 성 및 직종 등에 따른 인구특성을 충분히 고려하여야 한다.

마. 신뢰성의 결여

수신자가 전달자의 말이나 행동에 대해 표시하는 믿음이 낮을 때 의사소통이 제대로 이루어지지 않는다. 존스 홉킨스 대학의 프랜시스 후쿠야마 교수는 '신뢰'(Trust)라는 저서에서 "새로운 글로벌 경제시대에는 사회 구성원 간 '높은 신뢰'를 구축한 사회만이 유연한 조직을 만들어 경쟁력을 갖출 수 있다"고 강조할 정도로 신뢰를 국가경쟁력의 주된 요소로 보고 있다. 따라서 효과적인 의사소통을 위해서는 굳건한 신뢰를 구축하도록 하여야 한다(김태열·이덕로, 2019, 282).

2) 수신자와 관련된 요인

가. 평가적인 경향

수신자가 전달자나 전달자의 메시지에 대해 판단을 내린 뒤에는 그 메시지를 제대로 지각할 수 없다. 이를테면 수신자가 전달자의 말투나 헤어스타일을 싫어할 때 전달자가 전하는 메시지의 나머지를 객관적으로 받아들이기가 어렵다. 그런 의미에서 하버드대 사회학과 교수였던 뢰슬리스버그(F. J. Roethlisberger)는 전달자를 평가하는 경향이 효과적인 의사소통의 가장 큰 장애요인이라고 하였다.

나. 선입관

수신자가 미리 갖고 있는 심적 태도나 가치관에 따라 동일한 내용의 메시지도 상이하게 전달될 수 있다. 사회학자인 르윈과 머피(K. Lewin & J. Murphy)는 재미있는 실험을 한 적이 있다. 그들은 대학생들을 철저한 반공주의와 공산주의에 동조하는 학생 등 두 부류로 나누어 공산주의를 예리하게 비판하는 문제를 기억시킨 결과 철저한 반공주의 학생들은 그것을 쉽게 그리고 오래 기억하고 있는 반면에 공산주의에 동조하는 학생들은 그것을 잊어버렸거나 제대로 기억하지 못하는 것으로 나타났다.

다. 반응피드백의 결여

전달자가 수신자에게 전달한 메시지에 대해 수신자가 아무런 반응을 보이지 않거나 아니면 부적절한 반응을 보이게 될 경우 전달자를 낙담시키게 되고, 그 결과 효과적인 의사소통이 제대로 이루어지지 않게 된다.

라. 선택적인 지각

전달자가 전달한 메시지를 수신자가 모두 지각하는 것이 아니라 수신자의 준거틀에 적합한 것만 받아들이고 그렇지 않은 것은 지각하거나 받아들이려 하지 않을 때 판단에 필요한 정보의 완전한 이해부족으로 결국 효과적인 의사소통이 이루어지지 않게 된다(Robbins & Judge, 2015, 350-351).

3) 상황과 관련된 요인

송신자나 수신자 중 어느 일방에 의해 일어나는 의사소통의 장애요인이 아니라 쌍방에 의해 복합적으로 일어나는 장애요인으로 상황적인 요인을 생각해 볼 수 있다.

가. 의미상의 문제

송신자와 수신자 간에 의사소통을 할 때 사용하는 용어가 똑같다고 해도 서로 해석하고 이해하는 어의는 다를 수 있는데 이와 같이 어의상의 문제(semantic problem)가 효과적인 의사소통을 어렵게 한다. 그리고 설명된 어의상의 차이 외에 전달자와 수신자 간의 지위나 권력 그리고 지각차이 등의 요인도 효과적인 의사소통을 방해하게 된다.

나. 정보과중

전달해야 하는 정보나 지식이 지나치게 많거나 아니면 처리능력을 초월하는 메시지의 과다한 유입을 정보과중(information overload)이라 하는데, 이러한 정보과중은 의사소통의 전달자나 수신자로 하여금 그릇된 의사소통(miscommunication)을 가져오게 된다.

이를테면 최고경영자의 경우 주어진 시간 안에 다루어야 하는 정보가 매우 많은데, 자칫 잘못하면 사소한 정보의 처리에 시간을 보내고 정작 집중해야 할 중요한 문제는 소홀히 할 가능성이 있다. 이러한 문제의 해결을 위해 많은 기업이 경영정보시스템을 도입·활용하고 있다.

다. 시간상의 압박

두 번째 요인과 어느 정도 관계되는 것으로 시간상의 압박(time pressure) 또한 의사소통의 주요 장애요인이 된다. 혹자는 의사소통의 생명은 타이밍(timing)이라고 한다. 비록 정보가 아무리 중요하다 하더라도 수신자가 필요로 할 때 전달되어야 한다. 그런 의미에서 전달자와 수신자 사이에 주어진 시간 안에 처리해야 할 정보가 지나치게 많아 시간에 쫓기게 되면 의사소통이 효과적으로 이루어질 수 없게 된다(이덕로·김태열, 2014, 211-213).

(2) 효과적인 의사소통 방법

<표 16-6>은 의사소통의 효과성을 높이기 위하여 제 방법들을 의사소통 과정 구성요인별로 구분하여 제시한 것이다.

┃〈표 16-6〉효과적인 의사소통 방법

주 체	방 법
송신자	• 쌍방의 의사소통을 위한 피드백 활용 • 신뢰성의 유지 • 정확한 용어의 사용과 의미에 대한 주의 • 수신자 입장에서의 이해
수신자	• 경청하는 자세 • 의사전달자 입장의 이해 • 흥미·관심을 보인다.
송·수신자	• 메시지의 수신과 이해에 대한 확인 • 다양한 의사소통 경로의 장점 활용 • 정보과다에 대한 통제

자료: 이원우·서도원·이덕로(2008), 「경영학의 이해」, 박영사, 507.

1) 송신자 측에서 사용할 수 있는 방법

송신자가 효과적인 의사소통을 하기 위해서는 반드시 전달한 정보에 대해 피드백을 받도록 해야 한다. 그리고 송신자는 전달하고자 하는 내용이 의도한 대로 정확하게 수신자에게 전달되어 이해할 수 있도록 하기 위해서는 정확한 용어의 사용으로 의미가 왜곡되지 않도록 해야 한다. 송신자에 대한 신뢰감을 가질 때 의사소통의 효과는 더욱 증대될 수 있으므로 송신자는 정확한 정보를 갖고 있거나 정보와 관련한 전문적인 지식의 확보가 필요하다. 이와 같은 방법들 외에도 송신자는 의사전달을 받는 수신자의 입장에서 이해하는 자세를 가짐으로써 보다 의사소통의 효과를 높일 수 있게 된다.

2) 수신자 측에서 사용할 수 있는 방법

수신자가 의사소통의 효과를 높이기 위해서는 무엇보다도 전달되는 내용에 대해 관심을 갖고 주의 깊게 경청하는 일이다. 그리고 상대방이 말을 하는 과정에서 중도에 중단시키거나 자신만의 입장을 생각해 이야기를 다른 데로 돌리는 등의 방해행위를 해서는 안 된다. 위의 방법들 외에 수신자는 전달자의 입장을 이해하려는 자세를 갖고 노력할 때 의사소통은 보다 원활하게 이루어질 수 있다.

3) 송신자와 수신자 측에서 사용할 수 있는 방법

송신자와 수신자 모두가 사용할 수 있는 방법은 전달된 메시지 내용이 의도한 대로 전달되고 수신되었는지 그리고 올바르게 이해되었는지를 서로 확인함으로써 의사소통의 효과를 높일 수 있다. 또한 정보흐름을 조정하고 통제하는 방법, 즉 정보과다에 대한 통제방법도 의사소통을 개선할 수 있는 방법이 될 수 있다.

위의 방법 외에 송신자와 수신자 간에는 상호 간에 다양한 의사소통 방법이나 경로를 이용하게 된다. 이런 경우 이들 각각의 방법에 대한 장단점을 파악함으로써 어떠한 방법을 사용하는 것이 의사소통의 효과를 높일 수 있는가를 모색해서 활용해야 한다.

(3) 효과적인 의사소통을 위한 지침

의사소통의 효율성 정도는 처음에 의도된 대로 의사소통이 이루어졌는가의 결과에 의해서 평가될 수 있다.

쿤츠(H. Koontz)는 의사소통상의 장애를 극복하는 데 도움이 될 지침을 아래와 같이 제시하고 있다.

① 의사전달자는 반드시 전달하려는 것을 정확하게 염두에 두고 있어야 한다. 이는 의사소통의 목적을 의도된 대로 달성하기 위해 계획을 수립하는 단계이다.
② 효과적인 의사소통을 위해서는 의사전달자와 수신자 간에 이해될 수 있는 익숙한 의미의 용어를 사용해야 하며 특정 전문 분야의 전문 용어의 사용은 피해야 한다.
③ 의사소통의 계획은 관련된 많은 사람들이 참여하여 협의하고 장려될 수 있도록 개방된 상태에서 이루어져야 한다(Robbins & Judge, 2015, 348).
④ 정보수신자의 욕구를 고려하는 것은 매우 중요하다. 그리고 가까운 장래에 또는 단기적으로 기회가 있을 때마다 수신자들에게 가치있는 정보가 있으면 전달하도록 해야 한다.
⑤ 음색이 음악을 만들듯이 의사소통에 있어서도 음조·언어의 선택, 그리고 전달내용과 전달방법 간의 조화가 메시지 수신자의 반응에 영향을 미친다.

⑥ 정보가 의사소통 없이 전달되는 경우가 종종 발생하는데 이는 정보수신자가 전달된 메시지를 이해하였을 때에 비로소 의사소통 기능이 완료되었다고 보기 때문이다. 그러나 송신자가 피드백을 받지 않고는 의사소통이 이해되었는지 확인할 수가 없다. 따라서 의사소통이 제대로 되었는가를 확인하기 위해서는 피드백이 필요한 것이다.

⑦ 의사소통의 기능은 단순히 정보를 전달하는 그 이상의 기능이다. 즉 의사소통 기능은 조직 내 상하 간 또는 동료 간의 상호관계에 있어 감정을 다루는 것이며, 나아가서는 기업목표와 개인의 목표를 달성하기 위해 동기를 부여하고 분위기를 활성화시키는 데에도 중요하게 작용한다. 이외에도 의사소통은 통제기능도 갖고 있다.

⑧ 효과적인 의사소통이 이루어지기 위해서는 정보송신자뿐만 아니라 수신자에게도 책임이 있다. 따라서 송신자는 보다 명확한 의사전달을 위한 경로와 방법들을 모색하고 수신자는 메시지 내용을 보다 잘 해석하고 이해할 수 있도록 전달하는 내용을 경청(listening)하는 자세를 가져야 한다(Robbins & Judge, 2015, 348).

CHAPTER

17

경영통제론

제1절 통제의 기본적 특성

01 통제의 의의와 중요성

경영관리과정에서 계획이 수립되고 계획된 대로 진행될 수 있도록 성과를 측정하고 수정하는 과정이 필요한데 이 관리기능을 통제(controlling)라고 한다. 즉 <그림 17-1>과 같이 기업의 목표와 이를 달성하기 위해 설정된 계획이 제대로 달성되었는가를 확인하기 위해 성과를 측정하고 수정하는 관리기능을 의미한다(Koontz & O'Donnel, 1990, 393).

〈그림 17-1〉 경영통제(기능)

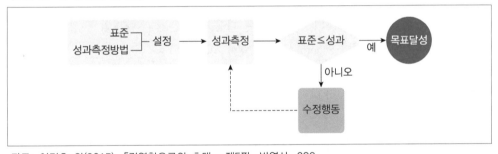

자료: 이명호 외(2015), 「경영학으로의 초대」, 제5판, 박영사, 239.

이러한 통제기능은 계획수립기능, 즉 경영계획과 불가분의 관계에 있다. 이는 목표와 계획이 없이는 통제란 불가능하며 업적성과 역시 미리 설정된 어떤 기준에 의해서 비교되어야 하기 때문이다. 다만 여기서 계획수립기능은 조직을 통한 집행활동 전에 수행되는 사전적인 관리기능인 데 반하여 통제는 사후적인 관리기능인 점에서 다르다고 하겠다. 그러나 통제에 의해 확보된 자료들은 차기의 계획수립에 피드백되어 활용되는 매우 중요한 역할을 하게 됨은 물론 다른 관리기능과 불가분의 관계에 있게 됨으로써 관리순환적 입장에 있게 된다. 따라서 통제기능이 효과적으로 발휘되면 경영의 다른 기능이 잘 수행되며, 아울러 다른 관리기능이 원활하게 이루어지면 통제기능도 쉬워진다. <그림 17-2>는 통제기능과 다른 관리기능과의 관계를 보여주고 있다.

〈그림 17-2〉 통제기능과 다른 관리기능과의 관계

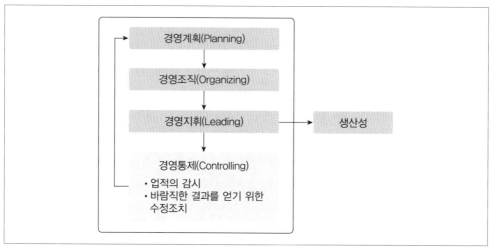

자료: W. G. Nickels, J. M. McHugh, & S. M. McHugh(2016), *Understanding Business*, 11th ed., New York, NY: McGraw-Hill Education, 199.

경영자의 관리직능으로서의 통제기능은 다음과 같은 직무환경의 특성 때문에 더욱 중요하게 인식되고 있다(Schermerhorn, 2001, 4).

① 불확실성: 계획과 목표는 미래를 대비하기 위한 것인데 미래는 항상 불확실하다. 따라서 불확실성에 적절하게 대처하기 위해서는 계획이나 목표 등을 수정해야 할 통제시스템이 요구되는 것이다.

② 조직의 복잡성: 조직이 성장하고 규모가 커지게 되면 다양성과 복잡성이 커지게 된다. 이러한 복잡성에 직면하여 다양한 행동들을 조정하고 통합시키기 위해서는 적절한 통제가 필요하다.

③ 인간능력의 한계성: 복삽하고 예측할 수 없는 환경하에서는 인간능력의 한계로 예측오류가 발생하거나 문제상황에 대한 판단이 어렵게 된다. 이러한 실수를 예방하고 시정하기 위해서는 통제기능이 필요하다.

④ 권한위양과 분권화: 권한위양과 분권화는 권한과 책임이 동시에 위양되는 것이므로 결과에 대한 책임을 명확하게 묻기 위해서는 통제장치가 필요하게 된다.

02 통제과정

기본적인 통제과정은 통제대상이나 장소에 관계없이 표준의 설정, 표준에 대한 업적 측정, 표준과 계획과의 편차의 수정으로 구성된다(Koontz & O'Donnel, 1990, 574).

(1) 표준의 설정

계획은 관리자가 통제를 수행하는 지표가 되므로 통제절차의 첫 단계는 논리적으로 볼 때 계획을 수립하는 것이다. 그렇지만 계획은 그 상세한 내용이나 복잡성에 있어 다양할 뿐더러 관리자가 모든 면을 항상 볼 수 있는 것이 아니기 때문에 특정의 표준을 설정하게 된다. 여기서 표준이란 오직 성과를 측정하기 위해 책정된 기준으로서 실제의 결과를 측정하기 위한 기초가 된다. 즉 표준이란 경영목표에 따라 수립되는 계획에 준하는 경영통제의 기준이라 할 수 있다. 논자에 따라서는 표준설정의 단계를 경영관리의 계획과정에 속하는 문제로 파악하는 경향이 있다. 이럴 경우, 통제의 기본적인 절차는 오히려 ① 실적의 측정, ② 실적의 비교, ③ 수정조치라는 세 가지 과정으로 보는 것이 보다 적절하다고 볼 수 있다(Robbins & Coulter, 2016, 398). 이와 같이 표준은 본질적으로 계획과정의 문제이긴 하지만 동시에 통제활동의 목표 내지 기준이 되는 것이다.

(2) 실적의 측정

업적표준이 설정되고 난 다음의 통제절차는 실적의 측정단계로서 이는 실제의 진행이나 수행된 성과를 투입 면과 산출 면에서 측정하는 것이다. 따라서 이 단계에서는 무엇(what)을 어떻게(how) 측정할 것인가가 중요 과제가 된다. 관리자들이 실적을 측정하기 위하여 주로 사용하는 방법은 ① 개인관찰, ② 통제보고서, ③ 구두보고, ④ 서면보고 등의 방법을 이용하는데 각 방법들은 각기 장단점이 있다. 그러나 각 측정방법들을 결합하여 사용하게 되면 신뢰할 수 있는 측정결과를 얻을 수 있는 것이다.

(3) 편차의 수정

표준이 설정되고 실적이 측정되면 관리자는 표준과 실적 간에 차이를 알아내어 수정을 해야 하는데 이 단계가 편차의 수정단계이다. 수정을 위한 조치는 업무수행의 결과가 목표치나 기준치와 일치되지 않을 때 취해진다. 편차의 수정은 통제를 전체 관리시스템의 일부로 볼 수 있게 하는 핵심 사항이며 다른 관리기능과 관련을 갖게 하는 행위이다. 따라서 관리자들은 실적과 표준의 차이에 대한 수정조치를 위하여 그들의 계획을 철회하거나 혹은 목표를 부분적으로 변경함으로써 편차를 수정할 수 있다. 또 그들은 직무수행자의 의무를 제한하거나 의무를 보다 명확히 하는 등의 조직기능을 실제로 발휘해 봄으로써 편차를 수정할 수도 있다. <그림 17-3>은 통제과정에 대한 보다 구체적인 내용을 제시한 것이다.

〈그림 17-3〉 통제과정

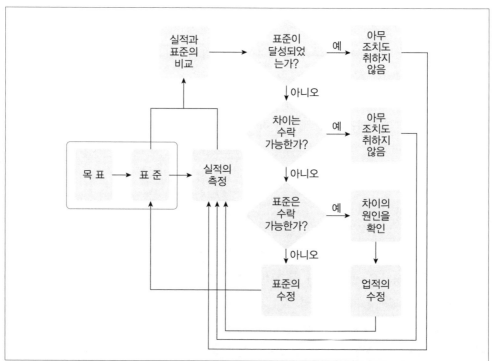

자료: S. P. Robbins & M. K. Coulter(2016), *Management*, 13th ed., Boston: Pearson, 569.

03 주요 통제점 및 표준

　표준은 실제적인 또는 예상되는 성과를 측정하는 척도이다. 단순한 경영상태에서는 경영자의 주의 깊은 관찰로 통제를 할 수 있으나 조직운영이 복잡한 경우에는 경영자의 개인적인 관찰에 의한 통제는 한계가 있게 된다. 따라서 관리자는 특별히 주요한 통제점을 선택하여 전체의 운영이 계획된 대로 진행되고 있는가를 지켜봐야 한다.

　통제를 위해 선정된 사항은 계획이 잘 수행되고 있는가를 잘 보여주고 있다는 의미에서 아주 중요한 것이다. 이와 관련하여 보다 중요한 통제원칙의 하나로서 주요통제요인을 찾아서 통제를 수행하는 주요 통제점원칙(the principle of critical control point)을 들 수 있다. 즉 효과적인 통제는 계획에 대한 실적을 평가하는 주요 요인들에 주의를 기울이는 것이다(Weihrich & Koontz, 2005, 581).

(1) 주요 통제점 선택의 문제점

　건전한 통제는 통제의 주요 포인트를 선택하는 능력에 달려 있기 때문에 하나의 관리기술이라 할 수 있다. 이러한 관점에서 관리자들은 적어도 다음과 같은 질문에 자문해 보아야 한다.

　첫째, 자기 부서의 목표를 가장 잘 반영하는 것이 무엇인가?

　둘째, 이러한 목표들이 달성되지 않을 때 무엇이 문제가 될 것인가?

　셋째, 표준과 실적과의 차이에서 나타나는 주요 편차를 가장 잘 측정할 수 있는 것이 무엇인가?

　넷째, 실패에 대한 책임이 누구에게 있는가를 알려 줄 것인가?

　다섯째, 어떤 표준이 최소의 비용이 드는가?

　여섯째, 정보를 경제적으로 이용할 수 있는 표준은 어떤 것인가?

(2) 표준의 유형

　목표나 계획프로그램, 정책과 절차 및 예산 등 모든 계획유형은 실제 혹은 기대하는 업적성과를 측정할 수 있는 표준이 될 수 있다. 이러한 표준유형을 몬디(R. W.

Mondy)는 ① 시간표준, ② 생산성 표준, ③ 원가표준, ④ 품질표준, ⑤ 행동표준으로 구분하고 있으나(Mondy & Premeaux, 1995, 492) 쿤쯔는 ① 물적 표준, ② 원가표준, ③ 자본표준, ④ 수익표준, ⑤ 프로그램 표준, ⑥ 추상적(intangible) 표준, ⑦ 목표표준, ⑧ 전략적 통제를 위한 통제사항으로서의 전략계획 등으로 다양하게 구분하고 있다. 쿤쯔의 통제유형을 보다 상세히 살펴보면 다음과 같다.

① 물적 표준(physical standard): 이는 비화폐적 측정수단으로 재화나 노동을 투입하여 서비스가 제공되고 재화가 생산되는 운영관리상의 공통적인 표준으로서 생산량, 단위당 노동시간, 발전마력당 연료소비량 등과 같은 수량적 성과로 반영할 수 있으며 동시에 질적 성과도 반영할 수 있다.

② 원가표준(cost standard): 원가표준은 화폐적 측정으로서 운영적인 차원이라는 점에서 물적 표준과 공통적이다. 구체적으로 생산단위당 직·간접비, 제품단위당 또는 시간당 노무비, 제품단위당 재료비, 시간당 기계비용, 판매단위당 판매비용과 같이 광범위하게 적용되며 운영비에 화폐가치를 부여하게 된다.

③ 자본표준(capital standard): 물적 할당에 화폐적 측정치를 적용한 것으로서 이것은 운영비보다는 투자자본과 관련된 것으로 신규투자나 전반적인 통제표준으로서 널리 활용되는 자본표준은 투자수익률이다.

④ 수익표준(revenue standard): 이것은 판매량에 금전적 가치를 부여한 것으로 버스승객과 거리당 수익, 고객당 평균판매액 및 일정 시장 지역에의 1인당 판매액 등과 같은 표준을 의미한다.

⑤ 프로그램 표준(program standard): 관리자는 변동예산계획, 신제품 개발계획 또는 판매진의 자질을 향상시키기 위한 프로그램을 개발해야 하는 임무를 부여받을 수 있다. 이럴 경우 계획했던 성과를 평가하는 데 주관적 판단이 적용될 수 있지만 시간상의 적시성이나 다른 요인들의 객관적인 표준으로 이용될 수 있다.

⑥ 추상적 표준(intangible standards): 추상적 표준은 구체적인 물리적 측정치나 화폐적 측정치로 설정하기가 곤란한 경우 사용되는 표준이다. 예를 들면 경영자가 사내담당자나 인사부장의 능력을 평가한다든지, 광고계획이 장기적 목적이나 단기적 목표에 부합되는지를 판단하거나 종업원들의 충성심 등 명확한 양적 또는 질적 측정치를 설정하기가 어려운 경우 사용되는 표준이다. 오늘날 인간의 태도나 동기에 관하여 심리학자나 사회통계학자들이 개발한 여러 가지

조사기법에 의해 그 검증이 가능해졌다 하더라도, 아직까지 인간관계에 대한 관리통제는 추상적 표준이나 사려 깊은 판단 및 시행착오, 심지어 육감 등에 의존하는 수밖에 없다.

⑦ 목표표준(goals standards): 기업들이 모든 관리계층에서의 명확한 질적 또는 양적 목표에 대한 전체적인 네트워크를 설정하려는 추세에 있기 때문에 추상적 표준의 사용은 중요하게 인식되면서도 객관성 결여로 기피하고 있는 실정이다. 관리자들은 자신의 성과측정은 물론 복잡한 프로그램 실적에 있어서도 성과표준으로 이용할 수 있는 목표를 정의하는 것이 무엇보다 중요함을 인식하고 계량적 목표와 질적 목표에 명확한 정의와 표준설정에 신중을 기해야 한다.

⑧ 전략적 통제를 위한 통제사항으로서의 전략계획: 전략적 계획에 대해서는 많은 저술에서 논의되어 왔지만 전략적 통제에 관해서는 상대적으로 적게 알려져 있다. 전략적 통제점(strategic control point)은 재화나 용역을 창출해 내는 과정에서 감시기능(monitoring)을 위해 선택된 핵심적 사항을 의미한다(Mondy & Premeaux, 1995, 498). 관리과정에서 계획과 통제가 밀접하게 관련을 맺고 있다는 입장에서 보면 전략적 계획은 전략적 통제를 필요로 한다. 더욱이 통제는 의도한 목표와 실제성과 간의 비교를 용이하게 할 뿐더러 조직변화의 기초가 되는 학습기회를 제공하기도 한다. 그리고 전략적 통제를 통하여 조직성과뿐만 아니라 항상 변화하고 있는 환경에 대한 통찰력을 기를 수 있다.

04 통제의 유형

경영자가 통제기능을 수정할 수 있는 방식은 <그림 17-4>에서 보는 바와 같이 경영활동의 진행상황과 관련한 시간적 관점에서 세 가지로 분류될 수 있다. 즉 경영활동이 이루어지기 전에 실행되는 피드퍼워드 통제(사전통제), 업무활동이 구체적으로 진행 중에 실시되는 동시적(concurrent) 통제, 업무활동이 완전히 끝난 후 실시하는 피드백 통제(사후통제) 등이다(김귀곤 외, 2018).

〈그림 17-4〉 통제유형

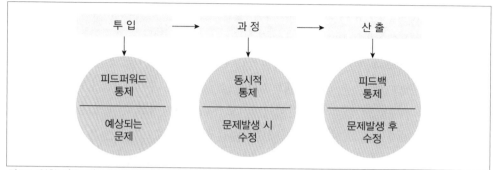

자료: 임창희(2013), 「경영학원론」, 제2판, 학현사, 177; S. P. Robbins & M. K. Coulter(2011), *Management*, 11th ed., Upper Saddle River, NJ: Pearson Education, 578.

(1) 피드퍼워드 통제

가장 바람직한 통제는 예상되는 문제를 사전에 예방하는 피드퍼워드 통제 (feedforward control) 방식으로 사전통제(precontrol)나 예비적 통제(preliminary control) 라고도 한다(이진규, 2015, 314). 이것은 업무가 실제로 진행되기 이전에 실시하는 통제이므로 미래지향적 통제라고 할 수 있다. 따라서 피드퍼워드 통제의 핵심은 문제가 발생되기 전에 예방적인 관리행동을 취한다는 점이다. 즉 문제가 발생된 후 치유하기보다는 예방적이라는 점에서 바람직하다고 하겠다.

(2) 동시적 통제

동시적 통제(concurrent control)는 업무활동이 진행 중에 실시되는 통제시스템으로 이러한 활동은 작업과정상에서 지속적으로 이루어져야 하므로 지속적 통제(screening control) 또는 예스-노 통제(yes-no control)라고도 한다(이진규, 2015, 315). 경영자는 문제가 발생되어 비용이 크게 발생되기 전에 수정적인 행동을 취할 수 있도록 준비되어 있어야 한다. 이러한 동시적 통제의 가장 전형적인 형태는 직접적인 감독의 형태라고 할 수 있다. 경영자가 부하직원의 행동을 직접적으로 감독할 때 경영자는 동시적으로 문제발생이나 종업원의 행동을 감시할 수 있다. 부하직원의 행동이나 경영자의 수정행동 간에 시간적인 간격이 있을 수 있으나 이러한 시간적인 갭은 최소화되어야 한다.

(3) 피드백 통제

경영통제의 가장 보편적인 통제유형이라고 할 수 있는 피드백 통제(feedback control)는 모든 활동이 종결된 후에 취해지는 통제로 사후통제(postaction control)라고도 한다. <그림 17-5>에서 알 수 있듯이 실제로 나타난 조직의 성과가 의도했던 목표와 어떻게 다르며 그리고 실시과정에서는 어떠한 문제들이 있었는지 사후적으로 검토하여 차기 계획수립에 유용한 정보를 제공해 준다.

〈그림 17-5〉 경영통제의 여러 단계별 피드백

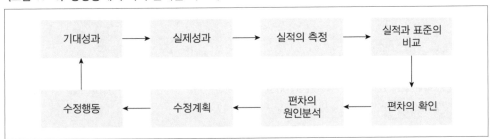

자료: H. Weihrich & H. D. Koontz(2005), *Management: A Global Perspective*, 11th ed., Singapore: McGraw-Hill, 585.

이러한 피드백 통제는 사후적으로 이루어지는 통제이므로 실기(失機)의 의미도 갖고 있지만 피드퍼워드 통제나 동시적 통제와 비교할 때 두 가지 장점이 있다. 첫째, 피드백 통제는 경영자에게 계획수립의 노력이 얼마나 효과적이었는가에 대한 의미있는 정보를 제공해 준다. 만약 피드백 결과가 표준과 실제 성과 간에 차이가 없다면 정확하다고 할 수 있으며 반대로 차이가 크다면 이 피드백 정보를 다음의 새로운 계획수립에 보다 유용하게 이용할 수 있다. 둘째, 피드백 통제는 종업원들에게 동기부여를 촉진할 수 있다. 사람들은 자신들이 얼마만큼의 업적을 이룩했는가를 알고 싶어 하는데 피드백 통제는 이러한 정보를 제공해 준다.

<그림 17-6>은 피드백 시스템과 피드퍼워드 시스템들을 비교해서 제시한 것이다. 어떤 의미에서 피드퍼워드 통제시스템은 피드백 시스템의 일종이라고 할 수 있다. 그러나 정보의 피드백은 수정조치가 시스템의 산출물에 영향을 주기 전에 이루어질 수 있도록 하기 위하여 시스템의 투입 측면에 있는 것이다. 따라서 경영자는 피드퍼워드 시스템을 사용한다 하더라도 여전히 그 시스템이 생산하는 최종산출물을 측정해 보고자 한다. 왜냐하면 최종산출물이 항상 의도한 대로 정확하게 이루어질 것이라

는 확신을 줄 통제시스템이 없기 때문이다.

〈그림 17-6〉 단순 피드백 시스템과 피드퍼워드 시스템 비교

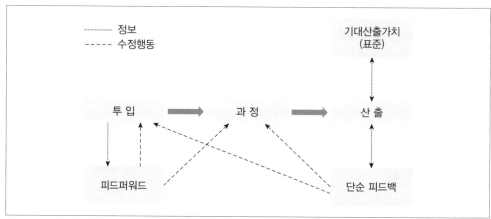

자료: H. Weihrich & H. D. Koontz(2005), *Management: A Global Perspective*, 11th ed., Singapore: McGraw-Hill, 587.

05 효과적 통제시스템

통제기능이 제대로 수행되기 위해서는 먼저 통제시스템이 효과적으로 설계되어야 한다(Robbins & Coulter, 2011, 585-587). 여기서 효과적인 통제시스템이란 통제시스템 설계 시 상황적 요인을 고려하고 그 특성을 반영시킬 수 있어야 한다. 이외에도 효과적인 통제시스템을 설계하기 위해서는 통제와 관련한 역기능을 제거하고, 전략적 통제점을 설정하는 것도 빼놓아서는 안 될 것이다.

(1) 효과적 통제의 특성

① 정확성(accuracy): 정확하고 신뢰할 수 있는 정보를 제공할 수 있어야 한다. 만약에 부정확한 정보를 제공하면 통제시스템이 어떠한 조치를 취해야 할 때에 제대로 대응하지 못하여 실패할 수가 있는 것이다. 따라서 정보의 정확성이 요구된다.

② 적시성(timeliness): 통제는 성과에 중대한 영향을 미칠 요인을 예방하기 위해서 시간이 지체되지 않게 적시에 이루어져야 한다. 때에 따라서는 아무리 좋은 정보라도 적시에 제공되지 못하면 별 가치가 없는 경우가 있다. 따라서 효과적 통제시스템이 되기 위해서는 정확한 정보 못지않게 적시성이 요구된다.

③ 경제성(economy): 통제는 경제적으로 이루어져야 한다. 어떠한 통제시스템이라도 통제활동과 관련하여 발생되는 비용을 최소화할 필요가 있다. 따라서 경영자는 최소의 통제의 비용으로 최대의 성과를 얻도록 해야 한다.

④ 신축성(flexibility): 효과적인 통제가 되기 위해서는 상황변화에 쉽게 대응할 수 있는 통제시스템이 필요하다. 따라서 아무리 기계적 조직구조를 띤 조직이라도 상황변화에 적응될 수 있도록 통제시스템이 신축성을 가져야 한다.

⑤ 이해의 용이성(understandability): 통제는 이해하기 쉬워야 한다. 따라서 보다 효과적인 통제시스템이 되기 위해서는 통제시스템이 복잡하지 않고 쉽게 이해될 수 있어야 한다. 통제시스템이 복잡하여 이해하기 어려우면 실수를 하게 되고 종업원들에게 불신을 초래하게 되어 무시될 수가 있다.

⑥ 합리적 기준(reasonable criteria): 통제의 기준은 합리적으로 달성될 수 있도록 설정되어야 한다. 기준이 너무 높거나 또는 비합리적으로 책정되면 종업원들을 자극할 수가 없게 된다. 따라서 통제는 종업원들이 의욕을 잃지 않고 도달 가능한 높은 수준에서 설정되어야 한다.

⑦ 전략성(strategic placement): 경영자는 조직 내에서 일어나는 모든 일에 대해서 통제를 할 수는 없다. 따라서 조직성과에 전략적으로 중요한 내용에 대하여 통제의 중점을 두어야 한다.

⑧ 예외적 사항의 강조(emphasis on the exception): 경영자들은 모든 활동을 통제할 수 없기 때문에 예외적인 사항에 전략적 통제의 중점을 두어야 한다.

⑨ 복수기준(multiple criteria): 하나의 기준에 의거 통제가 이루어지면 모든 노력이 그 기준에 집중되므로 통제의 효과를 제대로 기대할 수 없다. 따라서 복수기준에 의한 통제를 실시할 경우 한 가지 기준에 의한 통제에서 발생할 수 있는 통제 초점의 편협성을 줄여 줄 수 있다. 이외에도 복수기준의 통제시스템은 성과가 보다 객관적으로 측정되므로 성과를 보다 정확하게 평가할 수 있는 이점이 있다.

⑩ 수정항목(correction action): 효과적인 통제시스템은 표준과 실적을 비교했을 때 단순히 차이의 발생 자체 외에 차이를 수정할 수 있는 조치까지 제시해야 한

다. 즉 단순히 문제의 제시 외에 해결책까지 제시해야 되는 것이다. 예를 들면 단위당 수입이 5퍼센트 이상 떨어지면 단위당 가격도 이와 똑같은 수준으로 내려야 한다는 식의 해결책을 제시해야 한다(서도원·이덕로, 2016, 672).

(2) 통제시스템 설계 시 고려해야 할 상황적 요인

효과적인 통제시스템의 특성을 이루는 위의 제 요인들은 상황적 요인에 따라 그 중요성이 달라진다. 따라서 통제시스템을 설계할 때는 상황에 적합하도록 다음의 사항들을 고려하여야 한다.

① 조직규모: 조직규모가 작은 경우에는 보다 비공식적이고 개인적인 통제방식에 많이 의존하게 된다. 그러나 조직의 규모가 커지게 되면 개인적인 통제는 한계가 있고 보다 공식적인 시스템이나 상세한 규정에 의한 통제가 이루어져야 한다.
② 경영계층상 직위와 수준: 조직계층상의 직위가 높을수록 보다 많은 평가기준을 필요로 하게 되며 직위가 낮을수록 보다 적은 기준과 측정하기 쉬운 기준으로 평가되는 경향이 많다.
③ 분권화의 정도: 조직 내 분권화 정도가 클수록, 즉 하위층으로 권한이 위임이 많이 될수록 아래로부터 많은 피드백을 받게 되므로 통제의 수와 심도가 증대되는 반면 분권화가 낮을수록 통제의 수가 줄게 된다.
④ 조직문화: 조직문화가 자율과 참여기회가 주어지는 개방적인 상황일 경우의 통제는 비공식적으로 이루어지는 반면에 지시적 내지 권위적인 조직문화의 통제에서는 공식적이며 외적으로 강요된 통제가 많다.
⑤ 활동의 중요성: 활동의 중요성이 클수록 보다 완벽하고 광범위한 통제방식이 적용되는 반면 활동의 내용이 상대적으로 중요하지 않은 부문은 느슨하고 비공식적인 통제의 방식을 적용해야 할 것이다.

(3) 통제의 역기능 제거

통제가 신축적으로 이루어지지 못하거나 통제기준이 너무 비합리적으로 설정됨으로써 통제의 본질적 목적에 역행하는 결과를 초래할 수 있다. 즉 조직이 통제기능을 수행하는 것이 아니라 오히려 통제가 조직을 관리하는 현상이 발생하는 역기능이 발생할 수 있다. 대부분의 경우 이러한 역기능은 성과측정의 불완전성에서 비롯된다. 만약에 통제시스템이 오로지 산출량에 대한 평가만을 강조하는 것이라면 사람들은 질적인 면을 무시하는 경향이 있다. 또한 통제기능이 결과보다 과정행위에 비중을 두게 된다면 활동과정의 성과를 좋게 하려고 노력할 것이다. 구성원들은 통제시스템의 불완전성으로 인하여 발생되는 문제 때문에 관리자로부터 받게 될 질책을 피하기 위하여 정보시스템이 제공하는 성과자료에 영향을 미치는 부문에만 신경을 쓰게 된다. 나아가서는 실제의 성과보다 더 좋게 보이기 위하여 성과측정치를 조정하는 사례도 발생한다.

위와 같은 통제의 역기능 요인은 거의가 통제시스템이 미비하기 때문에 발생되는 것이므로 이를 예방하고 통제시스템이 본래의 기능을 수행할 수 있도록 하기 위해서는 통제시스템 설계 시 무엇보다 신축성을 고려해야 한다.

(4) 전략적 통제점의 설정

경영자는 통제의 대상과 범위를 시스템의 투입, 과정 및 산출물에 이르기까지의 제 활동을 포함한다. 그러나 실제로는 시간과 비용상의 제약으로 시스템활동의 전 영역을 통제대상으로 삼아 통제기능을 수행한다는 것은 현실적으로 어려운 것이다. 따라서 효과적인 통제가 되기 위해서는 시스템의 모든 활동 중에서 어느 과정의 활동을 대상으로 언제 측정할 것인가를 결정해야 한다. 이 경우 제품이나 서비스를 창출하는 과정에서 진행상황을 탐지하고, 감시하기 위해서 선택한 중요한 포인트를 전략적 통제점(strategic control point)이라 한다(Mondy & Premeaux, 1995, 489).

이러한 전략적 통제점은 다섯 가지의 기본적 특성을 지니고 있다.

첫째, 전략적 통제점은 핵심 활동이나 그 진행경과와 관련되어야 한다.

둘째, 중대한 손실이 발생하기 전에 문제를 확인할 수 있도록 위치하여야 한다. <그림 17-7>에서 보는 바와 같이 새로운 통제시스템이 실시되기 전의 통제시스템에서는 작업이 완료되어 제품이 저장되기 바로 전에 검사의 과정을 거치게 되어 있다. 이 경우 검사과정에서 결함있는 제품이 발견되면 이미 그 단계까지 진행되는 과정에서 막대한 비용손실이 발생된 것이다. 따라서 이러한 손실을 사전에 방지하기 위해서는 새로운 통제시스템과 같이 검사과정을 별도로 두지 않고 전 과정에 전체 몇 개의 중요한 전략적 통제점을 둔다.

셋째, 전략적 통제점을 선정할 때는 광범위한 과정에 대한 업적수준을 나타낼 수 있도록 해야 한다.

넷째, 필요정보 이용 시 경제적인 측면을 고려해야 한다.

다섯째, 전략적 통제점들의 선정이 통제점 간에 서로 균형을 이루어야 한다.

〈그림 17-7〉 전략적 통제점의 위치: 예

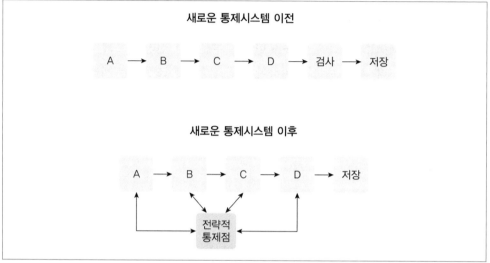

자료: R. W. Mondy & S. R. Premeaux(1995), *Management: Concepts, Practices, and Skills,* 7th
ed., Englewood Cliffs: Prentice-Hall, 520.

제2절 통제시스템과 기법

01 통제시스템

경영통제의 기본적인 목적이나 본질에 변화가 없다고 할지라도 경영자의 통제기능을 도와주기 위한 다양한 통제도구와 기법들이 사용되어 왔다. 그러나 어떠한 조직활동에도 적용될 수 있는 통일된 유일의 통제방법이란 고안되지 못하고 있다. 따라서 통제범위와 기준에 대한 통제기법은 논자에 따라 분류하는 기준이 매우 다양하다. 이와 같이 통제기법이 다양하게 분류되는 것은 조직활동이 너무 많고 다양하기 때문에 하나의 통제시스템으로는 효과적인 통제기능을 수행할 수 없기 때문이다. 따라서 경영자들은 조직 내의 서로 다른 많은 문제들을 다루기 위해 여러 가지 통제방법과 통제시스템을 활용하고 있다.

경영통제시스템의 목적은 조직목적과 표준을 일치시키도록 하려는 데 있는 것이므로 경영자는 성공적인 경영성과를 이룩하기 위하여 <그림 17-8>과 같이 재무통제, 예산통제, 품질통제, 재고통제, 생산통제 및 정보통제시스템 등 다양한 시스템을 사용한다.[1] 그리고 위에 열거된 통제시스템들은 <그림 17-9>에서와 같이 경영수준, 즉 경영계층과 이를 적용하는 시점(timing)에 따라 각각 달리 적용되고 있다. 그러나 위의 통제시스템의 적용은 어디까지나 상대적인 것이다. 예를 들면 재무통제는 최고경영층에서만 적용되는 것은 아니며 중간관리층에서도 실시하게 된다. 그렇지만 특정 부문에 한정되는 경우가 많다.

---

[1] 학자에 따라서는 다양한 통제시스템을 사용하고 있는데 이진규(2015)는 조직통제를 추가하여 인사고과를 통한 통제를 사용하고 있다. 보다 구체적으로 BSC(Balanced Score Card)를 통한 성과관리의 통제기법을 강조하고 있다(윤종훈 외, 2013, 351-356; 이진규, 2015, 323-324).

〈그림 17-8〉통제시스템

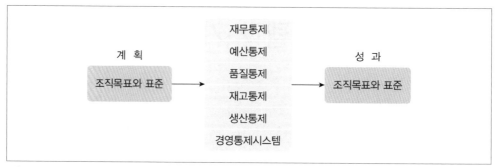

자료: K. M. Bartol & D. C. Martin(1998), *Management*, 3rd ed., New York: McGraw-Hill Book Co., 628.

〈그림 17-9〉경영계층과 시점에 대한 주요 통제

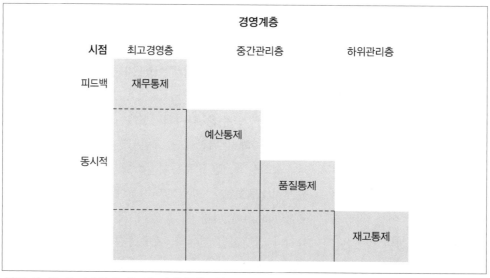

자료: K. M. Bartol & D. C. Martin(1998), *Management*, 3rd ed., New York: McGraw-Hill Book Co., 629.

02 통제기법

　　통제기법으로는 최고경영층에서 주로 적용하는 재무통제기법과 전통적으로 많이 사용해 온 예산통제방식 및 운영통제방식으로서 많이 활용되는 손익분기점분석(break－even point analysis: BEP분석), PERT(project evaluation and review technique)기법, CPM(critical path method)기법 등의 네트워크분석 등이 있다. 그러나 이를 위해서는 경영학각론의 이해를 요하므로 여기서는 설명을 생략하고자 한다.

참고문헌

제1장 경영학의 본질

고영태(2019.04.30. 10:46), "한국 근로자, OECD 평균보다 한 달 반 더 일하는데…,"「KBS NEWS」.

구용희(2015.03.03.), "檢 "이윤지상주의, 청해진해운 상응한 죗값 받아야","「뉴시스」.

김귀곤·김솔·이명호·이주헌·조남신·조장연(2018), 「경영학으로의 초대」, 제6판, 박영사, 11 - 17.

김석회(1993), 「경영학원론강의」, 무역경영사, 13.

김재명(2018), 「신 경영학원론」, 제2판, 박영사, 7 - 8.

김태열·이덕로(2019), 「4차산업혁명시대와 리더십」, 피앤씨미디어. 16 - 17.

서울대학교 경영대학 경영연구소(1994), 「경영학 핸드북」, 전정판, 서울대학교출판부, 11.

신유근(2000), 「경영학원론 - 시스템적 접근」, 다산출판사, 24.

신재정(2003), 「경영학원론」, 법영사, 47 - 48.

심현식(2018), 「(기업사례중심) 실전경영학」, 박영사.

유병연(2019.01.22.), ""일하는 방식 개혁해 생산성 높이자"…日 정부 '노동시장 禁忌' 깼다,"「한국경제신문」.

윤종훈·송인암·박계홍·정지복(2013), 「경영학원론」, 제2판, 학현사, 32 - 35.

이명호 외(2015), 「경영학으로의 초대」, 제5판, 박영사, 8.

이승종(1990), 「경영학원론」, 석정, 51.

이종현(2019.04.29.), "서울대 출신 대기업 CEO 비중 하락세…4명 중 1명도 안돼,"「조선일보」.

이진규(2015), 「현대경영학」, 제6판, 법문사, 11 - 13.

이현주(2019.06.26.), "대한민국 100대 CEO & 기업,"「한경비즈니스」, 1230호, 15.

이훈철(2018.05.06.), "韓시간당 노동생산성 OECD 17위…오래 일하지만 비효율적,"「뉴스1」.

조순·정운찬(1993), 「경제학원론」, 법문사, 346 - 347.

조순·정운찬·전성인·김영식(2013), 「경제학원론」, 제10판, 율곡출판사.

추헌(1997), 「현대경영학원론」, 형설출판사, 59 - 61.

한국노동연구원(2019), 「2019 KLI 노동통계」, 98.

한희영(1996), 「신고 경영학원론」, 법문사, 330 - 331.

한희영(1988), 「신고 경영학원론」, 법문사, 45-46.

한희영(1987), 「신고 경영학원론」, 법문사, 17-35.

Boone, L. E., & D. L. Kurtz(1992), *Management,* 4th ed., New York: McGraw-Hill Book Co., 42.

Bovee, C. L., J. V. Thill, M. B. Wood, & G. P. Dovel(1993), *Management,* New York: McGraw-Hill Book Co., 43.

Cunningham, H. R., J. Aldag, & S. B. Blouk(1993), *Business in a Changing World,* 3rd ed., Cincinnati, Ohio: South-Western Publishing, 160-161.

Koontz, H., & H. Weihrich(1994), *Management: A Global Perspective,* 10th ed., New York: McGraw-Hill Book Co., 38-43.

Pearce, J. A. & R. B. Robbins(1989), *Management,* 4th ed., New York: McGraw-Hill Co., 1-2.

Robbins, S. P. & M. K. Coulter(2016), *Management,* 13th ed., Boston: Pearson, 8-9.

Robbins, S. P. & A. J. Timothy(2019), *Organizational Behavior,* 18th ed., Boston: Pearson, 329.

Szilagyi, A. D. Jr. & M. J. Wallace(1990), *Organizational Behavior and Performance,* 5th ed., Santa Monica, California: Goodyear Publishing Co., Inc., 9-10.

제2장 경영학의 연구방법과 체계

김귀곤·김솔·이명호·이주헌·조남신·조장연(2018), 「경영학으로의 초대」, 제6판, 박영사, 18.

김석회(1993), 「경영학원론강의」, 무역경영사, 13.

김원수(1995), 「경영학원론」, 경문사, 39.

김재명(2018), 「신 경영학원론」, 제2판, 박영사, 7-8.

마재형 외(1983), "경영학 교재의 출판현황 및 내용특성에 관한 연구," 「경영학연구」, 15.

배수진(1993), 「경영학원론」, 학문사, 56-58.

서도원·이덕로(2016), 「현대 경영학원론」, 박영사, 35-51.

신재정(2003), 「경영학원론」, 법영사, 55-89.

심현식(2018), 「(기업사례중심) 실전경영학」, 박영사.

유세준(1994), 「경영학원론」, 법문사, 49.

유세준·김의식·이내풍·홍준기·이건찬(2013), 「글로벌 시대의 경영학원론」, 제3판, 법문사, 50-53.

이승종(1987), 「경영학원론」, 석정, 106.

이우영·서창석·박영석(2002), 「경영의 원론적 이슈와 경영학의 본질」, 형설출판사, 40-41.

이한검(1992), 「경영학원론」, 형설출판사, 42-48.

추헌(1993), 「현대경영학원론」, 형설출판사, 80-81.

한희영(1988), 「경영학원론」, 다산출판사, 251-259.

황대석(1992), 「경영학원론」, 박영사, 22.

제3장 미국경영학의 발전

김귀곤·김솔·이명호·이주헌·조남신·조장연(2018), 「경영학으로의 초대」, 제6판, 박영사, 33-55.

김성국(2008), 「조직과 인간행동」, 제4판, 명경사, 54-57.

김재명(2018), 「신 경영학원론」, 제2판, 박영사, 59-70.

박연호(2001), 「현대인간관계론 -새 시대의 인간관계-」, 개고판, 박영사, 4-9.

박연호·이종호·임영제(2016), 「현대인간관계론」, 제9판, 박영사, 120-122.

신유근(1991), 「조직행위론」, 다산출판사, 68-70.

심현식(2018), 「(기업사례중심) 실전경영학」, 박영사, 28-35.

유기현(1994), 「인간관계론」, 제4판, 무역경영사, 15-30.

윤종훈·송인암·박계홍·정지복(2013), 「경영학원론」, 제2판, 학현사, 74-83.

이덕로(2018), 「조직행동론」, 피앤씨미디어, 35-67.

이덕로·서도원·이원우(2002), 「경영학원론」, 제2개정판, 박영사, 43-81.

이덕로·서도원·이원우(2008), 「경영학의 이해」, 박영사, 62.

이덕로·서향희(2017), 「인간관계론」, 피앤씨미디어, 51.

이덕로·정종진(1998), 「인적자원관리」, 제2판, 법문사, 349.

이도화·박오수(1993), "인간관계론의 재평가: Hawthorne 실험의 재해석과 인사관리에의 공헌에 관한 고찰", 「노사관계연구」, 서울대학교 경영대학 노사관계연구소, 4권, 59-60.

이명호 외(2015), 「경영학으로의 초대」, 제5판, 박영사, 31-32.

이학종(1997), 「조직행동론 -이론과 사례연구-」, 제4판, 세경사, 50-77.

이학종·박헌준(2004), 「조직행동론」, 박영사, 53-54.

정종진·이덕로(2008), 「인적자원관리」, 제3판, 법문사, 349.

정종진·이덕로(1994), 「인적자원관리」, 법문사, 454-455.

프레드릭 테일러 저, 박진우 역(1994), 「과학적 관리법의 원칙」, 박영사, 44－46.

Adair, J. G.(1984), "The Hawthorne Effect: A Reconsideration of the Methodological Artifact," *Journal of Applied Psychology,* 69(2), 334－345.

Bateman, T. S. & C. P. Zeithaml(1993), *Management: Function & Strategy,* 2nd ed., Chicago: Irwin.

Bertalanffy, L. von(1968), *General Systems Theory,* New York: George Braziller.

Boone, L. E. & D. L. Kurtz(1992), *Management,* 4th ed., New York: McGraw－Hill Book Co., 29－43.

Boulding, K. E.(1971), "General Systems Theory: The Skeleton of Science," in P. P. Schoderbek, *Management Systems,* 2nd ed., NY: John Wiley & Sons, Inc., 72.

Bovee, C. L., J. V. Thill, M. B. Wood, & G. P. Dovel(1993), *Management,* New York: McGraw－Hill Co., 43.

Cherrington, D. J.(1994), *Organizational Behavior: The Management of Individual and Organizational Performance,* 2nd ed., Boston: Allyn and Bacon.

Chung, Kae H.(1987), *Management: Critical Success Factors,* Boston: Allyn and Bacon, Inc., 68－69.

Fayol, H.(1949), *General and Industrial Management,* London: Sir Issac Pitman & Sons, 20－41.

Fayol, H.(1930), *Industrial and General Administration,* Geneva: International Management Institute.

Hellriegel, D. S., E. Jackson, & J. W. Slocum, Jr.(2008), *Managing: A Competency－Based Approach,* 11th ed., Mason, OH : Thomson/South－Western, 52.

Hellriegel, D. & J. W. Slocum, Jr.(1992), *Management,* 6th ed., Massachusetts: Addison－ Wesley Publishing Company, 61.

Hellriegel, D. & J. W. Slocum, Jr.(1997), *Management,* 7th ed., Massachusetts: Addison－Wesley Publishing Company, 41.

Hellriegel, D., S. E. Jackson, & J. W. Slocum, Jr.(2005), *Management: A Competency－based Approach,* 10th ed., Singapore: South－Western, 36.

Hodgetts, R. M.(2002), *Modern Human Relations at Work,* 8th ed., Mason, Ohio: South－Western, 3－29.

Hodgetts, R. M. & K. W. Hegar(2012), *Modern Human Relations at Work,* 11th ed., Mason, Ohio: Cengage, 3－29.

Hoxie, R. F.(1915), *Scientific Management and Labor,* New York: K. Appleton.

Johnson, R. A., F. E. Kast, & J. E. Rosenzweig(1973), *The Theory and Management of System*, 3rd ed., New York: McGraw－Hill Book Co., 73.

Kast, F. E. & J. E. Rosenzweig(1979), *Organization and Management*, 3rd ed., New York: McGraw－Hill, 121.

Katz, D. & R. L. Kahn(1966), *The Social Psychology of Organization*, New York: John Wiley & Sons, 19－26.

Koontz, H.(1980), "The Management Theory Jungle Revisited," *Academy of Management Review*, Vol. 5, April, 176.

Lewis, P. S., S. H. Goodman, and P. M. Fandt(2004), *Management: Challenges for Tomorrow's Leaders*, 4th ed., Mason, Ohio: South－Western, 61.

Lussier, R. N.(2004), *Human Relations in Organizations: A Skill Building Approach*, 6th ed., New York: McGraw－Hill Book Co.

McGregor, D.(2006), *The Human Side of Enterprise*, New York : McGraw－Hill, 37－51.

Miner, J. B. & M. G. Miner(1985), *Personnel and Industrial Relations: A Managerial Approach*, New York: Macmillan Publishing Co., 27－47.

Mondy, R. W. & S. R. Premeaux(1995), *Management: Concepts, Practices, and Skills*, 7th ed., Boston: Allyn and Bacon, 1995.

Münsterberg, H.(1913), *Psychology and Industrial Efficiency*, Boston: Houghton Mifflin.

Neck, C. P., J. D. Houghton, & E. L. Murray(2017), *Organizational Behavior : A Critical－thinking Approach*, California: Sage, 9－10.

Paulus, P. B. & R. A. Baron(2000), *Effective Human Relations: A Guide to People at Work*, Boston: Allyn and Bacon, 15.

Ramsey, V. J. & L. M. Calvert(1994), "A Feminist Critique of Organizational Humanism," *Journal of Applied Behavioral Science*, 30(1), 84－96.

Reece, B. L. & R. Brandt(1987), *Effective Human Relations in Organizations*, Homewood, Illinois: Irwin.

Robbins, S. P. & T. A. Judge(2009), *Organizational Behavior*, 13th ed., Upper Saddle River Cliffs, N. J.: Pearson Education, Inc.

Robbins, S. P. & M. Coulter(2002), *Management*, 7th ed., Englewood Cliffs, N. J.: Prentice-Hall, Inc., 49.

Robbins, S. P., & T. A. Judge(2017), *Organizational Behavior*, 17th ed., Upper Saddle River Cliffs, N. J.: Pearson Education, Inc., 209.

Rue, L. W., L. L. Byars, & N. A. Ibrahim(2013), *Management: Skills and Application*,

14th ed., New York, NY: McGraw－Hill, 42.

Schermerhorn, J. R. Jr., J. G. Hunt, & R. N. Osborn(2003), *Organizational Behavior,* 8th ed., New York: John Wiley & Sons, 67.

Villers, R.(1960), *Dynamic Management in Industry,* Englewood Cliffs, NJ: Prentice－Hall, 14－16.

Wren, D. A.(1994), *The Evolution of Management Thought,* 4th ed., New York: John Wiley & Sons, Inc., 368－388.

Wren, D. A.(1987), *The Evolution of Management Thought*, Aldershot, England: Brookfield, 3rd ed., 373－378.

제4장 일본경영학과 한국경영학의 발전

권석균(2015), "인문학과 경영학: 교류와 통섭,"「인사ㆍ조직연구」, 23(2), 7－32.

김동욱(2019.12.26.), "도요타 노조, 연공서열 포기 "임금 차등 지급 요구할 것","「한국경제신문」, A13.

김아름ㆍ장세희(2015.06.29.), "일본 잃어버린 20년 극복… 반면교사로 삼는다,"「한국경제신문」.

김은영(2018.05.28.), "방탄소년단, 한국가수 최초 빌보드 1위… 싸이도 못한 일,"「조선일보」.

김인수(2000), "한국의 경영학연구, 이대로는 안 된다,"「경영학연구」, 29(3), 293－314.

김행엽(1978),「한국경영교육의 변환에 관한 연구」, 박사학위논문, 단국대학교 대학원, 219.

김효정ㆍ오보람(2019.12.22.), "방탄소년단 서울 콘서트 경제효과 1조원 육박,"「연합뉴스」.

김효진(2019.05.30.), "'종신고용 어렵다' 도요타 회장 폭탄발언에 일본사회 술렁,"「뉴스투데이」.

멜레로위쯔 저, 윤병욱 역(1957),「일반 경영경제학」, 동국문화사.

백기복(2015), "역사와 경영학의 교류,"「인사ㆍ조직연구」, 23(2), 33－59.

서도원ㆍ이덕로(2016),「현대경영학원론」, 박영사, 121－135.

성재민ㆍ김종욱ㆍ김소라ㆍ임용빈ㆍ이기쁨ㆍ조규준(2019),「2019 KLI 해외노동통계」, 한국노동연구원, 108－109.

소진덕(1956),「경영경제학」, 동국문화사.

손성진(2013), "한국경영학 학문분야에 대한 평가ㆍ인증 제도의 현황과 발전 방안,"「경영교육연구」, 28(6), 129－153.

신유근(2004), "한국형 경영방식의 구상－이론ㆍ역사ㆍ실제: 한국형 경영방식의 구상,"「한국산업경영학회 발표논문집」, 1－37.

신장철(2009), "도요타생산방식(TPS)의 생성과 발전에 관한 연구 −구조적 특성과 기술적 보편성 도출을 중심으로−,"「일본학연구」, 26, 113−134.

윤세준(2015), "과학, 인문학 그리고 경영학 : 미국의 경영대학 발전사에서 얻는 교훈,"「인사조직연구」, 23(2), 61−92.

이근·지만수·송홍선·류덕현(2019),「2020 한국경제 대전망」, 경제추격연구소.

이기을(1984), "일본경영학의 발전 현황과 그 전망,"「연세경영연구」, 21(1), 49−84.

이덕로·서도원(1998), "한국기업의 경영특성에 관한 종단적 연구,"「경영학연구」, 27(4), 911−936.

이순룡·이영면(1998), "한국 경영학도입기의 재조명,"「경영학연구」, 27(3), 709−727.

이영면·이순룡(2016), "한국경영학회 60주년을 맞아 살펴본 경영학과 경영교육의 전개와 과제,"「경영학연구」, 45(6), 1,789−1,811.

이원우(2004), "일본의 노사관계 특질과 변천과정에 관한 소고,"「전문경영인연구」, 7(2), 21−59.

이원우·서도원·이덕로(2008),「경영학의 이해」, 박영사, 102−109.

이지평(1999.07.21.), "기로에 선 일본의 종신고용제,"「LG주간경제」, 20−24.

이지평(2016.06.01.), "일본기업 구조조정 20년의 교훈," *LG Business Insight*, LG경제연구소, 6−7.

이지평(2015.04.22.), "20년 장기불황 극복해 온 일본 중소기업 무엇이 달랐나," *LG Business Insight*, LG경제연구소, 3−4.

장승규(2010.12.01.), "창의적 인재 기르자,"「한경비즈니스」.

장윤정(2019.12.31.), "CNN "방탄소년단 경제적 효과, 2023년까지 56조원 이상","「아주경제신문」.

정수영(1954),「경영경제학」, 장왕사, 369.

정연식(2008), "한국경영학교육인증제와 세무학교육,"「세무와 회계저널」, 9(2), 127−154.

정현진(2019.12.24.), "日 연공서열·종신고용 시대의 종말?⋯게이단렌, 고용제도 재검토 지침,"「아시아경제신문」.

제임스 아베글렌 저, 이지평 역(2007.01.05),「일본경영의 힘」, 청림출판.

차병석(2008.12.21.), "[10년 불황 악몽 되살아난 일본](上): 위협받는 '일본식 경영' ⋯'종신고용' 도요타·캐논마저 감원 태풍,"「한국경세신문」.

차병석(2009.02.05.), "캐논·파나소닉도 대량 감원⋯日 '종신고용' 위기,"「한국경제신문」, A1.

천병철(2015.10.01.), "다시 보는 Z이론,"「대구신문」.

최혜긍·연수정·김성철(2019), "국내 엔터테인먼트 기업의 사업 다각화 전략 유형에 대한

연구: SM, JYP, YG를 중심으로,"「방송통신연구」, 107, 63－90.

편집부(2009.02.06.), 「한국경제신문」, A1.

한국노동연구원(2015), 「2015 KLI 해외노동통계」, 104－105.

황일청(2000), 「21세기 경영학 교육의 발전 방향」, 한국경영학회, 11.

Abegglen, J. G.(1958), *The Japanese Factory: Aspects of its Social Organization* Glencoe, Ill: Free Press.

Hiroshi, O.(2010), "Lifetime employment in Japan: Concepts and Measurements," *Journal of the Japanese and International Economies*, 24(1), Mar., 1－27.

Ivancevich, J., M. P. Lorenzi, S. J. Skinner, & P. B. Crosby(1995), *Management: Quality and Competitiveness*, 2nd ed., Chicago: Irwin, 50.

Kim Dong－One, Kim Seongsu, & Morishima Motohiro(2001), "The Impact of Globalization on Industrial Relations: A Comparative Study of Korea and Japan," *Seoul Journal of Business*, 7(1), 83.

Kim Ki－Chan, Lee Sung－Sang, J. Almacen, J. L. Enriquez, & Lynn Hyung－Gu(2016), "The D－S－E Behavioral Model of K－Management and K－Entrepreneurship: The Case of Hyundai Motors," *Korea Business Review*, 20(2), 1－32.

Organization for Economic Cooperation and Development(1973), *Manpower Policy in Japan*, Paris: OECD.

占部都美・大村喜平(1983), 「日本的 勞使關係の探究」, 中央經濟社, 38－42.

日本勞動省(1996), 「雇用動向調査」, 21.

日本勞務行政研究所(1994), 「勞政時報」, 3156, 6.

제5장 현대 기업의 창업과 유지・성장

고은지(2020.01.19.), "반도체품목 수출비중 20%선 무너지고 자동차 3년 만에 2위 탈환," 「연합뉴스」.

고토도시오(後藤俊夫)(2009), 「三代 100年 망하지 않는 회사의 룰」, 프레지던트.

공병호(1993), 「(21세기 기업변신을 위한) 한국기업의 흥망사」, 명진출판.

공병호(1993), 「21세기 기업변신을 위한 한국기업의 흥망사」, 한국경제연구원, 42－78.

공정거래위원회(2001), 「공정거래백서 2001」, 461.

공정거래위원회(2015.06.), 「대기업집단의 주식소유 현황과 소유 지분도」.

길준규(2013), "미국발 글로벌 금융위기 극복을 위한 법정책의 국제적 고찰,"「공법연구」, 41(3), 287－315.

김경은(2019.12.19.), "1953년 이후 1인당 국민소득 503배 증가," 「이데일리」.

김낙훈(2019.12.18.), "단추업체의 500년 생존비결," 「한국경제신문」.

김석회(1998), 「경영학원론강의」, 제2판(전정판), 무역경영사, 134－135.

김성춘(2019.05.15.), "2019년 500대 기업," 「CEO스코어데일리」.

김영신(2020.01.15.), "대기업 순위 지각변동…10년 새 59곳 중 7곳 빼고 다 바뀌어," 「연합뉴스」.

김영조(1994), 「소유와 경영의 분리가 조직특성 및 조직성과에 미치는 영향에 관한 연구」, 박사학위논문, 연세대학교 대학원, 17.

김원수(1997), 「신경영학원론」, 경문사, 318－320.

김현수·염희진·황태호(2019.12.09.), "세계는 못할거라 했지만… '반도체－철강－포니차' 보란듯 해냈다," 「동아일보」.

김홍섭(2003.03.04.), "창업 성공 10계명－체면 버리고 인내심 길러야 성공," 「한경리크루트」.

Nickels, W. G., J. M. McHugh, S. M. McHugh저, 권구혁·박광태·박주영·장정주·최우석·최진남·홍광헌 역(2016), 「경영학의 이해」, 제11판, 생능, 148.

Daum 백과(2020), 「매경시사용어사전」.

박진영·신규섭(2013.09.29.), "성공적인 가업승계, 명문가의 길," 「한경비즈니스」.

백유성(2012), "장수기업의 특성과 장수조건," 「질서경제저널」, 15(4), 17－30.

산업통상자원부(2015.12.), 「2013－2014 산업통상자원백서」, 60.

산업통상자원부(2019.02.), 「2017－2018 산업통상자원백서」, 60－78..

삼성경제연구소(2005.05.), 「국내 100대기업 잔존율」.

서도원·이덕로(2016), 「현대경영학원론」, 박영사, 152－247.

신태진·이윤철(2013), "장수기업의 기업변신을 위한 구조조정과 M&A전략: 두산그룹 사례를 중심으로," 「전문경영인연구」, 16(2), 1－37.

안세연(2012), 「한국의 장수기업: 장수메커니즘과 장수비결」, 서울경제경영.

안세연(2014), "장수기업의 공통 경영 방식에 관한 연구: 기업의 장기생존 가능성을 높이는 장수루틴은 존재하는가?," 「경영학연구」, 43(3), 889－917.

안세연·조동성(2011), "창업이념의 각인효과와 기업의 장기생존에 대한 탐색적 고찰," 「기업가정신과 벤처연구」, 14(2), 19－47.

안형순(2007.06.14.), 「한국경제 현황과 과제」, 한국은행 경제교육센터.

양성국(2007), 「(기업과 사회의 관계는) 사회속의 기업? 기업속의 사회?」, 제2판, 청람, 128－129.

오상헌(2019.12.12.), "10곳 창업하면 5년 뒤 3곳만 살아남는다," 「한국경제신문」.

우고운(2015.11.04.), "시총 100대 기업, 10년 새 41% '물갈이'…내수 약진 vs 수출 퇴조,"

「조선일보」.

유세준 · 김의식 · 이내풍 · 홍준기 · 이건찬(2013), 「글로벌 시대의 경영학원론」, 제3판, 법문사, 104－106.

이영기 · 남상구 편(1994), 「국제경쟁력 확보를 위한 한국증권시장의 과제」, 한국개발연구원, 2－4.

이영종(2008.12.), "주식회사의 사회경제적 기능 －주식회사의 기능과 그 기초로서의 주식의 유용성에 관한 시론－," 「경제법연구」, 7(2), 145－179.

이임자(2019.12.), "2020년 12대 주력산업 전망," 「KIET 산업경제」, 산업연구원, 20.

이학종(1994), 「기업변신론」, 법문사.

임정수(2019.11.06.), "4차 산업혁명 성공 요건 최적 '디지털 템포(drumbeat)' 찾아라," 「매일경제신문」.

임창희(2013), 「경영학원론」, 제2판, 학현사, 32－38.

임창희(2015), 「경영학원론」, 제3판, 라온, 87－88.

정두식(2010), "장수 중소기업의 성공요인에 관한 실증적 연구: 창원지역 장수 중소기업을 대상으로," 「산업경제연구」, 23(5), 2675－2696.

조동성(2007), 「21세기를 위한 경영학」, 개정판, 서울경제경영, 323.

조동성 · 송병락 · 송복 · 이상우(1990), 「한국재벌연구」, 매일경제신문사, 217.

조순 · 정운찬(1993), 「경제학원론」, 제5판, 법문사, 288－290.

지식경제부(2011), 「2010 지식경제백서」, 525.

지호준(2007), 「알기 쉽게 배우는 21세기 경영학」, 제3판, 법문사, 86－87.

지호준 · 이재범(2015), 「알기 쉽게 배우는 21세기 경영학」, 제7판, 집현재, 86.

최계영(2017.05.31.), "4차 산업혁명과 ICT," *KISDI Premium Report* 17－02, 정보통신정책연구원, 12.

최종원(2019.12.07.), "4차산업혁명시대, 어떤 전략으로 살아남아야 할까... 20년 후엔 현재 직업의 '절반' 증발," 「위키리크스한국」.

추헌(1993), 「현대경영학원론」, 형설출판사, 204.

통계청(2019.11.22.), 「2018년 기준 기업활동조사 잠정 결과」, 5－6.

통계청(2010.12.31.), 「전국사업체조사」.

한국거래소, 「증권 · 파생상품시장통계」.

한국무역협회 국제무역연구원(2015.05.), 「IT벤처기업의 데스밸리 극복과 시사점」, 1－3.

한국증권거래소(1995), 「증권통계연보 94」, 51－151.

한국거래소(2015.12), 「주식(유가증권)」, 29－37.

한국거래소(2019.12), 「증권 · 파생상품시장통계」.

한희영(1988), 「경영학원론」, 법문사, 334－336.

황혜정(2017.11.24.), 「혁신, '낯섦'의 저항 극복할 수 있어야」, LG경제연구원 2.

Berle, A. A. Jr. & G. C. Means(1932), *The Modern Corporation and Private Property*, New York: MacMillan, 70－94.

Damanpou, F.(1991), "Organizational Innovation: A Meta－Analysis of Effects of Determinants and Moderators," *Academy of Management Journal*, 34(3), 556.

Downes, L. & P. F. Nunes(2014), Big－bang Disruption: Strategy in the Age of Devastating Innovation, New York: Portfolio/Penguin.

Downes, L. & P. F. Nunes(2013), "Big－Bang Disruption: A New Kind of Innovator is Creating－and Destroying－Whole Markets Overnight. And when Competitors can come out of nowhere and instantly be everywhere, the Old Rules of Strategy no longer apply," *Harvard Business Review*, 91(3), 44.

Ettlie, J. E.(1987), "Integration Design and Manufacturing to deploy Advanced Manufacturing Technology," *INTERFACES,* Nov.－Dec., 63－74.

Galbraith, J. K.(1967), *The New Industrial State,* New York: A Signet Book.

Gerwin, D.(1988), "A Theory of Innovation Processes for Computer－aided Manufacturing Technology," *IEEE Transactions on Engineering Management*, 35(2), 90－100.

Herman, E. S.(1981), *Corporate Control, Corporate Power*, Cambridge: Cambridge University Press.

Jenkins, G. & M. Poole(1990), *New Forms of Ownership: Management and Employment*, London: Roultedge, 1.

Nickels, W. G., J. M. McHugh, & S. M. McHugh(2016), *Understanding Business*, 11th ed., New York, NY: McGraw－Hill Education, 193.

Porta, R. L., F. Lopez－de－Silanes, & A. Shleifer(1998), *Corporate Ownership around the World*, Cambridge: National Bureau of Economic Research.

Schroeder, R. G., G. D. Scudder, & D. R. Elm(1989), "Innovation in Manufacturing," *Journal of Operations Management,* 8(1), 1－15.

Schumpeter(1942), *Capitalism, Socialism, and Democracy,* New York: Harper & Brothers.

Schumpeter, J.(1934), *The Theory of Economic Development*, Boston: Harvard Univ. Press.

Schwab, K.(2016), *The Fourth Industrial Revolution: what it means, how to respond,* World Economic Forum.

Veblen, T.(1932), T*he Theory of Business Enterprise*, New York: Scribner in G. Jenkins & M. Poole(1990), eds., *New Forms of Ownership: Management and Employment*, London: Routledge, 1.

Williamson, O. E.(1991), "Strategizing, Economizing, and Economic Organization," *Strategic Management Journal*, 12, 75－94.

제6장 기업형태

강신규·이철호·추헌·한동훈(2002), 「현대경영학원론」, 형설출판사, 304.

공공기관 알리오(www.alio.go.kr).

공정거래위원회(2015.10.29.), 「2015년 공정거래법상 지주회사 현황 분석결과 발표」, 2.

공정거래위원회(2019.05.15.), 「공정위, 59개 '공시 대상 기업집단' 지정」, 2.

구혜영·조윤정(2009), "공기업의 사회공헌활동 효과성 영향요인 연구," 「한국비영리연구」, 8(2), 59－91.

기획재정부(2019.01.30.), 「2019년도 공공기관 지정」, 5.

기획재정부(2020.01.29.), 「2020년도 공공기관 지정안」, 1－2.

기획재정부·고용노동부(2015), 「공공기관을 위한 임금피크제 매뉴얼」, 7.

길준규(2013), "미국발 글로벌 금융위기 극복을 위한 법정책의 국제적 고찰," 「공법연구」, 41(3), 287－315.

김귀곤·김솔·이명호·이주헌·조남신·조장연(2018), 「경영학으로의 초대」, 제6판, 박영사, 71.

김명자(2015.10.11.), "[스페셜 칼럼 D] 누가 기부왕 록펠러를 죽였는가," 「중앙일보」.

김석회(1993), 「경영학원론강의」, 무역경영사, 126－128.

김석회(1998), 「경영학원론강의」, 제2판(전정판), 무역경영사, 13.

김성휘(2010.03.04.), "토요타, Nummi공장 퇴직보너스 2.5억달러: 공장 폐쇄로 관련 일자리 2만5000개 감소 예상," 「머니투데이」.

김종호(2016.04.02.), "주총(株總) 유감," 「조선일보」.

김진숙·조상미·강철희·정승화(2014.05.), "전략적 사회공헌활동을 통한 공기업의 지역상생 발전 전략 －한국광해관리공단 사례를 중심으로－," *Korea Business Review*, 18(2), 17－44.

Nickels, W. G., J. M. McHugh, S. M. McHugh저, 권구혁·박광태·박주영·장정주·최우석·최진남·홍광헌 역(2016), 「경영학의 이해」, 제11판, 생능, 148－173.

류정(2017.03.13.), "저비용 항공사에 맞서… 대형 항공사들 '합작'," 「조선일보」.

박영희 · 김종희 · 염도균 · 현근 · 허훈 · 서병종(2014), 「공기업론」, 제6판, 다산출판사, 96 – 97.

박훤구(1990), "근로정신 함양과 생산성향상," 「서강 Harvard Business」, 9 – 10, 84.

반병길(1993), 「경영학원론」, 박영사, 95.

반병길 · 김광규 · 한동여(2009), 「현대경영학원론」, 박영사, 95 – 99.

서도원 · 이덕로(2016), 「현대경영학원론」, 박영사, 152 – 218.

신재정 · 이재범 · 조선구 · 김용욱(2009), 「포커스경영」, 현우사, 165 – 170.

안용식(1986). 「현대공기업론」. 박영사, 278 – 280.

안청시 · 진덕규 · 김용호 · 박찬욱 · 이달곤 · 김만흠(1994) 편저, 「전환기의 한국민주주의: 1987 – 1992」, 법문사, 333 – 334.

이규억 · 이재형(1990), 「기업집단과 경제력집중」, 한국개발연구원, 74.

이동기(1997), 「지주회사의 원리와 경영전략」, 대한상공회의소.

이명호 외(2015), 「경영학으로의 초대」, 제5판, 박영사, 65 – 66.

이상철(2012), 「한국공기업의 이해」, 대영문화사.

이영기 · 남상구 편(1994), 「국제경쟁력 확보를 위한 한국증권시장의 과제」, 한국개발연구원, 2 – 4.

이영종(2008.12.), "주식회사의 사회경제적 기능 – 주식회사의 기능과 그 기초로서의 주식의 유용성에 관한 시론 –," 「경제법연구」, 7(2), 145 – 179.

이원우 · 서도원 · 이덕로(2008), 「경영학의 이해」, 박영사, 148 – 156.

이정규 · 서성한 · 유기현(1994), 「경영학원론」, 무역경영사, 98 – 99.

이학종(1994), 「기업변신론 – 한국기업의 변신전략과 사례연구 –」, 법문사, 34 – 36.

이한검(1992), 「경영학원론」, 형설출판사, 222.

이한검(1994), 「경영학원론」, 개정판, 형설출판사, 222 – 226.

정구현(1991), 「한국기업의 다각화전략과 국제경쟁력」, 한국경제연구원, 26 – 29.

정수영(1999), 「신경영학원론」, 제8전정판, 박영사, 153.

조경동 · 윤덕병 · 유승동 · 이민세 · 류선권(2011), 「경영학원론」, 형설출판사, 130.

최중혁(2014.12.24.), "[자동차 산업을 바꾼 대사건] "뭉쳐야 산다" 위기에 힘 모은 美 빅3," 「한경Business」, 994, 12 – 14.

추헌(1993), 「현대경영학원론」, 형설출판사, 80 – 204

칼 모스코위츠, "한국사기업의 소유와 경영," 이학종 · 정구현(1987), 「한국기업의 구조와 전략」, 세경사, 195 – 210.

한국거래소, 「증권 · 파생상품시장통계」.

한희영(1987), 「경영학총론」, 다산출판사, 290 – 291.

한희영(1988), 「경영학원론」, 법문사, 357 – 358.

행정학용어표준화연구회(2011), 「이해하기 쉽게 쓴 행정학용어사전」, 새정보미디어.

홍정규 · 배영경(2015.08.04.), "'롯데사태'로 상호출자 · 출자총액제한법 탄력받을까," 「연합뉴스」.

황대석(1995), 「경영학원론」, 제4판, 박영사, 108 − 109.

Brown, C. & M. Reich(1989), "When Does Union − Management Cooperation Work? A Look at NUMMI and GM − Van Nuys," *California Management Review*, 31(4), 27.

Cunningham, W. H., R. J. Aldag, & S. B. Block(1993), *Business in a Changing World*, 3 ed., Cincinnati, Ohio: South − Western Publishing, 110.

Hellriegel, D., S. E. Jackson, & J. W. Slocum(2005), *Management: A Competency − Based Approach*, 10th ed., South − Western Educational Pub., 255.

Holley W. H., K. M. Jennings, & R. S. Wolters(2005), *The Labor Relations Process*, 8th ed., Mason: Thomson/South − Western, 228.

Holt, D. H.(1993), *Management: Principles and Practices*, 3rd ed., Englewood Cliffs, N.J.: Prentice − Hall, Inc., 63.

Luthans, F., R. M. Hodgetts, & K. R. Thompson(1984), *Social Issues in Business*, 4th ed., New York: Macmillan Publishing Co., Inc., 12 − 13.

Nickels, W. G., J. M. McHugh, & S. M. McHugh(1993), *Understanding Business*, 3rd ed., New York, NY: McGraw − Hill Education, 193.

Nickels, W. G., J. M. McHugh, & S. M. McHugh(2016), *Understanding Business*, 11th ed., New York, NY: McGraw − Hill Education, 192 − 203.

Rue, L. W. & L. L. Byars(2007), *Management: Skills and Application*, 12th ed., Boston, Mass.: McGraw − Hill, 115.

Smith J. & W. Childs(1987), "Imported from America: Cooperative Labor Relations at New United Motor Manufacturing, Inc.," *Industrial Relations Law Journal*, 9(1), 71.

제7장 중소기업

김대종(2015), "한 − 중FTA가 국내 중소기업에 미치는 영향과 대책에 대한 연구," 「통합학술발표논문집」, 한국경영학회, 2275 − 2290.

김석회(1998), 「경영학원론강의」, 제2판(전정판), 무역경영사, 136.

김재명(2018), 「신 경영학원론」, 제2판, 박영사, 7 − 179

김종재(2000), 「중소기업경영론 − 이론과 사례」, 중판, 박영사, 22 − 23.

나종호(2018.01.31.), "[강소기업이 경쟁력이다](36) 특정분야에서 전문화된 기술력을 쌓아라,"「한국경제신문」.

노민선(2019.01.14.), "중소기업 R&D투자 현황과 전망,"「중소기업 포커스」, 19−02, 중소
　　기업연구원, 8.

박상범(2015), 「중소기업론」, 제3판, 탑북스, 7−9.

배영임(2015), "중소기업 R&D활동이 고용창출에 미치는 영향에 관한 연구,"「벤처창업연구」,
　　10(3), 75−83.

서도원·이덕로(2016), 「현대경영학원론」, 박영사, 295.

신유근(1988), 「기업과 사회」, 경문사, 678−680.

안수진(2006), "소상공업의 일자리 창출효과 분석,"「한국창업학회지」, 1(1), 214−231.

오세열·정호정(2012), "우리나라 중소기업의 고용창출 결정요인에 관한 연구,"「상품학연
　　구」, 30(7), 33−44.

유은길(2014.04.10.), "국내 중소기업 기술력, 세계최고 대비 76.6점,"「한국경제신문」, 18.

윤태석(2019.08.28.), "독일 경제의 허리, 中企군단 '미텔슈탄트'.. 한우물·고품질 전략이 경
　　쟁력,"「한국일보」.

이은미(2014.12.), "중소기업 인력난 해소를 위한 2015년 정부지원정책 개선과제,"「IT
　　Trade Focus」, 13(66), 국제무역연구원, 3−4.

이인열(2020.01.02.) "[동서남북] 혁명이 시작됐는데 戰士들이 떠난다,"「조선일보」.

이준원(2019), "혁신 및 기술경영 역량에 따른 중소기업의 고용효과 비교분석 −기술금융
　　기술력 평가 대상 중소기업을 중심으로−,"「지식재산연구」, 14(3), 233−260.

임성빈(2019.11.04.), "중소기업 80%, 4차 산업혁명 대비 "없다"..3곳 중 2곳은 몰라,"「중앙
　　일보」.

임창희(2013), 「경영학원론」, 제2판, 학현사, 46.

임창희(2015), 「경영학원론」, 라온, 165.

조용철(2019.11.13.), "韓기업 99.9%가 중기.. 종사자 비율 美·日·獨보다 높다,"「서울신문」.

중소기업벤처부(2018), 「중소기업 기술통계조사(2017)」, 8.

중소기업중앙회(2015), 「2015 중소기업현황」, 7−265.

중소기업중앙회(2015), 「중소기업 위상지표」, 14.

중소기업중앙회(2015.12.), 「2015년 해외 중소기업 통계」, 2−6,

중소기업중앙회(2018), 「2018 중소기업현황」, 13−16.

중소기업중앙회(2018), 「해외 주요국 중소기업통계」, 12−14.

중소기업중앙회(2018.12.31.), 「2018 중소기업 위상지표 발표」, 23−80.

중소기업부(2016.05.), 「위상지표(통계청, 사업체조사 재편·가공)」, 2.

중소벤처기업부(2019.11.), 「기업 단위 중소기업 기본통계」, 4.

중소벤처기업부(2018.08.), 「중소기업 통계 자료집」, 1.

중소벤처기업부(2019.06.13.), 「통계DB조회」.

중소벤처기업부(2019.11.), 「기업 단위 중소기업 기본통계」. 4－12.

중소벤처기업부(2020.01.02.), 「중소기업실태조사」.

최종화·이광호·서지영·김선지·이상훈·김병건(2014), 「기술혁신형 중소기업 육성을 위한 공공구매제도 개선방안」, 과학기술정책연구원, 1－222.

제8장 기업환경

고용노동부(2019.11.), 「2018년 전국노동조합 조직현황」, 1－13.

과학기술정보통신부·KISTEP(2019.12.), 「2018년도 연구개발활동조사 결과」.

곽창렬·양모듬(2015.10.28.), "韓國, 기업하기 좋은 나라 4위? 32위?,"「조선일보」.

김귀곤·김솔·이명호·이주헌·조남신·조장연(2018), 「경영학으로의 초대」, 제6판, 박영사, 104－105.

김병용(2011.05.18.), "무노조 기업이 더 잘한다,"「아주경제신문」.

김영규(2006), 「경영학원론」, 제2판, 박영사, 154.

김원수(1995), 「경영학원론」, 경문사, 204－206.

나은영·차유리(2010), "한국인의 가치관 변화추이: 1979년 1998년 및 2010년의 조사결과 비교,"「한국심리학회지: 사회 및 성격」, 24(4), 63－93.

미래창조과학부·KISTEP(2015.12.), 「2014년도 연구개발활동 조사결과」, 2.

박균수(1994.04.), "환경친화적 경영체제도입 점증,"「전경련」, 377, 62－65.

박충환·오세조(1993), 「마케팅관리」, 박영사, 141.

서도원·이덕로(2016), 「현대경영학원론」, 박영사, 341.

송기철(1982), "경영환경론의 체계에 관한 고찰: 혼미한 체계와 내용의 정리를 위한 시론,"「경영논총」, 25(1), 고려대학교 경영대학, 25－68.

신유근(1988), 「기업과 사회」, 경문사, 50－52.

오중산(2015), "중국진출 제조업체 현지법인에 대한 연구－진출유형에 대한 실증적 비교연구,"「대한경영학회지」, 28(2), 553－579.

왕군강·권영철(2014.05.), "중국진출 한국기업의 해외직접투자 성과 결정요인에 관한 연구－절충이론을 중심으로,"「관세학회지」, 15(2), 191－209.

유필화·황규대·강금식·정홍주·장시영(2006), 「디지털 시대의 경영학」, 개정판, 박영사, 155－156.

이덕로(1998), "한국도자기의 품질경영문화,"「경영교육연구」, 한국경영학회 경영사례연구원, 2(3), 5－20.

이혁우·김진국(2015.09.30.), "규제개혁의 창(槍)－추진체계의 정비,"「규제연구」, 24 특집호, 1－42.

정민우·정기웅(2019.12.), "2018년 우리나라와 주요국의 연구개발투자 현황 비교,"「KISTEP 통계브리프」, 22, 한국과학기술기획평가원, 3.

정종진·이덕로·이지만(2018),「21세기 인적자원관리」, 집현재.

정종진·이덕로(2017),「최신노사관계론」, 법문사, 36.

최숙희·강우란·전효찬·강성원·박재룡(2007.08.03.),「한일 고령화의 영향과 파급효과」, 삼성경제연구소, 2－22.

통계청(2019.11.22.),「2018년 기준 기업활동조사 잠정 결과」, 5－6.

한국수출입은행 해외경제연구소(2014),「2012 회계연도 해외직접투자 경영분석」.

Boone, L. E. & D. L. Kurtz(1992), *Management*, 4th ed., New York: McGraw－Hill Co., 52－53.

Bovee, C. L., J. V. Thill, M. B. Wood, & G. P. Dovel(1993), *Management*, New York: McGraw－Hill Co., 77.

Daft, R. L.(2010), *Management,* 9th ed., Mason, Ohio: South－Western Cengage Learning, 65－66.

Frederick, W. C., K. Davis, & J. E. Post(1988), *Business and Society: Corporate Strategy, Public Policy, Ethics*, 7th ed., New York: McGraw－Hill, 139－141.

Hellriegel, D., S. E. Jackson, & J. W. Slocum, Jr.(2008), *Managing: A Competency－Based Approach*, 11th ed., Mason, OH: Thomson/South－Western, 76.

Hodge, B. J., W. P. Anthony, & L. M. Gales(2003), *Organization Theory: A Strategic Approach*, 6th ed., Upper Saddle River: Prentice Hall, 69－70.

Jacoby, N. H.(1977), *Corporate Power and Social Responsibility*, New York: Macmillan, 137－139.

Kublin, M.(1990), "The Soviet Factory Director: A Window on Eastern Bloc Manufacturing," *Industrial Management*, March－April, 21－26.

Mondy, R. W. & S. R. Premeaux(1995), *Management: Concepts, Practices, and Skills*, 7th ed., Englewood Cliffs: Prentice－Hall, 50－54.

Naisbitt, J. & P. Aburdene(1990), *Megatrends 2000*, New York: William Morrow, 95－103.

OECD(2019.08.),「Main Science and Technology Indicators 2019－1」.

Peters, T.(1987), *Thriving on Chaos: Handbook for a Management Revolution*, New York: Harper & Row, 241−244.

Porter, M. E.(1985), *Competitive Advantage: Creating and Sustaining Superior Performance*, New York: The Free Press, 71−73.

Robbins, S. P. & M. K. Coulter(2016), *Management*, 13th ed., Boston: Pearson, 77−80.

Saporito, B.(1984), "Black and Decker's Gamble on 'Globalization'," *Fortune*, 14, May, 142.

Schmitt, R. B.(1989), "Bow−Film Investor Gripes He Ventured but didn't Gain," *Wall Street Journal,* August 28, B2.

Sharplin, A.(1985), *Strategic Management*, New York: McGraw−Hill Book Co., 10.

Stalk, G. Jr.(1988), "Time−The Next Source of Competitive Advantage," *Harvard Business Review*, July−August, 41−51.

Thomas, P. R.(1990), *Competitiveness through Total Cycle Time*, New York: McGraw−Hill, 7−15.

Thompson, J. D.(1967), *Organization in Action; Social Science Bases of Administrative Theory*, New York: McGraw−Hill Book Co.

Toffler, A.(1991) *Powershift: Knowledge, Wealth, and Violence at the Edge of the 21st Century,* New York: Bantam Books, 413−422.

Tushman, M. L. & P. Anderson(1986), "Technological Discontinuities and Organizational Environments," *Administrative Science Quarterly*, 31, 439−456.

Verespej, M. A.(1990), "Gutsy Decisions of 1989", *Industry Week*, 19 February, 34.

World Bank(2015.10.), *Doing Business 2016*, 4.

World Bank(2019.10.), *Doing Business 2020*, 4−5.

제9장 경영자

김민수(2016.01.04.), "'대박신화' 임성기 한미약품 회장, 전직원에 1100억원 주식 무상 증여," 「조선일보」.

김영규(2006), 「최신경영학원론」, 박영사, 57−58.

김유림(2007.11.28.), "스티브 잡스, 가장 영향력 있는 기업인," 「머니투데이」.

김태열·이덕로(2014), 「현대사회와 리더십」, 문영사, 16.

김태열·이덕로(2019), 「4차 산업혁명시대와 리더십」, 피앤씨미디어, 19.

서도원·이덕로(2016), 「현대경영학원론」, 박영사, 370.

신유근(2011), 「경영학원론-시스템적 접근」, 제3판, 다산출판사, 87-105.

이명호 외(2015), 「경영학으로의 초대」, 제5판, 박영사, 76.

이민형(2015.09.15.), "가장 영향력 있는 CEO… 이건희(39.6%) 이재용(17.4%) 정몽구(13.1%) 정몽준(6.2%) 순," 「데일리한국」.

이원우·서도원·이덕로(2008), 「경영학의 이해」, 박영사, 279.

이진규(2015), 「현대경영학」, 제6판, 법문사, 19-20.

임창희(2015), 「경영학원론」, 제3판, 라온, 115-116.

정수영(1991), 「신경영학원론」, 단영사, 352.

Bennis, W. & B. Nanus(1985), *Leaders: The Strategies for Taking Charge*, New York : Harper & Row, 20.

Chruden, H. J. & A. W. Sherman(1988), *Managing Human Resources*, 8th ed., Cincinnati: South-Western Pub. Co., 69-73.

Hellriegel, D. S. E. Jackson, & J. W. Slocum(2008), *Managing: A Competency-Based Approach*, 11th ed., Mason, OH: Thomson/South-Western, 9-28.

Katz, R. L.(1974), "Skills of an Effective Administrator," *Harvard Business Review*, January-February, 90-101.

Kinicki, A. & B. K. Williams(2013), *Management: A Practical Introduction*, 6th ed., New York: McGraw-Hill, 17-27.

Lorn, L. B.(1989), "How the Next CEO will be different," *Fortune*, May 22, 157-161.

Mintzberg, H.(1973), *The Nature of Managerial Work*, New York: Harper & Row, 49-61.

Mintzberg, H.(1975), "The Manager's Job: Folklore and Fact," *Harvard Business Review*, 53(7/8), July-August, 16.

Papadopoulos, A.(2019.07.25.), "Best CEOs In The World 2019: Most Influential Chief Executives," *CEOWORLD magazine*.

Robbins, S. P. & T. A. Judge(2019), *Organizational Behavior*, 18th ed., Harlow: Pearson Education Limited, 421.

Szilagyi, A. D. Jr. & M. J. Wallace, Jr.(1987), *Organizational Behavior and Performance*, 4th ed. Glenview, Illinois: Scott, Foresman and Company, 31.

Wriston, W. B.(1990), "The State of American Management," *Harvard Business Review*, 68(1/2), January-February, 78-83.

제10장 경영전략

곽창호(2016.01.21.), "저성장시대, 한국 기업의 생존해법,"「서울경제신문」.

김동호(2012.11.02.), "日 파나소닉 사장 "우리는 루저" 굴욕적 발언,"「중앙일보」, 3.

심태용·이대규(2019), "기업의 경영전략 및 혁신활동과 경영성과와의 관계성 연구,"「한국산학기술학회논문지」, 20(9), 156 – 166.

양창삼(1994),「조직이론」, 박영사, 474 – 475.

윤민혁(2019.11.01.), "삼성전자, 새로운 50년의 비전…이재용 "세계 최고 향한 길은 '상생'","「조선일보」.

이진규(2015),「현대경영학」, 제6판, 법문사, 114.

이학종(1992),「전략경영론: 이론, 기법, 사례연구」, 박영사, 35 – 46.

임창희(2013),「경영학원론」, 제2판, 학현사, 242.

임창희(2013),「경영학원론」, 제2판, 학현사, 346 – 347.

장세진(2013),「(글로벌경쟁시대의) 경영전략」, 제6판, 박영사, 6 – 11.

임창희(2019),「경영학원론」, 제4판, 라온, 312.

정인호(2020.01.01.), "한국기업의 생존전략… "알아서 하세요?","「이코노믹리뷰」.

최영준·권기환(2015), "사업 인수를 통한 지속 성장 추구 – LG생활건강의 한국 코카콜라보틀링 M&A를 통한 음료사업 진출," *Korea Business Review*, 19(1), 183 – 204.

통계청(2019.11.22.),「2018년 기준 기업활동조사」, 5 – 6.

Andrews, K. R.(1980), *The Concepts of Corporate Strategy*, 2nd ed., Homewood Ⅱ: Irwin.

Ansoff, H. I.(1965), *Corporate Strategy: An Analytic Approach to Business Policy for Growth and Expansion.* New York: McGraw – Hill.

Ansoff, H. I. & E. J. McDonnell(1990), *Implanting Strategic Management*, 2nd ed., New York: Prentice Hall, 80 – 81.

Bovee, C. L., J. V. Thill, M. B. Wood, & G. P. Dovel(1993), *Management*, New York: McGraw – Hill Co., 247 – 251.

Chandler, A. D.(1962), *Strategy and Structure: Chapters in the History of the American Industrial Enterprise.* MA: MIT press.

Chang, Y. N. & F. Campo – Flores(1980), *Business Policy and Strategy: Text and Cases*, Santa Monica, Calif.: Goodyear Pub. Co., 8.

Galbraith, J. R. & R. K. Kazanjian(1986), *Strategy Implementation: Structure, System and Process*, 2nd ed., St. Paul, MN: West Publishing, 29.

Hellriegel, D. S. E. Jackson, & J. W. Slocum, Jr.(2008), *Managing: A Competency—Based Approach*, 11th ed., Mason, OH: Thomson/South—Western, 46—256.

Henkoff, R.(1990.12.31.), "How to plan for 1995," *Fortune*, 70—72.

Holt, D. H.(1993), *Management: Principles and Practices,* 3rd ed., Englewood Cliffs, N.J.: Prentice—Hall, Inc., 29—207.

Hopper, C. F. & D. Schendel(1978), *Strategy Formulation: Analytical Concepts*, St. Paul, Minn: West Publishing Co., 29.

Kinicki, A. & B. K. Williams(2013), *Management: A Practical Introduction*, 6th ed., New York: McGraw—Hill, 184.

Kinicki, A. & B. K. Williams(2018), *Management: A Practical Introduction*, 8th ed., New York: McGraw—Hill Education, 177.

Lorange, P.(1980), *Corporate Planning: An Executive Viewpoint*, Englewood Cliffs, N.J.: Prentice—Hall, 18.

Mondy, R. W. & S. R. Premeaux(1995), *Management: Concepts, Practices, and Skills*, 7th ed., Englewood Cliffs: Prentice—Hall, 158.

Moriatory. R. T. & U. Moran(1990), "Managing Hybrid Marketing Systems," *Harvard Business Review*, 68(6), November—December, 145—155.

Newman, W. H., J. P. Logan, & W. H. Hegarty(1989), *Strategy: A Multi—level, Integrative Approach*, Cincinnati, Ohio: South—Western, Pub. Co., 7—15.

Robbins, S. P. & M. K. Coulter(2012), *Management*, 11th ed., Boston: Pearson, 214.

Robbins, S. P. & M. K. Coulter(2016), *Management*, 13th ed., Boston: Pearson, 14.

Robbins, S. P. & M. K. Coulter(2018), *Management*, 14th ed., Boston: Pearson, 231—232.

Wheelen, T. L. & J. D. Hunger(2012), *Strategic Management and Business Policy: toward Global Sustainability*, 13th ed., Upper Saddle River, N. J.: Pearson Prentice Hall, 253—254.

제11장 의사결정

김경민(2014.04.14.), "'주문실수' 한맥투자 증권, 결국 퇴출 길로," 「파이낸셜뉴스」.

김경수·김공수(2015), 「조직행동론: 분석수준 관점」, 법문사, 241—280.

김영규(1993), 「경영학원론」, 박영사, 344.

김태열·이덕로(2019), 「4차산업혁명시대와 리더십」, 피앤씨미디어, 214.

박연호(2001), 「인간관계론 -새 시대의 인간관계-」, 개고판, 박영사, 20-22.

백기복(2002), 「조직행동연구 -조직과 인간의 새로운 만남-」, 제3판, 창민사, 365-423.

서도원·이덕로(2016), 「현대경영학원론」, 박영사, 409-432.

스티븐 로빈스·티모시 저지 공저, 이덕로·김태열·박기찬·박원우 공역(2015), 「조직행동론」, 제16판, 한티미디어, 349.

유기현·송병선·권용만(2008), 「인간관계론」, 무역경영사, 315-319.

이덕로(2018), 「조직행동론」, 피앤씨미디어, 213-234.

이원우·서도원·이덕로(2002), 「경영학원론」, 제2개정판, 박영사.

이학종·김영조(2014), 「조직행동의 이해와 관리」, 오래, 223-244.

임창희(2017), 「조직행동」, 제6판, 비앤엠북스, 279.

정종진·이덕로(2001), 「신노사관계론」, 제2판, 법문사, 274-279.

정종진·이덕로(2017), 「최신노사관계론」, 법문사, 245-279.

최선을(2018.04.08.), "황당 실수로 한맥투자증권 파산까지… 증시 강타한 '팻핑거'," 「서울신문」.

Agor, W.(1986), "The Logic of Intuition: How Top Executives Make Important Decisions," *Organizational Dynamics*, 14(3), Winter, 5-18.

Amabile, T. M.(1983). "The Social Psychology of Creativity: A Componential Conceptualization," *Journal of Personality and Social Psychology*, 45(2), 357-376.

André, R.(2008), *Organizational Behavior: An Introduction to your Life in Organizations*, Upper Saddle River Cliffs, N.J.: Pearson Education.

Ansoff, H. I.(1965), *Corporate Strategy: An Analytic Approach to Business Policy for Growth and Expansion*, New York: McGraw-Hill Book Co..

Asch, S. E.(1951), "Effects of Group Pressure upon the Modification and Distortion of Judgments," in H. Guetzkow ed., *Groups, Leadership and Men,* Pittsburgh: Carnegie Press, 177-190.

Asch, S. E.(1956), "Studies of Independence and Conformity: A Minority of One Against a Unanimous Majority," *Psychological Monographs: General and Applied,* 70(9), 1-70.

Augier, M.(2001), "Simon Says: Bounded Rationality Matters: Introduction and Interview," *Journal of Management Inquiry,* 10(3), September, 268-275.

Bartol, K. M. & D. C. Martin(1991), *Management*, New York: McGraw-Hill Book Co..

Bovee, C. L., J. V. Thill, M. B. Wood, & G. P. Dovel(1993), *Management*, New York: McGraw-Hill Book Co., 194.

Choi, J. N. & M. U. Kim(1999), "The Organizational Application of Groupthink and Its Limitations in Organizations," *Journal of Applied Psychology*, 84(2), April, 297－306.

Cyert, R. M. & J. G. March(1963), *A Behavior Theory of the Firm*, Englewood Cliffs, N.J.: Prentice－Hall, Inc., 227.

Daft, R. L.(1994), *Management*, 3rd ed., New York: The Dryden Press.

Drucker, P. F.(1982), *The Practice of Management*, New York: Harper & Row, 364－365.

Dubrin, A. J. & I. R. Duane(1993), *Management and Organization*, 2nd ed., Cincinnati, Ohio: South－Western Publishing Co., 16.

Faure, C.(2004), "Beyond Brainstorming: Effects of Different Group Procedures on Selection of Ideas and Satisfaction with the Process," *Journal of Creative Behavior*, 38(1), 13－34.

Gordon, J. R.(1993), *A Diagnostic Approach to Organizational Behavior*, 4th ed., Boston: Allyn and Bacon.

Harrison, E. F.(1995), *The Managerial Decision－Making Process*, 4th ed., Boston: Houghton Mifflin, 69.

Hart, S. L. & M. B. Milstein(2003), "Creating Sustainable Value," *Academy of Management Executive*, 12(2), 56－67.

Hellriegel, D., S. E. Jackson, & J. W. Slocum(2005), *Management: A Competency－Based Approach*, 10th ed., South－Western Educational Pub., 9－14.

Hellriegel, D., S. E. Jackson, & J. W. Slocum(2008), *Management: A Competency－Based Approach*, 11th ed., Mason, OH : Thomson/South－Western, 109－110.

Holt, D. H.(1993), *Management: Principles and Practices*, 3rd ed., Englewood Cliffs, N.J.: Prentice－Hall, 142－149.

Huber, G. P.(1980), *Managerial Decision Making*, Glenview, Ill.: Scott, Foresman and Company.

Ireland, R. D. & C. C. Miller(2004), "Decision－making and Firm Success," *Academy of Management Executive*, 18(4), 8－12.

Ivancevich, J. M., R. Konopaske, & M. T. Matteson(2011), *Organizational Behavior and Management*, 9th ed., New York, NY: McGraw－Hill Irwin, 587－588.

Janis, I. L.(1982), *Victims of Groupthink*, Boston, MA: Houghton Mifflin, 9.

Janis, I. L.(1989), *Crucial Decisions: Leadership in Policymaking and Crisis Management*, New York: Free Press, 58－59.

Kerr, N. L. & R. S. Tindale(2004), "Group Performance and Decision—Making," *Annual Review of Psychology,* 55, 623—655.

Koontz, H., & H. Weihrich(1994), *Management: A Global Perspective*, 10th ed., New York: McGraw—Hill Book Co..

Levitt, T.(1991), *Thinking about Management*, New York: Free Press, 7.

Litchfield, R. C.(2008), "Brainstorming Reconsidered: A Goal—Based View," *Academy of Management Review,* 33(3), 649—668.

Luthans, F.(2005), *Organization Behavior*, 10th ed., New York: McGraw—Hill Book Co., 351.

Mintzberg, H., D. Raisinghani, & A. Theoret(1976), "The Structure of 'Unstructured' Decision Processes," *Administrative Science Quarterly,* 21(2), 246—275.

Mintzberg, H.(1980), *Nature of Managerial Work*, Englewood Cliffs, NJ: Prentice—Hall, 54—59.

Moody, P. E.(1983), *Decision Making: Proven Methods for Better Decisions*, New York: McGraw—Hill, 182.

Mondy W. R. & S. R. Premeaux(1995), *Management: Concepts, Practices, and Skills*, 7th ed., Boston: Allyn and Bacon, 111—112.

Moorhead, G. & R. W. Griffin(1995), *Organizational Behavior: Managing People and Organizations*, 5th ed., Boston: Houghton Mifflin.

Moorhead, G., R. Ference, & C. P. Neck(1991), "Group Decision Fiascoes Continue: Space Shuttle Challenger and a Revised Groupthink Framework," *Human Relations,* 44(6), May, 539—550.

Neck, C. P., J. D. Houghton, & E. L. Murray(2017), *Organizational Behavior: A Critical—thinking Approach*, California: SAGE, 195.

Nelson, D. L., & J. C. Quick(2003), *Organizational Behavior,* 4th ed., Cincinnati, Ohio: South—Western Publishing Co., 339.

Osborn, A. F.(1963), *Applied Imagination: Principles and Procedures of Creative Problem—solving*, 3rd ed., New York: Charles Scribner's Sons.

Park, W.(1990), "A Review of Research on Groupthink," *Journal of Behavioral Decision Making,* July, 229—245.

Park, G. & R. P. DeShon(2010), "A Multilevel Model of Minority Opinion Expression and Team Decision—Making Effectiveness," *Journal of Applied Psychology,* 95(5), 824—833.

Robbins, S. P. & M. Coulter, *Management*, 7th ed., Englewood Cliffs, NJ: Prentice-Hall, 2002, 377-479.

Robbins, S. P., & T. A. Judge(2017), *Organizational Behavior*, 17th ed., Upper Saddle River Cliffs, N.J.: Pearson Education, Inc., 209.

Robbins, S. P. & Timothy, A. J.(2019), *Organizational Behavior*, 18th ed., Boston: Pearson, 329-340.

Robbins, S. P.(1998), *Organizational Behavior: Concepts, Controversies, and Applications*, 4th ed., Englewood Cliffs, NJ: Prentice-Hall, 346-347.

Schermerhorn, J. R. Jr., J. G. Hunt, & R. N. Osborn,(2000), *Organizational Behavior*, 7th ed., New York: John Wiley & Sons, 285-305.

Schermerhorn, J. R., Hunt, J. G., & Osborn, R. N.(2008), *Organizational Behavior*, 10th ed., New York: John Wiley & Sons.

Schwenk, C. R.(1985), "The Use of Participant Recollection in the Modeling of Organizational Decision Processes," *Academy of Management Review*, 10(3), July, 496-503.

Simon, H. A.(1997), *Administrative Behavior*, 4th ed., New York: The Free Press.

Simon, H. A.(1957), *Models of Man*, New York: John Wiley & Sons, 198.

Simon, H. A.(1977), *The New Science of Management Decisions*, New Jersey, Englewood Cliffs: Prentice-Hall.

Simon, H. A.(1976), *Administrative Behavior: A Study of Decision-making Processes in Administrative Organization*, 3rd ed., New York: Free Press, 5-7.

Szilagyi, A. D. Jr. & M. J. Wallace(1990), *Organizational Behavior and Performance*, 5th ed., Santa Monica, California: Goodyear Publishing Co., Inc., 362-366.

Taylor, R. N.(1984), *Behavioral Decision Making*, Glenview, IL: Scott, Foresman and Company, 181-182.

Wagner, J. A. Ⅲ & J. R. Hollenbeck(2005), *Organizational Behavior: Securing Competitive Advantage*, 5th ed., Mason, Ohio: South-Western, 74.

Yukl, G. A.(2002), *Leadership in Organizations*, 5th ed., Englewood Cliffs, NJ: Prentice-Hall, 253-254.

제12장 기업의 사회적 책임

구윤희(2017), 「기업의 사회적 책임(CSR) 효과 연구: CSR 동기 인식과 CSR 진정성의 매개

역할을 중심으로」, 박사학위논문, 고려대학교 대학원.

김동식(2020.01.18.), "[날씨 이야기]마음 건강도 해치는 미세먼지," 「동아일보」.

김영욱·이현상(2006.08.29.), "한국 반기업 정서 중국보다 심하다," 「중앙일보」.

김해룡·이형탁 (2010). "CSR 활동의 적합성과 CSR 연상: 종업원 동일시를 중심으로," 「경영학연구」, 39(4), 881－905.

GlobeScan·동아시아연구원·사회적기업연구소(2014), 「RADAR 2013 국제조사」, 22－49.

대한상공회의소(2019.01.21.), 「2018년 기업호감도 조사」, 1－3.

박병진·김도희(2013), "공유가치창출(CSV)관점에서 본 CJ제일제당의 동반성장 추진 사례," *Korea Business Review*, 17(2), 73－99.

박흥수·이장우·오명열·유창조·전병준(2014), 「경영학회가 제안하는 공유가치창출 전략: CSR에서 CSV로」, 박영사.

반병길·김광규·한동여(2009), 「현대경영학원론」, 박영사, 290－292.

삼성(1997), 「1996 삼성 사회공헌활동 백서」, 24－28.

삼성(2014), 「2013 사회공헌활동 백서」, 22－23.

삼성(2015), 「2014 사회공헌활동 백서」, 14－15.

삼성(2018), 「2017 사회공헌활동 백서」, 31－39.

삼성전자(2019.06.), 「2019년 지속가능경영보고서」.

서도원·이덕로(2016), 「현대경영학원론」, 박영사, 446－478.

서재혁·장용석·정재관(2015.06.05.), 「사회적 책임, 사회적 기업」, 동아시아연구원.

원용득(2007.12.), "기업의 사회공헌 실태와 그 의미," 「전경련」, 3－12.

윤각·이은주(2014), "기업의 사회적 책임(CSR)과 공유가치창출(CSV)의 효과에 관한 연구: 자기효능감과 관여도를 중심으로," 「광고학연구」, 25(2), 53－72.

이경우·류성민(2014), "SPC의 공유가치창출 사례연구," *Korea Business Review*, 18(4), 59－79.

이상민(2002), "기업의 사회적 책임 －미국과 한국 기업의 사회공헌활동 비교," 「한국사회학」, 36(2), 77－111.

이상화(2019), "갑질 스캔들이 기업의 사회공헌 활동 성과에 미치는 부정적 영향－기업의 사회공헌 활동에 대한 소비자 인식에 있어, 사회공헌 활동의 적합성과 소비자 연령별 세대차의 상호작용효과를 중심으로," 「물류학회지」, 29(1), 51－62.

이세웅(2007.07.05.), "젊은 예술인 키우는 기업 메세나," 「문화일보」.

이수열·홍미경(2015.06.), "기업의 사회적 책임, 무책임, 그리고 기업성과: 이론과 측정도구의 타당성에 대한 실증분석," 「경영학연구」, 44(3), 677－711.

이원우·서도원·이덕로(2008), 「경영학의 이해」, 박영사, 365.

이정은·김언수(2017.10.), "완충제로써의 CSR 보고서: 기업의 사회적 책임 활동과 재무성
　　과 사이의 조절효과를 중심으로," 「경영학연구」, 46(5), 1343－1365.

이철용(2006.05.31.), "CSR 회의론이 간과하는 사실들," 「CEO리포트」, LG주간경제, 2.

이현우·김형석(2006) "우리나라 기업의 사회적 책임 활동에 대한 공중·기업·NGO의 인식 비
　　교연구," 「광고연구」, 70, 175－198.

전경련(2019), 「2018 주요 기업의 사회적 가치 보고서」, 18.

전국경제인연합회(2015.11.), 「2015 주요 기업 기업재단 사회공헌백서」, 12.

전국경제인연합회(2019.11.14.), 「2019 주요 기업의 사회적 가치 보고서」, 4－8.

조상미·이재희(2015), "다이아몬드 모델을 이용한 공유가치창출(CSV) 전략에 관한 연구:
　　삼성전자를 중심으로," *Korea Business Review*, 19(3), 35－58.

조재길(2019.12.30.), "사회공헌도 CSV 시대!..새 비즈니스 창출한다," 「한국경제신문」.

조희재·문지원·정호상(2007), 「지속성장기업의 조건: CSR」, 삼성경제연구소, 5.

한국메세나협회(2014), 「2013년도 연차보고서」, 53.

한국메세나협회(2019), 「2018년도 기업의 문화예술 지원현황 조사」, 52.

한국사회복지협의회(2020), 「2019 사회공헌 백서」, 4－5.

한은경(2003), "기업의 사회적 책임의 지수화에 관한 연구," 「한국방송학보」, 17(3), 274－303.

홍성준·박종철(2019.12.), "기업 간 거래에서 기업의 사회적 책임활동과 관계의 질(관계만
　　족, 신뢰, 관계몰입) 간의 관계," 「경영학연구」, 48(6), 1,643－1,668.

황인학(2015.11.12.), "한국의 반기업 정서, 특징과 원인 진단," 「KERI Insight」, 한국경제연
　　구원, 15－38.

Allen, F. E.(1991), "Environment: Odds and Ends," *Wall Street Journal*, 30 December,
　　B1.

Aram, J. D.(1989), "The Paradox of Interdependent Relations in the Field of Social
　　Issues in Management," *Academy of Management Review*, 14(2), 266－283.

Behrens, R.(1988), "Companies and Communities Share Healthy Causes", *Business and
　　Health*, 5(11), September, 30－35.

Bovee, C. L., J. V. Thill, M. B. Wood, & G. P. Dovel(1993), *Management*, New York:
　　McGraw－Hill Co., 43－105.

Carroll, A. B.(1979), "A Three－Dimensional Conceptual Model of Corporate
　　Performance," *Academy of Management Review*, 4(4), 497－505.

Carroll, A. B.(1991), "The Pyramid of Corporate Social Responsibility: toward The Moral
　　Management of Organizational Stake holders," *Business Horizons*, 34(4), 39－48.

Chrisman, J. J. & A. B. Carroll(1984), "Corporate Responsibility－ Reconciling Economic and Social Goals," *Sloan Management Review*, 25(12), Winter, 59−65.

Creyer, E. H. & W. T. Ross(1997), "The Influence of Firm Behavior on Purchase Intention: Do Consumers really care about Business Ethics?" *Journal of Consumer Marketing*, 14(6), 421−432.

Dahlsrud, A.(2008), "How Corporate Social Responsibility is defined: An Analysis of 37 Definitions," *Corporate Social Responsibility and Environmental Management*, 15(1), 1−13.

Davis, K. & R. L. Blomstrom(1988), *Business and Society: Responsibility*, 6th ed., New York: McGraw−Hill, 23−36.

Drucker, P. F.(1984), "The New Meaning of Corporate Social Responsibility," *California Management Review*, 26(2), Winter, 53−63.

Drucker, P. F.(1982), *The Practice of Management*, New York: Harper & Row, 381−388.

Drucker, P. F.(1974), *Management: Tasks, Responsibilities, Practices*, New York: Harper & Row, 312−325.

Du, S.. C. B. Bhattacharya, & S. Sen(2015), "Corporate Social Responsibility, Multi−faceted Job−Products, and Employee Outcomes" *Journal of Business Ethics*, 131(2), 319−335.

Eilbirt, H. & R. I. Parket(1973), "The Practice of Business: The Current Status of Corporate Social Responsibility," *Business Horizons*, 16(4), 5−14.

Epstein, E. M.(1989), "Business Ethics, Corporate Good Citizenship and the Corporate Social Policy Process: A Review form the United States," *Journal of Business Ethics*, 8(8), 583−595.

Ferrell, O. C., J. Fraedrich, & L. Ferrell(2002), *Business Ethics: Ethical Decision Making and Cases*, Boston, MA: Houghton Mifflin Company.

Goodpaster, K. E.(1991), "Business Ethics and Stakeholder Analysis," *Business Ethics Quarterly*, 1(1), January, 53−73.

Griffin, R. W.(2011), *Management: Principles and Practices*, 10th ed., Mason, OH: South−Western, Cengage Learning, 87.

Hellriegel, D., S. E. Jackson, & J. W. Slocum(2005), *Management: A Competency−Based Approach*, 10th ed., Mason, OH: South−Western Educational Pub., 163−164.

Hodapp, P. F.(1990), "Can There Be a Social Contract with Business?" *Journal of Business Ethics*, 9(2), 127−131.

Keehn, J.(1991), "How Business Helps the Schools," *Fortune*, 21, October, 161.

Kirkpatrick, D.(1990), "Environmentalism: The New Crusade," *Fortune*, 12 Feb. 44−52.

Koontz, H. & C. O'Donnell(1972), *Principles of Management: An Analysis of Managerial Functions*, 5th ed., New York: McGraw−Hill, 95.

Kotler, P. & N. Lee(2005), "Best of Breed: When it Comes to Gaining a Market Edge while Supporting a Social Cause, 'Corporate Social Marketing' Leads the Pack," *Social Marketing Quarterly*, 11(3−4), 92−103.

Kuhn, J. W. & D. W. Shriver, Jr.(1991), *Beyond Success: Corporations and Their Critics in the 1990s*, New York: Oxford University Press.

Luthans, F., R. M. Hodgetts, & K. P. Thompson(1990), *Social Issues in Business*, 6th ed., New York: Macmillan, 16−18.

Maignan, I., & O. C. Ferrell(2004), "Corporate Social Responsibility and Marketing: An Integrative Framework," *Journal of the Academy of Marketing Science*, 32(1), 3−19.

Nickels, W. G., J. M. McHugh, & S. M. McHugh(2012), *Understanding Business*, 9th ed., New York, NY: McGraw−Hill Education, 192.

Porter, M. E. & M. R. Kramer(2006), "Strategy & Society: The Link Between Competitive Advantage and Corporate Social Responsibility," *Harvard Business Review*, 84(12), 78−92.

Porter, M. E. & M. R. Kramer(2011), "Creating Shared Value: How to reinvent Capitalism and unleash a Wave of Innovation and Growth," *Harvard Business Review*, 89(1/2), Jan.−Feb., 1−17.

Robbins, S. P. & M. K. Coulter(2016), *Management*, 13th ed., Boston: Pearson, 115.

Roemer, J. E.(1998), *Theories of Distributive Justice,* Cambridge, MA: Harvard University Press, 37−88.

Schminke, M., M. L. Ambrose, & T. W. Noel(1997), "The Effect of Ethical Frameworks on Perception of Organizational Justice," *Academy of Management Journal,* 40(5), 1198−1207.

Warker, M. & A. Kent(2009), "Do Fans care?: Assessing the Influence of Corporate Social Responsibility on Consumer Attitudes in the Sport Industry," *Journal of Sport Management*, 23(6), 743−769.

Wartick, S. L. & P. L. Cochran(1985), "The Evolution of the Corporate Social Performance Model," *Academy of Management Review*, 10(4), 758−769.

Wokutch, R. E.(1990), "Corporate Social Responsibility Japanese Style," *Academy of*

Management Executive, May, 56－74.

Wood, D. J.(1991), "Social Issues in Management: Theory and Research in Corporate Social Performance," *Journal of Management*, 17(2), 383－406.

제13장 경영관리론

김태열·이덕로(2019), 「4차산업혁명시대와 리더십」, 피앤씨미디어, 19－27.

서도원·이덕로(2016), 「현대경영학원론」, 박영사, 121－517.

이원우·서도원·이덕로(2008), 「경영학의 이해」, 박영사, 394－400.

임창희(2013), 「경영학원론」, 제2판, 학현사, 153－154.

한희영(1987), 「경영학총론」, 다산출판사, 429.

한희영(1988), 「경영학원론」, 법문사, 425－503.

Drucker, P. F.(1980), *Managing in Turbulent Times*, 1st ed., Oxford: Butterworth Heinemann.

Drucker, P. F.(1973), *Management: Tasks, Responsibilities, Practices*, New York: Harper & Row, 5.

Fayol, H.(1930), *General and Industrial and General Administration*, Geneva: International Management Institute.

Fayol, H.(1949), *Industrial Management,* London: Sir Issac Pitman & Sons, 20-41.

Hellriegel, D. S. E. Jackson, & J. W. Slocum(2005), *Management: A Competency－Based Approach*, 10th ed., Mason, Ohio: South－Western Educational Pub., 446－677.

Holt, D. H.(1993), *Management: Principles and Practices,* 3rd ed., Englewood Cliffs, N.J.: Prentice－Hall, Inc., 350－662.

Koontz, H. & C. O'Donnell(1972), *Principles of Management: An Analysis of Managerial Functions*, 5th ed., New York: McGraw－Hill.

Lewis, P. S., S. H. Goodman, & P. M. Fandt(2004), *Management: Challenges for Romorrow's Leaders*, 4th ed., Mason, Ohio: Thomson/South－Western, 223－589.

Mintzberg, H.(1980), *The Nature of Managerial Work,* Englewood Cliffs, N.J.: Prentice－Hall, 54－99.

Nickels, G., J. M. McHugh, & S. M. McHugh(2016), *Understanding Business*, 11th ed., New York, NY: McGraw－Hill Education, 201－241.

Robbins, S. P. & M. K. Coulter(2016), *Management*, 13th ed., Boston: Pearson, 221－594.

Weihrich. H. & H. D. Koontz(2005), *Management: A Global Perspective*, 11th ed., Singapore: McGraw－Hill, 4－20.

제14장 경영계획론

김태열 · 이덕로(2019), 「4차 산업혁명시대와 리더십」, 피앤씨미디어, 32－34.

민재형 · 하승인 · 김범석(2015), "기업의 지속가능경영 활동이 기업의 장단기적 가치에 미치는 영향," 「경영학연구」, 44(3), 713－735.

서도원 · 이덕로(2016), 「현대경영학원론」, 박영사, 528－552.

이원우 · 서도원 · 이덕로(2008), 「경영학의 이해」, 박영사, 421－422.

Massie, J. L.(1987), *Essentials of Management,* 3rd ed., Englewood Cliffs, N.J.: Prentice－Hall, 83.

Mondy, R. W. & S. R. Premeaux(1995), *Management : Concepts, Practices, and Skills,* 7th ed., Englewood Cliffs, NJ: Prentice－Hall, 155－156.

Nickels, G., J. M. McHugh, & S. M. McHugh(2016), *Understanding Business*, 11th ed., New York, NY: McGraw－Hill Education, 178.

Robbins, S. P & M, K. Coulter(2016), *Management,* 13th ed., Boston: Pearson, 189－221.

Robbins, S. P & M, K. Coulter(2011), *Management,* 11th ed., Boston: Pearson, 199.

Robbins, S. P., D. A. DeCenzo, & M. K. Coulter(2015), *Fundamentals of Management: Essential Concepts and Applications*, 9th ed., Boston: Pearson, 199.

Robbins, S. P. & T. A. Judge(2019), *Organizational Behavior*, 18th ed., Boston: Pearson, 329－340.

Stoner, J. A. F., R. E. Freeman, & D. R. Gilbert, Jr.(1995), *Management*, 6th ed., Englewood Cliffs, N.J.: Prentice－Hall Inc. 219.

Weihrich H., & H. Koontz(2005), *Management: A Global Perspective*, 11th ed., Singapore: McGraw－Hill, 4－162.

제15장 경영조직론

김귀곤 · 김솔 · 이명호 · 이주헌 · 조남신 · 조장연(2018), 「경영학으로의 초대」, 제6판, 박영사, 204－205.

김영규(2008), 「경영학원론」, 제2판, 박영사, 243.

Nickels, W. G., J. M. McHugh, S. M. McHugh저, 권구혁 · 박광태 · 박주영 · 장정주 · 최우석 ·
 최진남 · 홍광헌 역(2014), 「경영학의 이해」, 제9판, 생능, 259.

서도원 · 이덕로(2016), 「현대경영학원론」, 박영사, 581 − 582.

윤종훈 · 송인암 · 박계홍 · 정지복(2013), 「경영학원론」, 제2판, 학현사, 268.

이명호 외(2015), 「경영학으로의 초대」, 제5판, 박영사, 186 − 196.

이원우 · 서도원 · 이덕로(2008), 「경영학의 이해」, 박영사, 451 − 455.

이진규(2015), 「현대경영학」, 제6판, 법문사, 172.

이학종 · 박헌준(2004), 「조직행동론」, 법문사, 400.

한희영(1987), 「경영학총론」, 다산출판사, 521.

Chandler, A. D.(1962), *Strategy and Structure: Chapters in the History of the Industrial
 Enterprise*, Cambridge: M.I.T. Press.

Cleland, D. I., & W. R. King(1988), *Project Management Handbook*, 2nd ed., New York:
 Van Nostrand Reinhold.

Davis, K. & J. W. Newstrom(1989), *Human Behavior at Work: Human Relations and
 Organizational Behavior*, 8th ed., New York: McGraw − Hill, 308.

Donnelly, J. H., Jr., J. L. Gibson, & J. M. Ivancevich(1998), *Fundamentals of
 Management,* 10th ed., Boston, Mass.: Irwin/McGraw Hill, 183.

Ivancevich, J. M., P. Lorenzi, S. J. Skinner, & P. B. Crosby(1994), *Management: Quality
 and Competitiveness*, Burr Ridge, Ill.: Irwin, 186 − 256.

Nickels, W. G., J. M. McHugh, & S. M. McHugh(2016), *Understanding Business*, 11th
 ed., New York, NY: McGraw − Hill Education, 183.

Robbins, S. P., D. A, DeCenzo, & M. K. Coulter(2015), *Fundamentals of Management :
 Essential Concepts and Applications*, 9th ed., Boston: Pearson, 33 − 468.

Schermerhorn, J. R.(2001), *Management*, 6th ed., New York: John Wiley & Sons, Inc.,
 178 − 179.

Schermerhorn, J. R.(1989), *Management for Productivity*, 3rd ed., New York: John Wiley
 & Sons, Inc., 174.

Weihrich H., & H. D. Koontz(2005), *Management: A Global Perspective*, 11th ed.,
 Singapore: McGraw − Hill, 260 − 312.

제16장 경영지휘론

김태열·이덕로(2019), 「4차산업혁명시대와 리더십」, 피앤씨미디어, 109－193.

김태열·이덕로(2014), 「현대사회와 리더십」, 문영사, 89－213.

오세철(1982), 「한국인의 사회심리」, 박영사, 286.

이덕로(2018), 「조직행동론」, 피앤씨미디어, 152－275.

Alderfer, C. P.(1969), "An Empirical Test of a New Theory of Human Needs," *Organizational Behavior and Human Performance*, May, 142－175.

Bass, B. M. & R. Stogdill(1981), *Handbook of Leadership* N.Y.: Free Press of Glencoe, 233.

Blake, R. R. & J. S. Mouton(1964), "Breakthrough in Organization Development," Nov.－Dec., *Harvard Business Review*, 130－140.

Cambell, J. P. & R. D. Prichard(1976), "Motivation Theory In Industrial and Organizational Psychology," M. D. Dunnette(ed.), *Handbook of Industrial and Organizational Psychology*, Chicago: Rand McNally, 63－130.

Hellriegel, D., S. E. Jackson, & J. W. Slocum(2005), *Management: A Competency－Based Approach*, 10th ed., South－Western Educational Pub., 296－297.

Herzberg, F.(1968), "One more Time: How Do You Motivate Employees?" *Harvard Business Review*, 46(1/2), January－February, 57.

Kreitner, R. & A. Kinicki(2013), *Organizational Behavior*, 10th ed., New York, NY: McGraw－Hill/Irwin, 174.

Lawler E. E. III, & J. L. Suttle(1972), "A Causal Correlation Test of the Need Hierarchy Concept," *Organizational Behavior and Human Performance*, 7(2), 265－287.

Lewin, K., R. Lippitt, & R. K. White(1939), "Patterns of Aggressive Behavior in Experimentally Created Social Climates," *Journal of Social Psychology*, 10(2), May 1, 271－276.

Likert, R.(1961), *New Patterns of Leadership*, New York: McGraw－Hill Book Co., 5－25.

Lussier, R. N.(2017), *Human Relations in Organizations: Applications and Skill Building*, 10th ed., New York: McGraw－Hill Book Co., 234－246.

Maslow, A. H.(1943), "The Theory of Motivation," *Psychological Review*, July, 370－396.

Maslow, A. H.(1954), *Motivation and Personality*, New York: Harper and Row Publishers, 92.

Maslow, A. H.(1970), *Motivation and Personality*, 2nd ed., New York: Harper & Row, 96−97.

McClelland, D. C. & D. H. Burnham(1976), "Power is the Great Motivator," *Harvard Business Review*, March−April, 100−110.

Morse, J. J. & F. R. Wagner(1978), "Measuring the Process of Managerial Effectiveness," *Academy of Management Journal*, 21(1), 23−25.

Neck, C. P., J. D. Houghton, & E. L. Murray(2017), *Organizational Behavior: A Critical−thinking Approach*, California: Sage. 122.

Nelson, D. L. & J. C. Quick(2003), *Understanding Organizational Behavior: A Multimedia Approach*, 4th ed., Cincinnati, Ohio: South−Western Publishing Co., 148−149.

Pinder, C.(2008), *Work Motivation in Organizational Behavior*, 2nd ed., London, UK: Psychology Press.

Rashotte, L. S.(2002), "What Does That Smile Mean? The Meaning of Nonverbal Behaviors in Social Interaction," *Social Psychology Quarterly*, 65(1), March, 92−102.

Rauschenberger, J., N. Schmitt, & J. E. Hunter(1980), "A Test of the Need Hierarchy Concept by a Markov Model of Change in Need Strength," *Administrative Science Quarterly*, 25(4), 654−670.

Robbins, S. P.(2005), *Organizational Behavior*, 11th ed., Englewood Cliffs, N.J.: Prentice−Hall, Inc., 337.

Robbins, S. P. & T. A. Judge(2015), *Organizational Behavior*, 16th ed., Upper Saddle River Cliffs, N.J.: Pearson Education, Inc., 220−348.

Robbins, S. P. & T. A. Judge(2019), *Organizational Behavior*, 18th ed., Boston: Pearson, 467.

Stogdill, R.(1974), *Handbook of Leadership*, New York: Free Press, 7−16.

Sutermeister, A.(1976), *People and Productivity*, 3rd ed., New York: McGraw−Hill, 46−47.

제17장 경영통제론

김귀곤·김솔·이명호·이주헌·조남신·조장연(2018), 「경영학으로의 초대」, 제6판, 박영사, 250−252.

서도원·이덕로(2016), 「현대 경영학원론」, 박영사, 672.

윤종훈·송인암·박계홍·정지복(2013), 「경영학원론」, 제2판, 학현사, 351-356.

이명호 외(2015), 「경영학으로의 초대」, 제5판, 박영사, 239.

이원우·서도원·이덕로(2008), 「경영학의 이해」, 박영사, 524-525.

이진규(2015), 「현대경영학」, 제6판, 법문사, 314-324.

임창희(2013), 「경영학원론」, 제2판, 학현사, 177.

Bartol, K. M. & D. C. Martin(1998), *Management*, 3rd ed., New York: McGraw-Hill Book Co., 628-629.

Koontz, H. & H. O'Donnell(1990), *Essentials of Management*, 3rd ed., N.Y.: McGraw-Hill, 393-574.

Mondy R. W. & S. R. Premeaux(1995), *Management: Concepts, Practices, and Skills*, 7th ed., Englewood Cliffs: Prentice-Hall, 4-492.

Nickels, W. G., J. M. McHugh, & S. M. McHugh(2016), *Understanding Business*, 11th ed., New York, NY: McGraw-Hill Education, 199.

Robbins, S. P. & M. K. Coulter(2011), *Management*, 11th ed., Upper Saddle River, N.J.: Pearson Education, 585-587.

Robbins, S. P., & M. K. Coulter(2016), *Management*, 13th ed., Boston: Pearson, 398.

Schermerhorn, J. R.(2001), *Management*, 6th ed., New York: John Wiley & Sons, Inc., 424-425.

Weihrich, H. & H. D. Koontz(2005), *Management: A Global Perspective*, 11th ed., Singapore: McGraw-Hill, 581-583.

사항색인

인명색인

조직체색인

공저자 약력

서도원(徐道源)

연세대학교 상경대학 졸업(경영학사)
서울대학교 대학원(경영학석사), 연세대학교 대학원(경영학박사)
미국 듀크대학교 객원교수
한국산업은행 근무
충북대학교 경영대학장·경영대학원장
한국인적자원개발학회 부회장·회장, 한국경영사학회 부회장
독학사·사법고시·행정고등고시 시험위원
충북지역인적자원개발위원회 선임위원
현 충북대학교 경영대학 경영학부 명예교수

[주요 저역서 및 논문]
서도원 외(2003), 「인사관리 – 이론과 실제」, 도서출판 대경.
서도원 외(2006), 「한국의 지식경영」, 한국학술정보.
서도원 외(2007), 「우량기업 로드맵」, 도서출판 대경.
서도원 외(2012), 「인적자원관리」, 도서출판 대경.
서도원 외(1998), "한국기업의 경영특성에 관한 종단적 연구,"「경영학연구」, 911 – 936
  외 다수.

이덕로(李德魯)

연세대학교(경영학 박사), 미국 듀크대 푸콰 경영대학원 방문교수
중앙노동위원회(현)·충북지방노동위원회 조정담당 공익위원
현 서원대학교 글로벌 경영대학 경영학과 교수

[주요 저역서 및 논문]
이덕로·김태열(2019. 8), 「4차 산업혁명시대와 리더십」, 피앤씨미디어.
정종진·이덕로·이지만(2018. 8), 「21세기 인적자원관리」, 집현재 외 다수.
스티븐 로빈스·티모시 저지 저, 이덕로 외 공역(2015), 「조직행동론」, 16판, 한티
  미디어 외 다수.
Tae – Yeol Kim, Deog – Ro Lee, & Noel Yuen Shan Wong(March 2016), "Supervisor
  Humor and Employee Outcomes: The Role of Social Distance and Affective
  Trust in Supervisor," *Journal of Business and Psychology*, 31(1), 125 – 139.
Yaping Gong, Tae – Yeol Kim, Deog – Ro Lee, and Jing Zhu(June 2013), "A
  Multilevel Model of Team Goal Orientation, Information Exchange, and
  Creativity," *Academy of Management Journal*, 56(3), 827 – 851 외 다수.
Deog – Ro Lee(June 2015), "The Impact of Leader's Humor on Employees'
  Creativity: The Moderating Role of Trust in Leader," *Seoul Journal of
  Business*, 21(1), 59 – 86 외 다수.

4차 산업혁명시대의 경영학원론

초판발행	2020년 3월 10일
지은이	서도원·이덕로
펴낸이	안종만·안상준
편 집	황정원
기획/마케팅	김한유
표지디자인	이미연
제 작	우인도·고철민
펴낸곳	(주)**박영사**
	서울특별시 종로구 새문안로3길 36, 1601
	등록 1959. 3. 11. 제300-1959-1호(倫)
전 화	02)733-6771
f a x	02)736-4818
e-mail	pys@pybook.co.kr
homepage	www.pybook.co.kr
I S B N	979-11-303-0960-6 93320

* 잘못된 책은 바꿔드립니다. 본서의 무단복제행위를 금합니다.
* 저자와 협의하여 인지첩부를 생략합니다.

정 가   33,000원